화엄경강해 1

김흥호

사색

화엄경강해 1

김흥호

김홍호 전집
화엄경 강해 1

지은이 : 김홍호
초판 발행일 : 2006년 3월 13일
초판 5쇄 발행일 : 2019년 8월 30일
발행처 : 사색출판사
발행인 : 임우식
편집인 : 변정자
인쇄처 : InDeFine

전화 : 070-8265-9873
팩스 : 02)6442-9873
홈페이지 : www.hyunjae.org
이메일 : gabeim@hanmail.net
등록 : 2006. 2. 14.
ISBN : 89-957856-1-6

　　값　19,000

※잘못된 책은 바꿔드립니다.
　저자와의 협의하에 인지는 생략합니다.

【머리말】

　화엄경華嚴經을 보면 높은 히말라야 산을 연상하게 된다. 하얀 만년설에 뒤덮인 높고 큰 히말라야의 설산은 숭엄하기가 짝이 없다. 아침해와 저녁놀에 붉게 물들어 금빛으로 빛나는 봉우리들은 이제 막 피어나는 연꽃이라고나 할까. 그리고 산을 뒤덮은 눈과 얼음이 녹아내려 흘러가는 수많은 강물들은 드넓은 대륙을 푸른 물결로 수놓아 간다. 그 속에는 수없이 많은 생명들이 뛰놀고 있다. 빛과 힘과 숨, 이것이 화엄의 모습이다.

　의상義湘은 화엄 80권을 210자로 간추리고 원효元曉는 "일도출생사一道出生死 일체무애인一切無碍人"이라는 한마디로 덮어버린다. "일도一道"는 "화華"요 "출생사出生死"는 "엄嚴"이요 "일체무애인一切無碍人"은 "경經"이라는 것이다. 일도는 유심연기唯心緣起요, 출생사는 불佛이요, 일체무애인은 이실법계理實法界를 말한다. 선禪에서는 이것을 간단히 심불물心佛物이라 한다.

　화엄경은 세주묘엄품으로 시작한다. 눈 덮인 수많은 봉우리들이 불타인 에베레스트를 찬양하는 장엄한 히말라야의 모습이 세주묘엄이다. 히말라야에서 흘러내리는 수많은 강물은 대지를 적시어 푸른 초원으로 탈바꿈하여 연꽃이 만발하는 화장세계로 만들어 간다. 그리고 절대자를 찾아가는 구도자의 모습은 선재동자로 그려진다. 구도자의 얼은 십신十信·십주十住·십행十行·십회향十廻向·십지十地·등각等覺·묘각妙覺 등으로 그 얼을 단련해 간다. 그것이 유심연기唯心緣起다. 하늘의 수많은 수증기가 눈과 얼음으로 굳어가는 얼의 빛나는 모습이다.

 화엄경은 대부분이 그렇게 얼음이 얼어가는 얼의 이야기다. 그래서 화엄경을 얼의 경전, 지혜의 경전, 자각의 경전이라 부르기도 한다. 심불물의 화엄경은 심학心學이 주가 된다. 그런 의미에서 심종心宗인 선과 통하기도 한다. 화엄종의 제5조인 종밀宗密이 또한 선종禪宗의 제11조가 되지 않았는가. 우리나라는 화엄종의 제2조를 계승한 의상 덕분에 화엄 9찰이 전국에 세워져 그 웅장한 모습을 드러내고 있다.

 불도佛道를 탐구하기 위하여 53선지식을 찾아 헤매며 칼산에 오르기도 하고 불구덩이로 뛰어내리기도 하는 선재동자처럼 우리나라의 많은 젊은이들이 진리를 탐구하기 위하여 정성을 쏟아 붓는 그 열정에 조금이라도 도움이 되기를 바라면서 화엄경의 주요 줄거리를 쉬운 우리말로 풀어본다. 80권을 해설하는 일도 쉬운 것이 아니었지만 이것을 책으로 작품화하는 것도 쉬운 일은 아니다. 이 일을 해낸 심중식 선생에게 깊은 사의를 표하며 변정자 선생을 비롯하여 이 일에 동참해주신 차현실 선생, 이경희 선생, 임우식 선생, 양옥남 선생 등 여러분들의 수고에 고마운 마음을 금할 길 없다.

2005년 겨울

김홍호

화엄경 강해 1

차례

머리말 · · · · · · · · · · · · · 5
일러두기 · · · · · · · · · · · 10
화엄경에 대하여 · · · · · · · 11
제 1. 세주묘엄품世主妙嚴品 · · · · · · · 26
제 2. 여래현상품如來現相品 · · · · · · · 127
제 3. 보현삼매품普賢三昧品 · · · · · · · 151
제 4. 세계성취품世界成就品 · · · · · · · 157
제 5. 화장세계품華藏世界品 · · · · · · · 186
제 6. 비로자나품毘盧遮那品 · · · · · · · 211
제 7. 여래명호품如來名號品 · · · · · · · 220
제 8. 사성제품四聖諦品 · · · · · · · 237
제 9. 광명각품光明覺品 · · · · · · · 253
제10. 보살문명품菩薩問明品 · · · · · · · 277
제11. 정행품淨行品 · · · · · · · 311
제12. 현수품賢首品 · · · · · · · 318
제13. 승수미산정품昇須彌山頂品 · · · · · · · 341
제14. 수미정상계찬품須彌頂上偈讚品 · · · · · · · 347
제15. 십주품十住品 · · · · · · · 369
제16. 범행품梵行品 · · · · · · · 388
제17. 초발심공덕품初發心功德品 · · · · · · · 394
제18. 명법품明法品 · · · · · · · 405
제19. 승야마천궁품昇夜摩天宮品 · · · · · · · 420
제20. 야마궁중게찬품夜摩宮中偈讚品 · · · · · · · 430
제21. 십행품十行品 · · · · · · · 449
제22. 십무진장품十無盡藏品 · · · · · · · 479
제23. 승도솔천궁품昇兜率天宮品 · · · · · · · 496
제24. 도솔궁중게찬품兜率宮中偈讚品 · · · · · · · 503
부록 : 제1권 원문요약 · · · · · · · 533
찾아보기 · · · · · · · 603

화엄경 강해 2 목차(참고용)

제 25. 십회향품十廻向品
제 26. 십지품十地品
제 27. 십정품十定品
제 28. 십통품十通品
제 29. 십인품十忍品
제 30. 아승지품阿僧祇品
제 31. 여래수량품如來壽量品
제 32. 보살주처품菩薩住處品
제 33. 불부사의법품佛不思議法品
제 34. 여래십신상해품如來十身相海品
제 35. 여래수호광명공덕품如來隨好光明功德品
제 36. 보현행품普賢行品
제 37. 여래출현품如來出現品

부록 : 제2권 원문요약

화엄경 강해 3 목차(참고용)

제 38. 이세간품離世間品
    이세간품 강해(1)   이세간품 강해(6)
    이세간품 강해(2)   이세간품 강해(7)
    이세간품 강해(3)   이세간품 강해(8)
    이세간품 강해(4)   이세간품 강해(9)
    이세간품 강해(5)

제 39. 입법계품入法界品
    입법계품 강해(1)   입법계품 강해(7)
    입법계품 강해(2)   입법계품 강해(8)
    입법계품 강해(3)   입법계품 강해(9)
    입법계품 강해(4)   입법계품 강해(10)
    입법계품 강해(5)   입법계품 강해(11)
    입법계품 강해(6)   입법계품 강해(12)

제 40. 보현행원품普賢行願品

    부록 : 제3권 원문요약

【일러두기】

1. 이 책은 현재鉉齋 김흥호 선생님께서 2001년 11월부터 2003년 3월까지 매주 일요일 이화여자대학교 대학교회 연경반에서 강의한 내용을 글로 옮겨 정리한 것이다.

2. 강의 교재는 80화엄경을 기본으로 하여 편집한 연경반 교재를 사용하였다.

3. 화엄경 원문은 별도의 글자폰트를 사용하여 구별되도록 하였다.

4. 한자에 익숙하지 않은 독자를 위하여 한자 앞에 한글 음을 병기하였다. 이때 한글맞춤법에 따르면서 가능한 한 불교식으로 표기하였으나 몇 가지 예외도 있다. 예를 들어 아뇩다라삼먁삼보리는 아누다라삼막삼보리, 도량은 도장, 바라밀은 파라밀, 정변지는 정편지로 표기하였다.

5. 책명에 대한 기호는 『 』, 편명에 대한 기호는 「 」을 사용하였다.

6. 독자의 편의를 위해 본문에 번호 매김을 하고 단락을 구분하였다.

7. 표지디자인은 조정현선생님, 인쇄교정은 차현실선생님, 내용편집은 변정자선생님, 강의녹음은 김성준님이 담당하였다.

화엄경에 대하여

『화엄경華嚴經』은 모두 80권이기 때문에 한 시간에 한 권씩을 해도 80시간이 걸린다. 그렇게 하면 너무 오래 걸리니까 한 시간에 두세 권씩 보려고 한다. 『화엄경』을 보면 80권 40품으로 되어 있다. 맨 처음이 「세주묘엄품世主妙嚴品」인데 이것은 5권으로 되어 있다. '품品'이란 하나의 제목이다. 그러니까 「세주묘엄품」은 하나의 주제에 대해서 다섯 권이 소모가 된 것이다. 80권 40품이라는 말은 다시 말해서 『화엄경』이 40개의 주제를 80권에 담아놓은 것이라고 할 수 있다.

『화엄경華嚴經』에서 '경經'이란 책이란 뜻이다. 글 경經이라 해서 책을 뜻하는 것으로 별다른 뜻이 있는 것이 아니다. 뜻이 있다면 화엄華嚴이라는 데 뜻이 있다. '화華'는 꽃 화花나 같은 글자다. '엄嚴'은 장엄하다는 뜻이다. 그런데 꽃이 무슨 꽃인가 하면 천화天華라는 것이다. 그래서 화엄이란 '천화장엄天華莊嚴'이라는 뜻이다. 천화란 무엇인가? 설악산에서 비선대를 거쳐 양폭으로 올라가면 바른편이 공룡능선이고 왼편이 화채봉이다. 그런데 우리나라에서는 이 골짜기가 가장 아름답다. 그래서 옛날부터 그곳은 금강산보다도 낫다고 하는 곳이다.

보통 봉우리가 천 개 있다고 해서 천불동이라 한다. 금강산은 만 이천 봉인데 설악산은 천불동이다. 내가 요전에 금강산에 갔을 때 구룡폭포까지 갔는데 역시 그곳보다는 설악산의 천불동이 훨씬 낫다. 물론 금강산에서 비로봉까지 올라가면 볼 가치가 많을 것이다. 그런데 지금은 두 골짜기밖에는 안 보여주니까 그것은 우리 설악산의 천불동만도 못하다. 천불동에서 양폭을 지나 위로 올라가면 천당폭이 있다. 몇 억 년 동안 바위를 뚫고 좁은 곳으로 깊이 흘러내리는 거기가 천당폭이다. 그리고 조금 내려오면 양폭이고 조금 더 내려오면 오련폭으로 그렇게 내려온다. 거기에 귀면암이라는 곳이 있는데 귀면암 이전에는 흙이 보이지만 귀면암을 지나면 흙이 없다고 한다. 그러니까 귀면암부터 천국의 세계라는 말이다. 설악산에서 꼭대기를 올라가는 것도 좋지만 그곳이 제일 좋은 곳이다. 공룡능선 위에 1,250미터 세존봉이 있고 또 코끼리봉이니 무슨 봉이니 하는 봉우리들이 많이 있는데 거기를 천화대라고 한다. 하늘의 꽃이라는 것이다. 왜 하늘의 꽃인가. 금강굴에 올라가서 바라보면 천불동 골짜기에 구름이 덮이는데 그 구름 위로 세존봉이니 코끼리봉이니 하는 봉우리들이 솟아나는 것을 볼 수 있다. 그런데 거기에 햇빛이 비쳐들면 그것은 정말 꽃보다 아름답다. 그러니까 하늘의 꽃이라 할 만큼 아름다운 것이다. 그래서 천화대라 한다.

 그런데 우리는 세존봉이라 해야 기껏 1,250미터이고 장군봉이라 해도 900미터다. 다들 천 미터 수준인데 히말라야 산에 가면 8,000미터 이상 되는 산이 14봉이라고 한다. 그러니까 14봉이라는 것이 구름 위에 솟아오르고 거기에 아침 햇살이나 저녁노을이라도 비치면 그것은 하여튼 기가 막히게 아름다운 하늘의 꽃이 되는 것이다. 그런 것을 천화라 하는 것이다. 요전에도 KBS에서 히말라야에 갔었는데 그때 텔레비전을 보니까 에베레스트인지 무슨 봉우리들이 햇빛에 비치는 데 그것은 정말 희한한 느낌이었다. 네팔에 가면 비행기로 2,000미터 고지까지 올라간다. 거기에서 보면 그 14봉이 다 보인다. 그것을 사진으로 찍어서 팔기도 한다. 그것을 보면 정말 장관이다. 이것을 보통 장엄莊嚴이라 하는 것인데 칸트Immanuel Kant(1724-1804)는 그것을 숭엄崇嚴이라 했다. 단순히 장엄하다기 보다는 숭崇자를 붙이면 무엇인지 좀더 거룩하고 어떤 종교적 심성이 느껴진다. 그래서 숭엄미崇嚴美라고 하는데 이 숭엄미라는 말이 우리에게는 더 와서 닿는다. 그런데 여기서는 그냥 장엄이라는 말로 쓴다.

그러니까 히말라야 그 높은 봉우리, 눈 덮인 설산雪山의 봉우리에 햇빛이 비칠 때의 그 아름다움은 그저 꽃이 아름답다고 하는 것과는 다른 것이다. 내가 미국 오레곤에 갔을 때 거기에 마운트후드라는 산이 있어 갔었는데 그때가 여름이라 아래는 아주 더위가 찌는데 그 산 위에는 흰 눈이 덮여있었다. 거기에 올라가면 정말 감격스럽다. 사람이란 정말 큰 산에 가면 무엇인지 느낌을 갖게 된다. 그래서 모든 종교가 산에서 나온다. 산에 대한 숭엄미, 거기에 사람은 감격을 하게 되고 느낌을 가져서 모든 경전이 나왔다고 볼 수 있다.

높은 산에 올라가면 무엇인지 가슴이 떨리는 것이 나온다. 트레멘덤tremendum이다. 그리고 훼시난스fascinans다. 바짝 끌려 들어가는 느낌이다. 오토Rudolf Otto(1869-1937)는 성스럽다는 것을 이 떨린다는 것과 마구 끌려 들어간다는 것, 그 두 가지로 말했다. 그저 두려워서 무섭다는 것은 아니다. 두렵긴 두려운데 거기에 끌려 들어가는 것이다. 그런 기분을 우리는 높은 산에서 느끼게 된다. 우리가 자꾸 산에 오르는 것은 끌려서 올라가는 것이다.

나도 설악산을 여러 번 갔지만 안내하는 사람에게 물어보니 그 사람은 47번을 왔다고 했다. 무엇인지 자꾸 끌려서 오게 되는 것이다. 그렇게 끌리면서도 설악산은 험한 산이니까 또 떨리는 데가 있다. 떨린다는 기분과 끌린다는 기분, 이 둘이 합해지는 데서 숭엄미라는 것이 나온다. 여기 나온 장엄이라는 말은 이 숭엄이라는 말이고 천화라는 것은 하늘 위에 핀 히말라야 봉우리들이다.

그러니까 석가가 6년 동안 그것을 쳐다보았다는 말이다. 그것을 쳐다보는데서 불교가 나오는 것이지 그것이 없으면 불교가 없다. 그래서 이것이 불교의 핵심이라고 할 수 있다. 이것이 불교의 최고의 경전이니까 여기서 불교의 본질을 파악해야 된다. 그런데 불교의 본질이란 별것이 아니라 이 천화장엄이라는 것이다.

　천화장엄이라는 이것이 불교의 본질인데 이것은 불교의 본질일 뿐만 아니라 또한 기독교의 본질이기도 하다. 예수가 사해로 나갔는데 사해 부근은 열대의 뜨거운 모래벌판이다. 그 뜨거운 열대의 사막에서 40일 동안 헬몬산을 바라보면서 지냈는데 그 헬몬산이 설산이다. 3,000미터 이상 되는 눈 덮인 산으로 사시사철 눈에 덮여있는 산이다. 예수도 그것을 쳐다보지 않았으면 기독교가 나오지도 않았을 것이다.「마태복음」17장을 보면 예수가 헬몬산에 올라가서 몸이 변화했다는 것이 나온다. 예수는 요단강가에서 하나님의 말씀을 한 번 듣게 되고 헬몬산에 올라가서 또 한 번 하나님의 말씀을 듣게 되고 마지막 십자가에 달리기 전에 하나님의 말씀을 듣게 된다. 기독교의 핵심이 이렇게 세 곳에 나온다. 그때 벌벌 떨리고 끌리는, 그 속에서 듣는 하나님의 말씀이다. 그러니까 오늘 화엄이란 천화숭엄 혹은 천화장엄인데 말하자면 여기에 모든 종교, 모든 사상의 핵심이 있는 것이다.

　그런데 그 핵심이란 것이 무엇인가? 사람의 인격이 천화장엄이라는 것이다. 무슨 석가의 천화장엄이라는 것이 아니다. 우리는 『화엄경』을 보면서 석가의 이야기를 듣는 것이 아니다. 우리의 인격이라고 하는 것이 천화장엄이라는 말이다. 사람의 인격이라는 것이 한없이 숭엄하고 한없이 아름다운 것이다.

　그러니까 우리는 여기서 무슨 부처를 보자는 것이 아니라 인격을 보자는 것이다. 인격을 어디에서 보는가. 가장 가까이는 선생님에게서 보는 것이다. "너 자신을 알라" 할 때 자기 자신을 어디서 보겠는가. 맨 처음에는 선생님에게서 보는 것이다. 그 선생님이 나 자신이다. 그래서 한참 동안 선생님을 좇아다니다가 나중에는 자기 자신에게서 보게 되는 것이다. 그래서 내 속에 있는 인격과 선생님의 인격이 합쳐질 때, 그때 말하자면 각覺이라고 하는 것이 일어나게 되는 것이다.

　그러니까 이 『화엄경』은 무슨 부처의 이야기가 아니다. 달리 말해서 이것은 인간의 이야기다. 더 다르게 말하면 인격의 이야기요 또 더 다르게 말하자면 이것은 내 이야기라는 것이다. 내가 인격이지 나를 떠나서 어디에 인격이 있겠는가. 우리가 그 인격을 내 속에서 느낄 때 우리는 『화엄경』이 이해되는 것이지 내 속에서 그 인격을 느끼지 못하면 『화엄경』이라는 것이 나와 상관이 없다. 그러니까 『화엄경』은 내 소리다. 다석多夕 유영모柳永模(1890-1981) 선생의 말로 하자면 '제소리'다. 내가 내 속에서 나오는 소리를 적어 놓은 것이 『화엄경』이지 무슨 석가의 이야기도 아니고 이 『화엄경』을 썼다고 하는 용수龍樹의 이야기도 아니다. 이것이 내 소리니까 내게 매력이 있는 것이지 내 소리가 아니면 내게 매력이 있을 수가 없다. 그렇지 않은가.

동창회 졸업사진이라 해도 거기에 보면 내 얼굴만 보이지 무슨 다른 사람의 얼굴은 하나도 안 보인다. 중학교 동창 사진을 지금도 갖고 있는데 내 얼굴만 보인다. 사람이란 자기에게 관심이 있지 절대 남에게 관심이 있는 것이 아니다.

왜 『화엄경』이 이렇게 2,500년을 내려오는가. 여기서 사람들은 자기의 얼굴을 볼 수 있으니까 그래서 이렇게 내려오는 것이다. 만일 여기서 사람들이 자기의 얼굴을 볼 수 없다면 『화엄경』을 누가 보겠는가. 기독교의 『성경』도 마찬가지다. 그것은 무슨 하나님의 말씀도 아니고 그리스도의 말씀도 아니다. 그것은 내 말씀이다. 내 말씀이니까 내가 자꾸 보는 것이지 내 말씀이 아니라면 그것을 왜 자꾸 보겠는가. 남의 얼굴이라면 그까짓 것 무엇 하러 보는가. 내 얼굴이니까 보는 것이다. 내 소리니까 그것이 정말 아멘이지 내 소리가 아니라면 아멘이 될 것이 무엇인가. 다 마찬가지다. 『성경』이라는 것은 다 내 말이지 그것이 절대 남의 말이 아니다. 『화엄경』도 내 말이지 남의 말이 아니다. 내 소리를 지금 내가 듣는 것이다. 내 소리를 지금 내가 보는 것이다. 이것을 알았으면 『화엄경』은 다 안 것이다. 더 알 것도 없다. 이렇게 첫 시간에 다 말했으니까 여러분이 다음 시간부터는 안 와도 된다. 그래도 취미가 있는 사람은 들어도 좋다.

『화엄경』의 본명은 대방광불화엄경大方廣佛華嚴經이다. 본명을 산스크리트어로 써올까 했는데 써와야 아무도 모를 테니까 쓸데없어 써오지 않았다. 대방광불화엄경인데 이것을 『중용中庸』과 한 번 맞춰본다. 『중용』에 "희노애락미발喜怒哀樂未發 위지중謂之中 발이개중절發而皆中節 위지화謂之和"라 했다. 중中이란 나라로 말하면 대통령이다. 화和는 나라로 말하면 백성들이다. 학교로 말하면 중은 선생님이요 화는 학생들이다. 우선 선생님이 "희노애락미발喜怒哀樂未發", 정말 이성 자체가 되어야 한다. 또 학생들은 좀 희로애락이 나왔다가도 선생님의 말씀으로 조절이 되어야 한다. "중절위지화中節謂之和"다. 그래서 "중야자中也者 천하지대본야天下之大本也 화야자和也者 천하지달도야天下之達道也"이다. 선생님이 대본大本이고 학생은 천하의 달도達道다. 그래서 역시 선생님과 학생이 맞아야 된다. 그것이 치중화致中和다. 선생님과 학생이 맞아야 "천지위언天地位焉", 하늘과 땅이 자리 잡힌다. 클래스가 제대로 클래스다워진다. 그리고 "만물육언萬物育焉"이다. 그 속에 만물이 자라게 된다. 클래스가 기쁨에 넘치게 된다. 학생과 선생의 마음이 맞아야 된다는 것으로 부목맹구浮木盲龜라는 것이나 같은 사상이다. 학생과 선생의 마음이 맞을 때 클래스가 클래스다워지고 또한 클래스가 기쁨이 넘치게 되는 것이다.

이것을 정치로 말할 때는 중이란 철인哲人이다. 철인을 동양에서는 성인聖人이라 한다. 그리고 화는 백성들 혹은 관리들이다. 그래서 철인 왕과 백성들이 서로 맞아야 우리나라 천지가 제대로 자리 잡히고 모든 만물이 제대로 자라게 된다.

만물이 제대로 된다. 우리나라 모든 학생들이 제대로 교육이 될 것이라는 말이나 마찬가지다. 우리나라 교육이 엉망이라는 말은 이것이 제대로 안 된다는 것이다. 만물이 제대로 자라지 못하고 있는 것이다. 학교가 학교 구실을 제대로 못하는 것이다. 무슨 경제문제가 나왔다, 국회가 어떻다 하는 것은 천지가 제대로 자리 잡히지 못해서 그런 것이다. 천지가 제대로 자리 잡혀서 국회도 아무 문제가 없고 검찰, 금감원 하는 일체가 문제가 없어야 된다. 그래서 백성들 사는데 아무 문제가 없고 학생들 교육하는데 아무 문제가 없고, 그렇게 되어야 만물육언이다. 그런데 지금 우리는 이것들이 다 되어 있지 않다. 지금 우리에게 있어서는 제대로 중도 안 되어 있고 제대로 화도 안 되어 있다. 다 안 되어 있는 것이다.

이런 철인정치를 동양에서는 내성외왕內聖外王이라 한다. 우리는 철인이라 하지 않고 성인聖人이라 한다. 내성외왕이란 안으로는 성인이고 밖으로는 왕이 되어야 한다는 것인데, 말하자면 철인이 왕이 되어야 한다는 말이다. 이것이 플라톤Plato(427-347 B.C.)이 쓴 『폴리티아Politeia』(국가) 제7장에 나온 이야기다. 철인이 왕이 되든지 왕이 철학을 배우든지 해야 된다는 것으로 서양에서는 그것을 철인정치라 한다. 플라톤의 철인정치다. 그래서 플라톤의 책을 『이상국가』라고 번역했다. 철인이 나와야 이상국가가 된다는 것이다.

그런데 여기서 지금 "대방광大方廣", 크다, 바르다, 넓다 하는 것이 무엇인가 하면 이상국가를 가리키는 말이다. "천지위언天地位焉 만물육언萬物育焉", 하늘이 자리 잡히고 만물이 자란다고 하는 것을 이 사람들은 대방광이라 한 것이다. '대大'는 하늘이고 '방方'은 땅이고 '광廣'은 만물이다. 그래서 "천지위언 만물육언"이라는 말을 대방광이라는 석자로 나타낸 것이다.

그런데 어떻게 하면 이상국가가 되는가. 불佛이라는 것이 있어야 된다. 불佛이라는 것을 한문으로는 각자覺者로 번역을 한다. 쉽게 말해서 불은 철인이라는 말이다. 기독교로 말하면 그리스도다. 우리는 그리스도라 하고 인도사람들은 각자라고 하고 희랍사람들은 철인이라 한다. 그런데 내용은 다 눈 뜬 사람이다. 또 동양에서는 성인聖人이라 하는데 그것도 같은 말이다. 다 눈 뜬 사람이다. 도지사道知事라 하면 도에 대해서 다 아는 사람이 도지사가 되어야지 눈 감은 사람이 도지사가 된다면 그것은 말이 안 된다. 언제나 도의 일을 다 볼 수 있는 사람, 그런 사람이 소위 도지사다. 눈 뜬 사람이다. 대통령이 되었으면 대통령이 전체를 볼 수 있어야 된다. 그래야 윗사람이지 어디서 어떻게 되는지 아무 것도 모르고 있다면 그것은 말도 안 된다. 그러니까 철인이건 성인이건 각자라고 하건 다 같은 사람이다. 각자覺者를 산스크리트어로 붓다Buddha라고 하는데 붓다라는 말은 각자 혹은 눈 뜬 사람이다. 그리스도도 눈 뜬 사람이다. 다 같이 눈 뜬 사람이다. 눈 뜬 사람들이 지도해야 되지 소경이 소경을 인도하면 안 된다. 선생이라는 사람이 다 눈을 뜬 사람들이다. 눈 뜬 사람이니까 학생들을 지도하지 눈을 감고 어떻게 학생들을 지도하겠는가. 그러니까 선생이라고 하나 철인이라 하나 다 같은 말이다.

그래서 "대방광大方廣 불화엄佛華嚴"이다. 대방광이라는 이상세계를 가지려면 눈 뜬 사람이 있어야 되고 철인 밑에는 학생들이 있어야 된다. 그래서 철인과 학생이 일치해야 된다. 중화가 일치해야 된다. 그것이 불화엄佛華嚴이다. 여기서 '엄嚴'이란 장식한다는 뜻으로 해석을 하는데 장식한다는 말은 무슨 말인가. '불佛'은 열매요 '화華'는 꽃인데 여기에 열매와 꽃이 한꺼번에 있는 것이다. 열매는 익어가고 꽃은 피어 열매로 되는 것이다. 꽃과 열매가 하나로 일치되어 장식한다는 것이다. 그러니까 치중화致中和라는 말이나 불화엄이라는 말이나 꼭 같은 뜻이다. 불은 철인인데 철인만 있어도 안 되고 온 백성들이 협력을 해야 된다. 백성과 철인이 협력해야 이상국가가 생긴다. 그런데 철인과 백성이 협력하기 위해서는 장식이라는 엄嚴이 들어가야 된다. 그래서 치중화라는 말이나 불화엄이라는 말이나 꼭 같은 것이다.

어떻게 인도의 경전과 중국의 경전이 이렇게 일치하는지 신통하다. 사람의 생각이 다 비슷한 것 같다. 플라톤의 생각이나 공자의 생각이나 같은 것 같다. 석가의 생각도 같은 것 같다. 다 비슷하다. 그래서 『중용』과 『화엄경』은 일치한다는 것이다. 『중용』도 철인정치요 화엄도 철인정치다. 기독교도 마찬가지다. 그리스도가 나와야 이상세계가 된다는 것이다.

그러니까 모든 종교에서 말하고자 하는 것이 다 철인정치다. 제일 중요한 것이 위에 있는 장長이다. 학교라 하면 교장이요 대학교는 총장이다. 이런 사람들이 정말 철이 들어야 된다. 이런 사람들이 철이 못 들고 아직도 돈만 쫓아다니면 안 된다. 언제나 위에 있는 사람들이 철이 들어서 그 철든 사람들의 말을 아래 백성들이 듣게 되어야 한다. 우리나라가 지금 치중화가 안 되는 것이다. 치중화가 안 되어서 구조조정도 안 되는 것이다. 아무리 구조조정을 하려 해도 아래 사람들이 말을 듣지 않는다. 계속 데모만 한다. 그러니까 안 되는 것이다. 치중화라는 것이 굉장히 중요하다. 왕양명王陽明(1472-1528)도 여기서 힌트를 얻어 치양지致良知라 했다. 언제나 치致라는 것이 중요하다. 선생과 학생이 마음이 맞는다는 것, 이것이 없으면 교육이라는 것이 없는 것이다. 학생들은 자고 있고 선생들은 딴소리 하고 있으면 교육이라는 것이 안 된다.

『법화경』을 가지고 종파를 이룬 사람이 지의智顗(538-597)요 『원각경』을 가지고 하나의 종파를 이룬 사람이 종밀宗密(780-841)이다. 그리고 『화엄경』을 가지고 화엄종이라는 종파를 이룬 사람들이 있는데 먼저 두순杜順(557-640)이다. 그리고 그 뒤를 이어 지엄智儼(602-668)이고 그 다음이 의상義湘(625-702)이다. 의상의 친구인 법장法藏(643-712)이 지엄 다음이고 그 다음은 징관澄觀(738-839)이고 그 다음이 종밀이다. 종밀은 선禪의 대가요 『화엄경』의 대가다. 그러니까 중국의 불교도佛敎徒들 가운데 종밀이 아주 대단한 사람이다. 이 사람 때문에 중국에서 유교가 그만 불교에 먹혀 들어가고 만다. 또 이 사람 때문에 도교道敎가 그만 불교에 먹혀 들어가고 만다. 그래서 이 사람 때문에 당나라가 불교 일색이 되고 만 것이다. 그러니까 이런 사람 하나 나오면 정말 야단이다. 불교로는 좋은데 유교나 도교로서는 상당히 피해를 보는 것이다. 이 종밀의 세계에서 벗어나고자 하는 것이 주자朱子(1130-1200)요 완전히 벗어났다 하는 사람이 왕양명이다. 그래서 유교가 다시 제 정신을 찾게 된다. 그만큼 종밀이 아주 큰 사람이다.

두순이 화엄종을 시작한 것인데 두순은 『화엄경』 속에서 눈을 떴다는 것이다. 관법觀法이라는 것이다. 이 사람의 제자가 지엄이다. 지엄은 화엄종의 기초를 놓은 사람이다. 그리고 지엄의 제자가 의상이고 의상의 친구가 법장이다. 의상이 중국에 있었으면 의상이 화엄종의 3조祖가 되는 것인데 신라의 왕이 불러들여서 신라로 돌아가게 되었다. 그래서 의상보다는 조금 못하지만 법장이란 사람이 제3대가 된다. 법장이 쓴 글 가운데 유명한 책이 『탐현기探玄記』다. 깊은 뜻을 찾는다는 뜻이다. 『화엄경』의 깊은 뜻을 찾아낸다는 말이다. 그런데 법장이 『탐현기』를 써서 그것의 검토를 부탁하며 신라의 의상에게 보냈다. 아마 의상이 그 책을 읽고는 고칠 것은 고치고 평을 해서 법장에게 돌려보냈을 것이다. 그래서 법장이란 사람이 제3대가 된다. 그 뒤를 이어 징관이 나오고 종밀이 나왔다. 이 사람들이 화엄종을 만들어낸 사람들이다.

다음은 『탐현기』에 나오는 법장의 이야기다.

"대방광불화엄경大方廣佛華嚴經 대방광위大方廣爲 이실법계理實法界. 불화엄佛華嚴 위인과연기爲因果緣起. 인과연기因果緣起 필무자성必無自性 고즉이실법계故卽理實法界. 이실법계理實法界 필무정성必無定性 고즉인과연기故卽因果緣起. 시고是故 무이유일無二唯一 무애자재無碍自在."

"대방광불화엄경大方廣佛華嚴經 대방광위大方廣爲 이실법계理實法界."

대방광大方廣이란 무엇인가? 이실법계理實法界다. 이치에 맞는 진실한 법을 지키는 세계다. 이상세계라는 말이다. 이상세계를 이실법계라고 한 것이다.

"불화엄佛華嚴 위인과연기爲因果緣起."

불화엄佛華嚴이란 무엇인가? 보통 인연因緣이라 하는데 '인因'이란 원인이고 '연緣'이란 인을 도와주는 조연이다. 산에 불이 났다고 할 때 나무와 나무가 비벼서 불이 났다면 이것이 인이고 조연이란 날씨가 굉장히 건조했다는 것이다. 날씨가 굉장히 건조해서 나무가 비벼질 때 불이 났고 그래서 산 전체가 불탔다. 이때 나무가 비벼서 불이 났다는 것이 인이요 굉장히 건조한 날씨였다는 것이 연이요 이 인연 때문에 화재라는 결과가 나타난 것이다. 요새로 말해서 인과관계다. 어떤 원인 때문에 결과가 나왔다는 것인데 인도 사람들은 그것을 인과연기因果緣起라 한 것이다.

이 인과연기라는 말이 뜻하고자 하는 것은 무엇인가. 그것은 학생과 선생이 일치한다는 것이다. 그런데 법장은 그것을 꽃이 피어서 열매가 맺히는 것이라고 표현한 것이다. 선생이 되는 것은 학생이 커서 선생이 되는 것이지 학생이 크지 않으면 선생이 안 된다. 아까 우리는 선생이 학생을 가르친다는 생각을 했는데 또 우리가 다르게 생각하면 선생이 자꾸 가르치니까 학생이 자꾸 커져서 그 학생이 선생보다도 앞서는 선생이 되고 말았다고 할 수도 있다. 그러니까 위에서 보는 수도 있고 또는 선생이 가르친 결과로서 학생들이 자꾸 커져서 선생을 능가하는 선생이 되는 것으로 볼 수도 있다. 그런데 법장은 결과로 본 것이다. 아까 우리는 철인이 정치를 잘해서 백성들이 잘 된다고 하는 위에서 본 것으로 말했는데 법장은 반대로 보는 것이다. 백성들이 잘 자라서 백성들 가운데 대통령이 자꾸 나와 이상세계가 이루어진다고 보는 것이다. 그래서 인과연기라는 것이다. 백성들이 자꾸 자라서 위대한 철인이 되어 이상세계가 되는 것으로 보는 것이다. 그것을 인과연기라 한 것이다.

불화엄佛華嚴이라는 것, '화華'라는 것이 자꾸 자라서 나중에는 선생과 같아져서 철인이 되었다는 것이다. 그래서 학생과 선생이 일치가 되었다고 보는 것이다. '엄嚴'이란 장식한다는 것인데 꽃으로 과일을 장식했다는 것이다. 꽃이 자꾸 발달해서 나중에는 과일이 되었다는 것이다. 그래서 꽃과 과일이 일치가 되었다는 것이다. 결국 어떻게 보든지 같은 것이다. 일치라는 면에서 같은 것이다. 인과연기라는 것인데 이 사람이 말하고자 하는 것은 시간이다.

그리고 이실법계는 공간을 말하고자 하는 것이다. 왜 이런 말을 해야 되는가 하면 『화엄경』은 사차원의 세계이기 때문이다. 우리가 양명학을 배울 때 양명학이 사차원이라 하는 것이나 마찬가지다. 사차원을 설명하려니까 자연 인과연기를 시간으로 보고 이실법계를 공간으로 보는 것이다.

"인과연기因果緣起 필무자성必無自性 고즉이실법계故卽理實法界."

인과연기因果緣起, 시간의 발전이니까 시간은 물이 흘러가듯 멎어 있는 데가 없다. 그래서 무자성無自性이다. 그 속에 나라고 하는 것을 찾을 데가 없다. 물이 흘러가는데, 시간이 흘러가는데, 내 시간이 어디에 있겠는가. 아무리 괴테가 『파우스트』에서 "시간아, 잠깐 멈춰라" 해도 시간이 멈추는가. 시간은 멈추지 않고 계속 흐른다. 그러니까 시간은 멈추는 것도 없고 나도 없다. 무자성이다. 그렇기 때문에 이실법계, 즉 공간이 된다. 시간이 무자성이기 때문에 공간과 곱해지는 것이다. '즉卽'이란 곱해진다는 것이다. 사차원이 되려면 시간과 공간이 곱해져야 된다.

"이실법계理實法界 필무정성必無定性 고즉인과연기故卽因果緣起."

또 이실법계理實法界라는 공간은 필무정성必無定性이다. 내 자리라는 것이 없다. 다 허공인데 허공에 내 것이 어디 있는가. 시간에 멎는 자리가 없는 것처럼 공간 속에도 멎어 있는 데가 없다. 필무정성이다. 그러므로 시간과 일치하게 된다.

아까 치중화致中和를 대통령과 백성이 일치한다고 했는데 법장은 시간과 공간의 일치로 보는 것이다. 다 같은 말이다. 이것을 아인슈타인 Albert Einstein(1879-1955)의 말로 하면 우리의 몸은 마음의 공간이고 우리의 정신은 몸의 시간이라는 것이다. 정신이라 하는 것을 시간이라 생각하고 몸을 공간이라 생각하면 이 공간과 시간이 합친 것이 사람이다. 그러니까 이것이 제대로 합치면 건강한 육체와 건강한 정신이 되는 것인데 제대로 합치지 못하면 건강이라는 것이 붙지 못하는 것이다. 그래서 불건강한 육체와 불건강한 정신은 제대로 일치가 안 된 것이다. 그래서 병도 나게 되고 걱정근심도 나오게 된다. 그러니까 시간과 공간을 너무 어렵게 생각하지 말고 우리의 정신이라는 것을 시간으로, 우리의 육체는 공간으로 보면 된다. 우리의 정신은 계속 흘러가는 것이다. 의식의 흐름이다. 의식은 계속 흘러가는 것이지 흘러가지 않는 때는 없다. 그렇기 때문에 이실법계는 인과연기와 일치가 된다.

"시고是故 무이유일無二唯一 무애자재無碍自在."

그래서 무이유일無二唯一이다. 시간과 공간이라는 것은 둘이 아니다. 하나이면서 무애자재無碍自在다. 시간과 공간이 서로 걸리는 것이 없이 마음대로 왔다갔다 한다. 내 정신이 손을 들어라 하면 손을 드는 것이고 또 내 육체가 어떻게 해 달라고 하면 정신이 그렇게 된다. 내 육체가 저기로 가고싶다 하면 정신이 가게 한다. 정신과 육체가 언제나 유일무이唯一無二다. 하나지 둘이 아니다. 무애자재, 걸리는 것이 하나도 없는 자유다. 그래서 대방광大方廣이라는 것은 이실법계요 불화엄佛華嚴은 인과연기라는 것이다. 법장이 그렇게 해석한 것인데 이 해석이 가장 근사한 해석이라고 보아야 될 것이다.

그리고 『화엄경』에서는 법계法界를 이법계理法界, 사법계事法界, 이사무애법계理事無碍法界, 사사무애법계事事無碍法界라고 한다. 이것은 『주역周易』에서 천지수화天地水火라고 하는 것이다. 태극기를 보면 건곤감이乾坤坎離(☰☷☵☲) 네 개의 괘卦가 그려져 있다. 건乾(☰)은 공간적으로 말하면 하늘 천이다. 곤坤(☷)은 땅이다. 그리고 감坎(☵)은 물이요 이離(☲)는 불이다. 그래서 건곤감이를 공간적으로 말하면 천지수화다. 이실법계는 공간적으로 말하는 것이니까 다르게 말하면 천지수화라는 것이다. 이법계는 하늘이고 사법계는 땅이고 이사무애법계는 물이고 사사무애법계는 불이다. 이것이 말하자면 천지수화라는 것이다. 이법계는 하늘에 있는 것이고 사법계는 땅에 있는 것이다. 물이라는 것은 하늘에 올라갔다 땅으로 내려온다. 하늘과 땅으로 돌아가는 것이 물이다. 그러니까 이사무애법계다. 불은 하늘에 있어도 되고 땅에 있어도 되는데, 불이 땅에 있으면서 다 불이 된다.

한 나무가 불이 붙으면 다른 나무도 다 불이 된다. 사사무애법계가 된다. 그래서 물은 이사무애법계요 불은 사사무애법계가 된다. 하늘은 이법계요 땅은 사법계다.

그리고 시간적으로 나눌 때는 학생이 자꾸 공부해서 선생이 된다는 것인데, 그럴 때는 천지수화는 춘하추동春夏秋冬이 된다. 땅이 풀릴 때는 봄이요 불붙는 것처럼 더울 때는 여름이고 하늘이 높아질 때는 가을이고 물이 얼어 눈이 될 때는 겨울이다. 그러니까 천지수화, 춘하추동이 합친 것이 우리가 사는 이 세계라는 것이다. 천지수화라는 공간과 춘하추동이라는 시간이 곱해진 사차원에서 우리가 살고 있는 것이다. 그런데 춘하추동의 시간을 말할 때 여기서는 신해행증信解行證이라고 한다. 맨 처음에는 믿음에서 시작하고 그 다음에는 해解라는 아는 것으로 들어가야 된다. 그리고 행行이다. 행하는 것, 그리고 그 다음이 증證이다. 사람으로 말하면 성문聲聞·연각緣覺·보살菩薩·불타佛陀라는 것이다. 춘하추동을 사람으로 말할 때는 인의예지仁義禮智. 시간으로 말하면 춘하추동이고 공간으로 말하면 천지수화요 사람으로 말하면 인의예지다. 이렇게 다 같은 것이다. 지금 여기서 시간과 공간 이야기만 하는데 결국 석가라는 사람이 어떻게 되었는가 하면 석가도 맨 처음에 신에서 그 다음은 해, 그리고 행, 그래서 마지막에 증에 들어갔다는 것이다. 이렇게 해서 석가가 되었다는 것이다. 이것이 인과연기라는 것이다. 신이라는 인因에서부터 죽 가서 증이라는 과果에까지 이런 계단을 밟아갔다는 것이다.

『화엄경』 40품品 속에 강의는 8번이고 강의 장소가 7군데 나온다. 7처處 8회會라는 말이다. 8번 강의를 7장소에서 한 것이다. 그러니까 한 장소에서 두 번 강의한 곳도 있다. 1회는 신이고 2회에서부터 6회까지는 해라는 것이고 7회는 행, 8회는 증이란 것이다. 그러니까 이 『화엄경』의 거의 태반이 해라는 것, 설명하는데 쓰여진 것이다. 다시 말해서 이 40품 가운데 제1품에서 제6품까지가 1회會요, 제7품에서 제38품에 걸쳐 2회에서 6회가 된다. 그래서 제39품은 7회가 되고 마지막 제40품이 8회다. 그러니까 제7품부터 제38품까지가 전부 해라는 것으로, 말하자면 이해시키기 위해서 나온 것이다. 가르친다는 것이 그것이다. 이해시키느라고 약 32개의 장을 쓴 것이다. 이해시키는 데 세월을 다 보내고 맨 마지막 행이라는 것은 실천해서 보이는 것이니까 오래 걸릴 것도 없어서 한 장으로 되고 마지막 증도 하나로 되고 만다. 그래서 이『화엄경』의 구조가 신해행증이다. 다르게 말하면 춘하추동이다. 춘하추동에서 제일 많이 걸린 데가 여름이다. 봄이 조금 있고 여름은 많고 가을도 조금이고 겨울도 조금이다.

2000. 11. 26

제 1. 세주묘엄품世主妙嚴品

세주묘엄품 강해(1)

1.1 여시아문如是我聞 일시一時 불佛 재마갈제국在摩竭提國 아란야법阿蘭若法 보리장중菩提場中 시성정각始成正覺.

"여시아문如是我聞"에서 '아我'라는 것은 아난阿難이다. 아난이라는 제자가 이렇게 들었다는 말이다. 아난이란 제자는 석가를 45년 동안 따라다녔다고 한다. 그리고 석가가 한 말을 잘 기억했다가 그것을 정리해서 경전을 만들었다는 것이다. 그래서 무슨 경전이든지 다 아난이 만들었다는 것이다. 석가의 맨 첫 후계자는 가섭迦葉이고 그 다음이 아난이다. 그렇게 해서 28번째 후계자가 달마達磨다.

"여시아문", 나는 이렇게 들었다. "일시一時"는 한 때라는 것이다. 언제나 불교에서는 한 때다. 몇 년 몇 월 몇 일이 아니라 한 때라는 것이다. 한 때라는 것은 깨달은 때라 하기도 하고 또는 영원한 때라고 말하기도 하는데 어느 것이나 같은 말이다. 한 때다. "마갈제摩竭提"는 마가다국, 부처가 살던 시대의 나라 이름이다. "아란야법阿蘭若法"은 인도말인데 한가한 곳 또는 고요한 곳이라는 뜻이다. 석가가 고요하고 한가한 곳에 앉아서 깊은 명상에 들어갔는데 그것을 아란야법이라 한 것이다. 그런데 석가는 보통 49일 명상을 했다고 한다. 선정禪定 49일이다. 그리고 고행苦行은 6년이다. 6년 고행, 49일 선정 그리고 45년 설법이다. 29세 출가, 6년 고행, 45년 설법이다. 그리고 35세 성불이다. 소크라테스Socrates(469-399 B.C.)도 35세 성불이다. 공자孔子(552-479 B.C.)도 35세 성불이다. 35세라는 것은 말하자면 인생을 70년으로 잡을 때 인생의 정점이다. 물론 파스칼Blaise Pascal(1623-62) 같은 사람은 서른 두 살에 깨달았다. 그렇게 빠른 사람도 있지만 하여튼 35세 성불, 45년 설법이다. 아난은 석가의 사촌 동생으로 맨 처음부터 석가를 따라다닌 것이다. 그래서 45년을 들었다는 것이다. 다음은 본문에 대한 해설이다.

"여시아문如是我聞 아난阿難 법계지진아法界之眞我 오입법계지진성悟入法界之眞性 환견법계지진불還見法界之眞佛 환문법계지진경還聞法界之眞經 시불소설是佛所說 여불소언如佛所言 환화법계지진중還化法界之眞衆. 일시一時 이일언음以一言音 전법륜시轉法輪時 평등화합정수平等和合正受. 불佛 시각본각始覺本覺. 아란야법阿蘭若法 사정이정事靜理靜. 보리도장菩提道場 니련하변유일만도장尼蓮河邊有一萬道場 신상주처信常住處."

"여시아문如是我聞 아난阿難 법계지진아法界之眞我 오입법계지진성悟入法界之眞性 환견법계지진불還見法界之眞佛 환문법계지진경還聞法界之眞經 시불소설是佛所說 여불소언如佛所言 환화법계지진중還化法界之眞衆."

"아난阿難 법계지진아法界之眞我", 아난도 그저 석가의 사촌 동생이 아니라 모든 경전을 널리 편찬한 불교에서는 대단한 사람이라는 말이다. 그리고 이 사람은 후계자로 3대가 되니까 이 사람도 정말 부처라는 것이다. "법계지진아", 법계에서 정말 자기라고 할 수 있는 사람이다.

"오입법계지진성悟入法界之眞性", 이 사람도 법계의 진성眞性을 깨달았다는 것이다. 전설에 의하면 아난이 45년간 석가를 따라다녔는데도 깨닫지 못했다. 그리고 석가가 죽을 때 아난이 그 자리에 없었다. 어디 멀리 가 있다가 석가가 죽었다는 말을 듣고 서둘러 돌아오는데 석가는 죽을 때 아난이 없으니까 아난을 위해서 자기의 발을 관속에 넣지 말고 내 놓으라고 했다. 그래서 아난이 돌아와 보니 석가의 시체는 벌써 관에 들어갔는데 발만 나와 있었다. 아난은 그 발을 보는 순간에 깨달았다고 한다. 그래서 아난을 구족제자具足弟子라 한다.

"환견법계지진불還見法界之眞佛", 법계의 진불眞佛을 돌아보았다. "환문법계지진경還聞法界之眞經", 아난이란 사람이 법계의 진경眞經을 들었다는 것이다. 그리고 "시불소설是佛所說 여불소언如佛所言", 석가가 말한 것을 석가처럼 말했다. 그래서 "환화법계지진중還化法界之眞衆", 석가의 말을 그 당시의 모든 참된 사람들에게 돌렸다. 그것이 아난이 한 내용이다.

보리장중菩提場中은 보리수가 우거진 숲 속이다. 보리수가 어떻게 생겼는지 잘 모르지만 보리수 숲 속에서 명상을 한 것이다. 예수는 겟세마네 동산에서 기도했다. 겟세마네 동산은 올리브 나무가 우거진 곳이다. 그런데 인도에는 보리수라는 나무가 많았던 모양이다. 기독교에서는 기도했다고 하고 불교에서는 명상했다고 하는데 비슷한 말이다. 보리수가 우거진 숲 속에서 6년 고행 끝에 시성정각始成正覺이다. 처음으로 깨달음을 얻었다. 소크라테스로 말하면 자기 자신을 알게 되었다는 말이다.

"일시一時 이일언음以一言音 전법륜시轉法輪時 평등화합정수平等和合正受."

"일언음一言音", 말하자면 진리라는 말이다. "전법륜轉法輪", 진리를 설법한다는 것을 법륜을 돌린다고 한다. 평등平等, 모든 사람이 똑같이. 화합和合, 모든 사람이 하나 되게끔. 정수正受, 곧바로 올바로 받아들이게끔 그렇게 설법했다는 것이다.

"불佛 시각본각始覺本覺."

불佛은 시각始覺과 본각本覺이 일치한 사람이다. 사람은 본래가 깨닫고 있었다. 사람은 누구나 다 본래 깨닫고 있었는데 어찌하다 잊어먹고 말았다. 소크라테스로 말하면 잊어먹었다는 것이다. 잊었던 것을 다시 회상하면 된다. 그것이 소위 아나무네시스anamnesis라는 것이다. 잊었던 것을 다시 기억한다는 것으로 그것이 소크라테스의 방법이다. 말하자면 누구나 다 깨닫고 있었는데 어떻게 놓쳤다는 것이 이 사람들의 생각이다. 그렇게 놓쳤다가 그것을 다시 회복하는 그것이 시각이다. 기독교로 말하면 본래 사람은 다 하나님의 형상인데 사람이 그것을 놓쳤다. 그래서 그만 죄인이 되고 말았다. 그래서 그 죄를 내던지고 다시 하나님의 형상을 회복하면 그것을 우리는 구원받았다고 한다. 그리스도가 무엇인가 하면 하나님의 형상이다.

 다 같은 사상이다. 본각과 시각의 일치라는 것이다. 물이라 하면 물이 본래 깨끗한 것이다. 그런데 물이 오염되었다. 오염된 물을 정수장에서 깨끗하게 처리해서 다시 일등 수로 만들었다. 그 일등 수로 만든 것을 소위 시각이라 한다. 물은 본래 깨끗한 것이다. 사람도 본래는 하나님의 아들인데 어쩌다 더러워졌다. 그래서 다시 깨끗하게 해서 본래로 회복하는 것이다. 이것이 모든 종교가 가는 길이다. 불佛이란 본각과 시각이 일치한 것이다. 누구나 다 부처가 될 수 있다. 본래 부처이기 때문이다. 본래 부처가 다시 부처가 되는 것뿐이다. 그러니까 본래 아무 것도 아닌 것이 노력해서 부처가 되는 것이 아니다. 불교라 해도 무슨 행함으로 부처가 되는 것이 아니다. 본래의 것을 회복하면 부처가 되는 것이다. 그래서 믿음으로 구원을 얻는다는 말이 불교에서도 맞는 말이다.

"마갈제摩竭提 불해통섭제국不害統攝諸國."

마갈제는 마가다국, 석가가 사는 나라의 이름이다. 마가다의 왕이 아주 착한 왕이 되어서 다른 나라를 침략하지 않고 다 같이 잘살자고 했다. 그래서 조그만 나라들이 다 힘을 합해서 요새로 말하면 연방국가처럼 된 것이다. 다른 나라를 해치지 않고 모든 나라를 같이 합해서 살았다는 것이다. 그런데 해치지 않는다든가 통섭한다든가 하는 것이 마가다라는 뜻이라는 것이다.

"아란야법阿蘭若法 사정이정事靜理靜."

밖에 있는 환경도 고요하지만 또 그 속에서 깊이 생각하고 있는 석가의 마음속도 한없이 고요하다. 그것을 "사정이정事靜理靜"이라 한다.

"보리도장菩提道場 니련하변유일만도장尼蓮河邊有一萬道場 신상주처信常住處."

"보리도장菩提道場", 보리수나무 밑에서 깊이 기도생활을 하는 것인데 그 곳이 니련하尼蓮河라는 강물이 흘러가는 곳이다. 거기에 일만도장一萬道場이 있다. 숲이 커서 많은 사람들이 그 숲에 들어가서 기도를 하는 것이다. 그리고 거기는 거룩한 땅이다. 인도에는 거룩한 땅이라는 것이 많다. 거룩한 땅이니까 거기는 언제나 신들이 사는 곳이다. 신들이 사는 곳에 들어가서 깊이 기도생활을 한다는 뜻이다.
다음은 시성정각始成正覺에 대한 설명이다.

"시고금정진始古今情盡 성득여시법成得如是法 정심무소의正心無所依 각이지상응覺理智相應. 우주지본체실성宇宙之本體實性 법이상주法爾常住 항설보설恒說普說 대각세존大覺世尊 체험증득體驗證得 과분불가설과分不可說 인분가설因分可說."

"시고금정진始古今情盡 성득여시법成得如是法 정심무소의正心無所依 각이지상응覺理智相應."

옛날의 감정이나 지금의 감정이나 그런 감정을 다 끊었다는 것이다. 남을 미워한다거나 좋아한다거나 하는 감정이 다 없다. 그것이 '시始'라는 것이다. '성成'이란 "득여시법得如是法"이다. 진리를 체득했다는 것이다. '정正'이란 "심무소의心無所依", 이제 마음이 의지하는 데가 아무 것도 없다. 자기가 자기를 깨닫게 된 것이다. 소크라테스로 말하면 너 자신을 알라는 것이다. 자기가 자기를 깨닫게 된 것이다. 그리고 '각覺'이란 "이지상응理智相應"이다. 진리를 깨닫기도 하고 그 진리를 다른 사람에게 가르칠 수 있는 지혜도 가지게 되었다. 진리와 지혜다. 진리는 체體요 지혜는 용用이다. 그래서 깨닫기만 하고 가만있다고 하면 안 된다. 그 깨달은 진리를 다른 사람에게도 전할 수 있으리만큼 아주 용用도 대단하다는 것이다. 지난번에도 나왔지만 석가가 앉아 있으면 한편에는 코끼리를 탄 보현이 앉아 있고 한편에는 사자를 탄 문수가 앉아 있다. 보현은 이理요 문수는 지智를 가리키는 것이다. 그래서 언제나 진리를 깨달은 것뿐만 아니라 지혜가 한없이 높이 빛난다는 것이다. 그래서 이것을 이지상응이라 했다.

"우주지본체실성宇宙之本體實性 법이상주法爾常住 항설보설恒說普說 대각세존大覺世尊 체험증득體驗證得 과분불가설果分不可說 인분가설因分可說."

우주의 본체本體와 실성實性은 "법이상주法爾常住"다. 진리는 영원하고 어디나 있는 것이 진리지 무슨 석가가 만든 것이 아니다. 진리라는 것은 법이상주, 진리는 있는 그대로 언제나 있는 것이다. 그리고 우주의 본체 실성이란 말하자면 생명이다. 그 생명이란 것은 영원히 살아있는 것이지 없어질 수 없다. 기독교로 말하면 하나님은 언제나 살아 계시다는 것이다. "우주지본체실성宇宙之本體實性"이다. 그리고 법이상주, 그리스도는 언제나 우리와 같이 있다. 그러니까 "우주지본체실성"을 기독교로 말하면 하나님이요 법이상주는 그리스도라는 말이다. 그래서 "항설보설恒說普說"이다. 진리는 언제나 설하고 있고 어디서나 진리를 설하고 있다. 기독교로 말하면 성령의 역사라는 것이다. 그 우주의 본체실성과 법이상주와 항설보설이라는 그것을 대각大覺한 사람이 세존이다.

"대각세존大覺世尊"이다. 대각세존을 달리 말하면 "체험증득體驗證得"이다. 자기가 그것을 체험해서 그것을 다른 사람에게 증거할 수 있게끔 된 것이다. 그래서 "과분불가설果分不可說 인분가설因分可說"이다.

『화엄경』의 특징이 무엇인가 하면 해인정중海印定中이다. 해인정중이라 하는 말에서 '정定'이란 선정禪定이라는 것으로 해인이라는 선정 속에 들어가 있다는 것이다. 기독교로 말하자면 기도 속에 들어가 있다는 말이나 같은 것이다. 명상 속에, 정신통일 속에 들어가 있다는 것이다. 그런데 보통 불교에서 다른 경전들은 이런 명상 속에 들었다가 기도가 다 끝나고 나와서 설법한 것들이라 하는데 이 『화엄경』만은 그냥 기도만 하고 있다는 것이다. 말하자면 이 해인정중에서 나오지 않는 것이다. 그냥 그 속에서 기도만 하고 있는데 그 석가의 뜻을 보현이 나와서 말하게 되었다는 것이다. 이것이 『화엄경』의 특징이다. 석가는 직접 말하지 않는다는 것이다. 여기에는 여러 가지 뜻이 있다. 『노자老子』를 보면 "도가도비상도道可道非常道"라는 말이 있다. 말하면 그것은 벌써 진리가 아니라는 것이다. 그런 뜻도 물론 있다. 진리는 말할 수 있는 것인가? 말할 수 없는 것이다. 그래서 공자도 "하늘이 말하더냐" 했다. 하늘은 그냥 하늘이지 하늘이 무슨 말을 하는가. 하늘은 하늘이고 땅은 그냥 땅이다. 우주 전체가 그대로 진리다. 그냥 진리를 그대로 나타낼 뿐이지 말하더냐 하는 말이다. 말로 못하니까 선禪에서는 불립문자不立文字라고 한다. 말로 하면 그것은 벌써 한정이 되고 만다. 말이라는 그릇 속에 집어넣으면 생명은 벌써 죽고 만다. 그러니까 선에서는 서로 말이 없이 그러고 있는데 왜 그런가? 생명과 생명이 그냥 통하자는 것이다. 그런데 그것을 말이라는 수단에 집어넣으면 생명이 그만 죽고 만다. 그러니까 이 말이라는 것 없이 어떻게 하자는 것이다. 그런데 말이 없으면 안 되는 것이 또 우리 인간이다. 그러니까 석가는 일체 말하지 않고 가만히 기도 중에 있는 것인데 나중에 보현이 이 석가의 마음을 이해해서 말한다는 것이다. 그것을 "과분불가설果分不可說 인분가설因分可說"이라 한다. 석가는 말하지 않고 보현이 말을 한다는 것이다. '과果'는 결과로 석가를 말한다. '인분因分'은 보현이라는 제자다. 제자가 나와서 말을 하는 것이다.

  그런데 또 한가지 이야기를 하자면 백두산 꼭대기에 물이 솟아 나오는데 그것이 신기한 것이다. 빗물이 약 70퍼센트 되고 나머지는 샘물이라고 한다. 샘물이라는 것은 그보다 높은 곳이 있어서 흘러나오는 것이다. 어디에 그 물탱크가 있어서 물이 오는지 알 수가 없다. 그러나 백두산보다 높은 산들은 얼마든지 있으니까 어디선지 온다고 할 수 있다. 그런데 『화엄경』의 상징은 히말라야 산이다. 여기 나오는 석가라는 것은 히말라야에서 제일 높은 에베레스트다. 에베레스트 꼭대기는 얼음으로 그냥 얼어 있지 어디 조금이라도 녹을 데가 없다. 그러니까 얼음 속에 얼어있다는 그것이 해인정중이라는 것이다. 그래서 나중에도 나오는 말이지만 근본법륜根本法輪이라 하는데, 하여튼 그곳에서는 물이 녹아 내릴 곳이 없다. 물이 녹아 내리려면 조금 내려와야 된다. 제자들의 단계로 내려와야 물이 녹아 내리지 꼭대기는 녹아 내리지 않는다. 우리 백두산에서 물이 나온다는 것은 사실 산이 낮다는 이야기다. 산이 정말 에베레스트처럼 높으면 물이 나올 데가 없다. 그냥 얼음 덩어리다. 그래서 부처는 해인정중이지 거기에서 나와서 말한다던가 그런 것이 절대 없다는 것이다. 그래서 그 석가의 뜻을 헤아린 보현으로 내려와서 물이 흘러내린다는 것이다. 설법이란 물이 흘러내리는 것이다. 그러니까 석가는 얼음 속에 들어가 있는 것이다. 기독교로 말해서 성령 속에 들어가 있는 것이다. 그냥 영 속에 들어가 있는 것이다. 그래서 "과분불가설 인분가설"이다. 석가는 과분이요 제자는 인분이다. 인因이 자꾸 올라가면 과果가 되는 것이다.

『화엄경』에는 세 가지 종류가 있다. 『60권 화엄경』, 『80권 화엄경』, 그리고 『40권 화엄경』이 있다. 『60권 화엄경』을 번역한 사람은 불타발타라佛馱跋陀羅(Buddhabhadra, 359-429)다. 그는 중국 사람이 아니다. 인도 사람인지 아니면 중앙 아시아 사람인지 잘 모르지만 그가 중국에 와서 번역을 했는데 그때 함께 번역한 중국 사람이 지엄智嚴이다. 그리고 『법화경』을 번역했던 구마라집鳩摩羅什(Kuma Rajiva, 344-412)도 같이 동참했다. 이때가 진晉나라 시대로 수隨, 당唐 이전이다. 이 때 60권이 번역이 되었는데 일본 사람들은 이 『60권 화엄경』을 많이 읽는다. 그리고 『80권 화엄경』은 실차난타實叉難陀(Siksananda, 652-710)가 번역을 했는데 이때는 중국 사람으로 법장法藏이 참여했다. 그 다음 40권은 『화엄경』의 일부인데 반야삼장般若三藏이 번역을 했는데 그때는 그 아래 징관澄觀이 같이 참가를 했다.

『화엄경』의 개조라 하면 두순杜順이다. 두순은 일심삼관一心三觀이라 해서 『화엄경』의 본질을 꿰뚫어본 사람이다. 그 다음 지엄智儼(602-668)은 화엄 철학의 기초를 다진 사람이다. 그리고 법장은 화엄종을 정말 하나의 종교로 만들어 낸 사람이다. 법장은 『화엄경』을 서른 번이나 강의를 했다고 한다. 법장은 책도 많이 썼다. 그 가운데 제일 유명한 책이 『탐현기探玄記』라는 책이다. 지엄이 쓴 책으로는 『수현기搜玄記』가 있다. 이 사람들이 이렇게 '현玄'이라는 글자를 많이 쓰는데 '현'이란 요새로 말해서 형이상학이라는 말이다. 말하자면 『화엄경』이 불교의 최고의 형이상학이라는 것이다. 지엄 다음으로 종밀宗密인데 종밀은 선의 대가요 동시에 『화엄경』의 대가로 화엄종의 개조에 속하는 사람이다. 종밀은 또 『원각경』의 대가다. 그래서 두순, 지엄, 법장, 징관, 종밀인데 이 사람들은 모두 『화엄경』으로 유명한 사람들이다. 우리나라 의상義湘은 지엄의 제자요 법장의 친구다. 의상은 법장보다 한 걸음 앞선 사람이지만 신라로 돌아가니까 의상 대신 법장이 3조가 된 것이다. 그만큼 의상은 거기서 인정을 받았던 사람이다. 그래서 법장은 『탐현기』를 써서 의상에게 보내고 의상은 그것을 읽어보고 검토한 후 다시 법장에게 보냈다. 그만큼 법장과 의상은 가까운 사이였다.

다음은 41중衆이라는 것이다. 말하자면 히말라야 산에서 8,000미터 이상 되는 산이 열 네 봉우리가 있으니까 7,000미터 이상 되는 봉우리는 얼마나 많을 것이며 또 6,000미터 이상 되는 봉우리, 5,000미터 이상 되는 봉우리는 얼마나 많을 것인가. 한없이 많다는 것이다. 에베레스트가 하나 나오면 그 주위에 높은 봉우리들, 요전에 말한 대로 하늘의 꽃들이 한없이 많이 나오는데 이 많은 봉우리들이 몇 개나 되나 했을 때, 몇 개라 셀 수는 없지만 한 10만개는 될 것이라 해서 10만 봉우리라는 것이다. 누가 세어본 것은 아닐 것이고 그저 많다는 소리다. 그래서 『화엄경』은 모두 몇 절로 되었는가 하면 10만절이다. 봉우리 하나하나가 한 절이다. 봉우리 하나하나가 구지일지선俱胝一指禪이다. 말하자면 진리의 구현이다. 진리의 구현이 10만개라는 것이다. 이 사람들이 말하는 한 절이라 하는 것은 글자로 32자다. 중국 사람들의 시를 보면 7자씩 4행이니까 28자로 자기의 모든 것을 다 표현한다. 그래서 대개 28언이다. 『화엄경』을 번역하면서도 7자씩 적었는데 내가 인도말은 잘 모르지만 인도말은 이것이 8자씩 되어서 4행이면 32자로 자기의 사상을 다 표현한 것이다. 그래서 인도말로 32자가 하나의 봉이다. 그런데 우리는 시조라 해서 석 줄로 표시한다. 일본 사람들은 화가和歌라 해서 두 줄로 표시한다. 그러다 나중에는 한 줄로 표시한다. 이렇게 표시하는 방법이 자꾸 짧아진다. 하여튼 인도 사람들은 32자로 표시했다는 것인데 그것을 '기타gita'라고 한다. 『바가바드 기타Bhagavad-Gita』라는 것이 이것이다. '바가바드Bhagavad'는 하나님을 찬양한다는 것이고 '기타'는 노래라는 뜻이다. 그러니까 서른 두자가 하나의 노래다. 우리 찬송가도 넉줄로 되어 있다. 넉줄이 나오고 후렴이 나오고 하는데 이런 것을 소위 '기타'라고 한다. 그것을 한 문자로 말해서 게偈라고 한다. 그래서 『화엄경』에 게偈가 몇 개인가 하면 10만개다. 그런데 그 10만개를 다 번역하지 못하고 지금 80권짜리는 약 4만 5천개를 번역했다는 것이다. 그리고 60권짜리는 약 3만 6천개를 번역했다. 10만개 중에서 절반도 못한 것이다. 그러니까 『화엄경』이란 더 크다는 것이다. 더 크다라고 하기보다는 이 사람들의 생각은 이 우주 전체가 『화엄경』이라는 것이다. 그래서 『화엄경』은 이렇게 방대하게 된 것이다. 그런데 41중衆이라 하는 것은 봉우리 가운데 대표적인 것으로 41개를 택한 것이다. 그 대표적인 봉우리 주위에는 또 작은 봉우리들이 한없이 많다. 설악산 대청봉이라면 그 주위에 봉우리들이 또 한없이 많다. 지금 제목을 보면 「세주묘엄품世主妙嚴品」인데 세주世主라는 것이 무엇인가 하면 이 41중이 세주다. 그러니까 7,000미터짜리 6,000미터짜리 이런 것들이 다 세주다. 우리 백두산도 우리 한국에서는 세주다. 그런 것이 세주다. 그러면 에베레스트는 무엇인가. 그것은 세존世尊이다. 그 가운데서도 가장 높은 하나밖에 없는 봉우리다. 그 세존 밑에서 세주들이 죽 있는 것이다. 우리가 히말라야를 생각하면서 이것을 생각하면 얼마나 이것이 장엄하고 폭이 넓은지 짐작할 수 있다. 그런데 그저 글자만 보아서는 아무 것도 안 보인다. 우리가 히말라야를 보면서 말해야 되는데, 여러분이 지금 히말라야에 갔다고 생각하고 한 번 상상을 해보기 바란다.

다시 맨 처음으로 돌아가서 여시아문이라는 첫줄을 보면 거기에는 여섯 가지가 적혀 있다. 언제 어디서 누가 무엇을 어떻게 했다 하는 것인데 그것을 육종이라 한다. 그 다음을 읽어본다.

기지견고其地堅固 금강소성金剛所成 상묘보륜上妙寶輪 급중보화及衆寶華 청정마니淸淨摩尼 이위엄식以爲嚴飾.

그 땅이 한없이 굳다는 것은 히말라야 산을 말하는 것이다. 히말라야 산이 한없이 굳은데 얼마나 굳은가 하면 "금강소성金剛所成", 금강석처럼 굳다. 금강석처럼 굳기만 한 것이 아니라 금강석처럼 빛난다는 것이다. 그러니까 히말라야가 무슨 뜻인지 모르지만 이 사람들이 히말라야를 보면서 이것은 하나의 큰 금강석이라 한 것이다. 이 금강이라는 말 때문에 우리나라 금강산이 나오게 된다. 우리 금강산은 조그만 히말라야 산이다. 이 말이 없었으면 우리나라에 금강산이란 없다. 그리고 본문을 내려가 보면 비로자나불이 나오는데 이 말에서 비로자나봉이 나온다. 금강산에서 제일 높은 봉이 비로자나봉이다. 우리나라에서 불교와 관련된 이름을 지은 것이 참 많다. 인왕산도 석가산이란 말이다. 그 뒤에 있는 봉이 보현봉이고 그 옆이 문수봉이다. 다들 불교에서 나온 이름들이다. 그러니까 금강산도 불교에서 나온 이름이다.

　이상 이것이면 다 된 것인데 그 다음은 금강산이 어떻게 생겼나 하는 것을 말하는 것이다. 금강산이 일만 이천 봉인데 그 일만 이천 봉이 하나하나 다 뾰족한 것이다. 하나하나가 진리를 드러내고 있는 것이다. "상묘보륜上妙寶輪"이다. 봉우리 하나마다 신비한 보배를 설법하고 있다. 그 아래는 진리의 꽃이 만발하게 피어 있다. 그리고 수정처럼 아주 깨끗한 물이 흘러내리고 있다. "청정마니淸淨摩尼"다. 마니라는 말이 불교에서 많이 나오는데 마니는 무색투명하고 아무 때가 끼지 않은 것인데 제일 깨끗한 것이 무엇인가 하면 다름 아닌 물방울이다. 진주나 수정같이 무색투명한 구슬을 마니주라 한다. 제일 좋은 마니주는 어디에 있는가. 옛날 왕이 곤룡포를 입고 용상에 앉아 있는 위에 용 두 마리를 그렸는데 그 용은 입에 여의주를 물고 있다. 그 여의주가 소위 마니주의 대표다. 그 여의주 하나만 얻으면 안 되는 것이 없다. "청정마니", 깨끗한 물이 흘러나오는데 마치 깨끗한 마니 같다는 것이다. 진리의 산, 진리의 꽃, 진리의 물, 이렇게 한 번 표현해보는 것이다. 그래서 "이위엄식以爲嚴飾", 아름답게 장엄이 되었다.

　　제색상해諸色相海 무변현현無邊顯現 마니위당摩尼爲幢 상방광명常放光明 항출묘음恒出妙音

　거기에는 또 호수가 많다. 여러 산들을 호수가 비치고 있다. "마니위당摩尼爲幢"이 무엇인지 잘 모르지만 설악산에 가서 보면 폭포가 있는데 그런 폭포를 말하는 것이라 생각한다. '당幢'이란 깃발이나 커튼처럼 늘어져 있는 것이니까 무색투명한 물이 흘러내리는 폭포라고 생각된다. 그 폭포가 빛나고 그 폭포에서 요란한 소리가 난다.

중보라망衆寶羅網 묘향화영妙香華纓 주잡수포周帀垂布 마니보옥摩尼寶玉 변현자재變現自在 우무진보雨無盡寶 급중묘화及衆妙華 분산어지分散於地.

그리고 "중보라망衆寶羅網", 여러 모습들이 마치 보배를 달아맨 그 물처럼 빛난다는 것이다. 향내나는 꽃 목걸이, 화환들이 여기저기 늘어져 있다는 것이다. 그리고 산꼭대기는 아침저녁으로 계속 빛이 변한다. 그래서 거기에 비가 내리는데 한없이 많은 보물을 쏟아 놓아서 꽃이 아름답게 핀다. 그것이 여기저기 피어있다. 하여튼 아주 장엄하고 아름답다는 것이다.

그래서 옛날부터 이것을 해석하는 사람들은 이것을 처음부터 쭉 십파라밀이라 해서 열 가지로 분류하여 하나는 보시 파라밀, 그 다음은 계 파라밀, 이렇게 열 가지를 붙여 나갔다. 그 십파라밀을 거쳐서 부처가 되는 것이니까 "금강소성金剛所成"하는 것이 부처이고 그 다음 열 가지는 십파라밀이라는 것이다.

보수행렬寶樹行列 지엽광무枝葉光茂 불신력고佛神力故 영차도장令此道場 일체장엄一切莊嚴 어중영현於中影現.

보수寶樹가 행렬行列이다. 그래서 가지가 다 아름답고 부처의 신비한 힘이 이 도장을 아주 장엄하게 해서 모든 호수에 그림자가 늘어지게 했다.

기사자좌其獅子座 고광묘호高廣妙好 마니위대摩尼爲臺 연화위망蓮華爲網 청정묘보淸淨妙寶 이위기륜以爲其輪.

석가의 앉은 자리는 어떤가. 사자獅子는 사자라는 뜻도 있지만 선생이라는 뜻이다. 아들 자子도 선생이다. 사자좌獅子座는 선생님이 앉았던 자리다. 높고 넓고 신비하고 좋다. 마니摩尼라는 것이 대臺가 되었다. 여의주라는 말이다. 석가의 속에는 진리의 여의주가 들어있다고 그렇게 생각하면 된다. 연꽃이 그물처럼 되어 있고 깨끗하고 묘한 보배가 있고 그것이 석가의 가르치는 말씀이다.

1.2 이시爾時 세존世尊 처우차좌處于此座 어일체법於一切法 성최정각成最正覺

이때 세존이 그 자리에 앉아서 우주의 일체 법을 가장 올바르게 깨달았다. 그래서 그 지혜가 과거 현재 미래에 다 통하게 되었다. 그래서 이 석가가 공부했다는 것은 석가가 갑자기 공부한 것은 아니다. 과거에 가지고 있던 인도의 모든 철학과 사상을 받아 들여서 공부한 것이다. 그리고 그 당시에 자기가 대성을 해서 다시 그것을 후세로 물려 가는 것이다. 그렇게 물려가서 이 『화엄경』이 언제 나오는가 하면 석가 죽은 지 600년 후다. 그런데 이 『화엄경』을 만든 사람이 누군지 모른다. 자기 이름을 감추고 만 것이다. 석가 사상만 드러났으면 되었지 나는 몰라도 된다는 것이다. 그래서 누가 했는지 전혀 모른다. 『법화경』도 누가 했는지 전혀 모른다. 『화엄경』, 『법화경』 모두 석가가 죽은지 600년 뒤에 나온 것들이다. 그리고 그 다음 600년 후가 되면 우리의 원효元曉(617-686)도 나오게 되고 의상義湘(625-702)도 나오고 또 굉장한 사람들이 나오게 된다. 그러니까 이 불교라는 것이 물론 석가 때 한 번 이렇게 나타나고 그리고 600년 후에 이렇게 나타나고 또 600년 후에 나타난다. 이렇게 여러 고비가 있는데 그때마다 생명력이 강해지는 것이다.

『화엄경』을 누가 만들었나 하고 생각할 때 학자들은 용수龍樹보살이 쓰지 않았을까 하는 짐작을 한다. 용수보살이 『화엄경』이 쓰여질 당시에 최고의 인물이니까 용수가 썼을 것이라 한다. 이것은 하나의 짐작이다. 하여튼 용수니 세친世親이니 무착無着이니 하는 한없이 위대한 사람들이 나오게 된다. 그 다음 602년이 되면 우리나라 원효도 나오고 의상도 나오고 법장法藏(643-712)도 나오고 지엄智嚴(602-668)도 나오고 그렇게 또 위대한 사람들이 나오게 된다. 법장의 책에는 원효의 『화엄경』에 대한 해석이 인용되어 나온다. 말하자면 법장이란 사람이 중국에서 최대의 철학자인데 그 사람이 원효의 책에서 원효의 사상을 인용했다고 하는 것은 원효가 굉장한 사람이라는 것을 알 수 있다. 원효는 『화엄경』에도 의상보다 더 높은 경지까지 갔던 사람이라고 보아도 된다. 그러니까 이때는 중국을 중심으로 해서 이렇게 대단한 사람들이 나온 것이고 그전의 중흥기는 중앙아시아를 중심으로 나온 것이고 석가시대는 인도를 중심으로 해서 나온 것이다. 인도에서 불교라는 것이 꽃을 피운 것이다.

지입삼세智入三世 실개평등悉皆平等.

그래서 "지입삼세智入三世", 그 사람의 지혜는 과거 현재 미래로 연속될 수 있을 만큼 대단하다는 것이다. 그리고 "실개평등悉皆平等"이다. 평등각平等覺이다. 누구나 다 깨달을 수 있는 이야기지 저 혼자만 아는 그런 이야기는 아니다.

기신충만其身充滿 일체세간一切世間 기음其音 보순시방국토普順十方國土 신항편좌身恒遍坐 일체도장一切道場.

그의 정신은 정말 살았다. 그래서 일체 세상에 가득 찰 수가 있다. 그 말하는 소리는 온 세계에 널리 퍼질 수 있으리만큼 내용이 대단하다. 석가의 정신은 어느 한 자리에만 머무는 것이 아니다. 우리 한국에도 와서 앉아있고 중국에도 앉아있고 어디나 앉아있다.

삼세소행三世所行 중복대해衆福大海 실이청정悉已淸淨 이항시생而恒

示生 제불국토諸佛國土 무변색상無邊色相.

　석가는 나기 전부터 많은 수양을 했고 나와서도 많은 고행을 했고 계속 많은 노력을 하고 있다는 것이다. 그렇기 때문에 언제나 한없는 복을 받고 있다는 것이다. 그래서 목적은 언제나 온 세상을 깨끗한 세상으로 만들어 보자는 것이다. 그래서 언제나 모든 사람에게 보여준다. 모든 진리의 나라는 한없이 아름답다는 것이다.

　원만광명圓滿光明 연일체법演一切法 여포대운如布大雲 일일모단一毛端 실능용수悉能容受 일체세계一切世界 교화조복敎化調伏 일체중생一切衆生

　정말 진리에 가득 차서, 빛에 충만해서 모든 진리를 가르친다. 마치 구름에서 비가 내리듯 내린다. 비가 오면 적시지 않는 곳이 없는 것처럼 진리의 말씀은 누구나 다 받아들인다. 그래서 모든 세상 사람들을 그 진리에 다 복종하게 만든다.

　신편시방身遍十方 이무래왕而無來往 지입제상智入諸相 요법공적了法空寂.

　그 정신이 온 우주에 가득 차기 때문에 왔다갔다 할 것도 없다. 그래서 그의 지혜는 모든 형태에 다 연결이 되어 있고 모든 진리는 공적空寂, 아무 더러움이 없다는 것을 알아차리고 있다.

　삼세제불三世諸佛 소유신변所有神變 어광명중於光明中 미불함도靡不咸覩 일체불토一切佛土 부사의겁不思議劫 소유장엄所有莊嚴 실령현현悉令顯現.

　모든 부처들이 아주 신비한 변화하는 힘을 가지고 모든 광명 속에서 나타나지 않는 때가 없다. 모든 세계는 아주 신비한 시간 동안 언제나 장엄하게 나타내고 있다.

말하자면 히말라야 산을 또 다른 면으로 설명하는 것이다. 이것의 모델은 히말라야 산인데 석가 자체가 히말라야 산이라는 것이다. 그래서 장엄한 것이 셋이 있다. 히말라야 산이 장엄하고 석가가 장엄하고 석가의 가르침이 장엄하다. 『화엄경』이 장엄하고 석가가 장엄하고 우주가 장엄하다.

그래서 "기지견고其地堅固 금강소성金剛所成" 하는 것은 히말라야가 장엄하다는 것이고, "이시세존爾時世尊" 부터는 석가가 장엄하다는 것이다. 그리고 이 다음은 에베레스트만 아니라 그 주변의 산들도 장엄하다는 것인데 그 주위에 산이 41봉이라는 것이다. 그래서 다 장엄하다는 것이다. 우주도 장엄하고 석가도 장엄하고 우리들도 장엄하다. 그러니까 41중衆이라는 것은 히말라야 주위의 산도 말하는 것이지만 백두산 설악산도 다 말하는 것이다. 온 세계의 산을 다 포함하는 것이다. 모든 중생, 우리들도 역시 장엄하다는 것이다. 결국 다 장엄해지자는 것이다.

2000. 12. 3.

세주묘엄품 강해(2)

지난번에「세주묘엄품世主妙嚴品」을 대충 설명했다. 세밀하게 하지 않고 대충 설명했다. "여시아문如是我聞"이라 하는 문장 다음에 "기지견고其地堅固 금강소성金剛所成"하는 말이 있는데 이것을 우리는 히말라야 산이라고 생각해도 좋고 또는 우리나라 금강산으로 생각해도 좋다. 또는 금강산을 못 가본 사람들은 설악산이라고 생각해도 좋다. 나로 말하면 설악산이라고 하는 것이 제일 좋다. 그래서 "상묘보륜上妙寶輪 급중보화及衆寶華 청정마니淸淨摩尼 이위엄식以爲嚴飾"하는 것들은 설악산에서 천불동을 생각하면 좋을 것 같다. 그리고 "마니위당摩尼爲幢 상방광명常放光明 항출묘음恒出妙音", 이런 것은 토왕성 폭포라 생각하면 좋을 것 같다. 그리고 "마니보옥摩尼寶玉 변현자재變現自在"하는 것은 대청봉이라 해석하면 되고 "보수행렬寶樹行列 지엽광무枝葉光茂"라 하는 이런 것은 영세암을 생각하면 된다. 그렇게 설악산에서 제일 좋은 데를 생각하면 된다. 내가 다녀 보니까 천불동이 제일 좋고 토왕성 폭포가 참 좋고 그리고 물론 대청봉은 말할 것 없고 또 나무가 많기는 영세암이 제일 많다. 그러니까 이것이 무엇인가 하면 설악산이라면 설악산에서 제일 경치 좋은 곳, 달리 말하면 자기가 설악산을 다녀볼 때 제일 인상이 깊었던 곳이다. 이런 것을 생각하며 글을 보는 것이다. "해인海印"이라는 말이 나오는데 '인印'이란 인상이라 생각하고 '해海'는 바다처럼 깊은 것이라 생각해서 깊은 인상을 받은 곳, 나로 말하면 대청봉 천불동이다. 천불동 속에서도 천당폭이 있는 데가 제일 인상이 깊다. 그리고 영세암이나 토왕성도 좋다. 물론 비룡 폭포도 좋지만 토왕성 폭포가 더 좋은 것 같다. 그래서 자기에게 가장 깊은 인상을 심겨준 것, 그런 것을 이렇게 그려 놓았다고 보면 된다.

그러니까 이것은 말하자면 글이 아니고 하나의 그림이다. 그리고 또 사진도 아니다. 어디서 사진을 찍으면 그곳만 보이지 다른 곳은 보이지 않는다. 그림도 물론 그곳만 보이지만 동양 그림의 특징은 화가가 돌아다니면서 그리는 것이다. 그것이 동양 그림의 특징이다. 천불동도 가보고 영세암도 가보고 그렇게 돌아다니면서 자기에게 가장 인상 깊은 데를 골라서 그리는 것이다. 그러니까 이것은 하나의 그림이지 절대 사진이 아니다. 사진이라면 우리가 정확하게 해석을 해야 된다. 사진이라면 이것은 무엇이고 저것은 무엇이다 할 수 있다. 그래서 이것은 무슨 봉우리를 찍은 것이고 저것은 무슨 나무를 찍은 것이다 그렇게 해석을 해야 되지만 그림이니까 대충만 보는 것이다. 높은 산이 있고 강물에 배가 떠 있다 할 때 배에 탄 사람은 점 하나로 콕 찍었지 그림 속의 사람은 눈도 없고 코도 없다. 그러니까 대충 나타낸 것이다. 불경도 그렇고 모든 성경이 다 그렇다. 그래서 한마디 한마디에 무슨 깊은 뜻이 있는 것은 아니다. 우리는 거기에 세밀하게 주석을 달고 자꾸 그렇게 보려고 하는 경향도 많지만 그것은 잘못된 것이다.

　맨 처음이 「세주묘엄품」인데 '품'이란 작품이란 말이다. 하나의 작품이다. 이것은 석가 시대에 그린 것도 아니고 석가가 죽은 후에 600년 혹은 700년 지나서 그린 것이다. 어떤 화가가 석가 당시를 상상하면서 그린 하나의 추상화지 구상화라 하기도 어렵다. 추상화를 통해서 우리가 느낄 수 있는 것은 하나의 강한 인상이다. 그 인상만 우리는 느끼면 되지 이것은 무슨 눈이다, 코다 하고 그럴 필요는 없다. 그래서 기독교의 『성경』을 읽을 때도 몇 장 몇 절은 어떻고, 어떻고 자꾸 그렇게 생각할 필요가 없다. 그 전체를 통해서 우리가 제일 인상을 받은 데가 어디인가 해서 붙잡으면 그것이 자기의 성경이다. 그런데 그런 것 없이 전부 다 해석을 했다고 해도 그것은 모두 쓸데없는 것이다. 나로 말하면 「갈라디아서」 2장 20절이다. "그리스도와 함께 십자가에 못 박혀 죽었으니 이제는 내가 사는 것이 아니요 그리스도가 내 안에서 산다." 그런 말들이 한없이 깊은 인상을 내게 주는 것이다. 그러니까 그런 인상을 가지고 사는 것이 믿는 것이지 무슨 해석을 잘한다던가 하는 그런 것은 상관이 없다. 여러분도 그렇게 생각하고 이것이 설악산을 그린 그림이라 보고 여기서 자기가 얻고 싶은 대로 얻으면 되는 것이다.

그리고 중요한 것이 "마니摩尼"라는 것인데 마니라는 것의 제일 대표적인 것은 물방울이다. 물방울 하나가 떨어지는 데 무색투명한 물방울로 거기에 빛이 비치면 무지개도 나타나고 여러 가지 색깔이 나타나는 그런 것이 마니다. 무색투명한 하나의 구슬이라는 것이다. 그래서 이전에도 말했지만 왕이 앉는 자리 위에 용 두 마리가 서로 가지려고 싸우는 그것을 여의주라 하는데 마니라는 것이 그 여의주를 말하는 것이다. 사자좌獅子座는 선생님의 자리다. 선생님의 입장이라는 것이다. 선생님의 입장이라는 것은 어떤 것인가? 마니, 여의주 같은 자리다. 선생님의 손에만 들어가면 무엇이나 자유자재로 그렇게 되는 것이다.

그 다음 중요한 말이 "성최정각成最正覺"이다. 정각을 이루었다는 말이다. 그것이 핵심이다. 그래서 여러 가지 말들이 나오는데 이것들이 전부는 아니고 그 가운데 일부만 추린 것이다. 길게 나오는 그것들을 일일이 다 쫓아다니려면 한이 없기 때문이다. 그래서 성최정각 다음으로 중요한 말이 "지입삼세智入三世"라는 것이다. 지智라는 것이 제일 중요하다. 그래서 그것에 대한 설명들이 나오고 그 다음에는 "삼세소행三世所行"이라는 것이 나온다. 행行이라는 것이 그 다음에 중요한 것이다. 그래서 행이라는 것에 대해 여러 가지로 표현이 된다. 그리고 그 다음을 보면 "교화조복教化調伏"이라는 말이 나온다. 교教라는 것이 중요하다. 그러니까 깨달았다는 내용이 무엇인가 하면 이 세 가지다. 지智와 행行과 교教라는 것이다. 『화엄경』이라 할 때 '화華'를 지知라 생각해도 좋다. 그리고 '엄嚴'은 행行이라 생각하고 '경經'은 교教라는 것으로 생각해도 좋다. 요는 이 셋이다. 왕양명으로 말하면 지행일치知行一致다. 지와 행과 일치다. 그래서 지행일치라 그렇게 말해도 좋다. 이 세 가지를 『화엄경』에서 이렇게 저렇게 여러 가지로 수식을 붙인 것이다. 내가 늘 말하는 것처럼 지知라는 것은 천화天華라는 것이고 행行은 장엄莊嚴이라는 것이고 교教는 정경正經 또는 청경淸經이라 해도 좋다. 『화엄경』에서 '화'는 무슨 화인가? 천화다. '엄'은 무슨 엄인가? 장엄 혹은 숭엄이다. '경'은 무슨 경인가? 정경 혹은 청경이다. 그러니까 쉽게 말하면 '화'라는 것은 산꼭대기의 얼음이다.

제 1. 세주묘엄품世主妙嚴品 45

'엄'이라는 것은 히말라야의 8,000미터 이상 되는 높은 봉우리다. 봉우리가 그렇게 장엄하다는 것이다. 그리고 '경'이란 그 봉우리에서 흘러내리는 양자강, 메콩강, 인더스강, 간지스강, 그 모든 강물들이다. 그 강물들을 우리는 경이라 하는 것이다. 그래서 이 세 가지다. 산이라는 것이 이 셋이다. 산봉우리가 있어야 되고 맨 꼭대기는 얼음이 있어야 되고 그래서 언제나 그 얼음이 녹아서 내려 와야 그것이 진짜 물이다. 그저 빗물이나 조금 내려오면 그것은 진짜 물이라 할 수 없다. 그러니까 3,000미터 이상만 되면 물은 언제나 흘러내리는 것이다. 이것이 소위 "항설상설恒說常說"이라는 것이다. 언제나 내려오는 것이고 영원히 내려오는 것이다. 이어서 계속 읽어본다.

1.3 유십불세계有十佛世界 미진수微塵數 보살마하살菩薩摩訶薩 소공위요所共圍遶

한없이 많은 제자들, 또는 군중들이 부처님의 주위를 둘러싸고 있다는 것이다. 에베레스트 근방에는 8,000미터 이상 되는 봉우리만 해도 14개다. 7,000미터 6,000미터 이상 되는 봉우리는 한없이 많다. 한없이 많은 봉우리가 히말라야를 둘러싸고 있는 것이다.

차제보살此諸菩薩 왕석往昔 개여비로자나여래皆與毘盧遮那如來 공집선근共集善根 변재여해辨才如海 입법계장入法界藏 지무차별智無差別.

우리 금강산에서 맨 꼭대기가 비로봉이다. 거기가 맨 처음 햇빛이 비치는 곳이다. 그래서 비로자나라고 한다. 에베레스트가 8,848미터라고 하는데 거기가 비로자나다. 그런데 비로자나라는 것이 에베레스트봉이 되었다가 나중에는 광명편조光明遍照라는 말이 된다. 빛이 온 세계를 비춘다는 것이다. 그러니까 비로봉보다 하나 더 올라가서 태양이 되는 것이다. 그래서 비로자나는 결국 태양이 되고 마는 것이다. 광명편조라는 것이 태양이지 무슨 다른 것이 아니다. 그래서 나중에는 대일여래大日如來라 한다. 말하자면 태양신 숭배다. 우리나라에서 백두산이니 하는 것도 태양 숭배다. 일본도 말할 것 없이 태양 숭배다. 동양이라는 것이 다 태양 숭배다. 일본의 깃발도 태양이고 대만의 깃발도 태양이고 한국의 깃발도 태양이다. 태양 숭배인데 쉽게 말하면 범신론汎神論이다. 태양이라는 것이 모든 만물을 생산해 내는 것이다. 태양이 없으면 만물도 없다. 만물이라는 것이 그대로 태양이고 태양이라는 것이 그대로 만물이다. 쉽게 말하면 태양에서 지구가 나오고 지구에서 모든 만물이 나오는 것인데 모든 만물이라는 것이 무엇인가 하면 태양의 화신이라고 할 것이다. 그래서 태양이라는 말 대신에 신이라는 말을 쓰면 신즉자연神卽自然이 된다. 태양즉만물이나 마찬가지로 신즉자연이다. 그러니까 인도 사람들의 사상은 범신론이라고 할 수 있다. 그렇게 생각하면 지금 나무니 무엇이니 하는 이것들이 다 태양의 화신이지 태양의 화신 아닌 것이 없다. 우리가 여기 모여 있지만 우리도 다 태양의 화신이다. 태양의 화신이 아닌 것이 없다. 이런 것을 우리는 보통 "일즉일체一卽一切 일체즉일一切卽一"이라 한다. 태양에서 모든 만물이 나왔고 또한 모든 만물 속에는 다 태양이 들어가 있다. 태양이 들어가 있다는 것은 소위 불이라는 것이다. 원시화라는 것이다. 그 불이 들어가 있다는 것을 불성이 있다고 한다. 불교라는 것이 말하자면 하나의 불에 대한 종교다. 불을 직접 숭배하는 종교가 배화교拜火敎인데 이란 이라크 지방의 조로아스터교Zoroastrism가 그것이다. 그냥 불을 숭배하는 것이다. 이것이 로마에도 들어와서 집집마다 불을 걸어놓고 숭배하는 그런 것이 많이 있었다. 이 세상을 가만히 보면 이 전체가 불이라고 보아야 될 것이다. 내가 제주도에 가서 겨울에 바닷 속에 들어갔는데 내 몸이 전체가 불이었다. 나는 내 몸이 불인 줄을 전혀 몰랐는데 바닷 속에 들어가니까 내 몸 전체가 환하게 불이 켜지는 불이었다. 새우만 불을 켜는 것이 아니다. 내 몸도 불이다. 내가 제주도에 가지 않았더라면 그것을 모를 뻔했다. 제주도에 가서 내가 그것을 발견한 것이다. 그런 것을 소위 자각自覺이라 한다. 제주도에 가서 처음으로 "아, 내 몸이 불이로구나."하고 알았다. 이것이 소위 성최정각成最正覺이다. 거기 가서야 그것을 알았다.
 "공집선근共集善根", 좋은 일을 많이 했다. 그리고 "변재여해辯材如海", 남에게 말도 잘하게 되었다. 그리고 "입법계장入法界藏"인데 법계는 이상국가라 해도 되고 진리라고 해도 된다. 진리의 가장 핵심 부근에까지 들어갔다. 그리고 "지무차별智無差別"이다. 지라는 것이 차별이 없게 되었다. 보통 지에는 분별지라는 것이 있고 무분별지라는 두 가지가 있다. 분별지라는 것은 우리들의 지식이고 무분별지는 깨달음이다. 깨달음이란 지식이 아니다. 말하자면 직관지다. 깨닫는다는 것이다. 깨닫는다는 것은 직관지지 분별지가 아니다. 그래서 "지무차별"이라 했다.

 요달제불了達諸佛 희유광대希有廣大 비밀지장秘密之藏 일체여래一切如來 공덕대해功德大海 함입기신咸入其身.

 부처들의 아주 희유 광대한 비밀스런 그런 경계에까지 도달해서 알게 되었다는 것이다. 다르게 말하면 부처의 비밀까지 알게 되었다는 것이다. 그런데 부처의 비밀이란 별다른 것이 아니다. 앞서 말한 지, 행, 교라는 그것이다. 부처의 비밀은 얼음이 있다는 것, 산이 높다는 것, 그리고 물이 흐른다는 것, 그것이 부처의 비밀이지 다른 것이 없다. 그러니까 그 세 가지만 붙잡으면 우리는 『화엄경』을 다 붙잡았다고 할 수 있다.
 그러니까 "일체여래一切如來 공덕대해功德大海 함입기신咸入其身"이다. 모든 여래의 공덕이 바다처럼 큰데 그 바닷 속에 들어가 있는 제자들, 그 제자들이 얼마나 많은가 하면 한없이 많다는 것이다. 한없이 많은 그 제자들의 이름을 임시로 몇 개 써 놓았는데 그 숫자는 마흔하나다. 그것이 41중衆이라는 것이다.

 1.4 부유불세계復有佛世界 보현보살普賢菩薩 (십신중十信衆)

해월광대명보살海月光大明菩薩 미진수집금강신微塵數執金剛神 부유신
중신復有身衆神 족행신足行神 도장신道場神 주성신主城神 주지신主地神
주산신主山神 주림신主林神 주락신主樂神 (십주중十住衆)

주가신主嫁神 주하신主河神 주해신主海神 주수신主水神 주화신主火神
주풍신主風神 주공신主空神 주방신主方神 주야신主夜神 주주신主晝神 (십
행중十行衆)

아수라왕阿修羅王 가루라왕迦樓羅王 긴나라왕緊那羅王 마후라가왕
摩睺羅迦王 야차왕夜叉王 용왕龍王 구반다왕鳩槃荼王 건달바왕乾達婆王
월천자月天子 일천자日天子 (십회향중十廻向衆)

삼십삼천왕三十三天王 수야마천왕須夜摩天王 도솔천왕兜率天王 화약
천왕化藥天王 타화자재천왕他化自在天王 대범천왕大梵天王 광명천왕光
明天王 편정천왕遍淨天王 광과천왕廣果天王 대자재천왕大自在天王 (십지
중十地衆)

   십신十信, 십주十住, 십행十行, 십회향十廻向, 십지十地라는 것인데 십신중十信衆의 대표가 보현보살이다. 그리고 십주중十住衆의 대표는 해월광대명보살이고 십행중十行衆의 대표는 주가신이고 십회향중十廻向衆의 대표는 아수라왕이고 십지중十地衆의 대표는 삼십삼천왕이다. 그렇게 해서 십신 중에는 열 명이 기록되어 있고 십주 중에는 해월광대명보살을 포함하여 백 명이 있고 십행 중에는 주가신을 포함해서 백 명이 나오고 십회향 중에는 아수라왕을 포함해서 백 명이 나오고 또 십지중에는 삼십삼천왕을 포함해서 백 명이 나온다. 그래서 모두 410명이 나온다.
   그런데 내용은 십신, 십주, 십행, 십회향, 십지라는 것이다. 이것은 우리가 『법화경』을 할 때 말한 것처럼 우리 보통 사람들이 부처가 되기까지의 가는 길이 있는데 그 길의 계단이 모두 52계단이 있다는 것

이다. 사실은 53계단이라 해야 되는데 그 가운데 하나가 겹쳐있기 때문에 보통 52계단이라 한다. 그것을 열 계단씩 나누어서 십신, 십주, 십행, 십회향, 십지라 하고 그 다음 51번째가 등각等覺이라는 것이고 52번째가 묘각妙覺이라는 것이다. 이 묘각을 지나서 불타다. 묘각은 보현보살을 가리키는 것이고 등각은 문수보살을 가리키는 것이다. 문수보살이 맨 처음에 나왔으니까 그것 하나는 약략略하는 것이다. 그래서 쉰 셋인데 쉰 둘이라 하는 것이다. 문수와 보현을 빼고 나오는 선생님이 50명이다. 그런데 그 오십 명을 다섯으로 나누어서 맨 처음은 우리에게 믿음을 길러주는 선생님이라 해서 십신이라 한다. 그 다음에 십주라는 것은 우리들의 눈을 뜨게 해주는 선생님이다. 요전에도 말했지만 언제나 귀에서부터 눈으로 해서 코로 해서 입으로 간다. 그것을 소위 성문·연각·보살·불타라고 한다. 그래서 성문이란 우리에게 믿음을 가지게 해주는 선생님들이다. 귀를 뚫어주는 선생님이다. 그것이 십신이다. 십주는 연각이다. 눈을 뜨게 해주는 선생님이다. 그리고 십행이란 코를 뜨게 해주는 선생님들인데 보살이다. 그 보살을 둘로 나누어서 십행과 십회향이라 했다. 그 다음에 우리의 입을 열게 해주는 선생님이 십지중이다. 그래서 이것을 넷으로 할 때는 언제나 성문·연각·보살·불타라는 것인데 이것을 다섯으로 할 때는 이렇게 십신, 십주, 십행, 십회향, 십지라고 하는 것이다. 우리는 이 네 가지만 알면 된다. 그 네 가지 가운데 어느 때는 보살을 둘로 쪼개는 수도 있고 어느 때는 연각을 둘로 쪼개는 수도 있다. 그러니까 여기에 마흔이니 쉰이니 하는 것은 말하자면 부처가 되기까지 우리의 가는 길을 나타낸 것이라 보면 된다. 말하자면 금강굴 옆에 마등령 올라가는데 구름다리 올라가듯이 그렇게 구름다리를 해 놓은 것이다. 그 계단이 몇 계단인가 하면 52계단이라는 것이다. 그것을 열 개씩 나누어서 이렇게 말한 것이다. 그리고 그 한 계단 한 계단마다 사람들의 이름을 붙여놓은 것이다. 그래서 이렇게 410명이 된 것이다.

또 하나 보충할 것은 해인海印이라는 것이다. 『화엄경』을 설명한 대표적인 사람이 셋이 있다. 화엄종의 제2대인 지엄이 『수현기搜玄記』를 썼다. 여기서 '현玄'이란 형이상학이라는 것이다. 이것은 『노자』에서 나온 것이다. 노자는 "현지우현玄之又玄 중묘지문衆妙之門"이라 했다. 노자는 형이상학을 현이라 한 것이다. 그래서 『수현기』는 지엄이 쓴 것이고 의상의 친구인 법장은 『탐현기探玄記』를 썼다. 그 다음은 당나라 때 이통현李通玄(635-730)이라 해서 형이상학에 통했다는 사람이다. 이 사람은 법장과 징관의 중간쯤에 나왔던 사람인데 그는 개조에는 들어가지 않는다. 개조라는 소리를 듣지 못하는 이유는 그가 중이 아니고 그저 보통 속인으로 살면서 『화엄경』에 통했던 사람이기 때문이다. 이 사람이 쓴 책으로 『신화엄경합론新華嚴經合論』120권이 있다. 그것을 우리나라 탄허呑虛스님이 현토역해懸吐譯解, 토를 달고 번역을 했다. 요새 책으로 해서 23권 나왔다. 통현이란 사람이 자기의 생각을 세밀하게 다 적어놓은 책인데 그 가운데 다음과 같은 설명이 나온다.

대방광불화엄경大方廣佛華嚴經「세주묘엄품世主妙嚴品」
"대자무방大者無方 방자법칙方者法則 광자이지편주廣者理智徧周 불자지자재佛者智自在 화자무진행華者無盡行 엄자장식嚴者裝飾 세주자신천팔부중世主者神天八部衆 묘엄자미진수부종래엄妙嚴者微塵數部從來嚴. 해인자海印者 종유위명從喩爲名 여수라如修羅 사병렬四兵列 재공중在空中 어대해내於大海內 인현기상印現其像 보살정심菩薩定心 유여대해猶如大海. 삼매자三昧者 이지무이理智無二 교철용융交徹鎔融 피차구망彼此俱亡 능소사절能所斯絶 고운삼매故云三昧."

"대자무방大者無方 방자법칙方者法則 광자이지편주廣者理智徧周 불자지자재佛者智自在 화자무진행華者無盡行 엄자장식嚴者裝飾 세주자신천팔부중世主者神天八部衆 묘엄자미진수부종래엄妙嚴者微塵數部從來嚴."

'대大'는 무방無方, 한계가 없다는 것이다. '방方'이란 것은 법칙法則이다. '광廣'이란 이지理智가 합일된 것이다. '불佛'이란 지智에서

제 1. 세주묘엄품世主妙嚴品 51

자재自在를 얻은 사람이다. 철학에 자재를 얻은 사람이라는 것이다. 쉽게 말하면 철인이라는 말이다. '화華'라는 것은 무엇인가. 무진행無盡行이다. 요전에 대방광불화엄大方廣佛華嚴, '불佛'은 과일이고 '화華'는 꽃이라 했다. 부처가 되기 전 단계가 행의 세계니까, 즉 보살의 세계를 지나서야 부처가 되는 것이니까, 화華라는 것을 보살의 세계로 본 것이다. 그래서 무진행이라 했다. 그리고 '엄嚴'이란 장식裝飾이라는 것이다. 꽃과 열매가 하나로 일치된 세계로 보는 것이다. 그리고 '세주世主'는 신천팔부중神天八部衆이다. 오늘 410명을 말했는데 이것이 결국 세주라는 것이다. 그리고 '묘엄妙嚴'이란 무엇인가 하면 세주를 따라온 많은 사람들, 그 많은 사람들의 모습이 정말 장엄하다는 것이다.

"해인자海印者 종유위명從喩爲名 여수라如修羅 사병렬四兵列 재공중在空中 어대해내於大海內 인현기상印現其像 보살정심菩薩定心 유여대해猶如大海."

『화엄경』은 해인정海印定이라는 것이다. 『법화경』을 할 때는 깊은 명상 속에 들어갔다 나와서 『법화경』을 설했다고 말했다. 『법화경』에서는 무량의처삼매無量義處三昧라고 했는데 여기서는 해인정이라고 한다. 해인이라는 깊은 명상 속에 들어갔다는 것이다. 그래서 해인이란 무엇인가를 설명한 것인데 법장의 『탐현기』에 나온 것이라 생각된다.

해인海印이란 무엇인가? 비유해서 말하는데 하늘에 있는 군인들이 네 줄로 서있는 것이다. 하늘의 별들이 늘어서 있다는 말이다. 그런데 하늘의 별이 바다에다가 그 모습을 도장으로 찍었다. 그것이 해인이라는 것이다. 하늘의 별들이 바다에 도장을 찍었다. 바다에 바람이 하나도 없고 물결이 하나도 없어 그냥 거울 같은 것이다. 그럴 때 대원지경大圓智鏡이라 한다. 크고 둥그런 지혜의 거울이다. 바다가 거울이 된 것이다. 그래서 위에 있는 별들이 있는 그대로, 딱 도장을 찍듯이 찍힌 것이다. 그러니까 이 도장이야말로 정말 진여眞如다. 별과 꼭 같은 것이다. 그래서 별이 그대로 찍혔다는 것이다. 이 별이라는 것이 사람 속에 들어오면 성性이다. 그래서 이 별과 우리 속의 깨달음과 일치가 되었다는 것이다. 그래서 칭성본교稱性本敎라는 말을 한다. '칭稱'이란 일치되었다는 말이다. 하늘의 별과 우리 가슴 속의 별이 일치가 되었다. 하늘의 그리스도와 내 마음 속의 그리스도가 일치가 되고 말았다. 칭성본교인데 본교는 근본적인 가르침이다. 특별히 이『화엄경』은 부처님이 거기에 있는 관중을 의식하고 말한 것이 아니라 그냥 자기의 독백이라 했다. 자기의 독백이란 근본법륜根本法輪이라는 것이다. 근본법륜이란 무엇인가.『법화경』은 거기에 듣는 사람을 의식하고 말한 것이다. 그런데『화엄경』은 듣는 사람을 전혀 의식하지 않고 자기가 본 바를 그대로 말하는 것이다. 그럴 때 그것을 근본법륜이라 한다.

도장이 찍히듯 딱 찍혔다. 언제나 하늘의 별과 거울 속의 그림자가 꼭 일치하는 것이다. 칭성본교라는 것이다. 그래서 칭성본교니 근본법륜이니 하는 이것들이 다『화엄경』에 대해서 말하는 이야기들이다. "인현기상印現其像 보살정심菩薩定心", 보살의 안정된 마음에 도장을 딱 찍은 것이다. "유여대해猶如大海", 마치 거울에 그림자가 비친 것처럼 찍힌 것이다. 그것을 해인이라 한다. 그러니까 해인이란 위에 있는 세계와 아래 있는 세계의 일치를 말한다. 뜻이 하늘에서 이룬 것처럼 땅에서도 이루어졌다는 것이다.

"삼매자三昧者 이지무이理智無二 교철용융交徹鎔融 피차구망彼此俱亡 능소사절能所斯絶 고운삼매고운삼매故云三昧."

삼매三昧라는 것은 무엇인가? "이지무이理智無二"다. 이理는 체體요 지智는 용用인데 체용이 일치라는 것이다. 이라는 본체와 그 본체의 작용인 지가 일치한다는 것이다. 그래서 이와 지가 서로서로 꿰뚫고 서로서로 녹아내려 하나가 되었다. 그래서 이 사람들은 밤낮 원융圓融이라는 말을 잘 쓴다. "교철용융交徹鎔融"이다. 그래서 "피차구망

彼此俱亡"이다. 분별지가 없어진 것이다. 피와 차가 다 없어지고 말았다. 그래서 "능소사절能所斯絶"이다. 주관과 객관이 일치되고 만 것이다. 달리 말하면 내가 보는 나가 나라는 것이다. 보는 사람도 나요 보이는 사람도 나다. 그것이 "능소사절"이다. 제가 저를 본다는 것이니까 분별지로서는 말이 안 되는 소리다. 이것을 소위 직관지라 한다. 자기가 자기를 본다는 것이다. 그러니까 너 자신을 알라는 것이다. 이것을 삼매라 한다. 주관과 객관의 일치다. 보는 나와 보이는 나가 같은 것이다. 그런 것을 우리는 각覺이라 한다. 그래서 해인삼매海印三昧인데 그것을 해인정海印定이라 한다. 삼매를 한자로 쓸 때는 정정이라 한다. 선정禪定이다.

　이것은 석가가 어떻게 깨달았는가 하는 것을 말하는 것으로 석가가 깨달은 이야기다. 석가는 어떻게 깨달았는가? 자기가 자기를 본 것이다. 자기가 자기를 보았다는 것은 바다가 하늘의 별을 본 것이다. 바다가 하늘의 별을 만난 것이다. 우리로 말하면 내가 하나님을 만난 것이다. 사도 바울이 다메섹 도상에서 그리스도를 만난 것이다. 하늘의 별이라는 것은 그리스도요 바다라는 것은 바울의 마음이다. 바울의 마음이 그리스도를 만난 것이다. 그런 것을 우리는 각이라 한다. 그러니까 이것은 어떻게 석가가 진리를 깨닫게 되었는가 하는 이야기다. 진리를 깨닫는 이유는 해인삼매 때문이라는 것이다.

　이제 석가가 부처가 되었으니까, 철인이 되었으니까, 철인이 있는 곳에는 반드시 이상세계가 나와야 된다. 주님이 있는 거기가 천국이기 때문이다. 그래서 반드시 이상세계가 나와야 된다. 요전에도 불화엄佛華嚴이 있으면 대방광大方廣이라 했다. 반드시 이상세계가 나와야 된다는 것이다. 이상세계를 말할 때는 해인정이 아니라 해인도海印圖라고 한다. 그래서『화엄일승법계도華嚴一乘法界圖』또는『해인도海印圖』라 한다. 일승一乘이란 최고의 스승이니까 철인이다. 그 철인이 있는 데는 법계法界라는 이상세계가 나온다. 일승법계一乘法界다. 철인이 있는 데는 이상세계가 나오는데 이상세계는 어떤 세계인가. 화엄이다. 아주 아름답고 장엄한 세계다. 우리가 하늘을 보면 아름답고 장엄하다. 별바다를 보면 한없이 아름답고 한없이 장엄하다. 그 뜻이 하늘에서 이루어진 것처럼 땅에서도 이루어지면 이 땅이라는 것이 한없이 아름답고 장엄하게 될 것이다. 이것을 희랍 사람들은 코스모스라 한다. 하늘의 코스모스가 땅의 코스모스로 바뀌는 것이다. 가을에 피는 코스모스처럼 그렇게 청초하고 깨끗하고 아름답게 되는 것이다. 그래서『화엄일승법계도』라는 것인데 이것은 의상대사義湘大師가 쓴 것이다. 의상대사가『화엄경』을 읽고 자기에게 가장 인상 깊은 데만 골라서 210자로 모아놓은 것이다. 7자씩 해서 30개다. 그 가운데 8개를 적었는데 이것은 의상이 본 이상세계라는 것이다.

"일중일체다중일一中一切多中 일즉일체다즉일一卽一切多卽一
일미진중함시방一微塵中含十方 일체진중역여시一切塵中亦如是
무량원겁즉일념無量遠劫卽一念 일념즉시무량겁一念卽是無量劫
구세십세호상즉九世十世互相卽 잉부잡난격별성仍不雜亂隔別成."

"일중일체다중일一中一切多中 일즉일체다즉일一卽一切多卽一"

하나 속에 일체가 들어가고 일체 속에 하나가 들어가 있다. 하나가 곧 일체요 일체가 곧 하나다. "일중일체다중일一中一切多中一"이란 무엇인가? 여기에 대해 의상이 설명을 붙인다.

"일미진중함시방一微塵中含十方 일체진중역여시一切塵中亦如是"

하나의 먼지 속에 우주가 들어있다. 모든 먼지 속에 우주가 들어가 있다. 우주 속에 또 먼지가 다 들어있다. 그래서 "일중일체다중일"이라는 것을 또 먼지로 표시한 것이다. 그럼 일즉일체一卽一切는 무엇으로 표시했는가?

"무량원겁즉일념無量遠劫卽一念 일념즉시무량겁一念卽是無量劫"

제 1. 세주묘엄품世主妙嚴品 55

"무량원겁無量遠劫"은 요새로 말해서 영원이다. 영원이 어디 있는가. "즉일념卽一念", 찰나 속에 있다. 영원은 찰나 속에 있다. 찰나 속에 또 영원이 있다. 그러니까 하나의 점 속에 무한이 들어가 있고 무한 속에 하나의 점이 들어가 있다. 하나의 찰나 속에 영원이 들어가 있고 하나의 영원 속에 찰나가 들어가 있다.

하나는 공간이고 하나는 시간이다. 찰나와 점인데 이것은 우리가 많이 쓰는 here and now 라는 말이다. 점이란 here요 찰나란 now다. 지금 여기가 here and now다. 여기가 지금 영원이 들어가 있다.『화엄경』이라는 것이 지금 이천 년 이상 걸려서 여기에 와 있는 것이다. 우리가 지금 이천 년이라 시간과 이 순간을 일치시키는 것이다. 또『화엄경』이라는 것이 인도, 중국, 일본 등 전체의 넓은 땅에서 돌아다니는 것인데 그것이 여기서 우리와 만나는 것이다. 우리가 지금 여기서 만나는 것이 영원과 무한이다. 영원과 무한을 만나는 이 순간이요 이 장소다. 그래서 여기가 here and now라는 것이다.

"구세십세호상즉九世十世互相卽 잉부잡난격별성仍不雜亂隔別成."

"구세십세호상즉九世十世互相卽"이라는 여기에 대해서는 여러 가지 학설이 많지만 쉽게 말하면 구세九世라는 시간과 십세十世라는 공간이 곱해졌다는 것이다. 사차원이라는 말이다. here and now가 무엇인가 하면 사차원이다. 그래서 "잉부잡난격별성仍不雜亂隔別成"이다. 하늘의 코스모스가 여기에 이루어진 것으로 질서 정연하게 되어 만물들이 무럭무럭 자라게 되는 것이다. 요전에『중용』에서 "천지위언天地位焉 만물육언萬物育焉"이라 한 것이나 마찬가지다.

그래서『중용』으로 말하면 일중일체一中一切라 하는 것은 화和라는 것이고 일즉일체一卽一切라는 것은 중中이라는 것이다. 중화中和다. 그리고 "구세십세호상즉"이라 하는 것은 치중화致中和라는 것이다. 시간과 공간이 곱해진 것이다. 그래서 결국은 "천지위언 만물육언"인데 이것이 이상세계다. 이상세계가 지금 우리에게 임하는 것이다.

이것을 다른 말로 쓸 때는 사사무애법계事事無碍法界라 한다. 먼지라는 말 대신에 일(事)이라 한다. 일이 무애無碍, 걸리지 않는다. 그래서 원융圓融이라 한다. 그리고 또 하나, 중중무진重重無盡이다. 이상세계는 어떤 세계인가? 이상세계에 사는 모든 사람들이 다 일자리를 갖는 것이다. 실업자는 하나도 없고 다 일자리가 있다. 이것이 플라톤의 이상세계에 나오는 분업이라는 사상이다. 어떻게 경제가 정의에 의거해서 분배가 되느냐 할 때 분업을 말한다. 나라에 삼천만 명이면 삼천만 명이 다 직업을 가져야 한다. 그래서 한 사람이 만든 물건이 여러 다른 사람한테 가고 다른 사람이 만든 물건은 또 여러 다른 사람한테로 가야 된다. 한 사람은 농사를 짓는다고 하고 한 사람은 텔레비전을 만든다고 하면 농사짓는 사람만 밥을 먹으면 안 되고 텔레비전 만드는 사람만 텔레비전을 가지면 안 된다. 농사 안 짓는 사람도 다 밥을 먹어야 된다. 매 집마다 다 밥이 배달이 되어야 한다. 그리고 텔레비전도 텔레비전 만드는 사람 집에만 있으면 안 된다. 집집마다 텔레비전이 다 있어야 된다. 전체가 다 있어야 된다. 그러니까 배추 값이 싸서 갈아엎는다던가 그렇게 되면 안 된다. 배추를 만들 때도 딱 알맞게 만들어 전체가 소비될 수 있어야 한다. 그런 것을 소위 원융이라 한다. 골고루, 알맞게 되어야 한다. 그래서 누구네 집을 가 보아도 중중무진이다. 텔레비전도 있고 자동차도 있고 컴퓨터도 있고 쌀도 있고 무엇이나 다 있다.

옛날 후르시쵸프가 처음으로 미국에 갔을 때 제일 가난한 집을 보여달라고 했다. 그래서 보여주었는데 가서 냉장고를 열어 보니까 거기에 빵이니 고기니 치즈니 버터니 우유니 무엇이나 다 있었다. 그래서 후르시쵸프가 말하길 "우리가 염원하던 공산세계가 여기에 와 있구나" 했다고 한다. 이것이 소위 이상세계의 현실적인 면이다. 이것을 사사무애법계라 한다. 모든 사람들이 다 잘살게 되는 것이다. 이것을 다른 말로 하면 일파만파一波萬波라는 것이다. 물결 하나 속에 만파가 들어가 있고 만파 속에 일파가 들어가 있다. 일파와 만파가 연결이 되어 있는 것이다. 이것이 사사무애법계라는 것이다.

사람들이 모두 다 직업을 갖고 일하면서 서로 도와주는 관계다. 그래서 상의相依 혹은 상입相入이라 한다. 텔레비전을 만들어서 집집마다 다 들어가게 되었다. 상입相入, 상의相依, 상보相補, 서로 돕는 관계다. 이런 관계를 일중일체一中一切라 한다. 그러니까 상중相中이라 하는 것이 더 좋은데 상중이라는 말은 쓰지 않고 상입이라는 말을 쓴다. 농부가 만든 쌀이 이집저집 다 들어가게 된다. 그리고 김치를 만들어서 고아원에도 보내주고 소년가장의 집에도 보내주고 그렇게 보내주는 소위 사랑의 세계다. 사랑의 세계를 상입, 상의 혹은 상보라 한다.

그 다음에는 시간문제인데 일즉일체一卽一切라는 것이다. 일중일체를 경제문제라 하면 일즉일체는 정치문제다. 예를 들어 대통령과 국민의 관계다. 대통령이 하나의 이상을 품고 국민에게 이렇게 하자 그러면 모든 국민이 같은 이상을 품고 대통령이 하는 일에 보조를 맞추는 것이다. 그래서 백성들의 마음이 대통령의 마음이고 대통령의 마음이 국민의 마음이 된다. 노자의 이상세계가 그것이다. "이백성심위심以百姓心爲心"이다. 백성의 마음을 자기의 마음으로 한다는 것이다. 백성의 마음과 하나가 된다. 그러니까 백성의 마음이 곧 자기의 마음이다. 자기의 마음이 곧 백성의 마음이다. 이럴 때는 '곧'이라 한다. 여기에 무슨 돌려주어야 될 것이 없으니까 '곧'이다. 이 나라를 깨끗이 하자 그러면 대통령도 쓰레기를 버리지 않아야 되고 우리 온 국민도 쓰레기를 버리지 않으면 된다. 여기에는 무슨 주고받고 그럴 것이 없다. 곧 되는 것이다. 나라를 사랑하는 마음은 다 마찬가지다. 그래서 대통령 마음이나 우리 마음이나 곧 하나가 된다. 이런 것을 우리는 일심一心이라 한다. 한 마음이다. 네 마음 내 마음이 따로 없다. 그냥 한 마음이다. 이것이 '곧' 하는 세계다. 이럴 때는 상즉相卽이라는 말을 쓴다. 대통령의 마음이나 우리의 마음이나 꼭 같은 것이다. 그래서 상즉이다. 마음의 문제가 되면 상즉이 되고 물질의 문제가 되면 상입이 된다. 물질의 문제는 사사무애事事無碍가 되고 마음의 문제는 이사무애理事無碍가 된다. 이사理事라는 것은 이상세계라 해도 좋은데 생각하는 일이다. 대통령은 백성들을 생각하는 일, 백성들은 대통령을 생각하는 일이다. 이것은 쌀을 나눠주는 일이 아니고 서로 생각하는 일이다. 그래서 우리나라를 좀 이상국가로 만들어보자 하면서 일심동체一心同體가 되는 것이다. 그러면 그것이 이상국가다. 그러니까 이상국가에는 두 가지, 마음이 맞아야 되고 또 거기에 물질이 따라야 된다. 그래서 유교에서 말할 때는 마음이 일치할 때 존심存心이라 하고 쌀이니 텔레비전이니 그런 것을 돌려주면서 살아갈 때는 양성養性이라 한다. 양성이란 각각 자기의 소질에 따라 직업을 갖고 텔레비전을 만드는 사람은 텔레비전을 만드는데 도가 트고 쌀 만드는 사람은 쌀 만드는데 도가 트는 것이다. 그래서 다 도가 튼 사람들이 된다. 그것을 양성이라 한다. 유교의 주자학에서 이상국가를 말할 때는 존심양성存心養性이라 한다. 그리고 『화엄경』에서 이상세계를 말할 때는 "이사무애理事無碍 사사무애事事無碍"라 한다. 이것을 한마디로 말할 때는 상즉상입相卽相入이라 한다.

좀더 설명을 하면 좋겠지만 시간이 없으니까 이만 하고 대신에 책을 하나 소개한다. 『엘리엇과 동양사상 I』이라는 책이 나왔는데 이 속에 이명섭 선생이 이사무애법계와 사사무애법계라는 것을 아주 세밀하고 재미있고 쉽게 설명해 놓았으니 이 책을 참조하기 바란다.

2000. 12. 10.

세주묘엄품 강해(3)

1.5 이시爾時 여래도장중해如來道場衆海 실이운집悉已雲集 무변품류無邊品類 주잡편만周帀遍萬

그때 석가여래를 만나보러 많은 사람이 모였다. 석가가 앉아있는 곳이 도장이다. 도량이라 발음하기도 하지만 우리는 그냥 도장이라고 읽는다. 석가여래가 앉아있는 장소에 많은 청중이 모여들었다는 것이다. 마치 구름이 모여들 듯이 여러 갈래의 사람들이 모여들었다. 황인종, 흑인종, 백인종 할 것 없이 여러 종류의 사람들이 석가여래를 중심으로 둘러 모였다.

형색부종形色部從 각각차별各各差別 수소래방隨所來方 친근세존親近世尊 일심첨앙一心瞻仰.

그 사람들의 모습이 여러 가지로 각각 달랐다. 어떤 사람들은 양복을 입고 어떤 사람들은 한복을 입고 어떤 사람들은 사리를 입고, 인도 사람 아랍 사람 각각 옷차림과 색깔들이 아주 형형색색이었다. 그 사람들이 어디서 왔건 될 수 있는 대로 석가에게 가까이 와서 앉으려고 야단들이다. 그래서 한 마음으로 석가여래를 우러러보았다. 모여든 것은 사람들만이 아니다. 도깨비도 와 있고 귀신도 와 있고 용도 와 있고 별것들이 다 와 있다. 그런데 이것이 무엇인가 하면 우주의 삼라만상 전체를 가리키는 것이다. 히말라야 산이라고 생각하면 에베레스트를 중심으로 한 많은 봉우리로 생각하면 되는 것이고 만일 히말라야가 아니라 태양이라 생각하면 태양을 중심으로 모든 삼라만상이 모였다고 생각하면 된다. 그런 것은 우리가 생각할 탓이다. 하여튼 여러 가지 경우의 제자들이 많이 모여들었다는 뜻이다.

차제중회此諸衆會 이리일체번뇌已離一切煩惱 심구心垢 급기여습及其餘習 최중장산

최중장산 견불무애催重障山 見佛無得.

여기 모인 모든 사람들은 벌써 모든 번뇌를 떠난 사람들이다. 그리고 마음의 때, 마음에 나쁜 생각이나 더러운 생각을 벗어난 사람들이다. 기독교로 말하면 죄를 떠난 사람들이다. 그래서 세주묘엄世主妙嚴이다. 세주世主는 석가를 말하는 것이 아니라 석가를 찾아온 많은 제자들이 세주다. 석가만 묘엄이 아니라 세주도 다 묘엄이 되었다는 말이다. 세주의 모습이 한없이 장엄하다는 것이다. 마음의 때를 다 여의고 그 밖의 잘못된 많은 습관들도 다 버리게 되었다.

'최催'는 깨뜨린다는 말이다. '중重'은 겹겹이 쌓인 것이다. 겹겹이 쌓인 장애 되는 산을 깨뜨린 것이다. 길을 가로막고 있는 큰 바위나 산을 깨뜨려야 길을 갈 수 있다. 그러니까 우리로 하여금 하늘나라에 가지 못하게 하는 모든 나쁜 요소들, 그것을 악마라 하건 죄악이라 하건, 그런 것들을 전부 깨뜨려 버린 것이다. 결국 죄에서 벗어났다는 말이다. 그렇게 깨뜨려 버렸으니까 이제는 부처를 보는데 아무 지장이 없다. 가운데 산이 있으면 부처를 볼 수가 없는데 그것을 다 깨뜨리고 말았으니 이제는 부처를 보는데 아무 지장이 없는 것이다.

여시如是 개이비로자나여래皆以毘盧遮那如來 왕석지시往昔之時 어겁해중於劫海中 수보살행修菩薩行.

비로자나 여래, 『화엄경』의 주인이 비로자나 여래다. 금강산에 제일 높은 봉우리가 비로봉이다. 비로자나 여래를 광명편조光明遍照라 하는데 말하자면 태양신이다. 대일여래大日如來다. 태양이란 빛이라는 말이다.

불교의 주인이 셋이 있다. 법신法身·보신報身·응신應身이다. 우리가 『원각경』을 할 때의 석가는 응신이었다. 그리고 우리가 『법화경』을 할 때의 석가는 보신이었다. 그런데 『화엄경』에서 석가는 법신이라는 것이다. 같은 석가인데 석가가 응신도 되었다가 보신도 되었다가 법신도 되는 것이다. 왜 그렇게 되는가. 법신이란 철학 하는 주인공이다. 보신은 도덕 하는 주인공이다. 그리고 응신은 종교 하는 주인공이다. 불교나 유교나 기독교나 그 속을 들여다보면 언제나 세 가지가 있다.「마태복음」이라 하면 도덕이고「누가복음」이라 하면 종교이고「요한복음」이라 하면 철학이다. 마찬가지로 불경 가운데 도덕을 위주로 하는 경전이『법화경』이고 철학을 위주로 하는 경전이『화엄경』이고 종교를 위주로 하는 경전이『원각경』이다. 물론『법화경』이라 하면 그『법화경』속에도 철학도 있고 도덕도 있고 종교도 있다.『화엄경』에도 또한 철학도 있고 도덕도 있고 종교도 있고 다 있다.『원각경』도 마찬가지다. 그렇지만 어느 것을 강조하느냐 하는 것이다. 강조하는 면으로 말할 때『법화경』은 보신이라는 것이다. 요전에『법화경』16장「여래수량품如來壽量品」에서 나왔듯이 보신이다. 그리고『화엄경』은 법신을 말하는데 법신이란 철학의 주인이다. 법이란 진리라는 뜻이다. 진리를 깨닫는 것이 철학이니까 법신은 철학하는 주인공이다. 그래서 법신은 진리를 깨달은 사람으로 빛이 되는 것이다. 서양식으로 말하면 이데아Idea다. 언제나 종교, 도덕, 철학이다. 철학이 없는 종교는 미신이다. 도덕이 없는 종교는 유사종교가 된다. 종교라 해도 반드시 거기에 철학이 들어가 있어야 된다. 철학이 없으면 그것은 종교가 아니고 또 도덕이 없어도 종교가 아니다. 종교의 배후에는 반드시 도덕과 철학이 있어야 된다. 공자는 언제 철학을 끝냈는가. 35세다. "삼십이입三十而立"이라 하는 말이 그것이다. 그리고 언제 도덕을 끝냈는가. "사십이불혹四十而不惑"이다. 40에 도덕을 끝낸 것이다. 종교는 언제 끝냈는가. "오십이지천명五十而知天命"이다. 50에 종교를 끝낸 것이다. 유교儒敎라 해도 그 가운데 유교라 하는 종교와 유도儒道라 하는 도덕과 유학儒學이라 하는 철학이 다 있다. 불교에서도 불교라 하면 종교요 불도라 하면 도덕이고 불학이라 하면 철학이다. 그러니까 세 가지가 다 있는 것인데 어느 것을 더 강조하느냐는 것이다.『화엄경』은 철학을 강조하는 것이다. 철학이란 생각을 많이 하는 것이다.『화엄경』이란 요전에도 말했지만 8자씩 4줄로 된 32자를 한 절이라 하면

『화엄경』에는 그런 것이 10만개가 있다는 것이다. 우리가 한문으로 시를 지을 때는 보통 5글자 혹은 7글자씩 4줄이다. 그 4줄을 가지고 자기의 생각을 다 표현한다. 또 우리 시조는 세 줄이면 다 표현할 수 있다. 일본 사람들은 화가和歌라 해서 두 줄이면 다 표현할 수 있다. 또 일본 사람은 배구俳句라 해서 한 줄로 다 표현할 수 있다. 하여튼 이렇게 동방으로 가면 더 짧게, 더 짧게 그렇게 되지만 대개 인도 사람들은 8자씩 4줄로 표현하는 데 그것을 게偈라고 하는데 그 하나의 게 속에 사상이 다 들어가 있다는 것이다. 그런데 그런 게가 『화엄경』에는 10만개라는 것이다. 10만개 중에서 『80권 화엄경』은 4만 5천개가 나오고 『60권 화엄경』에는 3만 6천개가 나온다. 그러니까 생각을 10만번이나 한 것이다. 그래서 철학이라고 할 수밖에 길이 없다. 도덕이라 하면 그것은 실천하는 것이니까 그렇게 복잡하고 길 필요가 없다. 기독교로 말하면 팔복음 정도면 된다. 불교에서도 팔정도八正道로 끝난다. 그러니까 『법화경』은 별로 길지 않은 것이다. 물론 『법화경』에도 철학이 들어 있고 종교가 들어 있고 다 들어 있으니까 28장씩이나 되지만 『화엄경』처럼 이렇게 80권이나 되는 것은 아니다. 그래서 법신이라 할 때는 철학의 주인공이라 생각하면 된다. 『화엄경』이 불교의 철학을 제일 많이 다룬 경전이라고 보면 된다. 그리고 보신은 도덕, 응신은 종교를 말하는 것이다. 종교는 가르치는 것이고 도덕은 실천하는 것이고 철학은 생각하는 것이다. 그래서 될 수 있는 대로 깊이 생각하고, 높이 살고, 넓게 가르치는 것이다. 『화엄경』을 대방광大方廣이라 했는데 사실은 더 쉽게 말한다면 대大는 깊다고 하는 것이 좋다. 그래서 '대大'는 깊게, '방方'은 높게, 그리고 '광廣'은 넓다는 것이다. 히말라야 산이라면 히말라야 산이 크다는 것보다는 한없이 깊다고 보는 것이 좋다는 말이다. 물론 크다고 해도 된다. 크니까 깊은 것이다. 깊고, 높고, 그래서 사방으로 흘러내리는 물이 한없이 넓게 흐른다. 인더스, 갠지스, 모두 한없이 넓다. 철학은 깊게, 도덕은 높게, 종교는 넓게, 그것이다. 그래서 기독교에서 땅 끝까지 가야 된다 하는 그것은 넓게 가야 된다는 말이다.

그래서 제일 중요한 것이 비로자나불이다. 비로자나불이란 철학의 주인이라는 말이다. 쉽게 말하면 철인이라는 것이다. 그래서 철인정치라는 것이 나온다. 서양식으로 말하면 이데아다. 우리가 「요한복음」에 대해 왜 철학이라 하는가? 「요한복음」은 "태초에 말씀이 있으니"하고 시작한다. 말씀이란 무엇인가 하면 이데아라는 것이다. 그래서 철학이 되는 것이다. 비로자나 여래, 이것이 『화엄경』의 주인이라는 것이다. 물론 비로자나 여래가 따로 있는 것이 아니다. 석가가 비로자나다. 석가라는 사람 속에 철학적인 방면을 강조한 것이 비로자나 여래라는 말이다. 석가라는 사람 속에 도덕적인 면을 강조하면 보신이 되는 것이다. 석가라는 사람의 가르치는 면을 강조하면 응신이 되는 것이다. 같은 한 사람인데 그 사람이 철학을 주로 하느냐 도덕을 주로 하느냐 종교를 주로 하느냐 하는 말이다. 공자는 30대에 철학을 주로 했다. 40대에는 실천을 주로 했다. 50대에는 가르치는 것을 주로 했다. 그렇게 어느 것을 주로 하느냐 하는 것이다. 비로자나는 생각을 주로 하는 것이다. 생각하는 사람, 그것이 비로자나라는 것이다.

불교에서는 이 세상에서의 일생 그것을 전부라고 보지 않는다. 전생이 있고 전생의 전생이 또 있다. 그래서 수없이 많은 전생에서부터 생각해 온 것이라 한다. 사실이 그렇다. 인류의 문화라고 하는 것은 수없이 많은 옛날부터 생각해온 것이다. 그렇게 죽 생각해 오다가 지금 와서도 또 생각하고 앞으로도 또 생각해 가는 것이지 갑자기 내가 오늘부터 생각하는 것이 아니다. 내가 무슨 스무 살부터 생각했다고 하지만 사실은 그 전에 수없이 많은 철학자들이 계속 생각해 온 것을 내가 받아서 생각하는 것이지 내가 시작하는 것이 아니다. 더구나 인도 사람들은 3천년 아니 5천년 전부터 계속 생각해온 것이다. 5천년만이 아니다. 몇 만 년 전부터 생각해온 것이다. 그래서 그것이 자꾸 뭉치고, 뭉치고 해서 『베다Veda』도 되고 『우파니샤드Upanishad』도 되고 『바가바드 기타Bhagavad-Gita』도 되고 불경도 된 것이다. 다 그렇게 된 것이다. 그 다음에 또 더 생각해서 용수龍樹의 『중론中論』도 나오고 원효元曉의 『대승기신론소大乘起信論疏』도 나온 것이다. 자꾸 그렇게 가는 것이다. 생각이라는 것은 이렇게 "왕석지시往昔之時", 언제부터인지 모르는 옛날부터 내려오는 것이다. 그러니까 기독교에서는 태초에 말씀이 있었다고 한다. 언제부터인지 모르는 태초라는 것이다. 그것이 "왕석지시"다. 옛날부터다. 몇 천 년인지 몇 억 년인지 모르는 그 옛날부터 생각해온 것이다. 그리고 생각만 하는 것이 아니다. "보살행菩薩行", 실천도 하는 것이다.

이사섭사以四攝事 이증섭수而曾攝受 일일불소一一佛所 종선근시種善根時 개이선섭皆已善攝.

사섭四攝이라는 네 가지는 보시布施, 애어愛語, 이행利行, 동사同事라는 것이다. 보시布施는 남을 도와주려고 애쓰는 것이다. 법보시法布施는 남을 가르치는 것이다. 애어愛語는 사람들을 위로해주는 말이다. 사람이 죽었으면 안됐다고 가서 위로해주는 것이다. 그리고 이행利行은 다른 사람의 행을 도와주는 것이다. 리어카를 끌고 언덕을 올라가는 사람을 보면 가서 뒤를 밀어주는 것이다. 그리고 동사同事는 같이 발벗고 나서서 도와주는 것이다. 김장을 하면 같이 나서서 김장을 담그는 것이다. 말하자면 공동생활을 하는 것이다. 그러니까 이 사람들이 다 석가와 같이 김장도 담고 석가가 애를 쓸 땐 가서 밀어주기도 하고 석가를 위로해 주기도 하고 도와주기도 하고 그렇게 석가와 같이 살았다는 것이다. 서로 도우며 같이 살았다는 것이 "이사섭사以四攝事"라는 말이다. 그래서 "이증섭수而曾攝受", 서로서로 도와준 것이다. "일일불소一一佛所", 어디에 가든지 "종선근시種善根時", 착한 일을 많이 했다. 그래서 다 같이 화목하게 잘살았다는 것이다. 말하자면 공동체 생활이 원만했다는 것이다.

종종방편種種方便 교화성숙敎化成熟 영기안립令其安立 일체지도一切智道 종무량선種無量善 획중대복獲衆大福.

그리고 여러 가지 수단을 써서 다른 사람을 가르쳤다. 김장을 담근다고 하면 고춧가루는 얼마만큼 넣어라 파는 어떻게 한다 하고 여러 가지 방편으로 잘 가르쳐서 혼자서도 김장할 수 있게 그렇게 잘 가르쳐 주었다는 것이다. 그래서 혼자서도 독립할 수 있게 모든 방법을 다 알려 주었다. 그래서 한없이 서로서로 좋게 지냈다. 무량선無量善을 심었다는 것이니까 한없이 서로 사이좋게 지냈다는 말이다. 그래서 "획중대복獲衆大福", 다 행복하게 살았다. 이것이 이상세계지 무슨 다른 것이 아니다. 결국 석가라는 사람 하나를 중심으로 해서 그 공동체가 아주 정말 잘살았다는 말이다.

이것이 소위 불법승佛法僧이라는 것이다. 불佛이란 석가다. 석가를 중심으로 해서 공동체를 사는데 그것이 승僧이다. 승가僧伽라는 것이다. 그리고 법法이란 공동체가 질서 정연하게 잘살았다는 것이다. 그것을 소위 불법승이라는 석 자로 말하는 것이다. 여기서의 말로 하자면 비로자나가 불이고 사섭사四攝事가 법이고 획중대복이라 하는 것이 승가다. 이것은 크게도 생각할 수 있고 작게도 생각할 수 있다. 세계가 그렇게 되면 하나님의 나라라고 하는 것이다. 그리고 우리 가정이 그렇게 되었다고 할 수도 있다. 그러니까 많은 사람이 모여서 재미있게 지냈다는 그런 이야기다.

다음은 아까 말한 8자씩 넉 줄인데 이것을 중국 사람들이 번역할 때는 7자씩으로 했다. 7자씩 넉 줄로 했는데 그 7자씩 넉 줄이 모두 열 개가 나와 있다. 그러니까 열 개의 절인데 한 절이 무엇인가 하면 석가는 위대하다는 것이다. 한마디로 석가는 위대하다는 것인데 위대하다고 하거나 장엄하다고 하거나 마찬가지 말이다. 석가가 위대하다고 하나 장엄하다고 하나 다 같은 말이다. 그런데 이 위대하다는 말을 몇 번이나 하는가 하면 여기에 52번이 나온다. 요전에도 말했지만 52번이란 선재동자가 석가를 만나러 가는데 52사람을 거쳐서 갔다는 것이다. 그래서 52라는 것이 밤낮 나오는 숫자다. 요전에도 10개씩 다섯 가지를 말하고 평등각, 묘각이라 해서 52라 했다. 이 사람들은 한두 번 말해서는 안 되고 무엇이나 52개쯤 좋다고 해야 마음이 좀 흡족한 모양이다. 석가가 잘났다고 하는 것도 52번쯤 말해야 무엇인지 좀 잘난 것 같다. 인도의 시 가운데『마하바라타Mahabharata』라고 하는 시는 사랑을 말하는 것인데 그 시는 모두 10만 절이라 한다. 이 사람들은 사랑한다는 말을 해도 10만 번을 말해야 사랑한다는 말이 되지 그저 한두 번 말해서는 안 되는 모양이다. 그러니까 이 사람들은 52번씩 석가가 잘났다고 말하는 것이다. 그런데 나는 그 가운데서 맨 앞에 있는 5개만 적어왔다. 그러니까 일 권의 맨 처음에 나오는 것, 이 권의 맨 처음에 나오는 것, 그렇게 다섯 권에서 다섯 개를 적어왔는데 끝의 하나는 맨 마지막에서 적어온 것이다.

그런데 왜 이 사람들은 석가가 위대하다고 자꾸 그러는 것인가. 원효가『대승기신론소』를 지었는데 신옥희 선생이 그 원효와 야스퍼스 Karl Jaspers에 대해서『일심과 실존』이라는 책을 써서 어제 서울대 박종홍 선생 기념재단으로부터 열암상을 받았다. 금년엔『일심과 실존』이라는 책이 우리 출판계에서는 제일 좋은 책이라 해서 상을 받은 것이다. 그러니까 그 책은 나만 좋다고 한 것이 아니라 이젠 한국 전체에서 좋다고 하니까 한 번 읽어보는 것이 좋다. 그 책을 보면 정말 원효라는 사람이 어떤 사람인지 우리가 알 수가 있다. 물론 야스퍼스와 원효를 비교해서 쓴 책이지만 아주 잘 썼다. 원효의『대승기신론소』라는 책이 유명한데 '대승大乘'이란 커다란 선생이라는 뜻이다. 커다란 선생이 나와야 '기신起信', 믿음이라는 것이 생긴다. 조그만 선생이 나와서는 믿음이라는 것이 안 생긴다. 예수라 하면 큰 선생이다. 그러니까 안 믿을 수가 없다. 따라서 자꾸 위대하다고 하는 이유는 나 때문이다. 내가 믿음을 가져야 되기 때문이다. 그런데 꼬마들을 쫓아다니면 믿음이 안 생긴다. 그러니까 큰 선생님이 필요한 것이다. 왜냐? 나 때문이다. 내 믿음이 생기기 위해서는 큰 선생이라야 되지 조그만 선생을 가지고는 안 된다. 그래서 자꾸 이렇게 위대하다고 하는 것이다.

위대하다고 말하는 52개 가운데서 여기서는 다섯 개만 적었다. 다섯이라 해도 사실 이 속에 52개가 다 들어가 있다. 다섯이 아니라 한 개라 해도 그 속에 다 들어가 있다. 그러니까 하나만 보면 벌써 다 알게 된다. 일즉일체一即一切다. 하나만 보면 벌써 다 알게 되는 것이다. 하나 속에 무엇이 들어가 있는가. 철학과 도덕과 종교가 들어가 있다. 52개 속에도 철학과 도덕과 종교가 들어가 있고 하나 속에도 철학과 도덕과 종교가 들어가 있다. 그것만 우리가 붙잡으면 된다.「마태복음」이라 하면 결국 5장의 팔복음만 보면 된다.「누가복음」은 9장부터 16장까지 그 종교만 보면 된다.「요한복음」은 13장부터 17장까지 그 철학만 보면 된다. 핵심이 그것이기 때문이다. 거기에다가 여러 부속 건물들이 많지만 핵심은 그것이다. 그러니까 여기서도 하나만 보면 그 속에 다 들어가 있다.

1.6 이시爾時 묘염해천왕妙焰海天王 승불위력承佛威力 이설게언而說偈言

묘염해천왕妙焰海天王, 아주 불꽃의 천왕이라는 것인데 빛을 상징하는 것이다. 이 사람이 부처의 큰 힘을 받아서 게偈를 말했다. 큰 선생이 있으면 그 아래 제자들이 힘을 받게 된다. 아이들도 엄마가 있으면 힘이 난다. 엄마가 없으면 기운이 탁 빠진다. 큰 선생이 있으면 힘을 받는 것이다. 부처의 큰 힘을 이어받아서 다음과 같이 노래를 불렀다는 것이다.

불신보편제대회佛身普遍諸大會 충만법계무궁진充滿法界無窮盡
적멸무성불가취寂滅無性不可取 위구세간이출현爲救世間而出現

불신佛身이 우주에 가득 찼다는 것이다. 자연 법칙이라 하면 법칙이 우주에 꽉 차 있지 어디 이화대학에만 법칙이 있는 것은 아니다. 진리라 하면 진리가 우주에 꽉 차 있다. 불신이란 비로자나불인데 만일 이것을 태양이라 하면 태양의 빛이 온 세계에 꽉 차 있다고 해도 된다. 혹은 진리가 꽉 차 있다고 해도 된다. 다 마찬가지 말이다. 그러니까 불신이, 또는 빛이, 또는 진리가 "보편제대회普遍諸大會", 이 우주에 꽉 차 있다.

이 세계란 무엇인가. 진리의 세계다. 진리 아닌 세계가 어디 있는가. 다 진리의 세계다. 법계法界라는 것이다. 제일 우리가 법계를 볼 수 있는 데가 하늘이다. 하늘을 보면 별이 찬란하다. 그리고 질서 정연하게 돌아간다. 코스모스다. 그런 법계를 이 땅에서도 만들어보자는 이것이 우리의 소원이다. 우리 한국도 좀 제대로 된 나라로 만들어 보자는 것이다. 한국은 지금 무법천지다. 돈 맡은 은행이 정말 은행인지 재벌인지 알 수 없게 되었다. 한 녀석이 다 갖다 쓰고 마니 다른 사람은 어떻게 하는가. 그리고 뭐 한다 하고 가난한 사람들의 돈을 다 모아 가지고 그냥 홍콩으로 도망치고 만다. 한국은 그래서 지금 무법천지다. 한국도 어떻게 법계로 좀 만들어 볼 수 없을까. 우리에게 소원이 있다면 그것이 아니겠는가. 우리나라도 좀 어떻게 정직하게 사는 나라가 되었으면 좋겠다. 맨 사기꾼만 이렇게 판을 치니 이것을 어떻게 해야 하는가. 법계라는 것, 이 우주는 정말 법계다. 우리 한국과는 다르다. 우주는 정말 진리가 충만 되어 있다.

그래서 사기꾼도 없고 부실 공사도 없는 적멸寂滅이다. 죄가 없는 것이다. 번뇌가 없는 세계다. 그 더러운 것이 없는 세계다. 그것을 적멸이라 한다. 더러운 것이 다 없어졌다. 이것을 니르바나nirvana라고 한다. 니르바나를 적멸이라 번역하는데 뜻은 불이 꺼졌다는 것이다. 죄악의 불, 거짓말의 불, 번뇌의 불, 모든 불이 다 꺼졌다. 그래서 나쁜 것이 다 없어졌다. 더러운 것이 다 없어졌다. 적멸이다.

"무성無性"이란 무엇인가. 이익집단이 없다는 것이다. 구조 조정을 하려 해도 안 된다 하고 나오는데 그렇게 자기의 이익을 위해서 안 된다 하고 나오는 이익집단이라는 것이 없다는 말이다. 제일 간단하게 말하면 자기라는 것이 없다는 것이다. 나라를 위해서라면 나는 없어도 좋다 하고 이순신 장군같이 되어야 한다. 나라를 위해서라면 나는 없어도 좋다. 그런데 요새 우리 사회는 나라 같은 것은 없어도 좋으니까 나만 있어야 되겠다는 것이다. 나는 없어도 좋다는 것을 무아無我사상이라 하는데 여기서는 그것을 무성이라 했다. 내가 없는 것이다. 다 나라를 위해서 모든 사람이 다 적멸, 마음이 깨끗해지고 자기의 이익을 주장하는 그런 것이 없다. 그것이 적멸, 무성이다. 그래서 "불가취不可取", 모두 다 공동의 것, 전체의 것이니까 내 것이라고 붙잡을 것이 아무 것도 없다. 전체가 같이 사는 세계라는 것이다.

석가는 왜 나왔는가. 그런 법계를 만들기 위해서 나온 것이다. 이것이 말하자면 철인정치라는 것이다. 왜 철인이 나오는가. 그런 이상세계를 만들기 위해서 나온 것이다.

여래법왕출세간如來法王出世間 능연조세묘법등能然照世妙法燈
경계무변역무진境界無邊亦無盡 차자재명지소증此自在名之所證

여래는 법왕, 진리의 왕이다. 진리의 왕이 세상에 나왔다. 세상을 비치는 묘한 법, 진리의 등불을 불사르기 위해서 왔다. 여기서 제일 중요한 말이 법등法燈이라는 등燈이다. 그러니까 여러분도 이런 것을 읽을 때는 거기에서 어떤 심볼이 나왔는지 그것을 찾는 것이 좋다. 여기 나온 심볼은 등불이다. 등이 나왔다는 것은 벌써 빛을 말하는 것이다. 빛이라면 이데아다. 이데아라 하면 철학이다. 그래서 "아, 이것은 철학을 강조하는 것이로구나"하고 알 수 있다. 그리고 다음에 나오는 것을 보면 여래공덕이라는 말이 나온다. 여래공덕이라 하면 실천을 강조하는 것이다. 또 그 다음을 보면 여래음성이란 말이 나온다. 여래음성이란 가르치는 것이다. 종교를 상징하는 것이다. 이렇게 여기서도 여래법왕이 나오고 여래공덕도 나오고 여래음성도 나온다. 여래법왕이라 하면 철학이고 여래공덕이라 하면 도덕이고 여래음성이라 하면 종교다. 그 셋이 다 나오지만 전체적으로 볼 때 여기서 제일 중요한 심볼이 법등이라 하는 심볼이다. 그러니까 여기서는 철학을 제일 강조하는 것이라 할 수 있다. 그래서 이런 심볼을 보는 것이 상당히 중요하다. 그 등불이 어디까지 비추는가. "경계무변역무진境界無邊亦無盡"이다. 경계에 끝이 없다. 땅 끝까지 다 비추는 것이다.

이것은 석가의 제자 가운데 한 사람, 아마 자재명自在名이라는 이름을 가진 사람인데, 그가 이렇게 생각했다는 것이다. 이렇게 이름이 하나씩 나오는데 우선 자재명이라는 사람은 석가를 진리로 생각했다는 것이다.

불부사의리분별佛不思議離分別 요상시방무소유了相十方無所有
위세광개청정도爲世廣開淸淨道 여시정안능관견如是淨眼能觀見

　부처는 이상하게도 분별을 떠난 사람이다. 분별지分別知는 과학이요 통일지統一知는 철학이다. 그러니까 이렇게 저렇게 분별해서 생각하는 것은 과학이다. 그냥 전체적으로 생각하는 것은 통일지라 한다. 분별을 떠났다는 것은 과학을 넘어서 철학으로 갔다는 것이다.
　'상相'은 모습이다. 우주 전체에 있는 모든 만물이 무소유無所有다. 달이라 하면 달은 누구의 것도 아니다. 산도 내 것이 아니다. 사실 생각해 보면 내 것이란 아무 것도 없다. 내 것이라면 내가 마음대로 할 수 있지만 내가 마음대로 못한다. 그래서 일체가 내 것이 아니라는 것이다. 무소유다. 일체 내 것이 어디 있는가. 일체가 무소유라는 그것을 알았다. 내 몸은 내 것인가. 내 것이라면 내가 죽지 않을 수 있지만 죽을 때 꼼짝 못하는 것은 내 것이 아니기 때문이다. 내 것 아니니까 내가 꼼짝 못하지 내 것이라면 죽지 마라 해서 죽지 말아야 된다. 그런데 내가 죽지 말라고 한다고 죽지 않는가. 내 몸도 내 것이 아니다. 내 몸 이것은 셋집으로 빌어 쓰는 것이지 내 것이 아니다. 일체가 내 것이 아니다. "요상了相", 일체가 내 것이 아니라는 그것을 알아야 된다. 그렇게 알면 이 세상에서 사는 것이 다 아무 욕심 없이 깨끗하게 살아갈 수 있다. 다 제 것이라 하는데 걸려서 문제지 이것이 내 것이 아니라면 문제 될 것이 없다. 그래서 "위세광개청정도爲世廣開淸淨道", 세상을 위해서 넓게 청정한 길을 열었다. 이것은 제자 가운데 정안淨眼이라는 제자가 꿰뚫어 본 것이다. 정안이라는 제자가 우주를 다 돌아보아야 내 것이란 아무 것도 없다는 그것을 꿰뚫어 본 것이다.
　『80화엄경』에는 맨 처음이「세주묘엄품世主妙嚴品」이다. 『60화엄경』은 좀 간단한데 거기에는「세간정안품世間淨眼品」이 맨 처음이다.

정안淨眼이란 눈이 깨끗하다는 것인데 쉽게 말하면 눈을 떴다는 것이다. 물론 「세주묘엄품」에도 보면 석가가 정각을 이루었다고 말한다. 정각을 이루었다는 것이 무엇인가 하면 눈을 떴다는 것이다. 다 같은 말이다. 「세주묘엄품」이란 세주라는 제자들이 눈을 떠보니 이 세상이 한없이 장엄하더라는 이야기다. 물론 석가가 눈을 떠보니 세상이 장엄하다 하는 것은 말할 것도 없다. 그것은 화엄이다. 그런데 제자들도 눈을 떠보니 세상이 한없이 장엄하다는 것이다. 그런데 『60화엄경』의 「세간정안품」은 제자들이 눈을 떠보니 이 세상이 그대로 이상세계라는 것이다. 세간世間이란 법계, 이상세계다. 왜 이상세계가 되었는가. 제자들이 눈을 떴기 때문이다. 그러니까 다 같은 말이다. 「세주묘엄품」은 제자들이 눈을 뜨니까 세상이 묘엄, 이상세계가 또 나온다는 것이다.

눈을 떴다는 것이다. 철학이란 눈을 뜨는 것이다. 그러니까 눈을 감으면 이 세상이 다 걸림돌이다. 내가 눈을 감고 가면 의자니 책상이니 다 걸림돌이다. 일체가 다 걸림돌이지 걸림돌 아닌 것이 하나도 없다. 그런데 눈을 떠보면 의자는 내 앉을 자리요 책상은 내가 책을 놓을 자리다. 더 쉽게 말하면 눈을 감으면 지옥이고 눈을 뜨면 천국이다. 세주들이 눈을 뜨면 장엄이다. 천국이다. "정안淨眼", 눈을 뜨면 "세간世間", 즉 천국이다. 이런 것이 철학의 중요한 하나의 과제다. 아까도 이데아라 했는데 이데아란 이상세계다. 이데아의 세계란 이상세계인데 그 뜻이 눈을 뜬다는 말이다. 혹은 본다는 말이다. 천국과 눈을 뜬다는 것은 같은 이야기다. 눈을 뜨면 천국이고 눈을 감으면 지옥이다. 철학이 되면 이런 것만 강조할 수도 있다. 그리고 종교가 되면 이 더러운 세상을 깨끗이 해야 되겠다 하고 나온다.

왕양명으로 말해서 심즉리心卽理라는 것이다. 심즉리, 즉 철인정치라는 것이다. 또는 "인과연기因果緣起 이실법계理實法界"라 하는데 그렇게 말할 때는 둘 다를 말하는 것이다. 눈을 뜨면 그것으로 천국이라는 것이 아니라 눈을 떠가지고 지옥을 천국으로 만들자는 것이다. 이렇게 되면 종교의 세계다. 그런데 철학으로만 생각하면 눈을 뜨면 그대로 천국이다. 아직 세상을 보지 않고 하늘만 쳐다보는 것이다. 하늘만 쳐다보면 그대로 천국이다. 그러니까 눈을 뜨면 그대로 천국이다. 눈을 감으면 그대로 지옥이다. 이런 것을 철학에서는 강조하는 것이다. 혹은 이명섭 선생은 화엄교학華嚴敎學이라는 말을 쓰는데 교학이란 것을 철학이라 하면 철학에서는 이런 것을 강조하는 것이다. 그래서 요전에 내가 소개한 『엘리엇과 동양사상 I』에서는 즉사이진卽事而眞이라 했다. 즉사이진인데 '즉卽' 이란 글자를 보면 흰 '백白' 자 아래 숟가락이 있다. 숟가락에 흰밥이 꽉 올라 찬 것이다. 밥그릇이 꽉 찬 것이다. 이상세계라는 것이 그것이다. '즉卽' 이란 글자의 오른편은 병부 '절卩' 이다. 병부란 옛날 사람들이 서로를 확인하기 위해서 대나무를 두 쪽으로 쪼개서 갖고 있다가 서로 맞춰보는 것이다. 딱 맞으면 된다. 병부 '절卩' 인데 마디 '절節' 이나 같은 글자다. 달리 말하면 법이라는 것이다. 또 다르게 말하면 이데아다. 또 다르게 말하면 눈이라는 것이다. 그러니까 눈을 뜨면 밥그릇에 밥이 꽉 차 있는 것이다. 눈을 뜨면 천국이다. '즉卽' 자 하나 가지고도 눈을 뜨면 천국이라는 것을 알 수가 있다. 일즉일체다. 눈을 뜨면 벌써 천국이다. 그것을 즉이란 글자 한 글자로도 말할 수 있다. 그러나 즉사이진卽事而眞이라 할 때는 눈을 뜨면 '사事' 라는 지옥이 변해서 '진眞', 천국이 된다는 것이다. 그러니까 '사事' 는 죽을 '사死' 나 같은 글자다. 지옥이 변해서 천국이 된다. 즉사이진卽死以眞이다. 지금 세상을 보지 말고 하늘만 쳐다본다 하자. 그래서 눈을 뜨면 그대로 천국이다. 비트겐슈타인 Ludwig Wittgenstein(1889-1951)의 말로 하면 문제는 해결되는 것이 아니라 없어지는 것이다. 눈을 뜨면 그대로 천국이다. 저쪽은 어떻게 무엇을 할 것이 없다. 우리가 별 바다를 어떻게 하겠는가. 눈을 뜨면 그대로 천국이다. 그러니까 문제는 해결되는 것이 아니라 없어지는 것이다. 눈을 감았다가 눈을 떴는데 내 모든 문제는 없어지고 말았다. 해결된 것은 하나도 없다. 달라진 것은 아무 것도 없다. 그대로 있다. 별 바다는 그대로 있지 해결된 것이 아니다. 그런데 내가 눈을 감았을 때는 그것이 암흑이다. 그런데 눈을 떠보니까 별 바다다. 그래서 문제는 해결되는 것이 아니라 없어지는 것이다. 이 말도 좋은 말이다. 철학의 제일 중심이 그것이다. 비트겐슈타인이 그것을 『논리철학 논고』라는 책에서 썼다. 그러니까 철학의 세계란 문제를 해결하는 것이 아니라 문제가 없어지는 세계다. 그것이 공자로 말해서 삼십에 입립이라는 것이다. 공자가 서른에 나서 눈을 떠보니 문제는 해결되는 것이 아니라 없어지고 말았다. 그것이 입장立場이라는 것이다. 정안, 눈이 깨끗하다는 것이 아니라 눈을 떴다는 말이다. 그래야 우주의 찬란한 세계를 볼 수 있다

여래지혜무변제如來智慧無邊際 일체세간막능측一切世間莫能測
영멸중생치암심永滅衆生痴闇心 대혜입차심안주大慧入此深安住

철학의 세계는 지혜의 세계다. 지혜는 전체를 보는 세계다. 그 세계는 한없이 넓다. 이 모든 세상 사람들이 그것을 다 계산해 볼 수는 없다. 왜? 전체니까. 그래서 석가는 이 중생의 마음 속에 있는 더럽고 어리석고 어두운 그런 마음을 없이해 준다. 눈을 뜨게 해 준다는 말이다. 대혜大慧라는 제자가 이런 경지에 들어가서 편안히 쉴 수 있게 되었다는 것이다. 말하자면 눈을 떴다는 소리다.

여래공덕부사의如來功德不思議 중생견자번뇌멸衆生見者煩惱滅
보사세간획안락普使世間獲安樂 부동자재천능견不動自在天能見

이것은 실천의 세계, 힘의 세계다. 실천의 세계로 반드시 어떤 결과가 나와야 된다. 여래의 힘이라는 것이 이상하다. 중생衆生, 제자들은 그 선생만 보면 그만 번뇌가 다 없어지고 만다. 선생을 보기만 해도 다 마음이 시원해진다. 그만큼 석가에게는 불가사의한 신비한 힘이 있다. 그래서 이 세상 사람들을 아주 즐겁고 편안하게 만들어 준다. 이것은 부동자재천不動自在天이라는 제자가 본 것이다.

중생치암상미복衆生痴闇常迷覆 여래위설적정법如來爲說寂靜法
시즉조세지혜등是則照世智慧燈 묘안능지차방편妙眼能知此方便

  중생들은 석가를 보았을 때는 깨끗해졌다가도 저희 집으로 돌아가면 또 새까맣게 된다. 교회 오면 다 성인들인데 세상으로 나가면 또 죄인이 된다. "중생치암상미복衆生痴闇常迷覆"이다. 중생들은 깨끗해졌다가도 또 덮여 씌워진다. 그래서 여래는 계속해서 설법을 하는 것이다. 무슨 법인가. 적정법寂靜法이다. 정말 깨끗한 법이다. 번뇌가 없는 깨끗한 법을 설하는 것이다. 이 설법이야말로 지혜의 등잔을 높이 밝히는 것이다. 설법을 한다는 것이나 지혜의 등을 높이 밝힌다는 것이나 같은 것이다.
  이것은 묘안妙眼이라는 제자가 본 것인데 묘안이나 정안이나 다 같은 말이다. '묘妙'는 신비하다는 뜻이다. 중국 사람들이 묘를 자꾸 말하는 것은 노자가 묘를 말하기 때문이다. 노자 철학의 핵심은 묘라는 것이다. 묘안, 신비한 눈인데 깨끗한 눈이라는 말이다. 묘안이나 되어야 그런 방법을 알 수 있다는 것이다.

여래청정묘색신如來淸淨妙色身 보현시방무유비普賢十方無有比
차신무성무의처此身無性無依處 선사유천소관찰善思惟天所觀察

  여래는 깨끗한 묘색신妙色身이다. 색신色身이란 『법화경』에서도 나왔던 말이다. 이 사람을 만나서는 이 사람이 알아들을 수 있게 말하고 저 사람을 만나서는 저 사람이 알아들을 수 있게 말한다는 것이다. 유치원생에게는 유치원생처럼, 대학생들에게는 대학생처럼 그렇게 해서 상대방에게 말을 맞춰 들어가는 것, 그것을 색신이라 한다. 석가에게는 유치원생에게는 유치원생에게 맞추는 아주 누구에게나 맞출 수 있는 그런 비결이 있다. 세상에 어디를 보아도 그런 사람은 쉽지 않다. 그런 사람은 언제나 자기라는 것이 없이, 그러면서도 다른 사람에게 의지하지 않고 살 수 있는 독립정신을 가지고 살아간다. 이것은 선사유천善思惟天이라는 제자가 본 것이다.

여래음성무한애如來音聲無限导 감수화자미불문堪受化者靡不聞
이불적연항부동而佛寂然恒不動 차낙지천지해탈此樂智天之解脫

여래의 목소리는 아무 걸림이 없다. 땅 끝까지 간다는 것이다. 이것은 설법을 말한다. 여래의 말을 "감수堪受", 잘 받아서 듣고, 그 다음에는 "화化", 변화가 되어야 한다. 그저 말만 들으면 안 된다. 이 쪽 귀로 듣고 저 쪽 귀로 나가면 안 된다. 들었으면 그것이 자기 속에서 변화함을 받아야 된다. 한 쪽 귀로 들었으면 그것이 자기 속에서 변화가 되어 다른 쪽으로 나가야 된다. 그러니까 '감堪'은 견딜 감이다. 선생의 말이 괴롭더라도 견디고 받아 들여야 된다. 그리고 자기 속에 변화를 일으켜야 된다. 그래야 그것이 진짜 듣는 것이다. 그래서 "미불문靡不聞"이다. 듣지 않는 것이 없다는 것이다.

그런데 부처는 언제나 입장이라는 것이 딱 서 있지 이랬다 저랬다 그런 것이 없다. 10년 전에 하는 말이나 지금 하는 말이나 똑 같지 달라진 것은 아무 것도 없다. 이것은 낙지천樂智天이라는 사람이 해탈을 하면서 얻어 가진 것이다.

적정해탈천인주寂靜解脫天人主 시방무처불현전十方無處佛現前
광명조요만세간光明照耀萬世間 차무애법엄당견此無碍法嚴幢見

깨끗하게 죄에서 벗어난 하늘과 사람의 선생님이다. 인도 사람들은 하늘에도 많은 사람들이 살고 있다고 한다. 「히브리서」에서도 하늘에는 영혼들이 살고 있고 땅에는 사람들이 살고 있어서 설교를 하면 사람들만 와서 듣는 것이 아니라 하늘에 있는 분들도 와서 듣는다고 생각한다. 그러니까 사람만 듣는 것이 아니다. 온 우주가 다 듣는 것이다. 그래서 "천인주天人主", 하늘에 사는 사람들과 땅에 사는 사람들 모두의 선생님이다. 위에 사는 사람들, 하늘에 사는 사람들, 그런 사람들과 땅에 사는 사람들, 이 모든 사람의 선생님이다. 그래서 하늘에도 나타나고 땅에도 나타난다. 어디나 다 나타난다. 그래서 석가의 지혜를 온 세상에 펼치는 것이다. 이것은 무애법엄당無碍法嚴幢이라는 제자가 그렇게 보았다는 것이다.

불어무변대겁해佛於無邊大劫海 위중생고구보리爲衆生故求菩提
종종신통화일체種種神通化一切 명칭광천오사법名稱光天悟斯法.

 부처라는 사람은 오랜 세월 동안 수양해온 사람이다. 이 사람은 중생을 구하기 위해서 진리를 깨달은 사람이지 자기가 무슨 어떻게 하려고 진리를 깨달은 것은 아니다. 이 중생을 구하기 위해서 진리를 구한 것이다. 그런데 석가에게는 이런 힘이 있어서 정말 다른 사람을 감화시키는 그런 능력도 있다. 그것은 명칭광천名稱光天이라는 제자가 깨달은 것이다. 이상으로 열 명이 자기의 소감을 한마디씩 한 것이다.

2000. 12. 17.

세주묘엄품 강해(4)

"유불이종신有佛二種身 일자법성신一者法性身 이자부모생신二者父母生身 시법성신是法性身 만시방허공滿十方虛空. 무량광명無量光明 무량음성無量音聲 여시법성신如是法性身 불능도시방세계중생佛能度十方世界衆生. 수제죄보자受諸罪報者 시생신是生身 불설법佛說法 여인법이신如人法二身 고수죄무구故受罪無咎.

무량겁해수공덕無量劫海修功德 공양시방일체불供養十方一切佛 교화무변중생해教化無邊衆生海 노사나불성정각盧舍那佛成正覺 노사나불대지혜盧舍那佛大智慧 광명보조무유량光明普照無有量 여실관찰진체법如實觀察眞諦法 보조일체제법문普照一切諸法門."

"유불이종신有佛二種身 일자법성신一者法性身 이자부모생신二者父母生身"

부처는 두 가지 몸을 가지고 있다. 부처만이 아니라 누구나 두 가지 몸을 가지고 있다는 것이다. 하나는 하나님이 내어 주신 몸이고 하나는 부모님이 낳아 주신 몸이다. 사람은 하나님이 내주신 몸과 부모님이 낳아 주신 몸이 합쳐진 것이다. 기독교로 말하면 하나님의 형상대로 지음을 받았다는 말이다. 하나님의 형상으로 지음 받은 몸과 부모님을 닮은 몸이다.

"시법성신是法性身 만시방허공滿十方虛空 무량광명無量光明 무량음성無量音聲"

하나님의 형상대로 하나님이 내주신 몸이 우주에 가득 찼다. 불교로 말하면 법신이다. 그 법신의 핵심은 빛이다. 또 법신의 핵심은 말씀이다. 빛이라 하기도 하고 말씀이라 하기도 한다. 크리스마스는 말씀이 육신이 되었다는 것이다. 말씀이 육신이 되었다고 할 수도 있고 또 빛이 육신이 되었다고 할 수도 있다. 그러니까 여러 가지로 표현이 되어 빛이라 하기도 하고 말씀이라 하기도 한다.

"여시법성신如是法性身 불능도시방세계중생佛能度十方世界衆生"

하늘이 내 주신 이 몸이 능히 온 세계에 있는 중생들을 구원할 수 있다.

"수제죄보자受諸罪報者 시생신是生身 불설법佛說法 여인법이신如人法二身 고수죄무구고수죄무구故受罪無咎."

기독교에서는 죄 때문에 태어났다고 하는데 불교에서는 업보業報로 태어났다고 한다. 어떤 인연 때문에 이 세상에 태어난 것이다. 태어난 이것을 소위 생신生身이라 한다. 부모님이 낳은 몸이다. 이 몸이 있기 때문에 또 우리는 설법을 할 수 있는 것이다. 몸이 있으니까 모든 사람에게 설법을 할 수 있지 이 몸이 없으면 설법이 안 된다.

사람은 이 두 가지 몸이 있음으로 인해 비록 육신 때문에 죄를 많이 짓지만 그 죄짓는 것으로 끝나지 않고 또 이 법신 때문에 구원을 받을 수도 있다. 이것에 대해 언제나 비유하는 것은 물이다. 물이 흐려질 수도 있지만 완전히 흐려지지는 않는다. 얼마든지 또 깨끗한 물로 바뀔 수 있다. 왜? 물은 본래가 깨끗한 것이기 때문이다. 본래가 깨끗한 것인데 어쩌다가 더러워진 것이다. 더러워진 물은 호수 속에 또 가만 넣어두면 다시 깨끗해진다. 비록 더러워졌다고 해도 우리가 다시 정신을 바짝 차리면 또 깨끗해지는 것이니까 흠이 없다. 걱정할 것이 없다는 것이다. 내가 하는 비유는 언제나 이렇게 물 비유다. 물이라는 것은 본래가 깨끗한 것이니까 절대 더러워질 수 없는 것이다. 한 번 더러워졌다 해도 그것은 문제삼을 수 없는 것이다.

그런데 더러워진다고 하는 것도 내가 잘못해서 더러워지는 수도 있고 예수님처럼 남을 구원하기 위해서 일부러 더러워지는 수도 있다.

예수님이 이 세상에 오신 이유는 남을 구원하기 위해서 오신 것이다. 남을 구원하기 위해서 육신을 쓰신 것이다. 그러니까 남을 구원하기 위해서 더러워지는 경우도 있고 또 자기가 잘못해서 더러워지는 경우도 있다. 더러워지는 것은 다 마찬가지지만 그것은 본래 더러운 것이 아니니까 얼마든지 깨끗해질 수 있다.

"무량겁해수공덕無量劫海修功德 공양시방일체불供養十方一切佛 교화무변중생해敎化無邊衆生海 노사나불성정각盧舍那佛成正覺"

요전에도 말했지만 석가가 응신도 되고 보신도 되고 법신도 된다. 쉽게 말하면 철학자도 될 수 있고 도덕가도 될 수 있고 종교가도 될 수 있다. 세 가지가 다 되는 것이다. 우리도 다 그렇다. 아버지에 대해서는 나는 아들이고 아들에 대해서는 나는 아버지고 아내에 대해서는 나는 남편이다. 그렇게 대하는데 따라서 여러 가지로 달라지는 것이다. 그러니까 법신도 될 수 있고 응신도 될 수 있고 보신도 될 수 있고 다 될 수 있는데 우리가 『원각경』을 할 때는 응신, 『법화경』을 할 때는 보신, 지금 『화엄경』을 할 때는 법신이라고 그렇게 되었는데, 이 법신이라 하는 것을 여기서 노사나불盧舍那佛이라 한다. 법신을 노사나불이라 하기도 하고 또는 비로자나불이라 하기도 한다. 『법화경』에서는 노사나불이라 하면 보신이고 비로자나불이라 해야 법신이다. 그런데 『화엄경』에서는 그런 구별이 없고 노사나불이나 비로자나불이나 다 법신이다. 나는 인도말을 잘 모르니까 모르지만 하여튼 노사나불이라 함은 광명이라는 뜻이고 비로자나불이라 하면 광명편조光明遍照라는 것이다. 하나는 빛이라는 것이고 하나는 널리 비친다는 것이다. 태양이라 하면 태양이 널리 비치지 한 곳에만 비치는 것이 아니다. 그러니까 빛이라 해서 광명이라 해도 좋고 널리 비친다 해서 광명편조라 해도 좋다. 다 같은 말이다. 노사나불, 빛인데 성정각成正覺이다. 말하자면 철인이 되었다는 것이다. 철인이 되었는가, 도인이 되었는가, 성인이 되었는가, 그 셋이다. 철학 하면 철인이 되고 도덕 하면 도인이 되고 종교 하면 성인이 된다. 철학인가 도덕인가 종교인가 하는 차이인데 오늘은 여기서 철학이니까 말하자면 법신으로 정각을 했다는 것이다. 그런데 그렇게 정각을 하는 것이 그저 쉽게 된 것은 아니라는 것이다. "무량겁해無量劫海", 몇 천억 년 동안 노력을 한 것이다. "수공덕修功德", 많은 공덕을 쌓은 것이다. 그리고 한 선생님만 쫓아다닌 것이 아니라 많은 선생님한테 배웠다. 우리가 어렸을 때부터 배운 선생님들이 얼마나 많은가. 한없이 많은 선생님들한테 배운 것이다. 그리고 다른 사람을 우리도 가르쳐보려고 애를 썼다. 친구들에게도 좋은 말을 해 주려고 애썼고 아내한테 또 부모한테 얼마나 많은 사람들에게 우리가 좋은 말을 해 주려고 애썼는지 모른다. 그러니까 그 세 가지다. 선생님, 다른 사람, 나 자신이다. 선생님, 나, 그리고 다른 사람, 노력한 것이 이 셋이다. 선생님한테는 배우려고 노력한 것이고 다른 사람은 가르치려고 노력하고 나 자신에게는 나 자신을 완성시키려고 노력하는 것이다. 나 자신을 완성시키려고 노력하는 것을 도덕이라 하고 선생님에게 배우려고 애쓰는 것은 철학이고 남을 가르치려고 애쓰는 것이 종교다. 우리가 다 지금까지 애쓰고 있는 것이 다 종교, 철학, 도덕이다.

왜 그렇게 되는가. 사람이라는 것이 지정의知情意로 되어 있기 때문이다. 지知라는 것, 아무래도 알아야 되니까 알려면 선생님을 붙잡아야 알지 선생님 없이 어떻게 알 수 있겠는가. 그래서 지라는 것 때문에 사람은 어쩔 수 없이 법신이 안 될 수 없다. 그 다음 의意라는 것이 있기 때문에 사람은 도덕과 자기 완성이라는 것이 없을 수 없다. 수양공덕 이런 것들이 다 의라는 것이 있기 때문이다. 그래서 사람은 자기 완성을 해 가는 것이지 만일 의지가 없다면 아무 것도 안 된다. 사람에게 제일 중요한 것이 의지라 해서 의지를 강조한 것이 보신이다. 그리고 사람은 감정, 애정이라는 정情이 있으니까 아무래도 자기 혼자 행복하다 하기보다는 남과 같이 행복하자는 그런 것이 없을 수 없다. 나 혼자 밥 먹는다 하기보다는 누구와 같이 먹으면 더 맛있다. 그러니까 남과 같이 한다는 그런 것이 없을 수 없다. 그래서 자연히 종교라는 것이 없을 수 없다. 사람은 지 때문에 철학을 안 할 수 없고 의 때문에 도덕을 안 할 수가 없고 정 때문에 종교를 안 할 수가 없다. 사람은 그렇게 태어난 것이다. 사람이 그렇게 생겨먹은 것이다. 그래서 어쩔 수 없이 그렇게 된다.

그러니까 철학자가 따로 있는 것도 아니고 종교가가 따로 있는 것도 아니고 도덕가가 따로 있는 것도 아니다. 누구나 철인이고 누구나 도인이고 누구나 성인이지 그것 아닌 사람이 하나도 없다. 여기서 우리는 석가라는 사람을 대표로 세우는 것뿐이다. 하나의 모델로 내세우는 것뿐이지 석가만 그렇다는 것이 아니다. 온 세계 사람들이 다 그렇고 나도 또 그렇다는 것이다. 내가 철인이고 내가 도인이고 내가 성인이지 무슨 공자만 성인이고 노자만 도인이고 무슨 소크라테스만 철인이라는 것이 아니다. 요전에 장엄하다 했는데 무슨 석가만 장엄한 것이 아니다. 무슨 히말라야 산만 장엄한 것이 아니다. 모든 인류가 다 장엄한 것이다. 이것이 소위 인간의 존엄이라는 것이다. 모든 인류가 다 장엄한 것이고 또 만일 허락해 주신다면 나도 또 장엄한 것이다. 나도 또 장엄하지 나는 바보이고 다른 사람만 장엄하다 그것이 아니다. 언제나 우리가 모든 사람이 다 장엄하다 그렇게 되어야 이것이 소위 중생이라는 것이다. 그래서 나도 장엄하다 그렇게 되어야 이것이 부처라는 것이다. 나만 장엄한 것이 아니라 히말라야도 장엄하고 태양도 장엄하고 온 우주가 다 장엄하다 이렇게 되어야 법신이다. 언제나 우리가 이런 시간을 가질 때면 자꾸 이렇게 여러 가지로 생각을 해야 된다. 우리가 예수를 믿는다고 꼭 예수님만 잘났다는 것이 아니다. 물론 예수님이 잘났지만 예수님만이 아니라 온 세상 사람이 다 잘난 것이다. 그리고 온 세상 사람만이 아니다. 나도 잘난 것이다. 사람이란 다 잘난 맛에 사는 것이지 잘난 맛이 없으면 어떻게 사는가. 그러니까 우리가 이렇게 넓게 생각할 줄 알아야 된다.

그런데 한국의 기독교라는 것이 너무 좁게만 생각해서 예수님만 잘났지 우리는 다 부족한 죄인입니다 하고 너무 죄인이라고만 하니까 그만 다 못난 바보가 되고 천치가 되고 만다. 그리고 저 밖에 있는 불쌍한 사람들을 어떻게 해 달라고 자꾸 그러는데 어디 자기는 불쌍하지 않고 밖에 있는 사람만 불쌍한가. 예수님만 잘났다고 하다가 무엇인지 자기도 조금 잘났다는 그런 생각이 들어서 밖에 있는 사람들은 다 불쌍하다는 그런 식으로 비약이 되고 만다. 말하자면 예수 믿는다는 것이 오히려 더 나쁘게 되고 마는 경우도 많다. 그러니까 우리가 언제나 예수님도 잘나고 나도 잘나고 밖에 있는 사람도 잘났다고 해야 된다. 또 못났다고 할 때는 예수님도 못나고 나도 못나고 밖에 있는 사람도 못났다 하고 이렇게 다 넓게 생각을 해야 된다. 그래야 한국의 기독교가 살아나지 그렇지 않으면 한국의 기독교가 살아나지 못한다.

"무량겁해수공덕無量劫海修功德"이다. 무량겁해는 영원한 시간이다. 우리는 고작 어머니 뱃속에서 나왔다가 죽으면 끝이라는 생각을 하는데 그것이 아니다. 내가 이만큼 된 것도 내가 한없는 옛날부터 몇 백만 년 몇 억만 년 전부터 노력해서 이만큼 진화한 것이다. 앞으로도 또 계속 진화할 것이다. 니체Friedrich Nietzsche(1844-1900) 같은 사람의 주장이 그것이다. 지금까지 오는데 오만 년이 걸렸다면 앞으로 또 오만 년이 걸려서 진화할 것이라 한다. 샤르댕Pierre Teilhard de Chardin(1881-1955)도 마찬가지다. 무슨 오메가 포인트니 하는 말이 그런 것이다. 수없이 많은 해를 걸려서 내가 이만큼 되었는데 앞으로도 또 내가 수많은 해를 걸려서 더 발전이 될 것이다. 니체로 말하면 사람원숭이가 사람이 되기까지 또 얼마나 많은 시간이 걸리겠느냐는 것이다. 그래서 영원회귀永遠回歸라는 말을 자꾸 쓴다. 무한 시간 전부터 무한한 시간까지 영원히 가는 데 우리가 지금 있는 것이지 어머니 뱃속에서 나와서 땅으로 들어가는 그것이 전부는 아니라는 것이다. 우리가 그런 생각을 하기 어려워도 그런 생각을 자꾸 해야 된다. 그런 생각을 못하면 답답하고 안타까워서 견딜 수가 없다. 젊은 사람들은 괜찮지만 나처럼 늙은 사람들은 날마다 울어야지 어떻게 하겠는가.. 앞으로 살 날이 얼마 안 남았으니까. 우리가 삼월에 또 만나자 하지만 나 같은 사람은 내가 삼월까지 살 수 있을까 그런 생각을 한다.

하여튼 우리가 생각을 너무 생신生身에만 붙잡히면 안 된다. 우리는 법신이 있다는 것을 또 알아야 된다. 법신이란 것은 영원한 법신이고 무한한 법신이다. 그리고 한없이 신비한 법신이다. 그러니까 우리가 언제나 시간적으로 영원이라는 것을 생각하고 공간적으로 무한이라는 것을 생각하고 또 신비하다 하든지 인격이라 하든지 자기 좋을 대로 생각하는데 나는 법신이요 동시에 나는 생신이다. 나는 이 두 몸을 다 가졌으니까 지금은 육신으로 있지만 앞으로 조금 있으면 법신으로 살 수 있기 때문에 아무 문제가 없다. 그렇게 영원과 무한과 절대, 혹은 신비라 그렇게 해 보는 것이다. 시간적인, 공간적인, 인간적인 것인데 달리 말해서 시간을 넘어서고 공간을 넘어서고 인간을 넘어서는 것이다. 시간을 넘어서는 것을 영원이라 하고 공간을 넘어서는 것을 무한이라 하고 인간을 넘어서는 그것을 무엇이라 해야 좋을지 모르지만 그것을 신비하다 해도 좋고 인격이라 해도 좋다. 하여튼 무엇인지 하나님과 마주치는 그런 것이 하나 있어야 된다. 인간을 넘어서는 것이 하나님이지 무슨 다른 것이 있겠는가. 내 속에서 영원하다, 무한하다, 신비하다 하는 이런 것을 우리가 속으로 느끼면서 살아가야 된다. 내가 오늘 갑자기 죽는 한이 있어도 나는 안 죽는다 하는 이런 것이 있어야 된다. 그런 것이 있어야 오늘 가다가 자동차에 치어 죽어도 괜찮지 그렇지 않으면 어떻게 하겠는가. 오늘밤에 내가 죽는 한이 있어도 죽는 것은 내 생신이 죽는 것이지 내 법신이 죽는 것은 아니다. 우리는 그런 것을 좀 생각해야 된다.

"노사나불대지혜盧舍那佛大智慧광명보조무유량光明普照無有量 여실관찰진체법如實觀察眞諦法 보조일체제법문普照一切諸法門."

노사나불은 "대지혜大智慧"가 있다. 이는 법신을 강조하는 것이다. 그래서 그 지혜 때문에 "광명보조光明普照 무유량無有量"이다.

지혜가 있으니까 여실如實하게, 있는 그대로 꿰뚫어볼 수 있다. 우주의 본질을 꿰뚫어 볼 수 있다는 것이다. 종교적으로 말하면 하나님을 만나볼 수 있다는 말이다. 다 마찬가지 말이다. 일체의 제법문諸法門을 능히 밝힐 수 있다. 언제나 법문은 팔만 사천 법문이라 한다. 해인사에 불경이 팔만 사천이 있다. 언제나 좋아하는 것이 팔만 사천이다. 석가가 4월 8일에 났다고 한다. 왜 그렇게 4와 8을 좋아하는가 하면 사통팔달四通八達 때문이다. 법문이 팔만 사천이라 하는 것도 그 뜻은 사통팔달이라는 것이다.

다음은 "유심게唯心偈"라는 것이다. 원효가 밤에 물을 마셨는데 다음날 그것이 해골에 있는 물이라는 것을 알고는 모두 토하게 되었다. 그때 하는 말이 유심唯心이라는 것이다. 말하자면 원효가 알았다는 것이 무엇인가 하면 『화엄경』을 알았다는 것이다. 원효와 의상이 『화엄경』을 공부하러 가던 길이었는데 『화엄경』의 핵심이 무엇인가 하면 심心이다. 원효는 거기서 심이라는 것을 깨달았으니까 더 공부하러 갈 필요가 없는 것이다. 그래서 의상만 가라 해서 의상은 10년 동안 공부해서 「법계도法界圖」라는 논문을 써 바치고 돌아왔다. 원효는 가기도 전에 졸업하고 말았으니까 갈 것도 없었다. 유심이라는 것이 말하자면 졸업장이다. 그래서 원효가 나오면 밤낮 나오는 것이 유심이다. 하여튼 유명한 말이다. "유심게唯心偈"를 읽어본다.

"심여공화사心如工畵師 화종종오음畵種種五陰
일체세계중一切世界中 무법이불조無法而不造
여심불역연如心佛亦然 여불중생연如佛衆生然
심불급중생心佛及衆生 시삼무차별是三無差別
제불실료지諸佛悉了知 일체종심전一切從心轉
약인여시해若人如是解 피인진견불彼人眞見佛."

"심여공화사心如工畵師 화종종오음畵種種五陰
일체세계중一切世界中 무법이불조無法而不造"

마음이란 무엇인가. 그림을 잘 그리는 화백이나 같은 것이다. 여러 가지 물감, 빨강·파랑·노랑·검정·하양 다섯 가지 물감을 가지고 이렇게도 그리고 저렇게도 그린다. 여러 가지를 그리는 것이다. 온 세계 속에서 법치고 창조되지 않은 것이 없다. 법이라는 말은 여러 가지로 쓰이는 말인데 모든 만물을 법이라 하기도 하고 그 다음에 모든 생명, 중생이라는 것을 법이라 하기도 하고 또 모든 진리를 법이라 하기도 한다. 그리고 존재 혹은 실재라 하는 것, 기독교로 말하면 하나님이라 하는 것도 법이라 한다. 진리도 법이요 중생도 법이요 만물도 법이다. 법이라는 한 자 가지고 일체를 집어넣는 것이다. 이것이 불교의 멋이다. 동양으로 말하면 도道라고 하는 것이 제일 비슷하다. 도라는 한 자 속에 형이상과 형이하의 일체를 집어넣는다. 서양으로 말하면 이데아Idea라는 것이다. 이데아 속에 다 집어넣을 수 있을 것이다. 글자 하나 속에 무엇이나 집어넣을 수 있는 그런 글자, 그 가운데 하나가 법이라는 글자다. 다르마dharma라는 것이 법이라는 것인데 여기서 법이란 무엇이라 해석하는가 하면 만물이다. 만물 치고 창조되지 않은 것은 없다. 이렇게 되면 기독교의 창조주라는 생각이 들기 쉽지만 조금 달리 생각을 해야 된다. 불교는 범신론汎神論이기 때문이다. 이것은 나중에 다시 생각하기로 한다. 하여튼 지금은 창조라고 해본다. 화가가 그림을 그려서 작품을 창작하는 것처럼 하나님께서 우주를 하나의 작품으로 만들어냈다. 그림을 그려내 보니까 좋았다. 하나님께서 창조하시고 나니 좋았다 하는 사상이나 비슷하다. 만물 치고 창조되지 않은 만물이 없다.

"여심불역연如心佛亦然 여불중생연如佛衆生然
심불급중생心佛及衆生 시삼무차별是三無差別"

마음처럼 불도 또한 그렇다. 불처럼 중생도 또한 그렇다. 그래서 "심불급중생心佛及衆生 시삼무차별是三無差別"이다. 이것도 옛날부터 유명한 말이다. 심이나 부처나 중생이나 이 셋이 차별이 없다는 것이다. 기독교로 말하면 삼위일체나 같은 말이다. 성부와 성자와 성령이 일체. 삼위일체인데 이 사람들은 심·불·중생이 무차별이다. 심心이란 하나님이요 불佛이라 하는 것은 그리스도요 중생衆生이라 하면 모든 믿는 사람들이다. 믿는 사람들이란 성령을 받은 사람들이다. 성령을 받은 사람도 영이고 그리스도도 영이고 하나님도 영이다. 하나님이나 그리스도나 성령을 받은 사람이나 무차별이다. 언제나 이것이 없으면 믿음이라는 것이 없다. 하나님도 영이시고 그리스도도 영이시고 우리 믿는 사람들도 영이다. 하나님, 그리스도, 교회다. 교회는 성령이 충만한 곳이다. 그렇게 되어야 교회와 그리스도와 하나님이 무차별이다. 그것이 삼위일체라는 것이다. 불교에서는 심이 하나님이다. 왜 하나님인가. 심이란 우주의 중심이다. 우리는 하나님이 우주를 창조했다고 하지만 이 사람들은 우주의 중심이 하나님이다. 더 다르게 말하면 우주의 정신이 하나님이다. 말하자면 범신론이니까 우주가 그대로 하나님의 몸이고 우주의 정신이 우주의 마음이다. 그러니까 불교에서는 심이라는 것이 굉장히 중요하다. 그래서 "심불급중생 시삼무차별"이다.

"제불실료지諸佛悉了知 일체종심전一切從心轉
약인여시해若人如是解 피인진견불彼人眞見佛."

그런데 모든 부처는 다 잘 알고 있다. 무엇을 잘 알고 있는가. "일체종심전一切從心轉"이다. 심心에는 두 개가 있다. 하나는 마음 밖에 있는 심이고 하나는 마음 안에 있는 심이다. "내 속이 탄다" 할 때는 내 안에 있는 심이다. 그런데 맨 처음에 나온 심은 내 속에 있는 심이 아니라 그것은 하늘에 있는 심이다. 하늘에 계신 아버지다. "내 뜻대로 마옵시고" 할 때의 심은 가슴속에 있는 심이다. "아버지 뜻대로 하옵소서" 할 때의 심은 하늘에 있는 심이다. 몸 밖에 있는 심은 허공에 꽉 차있는 심이다. 한없는 빛이다.

『법화경』을 할 때 말한 것인데 "심미법화전心迷法華轉 심오전법화心悟轉法華"다. 마음이 미혹되면 "법화전法華轉"이다. 다른 사람, 또는 우주 만물에게 끌려 다닌다. 법화를 우주라 하면 우주 만물에 끌려 다닌다는 말이다. 사람이 독립을 못하고 자유가 없다. 그렇게 되면 아이들처럼 남에게 끌려 다닌다. 아이들이 교회에 올 때는 부모의 손에 끌려온다. 세상에는 아이들도 있고 어른들도 있다. 아이들은 언제나 끌려 다닌다. 그것을 "심미법화전"이라 한다. 마음이 미혹되면 모든 만물에게, 술에게 담배에게 끌려 다닌다. 그런데 마음이 깨달으면 독립과 자유니까 "전법화轉法華"다. 모든 만물을 지배할 수 있고 돌볼 수가 있다. 마음에는 이렇게 두 가지 마음이 있다. 미혹된 마음과 깨달은 마음이다. 절망에 빠진 마음과 희망에 가득 찬 마음이다. 부자유한 마음과 자유로운 마음이다. 노예적인 마음과 자주적인 마음이다. 그러니까 쉽게 말하면 어린애 같은 마음과 어른 같은 마음이다. 그러니까 '미迷'라는 마음을 '오悟'라는 마음으로 한 번 뒤집어야 된다. "종심전從心轉"이다. '미迷'라는 마음에서부터 '오悟'라는 마음으로 뒤집어야 된다. 밤낮 팔십에 나서도 어린애처럼 살면 안 된다. 인생이라는 것은 한 삼십이 되면 어른스러워야 된다. 공자는 "삼십이입三十而立"이라 한다. 서른이 되면 벌써 독립을 해야 된다. 또 "사십이불혹四十而不惑"이다. 사십이 되면 자유를 얻어야 된다. 그래서 어린애처럼 되지 말고 어른이 되어야 한다. 그것이 종심전이다. "일체종심전一切從心轉", 누구나 종심전, 한 번 바뀌어야 된다. 어른이 되어야 한다. 기독교로 말해서 거듭나야 된다. 그런데 팔십이 나서도 계속 거듭나지 못하고 마는 사람도 많다. 그렇게 되면 안 된다. 거듭나야 된다. 어른이 되어야 된다. 아이들처럼 길을 못 찾으면 안 된다. 언제나 "심오心悟", 마음대로 길을 찾아다녀야 된다. 선생님을 내가 붙잡아야 되고 도와줄 사람을 내가 도와 주어야 된다. 나 자신도 나를 완성시켜야 된다. 그렇게 되면 심오다. 부처란 별것이 아니다. 심오가 부처다. 깨달았다는 것이 무엇인가. '미迷'에서 '오悟'로 바뀌어야 되겠다는 것을 깨달은 것이다. 또 그렇게 바뀌어진 상태를 우리가 불佛이라 한다. 불이라는 말은 인도말이고 그것을 번역하면 오悟라는 것이다. 마음이 두 가지, 하나는 하늘에 있는 마음이요 하나는 내 속에 있는 마음인데 이것을 뒤집어야 한다. 사람이 이것을 알면 그 사람은 진짜로 부처님을 볼 수 있다. 자기가 부처가 될 수 있다는 것이다. 부처가 되었으니까 부처를 보지 부처가 되지 못하면 어떻게 부처를 보겠는가. 유불여불唯佛與佛이다. 부처가 되어야 부처를 본다. 부처를 보았다 하면 벌써 내가 부처가 된 것이다. 그런 사람은 진짜로 부처를 보았다는 것이다. 진짜로 깨달은 사람이 된 것이다. 진짜로 어른이 된 것이다.

"섭귀일심상래攝歸一心上來 제문불리일심諸門不離一心 일심즉법계一心卽法界. 약지촉물개심若知觸物皆心 방료법성方了法性 지일체법知一切法 즉심자성卽心自性. 연금법학지자然今法學之者 다기내이구외습多棄內而求外習. 선지자호망연이내조禪之者好亡緣而內照 보위불普爲佛 집심경執心境 여여如如 평등무애平等無碍."

"섭귀일심상래攝歸一心上來 제문불리일심諸門不離一心 일심즉법계一心卽法界"

여기서 일심一心이란 깨달은 마음이다. 깨닫고 보면 우주 만물이 내 마음과 떨어져 있는 것이 아니다. 마음이 우주 만물을 만들었다는 말이나 우주 만물이 내 마음과 떨어져 있지 않다는 말이나 다 같은 말이다. 이렇게 마음이라는 것을 깨닫고 보면 우주 만물이 나와 떨어져 있는 것이 아니다. 모두가 내 것이다. 태양도 내 것이다. 달도 내 것이다. 청풍도 내 것이다. 꽃도 내 것이다. 꽃을 꺾어서 내 방에 놓아야 내 것이고 꽃집에 있는 꽃은 내 꽃이 아니라는 그렇게 생각하는데 그것이 아니다. 꽃집에 있는 꽃을 내가 보는 순간에 그것은 내 꽃이지 꽃집의 꽃이 아니다. 일체가 다 내 것이다. "일심즉법계一心卽法界"다. 일심과 법계가 둘이 아니다. 불이법문不二法門이다. 설악산에서 내설악으로 가서 백담을 지나 영세암을 거쳐 올라가면 쌍폭이 있는데 쌍폭에서 청봉으로 올라가는 길이 아주 가파른 길이다. 그래서 거기를 올라가려면 할딱할딱하는데 거기를 불이문이라 한다. 거기 올라가면 봉정사가 있고 더 올라가면 대청봉이다.

"약지촉물개심若知觸物皆心 방료법성方了法性 지일체법知一切法 즉심자성卽心自性"

물건을 보고 마음이라는 것을 알면 법성法性이라는 것도 알 수 있다. 그리고 일체 만물이라는 것을 아는 것이 "즉심자성卽心自性"이다. 다 같은 말인데 "일심즉법계一心卽法界"라는 말을 이렇게도 저렇게도 말해보는 것이다. 법성이 무엇인지도 알고 일체 만물이라는 것도 알게 된다는 것인데 쉽게 말하면 나도 알고 너도 알게 된다는 것이다. 그래서 말하고자 하는 것은 성성과 법法이 둘이 아니라는 것이다. 법성불이法性不二다. 밖에 있는 법이라 하는 만물과 내 속의 정신, 그것이 둘이 아니다. 인식이라는 것이 그것이다. 내 속의 주관과 밖의 객관이 둘이 아니다. 그럴 때 우리는 알았다고 한다. 그런데 밖에 있는 물과 내 주관이 둘이 되면 알았다고 할 수가 없다.

"연금법학지자然今法學之者 다기내이구외습多棄內而求外習"

그런데 지금의 과학자들은 종교라는 것은 집어치우고 과학만 자꾸 공부하고 있다. 종교는 다 집어치우고 그저 별만 보면 그것이 제일인 줄 안다는 것이다.

"선지자호망연이내조禪之者好亡緣而內照 보위불普爲佛 집심경집心境 여여如如 평등무애平等無碍."

또 교회에 다니는 사람들은 과학은 다 집어치우고 믿음만 강조한다. 그러니까 우리들은 과학과 종교를 다 알아야 된다. 넓게 알아서 정말 깬 사람이 되어 가지고 종교라는 심심과 경경이라는 과학을 다 붙잡아야 된다. 안팎을 다 붙잡아야 된다. 윌리암 제임스William James(1842-1910)는 과학의 목적은 종교요 종교의 수단은 과학이라 했다. 제임스는 그렇게 붙잡은 것이다. 그러니까 교회에 다닌다고 해서 무슨 진화론은 틀렸다고 하면 안 된다. 우리는 하나님이 창조했다는 것도 알고 진화했다는 것도 알아야 된다. 내가 진화하지 않았다면 원숭이로 있을 터인데 그것은 말도 안 된다. 역시 과학은 과학대로 알고 종교는 종교대로 알아서 그것이 내 속에 불이不二, 둘이 갈리지 않고 다 극복이 되어야 한다. "보위불普爲佛 집심경執心境", 넓게 우리도 깨달은 사람이 되어서 종교와 과학을 다 붙잡아야 된다. 그래서 "여여如如", 종교에 대해서도 진짜고 과학에 대해서도 진짜고, 종교에 대해서도 존엄하고 과학도 존엄하다. 둘 다 존엄해서 "평등무애平等無礙"다. 걸림이 하나도 없다. 과학을 하면 믿음이 없어진다거나 또 종교를 하면 과학을 못 하겠다거나 그렇게 되면 안 된다. 둘이 다 걸리는 데가 없어야 된다. 『화엄경』에서 자꾸 원융무애圓融無礙라는 말을 쓴다. 무애는 걸림이 없는 것이다. 원융은 둘을 다 통째로 붙잡는 것이다. 과학은 과학대로 좋고 철학은 철학대로 좋고 예술은 예술대로 좋고 다 좋다. 통 걸리는 것이 없다. 나는 미술가가 되어서 과학은 못 하겠다거나 나는 음악을 하니까 철학을 못 하겠다거나 그런 것이 아니다. 우리 속에는 과학 할 수 있는 오성悟性도 있고 철학 할 수 있는 이성理性도 있고 종교 할 수 있는 영성靈性도 있고 예술 할 수 있는 감성感性도 있다. 그것이 하나도 서로 걸리지 않는다. 과학은 과학대로 철학은 철학대로 예술은 예술대로 종교는 종교대로 다 좋다. 그것을 무애라 한다. 원융은 그것을 다 포섭할 수 있다는 것이다. 나는 과학자니까 철학이 싫다던가 그러면 안 된다. 다 되어야 한다. 철인도 되어야 되고 도인도 되어야 하고 성인도 되어야 하고 과학 예술도 해야 된다. 무엇이나 다 집어넣어서 그것이 원융무애, 내 속에서 다 빙빙 돌면서 하나도 걸리는 데가 없어야 된다. 다 좋은 것이다. 이런 마음을 불교에서는 공空이라 한다. 허공은 다 포섭하면서도 그 속에 걸리는 것이 없다. 그러니까 공이라 하기도 하고 또 어떤 때는 무無라고 한다. 무라는 것은 한없이 큰 것이다. 그리고 아무 것도 걸리는 것이 없다. 또는 진공묘유眞空妙有라 하기도 한다. 사람의 마음이 깨면 그렇게 된다. 아무 것도 걸리는 것이 없다. 깨면 마음이 한없이 넓어지는 것이다. 그리고 그 속에 아무 것도 걸림이 없는 것이다. 깨지 못하면 마음이 한없이 좁아져서 모든 것이 걸리게 된다. 마음이 미혹하면 좁아지고 걸리게 된다. 마음이 깨면 넓어지고 걸림이 아무 것도 없다. 그런 것을 원융무애라고 한다.

2000. 12. 24.

세주묘엄품 강해(5)

건달바왕乾闥婆王이니 구반다왕鳩槃茶王이니 하는 것들은 사람이 아니라 신들인데 말하자면 신중神衆이라는 것이다. 하늘에 있는 신들, 땅 위에 있는 신들, 물 속에 있는 신들이다. 태양신이니 바람신이니 하는 신들이다. 이런 신들이 많이 모여있다는 것이 신중이다. 물론 거기에는 보살들도 모여있다. 그래서 소위 사십四十 신중神衆이 모여있다는 것이다. 그런 무리들이 몇 천 명인지 몇 만 명인지 많이 모여있다는 것인데 이것이 가리키는 것은 우주의 모든 삼라만상이다. 태양이면 태양신 달이면 달신이고 불이면 불신이고 물이면 물신이고 무엇이나 다 신이 되는 다신多神의 세계다. 그런데 불교는 다신을 넘어서서 범신汎神의 세계다. 기독교의 세계는 유일신唯一神의 세계다. 우주 속에 많은 신이 있다고 하면 다신이 되고 우주가 그대로 신이라 하면 범신이 되고 우주를 신이 창조했다고 하면 유일신이 된다. 이렇게 신관神觀의 차이가 있는데 불교는 범신론汎神論이다. 부처라 하면 모든 신들보다 더 높은 차원의 존재, 진리와 일치한 존재다. 그래서 모든 신들은 다 부처의 밑에 들어가게 된다. 여기서 세주世主라 하는 것이 무엇인가 하면 태양신이니 무슨 신이니 하는 것들이 다 세주다. 에베레스트 봉우리가 부처라면 그 밑에 있는 봉우리들이 다 세주다. 모든 삼라만상을 지배하는 하나의 신들이 다 모여서 지금 석가가 부처가 된 것을 찬양하는 것이다. 부처가 되었다는 말은 다신의 세계를 넘어서 범신의 세계에 올라간 것이다. 그러니까 많은 신들이 모여서 석가가 부처가 된 것을 찬양하는 노래를 불렀다는 것이다. 그래서 여기 나온 것이 말하자면 하나의 찬송가인데 모두 열 개의 절로 되어 있다. 우리의 찬송가는 대개 서너 너댓 절인데 여기 나온 찬송은 모두 열 절로 되어 있다. 그리고 찬송가는 대개 네 줄이 한 절이다. 네 줄의 한 절을 시로 말하면 한 수首라 하는 것인데 여기서는 한 게偈라고 한다. 네 개의 구절 속에 어떤 의미를 포함시켜서 그것을 완전히 설명할 수 있는 세계다. 우리로 말하면 시조時調다. 시조는 석 줄 속에 모든 것을 다 포함시킬 수 있다. 우리는 석 줄로 하는데 중국 사람들은 넉 줄로 한 것이다. 그래서 게라는 것은 시조 한 수나 마찬가지다. 그런 것이 열 개, 즉 열 개의 절이 모여서 찬송가로 말하자면 한 장이 되는 것이다. 이런 장이 52장이 있는데 이것만해도 굉장히 길다. 그래서 그 가운데 다섯 개만 골라서 대개 이런 것이다 하고 그냥 지나가기로 한다.

1.7 이시爾時 지국건달바왕持國乾闥婆王 승불위력承佛威力 이설송언而說頌言

지국건달바왕이 부처님의 힘을 빌어서 찬송을 했다. 부처님의 힘을 빈다는 말은 기독교로 말해서 성령이 충만하다는 것이다. 주님의 힘을 빌어서 하는 것이다. 찬송의 내용은 52개 모두가 다 부처님이 잘났다는 소리다. 왜 그렇게 부처님이 잘났는가 하면 부처님은 큰 선생님이기 때문이다. 큰 선생님이 되어야 우리들이 다 그를 믿을 수 있지 꼬마가 되어서는 믿을 수 없다는 것이다. 대승기신大乘起信이다. 큰 선생님이니까 아무리 찬송을 해도 끝이 없는 것이다. 안자가 공자를 칭찬하면서 공자를 하늘이라 했다. 공자를 하늘이라고 하는 것이나 이 사람들이 석가를 하늘이라고 하는 것이나 같은 내용이다. 하늘이니까 우리가 믿을 수 있지 하늘이 아니라면 우리가 어떻게 믿을 수 있는가. 그래서 하늘이라는 말을 여러 가지로 표현하는 것이다.

제불경계무량문諸佛境界無量門 일체중생막능입一切衆生莫能入
선서여공성청정善逝如空性淸淨 보위세간개정도普爲世間開正道

부처님의 세계에 들어가는데 한없이 많은 문이 있다. 부처님의 세계는 어디서나 들어갈 수 있다. 이런 것을 사허문四虛門이라 한다. 시골에 가면 기둥 네 개만 있는 정자들이 있다. 담도 없고 문도 없다. 그런 것을 보통 사허문이라 한다. 사방이 모두 텅 비어서 전체가 문이라는 것이다. 그래서 무량문無量門이다. 선종의 대사大師인 조주趙州에게

"조주는 어떤 것이냐?"고 물었더니 조주는 "동문, 서문, 남문, 북문." 이라고 대답했다. 사허문이라는 것이다. 조주라는 세계는 어디로나 들어올 수 있는 세계이지 무슨 어디가 좁다던가 하는 것이 아니다. 전체가 문이다. 혹은 예수님으로 말하면 "나는 길이라"하는 것이다. 다 같은 말이다. 어디나 들어올 수 있는 길이지 어디가 막혀있는 그런 길이 아니다. 문이라 하나 길이라 하나 다 같은 내용이다.

그런데 "일체중생막능입一切衆生莫能入"이다. 모든 중생은 여기에 들어오지 못한다. 훤하게 열려 있는데도 들어오지 못한다. 그것이 문제다. 무슨 하나님이 문을 걸어 닫아서 못 들어오는 것이 아니다. 다 열어 놓아도 못 들어오는 것이다.

선서善逝는 잘 갔다는 말이다. 석가의 이름이 몇 천 개가 나오는데 그 가운데 가장 많이 부르는 것으로 열 개가 있다. 세존世尊, 불타佛陀가 가장 많이 부르는 이름이고 여래如來라는 이름도 많이 부르는 것인데 여래와 쌍이 되는 이름이 선서라는 이름이다. 여래는 플라톤의 철학으로 말해서 이데아의 세계에서 왔다는 말이다. 진리의 세계에서 온 것이다. 그런데 선서라 함은 다시 진리의 세계로 가는 것이다. 그러니까 왔다 가는 것이지 났다 죽는 것이 아니다. 생사가 없는 것이다. 왔다 가는 것뿐이다. 그래서 "일도출생사一道出生死"라 한다. 진리의 세계에 사는 분들은 언제나 생사를 벗어나 있다. 일도一道라는 것은 왔다가 가는 길이다. 부모님이 세상을 떠났다든가 돌아가셨다고 하지 죽었다고 하지 않는다. 높은 세계가 되면 그것은 돌아간 것이지 죽는 것이 아니다. 언제나 석가의 이름에서 여래라 하면 오셨다는 것이고 선서라 하면 돌아가셨다는 것이다. 왔다 가는 것이다.

그런데 언제나 왔다가 간다고 하는 사상을 가지려면 할 일이 있어야 된다. 일이라는 것이 없으면 왔다 간다는 것이 말이 안 된다. 일이 있으니까 온 것이고 일을 마쳤으니까 가는 것이지 일이라는 것이 없으면 왔다 가는 의미가 없는 것이다. 예수님은 세상을 구원하러 왔고 또 세상을 구원하고 가는 것이다. 그런 일이 없으면 예수님이 왔다 갔다는 것은 말이 안 된다. 불교에서도 석가라는 사람은 이 세상을 구원하러 왔다. 또 이 세상을 구원했으니까 가야 된다. 그리고, 구원할 일이 있으면 또 오는 것이다. 또 오고 또 오는 것이 부처다. 기독교에서 재림이라 하지만 이 사람들도 수백 번이고 온다고 한다. 필요하기만 하면 언제나 오는 것이다. 여기서 부르기만 하면 언제나 온다.『법화경』에서 관세음보살은 누가 부르기만 하면 곧장 달려온다고 했다. 그러니까 그런 할 일이 있는 존재들이라야 왔다 가는 것이다. 그런 일이 없는 사람들은 났다 죽지만 일이 있는 사람들은 왔다 가는 것이다. 그러니까 이것은 하나님이 일하시니 나도 일한다는 그런 사상이다. 일이라는 사상이 들어가지 않으면 왔다 간다는 것이 말이 안 된다.

"선서여공善逝如空", 석가의 사랑 혹은 석가의 마음은 여공如空이다. 하늘처럼 높은 것이다. 하늘처럼 높은 사랑이니까 오는 것이지 그렇지 않으면 왜 오겠는가. 그리고 석가의 성품은 한없이 깨끗하다. 구원한다는 것이 무엇인가? 우리가 오염된 세상을 깨끗하게 만들어 주는 것이 구원이다. 물이 더러워졌다면 그 더러워진 물을 깨끗하게 만들어 주는 것이다. 석가라는 사람은 하나의 샘물 같은 것이다. 그 사람의 가지고 있는 성품은 한없이 깨끗한 것이다.

"보위세간개정도普爲世間開正道", 넓게 세상 사람들을 위해서 아주 올바른 길을 열어주셨다. 그래서 우리는 팔정도八正道라 한다. 여덟 가지의 올바른 길을 열어주신 것이다.

여래일일모공중如來一一毛孔中 공덕대해개충만功德大海皆充滿
일체세간함이락一切世間咸利樂 차수광왕소능견此水光王所能見

여래如來, 하늘에서 오신 분은 털구멍 하나하나 속에 큰 힘이 꽉 차 있다. '덕德'이라는 것은 얻을 '득得'이라는 글자나 같은 것이다. 공덕功德을 쉽게 말하면 이 세상을 구원할 힘이다. 그 힘이 꽉 차 있는데 얼마나 큰 힘인가 하면 큰 바다 같은 힘이다.

"일체세간함이락一切世間咸利樂", 모든 세상 사람들이 이리를 얻게 되고 기쁨을 얻을 수 있게 되었다. 왜냐하면 구원해 주었기 때문이다.

이것은 수광왕水光王이라는 신, 나무를 다스리는 신이 알아차린 내용이다.

세간광대우고해世間廣大憂苦海 불능소갈실무여佛能消竭悉無餘
여래자민다방편如來慈愍多方便 정목어차능심해淨目於此能深解

"세간광대우고해世間廣大憂苦海", 이 세상이란 한없이 넓은데 거기에는 근심 고통 그런 것들이 꽉 차 있다. 부처님은 능히 그 고통과 걱정을 다 없이 해주신다. 조금도 남김이 없이 깨끗이 해주신다. 여래가 세상을 사랑하고 동정하는 그 방법은 여러 가지 방법을 다 해서 사랑한다.

우리가 하는 『화엄경』이 『80화엄경』인데 『80화엄경』 전에 나온 『60화엄경』은 제1장이 「정안세간품淨眼世間品」이다. 『80화엄경』에서는 제1장이 「세주묘엄품世主妙嚴品」이다. 그러니까 「세주묘엄품」을 한마디로 말하면 『60화엄경』에 나온 대로 정안淨眼이라는 것이다. 「세주묘엄품」을 일언이폐지一言以蔽之하면 정안이다. 정안이란 눈을 떴다는 말이다. 제1장 1절에 나온 대로 석가가 보리수나무 밑에서 깨닫고 부처가 되었다는 그 이야기다. 깨닫고 부처가 되었다는 말은 눈을 떴다는 소리다. 그 전에는 눈을 감았는데 그때 눈을 뜨게 되었다는 말이다. 그러니까 『화엄경』 전체는 말하자면 어떻게 하면 눈을 뜨는가 하는 그 이야기다. 눈을 뜬다는 말을 하니까 자연 빛이라는 말을 하게 된다. 눈을 떴다는 것은 빛을 볼 수 있게 되었다는 그 소리이기 때문이다. 빛이라는 말을 달리 말하면 진리라는 것이다. 눈을 떴다는 것은 진리를 깨달았다는 말이다. 그래서 「세주묘엄품」이 끝나면 「비로자나품」이 나온다. 비로자나를 번역하면 광명이라는 말이다. 빛이라는 것이다. 그래서 부처가 무엇인가 할 때 빛이 되고 만다. 나는 길이요 진리요 생명이라 할 때, 나는 진리라는 그 소리가 되는 것이다. 그러니까 이데아라는 말이나 같은 말이 되고 만다. 희랍의 플라톤의 사상이나 불교의 사상이나 같은 사상이 되고 만다. 다 빛의 세계다. 조로아스터

Zoroastrism라는 배화교拜火敎도 불을 숭배하는 것인데 결국 빛을 숭배하는 것이다. 우리의 모든 문화 문명, 이것이 다 무엇인가 하면 빛의 세계라는 것이다. 우리가 어두운 세계로부터 밝은 세계로 가자는 것이다. 다 같은 빛의 이야기다.

정목淨目이라는 신이 여기서 빛이라는 것이 얼마나 소중한 것인가 하는 그것을 알게 되었다는 말이다.

시방찰해무유변十方刹海無有邊 불이지광함조요佛以智光咸照耀
보사척제사악견普使滌除邪惡見 차수화왕소입문此水華王所入門

온 세계에 있는 모든 나라들, 그 나라가 한없이 많다. 부처는 무엇 하는 사람인가. 지知의 빛으로 그 사람들을 다 비춰준다. 그러니까 부처라는 말은 요새로 말해서 선생님이다. 선생님이 무엇 하는 사람인가. 지의 빛을 비춰주는 사람이다. 수학이면 수학의 빛, 생물이면 생물의 빛, 다 비춰주는 사람이 선생님이다. 그러니까 부처라는 말이나 선생님이라는 말이나 같은 말이다. 그래서 불교는 선생님교라는 것이다. 선생님은 어떤 것인가 하는 말이다. 지광知光이다. 지의 빛으로서 모두다 비춰준다. "보사척제사악견普使滌除邪惡見." 척제滌除는 더러운 것을 씻어주고 하수구의 막힌 것을 꺼내어 뚫어주는 것이다. 우리의 마음이 죄로 꽉 들어 막혔다든가 욕심으로 꽉 들어 막혔다 하면 그것들을 다 끄집어내서 숨이 통하게 만들어 주는 것이다. 이 척제라는 말은 『노자』에도 나온다. 사악견邪惡見을 척제하는 것이다. 사악견이란 간사한, 아주 못된, 잘못된 그런 견해들이다. 잘못된 견해들이 사악견이다. 우리들은 모두 잘못된 견해들을 많이 가지고 있다. 『주역周易』이라 하면 그 『주역』을 공부하려고 하지 않고 벌써 점부터 치려고 한다. 『주역』은 점치는 책이 아니다. 『주역』을 가장 공부 많이 한 사람이 공자인데 공자는 일생 점을 한 번도 쳐보지 않았다. 성인불점聖人不占이라 했다. 성인은 절대 점치면 안 된다. 그런데 우리나라 사람은 『주역』이라 하면 점치는 책이라고 생각한다. 그리고 또 점친다는 사람이 얼마나 많은지 모른다. 이런 것이 소위 사악견이라는 것이다. 서양사람들도 기독교라 할 때 기독교를 제대로 받아들이는가 하면 아니다. 저 혼자 엉뚱한 생각을 하고 있다. 대개 사람들은 사악견에 꽉 차 있는 것이다. 교회에 오는 사람들이 거의 다 사악견에 차서 온다. 그런 사람들이 많다.

똑바른 견해, 정견正見을 가져야 된다. 팔정도의 맨 처음이 정견이다. 똑바른 생각을 가져야 되는데 올 때부터 비뚤어진 생각을 가지고 오니까 아무리 문이 넓어도 들어올 수가 없다. 공자가 시詩 삼백 편을 한마디로 말하면 사무사思無邪라 했다. 시에는 사邪라는 것이 없다는 말이다. 사라는 것을 우리말로는 무엇이라 번역해야 좋을 지 모르겠다. 이런 것을 번역하기가 제일 힘들다. "차수화왕소입문此水華王所入門." 이것은 나무의 꽃을 주관하는 그런 신이 생각한 것이다.

불어왕석무량겁佛於往昔無量劫 수습대자방편행修習大慈方便行
일체세간함위안一切世間咸慰安 차도보음능오입此道普音能悟入

불佛이라는 선생님은 과거부터 한없이 오랫동안 사람들을 구원하려고 노력해 왔다. 부처는 생사라는 것이 없는, 왔다 가는 사람들이니까, 한없이 오랜 옛날부터 어떻게 하면 사람들을 구원할 수 있을까 그 구원하는 방법을 오랫동안 연구하고 훈련하고 모든 노력을 다 했다는 것이다. "일체세간함위안一切世間咸慰安", 그래서 모든 세상 사람들을 다 위로해 주고 편안하게 만들어 주려고 애쓰고 있다. "차도보음능오입此道普音能悟入", 이것은 보음이라는 신이 그것을 깨달은 것이다.

불신청정개락견佛身淸淨皆樂見 능생세간무진락能生世間無盡樂
해탈인과차제성解脫因果次第成 미목어사선개시美目於斯善開示

부처님의 몸은 한없이 깨끗해서 누구나 다 그를 보기를 좋아한다. 그래서 이 세상의 한없는 기쁨을 만들어준다. 그리고 모든 사람들이 조금씩, 조금씩 사악견邪惡見에서 벗어날 수 있도록 인도해 간다. 벗어날 수 있는 원인을 만들어주고 그 결과를 이끌어서 차차 벗어나도록 해주는 것이다. 이것은 미목美目이라는 신이 그것을 깨닫고 알려준 것이다.

중생미혹상유전衆生迷惑常流轉 우치장개극긴밀愚痴障蓋極緊密
여래위설광대법如來爲說廣大法 사자당왕능연창師子幢王能演暢

"중생미혹상유전衆生迷惑常流轉", 이 세상 사람들은 미혹이다. 생각을 잘못하고 있는 것이다. 요새 중학교 학생들을 보면 왜 그런지 알 수가 없다. 어떤 가수가 노래부른다고 하니까 그것을 보려고 운동장 밖에서 이불을 쓰고 며칠 전부터 잠을 자며 기다린다고 한다. 그것을 운영하는 사람들은 그들에게 표를 나눠주든지 어떻게 하지 않고 왜 그렇게 밖의 추운 눈 위에서 한 주일씩 자게 만드는 지도 모르겠고, 또 학생들은 집에서 텔레비전을 보아도 될 터인데 그것을 보겠다고 왜 그렇게 눈 위에서 며칠씩을 지내는지 모르겠다. 하여튼 눈 위에서 밤을 새는 것을 보면 그들이야말로 정말 구도자들이다.(웃음) 옛날 구도자들이 그렇게 했다. 그 옛날에 실크로드를 따라서 인도에까지 가서 불경을 구해오곤 했는데 그 길이 얼마나 험난했는지 모른다. 법장 같은 사람은 그 눈보라치고 험준한 길을 계속 갔던 것이다. 요새 중학생들이 그처럼 구도열이 대단한 것인데 그것이 올바로, 제대로 되어야 할 텐데 자꾸 엉뚱하게 그렇게 간다. 우리의 교육의 방향이 잘못된 것 같다. 무엇인지 중생들은 이렇게 다들 미혹되어 있다. 해야 될 일은 하지 않고 하지 않아야 될 일에 그만 온 정력을 쏟고 만다. 길을 잃은 것이다. 미혹이다. 그런데 자기 일대만 그렇게 미혹되고 마는 것이 아니라 그 자식 대에도 또 그렇고 손자 대에도 또 그렇게 된다. 그래서 같은 미혹을 몇 천대에 계속 되풀이하는 것이다. 아버지가 잘못 되었으면 아들은 고쳐야 될 텐데 고치지 못하고 똑같은 패턴을 또 돌고 돈다. "중생미혹상유전"이다. "우치愚痴", 어리석고 정말 눈이 멀었다. '치

痴는 무엇인지 아는 것이 병이 든 것을 말한다. 중학교 학생들도 학교에 가지 않았으면 그런 짓을 하지 않는다. 무엇을 안다는 것이 그렇게 병이 들어서 그런 것이다. 요새는 또 무슨 PC방에 가서 밤을 새운다고 한다. 이것도 안다는 것이 병이 든 것이다. 제일 문제가 이것이다. 우리가 공부는 해야 되는데 공부해서 무엇인지 제대로 빛을 보는 것이 아니라 공부하는 것이 병이 들어서 엉뚱한 짓을 자꾸 하게 된다. 그래서 제일 문제가 치정이다. 남녀의 치정이다. 요새 텔레비전의 연속극들을 보면 왜 그런 것들을 보여줘야 되는지 모르겠다. 보여주지 않아도 될 것만 자꾸 보여주고 있다. KBS는 국민들에게 돈 받아서 하는 것이 그런 치痴만 보여준다. 그렇게 해서 국민들이 다 그렇게 하라는 것인지 좌우간 KBS라는 것이 공기公器가 아니라 공해公害다. 무엇인지 아주 잘못 되었다. MBC를 보아도 그렇고 무슨 건강한 내용을 보여주는 것이 아니라 다 병든 것만 보여주어서 다들 병들게끔 만들어주고 있다. 방송이 공기가 아니라 공해가 되고 말았다. 자꾸 그렇게 되었다. 방송하는 사람들의 변명은 그렇게 해야 사람들이 보니까 그래서 그렇게 한다는 것인데 그렇게까지 해서 꼭 보게 해야 되는가. 대만 같은 나라는 국가에서 방송을 하나의 교육기관으로 생각한다. 아침 일찍 일어나면 벌써 각 전문가들이 제대로 교육을 한다. 그런데 우리는 그런 것이 하나도 없다. 교육방송이라는 것이 하나도 없다. 다 아침 새벽부터 치정만 보여준다. 이것 정말 야단났다. "우치장개愚痴障蓋", '장障'이란 장애다. 정신장애라든가 그런 장애들이 많이 있다. 무엇인지 제대로 가지 못하는 것이다. 그래서 그런 뚜껑이 "극긴밀極緊密"이다. 딱 닫혀서 열 수가 없다. 지옥 같은 속에 들어가서 거기에서 그만 벗어나지 못하는 것이다. 우치에서 사람이 그만 빠져나오지 못하게 된 것이다.

요새 지금 우치가 하나의 사랑같이 되었다. 치정이 사랑이라 해서 진짜 사랑은 어디로 갔는지 다 없어지고 말았다. 치정만이 사랑이라 한다. 그래서 "사랑은 아무나 하나"(웃음) 하고 야단이다. 그 사랑의 내용이란 무엇인가 하면 다 치정이다. 그것을 사랑이라고 보여주고 있다. 이렇게 되면 차라리 방송이 없는 것이 나을 것이다. 백성들 전체를 지금 잘못 인도해 가고 있는 것이다. 지금 방송국 사장이 누구인지 모르지만 제대로 좀 해서 정말 국민들을 바로 가르쳤으면 좋겠다.

"여래위설광대법如來爲說廣大法", 그래서 여래가 할 수 없이 진짜 큰 법을 넓게 가르쳐 준다. 이것은 사자당왕師子幢王이라는 신이 이것을 알아서 말하는 것이다.

여래보현묘색신如來普賢妙色身 무량차별등중생無量差別等衆生
종종방편조세간種種方便照世間 보방보광여시견普放寶光如是見

여래는 여러 가지 모양으로 자꾸 나타내 준다. 여러 모양으로 나타나는 선생님이다. "무량차별無量差別", 어리석은 사람에겐 어리석은 사람처럼, 부자에겐 부자처럼, 그 사람들에게 맞게 나타난다. "종종방편조세간種種方便照世間", 여러 가지 방법을 가지고 어떻게 하면 이 세상을 밝히나 하고 애쓰고 있다. 이것은 보광寶光이라는 신이 또 그렇게 알아차린 것이다. 이렇게 한 절마다 신의 이름이 하나씩 나온다.

대지방편무량문大智方便無量門 불위군생보개천佛爲群生普開闡
입승보리진실행入勝菩提眞實行 차금강당선관찰此金剛幢善觀察

큰 지혜를 가진 선생님에게는 그 수단이 한없이 여러 가지가 있다. "불위군생보개천佛爲群生普開闡", 부처가 모든 중생들을 위해서 여러 방편을 넓게 넓게 열어 놓았다. "입승보리진실행入勝菩提眞實行." '승勝'이란 우수하다는 뜻이다. 우수한 지혜를 진짜로 실천하게 하는 그런 세계로 들어갔다. 언제나 지행일치知行一致다. 우수한 지혜를 진짜로 실천하는 그런 세계에 들어갔다. 이것은 금강당金剛幢이라는 신이 관찰한 것이다.

일찰나중백천겁一刹那中百千劫 불력능현무소동佛力能現無所動
등이안락시군생等以安樂施群生 차락장엄지해탈此樂莊嚴之解脫.

"일찰나중백천겁一刹那中百千劫", 한 찰나 속에 영원이 들어가 있다. 이것은 밤낮 하는 소리다. 하나와 일체가 같아지는 것이다. 하루라 할 때 언제나 24시간이나 같은 것이다. 한 시간은 60분이나 같은 것이다. 단위는 달라지지만 내용은 같은 것이다. 그래서 찰나 속에 영원이 들어간다고 해도 조금도 이상할 것이 없다. 우리 태극기로 말하면 하나 속에 둘이 들어가 있다. 둘 속에 둘씩이 들어 있으면 또 넷이 들어 있는 것이다. 넷이라는 것도 하나 속에 들어가 있는 것이지 무슨 하나 밖에 있는 것이 아니다. 또 넷을 둘씩으로 갈라놓으면 여덟 개가 된다. 그러니까 하나 속에 8개가 들어가 있는 것이다. 그렇게 해서 나중에는 64개가 된다. 언제나 하나나 64괘나 같은 것이지 하나 밖의 64괘가 아니다. 하나 속에 언제나 64괘가 있지 하나 밖에 있는 것이 아니다. 그것을 알면 이런 생각은 쉽게 알 수 있다. 하나 속에 영원이 들어가 있는 것이지 하나 밖에 영원이 들어가 있는 것이 아니다. 그러니까 공 속에 하나가 들어가 있는 것이고 또 하나 속에 둘이 들어가 있으니까 결국 공 속에 전체가 들어가 있는 것이다. 허공 속에 일체 만물이 다 들어가 있다. 이 사람들의 생각이 다 그런 생각이다. 하나 속에 일체가 들어가 있는 것이다. 그래서 "일찰나중백천겁"이라 한다. 우리가 이것을 보면 굉장히 모순되는 것 같지만 내용은 다 같은 것이다. "불력능현무소동佛力能現無所動", 부처님의 힘이 어디나 움직이지 않고 어디나 확실하게 나타난다. 모든 군생群生들을 안락安樂을 가지고 꼭 같이 베풀어준다. 모든 군생들을 다 꼭 같이 잘살도록 그렇게 베풀어준다. 평등각平等覺이다. 이것은 장엄莊嚴이라는 신이 그렇게 안 것이다. 이렇게 10절이 나왔다.

요전에도 말한 내용이지만 여기에 가장 많이 나오는 말이 길 '도道' 와 '문門', 갈 '행行' 등이다. 결국 여기서는 행이라든가 도라든가 하는 그런 것을 많이 말하는 것이다. 공덕功德이라는 말도 나왔지만 이것이 여기서는 가장 중요한 말이라 할 수 있다. 우리가 이 다음 장을 보면 많이 나오는 말이 무엇인가 하면 비 '우雨'라는 글자다. 우리가 글을 볼 때 그 속에 어떤 상징을 썼는가 그것을 우리가 주목해야 된다. 오늘은 물이라는 상징, 길이라는 상징이다. 언제나 불교의 핵심이라 하면 세 가지다. 불교만이 아니라 모든 종교의 핵심이 세 가지다. 맨 처음에는 철학이라는 것이다. 그 다음에는 도덕이라는 것이고 그 다음은 종교라는 것이다. 유교라 하면 종교이고 유도라 하면 도덕이고 유학이라 하면 철학이다. 불교라 하면 종교이고 불도라 하면 도덕이고 불학이라 하면 철학이다. 요전에 법신法身·보신報身·응신應身이라 그럴 때도 응신이라 하는 것은 종교이고 보신이라 하면 도덕이고 법신이라 하면 철학이다. 그래서 『화엄경』은 철학의 경전이라 했다. 언제나 이 세 가지가 핵심인데 왜 그런가 하면 사람이란 언제나 세 가지로 되어 있기 때문이다. 머리와 가슴과 배로 되어있기 때문이다. 머리는 자꾸 생각해야 하니까 철학이다. 가슴은 사랑으로 우리는 이것을 종교라 한다. 그리고 배라 하면 이것은 의지라는 것으로 도덕이다. 사람은 이렇게 지정의知情意라는 세 가지로 되어 있는데 『화엄경』은 그 가운데 지라는 것을 강조하는 것이다. 요전에 『법화경』은 도덕이라는 것을 강조한 것이고 『원각경』은 종교라는 것을 강조하는 것이다. 여기서도 여러 가지 말이 다 들어가 있지만 결국 이 세 가지 가운데 도덕이라는 것을 강조하는 것이다. 도道라는 글자가 나오고 공덕功德이라는 말도 나온다. 도와 공덕을 합치면 도덕道德이 된다. 도덕을 강조하는 것이다. 도덕이라는 것은 길을 가는 것이니까 행이라는 것을 중요하게 생각한다. 우리가 이런 찬송가를 다 읽으면 모두 52개인데 그것들을 모두 정리해 보면 이 세 가지로 된다. 그 52개 가운데 삼분지 일은 도덕에 관한 내용이고 또 삼분의 일은 빛이라는 철학을 말하는 것이고 나머지 삼분의 일은 종교라는 것이다. 그러니까 우리가 그 52개를 다 읽지 않고 한두 개만 읽어도 그 내용은 다 알 수가 있다. 우리에게 필요한 것은 그 세 가지다. 오늘 도덕에 관한 내용이지만 앞으로 어느 장에 가면 도덕에 관해서만 2백개가 나온다. 하나만 해도 되는데 그것을 열 배 하고 또 두 배 해서 2백개가 나오는 것이다. 그리고 또 마지막에 무슨 장에 가면 2천개가 나온다. 그렇게 해서 『화엄경』이 이렇게 커지는 것이다. 하나만 해도 되는데 그것을 열 개로 해놓고 열 개만 해도 되는데 그것을 또 2백개로 2천개로 해 놓은 것이다. 이 사람들은 밤낮 이것만 하니까 아마 2천개를 2만개로 하라고 하면 또 할 것이다. 그래서 팔십권이 아니라 팔백권이 될 수도 있다. 밤낮 명상만 하는 사람들이니까 백 배, 천 배, 만 배로 부풀리는 것은 어려운 일이 아니다. 대개 독일 사람들, 서양 사람들이 그렇다. 우리는 한마디 하면 되는 것도 그들은 자꾸 부풀려 나간다. 논문 써 가는 사람들이 그렇다. 그래서 칸트 Immanuel Kant가 『순수이성비판』을 6백여 페이지인지를 썼는데 친구에게 읽어봐 달라고 주니까 한 삼분지 일을 읽고는 자기가 다 읽기에는 골치가 아프니 그만 읽고 돌려준다 해서 돌려줬다고 한다. 그런데 칸트의 말이 자기는 그것을 줄이고 줄여서 그렇게 6백 페이지로 했는데 조금 맘놓고 쓰면 3천 페이지가 될 것이라 했단다. 『순수이성비판』은 원래 3천 페이지 될 것인데 칸트가 그것을 줄이고 줄여서 6백 페이지로 만들었다는 것이다. 이 사람들이 왜 그렇게 되었는지는 모르지만 우리가 보면 매우 사변적이다. 자꾸자꾸 부풀려 나가는 그런 것이 강하다. 인도 사람이나 유럽 사람들이나 다 같은 사람들이다.

그런데 우리는 자꾸 줄이는 성질이 있다. 백 개를 열 개로 줄이고 열 개를 한 개로 줄이고 나중에는 그 하나도 없이하고 만다. 그래서 불립문자不立文字가 되고 만다. 우리는 말을 자꾸 안 하려고 하는 사람들이고 저 사람들은 자꾸 말을 하려고 하는 사람들이다. 서양의 수다스런 할머니를 만나면 하루종일 입을 닫아본 일이 없이 무슨 말인지 계속 말한다. 우리는 그와 다르다. 우리는 집에서 하루종일 한마디도 안 하고 지낸다. 며칠이 지나도 한마디도 없이 지낸다. 우리는 말 안 해도 다 꿰뚫어 본다는 것이다. 우리는 빛의 세계에 사는 것이다. 인튜이션 intuition, 직관력을 가지고 있으니까 한마디도 안 해도 아무 문제가 안 된다. 요새는 남녀가 무슨 사랑한다 하지만 우리는 아내한테 사랑한다는 말을 해본 적이 없다. 사랑은 무슨 사랑인가. 사랑은 서로 보면 알지 무슨 말로 해야 아는가? 우리는 언제나 불립문자의 세계이고 서양은 사변의 세계로 자꾸 불리는 사람들이다. 그래서 서양 사람은 3년을 같이 지내면서 그렇게 많이 말하고도 또 사랑한다고 말해야 되지 사랑한다는 말을 하지 않으면 그냥 사랑하지 않는 줄 안다. 그래서 기독교에서도 무슨 신앙 고백을 하라고 자꾸 그러는데, 사실은 우리에게는 고백이라는 것이 없다. 그래서 이 사람들의 세계는 한없이 복잡하고 많다.

그러니까 여기 2천개가 있지만 그것을 다 알 생각을 하면 안 된다. 그러면 나에게는 몇 개나 필요한가? 내 행이나 내 도에는 몇 개나 필요한지 그것을 알아야 된다. 그래서 그 몇 개 속에 자기의 모든 행을 다 집어넣고 마는 것이다. 그렇게 몇 개 속에 딱 집어넣고 말면 그 다음에는 무슨 2백개니 2천개니 무슨 이야기를 해도 그런 것들은 그저 강아지가 짖는다 그렇게 생각하면 된다. 그것은 내게 필요없는 말들이기 때문이다. 우리에게 필요한 것은 내가 생각할 때는 언제나 네 개로 족하다고 한다. 팔정도라 하지만 사실 팔정도라는 것도 네 개를 곱한 것이다. 정견正見이나 정사正思는 같은 것이다. 그래서 네 개면 족하지 그 이상은 필요가 없다. 태극기를 보면 네 개가 나와 있다. 하늘 천 天(☰), 땅 지地(☷), 물 수水(☵), 불 화火(☲)다. 동양의 도덕은 이 넷이면 족하다는 것이다. 천지수화天地水火라는 것은 춘하추동春夏秋冬이라는 것이나 같은 것이다. 시간적으로 말하면 춘하추동이고 공간적으로 말하면 천지수화다. 땅은 봄이고 불은 여름이고 하늘은 가을이고 물은 겨울이다. 그런데 이것을 인간적으로 말하면 인의예지仁義禮智다. 그래서 맹자孟子는 동양 사람에게 도덕은 인의예지라는 네 가지면 족하다는 것이다. 인仁이라 하면 부자관계를 바로잡는 것이다. 의義는 군신관계를 바로잡는 것이다. 나라의 문제를 바로잡는 것이다. 지智라는 것은 부부관계다. 그리고 예禮라는 것은 사회문제다. 사람들과 사람들 관계의 문제다. 이 네 가지만 바로 잡으면 다 되지 더 이상 무엇이 없지 않느냐는 말이다. 이 인의예지를 자기에게 맞게 그것을 다시 다듬어야 된다. 내게 있어서 인의예지가 각각 무엇인지 자기에게 맞게 조절해야 된다. 그래서 나는 언제나 그 네 개만 있으면 내가 사는 데 하등의 불편이 없다 하게 되어야 한다. 그것이 자기의 바퀴다. 법륜法輪이라는 것이다. 춘하추동이 하나의 바퀴니까 자기의 바퀴라는 것을 하나 만들어 놓고 그대로 살아가면 그것이 정도正道라는 것이다. 정도가 다른 것이 아니다. 그런 바퀴를 자기에게 맞게 하는 것이다. 그렇게 맞추는 것이 도덕의 핵심이다. 우리에게 모두 필요한 것이 도덕인데 그것은 자기의 의지를 어떻게 관리하느냐. 그래서 그것을 자기에게 맞게 하는 것이 중요하다. 보통 맹자의 인의예지를 말하지만 우리는 그것을 자기에게 맞춰야 된다.

달마達磨가 팔십에 죽게 되었다. 제자들이 달마가 죽게 되었다고 우니까 달마가 눈을 뚝 뜨고 우는 제자에게 "내가 얼마나 더 오래 살았으면 좋겠느냐?" 하고 물었다. 갑작스런 질문에 제자는 "선생님이 팔십 년만 더 살았으면 좋겠다."고 했다. 그 곁에 있던 제자에게 달마가 똑같이 묻자 "선생님께서 일 년만 더 사셨으면 좋겠다."고 했다. 또 다른 제자에게 묻자 그 제자는 "하루를 더 살았으면 좋겠다."고 했다. 마지막으로 혜가慧可라는 제자에게 "너는 얼마나 더 오래 살았으면 좋겠느냐?" 하고 물었더니 혜가는 "선생님이 한 시간만 더 사셨으면 좋겠다."고 했다.

그러니까 하루를 살았으면 좋겠다고 하는 사람은 하루 속에서 춘하추동을 붙잡은 것이다. 하루를 만족하게 사는 것이다. 하루를 살면 그것으로 족하다. 만일 일 년의 춘하추동으로 붙잡은 사람은 일 년을 살아야 족한 것이다. 팔십 년에 춘하추동을 붙잡은 사람은 팔십 년을 살아야 족한 것이다. 혜가와 같이 한 시간에 춘하추동을 붙잡은 사람은 한 시간만 살면 족한 것이다. 그래서 혜가는 선생님에게 "선생님은 얼마나 더 살기를 원하십니까?" 하고 물었더니 달마는 대답하기를 "나는 찰나를 살았으면 좋겠다."고 했다. 찰나 속에도 춘하추동이 있는 것이다. 찰나 속에서 춘하추동을 붙잡았으면 나는 그것으로 족하다는 것이다. 그러니까 찰나를 살고 족한 생명도 있고 한 시간을 살고 족한 생명도 있고 하루를 살고 족한 생명도 있고 일 년을 살고 족한 생명도 있고 팔십 년을 살고 족한 생명도 있고 또 팔십 년을 살고도 아직 부족한 생명도 있다. 팔십 년을 살고도 부족하고 백 년을 살고도 또 부족한 생명도 얼마든지 있다. 그런 사람은 천 년을 살아도 부족하다. 부족하기로 하면 하루를 살아도 부족하고 백 년을 살아도 부족하고 천 년을 살아도 부족하다. 그 끝이 없다. 그런데 우리가 만일 팔십 년을 살아서 족하다 하고 그렇게 생각한다면 그 다음에는 우리가 그것을 줄일 수 있어야 된다. 아, 나는 이제 일 년을 살아도 족하다. 그렇게 줄일 수 있어야 된다. 그래서 나는 이제 하루를 살아도 족하다. 한 시간을 살아도 족하다. 그래서 언제나 족하게 되어야 한다. "항상 기뻐하라, 쉬지 말고 기도하라, 범사에 감사하라." 하는 것이다. 그런 사람은 다 족한 것이지 만약 부족하다 하면 감사도 기쁨도 있을 이치가 없다. 그래서 제일 중요한 것이 도라는 것, 행이라는 것이다. 팔정도라 해서 굳혀도 좋고 또는 네 가지로 굳혀도 좋다. 자기에게 맞는 바퀴를 만들어서 그 바퀴가 한바퀴 돌아가면 그것이 영원이다. 바퀴가 한바퀴 돌아가면 영원이지 무슨 다른 것이 없다. 그 한바퀴 돌아가면 나는 영원을 살았다, 그렇게 되면 된다. 그래서 니체는 영원회귀永遠回歸라는 말을 쓴다. 한바퀴 돌아가면 영원을 사는 것이다.

2001. 3. 4.

세주묘엄품 강해(6)

1.8 이시爾時 보광염장주화신普光焰藏主火神 승불위력承佛威力 이설송언而說頌言

그때 보광염장주普光焰藏主라는 화신火神이 부처님의 위력을 받아서 다음과 같은 찬송을 불렀다.

여관여래정진력汝觀如來精進力 광대억겁부사의廣大億劫不思議
위리중생현세간爲利衆生現世間 소유암장개령멸所有闇障皆令滅

당신은 보라, 여래의 정진력精進力을 보라. 여래가 얼마나 열심히 앞으로 달려가는지, 그 무서운 정진력을 한 번 보라는 것이다. 그런데 그것은 오늘 하루만 그렇게 달리는 것이 아니다. 벌써 몇 천 년, 몇 만 년, 몇 억 년을 계속해서 이렇게 달려온 것이다. 향상일로向上一路라는 말이다. 계속해서 한 길을 올라가는 것이다. 그것이 소위 도道라는 것이다. 그러다가 여래는 중생을 이롭게 하기 위해서 가끔 세상에 나타난다. 이 사람들의 생각은 여래가 나타났다 숨었다 한다는 것이다. 여래가 왜 나타나는가? 이 세상 사람들이 가지고 있는 마음 속의 어두움과 거리낌, 그것을 없이해 주기 위해서 나타나는 것이다.

달리 말해서 여래의 속성이 무엇인가 하면 빛과 힘이라는 것, 언제나 빛과 힘이고, 그 다음에는 숨이라 했었는데 오늘은 소리라고 해 본다. 빛과 힘과 소리다. 『중용中庸』 첫 마디가 "천명지위성天命之謂性"인데 이것은 빛이라는 말이다. 천명天命을 천명天明이라 해도 같은 말이다. 그래서 "천명지위성天明之謂星"이다. 하늘의 밝은 빛이 별이다. 별 가운데 하나가 태양이다. 그러니까 "천명지위성"을 쉽게 말하면 빛이라는 말이다. 그 다음은 "솔성지위도率性之謂道"다. 빛에서 나오는 것이 무엇인가 하면 그것은 힘이다. 나는 잘 모르지만 $E=MC^2$이라 할 때 C는 빛의 속도라 한다. 빛의 속도에다 질량을 곱한 것이 힘이다. 그 내용은 잘 모르지만 하여튼 빛과 힘이 왔다갔다 한다는 말이다. 그런데 『중용』에서는 힘이 어디서 나오는가 할 때 빛에서 나온다는 것이다. 프란시스 베이컨Francis Bacon(1561-1626)도 아는 것이 힘이라 했다. 안다고 하는 것이 빛이다. 철학이건 과학이건 다 빛이다. 아는 것이 힘이다. 우리는 빛에서 힘을 찾아내는 것이다. 그래서 "솔성지위도"다. 그 빛에서 나오는 것이 도道라는 말이다. 도라는 것을 한마디로 말하면 힘이다. 예수님께서 "나는 길이요 진리요 생명이라" 할 때 진리라는 것은 빛이고 길이라는 것은 힘이고 생명이요 하는 것은 요전에 숨이라 했다. 유영모柳永模 선생님이 생명이라 할 때는 숨이라 했다. 우리나라에서 『성경』을 맨 처음에 번역할 때 성령을 숨님이라 번역했다. 브라만Brahman, 아트만Atman 할 때 브라만은 바람이라는 말이고 아트만은 숨이라는 말이다. 그래서 밖으로 나가면 바람이고 안으로 들어오면 숨이다. 이것이 소위 생명의 호흡이다. 그래서 요전에는 숨이라 했는데, 무엇인지 숨이라 하는 말이 나에게 만족스럽지 않다. 그래서 오늘은 숨이라 하는 대신에 소리라고 해 본다. "솔성지위도" 다음이 "수도지위교修道之謂敎"다. 힘에서 또 나오는 것이 무엇인가 하면 오늘은 그것을 소리라 해 보는 것이다. 한때는 힘에서 나오는 것이 기쁨이라 하기도 했다. 기氣라는 것이 힘이니까 기가 뿜어나온다 해서 기쁨, 기쁨이라 했다. 그래서 빛, 힘, 기쁨, 그렇게도 썼었다. 하여튼 빛과 힘이라는 것은 우리말로 제일 좋다. 그런데 그 다음을 우리말 한 글자로 멋있게 나와야 되는데 아직 못 찾았다. 우리가 공부하는데 제일 중요한 것이 소위 수사修辭라는 것이다. 수사는 말씀을 고른다는 말이다. 적당한 말을 딱 골라내야 되는데 그것이 참으로 힘들다. 빛이라는 말도 되었고 힘이라는 말도 되었는데, 그 다음 하나가 무엇인지 잘 안 된다. 무엇이라 하는 것이 제일 좋을 지 여러분도 좀 많이 생각해보기 바란다. 『성경』으로 말하면 "나는 길이요 진리요 생명이라"하는 것인데 그 내용을 무엇이라고 딱 번역을 하면 될 지 모르겠다. 번역이라고 하는 것, 그것도 보통 번역이 아니고 속의 깊은 뜻을 긁어낼 수 있는 번역이라야 한다. 그래서 "수사입기성修辭立其誠"이라 한다. 말씀을 골라내서 그 가운데서 정신이 깨날 수 있도록 말씀을 골라야 된다. 그 말 한마디 속에 우리의 정신이 깨날 수 있도록 해야 된다. 그래서 이것이 참으로 어렵다. 말 고르기가 제일 어렵다. 그것만 제대로 되면 아무 문제가 없다. 힘에서 무엇이 나오는가? "수도지위교"다. 가르침이라는 것이 나온다. 여기서는 소리가 나온다는 것이다. 빛이란 무엇인가. "도지본원출어천道之本源出於天"이다. 이것은 주자朱子(1130-1200)의 해석이다. 힘의 근원이 어디에 있는가 할 때 하늘에 있다는 것이다. 힘의 근원이 빛에 있다는 말이다. 그리고 "실체존양성찰實體存養省察"이다. 힘이란 하나의 실체이지 무슨 추상이 아니다. 하나의 실체다. 내 속에서 나오는 것인데 내 속에 존양이다. 내 속에 힘이 꽉 차야 되고 그것을 또 자꾸 길러가야 되고 그렇게 해서 언제나 나 자신을 살펴서 내 속에 힘이 꽉 차고 힘이 넘치도록 충만이 되어야 한다. 힘이 넘치게 되어야 기쁨이다. 기가 뿜어 나오는 것이다. 그렇게 되지 않으면 안 된다. 그래서 "실체존양성찰"이다. 이것이 말하자면 도道라는 것이다. 주자의 설명이다. 주자도 굉장히 생각해서 이런 말을 한 것이다. 그리고 "언성신공화지극聖神功化之極", 마지막에는 말씀으로 나오는 것인데, "성신존양지극聖神存養至極"이다. 그 말씀이라는 것이 보통 말씀이 아니다. 그 속에 성신이 크게 작용을 해서 모든 사람을 감화시킬 수 있으리만큼 그런 말이 되어야 된다. 그러니까 그 말이라고 하는 것이 정말 사람들의 정신을 일으켜 세울 수 있는 그런 말이 되어야 한다. 그래서 "수사입기성"이다. 이것은 『주역周易』 건괘乾卦의 제 삼효爻에 나오는 말이다. 이것은 주자가 또 어떻게 설명을 했는가 하면 "일언무이불실一言無以不實", 말 한마디도 그 속에 열매가 꽉 차지 않은 것이 없다. 말씀 한마디 속에 진리가 꽉 차 있다. 그것이 "수사입기성"이라고 주자가 설명을 했다. 주자도 이것을 제대로 설명하려고 얼마나 말을 골랐겠는가. 하여튼 "일언무이불실"이라는 말도 참 좋은 말이고 "수사입기성"이라는 말도 참 좋은 말이다. 말씀을 골라야 되는데 그 말씀이 어떤 말씀인가 하면 그 말씀을 듣는 순간에 내 정신이 일어설 수 있는 그런 말씀이 되어야 한다.

다음은 「세주묘엄품世主妙嚴品」의 내용이 무엇인가 하는 것이다. 「세주묘엄품」이라는 이것이 『60화엄경』에서는 「정안세간품淨眼世間品」으로 되어 있는데 '정안淨眼'이라는 뜻을 '통철洞徹, 꿰뚫어 본다는 것, 그리고 '현상現象', 그것을 나타내 보여주는 것, 그리고 '조촉照矚', 비춰서 꿰뚫어지게 들여다 보는 것이라 했다. 통철은 빛이라는 것이고 현상은 힘이라는 말이고 조촉은 소리다. 아마도 법장法藏이란 사람이 『탐현기探玄記』에 쓴 내용이라 생각되는데 빛과 힘과 소리를 그는 또 이런 식으로 표현한 것이다. 왜 이렇게 표현했는가? 현상이란 석가다. 여래라고 하는 석가가 현상이다. 조촉이란 무엇인가. 석가의 많은 제자들이 지금 꽉 차 있는데 제자들이 물론 석가의 빛을 받는데 그 제자들이 눈을 동그랗게 뜨고 석가를 꿰뚫어지게 쳐다보는 것이다. 꿰뚫어지게 쳐다보는 그것이 '촉矚'이라는 말이다. 제자들이 지금 얼마나 모여있는가. 『화엄경』에 보면 몇 십억이 모여 있다. 그 가운데서 대표로 여기에 이름을 적어놓은 사람만 해서 사백 명이다. 그 가운데 1번부터 40번까지 적어놓았는데 맨 처음 나온 이름이 대보살, 보현보살이라는 것이다. 대보살, 무슨 보살 해서 열 개가 나오고 그 다음 2번에 가면 금강역사라는 그런 힘이 센 사람들이 나온다. 보현보살이라 하는 사람들은 석가의 제자이고 역사力士라 하는 사람들은 석가를 지키고 있는 말하자면 하나의 장수들이다. 그리고 그 다음에 나오는 것은 신이다. 신이란 예를 들어 도장신道場神, 강의실의 공간이라면 그 공간을 지켜주고 있는 신이라는 말이다. 그 다음 용신龍神이라 하면 이것도 또한 도장을 지켜주고 보호해주는 용이라는 것이다. 하여튼 용신이니 지신이니 나무신이니 해서 삼라만상이 다 들어가 있는 것이다. 그래서 그 종류를 보니까 신과 귀신, 그리고 천왕이라는 세 종류다. 천왕이란 하늘을 다스리는 왕들이다. 귀신이란 사람들이 죽어서 귀신이 된다고 생각한 것이다. 신이란 본래 하늘에서 다스리는 신이다. 이렇게 세 종류가 있다. 그 세 종류를 조금씩 다 적어 놓았다. 그런데 알아보니까 전부가 다 우리 사람들을 도와주는, 말하자면 하나의 봉사자들이라는 것이다. 지신이라 하면 땅을 지키면서 사람들을 도와주는 신이고, 나무신이라 하면 나무를 도와서 사람을 도와주는 신이다. 전체가 다 우리를 도와주는 것이다. 그러니까 『화엄경』의 사상이란 일체가 지금 우리를 도와주고 있다는 것이다.

일체의 소원이 무엇인가? 사람이 좀 똑똑해지면 좋겠다는 것이다. 그래서 통철, 현상, 조촉이다. 통철이란 빛을 통철하는 것이다. 진리를 깨닫는 것이다. 현상이란 자기가 힘으로 나타난 것이다. 조촉이란 소리를 듣고 정신을 깨우는 것이다. 그래서 빛, 힘, 소리라는 말이나 통철, 현상, 조촉이라는 말이나 같은 소리다.

'기器'는 우리 우주를 담고 있는 그릇이다. 그 그릇 속의 모든 생물, 그것이 중생이다. 그 중생 가운데 가장 영특한 것이 사람이다. 그래서 "중생기정각衆生其正覺"이다. 사람의 특징이 무엇인가. 영특하고 깨달을 수 있다는 것이다. 만물의 영장이라는 사상이나 같은 사상이다. 그러니까 이 우주는 중생을 살리고 있는 것이고 이 중생은 사람을 위해서 있다는 그런 사상이다. 그것이 소위 '세간世間'이라 하는 생각이다.

우리가 저 지난 시간에 읽은 것은 빛에 대해서 읽은 것이다. 그리고 이전 시간에 읽은 것은 힘에 대해서 읽은 것이다. 오늘 지금 읽으려고 하는 것이 무엇인가 하면 소리에 대해서 읽는 것이다. 이 셋 때문에 오늘 이런 소리를 한 것이다. 「세주묘엄품」에 이런 노래가 52개가 있다. 그 가운데 맨 처음에 나오는 것이 빛에 대해서 말하는 것이다. 이전 시간에는 힘에 대해서 말한 것이다. 그리고 오늘은 소리에 대해서 말하는 것이다. 그것이 핵심이라는 말이다. 52개를 다 읽어보아도 내용은 다 그것이다. 빛과 힘과 소리라는 말이지 그것을 넘어서는 것이 없다. 그것을 말하기 위해서 천명지위성, 솔성지위도, 수도지위교라 한 것이다. 순서를 말하면 빛에서 힘이 나와야 되고 그 힘에서 또 소리가 나와야 된다. 음악 하는 사람들도 소리를 낼 때 목에서 내면 안 된다고 한다. 소리를 배에서 내야 된다. 뱃속에서 소리가 나와야지 그렇지 않으면 안 된다. 힘에서 소리가 나와야 된다는 말이다.

중생우치기제견衆生愚癡起諸見 번뇌여류급화연煩惱如流及火然
도사방편실멸제導師方便悉滅除 보집광당어차오普集光幢於此悟

똑똑해야할 사람들 가운데 어리석은 사람들이 참 많다. 그래서 쓸데없는 생각들을 많이 일으키고 있다. 그것이 소위 번뇌煩惱라는 것이다. 그 쓸데없는 걱정근심, 그것들이 번뇌다. '번煩'이란 불이 붙는다는 말이고 '뇌惱'는 골치라는 말이다. 골치에 불이 붙는 것이 번뇌다. 그래서 머리가 뜨끈뜨끈해지는 데 그것을 번뇌라 한다.

언제나 머리는 차가워야 되고 발은 더워야 된다. 그래서 수승화강水昇火降이다. 머리는 본래 물이라는 말이고 발은 불이라는 말이다. 물은 언제나 차야 되고 불은 언제나 뜨거워야 된다. 이것이 건강한 사람이다. 소크라테스는 눈이 와도 맨발로 다녔다. 군대에 세 번 나갈 때도 다 맨발로 나갔다. 왜 맨발인가. 발이 너무 뜨거워서다. 물론 소크라테스의 머리는 차가웠을 것이다.

그런데 머리가 뜨거워지고 발이 차가워지면 그것이 번뇌라는 것이다. 번뇌가 물처럼 흐르고 불처럼 타오른다. 번뇌가 계속되는 것이다. 그래서 선생님이 여러 가지 방법을 써서 그것을 없이하려고 애쓰는 것이다. 이것은 보집광당普集光幢이라는 화신이 깨달은 것이다.

복덕여공무유진福德如空無有盡 구기변제불가득求其邊際不可得
차불대비무동력此佛大悲無動力 광조오입심생희光照悟入心生喜

복덕福德이란 행복과 힘을 말한다. 그 힘이라는 것이 하늘과 같아 다함이 없다. 힘이 꽉 차 있다는 말이다. 그 끝이 어디인가 하고 아무리 찾아보아도 끝이 없다. 그래서 부처님의 사랑은 흔들림이 없다. 이것은 광조光照라는 화신이 그것을 깨닫고 마음속에 한없이 기뻐했다는 것이다.

아관여래지소행我觀如來之所行 경어겁해무변제經於劫海無邊際
여시시현신통력如是示現神通力 중묘궁신소료지衆妙宮神所了知

내가 여래의 하는 모든 행동을 보니까 지금까지 몇 십억 년을 수양을 해온 것이다. 그래서 결국 이렇게 신통한 힘을 내놓는 것이다. 이것은 중묘衆妙라는 화신이 깨달은 것이다.
이렇게 화신 한 사람 한 사람이 깨달은 이야기가 나온다.

억겁수성불가사億劫修成不可思 구기변제막능지求其邊際莫能知
연법실상령환희演法實相令歡喜 무진광신소관견無盡光神所觀見

몇 억 년 동안 도를 닦아왔는데 앞으로도 또한 얼마나 더 도를 닦아 나갈 것인지 그 한계를 알 수가 없다. 진리를 그대로 설해서 모든 사람들을 기쁘게 만들어야 한다. 이것은 무진광신無盡光神이란 화신이 그렇게 안 것이다.

시방소유광대중十方所有廣大衆 일체현전첨앙불一切現前瞻仰佛
적정광명조세간寂靜光明照世間 차묘염신소능료此妙焰神所能了

온 세계에 있는 대중은 한없이 많다. 그 대중 앞에 부처님이 나타나면 모든 사람들이 다 쳐다본다. 언제나 여래의 심볼은 태양이니까 태양이 나오면 다들 쳐다본다는 것이다. 적정광명寂靜光明이란 진리의 빛을 말한다. 번뇌가 사라지고 새로운 빛이 나오는 것을 적정광명이라 한다. 적정이란 번뇌가 꺼졌다는 말이다. 열반涅槃을 적정이라 번역한다. 열반이란 니르바나nirvana라는 말인데 불이 꺼졌다는 뜻이다. 불교에서는 사람을 욕심의 불이 붙어있는, 하나의 불붙은 집으로 본다. 『법화경』에서 나온 것인데 사람을 하나의 화택火宅이라 보는 것이다. 속에서 탐진치위貪瞋痴僞라는 네 가지 불이 계속 붙고 있는 것이다. 그 불이 꺼져야 빛이 된다. 불이 붙어있는 동안은 빛이 아니다. 그 불이 꺼져야 빛이 되는 것이다. 여러번 말하는 덕산德山의 이야기가 유명하다. 덕산이 용담龍潭을 찾아가서 밤새도록 글을 배우다가 선생님이 이제 가서 자라고 하니까 돌아가려고 밖으로 나왔는데 캄캄한 밤이었다. 그러잖아도 처음길인데 산중이니까 어두워서 갈 수가 없었다. 그래서 선생님한테 촛불을 하나 달라고 청했다. 그러니까 선생님이 촛불을 하나 켜서 주었다. 그런데 덕산이 그 촛불을 들고 일어서서 걸어가려고 하는 순간에 용담스님이 그 불을 껐다. 불을 켰다가 끄니까 더욱 캄캄해졌다. 그래서 그만 주저앉아 한참을 있으니까 무엇인지 하늘에서 환하게 밝아왔다. 하늘의 별빛이 비쳐오기 시작한 것이다. 그 빛이 차차 산등성이를 비치고 시냇물을 비치고 길을 비쳐주었다. 그래서 그 별빛에 의지해서 길을 걸어가게 되었다. 나는 『벽암록碧巖錄』에서 이 이야기가 제일 재미있고 제일 좋다. 왜 좋은가 하면 불이 꺼졌다는 것 때문이다. 번뇌의 불이 꺼지고 진리의 빛으로 살게 되었다는 것이다. 그것이 제일 좋은 것 아닌가. 우리가 자꾸 빛이라 하는 것이 그것이다. 불이 꺼져야 빛이 생기지 불이 있는 동안은 빛이 생기지 않는다. 그래서 빛으로 산다는 것이다. 적정이란 불이 꺼졌다는 말이다. 불이 꺼지니까 이제는 진짜 빛으로 되는 것이다. 그래서 적정광명이라 했다. 적정광명으로 세상을 비추는 것이다. 이것은 묘염妙焰이라는 화신이 그런 생각을 한 것이다.

모니출현제세간牟尼出現諸世間 좌어일체궁전중坐於一切宮殿中
보우무변광대법普雨無邊廣大法 차시방신지경계此十方神之境界

석가모니釋迦牟尼라 하는데 '모니'는 선생님이란 말이다. 석가 선생님이 이 세상에 나타나서 모든 궁전 어디나 앉아있다. 그래서 진리의 비를 내려준다. 이것이 오늘의 핵심이다. 빛과 힘에 이어 오늘은 법의 비를 내리는 것이다. 이것을 우리는 설법이라 한다. 석가는 45년 설법을 했다고 한다. 그것을 우리는 보통 『팔만대장경』이라 한다. 어느 책에는 49년 설법했다고 나오기도 한다. 그러나 보통은 45년 설법이라 한다. 석가가 35세에 부처가 되어서 45년 설법이다. 그러니까 석가의 일생은 6년 고행, 49일 선정, 35세 성불, 그리고 45년 설법이다. 이것이 석가의 핵심이다. 6년 고행이란 무엇인가 할 때 그것을 일식一食이라 한다. 49일 선정은 일좌一坐라는 것이다. 35세 성불은 일인一仁이라 한다. 공자가 말한 인仁이라는 것과 석가의 불佛이라는 글자는 같은 글자이다. 불佛이라는 글자는 인仁이라는 글자에서 사람 인 옆에 두 금을 아래로 긋는 것이 아니라는 것이다. 그래서 불이나 인이나 같은 글자라는 것이다. 그래서 성리학 시대에 사상채謝上蔡(1050-1103) 같은 사람은 어질 인仁과 부처 불佛자는 꼭 같은 뜻이라 했다. 그래서 인仁을 각覺이라고 생각했다. 석가를 능인能仁이라 했다. 석가가 능인인데 능能은 왕(CAN)이라 해서 인왕仁王이라 한 것이다. 우리나라 인왕산이 본래 능인이라는 말이고 능인이란 석가를 말하는 것이다. 능能은 CAN이라는 뜻이니까 CAN을 왕이라는 뜻으로 고쳐서 능인을 인왕이라 한 것이다. 그러니까 인仁이나 불佛이나 같은 글자이다. 그리고 45년 설법이다. 지난번에 탐진치위貪瞋痴僞, 그것을 끊어버리는 것을 일식·일좌·일인·일언이라 했다. 탐貪을 끊어버리는 것이 일식一食이고 진瞋을 끊어버리는 것이 일좌一坐이고 치痴를 끊어버리는 것이 일인一仁이고 거짓을 끊어버리는 것이 일언一言이다. 이것이 석가의 일생이다. 그래서 유영모 선생이 무엇을 했는가 할 때는 언제나 일식·일좌·일인·일언 했다고 하는데 사실은 이것은 유영모 선생만 한 것이 아니다. 석가도 결국 이것을 한 것이다. 6년 일식했고 49일 일좌 했고 35세 일인 했고 45년 일언 했다. 예수님은 어떻게 했는가. 예수님은 일식이 아니라 무식無食이다. 일좌는 같다. 기도했다는 것이다. 일인은 악마를 물리치는 것이다. 석가도 마찬가지로 악마를 물리치는 것이다. 그리고 일언이란 복음을 전했다는 것이다. 공자도 다 마찬가지다. 말하자면 석가의 내용을 살펴보아도, 공자의 내용을 살펴보아도, 예수의 내용을 살펴보아도 다 이것이지 여기서 더 지날 것이 없다. 다 같이 말하지 않을 뿐이지 내용은 다 이것이다. 이것이 도道라는 것이다. 그래서 "일도출생사一道出生死"다. 『화엄경』에 나오는 말인데 원효가 좋아한 말이다. 출생사出生死라 하는데, 생사生死라는 말은 생로병사生老病死를 간단하게 말한 것이다. 사람들이 다 가지고 있는 것이 생로병사다. 생로병사를 사고四苦라 한다. 그런데 생로병사라는 말이나 탐진치위라는 말이나 같은 말이다. 살겠다고 아등바등 하는 것이 탐이지 다른 것이 아니다. 생로병사를 넘어서는 비결은 무엇인가 하면 탐진치위를 끊어버리는 수밖에 길이 없는 것이다. 야스퍼스Karl Jaspers(1883-1969) 같은 사람은 그것을 한계상황限界狀況이라 하지만 다 같은 이야기다. 야스퍼스는 야스퍼스대로 말하는 것뿐이지 내용을 가만 보면 네 가지지 다른 것이 없다. 그것을 끊어버려야 오도吾道는 일이관지一以貫之라 하게 된다. 그것을 끊어버려야 "천명지위성天命之謂性"이 된다. 땅에 붙어있으면 그것은 돌멩이지 별이 아니다. 그런데 이 돌멩이가 땅에서 떠나서 하늘로 올라가면 별이 된다. 달도 흙덩이인데 하늘에 올라가 별이 된 것이다. 별이란 땅을 끊어버리고 하늘로 올라간 것이다. 하늘로 올라간 것을 일도一道라 한다. 향상일로向上一路다. 위성이 하늘로 올라가야 거기에서 방송도 하고 하면서 자꾸 돌아간다. 올라가서 빛을 비추는 것이다. 그것이 교敎라는 것이다. 가르친다는 것이 그것이다. 올라가서 빛을 비치는 것이 가르치는 것이지 다른 것이 아니다. 혹은 빛을 비친다는 말 대신에 소리를 낸다고 해도 좋다. 소리를 낸다는 것이 가르친다는 것이지 다른 것이 없다. 그래서 언제나 한 번 이렇게 올라가야 된다. 십자가란 무엇인가. 세상과 인연을 끊고 올라간다는 것이다. 부활 승천이다. 올라가야 자유다. 그러니까 "일체무애인一切無碍人"이다. 올라가면 아무 것도 걸리는 것이 없다. 자유자재自由自在가 된다. 그러니까 이야기는 다 같은 이야기다.

"보우무변광대법普雨無邊廣大法", 광대한 진리의 비를 내린다. 이것이 제일 중요한 것이다. 맨 처음『화엄경』을 말할 때는 에베레스트라 했다. 에베레스트 산이 무엇인가. 도道다. 에베레스트 산 꼭대기에 쌓인 얼음이 무엇인가. 빛이다. 에베레스트 산에서 내려오는 강물이 무엇인가. 그것이 법法이라는 것이다. 법이란 물 수水 변에 갈 거去자다.

물이 흘러가는 것이 법이다. 에베레스트 높은 봉우리 그것이 도다. 이 땅에서 끊어져서 올라간 것이다. 그 도의 꼭대기 위에 하늘에서 내려온 얼음이 있다. 그것이 빛이다. 에베레스트에서 흘러내리는 물이 법이다. 우리에게 필요한 것은 법이다. 물이 있어야 농사를 짓지 물이 없으면 농사를 지을 수 없다. 오아시스에서 제일 필요한 것이 물이다. 그래서 우리가 요구하는 것은 법이다. 그 물이 나오려면 어떤 데서 나오는가. 산이 있어야 된다. 산도 조그만 산이 되어서는 안 된다. 얼음이 있는 산이다. 적어도 3,000미터 이상 되는 산이 있어야 물이 내리지 그렇지 않으면 물이 안 나온다. 3,000미터 이하의 산만 가지고 있으면 여름에 가뭄이 들면 땅이 바짝 말라서 다 갈라지고 만다. 그러니까 언제나 우리가 요구하는 것은 물이다. 이 물을 좋아하는 것이 용龍이다. 인도 사람들은 이 물을 좌우하는 것이 인드라Indra신이라 한다. 인드라신이다. 인드라라는 말 때문에 인도가 되었다. 물을 주는 신의 이름을 따서 인도가 된 것이다. 인도라는 십억 인구가 살려면 물이 없이 살수가 없다. 그래서 밤낮 바라는 것이 물이니까 나라의 이름을 인도라고 한 것이다. 그래서 오늘 제일 중요한 것이 비라는 것이다. 우리는 비라는 이것을 법이라 한다. 설법이다. 이 법이 있는데라야 정말 오곡백과가 무르익는 신의 세계, 이상세계, 하늘나라다.

제불지혜최심심諸佛智慧最甚深 어법자재현세간於法自在現世間
능실천명진실리能實闡明眞實理 위광오차심흔경威光悟此心欣慶

모든 부처님의 지혜는 가장 깊은 것이다. 이 진리의 말씀, 팔만 사천 법문이라 하는데, 팔만 사천 법문이 자유자재로 나온다. 사실인지 모르지만 석가가 어디 갈 때 준비해서 가는 것이 없다고 한다. 유영모 선생님도 어디 가서 강의할 때 준비해서 강의하는 법은 없었다. 어디든지 가면 거기에 가서 그 순간에 떠오르는 것을 가지고 말하지 미리 준비하는 그런 것이 없었다. 물론 특별히 준비할 때는 백로지에 써서 오는 때도 있었다. 그런데 보통은 그냥 왔다. 그런데 석가가 와서는 휙 돌아보면서 그 가운데 가장 슬픈 얼굴을 찾아서 그 슬픈 얼굴을 바라보면서 그 슬픈 얼굴이 기쁨으로 변하기까지 설법을 했다고 한다. 그 얼굴이 빨리 기쁨으로 변하면『파라밀다심경波羅蜜多心經』같은 짧은 경전도 나오고 도저히 변하지 않으면 계속해야 되니까『화엄경』같은 것도 나온 것이라 한다. 그러니까 법이란 무엇인가 하면 슬픔을 기쁨으로 바꿔놓는 것이 법이다. 그래서 진실한 이치를 밝혔다는 것이다. 이것은 위광威光이라는 화신이 그것을 깨닫고서 마음속에 한없이 기뻐한 것이다.

제견우치위암개諸見愚癡爲闇蓋 중생미혹상유전衆生迷惑常流轉
불위개천묘법문佛爲開闡妙法門 차조방신능오입此照方神能悟入

그런데 세상 사람들은 어리석은 생각으로 속이 꽉 차 있다. 그래서 중생은 밤낮 같은 실수를 되풀이하는 것이다. 부처님은 언제나 묘한 신비한 말씀을 한다. 이것은 조방照方이라는 신이 깨달은 것이다.

원문광대부사의願門廣大不思議 역도수치이청정力度修治已淸淨
여석원심개출현如昔願心皆出現 차진음신지소료此震音神之所了

그런데 석가의 법문은 한없이 넓고 신비하다. 그 법문은 어디에서 나왔는가. 힘에서 나왔다. 그 힘을 가지기 위해서 오랫동안 열심히 운동을 하고 연습을 하고 그렇게 힘을 길렀다. 그래서 자기의 소원대로 말씀을 사루게 되었다. 이것은 진음震音이라는 신이 깨달은 것이다.

전체를 한마디로 말하면 비(우雨)라는 글자인데 말하자면 법의 비다. 법우法雨로써 온 세상을 풍년이 들게 만드는 것이다. 빛과 힘과 법인데 법이라는 말 대신 오늘은 소리라고 했다. 빛, 힘, 소리라는 이 세 마디면 끝난 것이다. 그래서 그 다음에는 다시 빛이라는 이야기가 또 나온다.

1.9 부차復次 보흥운당주수신普興雲幢主水神 출현보광주해신出現寶光主海神 보발신류주하신普發迅流主河神 유연승미주가신柔軟勝味主稼神 길상주약신吉祥主藥神 포화여운주림신布華如雲主林神 개화잡지주산신開華币地主山神 보덕정화주지신普德淨華主地神 보봉광요주성신寶峰光耀主城神 정장엄당도장신淨莊嚴幢道場神 보인수족행신寶印手足行神 정희경계신중신淨喜境界身衆神 묘색나라연집금강신妙色那羅延執金剛神 설송언설頌言

또한 보흥운당주수신 출현보광주해신 등과 묘색나라연집금강신이 나와서 다음과 같은 게송을 했다.

여응관법왕汝應觀法王 법왕법여시法王法如是
색상무유변色相無有邊 보현어세간普現於世間
불신일일모佛身一毛 광망부사의光網不思議
비여정일륜譬如淨日輪 보조시방국普照十方國

너는 빛을 보라. 혹은 태양을 보라 하는 말이다. 관법왕觀法王이다. 빛의 왕을 보라는 것이다. 빛의 왕의 빛은 이렇다. 그 빛깔은 한없이 여러 가지다. 일체 세간에 나타난다. 부처의 몸에서는 털구멍 하나하나에서 빛이 나온다.
광망光網은 빛의 그물이다. 다른 말로 인드라망, 인드라 그물이라 한다. 인드라 그물이란 무엇인가. 그물이 있는데 매듭마다 금강석이 달려있는 것이다. 금강석마다 빛이 나온다. 그 빛이 다른 금강석을 서로 비친다. 서로서로 비치는 금강석이 수십억 개가 되니까 그 빛과 빛이 어우러져 소위 중중무진重重無盡이다. 빛과 빛이 서로 겹치고 겹쳐서 끝이 없이 빛난다는 것이다. 그것을 소위 인드라 그물이라 하는데 이것을 간단히 광망이라 한다. 그 광망이 부사의不思議다. 그 심볼이 무엇인가 하면 태양이다. 마치 비유해서 말하면 깨끗한 햇님 같다.

여래신통력如來神通力 법계실주편法界悉周遍
일체중생전一切衆生前 시현무진신示現無盡身
여래설법음如來說法音 시방막불문十方莫不聞
수제중생류隨諸衆生類 실령심만족悉令心滿足
중견모니존衆見牟尼尊 처세궁전중處世宮殿中
보위제군생普爲諸群生 천양어대법闡揚於大法

빛과 여래신통력이라는 힘이 이 우주에 꽉 차 있다. 그래서 모든 사람들 앞에 여러 가지 몸으로 나타난다. "여래설법음如來說法音", 이것은 소리다. 빛이 나오고 힘이 나오고 소리가 나오는 것이다. 여래의 설법하는 소리를 온 세계에 듣지 못하는 사람이 없다. 모든 중생의 처지에 따라 그 마음을 다 흡족하게 한다.

중생들이 석가모니를 보니까 어디나 이 세상에 훌륭한 집에는 다 있다. 모든 군생群生을 위해서 큰 대법을 설한다.

법해선복처法海漩澓處 일체차별의一切差別義
종종방편문種種方便門 연설무궁진演說無窮盡
무변대방편無邊大方便 보응시방국普應十方國
우불정광명遇佛淨光明 실견여래신悉見如來身
공양어제불供養於諸佛 억찰미진수億刹微塵數
공덕여허공功德如虛空 일체소첨앙一切所瞻仰
신통력평등神通力平等 일체찰개현一切刹皆現
안좌묘도장安坐妙道場 보현중생전普現衆生前

법해法海, 법의 바다이다. 기독교에서는 진리는 빛이라 하고 법은 생명이라 한다. 그래서 법해를 여기서는 생명이라 해도 좋다. 법의 바다, 생명의 바다가 마치 노량 앞 바다처럼 뱅뱅 돌면서 흘러간다. 그래서 세밀한 이치까지 여러 가지 방편을 통해서 한이 없이 설법을 한다. 그래서 한없는 방편을 가지고 온 세계에 가득 채운다.

부처의 깨끗한 빛을 만나면 누구나 다 여래를 만날 수 있다. 그래서 모든 부처님을 존경하고 공양하고 수없이 많은 부처님을 다 공양한다.

부처님의 힘은 허공과 같아서 모두 다 쳐다본다. 그 힘이 온세상 사람에게 다 미친다. 어디서나 다 나타난다. 평안히 도장에 앉아서 모든 중생 앞에 나타난다.

염운보조명焰雲普照明 종종광원만種種光圓滿
법계무불급法界無不及 시불소행처示佛所行處.

불꽃 구름이 온 세계를 비친다. 무슨 빛이거나 다 원만하다. 이 진리의 세계는 끝이 없다. 이것이 부처님의 하는 일이다.

다 같은 말이다. 빛과 힘과 소리라는 것이다.

1.10 부차復次 보현보살普賢菩薩 설송언說頌言

또 다음과 같이 보현보살이 찬송을 했다.

불소장엄광대찰佛所莊嚴廣大刹 등어일체미진수等於一切微塵數
청정불자실만중淸淨佛子悉滿中 우부사의최묘법雨不思議最妙法

부처가 있는 세계는 한없이 장엄하다. 어디나 다 똑 같다. 그 속에 불자, 부처의 제자들이 꽉 차 있다. 거기에 아주 부사의不思議한, 가장 신비한 법을 비처럼 쏟아준다.

여어차회견불좌如於此會見佛坐 일체진중실여시一切塵中悉如是
불신무거역무래佛身無去亦無來 소유국토개명현所有國土皆明現
현시보살소수행顯示菩薩所修行 무량취지제방편無量趣地諸方便
급설난사진실리及說難思眞實理 영제불자입법계令諸佛子入法界

제 1. 세주묘엄품世主妙嚴品　123

어디나 모임이 있는 곳에서는 부처님이 앉아있다. 어떤 먼지 속이라도 다 부처님이 계신다. 부처님은 가는 것도 아니고 오는 것도 아니다. 우주에 꽉 차 있는 것이 부처님이다. 그래서 부처님의 나라는 어디나 밝다.

보살 때 수행한 것을 여러 가지 방편으로 보여준다. 어떤 목적지에 도달하려고 애쓴 그 모습을 다 보여준다. 그리고 생각하기 어려운 진리를 쉽게 풀어준다. 그래서 모든 불자를 이상세계 속으로 집어넣는 것이다.

**출생화불여진수出生化佛如塵數 보응군생심소욕普應群生心所欲
입심법계방편문入深法界方便門 광대무변실개연廣大無邊悉開演**

이 세상에 화불化佛이 되어서, 화신불化身佛이 되어서 어디나 자꾸 나온다.

불교가 하나의 범신론汎神論이니까 나무라 하면 나무도 하나의 부처라고 본다. 돌멩이도 하나의 부처라 한다. 일체가 다 부처라고 보는 것이다. 그것을 화신불이라 한다. 그래서 내가 청담青潭스님한테 돌보고 절하는 것은 우상숭배가 아니냐고 물었더니 청담이 대답하기를 무슨 돌을 보고 절을 하는 것이 아니라 돌의 그 깨끗함, 돌의 그 욕심 없음, 그 욕심 없는 깨끗함에 절하는 것이지 무슨 돌멩이 보고 절하는 것이 아니라 했다. 그러니까 그것은 돌멩이가 아니라 청정법신清淨法身이라는 것이다. 돌멩이를 보고 절한다고 생각하면 안 된다. 우리는 하나의 이데아에 대해서 절하는 것이지 돌멩이를 보고 절하는 것이 아니라는 말이다.

모든 사람의 마음에 흡족하게 응해준다. 그래서 깊은 이상세계에 들어갈 수 있도록 여러 가지 방법을 가르쳐 준다. 그래서 한없이 넓은 이치를 다 설명해 준다.

여래명호등세간如來名號等世間 시방국토실충편十方國土悉充遍

일체방편무공과一切方便無空過 조복중생개리구調伏衆生皆離垢

그러니까 여래의 이름은 세상에 없는 데가 없다. 삼라만상이 다 여래이기 때문이다. 온 세계에 꽉 차 있다. 그리고 모든 방법이 헛되이 지나가는 것이란 하나도 없다. 그래서 모든 사람으로 하여금 더러운 오염에서부터 물러나도록 해준다.
 비가 왜 오는가. 비는 빗자루로 쓰는 것이 비다. 깨끗하게 쓸어주느라고 비가 오는 것이다.

불어일체미진중佛於一切微塵中 시현무변대신력示現無邊大神力
실좌도장능연설悉坐道場能演說 여불왕석보리행如佛往昔菩提行

부처님은 어디나 있다. 어디서나 힘을 내는 것이다. 어디서나 가르치는 것이다. 옛날부터 지금까지 계속 닦고 있는 것이다.

삼세소유광대겁三世所有廣大劫 불념념중개시현佛念念中皆示現
피제성괴일체사彼諸成壞一切事 부사의지무불료不思議智無不了

과거, 현재, 미래, 삼세에 한없는 오랜 세월 동안 부처는 언제나 나타난다. 그래서 이 세상의 모든 일에 한없는 신비한 지혜를 가지고 가르쳐 준다.

불자중회광무한佛子衆會廣無限 욕공측량제불지欲共測量諸佛地
제불법문무유변諸佛法門無有邊 능실료지심위난能悉了知甚爲難
불여허공무분별佛如虛空無分別 등진법계무소의等眞法界無所依
화현주행미부지化現周行靡不至 실좌도장성정각悉坐道場成正覺

불자는 어디나 꽉 차 있는데 모두가 이상세계가 어디인가 하고 찾고 있다. 이상세계로 들어가는 문은 어디나 있다. 그러나 그저 알기는 참

제 1. 세주묘엄품世主妙嚴品

어렵다. 부처는 허공 같아서 분별이 없다. 모든 진리의 세계가 다 의지하지 않고 혼자 서 있다. 어디나 나타나서 부처가 가지 않는 데가 없다. 그래서 어디서나 진리를 깨닫게 만들어 준다.

불이묘음광선창佛以妙音廣宣暢 일체제지개명료一切諸地皆明了
보현일일중생전普現一一衆生前 진여여래평등법盡與如來平等法.

불의 신비한 그 소리는 어디나 널리 퍼져있어 온 땅이 다 밝아진다. 어디나 모든 사람 앞에 나타나서 모든 사람에게 다 여래 평등한 법을 다 준다.

2001. 3. 11.

제2. 여래현상품如來現相品

여래현상품 강해(1)

『화엄경』권 6인데 권卷이란 책을 부피에 따라 나눈 것이다. 책 전체를 어느 정도 부피가 되면 한 권씩으로 나누어 모두 80권이 된 것이 『80화엄경』이다. 오늘은 그 가운데 여섯 번째 책이다. 그런데 주제별로 나눌 때는 품品이라고 한다. 품을 요새로 말하면 장章이라 할 수 있다. 그래서 지난 시간까지 했던「세주묘엄품世主妙嚴品」이 제1장이고 오늘「여래현상품如來現相品」은 제2장이다. 그런데「세주묘엄품」은 굉장히 길어서 책으로 다섯 권이 되었다. 거기에 나온 찬송만 52개나 된다. 그 가운데 우리는 너댓 개밖에 안 했다. 그것도 다 하려면 지금까지보다 열 배의 시간이 소모되는 것이다. 그런데 오늘「여래현상품」은 짧으니까 한 권으로 끝난 것이다.

2.1 이시爾時 제보살諸菩薩 작시사유作是思惟 운하시제불지云何是諸佛

地 운하시제불안云何是諸佛眼.

　　그때 많은 보살들이 이런 생각을 했다. 불지佛地라는 것이 무엇이며, 또 불안佛眼이라는 것이 무엇인가.
　　제1장이「세주묘엄품」인데 그것을『60화엄경』에서는「정안세간품淨眼世間品」이라 했다. 물론 정안淨眼이라 할 때는 석가가 눈을 떴다는 것이다. 그리고 세주世主라고 하는 것은 말하자면 제자들이 석가를 찬양했다는 것이다. 그래서「세주묘엄품」이나「정안세간품」이나 내용은 같은 것이다. 그러니까 1장을 한마디로 말하면 석가라는 사람이 나타났다는 것이다. 이것을 우리 개인적으로 말하면 어린아이가 세상에 나타났다는 것, 그래서 1장이란 말하자면 출생 축하다. 육체적으로 말하면 생일인데 정신적인 출생이니까 그것을 시성정각始成正覺이라 한다. 정신이니까 깬다고 하는 것이다. 정신은 깨는 것이고 육체는 낳는 것이다. 그래서 이것은 생일生日이 아니라 각일覺日이라는 것이다. 기독교로 말하면 거듭나는 것이다. 거듭났다, 혹은 중생重生이라 하는데 불교에서는 정신적으로 거듭난 날을 깬 날이라 한다. 말하자면 석가가 깼다는 것이다. 석가가 깼다는 것을 다른 말로 할 때는 성불成佛이라 한다. 불佛이라는 이것은 각覺이라는 것을 인도말로 말할 때 하는 말이다. 인도말로 붓다Buddha라는 것이다. 그러니까 사실은 성각成覺인데 인도말을 그냥 써서 성불이라 한 것이다.
　　이런 불佛이라던가 하는 그런 말을 번역하기가 참 어렵다. 각아覺我, 나는 이것을 깬 나라고 한다. 그런데 공자는 이것을 각覺이라 하지 않고 인仁이라 한다. 공자 자신도 인이라는 말을 하면서도 그것을 무엇이라 하고 말하기가 참 어렵다는 것이다. 그래서『논어論語』를 보면 제자들이 "인仁이 무엇입니까?" 하고 물어볼 때마다 다 다르게 말했다. 인이 무엇이냐는 질문이 72번이 나오는데 그때마다 대답이 달랐다. 왜 그렇게 어려운가 하면 번역하기가 그렇게 어려운 것이다. 인이란 무엇이라 하기가 참으로 어려운 것이다. 노자는 또 그것을 도道라고 한다. 도라고 하는 그것도 번역하기가 참 어렵다.

우리도 마음이라 하고 몸이라 번역하는 것은 쉽다. 마음은 보통 우리 가슴에 있다고 하거나 또는 머리에 있다고도 하는데, 하여튼 마음이란 정신이라 그렇게 할 수 있다. 마음이라 번역하는 것도 쉬운 것은 아니지만 그래도 마음이라 하면 우리에게 어느 정도는 와서 닿는 말이다. 그런데 우리가 마음보다 더 높은 세계, 그것을 무엇이라 번역할까 할 때 그것이 참 어렵다. 『성경』에 하나님은 영이시라는 말이 있는데 그 영이라는 것을 무엇이라 번역해야 될지 번역하기가 참 어렵다. 영이라 하는 것은 한문자漢文字인데 그것을 우리말로 무엇이라 해야될지 어렵다. 오늘 아침에도 「고린도후서」 3장 16절, "하나님은 영이시니 영이 있는 곳에 자유가 있느니라" 이런 말을 보는데 새번역에는 그것을 다시 "하나님은 성령이니...."하고 번역해놓았다. 그 성령이라는 것을 무엇이라 번역해야 될지 이런 것이 참 어렵다. 성령이라는 것을 맨 처음에 번역한 사람은 '숨님'이라 했다. 푸뉴마Pneuma, 스피릿 Spirit이라는 것을 숨님으로 번역한 것이다. Holy Spirit, 그것을 숨님이라 한 것이다. 숨님이라 했으면 지금까지 그냥 숨님으로 했으면 좋은데 새로 번역한 사람은 또 그것을 집어치우고 다시 성령이라 하고 말았다. 그러니까 무엇이라 번역할지 정말 그 번역하기가 어렵다. 그래서 요새는 '얼나'라고 번역해보자고 자꾸 그러면서 유영모 선생이 얼나라고 그랬다 하는데 유영모 선생이 그렇게 얼나라고 말한 일이 별로 없다. 그저 한두 번 "어린애같이 순수하지 않으면 하늘나라에 갈 수 없다"하는 그 어린애같이 아주 순수한 자아, 그것을 얼나라고 하면 어떨까 하고 그렇게 말한 적은 있다. 어린애처럼 순수해야 한다. 그래야 하늘나라에 간다. 그래서 그것을 얼나라고 한 것이다. 그런데 요새는 자꾸 그것을 써먹는 것이다. 씨알이라는 말도 유영모 선생이 한 말인데 그것을 또 자꾸 씨알 씨알 하면서 많이 써먹는데 그런 말들이 다 어려운 말이다. 유영모 선생이 말할 때 씨알이란 실존이란 말인데 지금은 대중들을 씨알이라 그렇게 말하고 있다. 하여튼 번역이란 이렇게 참으로 어려운 것이다.

공자로 말하면 인아仁我요 석가로는 불아佛我, 각아覺我다. 각아를

제2. 여래현상품如來現相品 129

'깬 나'라고 하면 좋은데 인아라는 것은 어떻게 번역해야 좋을까. '어진 나'라는 말인데 이것을 '큰 나'라고 하면 어떨까 하는 생각이 든다. 그래서 '몸 나', '마음 나', '깬 나' 혹은 '큰 나'라고 할 수 있다. 이것은 한없이 큰 나다. 하나님은 영이시니 한없이 크다. 무엇인지 이렇게 커서 우리의 생각 속에 들어올 수 없는 그런 세계인 것이다. 우리의 상상을 초월하는 세계니까 '큰 나'라고 해 두는 것이 좀 낫지 않을까 생각한다.

하여튼 여래현상如來現相이라고 하는 것, 여래가 나타난 것인데, 1장은 여래의 생일날에 대한 것이고 오늘 말하려는 것은 여래가 어떻게 생겼느냐 하는 것이다. 현상現相이란 모습을 말하는 것이다. 이 사람들은 언제나 세 가지로 말한다. 체體와 상相과 용用이라는 것이다. 칠판이라 하면 칠판이 하나의 체다. 용이란 칠판에 쓰는 것을 말한다. 그리고 상이라 하는 것은 칠판이 어떻게 생겼는지 하는 것이다. 알미늄으로 틀을 만들고 거기에 새까만 판때기를 붙여놓은 모습이다. 이런 것을 소위 상이라 한다. 그러니까 지난번의 문제는 석가가 이 세상에 나왔다는 이야기라면 오늘은 석가가 어떻게 생겼는가 하는 문제다. 그것을 알자는 것이 「여래현상품」이다.

이것은 요새로 말하자면 조명照明이라 할 수 있다. 오는 4월 8일 일요일 저녁 8시 KBS의 일요스페셜 프로에서 유영모柳永模(1890-1981)와 다석학파에 대한 조명을 한다는 것이다. 그것도 다 유영모는 어떤 사람이었는가 그것을 한 번 알아보자는 것이다. 요새 유영모니 함석헌咸錫憲(1901-89)이니에 대해 관심이 많다. 왜 그렇게 관심이 많은가 하면 올해가 함석헌 탄생 100주년이다. 그래서 한겨레에도 나오고 동아일보에도 나오고 한국일보에서도 지난주에 찾아와서 대충 말했는데 이제 한국일보에도 나올 것이다. 이런 것이 현상품이라는 것이다. 어떤 사람인지 한 번 알아보고 싶다는 말이다.

그런데 여기 이렇게 부처에 대해 알고 싶다는 항목이 35개나 나온다. 그 가운데 나는 33개는 생략해버리고 2개만 이렇게 내 놨다. 35개를 다 하려면 또 하루종일 해야 되는데 언제 그것을 다 할 시간이 없다. 그러니까 제일 중요한 것이 불지佛地라는 것과 불안佛眼이라는 것이다.

 불지를 요새 말로 말하면 경지라는 말이다. 공자라 하면 공자라는 사람의 그 경지가 어느 정도까지 갔던 사람인가? 그런 경지라는 말을 많이 쓴다. 유영모라면 유영모의 경지가 어떤 것인가. 음악에 있어서 베토벤은 그 경지가 어떤 세계에까지 갔는가. 그 경지라는 말을 참 많이 쓴다. 더구나 동양철학에서는 경지라는 말을 특히 많이 쓰는데 높은 경지, 낮은 경지, 천박한 경지, 고상한 경지, 그런 경지라는 말을 많이 쓴다. 이런 것도 번역하기가 참 어렵다. 그 사람이 사는 세계라고 할까? 나중에는 이 세계라는 말도 자주 나온다. 그리고 경지라는 것과 꼭 같은 말은 아니지만 입장이라는 말이 있다. 그 사람이 어떤 데 서 있었는가 하는 것이다. 그 사람이 서 있던 자리가 어떤 자리인가. 유영모의 입장은 어떤 입장이었는가. 유영모의 경지는 어떤 경지였는가.

 경지라 할 때는 우리는 인격, 인품 그런 것을 자꾸 말하게 된다. 그래서 경지라는 것이 중요하다. 사실 동양에서 말하는 도道라고 하는 것이 하나의 경지를 말하는 것이다. 사홍서원四弘誓願에 "불도무상서원성佛道無上誓願成"이라는 말이 있다. 불도佛道라고 하는 것은 한없이 높으니까 그 꼭대기에 한 번 올라가 보았으면 좋겠다는 것이다. 그러니까 사실은 불도라는 것이 하나의 경지라는 말이다. 『중용中庸』에서도 "솔성지위도率性之謂道"라 하는데 그 도道라는 것이 하나의 경지를 말하는 것이다. 그 경지에까지 한 번 가보는 것이다. 여기서도 자꾸 도라는 말을 하는데 도라는 것을 강조할 때는 보신報身이라 한다. 그래서 경지가 어떤 것인가 하는 이것이 하나 중요한 것이다.

 불안佛眼. 그 사람의 눈이 얼마나 밝은가? 그 사람은 무엇을 볼 수가 있는가. 우리가 흔히 말할 때 우주를 볼 수가 있다 하면 우주관이라 하고, 세계를 볼 수가 있다 하면 세계관이라 하고, 인생을 볼 수 있다 하면 인생관이라 한다.

 '각覺'이라 할 때 각이란 글자가 무엇인가. 배울 '학學'은 어린아이가 보자기로 덮여 씌워져 있는데 양손을 위로 올려서 보자기에 구멍을

뚫어달라는 것이다. 구멍을 뚫어야(爻) 보인다. 글월 '문文'이 여기서 유래한 것이다. 어린애가 어두워서 아무 것도 보이지 않으니까 보이게 해달라는 글자가 배울 학이다. 그런데 그 배울 학學에서 아들 자子 대신에 볼 견見이 들어가면 '각覺'이다. 이제 보인다는 것이다.

그러면 '관觀'이란 무엇인가. 이것은 부엉새가 본다는 것이다. 볼 견見자 옆에 있는 것은 부엉이의 귀와 눈과 몸통을 그린 글자다. 올빼미는 밤에 보는 새다. 밤이 되면 다른 새들은 다 보지 못하는데 올빼미만은 보는 것이다. 그래서 관觀이나 각覺이나 내용은 꼭 같은 것이다. 보지 못하는 데서 보는 것이 관이요 각이다.

다른 사람은 세계를 보지 못하는데 이 세세를 본다 히면 그것을 세계관이라 한다. 남이 보지 못하는 것을 보는 눈이다. 그것이 불안佛眼이다. 불안이란 각안覺眼이나 같은 것으로 꿰뚫어보는 것이다.

세상에 제일 중요한 것이 그 경지라는 것과 그 보는 것, 이 둘이 제일 중요하다. 그래서 "욕궁천리목欲窮千里目 갱상일층루更上一層樓"라 한다. 저 밖에까지 눈으로 내다보려면 한 층 올라가라는 말이다. 한 층 올라가면 천리가 보인다는 것이다. 두 층을 올라가면 만리가 보인다. 그런데 땅바닥에 붙어 있으면 아무 것도 보이지 않는다.

사람의 특징이 다른 동물과 다른 것은 눈이 높다는 것이다. 다른 동물은 눈이 낮게 있으니까 보이는 것이 얼마 안 된다. 그런데 사람은 일어서서 보니까 소보다도 더 높고 코끼리보다도 더 높다. 그래서 멀리까지 내다볼 수가 있다. 이것이 사람 눈의 특징이다. 부처의 눈은 그보다 더 높은 것이다. 그리스도의 눈은 영원한 앞날까지 내다볼 수 있다. 그래서 그렇게 멀리 내다보려면 한층 올라가야 된다. 한층 올라가면 십리가 더 보인다. 그러니까 입장과 눈은 연결되어 있다. 아무리 눈이 밝아도 입장이 낮으면 그것은 아무 쓸데가 없다. 도道, 입장이라는 것이 있어야 먼 데를 볼 수 있다. 보신報身에 대해서 법신法身이 나오는 것이다. 비로자나는 법신이라는 말이다. 보신 없이 법신, 이것은 안 된다. 『중용』으로 말하자면 "솔성지위도率性之謂道"라는 도가 없이는 "수도지위교修道之謂敎"가 안 나오는 것이다. 그러니까 이 입장이라는 것이 상당히 중요하다. 그래서 나중에 가면 오해五海 십지十地라는 말로 나오는데 그것은 그때 가서 설명하기로 한다.

알고 싶은 것이 서른 다섯 가지가 있다는데 우리는 그 가운데서 두 가지, 석가의 입장이 얼마나 높았던가, 석가의 눈이 얼마나 밝았던가, 그 두 가지가 가장 중요한 이야기다.

2.2 세존世尊 지제보살심지소념知諸菩薩心之所念 즉어면문중치지간卽於面門衆齒之間 방불찰미진수광명放佛刹微塵數光明

석가는 많은 제자들이 알고 싶어하는 것을 알고서 얼굴의 치아와 치아의 사이에서 부처님 나라의 한없이 많은 빛을 방출했다.

보살이란 제자들이란 말이다. 불찰佛刹이란 부처님의 나라라는 뜻이다. 『화엄경』의 특징이 무엇인가? 『화엄경』의 주인공이 비로자나불인데 그 뜻은 광명편조光明遍照라는 말이다. 그래서 비로자나는 언제나 빛으로 상징하는 것이다. 법신法身이라 할 때는 빛으로 상징하고 보신報身이라 할 때는 힘으로 상징하는 것이다. 그리고 응신應身이라 할 때는 열熱이다. 어떻게 말할 수 없어서 그렇게 말하는 것이다. 이 『화엄경』 팔십 권에서 말하는 비로자나불이 사실은 석가인데 석가의 철학적인 면을 말하면 비로자나불이고 도덕적인 면을 말하면 보신이고 또 석가의 종교적인 면을 말하면 응신이다. 그런데 철학적 세계는 생각하는 세계이지 말하는 세계가 아니다. 그러니까 『화엄경』에 나오는 석가는 일체 말을 하지 않는 것이다. 그것이 『화엄경』의 특징이다. 다른 사람이 대신 말하는 것이다. 비로자나불은 말을 안 하게 되어 있다. 그저 빛만 나타내는 것이다. 결국 생각만 한다는 말이다. 그래서 얼굴의 치아 사이로 빛을 한없이 내 놓는다는 것이다. 아주 기발한 생각을 내놓는다는 말이다.

유영모 선생의 일지日誌에 시詩가 3,000개 들어있는데 한글로 쓴 것이 1,700개이고 나머지 1,300개가 한문으로 쓴 것이다. 그 3,000개의 시가 다 그런 것은 아니지만 그 가운데 아주 기발한 생각들이 있다. 그리고 유영모 자기는 생각하러 왔지 말하러 온 사람이 아니라 했다. 그래서 마지막에는 일체 말하지 않고 한 십 년을 그냥 한마디도 안 한 적도 있다. 그런 의미에서 유영모는 하나의 법신이다. 생각하러 온 사람이지 말하러 온 사람이 아니라는 것이다. 자기는 일도 안 하고 말도 안 하고 생각하러 왔다는 것이다. 그것이 유영모의 특징이다. 그 전에도 얼마나 많이 생각했는지 모르지만 우리가 그것을 가지지 못했다. 나중에 조금 남은 부스러기들만 가지고 있는데 그것도 한 3,000개가 된다. 그것을 이번에 출판을 해보니까 책이 일곱 권이 되고 값이 이십만원이나 되니 그 책이 언제나 팔릴지 모르겠다. 하여튼 십 년이고 이십 년이고 내버려두어야지 어떻게 하겠는가. 그래서 나는 감신에도 도서관에 말해서 사도록 하고 한신에도 말해서 사달라 했다. 도서실에서나 사야지 개인들이 사기는 참 어려울 것이다. 내용을 아는 사람이라면 "아, 이것은 정말 보석 가운데 보석이로구나" 하고 살 것이다. 그렇게 아는 사람은 다 사겠지만 그렇게 아는 사람이 몇 명이나 되겠는가. 우선 당장 돈 아까운 것부터 생각하지 내용을 생각할 사람은 거의 없을 것이다. 그래서 나는 걱정이 태산이다.(웃음) 여기 비로자나불은 일체 말을 하지 않는 것이다. 그냥 빛만 내 놓는다. 이것이 특징이다. 그래서 광명편조라는 것이다.

보조시방普照十方 각일억불찰미진수세계해各一億佛刹微塵數世界海 피세계해제보살중彼世界海諸菩薩衆 어광명중於光明中 각득견차화장장엄세계해各得見此華藏莊嚴世界海.

아주 사방으로 빛을 발했는데 "일억불찰一億佛刹", 나라가 일억 개나 된다는 것이다. 일억 개나 되는 나라의 한없이 많은 세계, 그러니까 온 세계에 빛이 퍼졌다는 것이다. 유영모의 『다석일지 공부』도 전 세계로 퍼질지 모른다. 누가 말하던데 영국의 에딘버러에서는 유영모 강좌가 생겼다고 한다. 영국에서는 이미 시작을 한 것이다. 한국에서 가지고 나갈 것은 그것밖에 없다. 이렇게 알게 되면 차차 세계적으로 퍼질 수도 있을 것이다.

그 세계에 있는 많은 보살들이 그 빛 속에서 "화장장엄세계華藏莊嚴世界"를 볼 수가 있었다. 화장장엄세계는 비로자나 부처님이 계시는 나라의 이름이다. 그러니까 온 세계가 우리 한국을 바라다보게 되었다 하는 이야기나 마찬가지다. 화장장엄세계를 보게 되었다는 것이다.

2.3 이시爾時 시방세계해일체중회十方世界海一切衆會 몽불광명蒙佛光明 소개각이所開覺已.

온 세계에 있는 모든 사람들이 이 빛을 받아서 각각 자기 자신을 깨닫게 되었다. 그것이 중요한 것이다. 다 눈을 뜨는 것이다. 자기 자신을 깨닫게 되었다.

각공래예비로자나여래소各共來詣毘盧遮那如來所 친근공양親近供養 소위차화장장엄세계해동所謂此華藏莊嚴世界海東 차유세계해次有世界海 해남海南 해서海西 해북海北 해동북海東北 해동남海東南 해서남海西南 해서북방海西北方 해하방海下方 해상방海上方 차유세계해次有世界海.

그래서 석가가 있는 곳까지 찾아왔다. 친히 한 번 선생님을 만나보고 싶다는 것이다. 화장장엄세계는 비로자나가 사는 세계니까 거기까지 찾아왔다는 것이다.
어디서 왔는가? 동쪽, 남쪽, 서쪽, 북쪽, 동북쪽, 동남쪽, 서남쪽, 서북쪽, 상, 하, 하여튼 십 여 곳에서 찾아왔다. 온 세계에서 찾아온 것이다.
그런데 본래 『화엄경』에는 해동海東이라 하는 것도 또한 내용이 굉장히 많다. 해동이라 하는 거기에는 또 어떤 나라가 있고 어떤 왕이 있고 어떤 부처가 있고 어떤 보살이 있고 하면서 또 굉장히 많이 나온다. 그런 것들이 십 여 페이지에 걸쳐 죽 나온다. 그런데 나는 그것들을 다 집어치우고 그냥 해동, 해남, 이렇게 생략하고 말았다.

여시등如是等 십억불찰미진수세계해중十億佛刹微塵數世界海中 유십억불찰미진수보살마하살有十億佛刹微塵數菩薩摩訶薩 향불작례向佛作禮 어기좌상於其座上 결가부좌結跏趺坐.

그러니까 수십억 되는 나라라는 것이다. 그리고 또 수십억 보살들이 있는 것이다. 기독교로 말하자면 몇 십억 교도들이라고 하는 말이나 마찬가지다. 온 나라에 있는 몇 십억 교도들이 이렇게 석가를 향해서 절을 하고 자기 자리 위에 결가부좌를 했다.

결가부좌는 양발을 포개서 발바닥이 위로 오도록 앉는 것인데 이렇게 앉아서 죽으면 죽어도 넘어지지 않는다. 중이란 본래 앉아서 죽게 되어 있다. 6.25때 다 피난 갔을 때 오대산의 방한암方漢岩스님은 자기가 몇 일날 죽는다 써 놓고는 결가부좌로 앉아서 죽었다. 맨 처음에 달려가서 본 군인이 그것을 사진으로 찍어놓았는데 그 사진이 지금도 오대산에 있을 것이다.

2.4 이시爾時 세존世尊 욕령일체보살대중欲令一切菩薩大衆 득어여래무변경계신통력고得於如來無邊境界神通力故 방미간광放眉間光.

이때 세존이, 석가가 어떤 생각을 했는가. 모든 제자들로 하여금 여래의 입장과 여래의 눈을 얻게 하기 위해서 미간眉間에서 빛을 발했다. 석가의 미간에는 백호상白豪相이 있는데 흰 털이 바른 편으로 돌아 나 있다는 것이다. 그래서 부처의 이마에는 보통 금강석을 박아 놓는데 이것은 진리를 상징하는 것이다. 미간에서 빛을 발했다는 것은 기발한 생각을 내 놓았다는 것이다.

이시불전爾時佛前 유대연화有大蓮華 홀연출현忽然出現

그때 부처님 앞에는 큰 연꽃이 확 피었다. 이 사람들이 제일 좋아하는 것이 연꽃이다. 연꽃은 언제나 진리의 상징이다. 빛을 발하니까 연꽃이 탁 피었다는 것인데 다 진리를 상징하는 말이다.

차화생이此華生已 일념지간一念之間 어여래백호상중於如來白毫相中 유보살마하살有菩薩摩訶薩 명일체법승음名一切法勝音.

그 연꽃이 나온 다음에 곧바로 또 여래의 백호상 가운데서, 부처의 빛 가운데서 보살이 나왔다. 보살菩薩이란 보리살타菩提薩陀를 줄인 말이다. 보리는 진리라는 말이고 살타는 사람이라는 말이다. 진리를 찾아가는 사람이 보살이다. 그런데 진리를 찾은 사람은 불타佛陀라고 한다. 불타는 진리를 깨달은 사람이다. 인도말은 잘 모르지만 하나는 보리살타이고 하나는 불살타佛薩陀인데 그것을 줄일 때 하나는 보살이라 말하고 하나는 불타라고 말한 것이다. 그래서 깨달은 사람은 불타라고 말하고 진리를 찾아가는 사람은 보살이라 한 것이다. 석가를 불타라고 하고 제자들은 보살이라 한 것이다. 하나의 보살이 나타났는데 그 보살의 이름이 일체법승음보살一切法勝音菩薩이다. 이 보살은 어떤 보살인가.

기일체법승음보살其一切法勝音菩薩 요심법계了深法界 생대환희生大歡喜 입불소행入佛所行 지무의체智無疑滯 입불가측불법신해入不可測佛法身海 염념보관일체법계念念普觀一切法界.

이 보살은 진리의 세계를 깊이 이해했다. 그리고 언제나 기쁨에 넘쳐있다. 부처님이 계신 곳까지 들어간 사람이다. 거의 부처가 다 된 사람이다. 그 사람의 지혜는 이제 걸리는 것이 없다. 말하자면 통한 사람이다. 아주 측량할 수 없는 부처의 법신에 들어간 사람이라는 것이다. 그래서 어떤 사람은 부처의 백호상 속에서 나왔다고 해석하기도 한다. 부처의 몸에서 나왔다는 것이다. 결국 부처의 새끼라는 말이다.

2.5 이시爾時 중중衆中 부유보살마하살復有菩薩摩訶薩 명관찰일체승

법연화광혜왕名觀察一切勝法蓮華光慧王 명법희혜광명名法喜慧光明 명향염광보명혜名香焰光普明慧 명사자분신혜광명名師子奮迅慧光明 명법해혜공덕장名法海慧功德藏 명혜등보명名慧燈普明 명화염계보명지名華焰髻普明智 명위덕혜무진광名威德慧無盡光 명법계보명혜名法界普明慧 명정진력무애혜名精進力無碍慧 승불위신承佛威神 관찰시방觀察十方 이설송而說頌

그리고 이때 한 사람만 나온 것이 아니라 또 많은 보살들이 나왔다. 관찰일체승법연화광혜왕이니 법희혜광명이니 여러 보살들이 나왔는데 그들이 모두 부처의 정신을 이어서 온 세상을 살피고는 찬송을 불렀다.
다음은 일체법승음보살이 부른 노래다. 이렇게 뒤이어 다른 보살들이 쭉 노래를 부른다. 그런데 그것들은 다 생략하고 다음 하나만 본다.

불신충만어법계佛身充滿於法界 보현일체중생전普現一切衆生前
수연부감미부주隨緣赴感靡不周 이항처차보리좌而恒處此菩提座

이것이 유명한 것은 우리나라의 많은 절간들이 이것을 주련柱聯으로 써 놓은 것 때문이다. 절간 가운데 써 붙여 놓은 것을 현판懸板이라 하고 기둥에 써 붙여 놓는 것을 주련이라 한다. 강남 봉은사에 가면 추사秋史 김정희金正喜(1786-1856)가 쓴 현판이 있다. 추사가 쓴 글씨를 보려면 봉은사에 가면 된다. 그리고 기둥에다 써 붙이는 것을 주련이라 하는데 대개 네 개를 써 붙인다. 그런데 그 봉은사의 주련은 우리 붓글씨 선생인 난곡蘭谷 김응섭金應燮 선생이 쓴 것이다. 그때 난곡이 추사체 회장이었기 때문이다. 그래서 봉은사에는 추사와 난곡의 글씨가 다 있다. 한국에 절간들이 많은데 주련의 대부분이 이것이다. 물론 이것이 아닌 것도 많이 있지만 이것을 제일 많이 써 놓았다. 말하자면 이것이 불교에서 가장 대표적인 말이라 하겠다. 그러니까 그 사람들이 그렇게 많이 쓰는 것이다. 그 내용은 비로자나불을 찬양하는 글이다. 모두 십 여 줄이 되는데 다 쓰지 않고 넷만 쓴다. "불신충만어법계佛身

充滿於法界", 법신이 우주에 꽉 차있다. 부처님의 생각이 우주에 가득 차 있다고 해도 된다. "보현일체중생전普現一切衆生前", 그런데 생각만 꽉 차 있는 것이 아니라 중생이 필요하다고 하면 언제나 나타난다. 이것이 이 사람들의 화신化身이라는 사상이다. 꼭 사람으로만 나타나는 것이 아니다. 범신론이니까 어떤 때는 비로도 나타나고 어떤 때는 돌멩이로도 나타난다. 어떤 때는 사자로도 나타나고 이렇게 여러 가지로 나타난다. 부자한테는 부자로 나타나고 가난한 사람한테는 가난한 사람으로 나타나고 여러 가지로 자꾸 나타난다. 그것이 하나님의 사랑이다. 하나님을 우리가 볼 수 없다. 그런데 하나님도 우주에 꽉 차 있다고 볼 수 있다. 하나님이 지으신 태양이니 달이니 일체가 다 나타나 있는 것이다. 우리는 그것을 통해서 하나님의 사랑을 아는 것이다. 그 「로마인서」 1장 1절이다. 다 같은 사상이다. "보현일체중생전"이다. 일체 중생 앞에 자꾸 나타난다는 것이다. 무슨 갑자기 무엇이 나타난다는 것이 아니라 우주 만물이 다 부처님이 나타난 것이라고 보는 것이다.

"수연부감미부주隨緣赴感靡不周", 『60화엄경』에서는 이렇게 번역하지 않고 받는 사람의 그릇에 따라서 채워주신다고 한다. 받는 사람의 그릇에 따라서 은혜라든가 사랑을 채워주신다는 것이다. 이것이 조금 더 알기가 쉽다. 부처님이 나타나서 무엇을 주는 것이다. 배고픈 사람이라면 빵을 주는 것이다. 그런데 모든 사람에게 꼭 같이 주는 것이 아니다. 많이 배고픈 사람에게는 많이 주고 조금 배고픈 사람에게는 조금 준다. 그 사람이 내 놓는 그릇에 따라서 가득가득 채워주신다는 것이다.

인연因緣에 따라서 준다고 되어 있는데 이것도 그릇에 따라서 준다고 해석하는 것이 좋을 것이다. "부감赴感"이란 가득 채워준다는 것이다. "미부주靡不周", 어디서나 누구에게나 채워주는 것이다.

우리가 같은 사람의 말을 들어도 그 사람의 마음에 따라서 그 받아들이는 것이 물론 다 다르다. 같이 와서 듣는다 해도 꼭 같이 받는 것은 아니다. 그런 것을 보통 "수연부감隨緣赴感"이라 한다. 마음이 가난한 자는 많이 받을 것이고 마음이 그만 넉넉한 사람은 조금 받을 것이다. "수연부감"이다. 그 사람의 그릇에 따라서 누구에게나 가득가득 채워주신다.

"이항처차보리좌而恒處此菩提座", 언제나 진리의 좌석, 여기에 앉아 계신다. 석가는 언제나 내 앞에 있지 무슨 다른데가 있는 것은 아니다. 기독교에서 그리스도는 언제나 나와 같이 있다고 하는 사상이나 같은 사상이다. 채워주시면서 언제나 나와 같이 계신다. 이상인데 그 내용이 참 좋다.

"불신충만어법계", 이것을 보통 실상무상實相無相이라 한다. 실상인데 무상이다. 꽉 차있으니까 붙잡을 수 없다. "보현일체중생전"은 정법안장正法眼藏이다. 일체 중생 앞에 나타난다는 것이지만 언제나 우리를 보고 있다고 해도 좋다. "수연부감미부주", 그릇에 가득가득 채워주신다는 것은 미묘법문微妙法門이다. "이항처차보리좌"는 열반묘심涅槃妙心이다. 결국 불교의 핵심이 이것인데 이것을 또 『화엄경』에서는 다르게 표현한 것이라 볼 수 있다.

우주에 수증기가 꽉 차 있다. 수증기가 있기는 있는데 보이지는 않는다. 실상무상이다. 그런데 그 수증기가 구름이 되어 나타나면 우리가 볼 수 있다. 정법안장이다. 그리고 그 구름에서 비가 쫙 내린다. 미묘법문이다. 비가 내리면 흘러버리고 마는 것이 아니라 땅 속에 들어갔다가 샘물이 되어 언제나 솟아 나온다. 열반묘심이다. 우리 마음속에서 새로운 말씀이 자꾸자꾸 솟아 나오는 것이다.

노자의 『도덕경道德經』도 결국 이것이다. 불교도 이것이다. 우주에 꽉 차 있는 것이 진리다. 그 진리가 구름이 되어서 나타나야 우리가 좀 알 수 있다. 그런데 구름만 되면 안 되고 비가 되어 우리에게 오게 되어야 한다. 그래야 산천초목이 다 살아난다. 그리고 비가 한 번 쫙 내리고 말면 안 된다. 일 년 내내 땅 속의 샘이 되어 밤낮 깨끗한 물이 솟아 나와야 우리가 그 물을 마시며 살 수 있다. 이렇게 가만 생각해보면 이것도 다 같은 말이다. 그러니까 이 사람들이 이것을 이렇게 자꾸 쓰는 것이지 그렇지 않으면 왜 쓰겠는가. 쉽게 말하면 우주에 가득 찬 것이 수증기요 나타난 것이 시커먼 구름이고 내리는 것이 비고 그 다음에 땅에서 솟아나는 것이 샘물이라는 것이다. 우리에게 다 필요한 것이다.

여래일일모공중如來――毛孔中 일일찰진제불좌――剎塵諸佛座
보살중회공위요菩薩衆會共圍遶 연설보현지승행演說普賢之勝行

여래의 털구멍마다 부처님이 계신다. 부처님이 어디나 있다는 말이다. 어디 여래의 털구멍 속에만 있는 것이겠는가. 풀 끝에도 있고 어디나 다 있다. 신비가 없는 데가 어디 있는가. 어디나 신비로 꽉 차 있는 것이다. 석가가 있는 곳에는 언제나 제자들이 모여들게 마련이다. 그래서 보현의 아주 훌륭한 행行을 설명하는 것이다. 보현은 보현보살이라는 뜻이 아니라 모든 성현들의 훌륭한 생애를 자꾸 말한다는 것이다.

지난 주에 한국일보 기자가 찾아와서 나도 유영모 선생에 대해 한참 이야기를 했다. 그것이 다 보현승행普賢勝行을 말하는 것이다. 또 함석헌 선생 탄생 백주년 기념한다고 해서 가니까 거기서도 말하라 해서 함 선생과 내가 처음 만난 이야기를 했다. 그런 것이 다 보현승행이다. 우리 보통 사람으로서는 하기 어려운 것을 그런 사람들은 한다는 것이다.

유영모 선생님의 집은 지금 세검정에서 불광동으로 나가는 터널 바로 위에 있었는데 나는 신촌에 집이 있었다. 선생님이 노자 강의를 할 때 우리는 『노자익老子翼』이라는 책을 한 절 한 절 읽어가면서 해석했다. 그런데 아침 7시에 시작을 했다. 그때는 전깃불이 없으니까 촛불이나 호롱불을 켜고 했다. 7시라면 겨울에는 캄캄한 때인데 그 7시까지 가려면 나는 신촌에서 5시에 떠나야 했다. 그때는 6시부터 버스가 다니고 전차도 6시부터 다니니까 7시까지 선생님 댁에 가려면 걸어서 갈 수밖에 없었다. 전차를 타 봐야 효자동까지밖에 안 가니까 소용이 없었다. 그래서 신촌에서 5시에 떠나서 거기까지 걸어가면 대개 7시 10분 전이었다. 7시 10분전에 가서 앉으면 선생님은 7시 정각에 시작을 했다. 그런데 선생님은 결가부좌가 아니고 무릎을 굴하고 앉는 정좌正坐였다. 선생님은 무릎을 굴하고 앉아서 10시간이고 계속하는 것이다.

그런데 하루는 어떤 수염이 난 사람이 한 사람 왔다. 우리도 그때 누가 왔다고 해서 무슨 서로 인사하고 그런 것이 별로 없었다. 그래서 몇십 년을 같이 있으면서도 이름도 전혀 모르는 사람이 많다. 거기 모이는 사람이 칠팔 명 되는데 적게 오면 너댓 명 안 올 때는 한 명도 안 온다. 그런데도 그때 누가 왔었느냐고 물으면 하나도 대답을 못한다. 이름을 모르기 때문이다. 얼굴을 보면 다 아는데 이름을 모른다. 그때는 우리가 선생님 하나만 생각했지 옆에 있는 사람은 생각도 못했다. 그런 때인데 옆에 수염이 난 사람이 와서 딱 앉아 있었다. 그래서 밖에 나가서 "선생님은 어디서 왔어요?" 하고 물었더니, "나는 신의주에서 왔수다." 하고 대답했다. 그래서 나는 "그러면 신의주 학생운동으로 감옥에 가 있는 함석헌 선생 소식을 들었어요?" 하고 물었다. 그때 신의주에서 함석헌은 평안북도 학무과장이었다. 그런데 함석헌은 평안북도 학무과장으로서 빨갱이를 도우라는 것은 안 하고 말하자면 학생운동을 한 것이다. 그래서 그냥 신의주 감옥으로 들어가게 되었다. 그래서 그 함석헌 선생 소식을 들었느냐고 물은 것인데 그때 그 사람이 "내가 함석헌이요."라고 했다.(웃음) 그래서 선생님은 어디에 계시느냐고 물었더니 오류동에 산다고 했다. 송두용이 그때 오류동에 있었다. "그럼 무엇을 타고 오세요?" 하고 물었더니 "아, 걸어오지요." 했다. 나는 신촌에서 2시간 걸어오는 것도 굉장한 고행인 줄 알았는데 함 선생은 오류동에서 걸어온다는 것이다. "그러면 갈 때는 무엇을 타고 가세요?" 했더니 "걸어가지요" 했다. 그저 아무 의식 없이 그냥 그렇게 말하는 것이다. 이런 것이 위대한 것이다.

유영모 선생은 유달영 선생이 개성에서 선생하고 있을 때 유달영을 만나겠다고 개성까지 걸어서 갔다 왔다. 그런데 인천에 있는 율목교회인지 소성교회에서 유영모 선생더러 설교해 달라고 하니까 선생님은 인천까지 걸어서 갔다 왔다. 걸어가서 설교하고 또 걸어서 돌아온 것이다. 그리고 그 다음날 함석헌, 유영모, 나, 몇 사람이 백운대에 올라갔다. 백운대에 올라가는데 선생님은 맨 앞장서서 일등으로 올라가셨다. 내려올 때도 일등으로 내려왔다.

　무슨 유영모의 사상이니 생각이니 이런 것이 위대한 것이 아니다. 우리가 도저히 따라가지 못하는 것은 그런 것들이다. 내가 오류동에 있으면 어떻게든 버스를 타고 오지 함석헌처럼 걸어온다는 그것은 생각도 못할 일이다. 또 유영모처럼 인천에서 설교하러 오라는데 걸어갔다 온다? 그것은 생각도 못한다. 이런 것을 소위 단段이 틀린다고 한다. 그런 것을 우리로서는 도저히 못한다. 유영모처럼 말하고 생각하고 하는 것은 다 할 수 있지만 그런 것은 도저히 따라가지 못한다. 그런 것이 소위 행이라는 것, 도라는 것이다. 그런 것을 우리는 못하는 것이다. 이것이 보현승행이다.

여래안처보리좌如來安處菩提座 일모시현다찰해一毛示現多刹海
일일모현실역연一一毛現悉亦然 여시보주어법계如是普周於法界.

　여래는 언제나 진리의 세계에 딱 앉아있다. 한 터럭에서도 온 세계가 다 나타난다. 하나하나 터럭 끝에서 온 세계가 다 나타난다. 이와 같이 온 세계가 여래의 생각이 미치지 않는 곳이 없다.
　지금까지 일체법승음보살이 부른 노래인데 뒷부분은 중요하지 않고 맨 처음 네 구절이 유명해서 우리나라 많은 절간에서 주련柱聯으로 써 놓은 것이다.

2001. 3. 18.

여래현상품 강해(2)

「여래현상품如來現相品」이란 석가는 어떤 사람인가 하는 것을 말하려는 것이다. 그래서 처음에 질문이 서른 다섯 개가 나왔다. 그 가운데 "운하시제불지云何是諸佛地 운하시제불안云何是諸佛眼"이라 하는 두 가지 질문을 적었다. 그 다음에는 부처님의 치아 사이에서 빛이 나왔다고 하는 말이 있었고 그 다음에는 온 세계에서 그 부처님이 있는 곳으로 다 모여들었다는 말이 나왔다. 이어서 부처님의 이마에서 또 빛이 나왔는데 그 빛 속에서 보살이 나와 부처님을 찬양했다는 그런 말이 나왔고 그 보살이 부처님을 찬양한 노래를 지난 시간에 다 못 읽었다. 그러면 부처님은 무엇 하러 왔는가? 게송을 읽어본다.

무량겁중수행만無量劫中修行滿 보리수하성정각菩提樹下成正覺
위도중생보현신爲道衆生普現身 여운충편진미래如雲充遍盡未來

부처는 이삼십 년 수양을 한 사람이 아니다. 한없이 오랫동안 수양을 했다는 말이다. 이것도 여러 번 나온 이야기다. 이렇게 수양한 부처님을 보신이라 한다. 그래서 "보리수하성정각菩提樹下成正覺", 보리나무 아래서 깨달음을 얻었다. 보리수는 물론 나무 이름이다. 그런데 보리수라 함은 단순한 나무가 아니라 진리의 나무라는 것이다. 그럼 또 진리의 나무가 어디에 있겠는가? 말하자면 결국 진리의 선생님 밑에서 깨달았다는 말이다. 당시에 석가의 선생님으로 아주 훌륭한 선생님 두 분이 있었다. 석가는 그 두 선생에게 가서 배운 것이다. 부처는 이 세상에 왜 나왔는가. 중생을 구원하기 위해서 나왔다. 여기서 위도爲道의 '도道'는 제도濟度했다는 '도度'와 같은 뜻이다. 구름처럼 앞으로 오고 오는 모든 중생들을 위해서 이렇게 말씀을 한 것이다.

중생유의개사단衆生有疑皆使斷 광대신해실령발廣大信解悉令發

무변제고보사제無邊際苦普使除 제불안락함령증諸佛安樂咸令證

결국 모든 사람들에게 문제가 있으면 그 문제를 풀어주려고 그러는 것이다. 모든 사람들이 서로 믿고 이해하고 살 수 있는 세상을 만들기 위하여 그러는 것이다. 세상에는 한없이 많은 고통이 있다. 자연적으로 오는 고통도 많지만 인간적으로 오는 고통이 더 많다. 우리도 38선이 막힌 지 50년이 되었어도 아직도 풀리지 않고 있다. 아직도 우리 가족이 이북에 수십 명이 있지만 어느 한 사람의 생사도 모르고 있다. 그러니까 인간이 만든 고통이라는 것이 또한 한없이 크다. 그런 모든 고통을 없이해 주려고 그러는 것이다. 모든 부처님은 언제나 마음이 평안하고 기쁨이 충만해 있다. 그런 것을 부처님마다 우리에게 증명을 해주고 있는 것이다.

보살무수등찰진菩薩無數等刹塵 구래차회동첨앙俱來此會同瞻仰
원수기의소응수願隨其意所應受 연설묘법제의혹演說妙法除疑惑.

그래서 부처님을 따라다니는 학생들이 한없이 많다. 학생들은 선생님이 계신 곳으로 다 와서 선생님의 말씀을 듣기 위해서 다 선생님을 우러러본다. 그래서 그 사람의 뜻에 따라서 받고싶은 만큼 받을 수가 있다. 요전에도 말하였듯이 그릇에 따라서 받는다는 말이다. 마음을 넓게 비우면 많이 받는 것이고 좁게 비우면 조금 받는 것이다. 그릇에 따라서 받는다. 석가는 아주 신비한 묘한 법, 진리를 설명해서 모든 사람의 의혹을 없이하도록 한다. 그렇게 하기 위해서 여래가 왔다는 말이다.

무량겁중수행해無量劫中修行海 공양시방제불해供養十方諸佛海
화도일체중생해化度一切衆生海 금성묘각편조존今成妙覺遍照尊

석가는 어떤 사람인가? 석가의 입에서 빛이 나왔다. 빛이 나왔다 하는 말은 무엇인가? 비로자나 부처님은 소위 빛을 내는 부처라고 되어 있다. 비로자나라는 말은 광명편조光明遍照라는 말이다. 그래서 비로자나의 특징이 무엇인가 하면 빛을 발할 뿐, 말을 하지 않는다는 점이다. 결국 생각만 하는 사람이지 말하는 사람이 아니라는 것이다. 비로자나는 법신法身이니까, 철학적 부처님이다. 생각하는 부처님이지 무슨 말하는 사람이 아니다. 그래서 빛을 발했다는 말은 쉽게 말해서 깊이 생각을 했다는 말이다. 석가라는 사람은 어느 한 사람한테만 쫓아다니며 배우지 않았다. 수천 년 수억 년 학생생활을 했다. 그러니까 많은 선생님을 모셨다는 말이다.

왜 그렇게 공부를 했는가 하면 모든 백성들을 구원하기 위해서다. "화도化度", 감화시켜 제도하기 위해서 그런 것이다. 그래서 지금 비로자나불이 된 것이다.

편조遍照를 불교에서는 변조라고 발음하는데 우리는 그럴 필요는 없다. 보편타당하고 필연적이라는 뜻으로 알면 된다. 묘각妙覺이라 하는 것도 우리는 생각이라는 것으로 보면 된다.

모공지중출화운毛孔之中出化雲 광명보조어시방光明普照於十方
응수화자함개각應受化者咸開覺 영취보리정무애令取菩提淨無碍

부처님의 털구멍 하나하나 속에서 생각의 빛이, 생각이 구름처럼 나온다. 머리로만 생각하는 것이 아니라 전신으로 생각한다는 말이다. 그래서 그 빛이 온 세계로 퍼져간다. 그래서 각자 그릇에 따라서 받는 만큼 또한 깨달음도 있을 것이다. 진리를 깨달으면 진리를 깨닫는 것뿐만 아니다. 사람이 깨끗해진다. 그래서 깬다는 것과 깨끗하다는 것은 언제나 통하는 것이다.

맨 처음 외국에 나갔을 때 보니까 깬 사람들이 참 많았다. 그 사람들의 사는 생활이 어떻게 그렇게 깨끗한지 모른다. 그래서 HG 웰즈 Wells라는 역사가는 깬 사람이란 물을 많이 쓰는 사람이라고 했다. 문명이란 물을 많이 쓰는 것이 문명이라는 것이다. 자연 깼다고 하면 언제나 깨끗한 것과 연결이 된다. 그래서 보리菩提는 깼다는 것이고 정淨이란 깨끗하다는 것이다. 깬다는 것과 깨끗하다는 것이 같이 나온 것이다. 무애無碍는 걸리는 것이 없다는 말이다.

불석왕래제취중佛昔往來諸趣中 교화성숙제군생敎化成熟諸群生
신통자재무변량神通自在無邊量 일념개령득해탈一念皆令得解脫

부처님이 옛날에 여러 곳에 갔다. 왜 갔나? 모든 사람을 가르쳐서 성숙한 인간으로 만들기 위해서 돌아다녔다. 그 말하는 힘이 아주 신통해서 자유자재로 그렇게 가서 가르쳤다. 그래서 한마디만 들으면 모든 사람이 그 한마디를 통해서 모든 고통에서부터 벗어날 수 있게 했다. 말을 고른다는 것이 이것이다. 한마디만 들으면 가슴이 풀리게 그렇게 하는 것이다.

마니묘보보리수摩尼妙寶菩提樹 종종장엄실수특種種莊嚴悉殊特
불어기하성정각佛於其下成正覺 방대광명보위요放大光明普威耀

마니摩尼는 여의주다. 여의주의 보물, 그것이 잔뜩 매달린 보리수다. 그러니까 마음대로 사람들을 깨우칠 수 있는 그런 깨달은 사람, 그것을 상징해서 보리수라 한 것이다.

그 보리수가 여러 가지 보배로 가득 장식을 해서 정말 한없이 아름답게 보인다. 이것이 석가라는 사람의 모습이다. 석가는 32호상이라 한다. 석가에게는 32가지 아주 잘 생긴 데가 있다는 것으로 다 같은 사상이다.

부처님은 그런 훌륭한 선생님 밑에서 부처가 되었다. 그래서 아주 널리, 빛을 온 세상으로 위엄 있게 비쳐 주었다.

대음진후편시방大音震吼遍十方 보위홍선적멸법普爲弘宣寂滅法
수제중생심소락隨諸衆生心所樂 종종방편령개효種種方便令開曉

사자가 큰 소리로 울부짖는 소리를 사자후獅子吼라 한다. 석가가 강연을 했다 할 때 그것을 사자후라 한다. 도산島山 안창호安昌浩(1878-1938)가 강연을 했다 할 때 우리는 그것을 안창호의 사자후라 그렇게 말한다.

큰 소리로 아주 온 세계가 흔들릴 만큼 그렇게 강의를 했다는 말이다. 모든 사람을 위해서 진짜 문제가 풀리는 그런 설법을 했다. 적멸寂滅이란 불이 꺼졌다는 말이니까 모든 사람의 가슴 속에 불붙던 심화가 꺼지도록 그렇게 말씀을 한 것이다. 그래서 모든 사람들이 그 강의를 듣고서 마음 속에 힌없이 기쁨을 느꼈다. 여러 가지 방편을 써서 마음을 열어주고 깨닫게 해 주었다.

왕수제도개원만往修諸度皆圓滿 등어천찰미진수等於千刹微塵數
일체제력실이성一切諸力悉已成 여등응왕동첨례汝等應往同瞻禮

여러 사람들을 고통에서 구원해 주는데 정말 만족할 수 있으리만큼 구원해 주었다. 이것이 한해 이태가 아니라 몇 천 년 수많은 사람에게 영향을 끼쳤다. 석가가 나온 지 벌써 2,500년이다. 그 동안 우리나라 사람만 해도 불교도가 얼마나 많았겠는가. 그래서 모든 사람이 힘을 얻게 되었다. 그래서 너희들도 다 가서 석가님을 우러러보고 인사를 드리라는 것이다.

다음은 많은 보살들이 모여들었다는 이야기다. 보살들은 어떤 사람들인가?

일체제불중회중一切諸佛衆會中 보편시방무불왕普遍十方無不往
개이심심지혜해皆以甚深智慧海 입피여래적멸법入彼如來寂滅法

선생님들이 강의를 한다 하면 거기에 모두 좇아간다. 온 세계 어디든지 안 가는 데가 없다. 우리도 옛날 어디서 부흥회 한다 하면 어디나 좇아갔다. 그때는 정말 부흥회 하는 사람들 가운데 좋은 사람들이 참 많았다. 아마 시무언是無言 이용도李龍道(1901-33) 목사라는 사람이 제일 유명할 것이다. 그 후에도 많은 사람이 있었는데 그 사람들은 부흥사가 아니라 애국자들이었다. 그때는 부흥사가 아니다. 어떻게 하면 나라를 사랑할까 그것을 하나의 기독교적 방편으로 말한 것뿐이다. 그때는 "천부여 의지 없어서…"하는 찬송을 교회에서 매일 불렀는데 그 찬송이 소위 애국가의 곡조니까 우리는 "천부여 의지 없어서…" 하는데 속으로는 애국가를 부르고 있는 것이다. 제정시대에는 모든 정신이 어떻게 하면 나라를 찾을 수 있을까 하는 것이었으니까, 그러니까 부흥사라는 사람들은 어떻게 하면 나라를 찾는가 결국 그 이야기를 하는 것이다. 그것을 기독교식으로 한 것이다. 그래서 안 간 데가 없다.

그런 사람들은 다 지혜가 한없이 깊다. 그리고 그런 사람은 깊이 부처님의 적멸법寂滅法, 문제를 해결하는 방법을 잘 알고 있다.

일일광명무유변——光明無有邊 실입난사제국토悉入難思諸國土
청정지안보능견淸淨智眼普能見 시제보살소행경是諸菩薩所行境

한 사람, 한 사람 다 빛을 발할 수 있는 사람들이다. 그래서 생각하기 어려운 모든 국토에까지 다 들어갔다. 그리고 그들은 깨끗한 깬 눈으로 능히 볼 수가 있다. 한국의 장래라 하면 한국의 장래를 내다볼 수가 있다. 이것이 모든 보살들이 행하는 경지다.

보살능주일모단菩薩能住一毛端 편동시방제국토遍動十方諸國土
불령중생유포상不令衆生有怖想 시기청정방편지是其淸淨方便地

보살은 한 털끝 위에 서 있다. 그래도 온 나라를 흔든다. 남산현 교회에서 도산 안창호가 강연을 했다 하면 그 남산현 교회의 이천 명만 듣는 것이 아니라 온 나라에 그 말이 퍼지는 것이다. 그때는 카세트도 녹음기도 없는 때니까 그저 입에서 입으로 전해지는 것이다. 안창호가 무엇이라 했다 하고 전하는 것이다.

그래서 모든 사람들이 공포에 떨지 않도록 위로해주는 것이다. 물론 그것은 그 깨끗한 여러 가지 방편을 찾아서 그렇게 해 준다.

일일진중무량신一一塵中無量身 부현종종장엄찰復現種種莊嚴刹
일념몰생보령견一念沒生普令見 획무애혜장엄자獲無碍慧莊嚴者

하나하나의 먼지 속에 무량한 몸이 들어가 있다. 그래서 아주 장엄하게 시대를 이끌어간다. 그리고 한 생각 끝에 죽고 사는 이치를 다 볼 수 있게 해 준다. 그래서 모든 사람들에게 자유로운 아주 장엄한 지혜를 얻을 수 있게 해준다. 문제의 해결법을 가르쳐 주는 것이다.

삼세소유일체겁三世所有一切劫 일찰라중실능현一刹那中悉能現
지신여환무체상知身如幻無體相 증명법성무애자證明法性無碍者.

과거, 현재, 미래의 영원, 눈 깜박할 동안 그 영원을 볼 수 있게 한다. 옛날부터 찰나 속에 영원이 있다는 말을 많이 한다. 영원을 영원 속에서 찾는 것이 아니다. 한 찰나에 정신이 팍 들면 그 순간에 영원한 문제를 해결할 수가 있다.

몸이란 정말 하나의 무지개 같은 것이다. 본체라고 하는 것이 없다. 하나의 안개 같은 것이다. 그런데 진리를 깨닫는 우리의 정신은 한없이 영원하다, 한없이 자유롭다. 보살이란 그것을 증명하는 사람들이다. 부흥회 한다면 다 그것이지 다른 것이 무엇인가. "우리가 사는 이것은 아무 것도 아니다. 우리가 고생해도 괜찮다. 그러나 우리의 정신만은 절대 죽어서는 안 된다." 애국심이라는 것이 그것이지 무슨 다른 것이 아니다. 우리의 정신은 죽지 말자는 것이다. 그 정신이라는 것을 여기서는 법성法性이라 했다. 진리를 깨달은 정신만은 영원한 것이다. 우리는 그것을 붙잡아야 된다. 이상으로 「여래현상품」이 끝났다.

2001. 3. 25.

제3. 보현삼매품普賢三昧品

보현삼매품 강해

　비로자나 부처님은 언제나 생각만 하는 사람이지 말하는 사람이 아니다. 그 부처님의 생각을 짐작해서 보현이라는 사람이 대신 말하는 것이다. 보현은 기독교로 말하자면 베드로 같은 사람이다. 만일 예수님이 부활했다 할 때 부활한 예수가 나와서 이러고 저러고 하는 것이 아니다. 베드로가 나와서 그렇게 삼천 명이나 감동시키는 강연을 하는 것이다. 문수라 하면 지혜요 보현이라 하면 덕행이다. 언제나 석가의 좌우에는 코끼리를 탄 사람과 호랑이를 탄 사람이 있다. 코끼리를 탄 사람이 보현이다. 사자는 영물이 되어서 머리가 참 좋고 그렇지만 힘은 코끼리를 당할 수가 없다. 힘을 말할 때는 코끼리로 상징을 하고 머리가 비상하다 할 때는 사자 혹은 호랑이로 비유한다. 삼매三昧란 깊은 생각에 젖어 들어가는 것이다.

3.1 이시爾時 보현보살마하살普賢菩薩摩訶薩 어여래전於如來前 좌연화장사자지좌坐蓮華藏師子之座

보살은 진리를 깨달아 가는 사람이고 불타는 진리를 깨달은 사람이다. 말하자면 보살은 학생이요 불타는 선생이다. 보살菩薩은 보리살타菩提薩陀를 줄인 말인데 보리는 진리라는 뜻이고 살타는 사람이라는 뜻이다. 우리나라 절간에 가면 여자들에게만 보살이라 하는데 보살은 여자라는 말이 아니다. 진리를 찾아가는 사람이 보살이다. 마하摩訶는 크다는 뜻이다. 그러니까 보살 마하살이라 하면 제자들 가운데서 큰 제자라는 말이다. 보현 같은 사람은 많은 제자 가운데서도 큰 제자라는 말이다. 기독교로 말하면 사도 같은 사람이다. 마하살摩訶薩이란 마하살타摩訶薩陀, 큰 사람이다. 결국 대인大人이라는 뜻이다. 보현보살이 여래 앞에서 연화장의 사자좌에 앉았다. 연화장이란 비로자나불이 있는 곳이다. 사자좌란 방석을 깔고 앉아서 참선하는 자리다.

승불신력承佛神力 입우삼매入于三昧 차삼매此三昧 명일체제불비로자나여래장신名一切諸佛毘盧遮那如來藏身.

보현은 부처님의 힘을 받았다. 언제나 힘을 받아야 된다. 부처님의 정신적인 힘을 받는 것이다. '신神'이라 할 때는 신비하다는 그런 뜻보다는 정신이라는 뜻이다. 부처님의 힘을 받아서 깊은 생각 속으로 들어갔다. 생각을 보통 명상瞑想(meditation)이라 한다. 명상이 한 단더 올라가면 관상觀相(contemplation)이다. 관상이 되어야 깨나는 것이다. 그 삼매의 이름이 무엇인가 하면 "일체제불비로자나여래장신一切諸佛毘盧遮那如來藏身"이다.

제1「세주묘엄품」에서는 해인삼매海印三昧를 말했는데 해인삼매가 말하자면 『화엄경』의 가장 전체적인 삼매. 그런데 삼매의 이름이 각 장마다 달라진다. 오늘은 "일체제불비로자나여래장신"이라는 삼매다. 이것은 비로자나만큼 깊이 생각했다는 뜻이다. 보현이 지금 석가의 생각을 받아서 말하려니까 선생님만큼 따라가야 되지 따라가지 못하면 안 된다. 그래서 비로자나가 가진 생각과 비슷한 데까지 도달한 그런 깊은 생각이라는 말이다.

3.2 이시爾時 개유시방일체제불皆有十方一切諸佛 이현기전而現其前 동성찬언同聲讚言

그때 온 세계의 모든 부처님이 이 보현보살 앞에 나타나서 같은 소리로 보현보살을 칭찬했다. 왜 칭찬을 하는가. 보현이 깊은 생각 속에 들어갔기 때문이다.

여능입차汝能入此 일체제불一切諸佛 비로자나毘盧遮那 여래장신如來藏身 보살삼매菩薩三昧

보현, 너는 능히 석가와 같은 생각 속으로 들어갔다. 이것이 아주 신통하다는 말이다.

차시시방일체제불此是十方一切諸佛 공가어여共加於汝 이비로자나여래본원력以毘盧遮那如來本願力

우리 온 세계의 부처들이 너에게 힘을 더해주겠다. 너를 도와주겠다 하는 말이다. 비로자나가 가지고 있는 근본적인 소원하는 힘을 가지고 너를 도와주겠다.

불교에는 원력願力이라는 말을 많이 한다. 제일 유명한 것이 아미타불阿彌陀佛의 48원이다. 아미타불은 48가지 원이 있는데 그 가운데 18번이 제일 유명하다. "나무아미타불南無阿彌陀佛 관세음보살觀世音菩薩"이다. 이것이 그 사람들의 구호다. "나무아미타불 관세음보살"을 죽기 전에 한마디만 불러도 천국에 간다는 것이다. 미리미리 부른 사람이야 더 잘 가겠지만 죽기 전에 한마디만 불러도 천국에 간다는 것이다. 그리고 어느 때는 욕하느라고 한마디만 불러도, 예를 들어 서양 사람들이 "갓뎀, 지저스 크라이스트God damn, Jesus Christ"하고 욕하듯이 그렇게 욕하느라고 부처님을 불러도 천국에 간다는 것이다. 그만큼 그 사람들은 염불念佛을 소중하게 생각하는 것이다. 염불이란 부처님을 생각하는 것이다. 만일 누가 욕하느라고 나무아미타불을 불렀는데 그 사람이 천국에 가지 못했다면 보살 자기들은 절대 부처가 되지 않겠다는 것이다. 이런 원願이 소위 18번째 원이다. 보살들이 그렇게 부처가 되려고 애쓰는데 만일 중생들이 그렇게 천국에 못 가면 자기들은 절대 부치가 안 되겠다는 것이다. 부처가 안 된다는 것, 그것은 보살들에게는 굉장한 타격이다. 그런데 그런 원을 냈다는 것이다. 그런 원이라는 것을 달성하기 위해서 보살들은 있는 힘을 다 경주하는 것이다.

그러니까 원력이란 정신력의 다른 형태라 할 수 있다. "나는 꼭 무엇이 되겠다"하는 것이다. 공자라면 15살에 나는 꼭 성인이 되겠다고 했다. 그런 힘이 일생을 지배해 나가는 것이다. 그러니까 원력이란 어떤 의미로는 정신력이나 비슷하다. 그래서 비로자나가 가졌던 그런 정신력을 가지고 너를 도와주겠다는 말이다.

능입일체지성력지能入一切智性力智

그래서 능히 일체의 지성력지智性力智에 들어갈 수 있다. 모든 것을 알고 깨닫는 힘, 그런 힘에 들어갈 수 있는 지혜다. 여기서 지智가 주인이고 나머지는 그 지라는 것을 수식하는 말이다. 알고 깨닫고 힘을 얻는, 그런 지에 들어갈 수 있도록 도와주겠다는 것이다.

시시是時 시방제불十方諸佛 각서우수各舒右手 마보현보살정摩普賢菩薩頂

그러면서 시방의 모든 부처님들이 바른손을 펴서 보현보살의 머리

위에 안수를 했다. 안수를 해서 그 사람에게 힘을 더해준다는 말이다.

3.3 이시爾時 보현보살普賢菩薩 즉종시삼매이기卽從是三昧而起

이때 보현보살이 삼매에서 깨어 일어났다.

이시爾時 일체보살중一切菩薩衆 개향보현皆向普賢 동성찬언同聲讚言

이때 일체 보살들이 보현을 향하여 또 칭찬을 했다. 다음은 그 칭찬한 말이다.

종제불법이출생從諸佛法而出生 역인여래원력기亦因如來願力起
진여평등허공장眞如平等虛空藏 여이엄정차법신汝已嚴淨此法身

모든 진리로부터 태어났다. 말씀이 육신이 된 것이다. 그리고 여래의 그 원력, 정신력에 의지해서 일어섰다.
진리의 평등平等 허공虛空 장藏, 장이란 창고라는 뜻인데 하나의 덩어리라고 하면 진리의 덩어리다. 진리의 덩어리를 체득했다는 말이다. 그래서 너는 너의 법신을 깨끗하게 닦아냈다. 이렇게 칭찬을 하는 것이다.

보현광대공덕해普賢廣大功德海 편왕시방친근불遍往十方親近佛
일체진중소유찰一切塵中所有刹 실능예피이명현悉能詣彼而明現

보현보살은 아주 광대한 공덕을 닦았다. 수고를 많이 해서 큰 덕을 닦았다. 덕이란 실력이라는 말이다. 여기저기 돌아다니며 모든 부처님으로부터 다 친근하게 배웠다.
모든 먼지 속에도 모든 이치가 다 들어있다. 일즉일체一卽一切라는 생각이나 같은 것이다. 어디든지 선생님이 있는 데는 다 가서 배웠다.

입어법계일체진入於法界一切塵 기신무진무차별其身無盡無差別
비여허공실주편譬如虛空悉周遍 연설여래광대법演說如來廣大法

법계의 모든 이치 속으로 다 들어갔다. 그 몸이 무엇이나 다 알게 되어 끝이 없고 차별이 없다.
그 마음은 아주 허공 같아 자아가 없다. 그래서 어디나 도달할 수가 있다. 그리고 여래의 광대한 법을 연설할 수 있다.

위도중생어겁해爲度衆生於劫海 보현승행개수습普賢勝行皆修習
연일체법여대운演一切法如大雲 기음광대미불문其音廣大靡不聞

모든 중생을 구원하기 위해서 보현은 아주 훌륭한 실천을 익혀 졸업을 했다. 그래서 구름 같은 진리를 설할 수 있다. 그 소리는 너무 커서 들리지 않는 곳이 없다.

차중무량대중해此中無量大衆海 실재존전공경주悉在尊前恭敬住
위전청정묘법륜爲轉淸淨妙法輪 일체제불개수희一切諸佛皆隨喜

모든 대중 속으로 들어가서 모두가 다 석가 앞에서 석가를 공경하면서 살게 된다. 청정한 묘법륜妙法輪을 굴린다. 설법을 해서 가르친다는 말이다. 모든 부처님들이 보현이 가르치는 것을 보고 아주 좋아했다. 이렇게 칭찬을 한 것이다.

이상이 「보현삼매품」이다. 보현이 깨어 일어나니까 칭찬을 했다는 그런 소리다. 아마 『화엄경』 속에서 이 3장이 제일 짧을 것이다. 한마디 말한 것도 없이 그저 자다 일어난 것뿐이니까 간단할 수밖에 없다.

2001. 3. 25.

제4. 세계성취품世界成就品

세계성취품 강해(1)

4.1 이시爾時 보현보살마하살普賢菩薩摩訶薩 이불신력以佛神力 편관찰
遍觀察.

이때 보현보살마하살이 부처님의 힘을 빌어서 널리 꿰뚫어 볼 수 있게 되었다. 다음 열 가지를 꿰뚫어 볼 수 있게 된 것이다.

① 일체세계해一切世界海 ② 일체중생해一切衆生海 ③ 일체제불해一切諸佛海 ④ 일체법계해一切法界海 ⑤ 일체중생업해一切衆生業海 ⑥ 일체중생근욕해一切衆生根欲海 ⑦ 일체제불법륜해一切諸佛法輪海 ⑧ 일체삼세해一切三世海 ⑨ 일체여래원력해一切如來願力海 ⑩ 일체여래신변해一切如來神變海

보현이 널리 꿰뚫어 보았다는 것이 말하자면 세계라는 것이다. 지난

번에 경지라는 말을 했는데 경지가 그 사람의 세계다. 그 사람이 어떤 경지에 살고 있는가에 따라서 그 사람의 세계가 정해지는 것이다. 그것은 국가도 될 수 있고 가정도 될 수 있고, 또는 예술의 세계도 될 수 있고 철학의 세계도 될 수 있다. 넓히려면 이렇게 얼마든지 넓힐 수가 있다. 그러니까 근본적으로 말하면 그 사람이 지금 살고 있는 그 세계다. 그 세계에 따라서, 그 사람이 높은 세계에 살고 있으면 그 사람의 눈이 밝아지는 것이고 낮은 세계에 있으면 눈이 더 어두워지는 것이다. 그러니까 세계와 눈이 연결되는 것이다. 그래서 지난번에 "욕궁천리목欲窮千里目 갱상일층루更上一層樓"라는 말을 했다. 천리 끝까지 보려고 하면 한 단계 더 높은 다락으로 올라가야 된다.

　세계는 높은 세계도 있고 낮은 세계도 있다. 『법화경』에서는 세계라는 것을 열 가지로 말했다. 맨 아래가 지옥地獄이고 그 다음이 아귀餓鬼, 축생畜生, 아수라阿修羅, 사람, 천天이라 했는데 이것이 소위 육도윤회六道輪廻라는 세계다. 그 다음이 성문聲聞, 연각緣覺, 보살菩薩, 불타佛陀라는 세계다. 이렇게 『법화경』에서는 열 가지를 말했다.

　그런데 『화엄경』에서는 그렇게 나오지 않고 요전에 「세주묘엄품」에서는 세 가지로 말했다. 기器세간, 중생衆生세간, 불佛세간이다. '기器'라는 것이 무엇인가 하면 온 우주 전체를 말하는 것이다. 이 우주가 얼마나 큰지 모르지만 아인슈타인Albert Einstein(1879-1955)의 계산에 따르면 360억 광년이라 한다. 아마도 그보다 더 큰, 한없이 큰 우주다. 그것을 기라고 한다. 그 우주 속에 성운星雲들이 있는데 그것이 또한 조그만 기세간이다. 그 성운들 중의 하나가 우리 은하계인데. 은하계 속에는 또 한없이 많은 항성들이 있다. 그 항성들 가운데 하나가 우리가 사는 태양계다. 그렇게 해서 이 태양계에 들어오면 이제는 중생이 나타나는 것이다. 식물이니 동물이니 사람이니 많은 중생들이 나타난다. 그래서 기세간이라 하는 무한대의 세계가 나중에 태양계에까지 오면 그 다음에는 중생이라는 세계가 된다. 그런데 사람이란 다른 동물과는 달리 마음이라는 것을 가지고 있다. 이 마음이라는 것 때문에 미혹이 된다거나 깨닫는다거나 하는 그런 세계가 또 나타나는데 그것을 소위 불佛세계라 한다. 그러니까 세계라는 것이 우주적인 세계로부터 정신적인 세계에 이르기까지 아주 많은 내용이 포함된 것이다.

① 일체세계해一切世界海 ② 일체중생해一切衆生海 ③ 일체제불해一切諸佛海 ④ 일체법계해一切法界海

여기서 '해海'는 바다라는 뜻이 아니라 한없이 넓고 크다고 하는 형용사다. 먼저 일체세계해一切世界海인데 일체세계란 요새로 말해서 우주라는 말이다. 그 다음이 일체중생해一切衆生海다. 그 다음은 일체제불해一切諸佛海다. 해라는 것은 이렇게 그냥 붙어다니는 것이다. 부처님이 있는 세계다. 부처님이 있는 세계가 되면 진리의 세계가 나타난다. 그래서 일체법계해一切法界海다.

⑤ 일체중생업해一切衆生業海 ⑥ 일체중생근욕해一切衆生根欲海

그런데 기器세간 다음에 중생이라 하는 것인데 이 중생은 육도윤회한다고 한다. 지옥에서부터 천에 이르는 육도윤회의 세계를 자꾸 돌아간다는 것이다. 이 생에서 잘하면 다음 생에는 더 높은 세계로 태어나고 못하면 떨어진다는 것이다. 이런 것을 소위 업業이라 한다. 이번에 잘해서 점수를 좀 따 두면 이 다음에는 더 좋은 세계가 온다는 것이다. 그래서 일체중생업해一切衆生業海다. 중생들은 그런 업에 따라서 자꾸자꾸 바뀌는 것이다. 그런데 그 업이라 하는데는 반드시 욕심이 달라붙는다. 욕심이 붙어서 나쁜 짓도 하게 되고 또 어떤 욕심이 붙어서 좋은 짓도 하게 된다. 그래서 일체중생근욕해一切衆生根欲海다. 그 사람의 근기, 그 사람의 욕심에 따라서 세계가 또 자꾸 달라진다.

⑦ 일체제불법륜해一切諸佛法輪海 ⑧ 일체삼세해一切三世海 ⑨ 일체여래원력해一切如來願力海 ⑩ 일체여래신변해一切如來神變海

그리고 부처라 하는 사람은 다 설법하는 사람이다. 그래서 일체제불법륜해一切諸佛法輪海다. 부처님이 설법하는 것을 두고 법륜을 굴린다고 한다. 진리의 바퀴를 굴린다는 것이다. 절간에 가면 탑이 있는데 탑 위에 동그랗게 해 두었다. 그것을 법륜이라 한다. 그 다음에 일체삼세해一切三世海라는 것인데 삼세란 과거, 현재, 미래의 시간이다. 일체여래원력해一切如來願力海는 모든 부처님들이 다 무엇 무엇이 되고 싶다고 하는 원력의 세계다. 48개의 소원이 있다고 했다. 소원 가운데 가장 많이 알려진 것이 사홍서원四弘誓願이라는 네 가지나. 모든 중생들을 다 구원하고 싶다는 것, 모든 문제를 다 해결하고 싶다는 것, 모든 진리를 다 배우고 싶다는 것, 그리고 한없이 높은 세계에까지 올라가고 싶다는 것, 이 네 가지가 사홍서원이다. 그래서 모든 사람에게는 원이 있다는 것이다. 그런 소원을 이루기 위해서 어떤 사람은 고행도 하고 어떤 사람은 생각도 하고 여러 가지로 하는 것이다. 그리고 마지막이 일체여래신변해一切如來神變海다. 정말 형편없는 사람들이 정신적으로 새 사람이 되어 변화하는 사람이 참으로 많다는 것이다. 이렇게 세계에 대해서 열 가지를 말했다.

4.2 여시관찰이如是觀察已 보고일체도장중해제보살언普告一切道場衆海諸菩薩言 불자佛子 제불세존諸佛世尊.

보현보살이 이렇게 관찰한 다음에 모든 도장에 있는 보살들에게 말했다. 불자 여러분, 모든 부처님은 보통 사람으로서는 짐작할 수도 없는 불가사의하고 신비한 다음과 같은 지혜를 가지고 있습니다.

① 지일체세계해성괴지知一切世界海成壞智 ② 지일체중생업해지知一切衆生業海智 ③ 지일체법계안립해지知一切法界安立海智 ④ 설일체무변불해지說一切無邊佛海智 ⑤ 입일체욕해근해지入一切欲解根海智 ⑥ 일념보지일체삼세지一念普知一切三世智 ⑦ 현시일체여래무량원해지顯示

一切如來無量願海智 ⑧시현일체불신변해지示現一切佛神變海智 ⑨전법
륜지轉法輪智 ⑩건립연설해建立演說海 불가사의不可思議

부처님이 가지고 있는 열 가지 신비한 지혜라는 것이다.

① 지일체세계해성괴지知一切世界海成壞智
이것은 세계가 무너지기도 하고 일어서기도 하는 것을 아는 지혜다. 어떻게 하면 세계가 무너지고 어떻게 하면 세계가 일어서는지를 아는 것이다. 세계라 해도 좋고 국가라 해도 좋다. 우리나라가 어떻게 하면 무너지고 우리나라가 어떻게 하면 일어나는가? 그것을 아는 지혜가 "지일체세계해성괴지"다.

② 지일체중생업해지知一切衆生業海智
모든 중생의 업을 아는 지혜다.

③ 지일체법계안립해지知一切法界安立海智
모든 법계가 편안히 설 수 있게 하는 지혜다.

④ 설일체무변불해지說一切無邊佛海智
모든 부처님이 사는 그런 세계다.

⑤ 입일체욕해근해지入一切欲解根海智
모든 근기와 욕심을 아는 지혜다.

⑥ 일념보지일체삼세지一念普知一切三世智
한 찰나 속에 과거, 현재, 미래를 다 볼 수 있는 지혜다.

⑦ 현시일체여래무량원해지顯示一切如來無量願海智
원을 아는 지혜다.

제4. 세계성취품世界成就品

⑧ 시현일체불신변해지示現一切佛神變海智
변화하는 지혜다.

⑨ 전법륜지轉法輪智
법륜을 굴리는 지혜다.

⑩ 건립연설해建立演說海 불가사의不可思議
모든 연설을 잘할 수 있는 지혜다.

　다 같은 내용인데 하나는 세계라는 것이고 하나는 지혜라는 것이다. 그런데 오늘 여기서 제일 중요한 것이 무엇인가 하면, 그것은 지혜라 하는 것은 주관이고 세계라 하는 것은 객관이라고 하는 그런 주관·객관의 관계가 아니라는 것이다. 주관·객관의 관계가 아니라 쉽게 말하면 '즉卽'이라는 관계다. 서로 통해 있는 것이지 주관과 객관으로 서로 끊어져서, 나는 저것을 보기만 하고 저것은 나를 찾기만 하는 그런 세계가 아니다는 것이다. "일즉일체一卽一切 일체즉일一切卽一"이라 하는 이것이나 다 같은 것이다. 더 쉽게 말하면 사차원의 세계라는 말이다. 주관·객관으로 떨어진 세계, 그것은 삼차원이다. 그런데 사차원이 되면 시간과 공간이 서로 떨어진 것이 아니다. 시간이 곧 공간이고 공간이 곧 시간이다. 시간과 공간이 연결된 것이다. 또 다르게 말하면 우리의 정신과 육체가 따로따로가 아니라는 것이다. 우리는 자꾸 정신과 육체를 따로 생각하려고 하는데 사실은 정신이 곧 육체이고 육체가 곧 정신이다. "색즉시공色卽是空 공즉시색空卽是色"이다. 이렇게 서로 연결되어 있는 것이다. 요새는 이런 세계를 유기체有機體의 세계라고 말한다. 하나의 유기체지 너는 너대로 있고 나는 나대로 있는 그런 세계가 아니다. 그러니까 엄마와 어린애 같아서 엄마가 아프면 어린애도 아프고 어린애가 괴로우면 엄마도 괴로운 이런 세계이지 "애기야, 아프려면 아파라. 나는 너와 상관없다." 하는 그런 세계가 아니다.
　우리가 왜 이런 생각을 자꾸 하게 되었는가? 제1차, 제2차 세계대전을 끝내고 다들 생각하기를 우리가 너무 다른 사람을 그냥 하나의 물건으로, 요새말로 해서 하나의 대상화라는 것인데, 그렇게 하나의 물건으로 대한 것이 아니냐 하고 반성을 한 것이다. 마틴 부버Martin Buber(1878-1965) 같은 사람의 말이 그것이다. You, Thou로도 생각하지 않고 그냥 It으로 생각했다는 것이다. 그러니까 어떤 나라에서 몇 만 명이 죽어도 눈 하나 깜박도 않는 것이다. 다른 사람이 다들 죽는 것을 그냥 보는 것만이 아니라 가서 죽인 것이다. 미국에서 히로시마에 원자탄을 떨어뜨릴 때 그 자리에서 19만 명이 죽었다. 눈 깜박하는 동안에 19만 명이 죽은 것이다. 그러니 그 밖에 상처난 사람은 얼마나 많았겠는가. 그렇게 죽는 것을 보면서 만세를 부르고 돌아가는 그런 전쟁을 우리가 하도 오래 치르다가 가만 생각해보니까 그 사람들이 적도 아니고 남도 아니고 내 동포라는 것이다.

이런 사고방식이 20세기에 들어와서 많이 나타났다. 그래서 화이트헤드Alfred North Whitehead(1861-1947)니 하는 이런 철학자들은 말할 것 없고 모든 사람들이 어떻게 하면 같이 함께 사는가 하고 생각한 것이다. 그래서 길바닥에서 굶는 사람, 그들이 남이 아니라는 것, 그들이 내 동포요 내 가족이라는 것이다. 그런 것을 가르치기 위해서 이런 생각이 나왔다. 남이 곧 나다. 그래서 "남잽이 저잽이"라는 말이 있다. 남을 죽이면 자기도 죽고 만다는 것이다. 그래서 남이 곧 나라고 하는 이런 사상이 여기에 나온 이것이다. 보현이 꿰뚫어 보았다는 첫 단락의 세계라 하는 것을 남이라 하고 둘째 단락의 부처의 지혜라 하는 것을 나라고 하면 이것은 나와 남이 갈려 있는 삼차원의 세계가 아니라 이것이 하나로 통해 있는 사차원의 세계라는 것이다. 또 이 세계라 하는 것을 공간이라 한다면 둘째는 인간이라 해서 공간과 인간이 '즉'으로 되어 있는 것이다. 우리는 공간이 없어도 살 것 같지만 공간이 없으면 숨도 못 쉬고 죽는다. 공간은 나를 살려주고 내가 또 공간을 빛낸다. 이렇게 서로 연결이 되어 있다. 그래서 공즉인空卽人이요 인즉공人卽空이라는 이런 사상이다.

4.3 시시是時 보현보살普賢菩薩 즉설송언卽說頌言

이때 보현보살이 다음과 같이 찬송을 했다.

지혜심심공덕해智慧甚深功德海 보현시방무량국普現十方無量國
수제중생소응견隨諸衆生所應見 광명편조전법륜光明遍照轉法輪

이것은 부처님에 대해서 말하는 것이다. 부처님의 지혜는 한없이 깊고 그 공덕은 한없이 넓다. 한없이 넓은 세상에 어디서나 나타난다. 중생의 그릇에 따라서 얼마든지 부처님을 볼 수가 있다. 진리의 빛을 비치며 언제나 설법을 하고 있다. 이것은 지금 보현이 부처님에 대해 말하는 것이다. 부처님은 말하는 사람이 아니니까 보현이 나와서 부처님에 대해 말한 것이다.

보현행원무변제普賢行願無邊際 아이수행득구족我已修行得具足
보안경계광대신普眼境界廣大身 시불소행응체청是佛所行應諦聽

보현은 언제나 실천을 맡은 사람이다. 지식을 맡은 사람은 문수다. 지와 행을 서로 맡은 것이다. 부처님은 지행일치고 제자들은 지와 행을 하나씩 맡아 가진 것이다. 그런데 "아이수행득구족我已修行得具足"이다. 이것은 부처님이 말하는 것인지 보현이 말한 것인지 잘 모르겠지만 하여튼 어떻게 되었건 나는 이미 수행을 해서 아주 만족한 세계까지 들어갔다 하는 말이다. "보안경계광대신普眼境界廣大身." "욕궁천리목欲窮千里目 갱상일층루更上一層樓"라 했는데 보안普眼이라는 것은 지금 천리목千里目이다. 그리고 경계境界라는 것은 일층루一層樓다. 경계는 한없이 높아지고 눈은 한없이 밝아진다. 그래서 "보안경계광대신"이다. 한없이 높아지고 한없이 밝아진 그 넓고 큰 법신이다. 이것이 부처님의 소행所行이다. 부처님의 삶이다. 부처님의 삶을 대변하는 보현보살의 말을 잘 들어라 하는 것이다. 보현보살의 말을 듣는 것은 부처님의 말을 듣는 것이나 마찬가지다. 보현보살이 열심히 노력해서 부처님의 세계까지 거의 간 것이다.

이렇게 해석해도 과히 문제되지 않는다. 그러니까 구족제자具足弟子라는 말이다. 부처님이 죽을 때 발을 내놓고 죽었다. 아난阿難이 45년 동안 부처님의 강의를 들었는데 그때까지 깨닫지 못하고 있었다. 그런데 부처님이 임종할 때 아난이 어디 가고 없었다. 그래서 부처님이 아난을 위해서 말하길 "내 시체를 관에 넣을 때 발만은 관 밖으로 내 놓아라" 했다. 그래서 부처님의 시체를 관 속에 넣는데 발만은 밖으로 내 놓았다. 아난이 돌아와서 보니까 부처님의 발이 보였다. 그래서 아난이 그 발을 보고서 깨달았다. 그래서 아난이 제 3대가 되었다. 가섭이 2대가 되고 아난이 3대가 된 것이다. 가섭은 두타행頭陀行이라 해서 행行을 열심히 한 사람이다. 그런데 아난은 지知다. 45년 따라다니면서 다 따로 왼 사람이다. 그런데 역시 행이 앞선 것이다. 그런데 아난도 석가의 발을 보고서 깨달은 것이다. 그래서 구족제자라 한다.

2001. 3. 25.

세계성취품 강해(2)

　제4장은 「세계성취품世界成就品」인데 이것은 어떻게 이상세계를 건설하느냐 하는 이야기다. 우리가 가장 많이 아는 이야기가 플라톤 Plato(427-347 B.C.)의 이상세계인데 소크라테스 Socrates(469-399 B.C.)의 생각으로는 이상세계란 무엇인가 하면 그것은 모든 사람이 모두 공부할 수 있는 세계, 지知라는 것, 그리고 모든 사람이 일할 수 있는 세계, 덕德이라는 것, 그리고 모든 사람이 자기의 소질을 십분 발휘해서 행복하게 살 수 있는 세계, 복福이라는 것, 그렇게 생각해도 좋고 또는 지와 덕을 도덕적인 수준이 높다고 해도 좋다. 하여튼 지덕복知德福이 일치되는 세계가 이상세계라는 것이다.

　『화엄경』에서도 세계라 하면 세 가지인데 하나는 기세간器世間 둘째는 중생衆生, 그리고 셋째는 불佛세계라는 것이다. 이렇게 셋인데 이것은 소크라테스의 지덕복이라고 하는 생각이나 다 비슷한 것이다. 기세간이란 대자연의 세계다. 대자연이란 우리로 말해서 환경이 깨끗한 세계라는 것이다. 그리고 중생이란 모든 사람과 모든 동물들이 다 행복하게 살 수 있는 그런 세계라는 것이다. 그리고 불세계는 모든 사람이 다 자기의 소질을 굉장히 발전시켜서 깨닫는 세계다. 그러니까 이것을 어떻게 갖다 붙이든지 소크라테스의 지덕복이라는 사상과 석가의 기器, 중생衆生, 불佛이라는 사상은 서로 비슷한 것이다. 왜 이렇게 비슷한가 하면 소크라테스가 속한 희랍 민족이나 석가가 속했던 인도 민족이나 다 같은 민족이기 때문이다. 그들은 자기들을 아리안 Aryan 족이라고 하는데 '아리안'이란 고귀하다는 뜻이다. 아리안 족은 인도와 희랍 사람만이 아니라 지금의 이란, 이라크도 다 같은 아리안 족이다. 그래서 그들의 사고방식이 다 비슷하다. 소크라테스는 "너 자신을 알라" 하는 것이고 석가도 깨달아라 하는데 그것이 무엇인가 하면 결국 너 자신을 알라는 말이지 다른 것이 아니다. 그래서 같은 내용이다. 그러니까 불교를 알면 서양철학이 쉽게 알아진다고 하는데 그것은 이렇게 서로 통하기 때문이다.

이상세계를 어떻게 만들어 가느냐 하는 것이 「세계성취품」인데 이상세계라 하는 것을 『화엄경』에서는 이실법계理實法界라 한다. 이상이 실현되는 진리의 세계라는 것이다. 그러니까 이상세계라는 말이나 이실법계라는 말이나 같은 말이다. 그리고 『화엄경』을 대방광大方廣이라 하는데 대방광이 무엇인가 하면 지知가 대大하고 덕德이 방方하고 복福이 광廣한 그런 것이라 생각해도 된다. 그래서 기器, 중생衆生, 불佛이라고 하는 것이나 마찬가지다. 기는 큰 것이고 중생은 방한 것이고 불은 광한 것이라 생각해도 같다. 그래서 대방광에 지덕복을 갖다 붙여도 같은 말이다. 이것은 어떻게 갖다 붙여도 된다. 대우주라 할 때 그 우주가 우리에게 주는 것이 무엇인가 하면 지다. 그리고 중생이 같이 살아가려면 덕이 있어야 된다. 도덕이 있고 질서가 있고 윤리가 있어야 같이 살아가지 그렇지 않으면 같이 살아갈 수 없다. 또 복을 받으려면 "너 자신을 알라", 자기 자신이 무엇인지 알아야 복을 받게 되지 그렇지 않으면 행복할 수 없다. 그래서 나는 지덕복이나 대방광이나 같은 말이라고 생각한다. 그것은 내가 개인적으로 그렇게 생각하는 것이다.

이상세계가 되려면 어떻게 해야 되는가. 『이상국가』 제7장에서 말하길 철인이 왕이 되든지 왕이 철학을 하든지 해야 된다는 것이다. 철인이란 자기 자신을 아는 사람이 철인이다. 그런데 불교에서는 자기 자신을 깨달은 사람을 부처라고 한다. 그러니까 부처라고 하는 말이나 철인이라고 하는 말이나 같은 말이다. 자기 자신을 깨달았다고 하나 자기 자신을 알았다고 하나 다 같지 다른 것이 없다. 그래서 철인을 불佛이라고 한다.

그럼 철인은 어떻게 철인이 되는가? 소크라테스의 말은 "절대자에게 부딪혀야 철인이 된다"는 것이다. 절대자에 부딪혀야 철인이 되지 그렇지 않으면 철인이 안 된다. 더 쉽게 말하면 철학은 종교에서 나온다는 것이다. 종교란 절대자에게 부딪히는 것이 종교다. 『주역周易』으로 말하면 "궁신지화성덕야窮神知化盛德也"라 하는 것이다. '궁신窮神' 이란 신에 부딪혔다는 말이다. '궁窮' 이란 글자에는 물론 찾는다는 뜻도 있지만 우리는 신에 부딪히는 것을 궁신이라 한다. '지화知化'라고 하는 것은 자기 자신이 변화한 것을 안다는 말이다. 자기 자신이 어떻게 변화했는가. 철인으로 변화했다. 철 없던 사람이 철 있는 사람으로 바뀐 것이다. 기독교로 말하면 거듭났다, 혹은 새 사람이 되었다고 한다. 어떻게 말하든지 내용은 같은 것이다. 지화다. 그렇게 되어야 세상이 정말 덕으로 가득 찬 세계가 된다. '성덕盛德'이다. 그러니까 성덕이 이상세계요 지화는 철인이고 궁신은 절대자에 부딪히는 것이다. 이렇게 생각하면 『주역』의 생각이나 『화엄경』의 생가이나 소크라테스의 생각이나 다 같은 것이다.

『화엄경』에서는 절대자에 부딪혔다 하는 것을 유심연기唯心緣起라 한다. '유심唯心'이란 무엇인가 하면 절대자라는 것이다. 기독교로 말하면 하나님이다. 하나님께 부딪히는 것이다. '연기緣起'란 인연소생因緣所生이라는 것인데 결국 하나님에게 부딪혀서 새 사람이 나왔다는 말이다. 그래서 궁신지화나 유심연기나 같은 생각이다. 하나님에게 부딪혔다는 것이다. 그래서 "유심게唯心偈"가 유명하다. "유심게"를 읽어본다.

"심여공화사心如工畫師 화종종오음畫種種五陰
일체세계중一切世界中 무법이불조無法而不造
여심불역연如心佛亦然 여불중생연如佛衆生然
심불급중생心佛及衆生 시삼무차별是三無差別
제불실료지諸佛悉了知 일체종심전一切從心轉
약인여시해若人如是解 피인진견불彼人眞見佛."

"심여공화사心如工畫師 화종종오음畫種種五陰
일체세계중一切世界中 무법이불조無法而不造
여심불역연如心佛亦然 여불중생연如佛衆生然
심불급중생心佛及衆生 시삼무차별是三無差別"
심心이란 화가나 마찬가지다. 어떤 그림이든지 화가가 그리지 않은 그림은 없다. 그러니까 여기서 심이라 하는 것은 기독교로 말해서 하나님이다. 우주 만물 가운데 하나님이 창조하지 않은 것은 없다는 말이다. 하나님이 우주 만물 일체를 창조하신 것이다. 그런데 하나님과 같이 부처님도 역시 창조적인 능력을 가지고 있다는 것이다. 여기서는 부처라고 하는데 우리 기독교로 말하면 그리스도다. "태초에 말씀이 계시니라. 말씀이 하나님과 함께 계셨으니 말씀이 곧 하나님이시라." 그리스도도 또한 창조적인 능력이 있다는 것이다. 그런데 그리스도만 창조적인 능력이 있는 것이 아니라 중생도 창조적인 능력이 있다. 중생이란 우리 믿는 사람들이다. 우리 믿는 사람들도 창조적인 능력을 가지고 있다는 것이다. 우리도 다 창조적 지성이라는 말이다. 하나님도 창조자요 그리스도도 새로운 하늘나라를 창조하는 분이요 우리들도 다 자기의 세계를 창조하는 존재라는 말이다. 그러니까 "심불급중생心佛及衆生 시삼무차별是三無差別"이다. 하나님이나 그리스도나 우리 믿는 사람들이나 다 마찬가지라는 것이다. 믿는 사람이 왜 그렇게 창조성을 가지게 되었는가. 기독교에서는 우리가 성령을 받아서 그렇게 되었다고 한다. 그러니까 성부나 성자나 성령이나 마찬가지라는 것이다. 성부, 성자, 성령이 일체라는 말이다. "심불급중생 시삼무차별." 이 셋이 같은 것이다. 다 창조성을 가진 것이다. 창조성을 못 가지면 그것은 믿는 사람이 아니다.

"제불실료지諸佛悉了知 일체종심전一切從心轉
 약인여시해若人如是解 피인진견불彼人眞見佛."

"제불실료지諸佛悉了知", 모든 깬 사람들은 그것을 다 알고 있다. 다 아니까 또 깬 사람이지 그렇지 않으면 깬 사람이라고 할 수 없다. "일체종심전一切從心轉, 누구든지 "종심전", 절대자에게 부딪혀야 된다. 절대자에게 부딪히지 않으면 그렇게 되지 않는다. 오늘은 이렇게 해석해 본다. 그렇게 해야 말이 통하기 때문이다. 절대자에 부딪히지 않으면 안 된다. 유심연기라는 말이다. "약인여시해若人如是解 피인견진불

彼人見眞佛", 이렇게 깨달은 사람은 스스로 진짜 부처를 볼 것이다. 자기 자신을 알 것이다. 자기 자신이 부처가 될 것이다. 그렇게 아는 사람은 부처가 될 수 있다는 말이다.

이렇게 보면 유심연기라 하는 이것이 상당히 중요하다. 이것이 없으면 불佛이라 하는 것이 안 나온다. 그런데 유심연기를 여기서는 화엄이라 한다. 화엄이라 하면 히말라야처럼 한없이 장엄하고 아름답다는 것이다. 한없이 장엄하고 아름다우려면 역시 하늘에 부딪혀야 된다. 8,000미터나 되어야 하늘에 부딪혀서 눈으로 꽉 차게 된다. 눈으로 꽉 차 있고 얼음으로 덮여 있어야 그것이 장엄하지 그렇지 않으면 장엄이라 할 수 없다. 화엄이란 말을 다른 말로 하면 유심연기라는 말이다. 그러니까 『화엄경』의 핵심이 바로 유심연기다. 그런데 그 유심연기가 되어야 불佛이 되는 것이고 불이 되어야 이실법계理實法界가 나온다. 그러니까 하나님, 그리스도, 성령, 이렇게 된다. 요전에 우리가 성령을 '깨끗'이라 하고 그리스도라 할 때는 '깨침' 혹은 '깨남'이라 하고 하나님께 부딪히는 것을 우리는 '깨짐'이라고 하자 했다. 깨짐이란 나 자신이 그만 없어지고 마는 것이다. 나 자신이 없어지고 하나님과 내가 하나가 되고 마는 것이다. 말씀이 곧 하나님이 되고 마는 것이다. 그것을 유니언union이라 한다. invocation, meditation, contemplation, 그 다음이 union이다. 하나님에 부딪힌다는 것이 contemplation이다. 그리고 결과는 무엇인가 하면 union이다. 자기 자신이 없는 것이다. 그것을 우리는 요전에 깨짐이라 했다. 그러니까 깨짐에서 깨남이 나오고 깨남에서 깨끗이 나온다고 했다. 요전에는 임시로 그렇게 말했는데 오늘은 그것을 "깨짐 깨침 깨끗", 이렇게 말하면 좀 더 말이 세련되지 않나 생각한다. 이것이 소위 『화엄경』 전체를 말하는 것이다. 그러니까 「세계성취품」이 『화엄경』 속에서도 상당히 중요한 것이다. 왜냐 하면 "깨짐 깨침 깨끗", 이것이 『화엄경』의 핵심이기 때문이다. 그래서 맨 처음에 십해十海라는 것이 나왔다. 그런데 『60화엄경』에는 이것이 다섯 개가 나와서 오해五海라 한다. 그 다음 지智라는 것이 열 가지가 나온다. 그래서 보통 오해십지五海十智라 하는데

『80화엄경』에서는 십해십지十海十智라 한다. 십해와 십지 다음에 나오는 것이 십사十事라는 것이다.

　십사十事라는 것의 맨 첫째가 세계해기구인연世界海起具因緣이다. 이것은 글자 그대로 하면 세계가 어떻게 일어나고 어떻게 망하고 하는 이야기다. 그런데 그 동안 법장이라든가 의상이라든가 하는 『화엄경』을 전문적으로 공부한 사람들은 십해十海라 하는 것을 '깨끗'으로 보고 십지十智라 하는 것은 '깨침'으로 보았다. 그러니까 우리는 십사十事라 하는 이것을 '깨짐'으로 넣어야 한다. 그래야 맞는 것이다. 그래서 십사의 인연이라 하는 것을 우리는 보통의 인연이 아니라 소위 주체적 인연이라 한다. 주체적 인연이라 하는 말은 유심연기라 하는 말이다. 결국 주체에 부딪혔다는 말이다. 하나님께 부딪힌 것이다. 예수님이 요한에게 세례를 받고 나올 때 하늘문이 열리고 소리가 있어 가로되 "이는 내 사랑하는 아들이요 기뻐하는 자다."하는 이것이 지금 하나님께 부딪히는 것이다. 바울로 말하면 다메섹 도상에서 그리스도를 만난 것이다. "바울아, 바울아, 어찌하여 네가 나를 핍박하느냐?", 이것이 바울로 말하면 하나님께 부딪히는 것이다. 그런 체험을 우리는 근본체험根本體驗이라 한다. 근본체험 없이는 철인이 될 수 없다. 궁신窮神이 없으면 지화知化가 될 수 없는 것이다. 물과 성령으로 거듭나지 않으면 소위 구원받을 수 없는 것이다. 그래서 근본체험이라 하는 이것이 제일 중요하다. 내가 있어서 경험이 있는 것이 아니라 경험이 있어서 내가 있는 것이다. 내가 있어서 경험이 있는 것은 객관적 경험이다. 우리가 하는 모든 체험이 다 내가 있어서 경험이 있는 그런 것인데, 그럴 때는 언제나 나라고 하는 것은 빠지고 만다. 이것이 소위 온 세계를 대상화한다는 것이다. 그래서 남이야 죽든 말든 나와는 상관이 없다 하는 것이 된다. 세계와 나하고가 갈라져 있는 것이다. 그런 것이 소위 "내가 있어서 경험이 있다"하는 것이다. 그런데 그것이 아니고 "경험이 있어서 내가 있다"하는 것은 근본체험이다. 근본체험이 되면 대상과 내가 연결이 된다. 나와 대상이 갈라져 있는 삼차원의 세계가 아니라 나와 대상이 연결된 사차원의 세계다. 시간과 공간이 연결된 사차원이 되는 것이다. 저 사람과 내가 합쳐서 하나의 유기체有機體가 되는 것이다. 눈과 코가 합쳐서 유기체가 되는 것이지 눈 따로 코 따로, 그것은 아니다.

공자孔子(552-479 B.C.)가 말하는 사랑의 세계, 인仁의 세계라는 것이 무엇인가. "천지만물일체지인天地萬物一體之仁"이다. 천지만물이라는 대상과 내가 한 몸이 되어 있는 것이다. 한 몸의 유기체가 되어서 천지만물이 아프면 내가 아프고 내가 아프면 천지만물이 아픈 것이다. 왕양명王陽明(1472-1528)으로 말하면 저기 벚꽃이 피면 내 마음도 피고 벚꽃이 지면 내 마음도 진다는 것이다. 심즉리心卽理의 세계라는 것이다. 심즉리의 세계란 사차원의 세계요 요새말로 하면 유기체의 세계, 실존實存의 세계다. 실존의 세계는 시간성時間性이 가미되지 않으면 실존이 안 된다. 시간성이 가미되지 않으면 그대로 현존재現存在요 삼차원의 세계다. 그런데 시간성이라는 하나가 가미되면 실존이 된다. 사차원이 되는 것이다. 그러니까 "존재와 시간"이라는 제목이 나오게 되는 것이다. 반드시 이렇게 연결이 되어야 한다. 이 세계란 어떤 세계인가. 연결이 된 세계다. 이상세계와 철인과 하나님이 서로 연결된 세계다. 삼위일체의 세계지 따로따로 있는 세계가 아니다. 그러니까 과학과 철학과 종교가 연결이 된 세계지 종교는 종교대로 과학은 과학대로 따로 있고 그렇게 되면 안 된다. 윌리암 제임스William James(1842-1910)가 말하기를 "과학은 종교의 수단이고 종교는 과학의 목적"이라고 했다. 그것은 종교가 잘나고 과학이 못나고 하는 그런 이야기가 아니다. 종교와 과학이 한 몸이지 따로가 아니라는 것이다. 과학적으로는 이렇고 종교적으로는 이렇고, 그렇게 따로따로가 아니라는 것이다. 인仁이라 하는 글자는 하늘과 땅과 사람이 합쳐진 것이다. 천지인天地人이 일체一體지 따로따로가 아니라는 것이다. 하늘이 망하면 사람도 망하지 하늘이 망했는데 사람만 잘살겠다? 하늘이 오염되면 사람도 망하는 것이지 하늘이 오염되어도 사람은 망하지 않는다는 것은 말도 안 된다. 땅이 망하면 또 사람도 망하지 땅이 다 썩었는데 사람만 잘 산다? 그것은 있을 수 없다. 언제나 하늘과 땅과 사람, 달리 말하자면 종교와 과학과 철학인데 우리는 그것을 임시로 종교와 도덕과 철학이라는 말로 쓴다. 그러니까 도덕 속에는 도구도 다 들어가 있다는 말이다. 이렇게 우리는 좀 넓게 생각해야지 도덕이라 하니까 또 그것은 과학과는 전혀 상관없다 그렇게 되면 안 된다. 안으로 들어가면 도덕이고 밖으로 나가면 도구다. 그러니까 과학과 도덕이라 하는 것이 하나지 과학은 과학대로 사람 죽여도 괜찮다 하는 그것이 아니다. 그리고 불佛이라는 글자도 어질 인仁이라는 글자나 같은 글자다. 천지인이 하나가 되는 사차원의 세계다. 우리는 쉽게 말해서 사차원이라 하지만 『주역』에서는 육차원이라 한다. 왜 육차원이라 하는가 하면 공간을 삼차원으로 보기 때문이다. 그리고 시간을 한차원으로 보고 사람을 두차원으로 본다. 그러니까 일차원, 이차원, 삼차원을 합하니까 육차원이 된다. 괘卦라는 것은 언제나 육차원이지 사차원이 아니다. 그래서 『주역』을 보면 여섯 개의 효爻로 만들어진 괘에서 맨 위의 둘은 하늘에 속한 것이고 아래 둘은 땅에 속한 것이고 가운데 둘은 사람에 속한 것이라 한다. 이렇게 천지인 삼재三才를 가리킨다는 것이다. 육차원이 되니까 $(a+b)^6$이 되어 64괘가 되는 것이다. 『주역』은 이렇게 된 것이다. 그러니까 『주역』의 구조나 『화엄경』의 구조나 플라톤의 『이상국가』의 구조나 기독교의 구조나 그 구조는 다 같은 것이다. 그것을 내 놓고는 더 말할 것이 없지 않는가.

그래서 주체인연主體因緣인데 그것은 절대자와 부딪힌 것을 말한다. 내가 절대자와 부딪혀서 절대자와 내가 하나가 된 것이다. 이것이 유니언union이다. 하나님은 따로 있고 나는 따로 있고, 그것이 아니다. 말씀이 곧 하나님이다. 나와 하나님이 하나가 되고 말았다. 그래야 이것이 육차원의 세계지 다 따로따로 있다면 육차원이 될 이치가 없다. 사차원도 될 이치가 없다. 언제나 우리는 그런 것을 생각해야 된다. 그래서 보통 인연이라는 말을 우리는 주체인연이라는 말로 생각하는데 그것을 다른 말로 하면 유심연기唯心緣起라 하는 것이다. 또 다르게 말하면 절대자와의 부딪힘이다. 하나님을 만나는 것이다. 그것을 주체인연이라 하는 것이다.

4.4 이시爾時 보현보살普賢菩薩 고제대중언告諸大衆言 제불자諸佛子 세계해世界海 유십종사有十種事 소위所謂 ① 세계해기구인연世界海起具因緣 ② 세계해소의주世界海所依住 ③ 세계해형상世界海形狀 ④ 세계해체성世界海體性 ⑤ 세계해장엄世界海莊嚴 ⑥ 세계해청정世界海淸淨 ⑦ 세계해불출흥世界海佛出興 ⑧ 세계해겁주世界海劫住 ⑨ 세계해겁전변차별世界海劫轉變差別 ⑩ 세계해무차별문世界海無差別門

이때 보현보살이 대중에게 말했다. 불자여러분, 세계해에는 십종사가 있으니 말하자면, ① 세계해기구인연世界海起具因緣 ② 세계해소의주世界海所依住 ③ 세계해형상世界海形狀 ④ 세계해체성世界海體性 ⑤ 세계해장엄世界海莊嚴 ⑥ 세계해청정世界海淸淨 ⑦ 세계해불출흥世界海佛出興 ⑧ 세계해겁주世界海劫住 ⑨ 세계해겁전변차별世界海劫轉變差別 ⑩ 세계해무차별문世界海無差別門이라는 것이다.

그래서 우리가 십해十海라 하는 열 가지와 십지十智라 하는 열 가지와 십사十事라 하는 열 가지, 이 셋을 생각할 때 다음과 같이 서로 연결시켜볼 수 있다.

	십해十海	십지十智	십사十事
인연因緣	①一切世界海	①知一切世界海成壞智	①世界海起具因緣
체성體性	②一切衆生海	⑩建立演說海	④世界海體性
불해佛海	③一切諸佛海	④說一切無邊佛海智	⑤世界海莊嚴
법계法界	④一切法界海	③知一切法界安立海智	⑩世界海無差別門
업業	⑤一切衆生業海	②知一切衆生業海智	③世界海形狀
욕欲	⑥一切衆生根欲海	⑤入一切欲解根海智	⑨世界海劫轉變差別
법륜法輪	⑦一切諸佛法輪海	⑨轉法輪智	⑥世界海淸淨
시간時間	⑧一切三世海	⑥一念普知一切三世智	⑧世界海劫住
원願	⑨一切如來願力海	⑦顯示一切如來無量願海智	②世界海所依住

신변神變　⑩一切如來神變海　⑧示現一切佛神變海智　⑦世界海佛出興

　이 내용을 보면 맨 처음이 '인연因緣'이라 하는 것인데 이것은 세계가 어떻게 나타나고 어떻게 망하는가 하는 것이다. 이것은 주체적 인연이 아니고 밖에 있는 객관적 인연이다.
　그 다음 '체성體性'이라 하는 것은 세계의 본질이 어떻게 되어 있는가 하는 것이다. 우리 대한민국의 본질이 무엇인가 할 때 우리는 그것을 3·1정신이라 한다. 3·1정신을 빼버리면 대한민국이 없다. 그런 본질, 그것을 체성이라 한다.
　'불해佛海'라 하는 것은 부처님의 세계, 우리나라 모든 인텔리들의 세계다. 모든 인텔리들, 소위 깬 사람들, 지도자들은 어떤 생각을 가져야 하는가. 그리고 '법계法界', 우리나라는 어떤 세계가 되어야 하는가. 이상세계가 되어야 한다.
　중생衆生들은 여러 가지 직업을 가지고 일을 하고 있다. 누구나 다 일을 가지고 일을 할 수 있으면 된다. 그런데 그 일 밑에 욕심이라는 것이 붙어 있다. 그래서 욕심이 그 일을 지옥으로 떨어뜨리기도 하고 천국으로 올려보내기도 한다. 육도윤회六道輪廻라는 것이다. 지옥地獄 다음에는 아귀餓鬼, 축생畜生, 아수라阿修羅, 사람, 천天, 이렇게 육도로 돌아간다. 그것이 소위 '업業'인데 왜 그렇게 되는가 하면 '욕欲' 때문이다. 욕의 대표로서 우리는 탐진치貪瞋痴라고 보통 말한다. 그러니까 부처라는 사람들이 나와서 이런 중생들을 깨우쳐 주어야 한다. 깨우쳐준다는 그것을 '법륜法輪'이라 한다.
　그리고 우리의 모든 일에는 언제나 시간이 붙어다닌다. 그래서 우리는 짧은 시간에도 아주 고귀한 삶을 살 수도 있고 또 오래 살아도 그저 형편없는 삶을 살 수도 있다. 그러니까 시간이라는 것이 굉장히 중요하다. 『중용中庸』에서는 시중時中이라는 말을 많이 쓰게 된다. 시중, 우리는 시간을 아껴야 된다. 시간이 자꾸 흘러가니까 시간을 아껴야 된다. 그래서 시간을 꼭 맞춰야 한다. 그런 뜻도 물론 있는데 시간 그럴 때 시간이 누구인가 하면 하나님이라는 것이다. 하나님과 부딪혀야

제4. 세계성취품世界成就品　175

사람이 되지 하나님과 부딪히지 않으면 사람이 못된다는 것이다. 그럴 때 시중이라 하는 말은 아주 『중용』의 핵심 사상이 되고 만다. 중용中庸이라 할 때 중中이란 무엇인가 하면 시중이다. 하나님께 부딪힌 사람이 중中이다. 그러니까 "희노애락喜怒哀樂 미발위지중未發謂之中"이라 한다. 하나님께 부딪힌 사람이 철인이다. 그 철인이 중이라는 것이다. 철인은 어떤 사람인가. 희노애락을 초월한 사람이지 희노애락에 끌려다니는 사람이 아니다. 그래서 시중時中이라는 말이나 유심연기唯心緣起라는 말이나 같은 말이 되고 만다. 그러니까 『주역』의 핵심 사상이나 『중용』의 핵심 사상이나 똑 같아지고 마는 것이다.

'시간時間'이 있어야 되고 '원願'이 있어야 된다. 소원, 서원誓願이다. 쉽게 말해서 꿈을 가져야 된다. 누구나 다 꿈을 가져야 된다. 그래서 왕양명은 입지立志라는 말을 쓴다. 누구나 다 하나의 뜻을 세워야 된다. 나는 꼭 성인聖人이 되어야겠다. 그런 뜻을 세워야 된다. 왕양명은 12살에 그런 뜻을 세웠다. 공자는 15살에 그런 뜻을 세웠다. 십오十五에 지우학志于學이다. 그것은 무슨 공부를 했다는 이야기가 아니라 뜻을 세웠다는 말이다. 호학好學이라 하면 무슨 공부하기를 좋아한다는 그런 뜻이 아니다. 성인이 되려고 노력하는 그것을 호학이라 한다. 그래서 뜻을 세우는 것이 참 중요하다.

그래서 결국은 '신변神變'이다. 내가 거듭나야 한다. 궁신지화窮神知化의 지화知化라는 이것을 여기서는 신변이라 한 것이다. 내 정신이 변해야 한다. 내 정신이 깨나야 한다. 그러니까 이상의 열 가지가 가만 생각해 보면 다 중요한 것이다. 그래서 인연因緣, 체성體性, 불해佛海, 법계法界, 업業, 욕欲, 법륜法輪, 시간時間, 원願, 신변神變이다.

십해十海에 대해서는 『화엄경』에서 110가지 시詩가 나오는데 그 가운데 다음의 열 개만 뽑아냈다.

4.5 이시爾時 보현보살普賢菩薩 승불위력承佛威力 이설송언而說頌言

이때 보현보살이 부처의 힘을 받아 다음과 같이 찬송을 했다.

① 소설무변중찰해所說無邊衆刹海 비로자나실엄정毘盧遮那悉嚴淨
세존경계부사의世尊境界不思議 지혜신통력여시智慧神通力如是
중생번뇌소요탁衆生煩惱所擾濁 분별욕락비일상分別欲樂非一相
수심조업부사의隨心造業不思議 일체찰해사성립一切刹海斯成立

지금까지 말한 세계라 하는 것이 한없이 넓고 많다는 것이다. 찰해刹海에서 '찰刹'이란 세계라는 뜻이고 '해海'는 바다라는 뜻이 아니라 세계가 한없이 넓고 크다고 하는 형용사다. 중찰衆刹, 많은 세계, 한없이 많은 세계가 있다. 그런데 그 한없이 많은 세계 가운데서 비로자나라고 하는 부처님이 다스리는 세계가 있다. 비로자나의 그 경계, 그 경지는 정말 생각할 수 없으리만큼 한없이 높다. 그 비로자나는 지혜와 힘이, 빛과 힘이, 지혜와 신통력이 대단하다는 것이다.

그런데 세상에는 그런 부처님의 세상만 있는 것이 아니다. 중생의 세계도 있다. 중생의 세계는 번뇌라는 것 때문에 아주 더러워진 세상이다. 사람의 지智에는 분별지分別智가 있고 통일지統一智가 있다. 너는 너고 나는 나라고 하는 것은 분별지다. 그런데 너와 나는 한 식구 한 형제라고 하는 것은 통일지다. "분별욕락分別欲樂", 서로 자기만 행복하겠다고 하는 이런 이기주의 때문에, "비일상非一相", 이 세계는 한결같지 않고 아주 복잡다단하다.

부처님은 마음이 깬 사람이다. "심오心悟", 마음이 깨면, "전법화轉法華", 법화를 지배한다. 법화라는 말은 우주 만물이라고 해석할 수도 있고 또 극단적으로 말하면 진리라고 볼 수도 있다. 마음이 깨면 진리까지도 지배할 수 있다. 이것이 왕양명의 사상이다. 사람이란 진리까지도 지배할 수 있다는 것이다. 사람이 무슨 진리 밑에 있는 것이 아니다. 그런데 주자朱子로 말하면 사람은 진리 밑에 있다는 것이다. 그래서 진리에 절대 순응해야 된다는 것이다. 그런데 왕양명은 진리를 뚫고 나가서 진리까지도 우리가 마음대로 써야 된다는 것이다. 자연 법칙을 이용해서 우리가 마음대로 날아다니고 그래야 되지 않느냐는 것이다. 그러니까 "전법화轉法華", 진리까지도 우리가 움직일 수 있는 그런 사람이 마음이 깬 사람이다. "심오전법화心悟轉法華다." 그런데 마음이 미혹된 사람은, "심미心迷", 깨지 못하고 자는 사람은, "법화전法華轉"이다. 모든 만물에 끌려다닌다. 욕심이 그것이다. 모든 만물에 끌려다니는 것이 욕심이다. 돈이 있다 하면 돈에게 끌려다닌다. 무엇에건 끌려서, 말하자면 자유가 없이 노예가 된 상태, 그것을 우리는 미혹되었다고 말한다. 깬 사람과 미혹된 사람, 불교에서는 이렇게 둘로 갈라놓는다. 깬 사람이 부처이고 보통 중생이라는 것은 미혹된 사람이다. 깨면 부처가 된다. 누구나 깨면 부처가 되지 부처가 따로 있는 것이 아니다. 또 부처도 미혹하면 땅에 떨어지고 만다. 그러니까 깨느냐 미혹되느냐, 이것이 결국 올라가느냐 떨어지느냐를 좌우하는 것이다. 여기서 지금 비로자나는 깬 사람이다. 중생은 미혹된 사람이다. 그래서 "수심조업隨心造業." 깬 사람의 마음, 미혹된 사람의 마음, 거기에 있어서 업業을 만들어 가는 것이다. 거기서 이상세계도 만들어가고 지옥도 만들어 간다. 그러니까 불교에서는 일체가 마음에 있다고 한다. 불교는 하나의 유심론唯心論이다. 마음만 바꾸면 지금 강도도 곧 천국에 갈 수 있다. 십자가에 달려 있는 강도도 그때 마음만 먹으면 낙원에 이를 수 있는 것이다. 마음에 달려 있다. 종교라는 것이 다 그렇게 주로 마음에 달려 있는 것이다. 우리가 마음을 잘못 쓰면 한없이 어리석게 되고 마음을 바로 쓰면 한없이 똑똑해진다. 마음에 달린 것, 수심조업이다. 그 마음에 따라서 세상을 만들어 가는 것이다.

십지十智 처음에 "지일체세계해성괴지知一切世界海成壞智"라 했는데 나라가 망하는가 나라가 흥하느냐 하는 이것은 우리 국민들의 마음에 달려 있는 것이다. 국민들이 허리띠를 졸라매면 아무리 어려운 경제도 우리는 이길 수 있는 것이고, 또 허리띠를 풀고 달러를 막 쓰면서 해외 여행만 하고 돌아다니면 또 IMF가 오는 것이다. 그러니까 국민들의 마음에 달려 있다. 국민들의 마음을 살려내는 것이 정치라는 것이다. 국민들의 마음을, 이럴 때는 이렇게 저럴 때는 저렇게 살려내서 나라를 바로잡아 가는 그것이 정치다. 그것이 다스린다는 것이다. "일체찰해사성립一切刹海斯成立." 그래서 세상에는 무한히 많은 세계가 있다. 어떤 나라는 국민소득이 200불도 안 되는 나라도 있고 어떤 데는 삼만 불이 넘는 데도 있다. 어떤 데는 행복한 데도 있고 어떤 데는 막 죽이는 데도 있다. 한없이 많은 세계가 있다. 그래서 『법화경』에서는 삼천대천三千大千 세계라 했다. 그런데 삼천대천만 있겠는가. 한없이 많은 것이다.

②편만시방허공계遍滿十方虛空界 소유일체제국토所有一切諸國土
여래신력지소가如來神力之所加 처처현전개가견處處現前皆可見
멸괴생성호순복滅壞生成互循復 어허공중무잠이於虛空中無暫已
막불개유청정원莫不皆由淸淨願 광대업력지소지廣大業力之所持

이것은 원願, 우리가 꿈을 가져야겠다는 말이다. 우리도 어떻게 하면 될까 이것을 생각해야 되겠다는 것이다. 이 우주는 허공으로 꽉 차 있는데 거기에는 많은 나라들이 있다. 그런데 우주라고 하는 것은 하나님의 힘에 의지해서 지금 돌아가고 있는 것이다. 그러니까 이것을 기세간器世間, 우주라 해도 된다. 여기도 별, 저기도 별, 은하수를 보는데 그것은 정말 깨끗한 세계다.

별이 나왔다가는 없어지고 그렇게 자꾸 순환되어 돌아간다. 잠시 동안에도 이 허공에서 그치는 일이 없이 계속 돌아간다. 그러니까 우리도 다, 대우주가 이렇게 깨끗한 것처럼 우리도 한 번 깨끗하게 살 수 없는가 하는 하나의 원을 가지자는 것이다.

유교에서는 대우주는 건강한 것이라고 본다. 맨 처음의 건괘乾卦가 그것이다. "천행건天行健 군자이君子以 자강불식自彊不息"이다. 우주라는 것은 아주 건강하다. 무슨 해가 배가 아파서 내일 아침에 뜨지 않는다는 그런 것이 없다. 해는 매일 뜬다. 우리말에서 "요새 할머니 깨끗하십니까?" 하는 것은 무슨 세수했느냐는 소리가 아니라 할머니가 지금 건강하시냐는 소리다. 그러니까 '깨끗'이라는 말이 우주가 깨끗한 것과 동시에 우주가 건강하다는 뜻이다. 자연이란 건강한 것이다. 무슨 코끼리가 배를 앓는다는 그런 것이 없다. 악어가 두통이 생긴다

제4. 세계성취품世界成就品 179

는 그런 것이 없다. 자연에는 병이 없다. 그런데 사람에 가까워지면 병이 생기는 것이다. 사람이 병신이기 때문이다. 멧돼지는 병이 없다. 그런데 집돼지는 구제역口蹄疫에 걸린다. 소도 산에 있는 들소는 병이 없는데 집에 갖다 놓으면 병이 난다. 그러니까 자연이라고 하는 것은 한없이 건강한 것이다. 그래서 『주역』에서 "천행건 군자이 자강불식"이라 했다. 자연은 한없이 건강하다. 그러니 정신차린 사람은 자기 자신을 건강하게 만들기 위해서 쉬지 말고 노력해야 한다. 그래서 우리가 다 건강을 유지하고 오늘도 모이고 다음에도 또 와야 한다. 그러니까 건강해야겠다는 소원을 가지자는 것이다. 칭징淸淨이라는 '깨끗'을 여기서는 건강이라고 한다. 건강하게 살자고 하는 그런 소원을 가지지 않을 사람이 없다. 누구나 다 건강하게 살자는 소원을 가지자는 것이다. 그래서 한없이 넓고 큰 힘을 가지고 우주가 건강하게 유지되듯 우리 자신을 건강하게 유지해 가야 된다. 우주는 대우주고 우리 자신은 소우주다. 대우주를 유지해 가듯이 우리 소우주도 유지해 가자는 것이다. 그래서 매크로macro와 마이크로micro가 일치하는 것이다. 이것을 체성體性이라 한다. 우주의 본질과 우리 인간의 본질이 같아야 된다. 우주도 건강하고 깨끗하지만 우리도 건강하고 깨끗해야 한다. 둘 다 같다. 그것이 체성이다.

③ 일체국토심분별 一切國土心分別 종종광명이 조현 種種光明而照現
불어여시찰해중 佛於如是刹海中 각각시현신통력 各各示現神通力
혹유잡염 혹청정 或有雜染或淸淨 수고수락각차별 受苦受樂各差別
사유업해부사의 斯由業海不思議 제유전법항여시 諸流轉法恒如是

이것은 업業이라는 것이다. 마음에 따라서 나쁜 나라도 생기고 좋은 나라도 생긴다. 그런데 어떤 나라에는 빛이 비치는 나라도 있다. 그 나라에는 깬 사람들이 살고 있다. 깬 사람은 눈을 뜬 사람이다. 눈 뜬 사람은 싸움을 하지 않는다. 눈을 감았으니 부딪히지 눈을 뜨면 왜 부딪히겠는가. 그러니까 지금 이회창 총재와 김대중 총재가 눈을 감았으니까 밤낮 싸우지 둘 가운데 하나라도 눈을 떴으면 싸우지 않는다. 우리는 말하자면 맹아盲啞 학교다. 국회는 밤낮 놀고만 있다. 국회 하나도 제대로 못하면서 민주주의라 할 수 있는가? 말도 안 되는 것이다.

깬 사람들이 있는 나라는 언제나 빛이 비치는 것이다. 그리고 거기에는 한없는 힘이 용솟음친다. 경제가 발달되었다 하는 것도 다 거기에 깬 사람들이 있어서 그런 것이다. 선진국가라는 것이 무엇인가. 깬 사람들이다. 깬 사람들이 또 힘있는 사람들이다. 그러니까 언제나 빛과 힘은 붙어 다니지 빛은 있는데 힘이 없다고 그럴 수 없다.

더러운 데도 있고 또는 깨끗한 데도 있다. 섞여있는 데도 있다. 덴마크인지 가서 안내를 해 달라고 하니까 네 집을 보여주었다고 한다. 그네 집을 보여주더니 말하길 당신들이 이제 마음대로 돌아다니면서 이보다도 못살고 이보다도 더러운 데가 있으면 자기들에게 보고해달라고 했단다. 그 사람들은 자신이 있는 것이다. 그 나라에는 더러운 집이 네 집뿐이라는 것이다. 나는 미국에서 옛날 선생님이 왔을 때 좋은 데만 다 보여주었다. 창경원이니 무슨 좋은 데만 다 보여주고서 나는 안내가 다 끝났다고 했다. 그런데 그 사람들이 한국에서 찍어 가지고 간 사진을 신학교에서 보여주는데 내가 보여준 것은 하나도 없고 제일 더러운 데, 그런 데만 찍어 가지고 가서 보여주는 것이었다. 그 사람들이 우리나라에 와서 창경원이니 하는 것에는 별로 관심이 없는 것이다. 우리나라에서 제일 못사는 그런 것이 그 사람들에게는 관심이 있었던 것이다. 그래서 그런 것만 찍어서 갖다 보여주는 것이다. 그러니까 눈들이 다 다른 것이다.

한 나라인데도 어떤 사람은 한없이 고생을 하고 또 어떤 사람은 한없이 즐기고, 이렇게 둘로 갈린 세상, 그런 데도 있다. 이것이 업業으로 만든 나라이다. 사람들이 지은 업 때문에 나오는 것이다. 이런 업해業海가 밤낮 돌아가고 있다. 오천 년 전에도 우리가 이렇게 살았고 지금도 이렇게 살고 있다.

④혹종심해생或從心海生 수십소해주隨心所解住
　여환무처소如幻無處所 일체시분별一切是分別
　혹이불광명或以佛光明 마니광위체摩尼光爲體
　제불어중현諸佛於中現 각기신통력各起神通力

　　이것은 체성體性이다. 어떤 사람은 마음의 바다를 좇아서 나오기도 하고, 또 마음의 이해하는 바에 따라서 살기도 한다. 마음 때문에 우리가 이 세상에 태어나기도 하고 또 마음 때문에 이 세상에서 살기도 한다는 말이다.
　　그리고 마음이라는 것에는 두 가지 마음이 있다. 마음이 깬 사람도 있고 마음이 미혹된 사람도 있다. 미혹된 마음은 무지개 같고 안개 같아서 그것은 실체가 없다. 그래서 일체가 다 분별이다. 미혹은 분별지에서 생겨나는 것으로 안개 같은 것이다.
　　그런데 깬 사람의 마음은 어떤 것인가. 어떤 사람은 부처님의 광명을 가지고 여의주의 빛으로 자기의 몸을 삼는다. 그 가운데 모든 부처님이 나타나 각각 신통력을 일으켜 준다.
　　그러니까 꿈에서 사는 사람도 있고 깨어서 사는 사람도 있는데 꿈에서 사는 사람들은 안개 같은 것이지만 깨어서 사는 사람은 금강석같이 무너지지 않는 체體를 가졌다는 말이다.

⑤광대찰해무유변廣大刹海無有邊 개유청정업소성皆由淸淨業所成
　종종장엄종종주種種莊嚴種種住 일체시방개편만一切十方皆遍滿
　일일사중일체불一一事中一切佛 여시엄정여응관如是嚴淨汝應觀
　과거미래현재겁過去未來現在劫 시방일체제국토十方一切諸國土

　　이것은 불해佛海다. 부처님의 세계는 한없이 넓고 커서 끝이 없다. 그것은 다 깨끗하게 하겠다는 그 노력 때문에 이루어진 것이다. 그래서 여러 가지 장엄莊嚴이 여러 가지로 나타나 모든 세계에 그 부처님의 장엄이 꽉 차 있다. 모든 사건, 사건 속에 모든 부처님이 살아 계신다. 이와 같이 장엄하고 청정한 모습을 너는 마땅히 보아야 된다. 과거나 현재나 미래나 영원히 온 세상이 부처님의 나라다. 그래서 이것을 보통 불해라 하기도 하고 장엄이라 하기도 한다.

⑥ 일체법문삼매등一切法門三昧等 선정해탈방편지禪定解脫方便地
어제불소실정치於諸佛所悉淨治 이차출생제찰해以此出生諸刹海
수습장엄방편지修習莊嚴方便地 입불공덕법문해入佛功德法門海
보사중생갈고원普使衆生竭苦原 광대정찰개성취廣大淨刹皆成就

이것은 법륜法輪인데 보통 보살의 세계라 한다. 모든 가르침을 듣고서 깊은 명상에 빠졌다. 설법을 듣고 깊은 명상에 빠진 것이다. 선정禪定 해탈解脫 여러 가지 방편方便을 써서 결국은 부처님에게 배움으로 말미암아 모두 깨끗하게 다스려진다. 그래서 이 방편을 가지고 부처님의 세계에 다시 태어나게 된다. 계속 노력하고 노력해서 장엄을 얻게 되는 것, 그 방편밖에 더 다른 길이 없다. 그래서 부처님의 공덕 법문의 바다에 들어간다. 왜 그런가. 모든 중생의 고통의 원인을 없이해 주기 위해서 그렇게 하는 것이다. 그래서 한없이 넓고 큰 깨끗한 세계를 이루어간다. 이것은 법륜, 청정淸淨 혹은 보살菩薩이라 하는 것이다.

⑦ 제불법신부사의諸佛法身不思議 무색무형무영상無色無形無影像
능위중생현중상能爲衆生現衆相 수기심락실령견隨其心樂悉令見
혹유능어일념중或有能於一念中 개오군미무유수開悟群迷無有數
혹어모공출화운或於毛孔出化雲 시현무량무변불示現無量無邊佛

이것은 신변神變이다. 부처님이 나왔다고 하기도 하고 또는 신변이라 하기도 한다. 부처님의 진리의 몸은 도저히 생각할 수 없이 신비하다. 빛도 없고 형체도 없고 그림자가 없어도 모든 중생을 위해 여러 가지 모습으로 나타난다. 그래서 마음에 기쁨을 가짐에 따라서 그 모습을 다 볼 수가 있다. 한 생각 속에서 어떤 사람은 한없이 많은 사람들의 미혹된 것을 깨치게 할 수도 있다. 말 한마디로 모든 사람을 깨치게 할 수도 있다. 그래서 털구멍 속에서 구름처럼 진리가 솟아 나와서 무량 무변의 부처님 세계를 나타내고 보여준다. 그래서 미혹된 세계가 깨달은 세계로 변해 가는 것이다. 이것을 신변이라 한다.

⑧ 혹유순정혹순염或有純淨或純染 혹부염정이구잡或復染淨二俱雜
원해안립종종수願海安立種種殊 주어중생심상중住於衆生心想中
시종일념종성겁始從一念終成劫 실의중생심상생悉依衆生心想生
일체찰해겁무변一切刹海劫無邊 이일방편개청정以一方便皆淸淨

이것은 원願이라는 것이다. 어떤 사람은 깨끗하기도 하고 어떤 사람은 더럽기도 하다. 어떤 사람은 깨끗하기도 하고 더럽기도 하고 섞여 있다. 그 사람의 소원에 따라서 여러 가지 모양으로 서 있다. 모든 사람은 다 마음 속에서 살고 있다. 깨끗한 마음을 가질 수도 있고 더러운 마음을 가질 수도 있는데 다 마음 속에서 사는 것이다. 맨 처음에 한 생각으로 시작했다가 나중에는 그것이 죽는 날까지 계속될 수도 있다. 다 마음에 따라서 여러 가지 생각이 나타나게 된다. 이 세상이라는 것은 영원히 돌아간다. 영원회귀永遠回歸다. 하여튼 무슨 방편으로 하든지 깨끗이 하고 싶은 것, 그것이 사람의 소원일 것이다.

⑨ 일체제국토一切諸國土 개수업력생皆隨業力生
여등응관찰汝等應觀察 전변상여시轉變相如是
염오제중생染汚諸衆生 업혹전가포業惑纏可怖
피심령찰해彼心令刹海 일체성염오一切成染汚

이것은 욕欲이라는 것이다. 모든 국토가 다 업業에 의지해서 나온다. 업은 또 욕심에서 나오는 것이다. 모두 업에 따라서 생기는 것이다. 너희는 마땅히 그것을 알아야 된다. 그래서 세상 돌아가는 모습이 이런 것이다. 모든 중생들이 자꾸 더러워지는데 그것은 업 때문이고 미혹

때문이다. '전纏'이란 꼼짝 못하고 비끌어 매어져 있는 것을 말한다. 밧줄로 비끌어 매어 있다. 그래서 정말 무서운 세상이 되어간다. 그 사람의 마음들이 이 세계를 만들어 간다. 그래서 이 세계가 자꾸 더러워지는 것이다. 우리나라가 자꾸 환경이 오염되어 가는 것도 우리의 마음 때문이다. 그러니까 우리가 정신을 좀 차리고 우리 환경을 깨끗이 하려고 하면 얼마든지 깨끗이 할 수 있다. 우리의 마음에 따라서 그렇게 된다는 것이다. 하여튼 불교에서는 마음이라는 것을 굉장히 강조한다. 그래서 수심修心이라는 말을 자꾸 쓴다. 그런데 유교에서는 수신修身이라는 말을 많이 쓴다. 수심인가, 수신인가? 거기에 유교와 불교의 특징이 있다고 볼 수 있다.

⑩ 일일진중무량광 一一塵中無量光 보편시방제국토 普遍十方諸國土
실현제불보리행 悉現諸佛菩提行 일체찰해무차별 一切刹海無差別
일일진중삼세불 一一塵中三世佛 수기소락실령견 隨其所樂悉令見
체성무래역무거 體性無來亦無去 이원력고편세간 以願力故遍世間

이것은 법계法界라는 것이다. 먼지 하나에도 한없는 빛이 담겨 있다. 조그만 한 생각에도 무한한 빛이 들어가 있다. 다 같은 생각이다. 온 세계가 한없이 넓은데 모든 부처들이 정말 보리의 실천을 통해서 나타나고 있다. 부처님의 세계는 어디든지 차별이 없이 다 구원하려고 애를 쓰는 것이다. 하나하나의 먼지 속에 과거, 현재, 미래 영원한 부처님이 살아있다. 그 사람의 마음의 그릇에 따라서 얼마든지 보여질 수도 있고 채워질 수도 있다. 부처님의 몸은 오는 것도 아니고 가는 것도 아니다. 언제나 우주에 꽉 차 있다. 그래서 부처님의 소원 때문에 부처님이 영원히 이 세상을 지키고 있다.

이상은 많은 찬송 가운데서 극히 일부만 뽑은 것으로 모두 110개 가운데서 10개만 뽑은 것이다.

2001. 4. 8.

제5. 화장세계품華藏世界品

화장세계품 강해(1)

 우선 다음 그림을 보기로 한다. 그림이 모두 다섯 개인데 그 가운데 먼저 제2도를 보면 복판 가운데 수미산須彌山이 있고 그 수미산 꼭대기에 33천 도리천忉利天이 나와 있다.
 어제 저녁에 첨성대에 대한 텔레비전 프로가 나왔는데 왜 첨성대는 31층으로 되어 있는가 하는 이야기가 있었다. 하늘 하나와 땅 하나를 합해서 33을 나타내는 것이라고 설명했다. 그리고 선덕여왕의 무덤에 가면 계단이 모두 33으로 되어 있는데 이것도 33천이라는 것이다. 선덕여왕의 무덤, 그 자리가 도리천이라는 것이다. 텔레비전에서 그렇게 설명을 했다.
 33천이라는 것, 이것을 보통 제석천帝釋天이라 한다. 지리산에 가면 제석단帝釋壇이 있는데 거기에 기우제祈雨祭를 지내는 단이 있다. 농업시대에는 비를 오게 하는 것이 굉장히 중요했다. 그러니까 생명의 근원이라 할 수 있다. 33천이라는 것이 제석천이고 도리천이다. 그 아

〈제 1 도〉

래가 수미산이고 그 아래가 사천왕四天王이 있다. 사천왕이란 절간의 대문에 가면 무섭게 하고 서있는 것을 볼 수 있는데 그것을 사천왕이라 한다. 말하자면 절간, 즉 불토佛土를 지켜주는 역할을 하는 것이다. 수미산 아래 사천왕이 있고 그 아래로 죽 산과 바다가 있다. 그래서 보통 칠산七山 팔해八海라고 한다. 산이 7개 바다가 8개가 있다. 그리고 33천 위에는 욕계欲界가 있다. 욕심의 세계라는 것이다. 그 위에 색계色界가 있고 그 위에 무색계無色界가 있다. 욕계는 육도윤회六道輪廻하는 세계다. 지옥地獄도 있고 아귀餓鬼도 있고 다 있다. 욕심의 세계다. 밤낮 업業에 의지해서 빙빙 돌아가는 세계다. 그 욕계 다음이 색계인데 색계에는 초선初禪, 이선二禪, 삼선三禪, 사선四禪이라는 네 계단이 있다. 말하자면 선정禪定해서 수양하는 시대라고 보아야 될 것이다. 그리고 무색계가 되면 정말 부처님의 세계, 법신法身의 세계라는 것이다. 이것은 다음에 다시 세밀히 설명할 때가 나온다. 그때 더 설명하기로 하는데 이것이 제2도圖라는 것이다.

다시 제2도를 보면 산이 있고 바다가 있고 그 바로 아래 작가라산斫

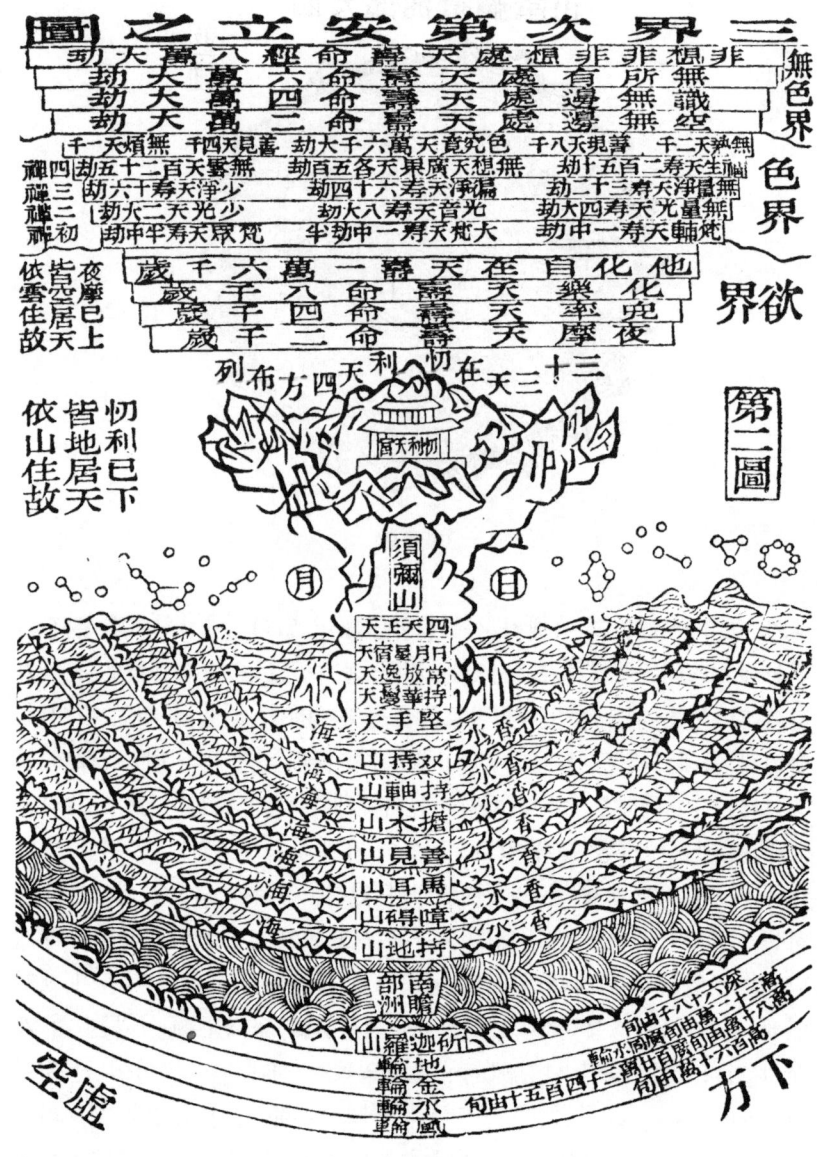

〈제 2 도〉

迦羅山이라는 것이 있다. 작가라산이란 쇠로 된 산, 철위산鐵衛山이다. 거기에는 다른 것은 얼씬도 못하게 쇠로 된 산이다. 말하자면 울타리, 담을 둘러치는데 돌로 둘러치는 것이 아니라 쇠로 담을 둘러친 것이다. 그래서 그것을 철위산이라 하는데 인도말로는 작가라산이라 한다. 그 작가라산 밑에는 지륜地輪, 금륜金輪, 수륜水輪, 풍륜風輪이 있다. 지수화풍地水火風이 있고 그 아래가 허공이다. 그러니까 허공 위에 지수화풍이 있고 그 위에 작가라산이 있고 그 작가라산 위에 칠산 팔해가 있고 그 위에 수미산이 있고 수미산 언덕에 사천왕이 있고 수미산 꼭대기가 도리천이다. 그 위에 욕계, 색계, 무색계가 있다. 그리고 수미산 옆에는 해와 달이 있고 북두칠성 오리온도 있고 다 있다. 해와 달과 별세계도 거기에 다 나온다.

　이것이 말하자면 이 지구의 세계다. 옛날 사람들이 지구를 이렇게 생각한 것이다. 지구에서 가장 유명한 산이 히말라야 에베레스트다. 수미산이란 에베레스트를 상징한 것이다. 그 밖에 여러 산이 있고 바다도 인도양, 태평양 많은 바다가 있으니까 칠산 팔해라 한 것이다. 그러니까 이것은 소위 지구계라는 것이다.

　그런데 제3도는 말하자면 태양계라고 보아야 될 것이다. 지구계가 있고 지구계보다 더 큰 태양계가 있고 태양계보다 더 큰 은하계가 있고 은하보다 더 큰 우주가 있다. 맨 밖에 있는 허공이라 하는 것이 하나의 우주다. 그 우주 속에 은하계가 있고 태양계가 있고 지구계가 있다. 그런데 태양계도 몇 천 개 몇 만 개인지 모른다. 우리가 은하계를 보면 그 속에 항성이 얼마나 많은지 모른다. 천조 개 있다고 하는데 얼마인지 모르게 한없이 많은 것이다. 그리고 그 은하계 같은 것이 또 천조 개 있다고 하니 한없이 많은 것이다. 이 무한한 세계를 그리려고 하니까 이렇게 여러 가지로 그리는 것이다.

　제3도를 보면 아래에 향수해香水海라 하는 것이 있는데 이것은 말하자면 은하수 같은 것이다. 그 향수해 속에 큰 연꽃이 있다. 그 연꽃을 보면 거기에 윤위산輪圍山이라 적혀있다. 그리고 무변묘화광향수

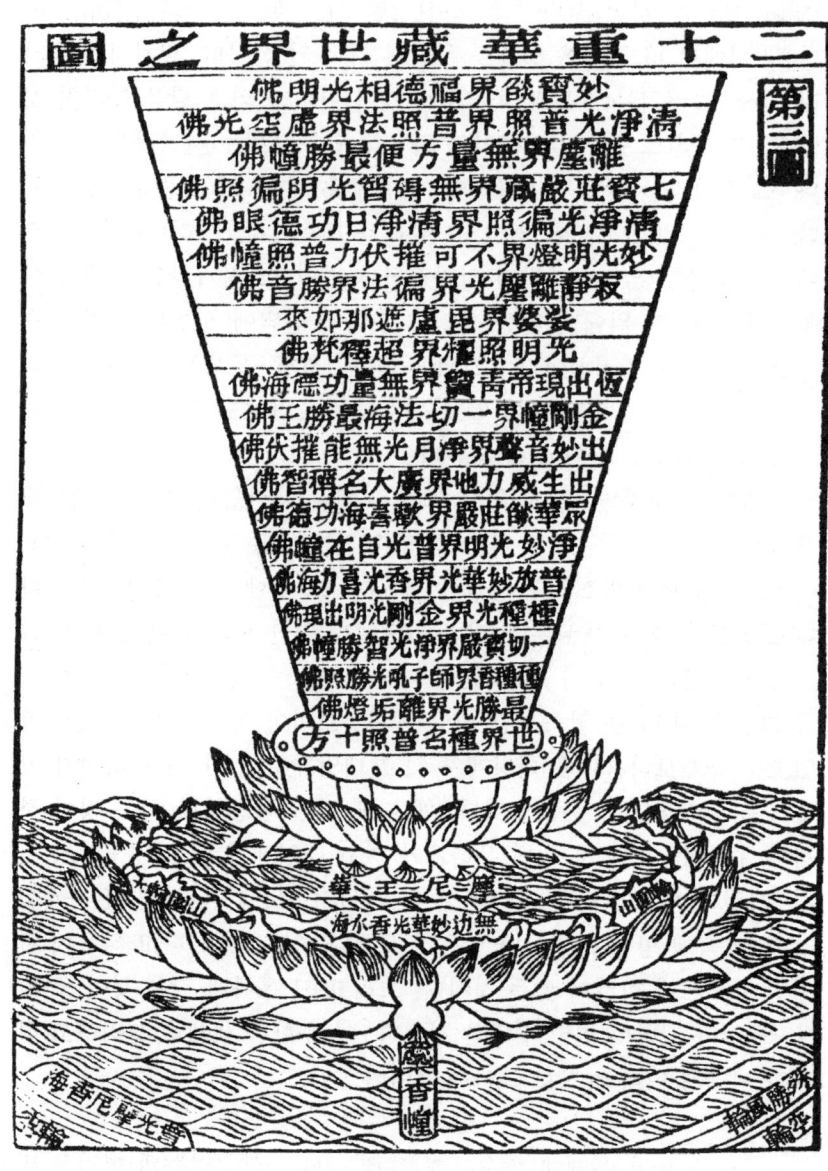

〈제 3 도〉

해無邊妙華光香水海가 있다. 그 속에는 또 마니왕화摩尼王華라 하는 것이 있는데 그것이 말하자면 태양계인데 그 태양계에 연꽃이 또 피어 있다. 그리고 그 위에 죽 20층으로 적어놓았는데 말하자면 연꽃으로 다 그릴 수가 없어서 그냥 연꽃 대신에 아파트처럼 그려놓았다. 그 아파트가 20층이다. 이 20층이란 무엇인가 하면 태양계에 있는 금성·수성·목성·토성 등 소위 많은 행성의 세계인데 그 가운데 13층을 보면 사바세계娑婆世界라 되어 있는데 그 사바세계가 지구라는 것이다. 사바세계라는 것은 한없이 괴로워서 참아야 살 수 있지 참지 않으면 살 수 없는 데라는 것이다. 말하자면 고해苦海의 세계다. 생로병사生老病死의 고해다. 이것을 견디려면 참아야 된다. 그러니까 사바라 하는 것은 인토忍土라는 말이다. 참아야 사는 세계다. 그 13층의 주인이 누구인가 하면 비로자나불이다. 13층 사바세계의 주인이 석가라는 것이다. 석가를 종교적으로 말하면 응신應身이고 도덕적으로 말할 때는 보신報身이고 철학적으로 말할 때는 법신法身이다. 이 13층이 사바세계인데 이 13층을 따로 떼어서 그린 것이 그림 제2도라 볼 수 있다. 그래서 제3도는 태양계이고 제2도는 지구세계인데 제4도는 태양세계 밖에 열 개의 태양세계가 또 있다는 것이다. 그리고 5도는 그 열 개의 태양계 밖에 백 개의 태양계가 또 있다는 것이다.

　다시 제2도를 보면 수미산 맨 밑에 남사부주南斯部州라 적혀있는데 이것은 말하자면 호주 같은 곳이다. 그래서 앞에는 호주가 있고 뒤에는 미국이 있고 이런 식으로 남쪽에는 무엇이 있고 동편에는 무엇이 또 있고 서편에는 무엇이 있고 북쪽에는 무엇이 있고 이렇게 동서남북에 또 다른 커다란 섬들이 있다고 그려놓은 것이 제1도라는 것이다. 제1도는 제2도처럼 가운데 수미산을 그려놓고 앞에는 무슨 주 무슨 주가 있고 그렇게 그려놓은 것이다. 제3도는 태양계인데 이것을 세계종世界種이라 한다. 여러 개가 있으니까 세계종이다. 태양계는 하나만 있는 것이 아니고 태양계 밖에 열 개가 있고 그 밖에 백 개가 있고 그 밖에 천 개가 있고 그 밖에 만 개가 있고 이렇게 무수히 있다. 그래서 대표적으로 10개를 그린 것이 제4도요 백 개를 그린 것이 제5도라는

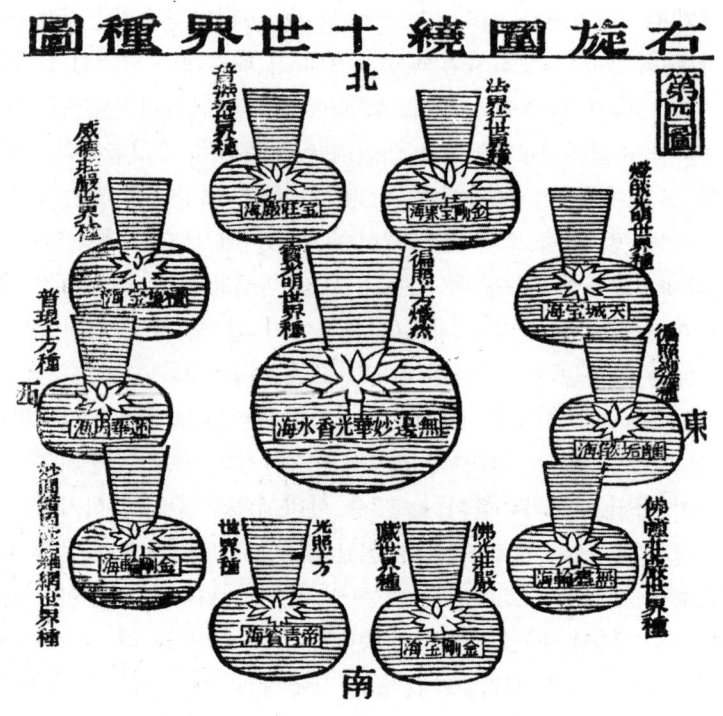

〈그림 제 4〉

것이다. 본문에 다시 다 나오는 것이니까 본문을 읽어보기로 한다.

화장세계華藏世界란 어떻게 보면 태양계 비슷한 것이다. 태양계 전체를 말하는 것이 화장세계다.

5.1 이시爾時 보현보살普賢菩薩 부고대중언復告大衆言

이때 보현보살이 여러 사람에게 말했다.

제불자諸佛子 차화장장엄세계해此華藏莊嚴世界海 시비로자나여래是

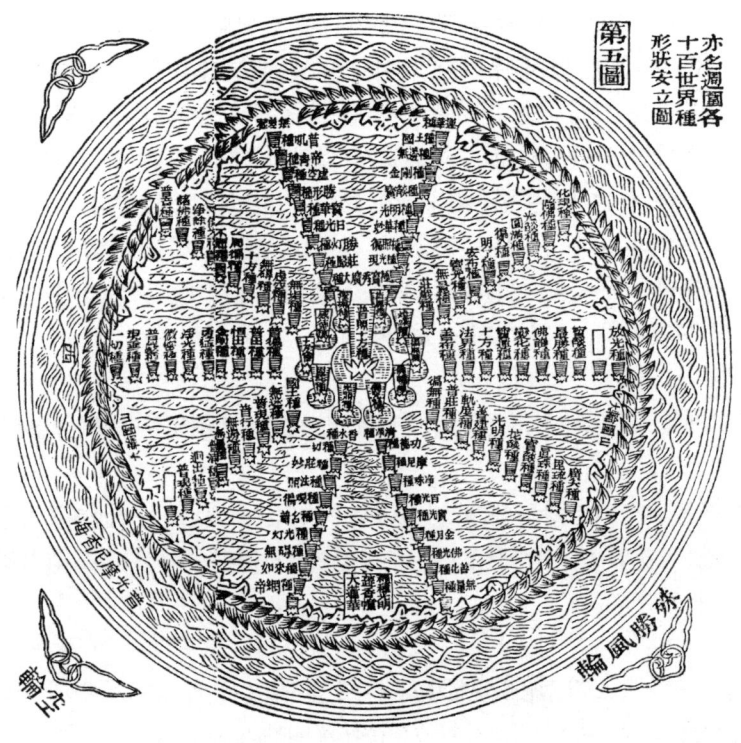

〈그림 제 5〉

毘盧遮那如來 왕석어세계해미진수겁 往昔於世界海微塵數劫 수보살행시 修菩薩行時 일일겁중 一一劫中 친근세계해미진수불 親近世界海微塵數佛 일일불소 一一佛所 정수세계해미진수대원지소엄정 淨修世界海微塵數大願之所嚴淨.

 여러분, 이 화장장엄세계해, 말하자면 태양계인데 여기가 비로자나여래가 사는 곳으로 옛날에 이 화장장엄세계에서 한없이 오랜 동안 보살행을 닦았다.
 부처는 한없이 오랜 수양을 거쳐서 부처가 되는 것이지 그저 부처가 되는 것은 아니다. 천 년인지 만 년인지 그 하나하나의 겁겁, 그 한없

제5. 화장세계품 華藏世界品 193

이 긴 시간 속에서 한없이 많은 부처님을 만났다. 부처님은 하나만 있는 것이 아니다. 마치 우리가 유치원 다닐 때부터 대학 졸업할 때까지 한없이 많은 선생님을 만나는 것처럼 그렇게 오랫동안 선생님을 만나서 초등학교도 졸업하고 중학교도 졸업하고 그래서 맨 마지막에 부처가 되었다 하는 말은 맨 마지막에 교수가 되었다는 말이다. 그러니까 맨 처음부터 교수가 되는 것이 아니다. 오랫동안 선생님 앞에서 그리고 선생님 계신 곳, 교실에서 자기가 소원하는 학문을 한없이 연구하고 닦은 것이다. 그래서 정말 하나의 대가가 된 것이다.

5.2 제불지諸佛子 차화장장엄세계해此華藏莊嚴世界海 유수미산有須彌山.

여러분, 이 화장장엄세계라는 데에 수미산이 있다. 수미산이 지구에 있는 것이지만 이 사람들은 이 수미산이 우주의 중심이라고 생각하는 것이다.

미진수풍륜소지微塵數風輪所持 최재상자最在上者 명수승위광장名殊勝威光藏 능지보광마니장엄향수해能持普光摩尼莊嚴香水海.

이 수미산 밑에는 바람이 받치고 있다. 바람의 바퀴가 받치고 있다. 화장세계의 밑바닥에는 바람이 받치고 있는데 그것도 겹겹이 받치고 있다. 맨 위에 있는 바람은 이름이 "수승위광장"이라는 바람이다. 그림 3도圖를 보면 맨 아래 오른쪽에 수승풍륜殊勝風輪이라 나와 있다. 그것이 "수승위광장"이라는 바람이다. 이 바람이 능히 받치고 있는 것이 무엇인가 하면 "보광마니장엄 향수해"다. 바람이 향수해를 받치고 있는 것이다. 바람이 은하계를 받치고 있다는 말이다. "보광마니장엄"이라는 이름의 향수해를 받치고 있는 것이다. 그림 3도를 보면 맨 아래 왼쪽에 보광마니향해普光摩尼香海라고 나와 있다.

차향수해此香水海 유대연화有大蓮華 화장장엄세계해華藏莊嚴世界海 주재기중住在其中.

이 향수해 가운데 큰 연꽃이 있는데 그 속이 화장장엄세계다. 은하수 가운데 태양계가 있는 것이다.

세존왕석어제유世尊往昔於諸有 미진불소수정업微塵佛所修淨業 이석겁해수행력以昔劫海修行力 금차세계무제구今此世界無諸垢.

옛날에 세존이 거기에 살 때에 한없이 많은 선생님 앞에서 공부를 했다. 한없이 오랜 세월 동안 수행을 해서 그 세계가 아주 때가 없이 깨끗해졌다. 요는 철인이 있는 곳에 깨끗이 있다는 말이다. 부처가 되는 동시에 부처가 있는 세계도 천국이 되는 것이다. 철인이 있는 세계 거기가 이상세계다. 수행을 해서 부처가 되니까 부처 자체도 깨끗해졌지만 부처가 사는 그 나라도 깨끗한 나라가 되었다는 말이다. 그래서 언제나 둘이 아니다. 시간 · 공간 · 인간이 언제나 하나지 따로따로가 아니다. 인간이 깨끗해지면 공간도 깨끗해지고 공간이 깨끗해지면 시간도 깨끗해진다. 시간이 깨끗해지면 또 공간도 깨끗해지고 인간도 깨끗해진다. 언제나 하나라는 것이다.

5.3 이시爾時 보현보살普賢菩薩 부고대중언復告大衆言
차화장장엄세계해此華藏莊嚴世界海 대윤위산大輪圍山 기내소유대지其內所有大地
기지평탄극청정其地平坦極清淨 안주견고무능괴安住堅固無能壞
마니처처이위엄摩尼處處以爲嚴 중보어중상간착衆寶於中相間錯.

이때 보현보살이 다시 큰 무리에게 말했다. 이 화장장엄세계에 큰 산이 하나 있는데 그것이 윤위산輪圍山이다. 그 안에는 넓은 옥토가 있다. 그 땅은 한없이 평탄하고 한없이 깨끗하다. 오염된 것이 하나도 없다. 그 땅은 한없이 튼튼해서 무너지지 않는다. 여기저기 마니 진주가 널려 있다. 그래서 한없이 아름답다. 그리고 그 속에는 여러 가지 보화들이 섞여있다. 기독교로 말하자면 "새 하늘과 새 땅"이라는 말이다.

5.4 이시爾時 보현보살普賢菩薩 부고대중언復告大衆言
차대지중此大地中 유십불가설불찰미진수향수해有十不可說佛刹微塵數香水海

이때 보현보살이 또 큰 무리에게 말하였다. 이 땅 안에는 또 향수해들이 많이 있다.

향수징정구중색香水澄淨具衆色 보화선포방광명寶華旋布放光明
보진음성문원근普震音聲聞遠近 이불위신연묘법以佛威神演妙法.

그 향수해는 여러 가지로 깨끗하고 빛난다. 그리고 꽃이 한없이 아름답게 피어있고 아주 아름다운 음악이 들려오는데 부처님께서 설법하는 그 소리가 마치 새소리처럼 아름답게 들려온다.

5.5 이시爾時 보현보살普賢菩薩 부고대중언復告大衆言
일일향수해一一香水海 각유사천하미진수향수하各有四天下微塵數香水河

보현보살이 또 말했다. 이 향수해 하나하나에는 여러 가지 산에서 흘러 내려오는 향수하가 있다. 갠지스강, 인더스강, 양자강 등 한없이 깨끗한 강들이 있다는 말이다.

기하소유선류처其河所有漩流處 보살여운상용출菩薩如雲常踊出
실왕광대찰토중悉往廣大刹土中 내지법계함충만乃至法界咸充滿.

그 물이 풍부해서 빠르게 때로는 천천히 흘러가는데 그 강가에는 보살들이 구름처럼 나와서 뛰어 논다. 기독교로 말하면 천사가 춤을 춘다는 말이나 마찬가지다. 한없이 넓은 그 땅에서 살면서 거기는 아주 이상세계로 가득 차 있다.

5.6 이시爾時 보현보살普賢菩薩 부고대중언復告大衆言
차제 향수하此諸香水河 양간지지兩間之地 각유사천하미진수중보수림各有四天下微塵數衆寶樹林

이 향수하 강물이 내려오는 강의 양 언덕에는 한없이 무성한 수풀들이 꽉 차 있다.

중보장엄 방대광衆寶莊嚴放大光 광중보현제화불光中普現諸化佛
일일주행미불편一一周行靡不遍 실이십력광개연悉以十力廣開演.

그 수풀에는 아름다운 꽃이 피고 열매가 있고 보배들이 빛난다. 그 보배, 보배 속마다 부처님이 나타난다. 어디를 가든 부처님이 안 계신 곳이 없다. 거기에서 아주 강한 힘을 가지고 부처님의 세계를 열어 보인다.
왜 이렇게 보현이 말했다, 또 보현이 말했다 하고 거듭해서 나오는가 하면 그 사이사이마다 『화엄경』으로 말하면 10여 페이지씩 지나가는 것인데 그것들을 모두 약했기 때문이다. 『화엄경』을 보면 이 산은 어떻다 하고 한참 나오고 또 한참 나오고 그러니까 그것을 일일이 따라다니려면 정신차릴 수 없다. 그래서 그냥 한마디씩만 남기고 제거하고 제거해서 이렇게 한마디씩만 적어놓은 것이다. 그래서 "이시爾時 보현보살普賢菩薩"이라 하고 자꾸 나온다.

5.7 이시爾時 보현보살普賢菩薩 부고대중언復告大衆言
차화장장엄세계해此華藏莊嚴世界海 일체경계一切境界 일일개이세계

해미진수청정공덕지소장엄──皆以世界海微塵數清淨功德之所莊嚴

  이 화장장엄세계는 그 일체 경계가 한없이 많은 부처님들의 노력에 의해서 깨끗해진 것이다.

불가사의억대겁不可思議億大劫 친근일체제여래親近一切諸如來
여기일체지소행如其一切之所行 일찰라중실능현一刹那中悉能現.

  한없이 오랜 세월 동안 모든 선생님에게 가서 배우고 한없는 연구를 하고 한 찰나 속에 많은 진리를 깨달았다.

  5.8 이시爾時 보현普賢 언언
  차십불가설불찰미진수향수해중此十不可說佛刹微塵數香水海中 유십불가설불찰미진수세계종有十不可說佛刹微塵數世界種

  이때 보현이 말했다. 이 한없이 신비한 열 개의 향수해가 있고 그 가운데 열 개의 세계종世界種이 있다. 열 개의 태양계가 있다는 말이다.

  이일찰종입일체以一刹種入一切 일체입일역무여一切入一亦無餘
  체상여본무차별體相如本無差別 무등무량실주편無等無量悉周遍.

  이 세계종은 하나의 별 속에 다른 것이 다 들어가 있고 다른 일체는 또 하나의 별 속에 들어가 있는 그런 세계다. 하나 속에 다多가 있고 다 속에 하나가 있다는 말이다. 그래서 체體와 상相이 둘이 아니다. 체 속에 상이 들어 있고 상 속에 체가 들어 있다. 그것은 어디나 다 마찬가지다.

  5.9 이시爾時 보현普賢 언언
  차십불가설불찰미진수향수해此十不可說佛刹微塵數香水海 재화장장엄세계해중在華藏莊嚴世界海中.

보현이 말했다. 이 열 개의 향수해 중에서 가운데 있는 하나가 화장장엄세계다.

여천제망如天帝網 최중앙향수해最中央香水海 출대연화出大蓮華 유세계종有世界種 이주기상而住其上.

그것은 마치 인드라 망처럼 서로 비추며 빛난다. 가장 가운데 있는 향수해가 화장장엄 세계다. 거기에서 연꽃이 하나 피어 나와서 그 위에 세계종이 있다.

유불가설불찰미진수세계有不可說佛刹微塵數世界 어중포열於中布列 기최하방其最下方 유세계有世界 명최승광편조名最勝光遍照.

그 속에는 한없이 많은 세계가 있다. 세계종 속에는 또 한없이 많은 세계가 있다는 것이다. 세계종 가운데 맨 아래층이 "최승광편조"라는 세계다. 제3도를 보면 아파트처럼 보이는 맨 아래쪽에 "세계종명世界種名 보조시방普照十方"이라 적혀 있고 1층에는 "최승광계리구등불最勝光界離垢燈佛"이라 되어 있다.

차상此上 유세계有世界 명종종향연화묘장엄名種種香蓮華妙莊嚴 차상此上 십삼층세계十三層世界 명사바名娑婆 기불其佛 즉시비로자나여래세존卽是毘盧遮那如來世尊 차상此上 유이십층세계有二十層世界 명묘보염名妙寶焰.

그 바로 위의 세계는 "종종향연화묘장엄"이라는 세계다. 이렇게 죽 있는데 13층에 있는 세계는 이름이 사바세계다. 그것이 지구라는 것이다. 그 속에 있는 부처님이 "비로자나여래 세존"이다. 그 위로 20층까

제5. 화장세계품華藏世界品　199

지 있는데 맨 꼭대기 이름이 묘보염이라는 세계다. 이렇게 제3도를 설명한 것이다.

제3도를 보면 제목이 이십중화장세계二十重華藏世界라고 되어 있다. 이십중二十重, 아파트처럼 20층으로 적어놓은 것이다. 그 아래에 꽃이 있는데 꽃 이름이 마니왕화摩尼王華다. '마니摩尼'는 여의주나 같은 보배 이름이다. '왕화王華'는 큰 꽃이라는 말이다. 그 아래 무변묘화광無邊妙華光 향수해香水海인데 그 향수해를 또 연꽃이 싸고 있다. 말하자면 연꽃 속에 들어가 있는 세계가 화장세계다. '화華'는 연꽃이고 '장藏'이란 속에 들어가 있다는 것이다. 연꽃 속에 들어가 있는 한없이 아름다운 세계가 화장세게다. 보통 우리는 진선미眞善美라 표현하기도 하는데 제일 많이 표현하는 말은 장엄莊嚴과 청정淸淨이다. 큰 연꽃이 장엄하다, 큰 꽃이 소담하게 피어있다. 그리고 물 속에 들어가 있으니까 청정하다, 깨끗하다. 그래서 이 사람들이 제일 좋아하는 것이 장엄과 청정이다. 천국의 핵심이 무엇인가? 장엄하고 또 청정한 것이다. 이것이 전부 다 에베레스트에서 나온 것인데 에베레스트 8,800미터는 아주 장엄하다. 눈에 덮인 산이 한없이 장엄하다. 그 속에서 흘러 내려오는 물들이 한없이 깨끗하다. 산은 장엄하고 물은 깨끗하다. 언제나 동양 사람들이 자연을 상징할 때는 두 가지다. 장엄하다는 것과 깨끗하다는 것이다. 화장세계의 특징이 무엇인가? 장엄한 것, 깨끗한 것, 이것이 화장세계의 특징이다.

제3도의 맨 아래 오른쪽을 보면 수승풍륜殊勝風輪이라 적혀있고 맨 아래 왼쪽에는 보광마니향해普光摩尼香海라 적혀 있다. 가운데 연꽃은 무변묘화광無邊妙華光 향수해香水海다. 무변묘화광 향수해 안에 또 연꽃이 피어있는데 거기에 20층의 세계가 있다. 그런데 그 하나하나가 다 연꽃에 있는 것이다. 다 연꽃이 있는 것인데 그것을 약해서 그렇게 그린 것이다. 그래서 일체가 다 장엄하고 청정한 연꽃 속에 들어가 있는 세계다.

2001. 4. 8.

화장세계품 강해(2)

5.10 이시爾時 보현普賢 언언言
차무변묘화광향수해 동此無邊妙華光香水海東 차유향수해次有香水海 명
리구염장名離垢焰藏

이때 보현이 말했다. 이 무변묘화광 향수해의 동편에 또 향수해가 있
는데 그 이름이 이구염장이라는 향수해다.
 무변묘화광 향수해는 말하자면 우리의 태양계인데 그 태양계 속에
20층의 세계가 있고 그 가운데 13층이 사바세계로 우리가 사는 지구
를 말한다. 그런데 이 태양계 옆에 또 다른 태양계가 있다는 것이다.
그런 태양계가 열 개가 있다는 것이 여기서의 내용이다. 우리 지구가
있는 태양계를 중심으로 해서 둘레에 태양계가 열 개가 둘러 있다는
것이다.

출대연화出大蓮華 유세계종有世界種 이주기상而住其上 명편조찰선名
遍照刹旋 이보살행후음以菩薩行吼音 위체爲體

그 이구염장 향수해 속에 큰 연꽃이 나와서 세계종이 그 위에 있는데
그 이름이 편조찰선이다. 그 세계는 보살들이 열심히 수행하며 설법을
하고 있는 세계다.
 행성이 많이 있는 태양계의 세계를 세계종世界種이라 한다. '종種'
이란 세계가 여러 개 있다는 것이다. 그 세계종의 이름이 편조찰선이
다. 그러니까 지구가 있는 태양계, 무변묘화광 향수해에는 이름이 보
조시방普照十方이라는 세계종이 있는데 그 태양계 옆에 이구염장이라
는 태양계가 또 있는 것이다. 그리고 그 이구염장이라는 향수해에는
또 편조찰선이라는 이름의 세계종이 있다는 것이다. 그런데 그 세계종
의 특징은 보살들이 열심히 수도하면서 열심히 설법을 하는 것이다.
그것이 그 나라의 특징이다. 언제나 이 사람들로 말하면 나라가 하나

있으면 반드시 거기에는 부처님이 있고 그 나라를 다스리는 왕이 있다는 것이다.

차중최하방此中最下方 **유세계**有世界 **명궁전장엄당**名宮殿莊嚴幢 **기상기상**其上 **이십불찰미진수세계**二十佛刹微塵數世界

그 세계종 맨 아래층에 세계가 있는데 그 이름은 궁전장엄당이고 그 위에 또 20개의 세계가 있다. 1층은 궁전장엄당이라는 나라이고 맨 꼭대기 20층은 불찰미진수세계다.

위요圍遶 **순일청정**純一淸淨 **불호**佛號 **보조허공등**普照虛空燈.

불찰미진수세계는 순일청정純一淸淨한 세계인데 그 나라의 부처님 이름이 보조허공등이다. 그 나라도 역시 순일청정이다. 깨끗하고 장엄하다는 것이다. 나라 이름은 고승등인데 그 나라의 부처님 이름은 보조허공등이다.

그러니까 또 하나의 향수해가 있고 그 향수해에 큰 연꽃이 피어있고 그 연꽃 속에 세계종이 있는데 1층의 나라 이름이 무엇이고 맨 꼭대기 20층의 나라 이름은 무엇이고 거기 사는 부처님의 이름은 무엇이다 하는 설명이다. 그것이 책에서는 일층 이층 일일이 다 설명이 되어 있다. 그러니까 이것은 상당히 많은 페이지가 지나가는 것이다. 그런데 다들 비슷하다. 내용이 무엇인가 하면 다 장엄하고 청정하다는 것이다.

5.11 **차이구염장향수해**此離垢焰藏香水海南 **차유향수해**次有香水海 **명무진광명륜**名無盡光明輪

이구염장 향수해 앞에 또 향수해가 있는데 그 이름이 무진광명륜이라는 향수해다. 그 향수해에 큰 연꽃이 피어있고 그 연꽃 위에 또 이십층 아파트가 있는 것이다.

차향수해우선此香水海右旋 유향수해有香水海 명금강보염광名金剛寶焰光

그 옆에 또 향수해가 있는데 향수해 이름은 금강보염광이라는 향수해다.
본문에는 옆이라 하지 않고 우선右旋이라 했는데 말하자면 빙 둘러서 있다는 것이다.

차향수해우선此香水海右旋 유향수해有香水海 명제청보장엄名帝靑寶莊嚴

금강보염광 향수해를 또 돌아서 향수해가 있는데 제청보장엄이라는 향수해다.

기우선其右旋 명금강륜장엄저名金剛輪莊嚴底 기우선其右旋 명연화인다라망名蓮華因陀羅網

그 옆에 또 금강륜장엄저라는 향수해가 있고 그 옆에는 또 연화인다라망이라는 향수해가 있다.

기우선其右旋 명적집보향장名積集寶香藏 기우선其右旋 명보장엄名寶莊嚴

그 옆에 또 적집보향장이라는 향수해가 있고 또 그 옆에 보장엄이라는 향수해가 있다.

기우선其右旋 명금강보취名金剛寶聚 기우선其右旋 명천성보첩名天城寶堞.

그 옆에 또 금강보취라는 향수해가 있고 그 옆에 또 천성보첩이라는 향수해가 있다.

그러니까 지구가 있는 향수해가 있는데 그 옆으로 빙 둘러서 열 개의 향수해 즉 열 개의 세계종이 있다는 말이다. 이구염장, 무진광명륜, 금강보염광, 제청보장엄. 금강륜장엄저, 연화인다라망, 적집보향장, 보장엄, 금강보취, 천성보첩이라는 열 개의 향수해가 돌려 있다.

5.12 이시爾時 보현보살普賢菩薩 부고대중언復告大衆言 제불자諸佛子 피리구염장향수해彼離垢焰藏香水海 차유십향수해次有十香水海

이때 보현보살이 또 대중에게 말했다. 여러분, 이구염장 향수해 밖으로 또 열 개의 향수해가 있다.

2절에서는 열 개의 향수해가 빙 둘러 있다고 했는데 그 열 개의 향수해 밖으로 각각 열 개의 향수해가 늘어서 있어서 말하자면 하나의 큰 성단星團을 이루고 있다는 것이다. 그렇게 각각 열 개씩 모두 백 개의 향수해가 있다는 말을 다음과 같이 적은 것이다.

무진광명륜향수해외無盡光明輪香水海外 십향수해十香水海 금강염광명향수해외金剛焰光明香水海外 십향수해十香水海

무진광명륜 향수해 밖으로 열 개의 향수해가 있고 금강염광명 향수해 밖으로 또 열 개의 향수해가 있다.

제청보장엄향수해외帝青寶莊嚴香水海外 십향수해十香水海 금강륜장엄저향수해외金剛輪莊嚴底香水海外 십향수해十香水海

제청보장엄 향수해 밖으로 열 개의 향수해가 있고 금강륜장엄저 향수해 밖으로 또 열 개의 향수해가 있다.

연화인다라망향수해외蓮華因陀羅網香水海外 십향수해十香水海 적집보

향장향수해외 積集寶香藏香水海外 십향수해十香水海

  연화인다라망 향수해 밖으로 열 개의 향수해가 있고 적집보향장 향수해 밖으로 또 열 개의 향수해가 있다.

보장엄 향수해외 寶莊嚴香水海外 십향수해十香水海 금강보취 향수해외 金剛寶聚香水海外 십향수해十香水海

  보장엄 향수해 밖으로 열 개의 향수해가 있고 금강보취 향수해 밖으로 또 열 개의 향수해가 있다.

천성보첩 향수해외 天城寶堞香水海外 십향수해十香水海.

  천성보첩 향수해 밖으로 열 개의 향수해가 있다.

  이것을 하나하나 다 설명하고 가야 하니까 『화엄경』이 얼마나 길어지겠는가. 그저 한 마디만 했으면 될 것을 또 말하고 또 말한다. 『마하바라타Mahabharata』에는 사랑한다는 말이 십만 번이 나온다고 한다. 같은 것을 또 하고 또 한다. 우리는 사랑한다는 말을 안 해도 되는데 그 사람들은 사랑한다는 말을 해도 열 번, 백 번해서는 안 되고 십만 번쯤 해야 되는 것이다. 이것이 그 사람들의 버릇이니까 우리가 그것을 이해만 하면 된다.
  다음은 시들인데 시가 또 모두 101개가 있는데 그 가운데 18개만 뽑은 것이다.

5.13 화장세계해 華藏世界海 법계등무별 法界等無別
    장엄극청정 莊嚴極淸淨 안주어허공 安住於虛空

  꽃 속에 있는 이 아름다운 세계가 진리의 세계와 다름이 없다. 그것이 그대로 진리의 세계다. 그래서 "장엄극청정莊嚴極淸淨", 이 한마디다. 한없이 장엄하고 한없이 청정하다. 화장세계의 핵심은 이 한마디가 전부다. "장엄극청정"이다. 그리고 그 세계가 어디에 떠 있는가 하면 하늘에 떠 있다.

제2도에서 허공이 있고 그 위에 풍륜風輪, 수륜水輪, 금륜金輪, 지륜地輪이 있다고 했다. 모두 허공에 떠 있는 것이다. 히말라야 산의 에베레스트를 바라보면 하늘이 허공에 떠 있는 것처럼 보였을 것이다. 그러니까 이것들이 다 히말라야 산 때문에 나온 것이라고 보면 될 것이다.

차세계해중此世界海中 찰종난사의刹種難思議
일일개자재一一皆自在 각각무잡란各各無雜亂

이 세계 가운데 있는 세계종은 "난사의難思議", 신비하다. "찰종刹種"이란 세계종을 말한다. 20층 아파트다. 그 세계 하나하나가 얼마나 신비한지 우리가 도저히 헤아리기 어렵다는 말이다. 하나하나가 다 특성이 있다. 다 독특하다. 그런데 "각각무잡란各各無雜亂", 그것이 질서 정연하다. 하늘의 별이 하나하나 독특하면서도 질서 정연하듯 그런 세계다. 화장세계를 전체적으로 이렇게 한 번 그려본 것이다. 이것이면 다 된 것이다. 다음에 또 여러 가지 이야기가 나온다.

비여의수림譬如依樹林 종종과차별種種果差別
업력차별고業力差別故 중생찰부동衆生刹不同

숲 속에 여러 과일 나무처럼 업력業力 때문에 그런 것들이 나온다. 그래서 중생의 세계는 다 다른 것이다. 중생의 세계는 보통 삼천대천三千大千의 세계라 한다. 조그만 세계가 천 개 모이면 중中 세계가 되는데 그 중 세계가 천 개 모이면 대大 세계가 된다. 대大 세계가 천 개면 대천세계이고 대천이 또 삼천 개 모이면 삼천대천 세계가 된다. 이 사람들은 많다는 것을 그렇게 표시하는 것이다.

　비여중궤상譬如眾繢像 화사지소작畫師之所作
　여시일체찰如是一切刹 심화사소성心畫師所成

'궤繢'는 수놓을 궤다. 수를 놓는 것처럼 수놓는 사람의 마음에 따라서 이렇게 여러 가지 세계가 나타난다. 마음이 그렇게 그려내는 것이다. 지난번에는 이것을 유심법계唯心法界라고 했다. 다 마음이 그렇게 그려낸다는 것이다.

　중생신각리眾生身各異 수심분별기隨心分別起
　여시찰종종如是刹種種 막불개유업莫不皆由業

중생의 몸은 다 다른데 마음에 따라서 여러 가지 생각이 나온다. 이렇게 많은 세계가 업業에서 좇아 나오지 않은 것은 없다. 업이 그렇게 만든다는 말이다.

　잡염급청정雜染及清淨 무량제찰종無量諸刹種
　수중생심기隨眾生心起 보살력소지菩薩力所持

더러운 것도 있고 깨끗한 것도 있다. 여러 가지 세계가 있는데 그것들이 다 중생의 마음에 좇아서 나온 것이다. 그런데 보살들이 나와서 도와주니까 견디는 것이다.

　일일심념중一一心念中 출생무량찰出生無量刹
　이불위신력以佛威神力 실견정무구悉見淨無垢

하나하나의 마음 속, 거기에서 한없는 세계가 나온다. 부처님의 위신력威神力으로 다 깨끗해진다.

제5. 화장세계품華藏世界品　207

유찰니토성有刹泥土成 기체심견경其體甚堅硬
흑암무광조黑闇無光照 악업자소거惡業者所居

어떤 세계는 진흙으로 된 세계도 있다. 어떤 세계는 바위로 된 것도 있다. 거기에는 빛이 없다. 거기는 아주 악한 사람들이 사는 곳이다.

고다이락소苦多而樂少 박복지소처薄福之所處
석산험가외石山險可畏 죄악자충만罪惡者充滿

괴로움은 많고 즐거움은 적다. 아주 복 없는 사람들이 사는 곳이다. 험한 산이 정말 무섭게 생겼다. 거기에는 악한 사람들로 꽉 차 있다. 세계 속에는 이런 세계들도 있다는 말이다. 우주가 많은 별로 되어 있는데 별 가운데는 이렇게 악한 사람들이 사는 데도 있다는 것이다.

찰중유지옥刹中有地獄 중생고무구衆生苦無救
상재흑암중常在黑闇中 염해소소연焰海所燒然

어떤 데는 지옥도 있다. 중생들이 한없이 고생을 하지만 구원받을 길이 없다. 흑암 속에 살고 있다. 거기에는 지옥불이 활활 타고 있다.

유찰중보성有刹衆寶成 상방무변광常放無邊光
금강묘연화金剛妙蓮華 장엄정무구莊嚴淨無垢

어떤 세계는 보배로 되어 있는 세계도 있다. 거기는 언제나 빛이 나오고 연꽃이 피어있다. 장엄하고 청정하기가 한이 없다.

불가설토물不可說土物 장엄어일찰莊嚴於一刹
각각방광명各各放光明 여래원력기如來願力起

말할 수 없이 많은 나라에 아주 장엄한 나라도 있다. 거기서는 빛을 발한다. 거기서는 여래가 소원을 일으켜서 수양했기 때문에 그렇게 된 것이다.

일체불신력一切佛神力 진중현중토塵中現衆土
종종실명견種種悉明見 여영무진실如影無眞實

모든 부처님의 신력神力으로 그 먼지 속에 있는 중생들도 다 나타날 수 있게 만든다. 그래서 이렇게 다 나타난 것을 보면 그 중생들의 생활은 그림자 같고 진실이 없다.

어일찰종중於一刹種中 찰형무유진刹形無有盡
개유불원력皆由佛願力 호념득안주護念得安住

이런 세계 속에 여러 가지 형태가 있다. 다 부처님의 원력願力에 의지해서 정말 부처님의 보호를 받는 데는 편안하게 살 수도 있다.

몰천여강신歿天與降神 처태급출생處胎及出生
항마성정각降魔成正覺 전무상법륜轉無上法輪

죽어서 하늘에 올라갔다가 또다시 이 세상에 내려온다. 그래서 어머니 뱃속에 들어갔다가 또 세상에 나온다. 그리고 또 석가처럼 마귀를 이기고 깨닫는 사람도 있다. 그래서 한없이 많은 설법을 하는 사람도 있다.

유찰무광명有刹無光明 흑암다공구黑闇多恐懼
고촉여도검苦觸如刀劍 견자자산독見者自酸毒

어떤 세계는 빛이 없다. 아주 캄캄하고 무섭다. 고통스럽기가 칼로 찌

제5. 화장세계품華藏世界品　209

르는 것 같다. 보기만 해도 소스라치게 된다. 보기만 해도 신물이 난다.

지옥축생도地獄畜生道 급이염라처及以閻羅處
시탁악세계是濁惡世界 항출우고성恒出憂苦聲

지옥과 축생도畜生道에는 염라대왕이 사는데 거기는 아주 더럽고 악한 세계다. 거기서는 걱정과 근심과 고통의 소리만 들려온다.

불어청정국佛於淸淨國 시현자재음示現自在音
시방법계중十方法界中 일체무불문一切無不聞.

부처님은 깨끗한 나라에 있어서 언제나 구원하는 소리를 드러낸다. 여러 가지 세계 속에서 그 석가의 구원하는 소리를 듣지 못하는 곳이 없다.

2001. 4. 15.

제6. 비로자나품毘盧遮那品

비로자나품 강해

제6장은 「비로자나품」인데 『60화엄경』에서는 제1장 「정안세간품」에 이어 「비로자나품」이 제2장으로 되어 있다.

6.1 이시爾時 보현보살普賢菩薩 부고대중언復告大衆言 내왕고세乃往古世 유세계해有世界海 차세계해중此世界海中 유세계有世界 명승음名勝音

이때 보현보살이 대중들에게 말했다. 옛날에 어떤 세계가 있었는데 그 세계 속에 또 조그만 세계가 있었다. 그 세계의 이름이 승음勝音이라는 세계였다. 세계종 속에 또 세계가 있는 것이다.

피세계중彼世界中 유향수해有香水海 기해중其海中 유대연화수미산有大蓮華須彌山 기산상其山上 유일대림有一大林 차림동此林東 유일대성有

一大城 기성차남其城次南 유일천성有一天城 차일일성此一一城 각유백만 억누각各有百萬億樓閣

이 세계에는 향수해가 있고 그 향수해 속에는 또 큰 연꽃이 있고 거기에 수미산이 있고 그 산꼭대기에는 큰 숲이 있고 그 숲의 동편에는 큰 성이 있었다. 그 성곽 앞에는 더 높은 성이 있었고 그 높은 성에는 많은 누각들이 있었다.

차보화지륜대림지중此寶華枝輪大林之中 유일도장有一道場 기도장전其道場前 유일대해有一大海 출대연화出大蓮華.

그 수풀의 이름은 보화지륜대림이라는 수풀인데 거기에 보살들이 수도하는 도장이 있었다. 그 도장 앞에는 또 향수해가 있고 또 연꽃이 있다.

6.2 피승음세계초겁중彼勝音世界初劫中 기제일불其第一佛 호일체공덕산수미승운號一切功德山須彌勝雲 이시피불爾時彼佛 즉어미간卽於眉間 방대광명放大光明.

이 승음이라는 세계가 맨 처음에 되었을 때, 그러니까 이조로 말하면 이성계 때라는 말이다. 그때 일체공덕산수미승운이라는 부처님이 있었다. 이조로 말하면 무학대사가 있었다는 소리다. 왕은 이성계고 부처님은 무학대사였다. 그때 그 일체공덕산수미승운이라는 부처님의 이마 사이에서 아주 지혜의 빛이 나타났다. 무학대사도 지혜가 있는 사람이었을 것이다. 그러니까 서울에 와서 도읍을 열었을 것이다.

시時 일체세간주一切世間主 몽불광명蒙佛光明 피염광명대성중彼焰光明大城中 유왕有王 명희견선혜名喜見善慧.

그래서 세상의 모든 사람들이 그 사람의 지혜를 받지 않은 사람이 없었다. 그리고 그때 염광명대성이라는 성 속에 왕이 있었는데 그 왕의 이름이 희견선혜라는 왕이었다.

그러니까 여기 지금 일체공덕산수미승운이라는 이름의 부처님이 하나 나오고 희견선혜라는 이름의 왕이 하나 나온 것이다.

왕자오백인王子五百人 대위광大威光 위상수爲上首 대위광태자大威光太子 획득여시법광명이獲得如是法光明已 승불위력承佛威力 설송언說頌言

그 왕에게는 왕자가 오백 명이나 있었다. 맏아들이 대위광大威光이라는 아들이었다. 아들의 이름이 『60화엄경』에서는 이와 조금 다르다. 그 맏아들 태자가 진리를 체득하고 부처님의 힘을 받아서 다음과 같이 시를 읊었다.

세존좌도장世尊坐道場 청정대광명淸淨大光明
비여천일출譬如千日出 보조허공계普照虛空界

선생님이 도장에 앉아있는데 선생님의 얼굴에서는 깨끗한 빛이 비치고 있다. 마치 천 개의 태양이 떠있는 것 같다. 그래서 넓게 허공 세계를 비치고 있다. 허공 속을 비치고 있다는 말은 자기 마음 속을 비치고 있다는 말이다.

세존광소조世尊光所照 중생실안락衆生悉安樂
유고개멸제有苦皆滅除 심생개환희心生大歡喜

세존의 빛이 비치는 곳에 있는 모든 중생들의 마음이 편안해진다. 모든 고통은 다 없어진다. 마음 속에 한없는 기쁨이 솟아난다.

시時 희견선혜왕喜見善慧王 심대환희心大歡喜 설송언說頌言

　대위광이라는 황태자가 부처님에 대해서 이렇게 찬양을 하는 것이다. 그랬더니 그 말을 듣고 그 아버지 되는 희견선혜왕이 너무도 기뻐서 또 찬송을 했다.

　일체지향불一切時向佛 심생대환희心生大歡喜
　처자권속구妻子眷屬俱 왕견세소존往見世所尊.

　우리도 다 부처님께로 가자. 그러면 얼마나 마음에 기쁨이 나오겠는가. 우리 처자들을 다 데리고 부처님 있는 데 같이 가자.

　이시爾時 대위광보살大威光菩薩 설송언說頌言

　그때 황태자 대위광보살이 또 찬송을 했다.

　아문불묘법我聞佛妙法 이득지광명而得智光明
　이시견세존以是見世尊 왕석소행사往昔所行事

　나는 부처님의 아주 묘한 신비한 법을 들었다. 그래서 내 속에 지혜가 용솟음쳐 나온다. 그래서 석가가 어떻게 옛날에 수행을 했었는지 그것을 다 알게 되었다.

　아관불찰해我觀佛刹海 청정대광명清淨大光明
　적정증보리寂靜證菩提 법계실주편法界悉周遍.

　나는 지금 부처님의 세계를 바라보는데 한없이 깨끗하고 한없이 빛난다. "적정증보리寂靜證菩提." 적정寂靜이란『원각경圓覺經』에서 디야나Dhyana라 했다. 모든 번뇌가 다 스러지고 진리만 증거하게 되었다. 디야나의 세계에 들어가서 진리를 증거하게 되었다. 그래서 온 세계가 진리의 세계가 되었다.

이시爾時 일체공덕산수미승운불一切功德山須彌勝雲佛 위대위광보살
爲大威光菩薩 설송언說頌言

그때 선생님인 일체공덕산수미승운불이 그 제자 되는 황태자 대위광
보살을 위해서 또 이렇게 노래를 불렀다.

선재대위광善哉大威光 복장광명칭福藏廣名稱
위리중생고爲利衆生故 발취보리도發趣菩提道

대위광, 너는 참으로 용하구나. 너는 지금 한없는 복을 받았고 너의
이름은 사람들에게 한없이 칭찬을 받게 되었다. 그것들은 다 네가 백
성들을 위해서 노력한 때문이다. 네가 진리를 깨닫겠다고 마음먹고 지
금까지 걸어온 때문이다.

대광공양아大光供養我 고획대위력故獲大威力
영진수중생令塵數衆生 성숙향보리成熟向菩提.

너는 언제나 큰 빛으로 나를 공양했다. 나를 기쁘게 했다. 그래서 너
는 큰 힘을 받아서 모래처럼 많은 백성들로 하여금 진리의 세계에 성
숙하게 되도록 자꾸자꾸 인도해 간다.

피일체공덕산수미승운불彼一切功德山須彌勝雲佛 멸도후滅度後 유불출
세有佛出世 명파라밀선안장엄왕名波羅蜜善眼莊嚴王.

그런데 이 일체공덕산수미승운이라는 부처님이 죽었다. 그 다음에
또 부처님이 나왔다. 두 번째 부처님이 또 나왔는데 이름이 파라밀선

안장엄왕이었다.

6.3 이시爾時 대위광동자大威光童子 견피여래見彼如來 설송언說頌言

그때 대위광 태자가 그 두 번째 선생님을 보고 말했다.

불가사의억겁중不可思議億劫中 도세명사난일우導世明師難一遇

이 세상에 가장 신비한 것이 무엇인가. 선생님을 만나는 일이다. 선생님을 만난다고 하는 것은 한없이 어렵다. 맹구우목盲龜遇木이다. 눈 먼 거북이 뗏목을 만나기처럼 그렇게 어렵다. 그래서 천 년에 한 번 만나면 잘 만나는 것이라 한다. 우담바라화優曇波羅華는 삼천 년에 한 번 피는 꽃이라 한다. 삼천 년에 한 번 만나도 그것은 잘 만나는 것이다. 우리가 지금 예수를 만난 지 아직 이천 년밖에 지나지 않았다. 그동안 또 예수 같은 사람이 나왔는가 하면 아직 안 나왔다. 그러니까 정말 이천 년에 한 번 만나는 이것도 어려운 일이다. 세상에서 제일 어려운 것이 선생님을 만나는 것이다. 이것은 정말 여러분이 깊이 알아야 된다.

이 세상에서 가장 신비한 것이 무엇인가 하면 이 세상을 인도하는 눈 뜬 선생님, 그 사람을 만나야 되는데 한 번 만나기가 그렇게 어렵다.

차토중생다선리此土衆生多善利 이금득견제이불而今得見第二佛.

그런데 이 땅에는 모든 백성들이 복이 있어서 지금 두 번째 선생님을 또 만나게 되었다.

시時 피불彼佛 위대위광보살爲大威光菩薩 설송언說頌言

그때 그 말을 듣고 두 번째 선생님이 태자인 대위광보살에게 또 말했다.

선재공덕지혜해善哉功德智慧海 발심취향대보리發心趣向大菩提
여당득불부사의汝當得佛不思議 보위중생작의처普爲衆生作依處

너의 노력과 지혜는 한없이 발전이 되었다. 너는 보리심을 발해서 한없이 정진을 해서 이제 큰 진리를 깨닫는 그런 경지에까지 왔다. 너는 꼭 부처가 될 것이다. 그래서 네가 부처가 되어 모든 중생을 도와줄 것이다.

6.4 파라밀선안장엄여래波羅蜜善眼莊嚴如來 입열반이入涅槃已 제삼여래第三如來 출현어세出現於世 명최승공덕해名最勝功德海

두 번째 부처님인 파라밀선안장엄여래가 또 죽었다. 그리고 세 번째 부처님이 또 나왔다. 이름은 최승공덕해라는 부처님이었다.

대위광동자大威光童子 수전륜왕위受轉輪王位 견피여래見彼如來 시時 피불彼佛 위대위광보살爲大威光菩薩 설송언說頌言

세 번째 부처님이 나왔을 때 황태자도 왕위를 계승하게 되었다. 황태자 아버지 희견선혜왕喜見善慧王이 죽어 황태자가 왕위를 계승한 것이다. 대위광동자가 왕위를 계승해서 제3대 부처님인 최승공덕해 여래를 가서 만났다. 그 부처님이 왕이 된 대위광보살에게 말했다.

선재복덕대위광善哉福德大威光 여등금래지아소汝等今來至我所
민념일체중생해愍念一切衆生海 발승보리대원심發勝菩提大願心

너는 복이 많다. 너는 지금 나에게 왔는데 모든 백성들을 사랑해서 최고의 진리를 깨닫겠다고 하는 그 큰 원심願心 때문에 찾아온 것이다. 그 보리심이 굉장히 칭찬할 만하다는 말이다.

지금 1대 부처님이 나왔다 죽고 2대가 또 나오고 죽고 3대가 나왔다고 하는 것인데 이것이 『화엄경』 책에서는 수십 페이지씩 지나가는 것이다. 그 3대 부처님이 죽고 4대 부처님이 또 나타났다.

6.5 제불자諸佛子 피마니화지륜대림중彼摩尼華枝輪大林中 부유불출복유불출復有佛出 호號 명칭보문연화안당名稱普聞蓮華眼幢.

여러분 저 마니화지륜대림 가운데 또 부처님이 나타났는데 이름이 칭보문연화안당이라는 부처님이었다.

시시是時 대위광大威光 어차명종於此命終 생수미산상적정보궁천성중生須彌山上寂靜寶宮天城中 위대천왕爲大天王 명리구복덕당名離垢福德幢.

이때 대위광 왕도 또 죽었다. 그래서 수미산 꼭대기에 있는 적정보궁천성이라는 하늘나라에 올라갔다. 그래서 거기에서 또 왕이 되었는데 이름이 이구복덕당이었다.

공제천중共諸天衆 구예불소俱詣佛所 우보화운雨寶華雲 이위공양以爲供養.

그런데 하늘나라에 가서도 또 많은 백성들을 데리고 부처님을 또 찾아갔다. 그래서 부처님에게 연꽃의 비를 뿌려주었다. 그렇게 부처님을 공양했다.

여기서 말하는 것이 무엇인가 하면 결국 이 세계는 부처님과 왕, 이 둘이 다스리는 나라라는 것이다. 그것이 이상세계다. 이렇게 부처님이 계속 나오니까 행복하고 또 좋은 왕들이 이렇게 계속 나오니까 행복한 것이다. 우리 이조 오백 년 동안 훌륭한 부처님도 나오고 훌륭한 왕도 나왔겠지만 이렇게 계속 나오지 못한 것인데 여기서는 계속 나왔다는 것이다. 그러니까 그저 그런 이야기인데 이상세계란 별것이 아니고 훌륭한 선생님이 있어야 되고 또 훌륭한 왕이 있어야 된다는 말이다. 그래서 정신적으로 훌륭한 선생님이 있고 정치적으로는 훌륭한 왕이 있어 같이 다스려 가는 나라가 이상세계라는 것이다.

2001. 4. 15.

제7. 여래명호품如來名號品

여래명호품 강해

 불교의 내용은 신해행증信解行証이다. 믿음과 이해와 실천과 증거다. 사람으로 말하면 성문聲聞·연각緣覺·보살菩薩·불타佛陀라는 것인데 그것을 다른 말로 하면 신해행증이라 한다. 『화엄경』 전체를 갈라보면 이 네 가지로 갈리는 것이다. 『화엄경』에는 『60화엄경』이 먼저 나왔고 그것을 또 새롭게 연구해서 나온 것이 『80화엄경』이다. 그런데 한국에서 쓰는 『화엄경』은 주로 『80화엄경』이고 일본 사람들은 대개 『60화엄경』을 쓴다. 『60화엄경』에서 석가가 설교를 몇 번 했는가 하면 8번 했다고 하는데 『80화엄경』에서는 9번 했다고 한다. 우리가 지금 읽고 있는 것은 『80화엄경』이니까 9번을 했다고 하는 것이다. 그리고 설교했던 장소는 모두 7곳이라고 둘 다 같다. 그런데 그 7곳이 어디인가 하면 땅에서 세 곳 하늘에서 네 곳이다. 지난 시간에 본 제2도를 보면 수미산須彌山 꼭대기에 하늘나라가 있다고 해서 도리천궁忉利天宮이 있는데 도리천궁 위에는 또 야마천궁夜摩天宮이 있고 도솔천궁兜率天宮이 있고 화락천궁化樂天宮이 있고 타화자재천궁他化自在天宮이 있다. 그러니까 하늘에서 네 번 설교를 했다고 하는 장소는 수미산 꼭대기의 도리천궁과 야마천궁, 도솔천궁, 그리고 화락천궁은 건너뛰고 타화자재천궁이다. 이 네 곳에서 설교를 했다. 그리고 땅에서는 맨 처음 석가가 진리를 깨달았다고 하는 보리수나무 아래 보리도장菩提道場이 설교한 장소이고 또 거기서 조금 떨어진, 책에서는 삼리허三里許라고 되어 있는데 약 사오백 미터, 기껏해야 한 1킬로미터 떨어진 강가에 보광명전普光明殿이라 하는 요새로 말해서 정자 같은 곳 혹은 강가의 집이라 할 수도 있는 그런 장소에서 설교를 했다. 그러니까 맨 처음에 석가가 보리수 아래서 깨달았는데 그 모습이 아주 아름다웠다 하는 이야기가 지금까지 이야기다. 그 다음에는 보광명전이라는 장소에 가서 설법을 했다는 것이다. 그 보광명전이라는 장소는 석가가 진리를 깨달았다는 장소에서 약 삼사백 미터 떨어진 강가에 정자가 있는데 거기에서 설교를 했다는 것이다. 거기에서 세 번이나 설교를 했다. 그리고 마지막에는 석가가 죽을 때 사위성舍衛城이라는 곳에 가서 설교를 했다. 마갈다국 사위성에 있는 기원정사祇園精舍에서 설교를 했다. 기원정사 옆에 있는 사라수沙羅樹 나무 밑에서 죽었다고 한다. 그때 사라수 나무가 말랐다고 한다. 그러니까 땅에서는 세 곳에서 말한 것이다. 강가에 있는 정자와 기원정사라는 곳과 그리고 석가가 깨달았다고 하는 곳이다. 땅 위에서는 세 곳, 하늘에서는 네 곳이다. 그래서 칠처구회七處九會라 하는데 강가에 있는 보광명전에서 세 번씩이나 말을 한 것이다. 그러니까 깨달은 장소에서 한 번, 강가에서 세 번, 기원정사에서 한 번 이렇게 다섯 번을 땅에서 말하고, 하늘에서 네 번을 말해서 『80화엄경』에서는 7처9회라 한다. 그런데 『60화엄경』에서는 강가에서 설교한 것이 세 번이 아니라 두 번이라 해서 칠처팔회七處八會라 한다.

맨 처음에 보리도장菩提道場, 진리를 깨달은 나무 밑에서 말한 것이다. 『60화엄경』의 제1장이 「세간정안품世間淨眼品」인데 그 내용은 석

가가 깨달았다 하는 것이고 제2장은 노사나불盧舍那佛인데 노사나불
은 소위 법신法身이라는 것이다.

내용	장소(七處九會)	80화엄경
신信:	보리도장菩提道場(1)	세주묘엄품世主妙嚴品 여래현상품如來現相品
		보현삼매품普賢三昧品 세계성취품世界成就品
		화장세계품華藏世界品
해解:	보광명전普光明殿(2)	
	도리천궁忉利天宮(3)	
	야마천궁夜摩天宮(4)	
	도솔천궁兜率天宮(5)	
	타화자재천궁他化自在天宮(6)	
	보광명전普光明殿(7)	
행行:	보광명전普光明殿(8)	이세간품離世間品
증証:	급고독원給孤獨園(9)	입법계품入法界品

맨 처음에 보리도장에서는 석가가 말했다는 것이 아니라 깨달았다는
것이고 거기에서 보여준 것은 석가의 법신인데 그 법신을 보고 다들
너무도 감탄을 해서 찬송을 많이 불렀다는 것이다. 그것이 전부인데
만일 누군가 말한 사람이 있다면 그것은 보현보살이 대신 말했다는 것
이다. 『60화엄경』은 이렇게 두 장인데 『80화엄경』에서는 제1장이 「세
주묘엄품」이고 2장이 여래가 나타났다는 「여래현상품」 3장은 보현이
나타나 깊은 사색에 들어갔다는 것이고 4장은 세계해라는 것이고 5장
은 화장세계라는 것이고 6장은 비로자나불이 나타났는데 왕과 부처님
들이 나왔다는 것이다. 『80화엄경』에서 여기까지가 보리도장에서 있
었던 이야기다. 그런데 이것이 『60화엄경』에서는 제1장과 제2장이다.
그러니까 지금까지 우리가 읽은 내용은 그 장소가 보리도장이다.

그리고 이제 제7장부터는 강가에 있는 보광명전普光明殿에서 일어난 일이다. 그러니까 보광명전이라는 장소를 배경으로 나온 것이다.

장소: 보광명전普光明殿(2)
신信:　　　7. 여래명호품如來名號品(身)　　　8. 사성제품四聖諦品(口)
　　　　　　9. 광명각품光明覺品(意)
해解:　　　10. 보살문명품菩薩問明品
행行:　　　11. 정행품淨行品
증証:　　　12. 현수품賢首品

우선 「여래명호품如來名號品」, 「사성제품四聖諦品」, 「광명각품光明覺品」인데 이것들이 말하는 내용은 신信이라는 것이다. 신앙의 대상을 말하는 것이다. 물론 신앙의 대상이라 하는 것은 석가다. 「여래명호품」은 석가의 몸에 대해서 여래의 모습이 어떻다 하는 것이고 「사성제품」은 여래가 어떤 이야기를 했다 하는 입이고 「광명각품」에서는 여래의 생각이 어떻다 하는 것이다. 여래의 모습과 말씀과 생각이다. 이것을 보통 신구의身口意라 한다. 신구의에 대해 「여래명호품」, 「사성제품」, 「광명각품」이라는 석 장을 말한 것이다. 이것들이 다 무엇을 말하는가 하면 믿을 신信이라는 것이다. 석가가 이렇게 잘났다는 것이다. 『대승기신론大乘起信論』이니까 언제나 석가가 잘나야 믿음이 생기지 못나면 믿음이 생길 이치가 없다는 것이다. 그러니까 여기서는 석가가 잘났다 하는 것을 말하는 것이다.

그 다음은 「보살문명품菩薩問明品」인데 이것은 해解라는 것이다. 신信 다음에 해다. 그 다음 「정행품淨行品」은 행行이라는 것이다. 그리고 「현수품賢首品」이라 하는 것은 증証이다. 현수가 말하자면 증거를 하는 것이다. 이 신해행증信解行証을 보광명전에서도 또 이야기하는 것인데 처음 「여래명호품」, 「사성제품」, 「광명각품」의 3장은 신에 대해서, 그리고 그 다음 석 장은 각각 해, 행, 증에 대해서 말한다는 것이다. 그러니까 보리도장에 이어 두 번째로 보광명전에서 이야기하는 것이 모두 여섯 장으로 되어 있다.

먼저 「여래명호품」이다. 석가의 이름에 관해서 말한다는 것이다.

7.1 이시爾時 세존世尊 재마갈제국아란야법보리장중在摩竭提國阿蘭若法菩提場中 시성정각始成正覺

마갈제국은 마가다국, 석가가 사는 나라 이름이다. 아란야법이란 석가가 깨달은 지역 이름이다. 그 뜻은 조용한 곳이라는 뜻이다. 석가가 깨달은 장소가 수풀 속에 아주 조용한 곳이라는 뜻이다. 조용한 곳에 보리수나무가 있었는데 그 밑에서 석가가 깨달았다는 말이다. 실제로 보리수나무가 있었는지 아니면 버드나무 밑에서 깨달았는데 나중에 그 버드나무를 깨달은 나무라 해서 보리수라고 한 것인지 그것은 모르는 일이다. 하여튼 거기서 "시성정각始成正覺"이다. 석가가 깨달은 것이다. 이것은 제1장 1절에서도 나왔던 것이다.

어보광명전於普光明殿 좌연화장사자지좌坐蓮華藏師子之座.

그리고 석가는 거기에서 삼사백 미터 가서 보광명전이라는 곳에 자리를 잡았다. 연화장이란 연꽃을 조각한 의자인지 연꽃을 갖다 놓은 것인지 그것은 모르지만 하여튼 연꽃 속에 자리를 잡았다. 우리가 지금 진달래 라일락 속에서 강의한다 할 수 있는데 그렇게 연꽃 속에서 앉아있는 것이다. 그리고 석가는 설법을 잘한다 해서 사자후獅子吼라 한다. 사자가 으르렁거리는 것처럼 설법을 잘한다는 것이다. 그렇게 설법을 잘하는 자리니까 그것을 사자지좌獅子之座라 했다. 한마디로 말하면 석가가 강단에 앉아서 강의를 하게 되었다는 말이다.

묘오개만妙悟皆滿 이행영절二行永絶 달무상법達無相法 여십불찰미진수제보살與十佛剎微塵數諸菩薩 구구俱.

석가의 내용은 무엇인가. "묘오개만妙悟皆滿", 진리를 깨달았다. '묘妙'는 신비한 깨달음이다. 진리를 깨달았다는 것은 무슨 학문이 많아 졌다 하는 것이 아니다. 학문과는 상관이 없는 것이다. 그리고 "이행영절二行永絶"이다. 두 가지 행이란 보통 유위有爲, 무위無爲라 한다. 노자의 도道라 하면 무위자연無爲自然이다. 공자의 도는 유위有爲다. 노력해서 어떤 높은 세계에 올라가는 것이다. 그러니까 석가는 노자의 무위나 공자의 유위나 그것을 다 넘어서 있다는 것이다. "이행영절", 무위의 세계나 유위의 세계나 그것을 넘어섰다. "달무상법達無相法." 이 사람들은 무상無相이라는 말을 많이 쓴다. 있기는 있는데 보이지 않는 것이다. 우리가 하나님이라 하면 하나님은 있기는 있는데 보이지 않는다. 그러니까 이것은 어떻게 말하면 하나님 나라에까지 도달했다 그렇게 말할 수도 있고 또는 기독교식으로 생명을 얻었다고 할 수도 있다. 그러니까 진리를 깨닫고 도에 통했고 생명을 얻었다 하면 기독교식이 되는 것이다. 그래서 거기에 많은 제자들이 참가해 있었다는 것이다.

7.2 시時 제보살諸菩薩 작시사유作是思惟 약세존若世尊 견민아등見愍我等 개시불주開示佛住 불법성佛法性 소설법所說法 불위덕佛威德.

그때 모든 제자들이 이러한 생각을 했다. 만일 선생님께서 우리를 불쌍히 여긴다면 좀 부처님의 입장이 어떤 것인지, 부처님의 본질이 어떤 것인지, 부처님이 어떤 이야기를 하시는 것인지, 부처님의 공덕 혹은 실력이 어떤 것인지 열어 보여주면 좋겠다.

설제보살說諸菩薩 십주十住 십행十行 십회향十廻向 십장十藏 십지十地 십원十願 십정十定 십통十通 십정十頂.

또 보살들에게 십주十住, 십행十行 등을 말해 주었으면 좋겠다. 여기서 십신十信은 빠져있다. 십주는 해解요 십행은 행行인데 신해행증을 열 개씩 해도 40개밖에 안 된다. 그래서 열 개를 더 집어넣어야 한다. 왜냐하면 선재동자가 선생님을 찾아다니는데 52명의 선생님을 찾아다닌다. 그래서 맨 마지막 53번째 석가를 만나는데 마지막 51번과 52번째 선생은 문수보살, 보현보살이다. 그렇게 되니까, 이 사람들은 언제나 이것을 생각해서 52를 만들어야 되니까 열 개를 더 집어넣어야 하는 것이다. 마치 우리가 계절이 4계절이지만 오행五行으로 맞추려니까 한 계절을 더 집어넣는 것이나 같다. 계절 하나를 언제 집어넣는가 하면 초복, 중복, 말복이다. 이것을 토土라고 한다. 오행으로 맞추기 위해 하나를 더 집어넣듯이 이 사람들도 하나를 더 집어넣는데 그것이 십회향十廻向이다. 십회향이란 무엇인가 하면 "상구보리上求菩提 하화중생下化衆生"이다. 우선 하나님을 찬양하고 그리고 백성을 사랑한다는 것이다. 하늘을 찬양하고 백성을 사랑한다는 이것을 회향이라 한다. 한 번은 하늘을 향하고 한 번은 사람을 향하는 것이다. 그것이 십회향이다. 그리고 십장十藏이란 화장세계, 꽃 속에 있는 세계니까 십장이라 했다. 그리고 십지十地라 하는 것은 마지막 증證의 세계다. 십신, 십주, 십행, 십회향, 십지다. 그러니까 사실은 40번이 나와야 될 것인데 50번이 나온 것이다. 그리고 십원十願이란 기도하는 소원이다. 십정十定이란 깊이 생각하는 선정이다. 십통十通이란 실천하는 것이다. 십정十頂이란 맨 꼭대기까지 올라간다는 것이다. 이것들도 또 달리 말하면 신해행증이다. 십원十願이 신이고 십정十定이 해고 십통十通이 행이고 십정十頂이 증이다. 밤낮 이 사람들이 하는 것은 이 네 가지지 다른 것이 없다. 마치 우리가 영어 공부할 때 듣는 것은 신이고 책을 보는 것은 해고 영작으로 쓰는 것이 행이고 영어로 말하는 것이 증이다. 영어공부란 밤낮 그것이다. 듣는 것, 보는 것, 쓰는 것, 말하는 것이다. 기독교도 그것이지 무슨 다른 것이 없다. 밤낮 설교 듣고 목사는 말하고 그 사이에 기도한다 하고 『성경』 본다고 한다. 밤낮 그것이다. 언제나 네 가지다. 성문·연각·보살·불타, 이 네 가지를 신해행증이라 말하는 것이다. 언제나 이것이 기초가 되고 거기에다 여러 가지 복잡하게 넣으면 많아지게도 되고 작아지게도 된다.

급설及說 여래지如來地 여래경계如來境界 여래신력如來神力 여래소행如來所行 여래력如來力 여래무외如來無畏 여래삼매如來三昧 여래신통如來神通 여래자재如來自在 여래무애如來無碍 여래안如來眼 여래이如來耳 여래비如來鼻 여래설如來舌 여래신如來身 여래의如來意 여래변재如來辯才 여래지혜如來智慧 여래최승如來最勝.

그리고 또 제자들에게 말해주었으면 하는 것들이 있다. 여래의 입장, 여래의 경지, 여래의 신통력, 여래의 실천, 여래의 힘, 여래의 용기, 여래의 깊은 생각, 여래의 신통, 여래의 자유자재 등이다. 이렇게 여러 가지 말해보았자 그것은 여래의 신해행증이지 다른 것이 아니다. 이것들을 하나하나 설명해도 좋지만 이런 것은 여러분들이 이것은 귀다 이것은 눈이다 이것은 코다 이것은 입이다 하고 맞추면 된다. 이것이 하나의 패턴이니까 여기에 집어넣으면 된다. 여래의 귀는 성문이고 여래의 눈은 연각이고 여래의 코는 보살이고 여래의 혀는 불타다. 여래신如來身은 여래의 모습, 여래의如來意는 여래의 생각, 여래변재如來辯才는 여래의 말재간이고 여래지혜如來智慧 여래최승如來最勝, 여래의 힘이다. 제자들이 그런 것을 좀 알고 싶다는 것이다.

7.3 이시爾時 세존世尊 지제보살심지소념知諸菩薩心之所念 각수기류各隨其類 위현신통爲現神通

그때 석가가 제자들의 생각을 아시고 그 종류에 따라서 여러 가지로 신통력을 나타냈다. 여러 가지 이상異相을 나타냈다. 그 이상을 나타냈다는 것은 가장 많이 나오는 것이 석가의 이마에서 빛이 나왔다던가 치아 속에서 빛이 나왔다던가 하는 것이다. 그런 이상이 나타났다는 것이다.

현신통이現神通已 동방과십불찰미진수세계東方過十佛刹微塵數世界 유세계有世界 명금색名金色 남방南方 명묘색名妙色 서방西方 명연화색名蓮

제7. 여래명호품如來名號品 227

華色 북방北方 명담복화색名薝蔔華色 동북방東北方 명우발라화색名優鉢羅華色 동남방東南方 명금색名金色 서남방西南方 명보색名寶色 서북방西北方 명금강색名金剛色 하방下方 명파리색名玻瓈色 상방上方 명평등색名平等色.

그렇게 신통력을 나타낸 다음에는 널리 빛을 비추어 여러 세계를 또 보여주었다. 동방에 여러 세계가 있었는데 그 세계의 이름이 금색金色이라 한다. 또 남방에도 여러 세계가 있는데 그 이름을 묘색妙色이라 한다.

요새로 말하면 유럽에 사는 사람들은 머리카락이 노랗게 되니까 금색이고 또 어떤 데는 새까맣게 되니까 흑색이 된다. 요새는 또 파랗게 물을 들이는 아이들도 있다. 그러면 또 청색이 될 것이다. 민족에 따라 색깔이 다 다른 것이다. 남방은 묘색, 서방은 연화색, 북방은 포도색, 동북방은 우담바라색, 동남방은 금색, 서남방은 보배색, 서북방은 금강색, 하방은 유리색, 상방은 평등색이다. 하여튼 여러 나라가 있다는 말이다.

7.4 이시爾時 문수사리보살마하살文殊師利菩薩摩訶薩 승불위력承佛威力 보관일체보살중회普觀一切菩薩衆會 이작시언而作是言

그때 문수보살이 부처님의 힘을 입어서 사람들에게 말했다.

늘 말하는 것이지만 석가는 지금 법신이니까 말하지 않게 되어 있고 보현이나 문수가 나와서 말하는 것이다. 법신은 생각하는 사람이지 말하는 사람이 아니다. 혹시 가다가 나중에 석가가 말하는 때도 나올지 모르겠지만 원칙적으로 하면 말하지 않게 되어 있다는 것이다. 이 『화엄경』이란 철학인데 철학이란 생각하는 것이지 말하는 것이 아니다. 그래서 요전에는 보현이 말했고 이번에는 문수가 말하는 것이다. 문수가 부처님의 힘을 받아서 제자들이 모여있는 것을 널리 보고서 이렇게 말했다.

제불자諸佛子 여래如來 어차사바세계於此娑婆世界 종종신種種身 종종명種種名 색상色相 수단修短 수량壽量 처소處所 제근諸根 생처生處 어업語業 관찰觀察 영제중생令諸衆生 각별지견各別知見.

여러분, 여래는 이 세상에 와서 사람들을 깨우치게 하기 위해 여러 가지 모습을 취한다. 부자에게는 부자처럼, 가난한 사람에게는 가난한 사람처럼, 여자에게는 여자처럼, 남자에게는 남자처럼, 상대방에 따라 여러 가지 모습을 취하는 것이다. 그것을 화신化身이라 한다. 초등학교 학생들에게는 초등학생들처럼 대학생들에게는 대학생들처럼 여러 모습을 취한다. 그래야 된다. 선생님은 여러 가지 모습을 취해야 되지 그렇지 않으면 안 된다. 그래서 제일 설교하기가 어려운 곳이 교회다. 교회는 초등학교도 못나온 사람도 있고 또 대학원을 졸업한 사람도 있고 또 학교 선생들도 있다. 천 층, 만 층이다. 그 사람들을 다 알게 해주어야 하는데 어떻게 해야 그렇게 되는가 하면 생각은 깊고 말은 쉽게 해야 된다. 생각을 깊게 해야 대학 교수들도 와서 듣지 생각이 얕으면 안 온다. 그리고 초등학교도 못 다닌 사람이 알아야 되니까 말은 쉽게 해야 된다. 그러니까 언제나 경經이란 생각은 깊게 말은 쉽게, 그것이 경이다.

불교도 기독교도 다 마찬가지다. 생각이 깊지 않으면 몇 천 년 동안 수많은 학자들이 연구할 수 있는 그런 것이 안 된다. 한없이 깊으니까 학자들이 달라붙어 연구하는 것이지 깊지 않으면 왜 연구를 하겠는가. 그러니까 생각은 깊고 말은 쉽게, 그렇게 되어서 종교라는 것이 언제나 땅 끝까지 퍼져 가는 것이다.

여래는 이 사바세계에서 부자로도 가난한 사람으로도 여러 가지 모습을 취하고 또 여러 가지 이름으로 나타난다. 어떤 때는 대학 교수라고 하고 어떤 때는 초등학교 선생이라 하기도 하고 여러 가지 이름을 가진다. 그리고 색상色相, 어떤 때는 화내기도 하고 어떤 때는 웃기도 하고 여러 가지 색상이다. 수단修短, 나이가 많은 사람처럼 어떤 때는 나이가 젊은 사람처럼 한다. 수량壽量, 밤낮 학교에서 떠나지 않고 계속 있다는 것이다. 오래 붙어있는 선생이다. 처소處所, 어떤 때는 밖에 나가서도 하고 어떤 때는 교실에서도 한다. 여러 가지 처소를 바꾼다. 제근諸根, 어떤 때는 마음 속에 있는 것을 깊이 나타내기도 하고, 생처生處, 어떤 때는 육체로 나타내기도 하고, 어업語業, 어떤 때는 말로 하고, 관찰觀察, 어떤 때는 눈치로 하고, 하여튼 어떻게 되었건 여러 가지 방법을 써서 모든 중생으로 하여금 한 사람 한 사람이 다 깨달을 수 있도록 해준다. 목적은 그것이다. 모든 사람이 다 깨달을 수 있게 하는 것이다.

7.5 제불자諸佛子 여래如來 어차사천어於此四天下 혹명일체의성或名一切義成 원만월圓滿月

학생들은 또 어떤가 하면 선생에 대한 인상이 다 다르다. 어떤 사람은 선생이 무섭게도 보이고 어떤 사람은 또 선생이 너무 무르게도 보이고 이렇게 제자들의 눈에 보이는 선생의 모습이 다 다르다. 여래가 이 세상에 있는 것을 보고 어떤 사람은 저 사람은 진리를 깨달은 사람이라 말하기도 하고 또 어떤 사람은 저 사람이야말로 생명의 약동을 느끼는 사람이라 하기도 한다.

사자후師子吼 석가모니釋迦牟尼 제칠선第七仙 비로자나毘盧遮那

어떤 사람은 사자후라, 세상에서 설교를 제일 잘한다고 하기도 하고 어떤 사람은 석가모니, 석가 족에서 나온 최고의 선생님이라 하기도 하고 어떤 사람은 제칠선第七仙, 저 사람이야말로 정말 하늘에서 내려온 신선이다 하기도 하고 또 비로자나, 광명편조光明遍照, 저 사람이야말로 정말 지혜의 화신이라 하기도 한다.

구담瞿曇 대사문大沙門 최승最勝 도사導師 여시등如是等 기수십천其數

十千.

　보통 석가에 대해 부르는 것이 세 가지인데 우선 석가라는 것은 부족을 나타낸다. 우리로 말해서 김씨라 하는 것처럼 석가는 성姓이다. 그리고 고타마Gotama는 석가의 이름이다. 내 성이 김이고 이름을 홍호라고 하듯이 석가는 성이고 고타마는 이름이다. 그리고 싯다르타Siddhartha는 어렸을 때 부르던 이름이다. 어렸을 때 부르는 이름이 있고 어른이 되면 부르는 이름이 있고 더 어른이 되면 그 다음에는 이름은 안 부르고 그냥 석가 선생님이라 하게 된다. 고타마는 한문자로 쓸 때 구담瞿曇이라 한다. 대사문大沙門이란 중이라는 말이다. 자기의 자식과 아내를 버리고 산에 가서 사는 사람이 사문이다. 그 다음 최승最勝이란 아주 강한 사람이라는 말이다. 도사導師는 남을 인도하는 사람이라는 말이다. 이렇게 여러 가지로 말하는 것인데 그 수가 열도 되고 천도 된다. 사람마다 그 대하는 것이 다 다르다는 것이다.

　7.6 제불자諸佛子 차사천하동此四天下東 차유세계次有世界 명위선호名爲善護 여래어피남방如來於彼南方 혹명제석或名帝釋 보칭寶稱 이구離垢 실어實語 조복調伏 구족희具足喜 대명칭大名稱 능이익能利益 무변無邊 최승最勝.

　여러분 동편에 세계가 있는데 이름이 선호라는 나라다. 또 남방에 나라가 있는데 남방에서는 석가를 제석, 보칭, 이구, 실어, 조복, 구족희, 대명칭, 능이익, 무변, 최승이라 부른다.

　서방西方 혹명或名 수천水天 희견喜見 최승왕最勝王 조복천調伏天 진실혜眞實慧 도구경到究竟 환희歡喜 법혜法慧 소작이변所作已辨 선주善住.
　북방北方 명대모니名大牟尼 고행苦行 세소존世所尊 최승전最勝田 일체지一切智 선의善意 청정예라발나淸淨瑿羅跋那 최상시最上施 고행득苦行得.

제7. 여래명호품如來名號品　231

동북방東北方 명조복마名調伏魔 성취成就 식멸息滅 현천賢天 이탐離貪 승혜勝慧 심평등心平等 무능승無能勝 지혜음智慧音 난출현難出現.
　동남방東南方 명극위엄名極威嚴 광염취光焰聚 편지遍知 비밀秘密 해탈解脫 성안주性安住 여법행如法行 정안왕淨眼王 대용건大勇健 정진력精進力.
　서남방西南方 명안주名安住 지왕智王 원만圓滿 부동不動 묘안妙眼 정왕頂王 자재음自在音 일체시一切施 지중선持衆仙 승수미勝須彌.
　서북방西北方 명보편名普遍 광염光焰 마니계摩尼髻 가억념可憶念 무상의無上義 상희락常喜樂 성청정性清淨 원만광圓滿光 수비修臂 주본住本.
　하방下方 명집선근名集善根 사자상師子相 맹리혜猛利慧 금색염金色焰 일체지식一切知識 구경음究竟音 작이익作利益 도구경到究竟 진실천眞實天 보편승普遍勝.
　상방上方 명유지혜名有智慧 청정면清淨面 각혜覺慧 상수上首 행장엄行莊嚴 발환희發歡喜 의성만意成滿 여성화如盛火 지계持戒 일도一道 여래如來 어중於中 유백억만종종명호有百億萬種種名號 사바세계娑婆世界 여래명호如來名號 명평등등백名平等等百.

　이름이 백억 만 개나 된다는 것이다. 실제로 『화엄경』에는 이름이 210개가 나온다. 이 백억 만 개 중에서 가장 많이 부르는 이름이 열 개가 있다. 여래如來 선서善逝. 하늘에서 왔다가 하늘로 가는 사람이다. 났다 죽는 사람이 아니라 왔다 가는 사람이다. 「요한복음」 12장에서도 나왔다. 언제나 왔다 가는 사람이지 났다 죽는 사람이 아니라는 것이다. 그 다음은 응공應供 세간해世間解. 응공應供이란 언제나 하나님께 자기 자신을 바치는 사람이다. 그리고 언제나 이 세상을 위해서 자기를 내주는 사람이다. 세상을 잘 이해해서 자기를 내주는 것이다. 그 다음은 정편지正遍知 명행족明行足이다. 진리를 깨닫고 그것을 밝게 실천하는 사람이다. 지행일치知行一致라는 것이다. 정편지 명행족, 이것은 지행일치라는 것이고 응공 세간해는 하나님을 사랑하고 이웃을 사랑하는 천인합일天人合一이다. 그리고 여래 선서는 왔다가 가는 사람이다. 그 다음은 무상사無上士 조어장부調御丈夫다. 최고의 기술자가 되어서 말을 잘 훈련시키는 사람이다. 말 타는 것으로 비유를 한 것이다. 그리고 불세존佛世尊이다. 이 세상에서 가장 높은 선생님이다. 불佛이란 깨달았다는 말이다. 진리를 깨달은 세상에서 가장 높은 사람이 불세존이다. 그러니까 천인사天人師, 하늘에 가서도 선생님이요 이 세상에서도 선생님이다. 하늘과 땅에서 다 선생님이다. 그래서 이렇게 열 가지가 보통 많이 불리는 이름인데 그 가운데서도 세존世尊이라는 말이 제일 많이 쓰이고 불佛, 여래如來라는 말이 많이 쓰인다. 물론 이렇게 많이 쓰이는 말이 있는데 하여튼 이것이 말하는 것은 선생님의 모습에 따라서 보는 사람의 느낌도 다 달라진다는 것이다. 그러니까 더 다르게 말하면 선생님은 하나인데 선생님의 모습이 천 가지 만 가지라는 말이다.

왜 그렇게 해야 하는가 하면 모든 종류의 사람을 다 깨우쳐 줘야 하기 때문이다. 모든 사람을 다 깨우쳐 주어야 하니까 천 가지 만 가지로 나올 수밖에 없다. 태양은 하나지만 이 세상에 나타난 만물은 천 가지 만 가지다. 억만 가지다. 왜 이렇게 억만 가지가 되는가. 그렇게 억만 가지가 되지 않으면 우리가 살 수 없기 때문이다. 태양이 변해서 공기도 되어야 우리가 숨을 쉬고, 태양이 변해서 물도 되어야 우리가 마시게 되고, 태양이 변해서 풀도 되어야 우리가 뜯어먹는다. 그러니까 우리를 살리기 위해서 이렇게 수억만 가지로 변했다는 것이다. 순전히 우리를 살리기 위한 것이다. 한마디로 말하면 사랑 때문이다. 사랑 때문에 이렇게 여러 가지로 변하는 것이다.

태양이란 무엇인가. 사랑이다. 이 사랑 때문에 풀도 되고 나무도 되고 과일도 되고 지구도 되고 달도 되고 우주 만물이 다 된다. 하나가 다 된 것이다. 그리고 이 모든 것은 또 어디로 가는가 하면 결국 불이 된다. 나무도 타면 불이고 바위도 타면 불이고 지구도 타면 불이고 물도 타면 불이 된다. 다 불이 된다. 일즉일체一卽一切요 일체즉일一切卽一이다. 이것이 말하자면 『화엄경』의 핵심이다. 『화엄경』의 핵심만이 아니라 모든 사상의 핵심이다. 그런데 이 사람들은 범신론汎神論이니까 이 일一이라 하는 것을 신神이라 한다. 그리고 신이 무엇이 되었나 하면 억만 가지 자연이 된 것이다. 신즉자연神卽自然이다.

그래서 스피노자Baruch Spinoza(1632-77)의 생각이나 같아진다. 신즉자연이고 자연즉신自然卽神이다. 1이 2이다. 그러니까 영문학자들도 다 이것을 가지고 말하는 것이다. 셰익스피어William Shakespeare니 괴테Goete니 다 이것이다. 우주 만물이 무엇인가. 이것이 하나님의 화신이다. 우주 만물에 다 하나님의 솜씨가 들어있는 것이다.「로마인서」1장이다. 우리가 몰라서 그렇지 신비하지 않은 것이 없다. 우리가 몰라서 그렇지 우리가 보는 진달래 속에도 신비가 들어가 있다. 약초를 연구하는 사람들은 우리가 보기에 아무 것도 아니지만 그 속에서 신비를 찾아내서 그것을 가지고 암도 고치고 다한다. 그렇기 때문에 약학도 해야 되고 의학도 약학과 연결이 되어야 한다. 이것이 없으면 안 된다. 일체가 신비하지 않은 것이 없다.

유영모 선생이 양봉養蜂을 했으니까 그 둘째 아들도 양봉을 했다. 꿀을 따서 살림을 했다. 벌이 일하니까 유영모 선생은 할 것이 없어 밤낮 생각만 했다. 그런데 그 둘째 아들이 나에게 말하기를 벌이 이렇게 조그만 하지만 참 이상하다는 것이다. 물론 꿀을 따오는 것도 이상하지만 벌이 꿀을 따러 삼십 리 밖에까지 가는데 유채꽃이면 유채꽃 어떤 나무에 있는 꿀을 따서 오다가 비가 오면 나무 잎에 붙어있는데 어느 때는 한 주일을 기다린다고 한다. 한 주일 기다리고 있다가 비가 그치면 자기 집으로 가는데 똑 같은 벌통 사오만 개를 나눠도 언제나 제 벌통으로 들어가지 남의 벌통으로 가지 않는다고 한다. 그런데 들어가서 옆에 있는 벌에게 촉각을 조금 움직이면 그 옆에 있는 벌이 곧장 삼십리를 날아가서 그 벌이 앉았던 바로 그 꽃에 가서 앉는다는 것이다. 이것이 신비라는 것이다. 촉각을 조금 까닥 움직일 때 어떤 신호를 보내는 것인지, 그 거리를 어떻게 재고 그 갔던 꽃에 가서 딱 앉게 되는지, 유채꽃이 수억 개가 되는데 그 속에서 어떻게 그 하나를 골라내는가 말이다. 요새 컴퓨터 만들어 뽐내고 야단이지만 아무리 컴퓨터가 세밀해도 이런 것이 되겠는가. 그러니까 신비라는 것은 그저 신비지 이것은 무슨 사람의 힘으로 어떻게 못하는 것이다. 그것은 벌만 그러는 것이 아니다. 우주 만물 모든 것이 다 신비한 것이다. 그 신비를 찾아내는 것이 과학이니 무엇이니 하는 것이다. 별도 신비하고 소립자도 신비하고 모두가 신비하다. 그래서 흄David Hume(1711-76)은 세상에서 제일 신비한 것이 해뜨는 것이라 했다. 생각하면 해뜬다는 것이 얼마나 신비한가. 또 우리 눈에 보인다는 것, 이처럼 신비한 것이 어디 있느냐 했다. 사실 다 생각해보면 한없이 신비하다. 안과 의사는 말하기를 우리 눈을 십 년을 연구해도 다 연구 못한다고 한다. 얼마나 복잡하고 이상하게 생겼는지 그렇게 신비하다는 것이다. 일체 속에 다 신비가 들어가 있다. 그 신비를 찾아내는 것, 그것이 학문이다. 그것을 찾아내면 우리는 암도 고칠 수 있고 찾아내지 못하면 암에 걸려 그냥 죽는 것이다.

석가성불釋迦成佛에 산천초목山川草木 동시성불同時成佛이다. 석가가 부처가 되고 보니 산천초목이 다 부처더라는 것이다. 이렇게 해석할 수도 있고 또 석가가 부처가 되니 산천초목이 다 석가더라 이렇게 해석할 수도 있다. 이것은 여러 가지로 해석할 수 있는 오묘한 글이다. 지금 나는 석가를 하나로 보고 산천초목을 억만으로 보는 것이다. 석가는 지금 법신인데 신神이다. 그래서 신즉자연神卽自然으로 보는 것이다. 오늘은 그렇게 보는 것이다. 다음에는 또 다르게 설명할 때가 있을 것이다. 다음은 소동파蘇東坡(1036-1101)의 오도송悟道頌이다. 소동파가 진리를 깨달았을 때 쓴 시라는 것이다.

"산색기비山色豈非 청정신淸淨身
계성변시溪聲便是 장광설長廣舌
야래팔만夜來八萬 사천게四千偈
타일여하他日如何 거사인擧似人"

내가 왜 이 글을 썼는가 하면 "계성즉溪聲卽 장광설長廣舌"이라는 것이다. 자연즉신이라는 말이다. "석가성불 산천초목 동시성불"이라 하는 것은 신즉자연이고 "계성변시 장광설"이라 하는 것은 자연즉신이다. 일즉일체요 일체즉일이다.

2001. 4 .22.

제8. 사성제품四聖諦品

사성제품 강해

　석가가 고행을 하다가 고행을 그만두고 어느 강가에 있는 동네의 소녀가 우유죽을 끓여서 대접하는 것을 먹었다. 그런데 그 동안 내내 같이 고행하던 석가의 다섯 제자들이 그것을 보고는 그만 낙심을 해서 떠났다. 그들이 볼 때 '이 사람은 안 되겠다.' 그렇게 낙심을 하고 석가를 떠나 다른 곳으로 가서 계속 고행을 했는데 석가가 깨달았다. 그래서 석가는 맨 처음 그 사람들을 찾아가 처음으로 설법을 했는데 그것을 초전법륜初轉法輪이라 한다. 처음으로 설법의 바퀴를 굴렸다는 뜻이다. 그리고 그때 석가가 맨 처음에 한 그 설법의 내용이 사성제四聖諦라는 것이다.

　8.1 이시爾時 문수사리보살마하살文殊師利菩薩摩訶薩 고제보살언告諸菩薩言

이때 문수사리보살이 여러 보살에게 말했다.

제불자諸佛子 고성제苦聖諦 차사바세계 중此娑婆世界中 혹명或名 죄罪 핍박逼迫 변이變異 반연攀緣 취聚 자刺 의근依根 허광虛誑 옹창처癰瘡處 우부행愚夫行.

'제諦'는 제왕帝王의 말씀, 법왕의 말씀이다. 기독교에서 '왕 중의 왕'이라 하듯이 여기서는 '법왕 중의 법왕'이다. 진리의 왕 가운데 진리의 왕이라는 말이다. 그래서 진리의 왕의 말씀이라 해서 제諦라 한다. 성제聖諦, 성인의 말씀이다.

먼저 고성제苦聖諦다. 불교에는 사법인四法印이라는 것이 있다. 이것이 꼭 들어가야 불교라 할 수 있지 그렇지 않으면 불교라 할 수 없다는 것으로 말하자면 불교의 핵심이라고 볼 수 있다. 사법인이란 일체개고一切皆苦, 제행무상諸行無常, 제법무아諸法無我, 열반적정涅槃寂靜을 말한다. 그리고 보통 제행무상, 제법무아, 열반적정, 이 셋만 말할 때는 삼법인三法印이라 한다. '인印'이란 도장이니까 가장 중요한 핵심이라는 말이다. 그러니까 불교에서 가장 중요한 것이 무엇인가 하면 신해행증信解行証이다. 신信이라 하는 것은 성문聲聞이고 해解는 연각緣覺, 행行은 보살菩薩, 증証은 불타佛陀라는 것이다. 언제나 이것이다. 성문이라 하면 귀요, 연각이라 하면 눈이요 보살이라 하면 코, 그리고 불타라 하면 입으로 이목구비耳目口鼻라는 것이다. 그래서 신이라 하는 것이 귀요 해라 하는 것은 눈이고 행이라 하는 것은 코요 증이라 하는 것은 입이다. 이렇게 생각해서 신해행증이라 하거나 성문·연각·보살·불타라고 하거나 다 같이 보면 된다. 사법인이라 해도 일체개고라 하면 신이고 제법무아라 하면 해, 제행무상이라 하면 행, 열반적정이라 하면 증이다. 결국 같은 내용이다. 고집멸도苦集滅道라 하는 사성제도 고苦라 하는 것은 신이고 집集이라 하는 것은 해, 도道라 하는 것은 행이고 멸滅이라 하는 것은 증이다. 순서가 조금 바뀐 것뿐이다. 그러니까 내용은 다 마찬가지다. 다 같은 내용인데 이렇게도 말하고 저렇게도 말하고 해서 자꾸 생각해 가도록 하는 것이다.

　불교에서도 제일 중요한 것이 고苦라는 것이다. 고라 하는 것이 없으면 불교라는 것이 성립이 안 된다. 공자에게 글자 한 자를 가지고 일생 살 수 있는 글자가 어떤 글자인가 하고 물었을 때 공자도 어려울 난難이라 했다. 기독교에서는 십자가의 고난苦難이다. 기독교의 십자가를 달리 말하면 고난이다. 불교의 핵심은 고苦, 유교의 핵심은 난難이다. 어느 것이나 다 상당히 중요한 개념들이다. 괴롭다 하면 안 됐다고 하지만 괴로움이 있으니까 인생이라 하는 것이 있지 괴로움이라는 것이 없다면 인생도 없다. 우리의 환경이라 해도 좀 괴로운 곳, 거기에서 문명이 나오지 괴롭지 않으면 문명이라는 것이 없다. 밤낮 벌거벗고 야자수만 먹어도 되는 그런 곳에서는 문명이 나오지 않는다. 모든 문명이 어디서 나오는가 하면 고라는 데서 나온다. 그래서 고가 없으면 문명이라는 것이 없다. 우리가 고를 피하기 위해서 집도 짓는 것이고 옷도 입는 것이고 컴퓨터도 만드는 것이다. 무엇이나 다 고 때문에 나오는 것이지 고라는 것이 없으면 안 된다. 이것은 어떤 의미에서 하나의 모순이다. 그러니까 고라는 것이 참 중요한 것이다. 소크라테스는 젊은이는 고민을 해야 된다고 했다. 고민이 젊은 사람의 특권인데 고민도 할 줄 모르면 무슨 젊은 사람이냐 하리만큼 고라는 것이 중요한 것이다. 고라는 것을 느끼지 못하면 그는 문둥이다. 그래도 우리가 신경을 제대로 가졌으면 고라는 것을 느끼지 않을 수 없는 것이다.

　맨 처음에 고성제苦聖諦다. 고苦라는 것이 무엇인가. 괴로운 것이다. 사바세계다. 도저히 참을 수 없이 괴로운 세상이 사바세계다. 그래서 사바세계를 인토忍土라 한다. 참아야 살 수 있는 세계지 참지 못하면 살 수 없는 세계다. 그래서 고라는 것을 달리 말할 때는 죄罪라 한다. 불교에서는 고라 하고 기독교에서는 죄라 한다. 그래서 우리에게 고를 주는 것이 어떤 것인가. 핍박逼迫, 변이變異, 반연攀緣, 취취聚, 자자刺, 의근依根, 허광虛誑, 옹창처癰瘡處, 우부행愚夫行이다. 여기서 반연攀緣이란 무명無明에 의해서 생기는 괴로움인데 하여튼 우리에게 괴로움을 주는 어떤 원인을 반연이라 한다. 많이 모여 있어서 괴롭게 되는 것을 취聚라 한다. 어떤 악의 뿌리에 의거해서 핍박을 받을 때 의근依根이라 한다. 속을 때 괴로움을 받는 것이 허광虛誑이다. 옹창처癰瘡處는 등창이 났을 때 괴로운 것이다. 옛날에는 등창이 나서 죽는 경우도 많았다. 우부행愚夫行은 어리석은 사람의 행동이다. 이런 것들이 다 고에 속한다는 말이다. 그러니까 고라는 것은 괴롭다는 말이다.

고집성제苦集聖諦 명名 계박繫縛 멸괴滅壞 애착의愛着義 망각념妄覺念 취입趣入 결정決定 망망網 희론戱論 수행隨行 전도근顚倒根.

그 다음은 집集이다. 고의 원인이 무엇인가 하는 것이다. 계박繫縛, 무엇에 얽매여 있는 것이다. 멸괴滅壞, 멸망하고 깨졌을 때다. 애착의愛着義, 애착을 가지는 것이다. 불교에서는 고의 원인을 갈애渴愛라고 한다. 망각념妄覺念, 망녕되게 생각하는 때다. 취입趣入, 어떤 데 끌려 들어갔을 때다. 잘못 결정했을 때 그물에 걸렸을 때, 거짓에 끌려 다닐 때, 남에게 끌려 다닐 때, 거꾸로 섰을 때, 이것을 전도인생顚倒人生이라 하는데, 그것들이 모두 다 괴로움의 원인이라는 것이다.

고멸성제苦滅聖諦 명名 무쟁無諍 이진離塵 적정寂靜 무상無相 무몰無沒 무자성無自性 무장애無障碍 멸滅 체진실體眞實 주자성住自性.

멸멸이란 고에서 벗어난 것을 말한다. 열반적정涅槃寂靜이다. 열반이나 적정이나 같은 말이다. 고에서 벗어난 것이다. 해탈解脫이다. 열반이란 불이 꺼졌다는 말이다. 몸에 병이 나면 열이 나는데 그 열이 없어졌다 하면 병이 다 나은 것이다. 이 세상을 화택火宅이라 하는데 그 불이 꺼지면 열반이다. 불이 꺼진 것, 모든 고통이 없어진 것이 멸이다. 그래서 다투지 않게 되고 더러운 것을 벗어나고 고요하고 조용하다. 무상無相, 모습이 없다. 무몰無沒, 빠지는 것이 없다. 무자성無自性, 자기라는 것이 없다. 무장애無障碍, 장애가 없다. 멸滅, 불이 꺼졌다. 체진실體眞實, 진실을 체득했다. 계속 무無, 무無 하고 부정적으로 말하다가 마지막에 한마디 체진실이라 하고 긍정적으로 말했다. 진실을 체득했다. 그래서 주자성住自性, 진짜 자기가 되어서 산다.

고멸도성제苦滅道聖諦 명名 일승一乘 취적趣寂 도인導引 구경무분별究竟無分別 평등平等 사담捨擔 무소취無所趣 수성의隨聖意 선인행仙人行 십장十藏 유여시등사백억십천명有如是等四百億十千名.

그러면 어떻게 해서 거기에 갈 수 있는가. 보통 팔정도八正道라 한다. 팔정도라 하면 정견正見, 정사正思, 정언正言, 정념正念, 정업正業, 정진正進, 정명正命, 정정正定이라는 것이다. 정견 정사라 하는 것이 하나, 정언 정념이라 하는 것이 하나, 정업 정진이라 하는 것이 하나, 정명 정정이라 하는 것이 하나다. 그러니까 팔정도라 하지만 사실은 넷이라 볼 수 있다.

"명名 일승一乘", 『화엄경』이니 『법화경』이니 하는 것은 말하자면 최고의 가르침이다. 일승이다. 그 다음은 취적趣寂, 적멸에 들어갔다. 도인導引, 거기까지 끌고 간다. 구경무분별究竟無分別, 분별없는 세계까지 갔다. 평등平等, 평등의 세계다. 사담捨擔, 어깨에 지워진 짐을 버렸다. 무소취無所趣, 이제는 아무 데고 끌려가지 않는다. 수성의隨聖意, 거룩한 뜻에 따른다. 선인행仙人行, 선인이 되어 간다. 십장十藏이란 신信, 계戒, 참慚, 괴愧, 문聞, 시施, 혜慧, 념念, 지持, 변辯을 말한다. 이렇게 굉장히 많은 이름이 있다. 사백억 십천 가지 이름이 있다.

8.2 제불자諸佛子 차사바세계此娑婆世界 소언고성제자所言苦聖諦者 피밀훈세계중彼密訓世界中 혹명或名 영구근營求根 등等 십종명十種名 집성제集聖諦 혹명或名 순생사順生死 등等 십종명十種名 멸성제滅聖諦 혹명或名 제일의第一義 등等 십종명十種名 도성제道聖諦 명名 맹장猛將 등等 십종명十種名.

여러분, 이 사바세계에서 소위 말하는 고苦성제라고 하는 것을 밀훈

제8. 사성제품四聖諦品 241

密訓 세계라고 하는 세계에서는 영구근營求根이라고 한다. 그리고 영구근만이 아니라 열 가지의 다른 말이 있다. 또 집집성제에 대해서는 순생사順生死라는 말이 있는데 이것만이 아니라 또 열 가지의 말이 있다. 멸멸성제에 대해서는 제일의第一義라는 말이 있는데 이것만 아니라 또 열 가지가 있다. 도도성제라는 것에 대해서는 맹장猛將이라는 말 외에 또 열 가지가 있다. 이렇게 모두 마흔 개가 있다.

남방南方 최승세계最勝世界 서방西方 이구세계離垢世界 북방北方 풍일세계豊溢世界 동북방東北方 섭취세계攝取世界 동남방東南方 요익세계饒益世界 서남방西南方 선소세계鮮少世界 서북방西北方 환희세계歡喜世界 하방下方 관약세계關鑰世界 상방上方 진음세계振音世界.

그리고 남방에는 최승세계, 서방에는 이구세계, 북방에는 풍일세계, 동북방에는 섭취세계, 동남방에는 요익세계, 서남방에는 선소세계, 서북방에는 환희세계, 하방에는 관약세계, 상방에는 진음세계가 있다. 이렇게 열 개의 세계가 있는데 열 개의 세계가 모두 또 각각 사성제에 대해서 이름이 마흔 개씩 있다는 것이다. 그래서 책에는 그 이름이 모두 사백 마흔 개가 나와 있다.

8.3 제불자諸佛子 여차사바세계중如此娑婆世界中 설사성제說四聖諦 유사백억십천명有四百億十千名 여시동방백천억如是東方百千億 무수무량무변무등無數無量無邊無等 불가수不可數 불가칭不可稱 불가사不可思 불가량不可量 불가설不可說 진법계盡法界 허공계虛空界 소유세계所有世界 피일일세계중彼一一世界中 설사성제說四聖諦 역각유사백억십천명亦各有四百億十千名 수중생심隨衆生心 실령조복悉令調伏.

여러분, 이 세계 가운데는 사성제를 말하는 것이 사백억 십천 가지가 있다. 이렇게 한없이 많이 있다. 그래서 셀 수도 없고 말할 수도 없고 생각할 수도 없고 헤아릴 수도 없고 설명할 수도 없다. 모든 법계,

우주 전체, 이 세계 전체 그 하나하나의 세계 어디서나 다 사성제를 말하는 것인데 어느 세계든지 모두 다 사백억 십천 개씩이나 된다. 모든 중생의 마음에 따라서 이 사성제를 이해시키기 위해서 여기서도 저기서도 다 그런 것이다.

그러니까 이 세상에는 말이 한없이 많은데 그 모든 말이 한마디로 말하면 사성제라는 것이다. 『팔만대장경』 그것이 무엇하기 위해 그렇게 있는가 하면 사성제라는 것이다. 괴로움을 벗어나기 위한 말이라는 것이다. 모든 문화가 무엇인가. 괴로움을 벗어나자는 것이다. 모든 말들, 국회에서도 말하고 어디서도 말하고, 그 모든 말들이 무엇인가 하면 괴로움을 벗어나자는 것이다. 일언이폐지一言以蔽之하면 고를 벗어나자는 것이다. 그것밖에 무엇이 더 있는가. 아이들이 무엇이라 하든지 다 결론은 괴로움을 벗자는 것이다. 우는 소리가 되었건 무엇이 되었건 다 그것이지 다른 것이 아니다.

요전에 『법화경』을 배울 때는 성문聲聞은 사제四諦라 하고 연각緣覺은 십이지인연十二支因緣이라 하고 보살菩薩은 육파라밀六波羅蜜이라 했다. 그리고 불타佛陀에 대해서는 나오지 않았는데 하여튼 무엇이라 있을 것이다. 그런데 십이지인연을 한마디로 말하면 모든 고통의 원인은 무명無明이라는 것이다. 지혜가 없어서 그렇게 고생을 하게 된다는 것이다. 문명文明이란 무엇인가. 지혜가 자꾸 많아지는 것이 문명이다. 그러니까 지혜가 없으면 고생하게 된다고 그렇게 된다. 그리고 행行이라 할 때는 육파라밀이다. 그리고 무명이니까 지혜를 찾으면 된다는 것이 해解라는 것이다. 신信이라는 것은 괴롭다는 것, 이것이 사실이니까 그것을 부정할 사람은 없다. 그래서 『법화경』에서는 사제를 고苦에만 갖다 놓고 성문이라 하고, 연각에는 십이지 인연, 보살에는 육파라밀이라 했다. 어떻게 해도 다 같은 것이다. 그래서 우리가 전체적으로 한 번 보기로 한다.

고苦는 괴롭다는 것이다. 보통 팔고八苦라 해서 여덟 가지를 말하는데 간단하게 하면 네 가지다. 네 가지 괴로운 것이 무엇인가 하면 생로병사生老病死라는 것이다. 생로병사가 괴로운 것이다. 어머니 뱃속에서 나올 때부터 진통을 겪고야 나온다. 나와서도 살려면 얼마나 괴로운지 모른다. 그래서 야스퍼스Karl Jaspers(1883-1969)는 한계상황限界狀況을 말했다. 불교에서는 생生이라 하는 것을 야스퍼스는 싸움이라 했다. 싸움, 전쟁 이것들이 다 살려고 야단치다 나오는 것이다. 그래서 싸움, 죄책, 고통, 죽음이라 했다. 야스퍼스는 이것을 한계상황이라 해서 인간이라면 이것을 피할 수 없다는 것이다. 우리로 말할 때는 생로병사라 하는 것이 쉽다. 생로병사를 우리가 피할 수는 없다. 누구에게나 다 이것은 있는 것이다.

그래서 생로병사인데 그 다음에 그 괴로움의 원인이 무엇인가. 크게 말하면 무명無明이라 할 수 있다. 만일 우리가 조금 더 작게 조금 더 잘 말하자면 탐진치위貪瞋痴僞라 할 수 있다. 살도음기殺盜淫欺인데 미워하다가는 죽인다는 것, 탐내다가 도둑질한다는 것, 그리고 치정이 간음을 부르는 것, 그리고 거짓말하다가 사기하게 된다는 것이다. 살도음기라 해서 사악四惡인데 보통 살도음殺盜淫만 말해서 삼악三惡이라 한다. 이 삼악의 근본이 무엇인가 하면 삼독三毒이다. 악독惡毒이다. 사람이 악하고 독한 것이다. 그래서 예수는 말했다. "모세는 살인하지 말라고 했지만 내가 너희에게 말하노니 너희는 미워하지 말라. 모세는 간음하지 말라고 했지만 나는 너희에게 말하노니 여인을 보고 음욕을 품는 자는 이미 간음한 것이다. 모세는 도둑질하지 말라 했지만 나는 너희에게 말하노니 남의 물건을 탐하지 말라." 이것이 산상수훈이라는 것이다. 기독교에서도 이것을 죄의 핵심으로 보는 것이다. 그러니까 기독교에서는 죄罪라고 하는 것을 여기서는 고苦라고 하는 것인데 그 핵심을 탐진치위貪瞋痴僞라고 하는 것이다. 그러니까 이 탐진치위라 하는 것을 가만 들여다보면 생로병사와 연결이 된다. 여러분이 그것을 들여다보아야 된다. 생로병사. 서로 살겠다고 탐을 내고 도둑질도 한다. 이렇게 무엇인지 서로 연결이 된다. 내가 지금 그것을 말해도 좋지만 그것을 여러분이 한 번 생각하게 하기 위해서 서로 연결이 된다는 말까지만 하기로 한다.

그 다음이 육파라밀六波羅蜜, 혹은 팔정도八正道인데 육파라밀이나 팔정도나 내용은 같은 것이다. 우리가 보통 육파라밀이라 하는 것은 어디에서 나온 것인가. 석가는 6년 고행이다. 그 다음은 49일 참선이다. 그리고 성불이다. 그리고 45년 설법이다. 6년 고행의 내용은 일식一食이라는 것이다. 그리고 참선했다는 말 대신에 일좌一坐라 하고 성불했다는 말 대신에 일인一仁이라 한다. 인仁이나 불佛이나 같은 글자다. 그리고 설법했다 하는 것을 일언一言이라 한다. 그러니까 내가 늘 말하는 일식一食·일좌一坐·일인一仁·일언一言이다. 6년 고행, 49일 참선, 35세 성불, 45년 설법, 이것을 한마디로 하면 일식·일좌·일인·일언이다. 그래서 내가 늘 말하는 것이 이것이다. 육파라밀도 이것이다. 지계持戒는 일식이고, 선정禪定은 일좌요 지혜智慧는 일인이고 보시布施는 일언이다. 육파라밀도 결국 이것이다. 인욕忍辱, 정진精進은 어디에 갖다 끼워 넣으면 된다. 그래서 육파라밀이라 해도 되고 또는 팔정도라 해도 된다.

어떻게 하든 하여튼 자기에게 맞게 하면 되는데, 그러면 이것들은 무엇을 없이하기 위해서 하는 것인가. 일식이라 하면 이것은 탐貪을 없이 하는 것이다. 한끼 먹으면 아무 것도 탐할 것이 없다. 그러니까 이 일식·일좌·일인·일언이라는 네 가지는 탐진치위貪瞋痴僞라는 네 가지를 빼자는 것이다. 삼독을 빼자는 것이다. 일좌는 진瞋을 빼자는 것이다. 일인은 치痴를 빼자는 것이다. 일언은 위僞를 빼자는 것이다. 고통의 원인이 탐진치위라는 것이니까 이 원인을 빼기 위해서 석가가 한 것도 이것이다. 6년 고행, 49일 참선, 성불, 45년 설법이다. 이 네 가지다. 이것이 말하자면 법法이라는 것이다. 생로병사, 고의 원인이 한마디로 무엇인가 하면 탐진치위라는 것이다. 아까 갈애渴愛라 했는데 갈애는 치정에 속하는 것으로 밤낮 텔레비전 방송에서 보여주는 것이 결국 이것이다.

생로병사의 원인이 탐진치위라는 것이고 이것을 없이 하자는 것이 파라밀이다. 이것을 또 여덟 가지로 말하면 팔정도다. 그래서 없어지면 멸滅이다. 멸이라 하는 것을 이 사람들은 상락아정常樂我淨이라 표현한다. 상락아정이라 하는 것도 도道와 연결해 보면 다 연결이 된다.

제8. 사성제품四聖諦品 245

무엇이 상常이 되고 무엇이 낙樂이 되고 무엇이 아我가 되는 것일까. 아我라고 하는 것은 자유라는 것이니까 무엇이 자유가 될까 하는 것이다. 무엇이 깨끗이 될까. 그것을 우리는 다 생각할 수 있다. 그러니까 내가 그것을 무엇이라 하지 않지만 상락아정이라는 이것이 말하자면 증証이다. 육파라밀 이것은 행行이다. 그리고 탐진치위라는 삼독 이것은 말하자면 해解다. 그리고 생로병사 이것이 신信이다. 그러니까 다음과 같이 넉 줄을 써 놓고서 한 번 맞춰보면 다 연결이 된다. 그래서 다 연결이 되면 사성제가 된 것이다.

신信	해解	행行	증証
생로병사生老病死	탐진치위貪瞋痴僞	육파라밀六波羅蜜	상락아정常樂我淨
고苦	집集	도道	멸滅
성문聲聞	연각緣覺	보살菩薩	불타佛陀
일체개고一切皆苦	제행무상諸行無常	제법무아諸法無我	열반적정涅槃寂靜

그러니까 모든 고통을 다 없이 한다는 것은 아니고 우리가 만들어낸 고통을 없이 하는 것이다. 우리가 만들어낸 고통이 탐진치위貪瞋痴僞라는 것이다. 이 우리가 만들어낸 고통을 다 뽑아내 버려야 한다. 그것을 뽑아버리는 방법은 행行이라는 것이다. 이것을 팔정도八正道라 할 때는 또 팔정도에 다 맞출 수가 있다. 팔정도라 해도 네 가지다. 정견正見 정사正思, 정언正言 정념正念, 정업正業 정진正進, 정명正命 정정正定이다. 견見, 언言, 업業, 명命이라는 네 가지다. 이것을 또 생로병사와 탐진치위에 맞춰보면 다 맞아진다. 그래서 결국은 상락아정常樂我淨이다. 깨끗하고 자유롭고 즐겁고 영원한 이런 세계로 우리가 들어가면 그것을 우리는 해탈이라 혹은 열반이라 혹은 천국이라 한다. 그러니까 이것은 불교의 핵심이면서 또한 모든 철학과 사상의 핵심이라 할 수 있다. 이것을 빼놓고 철학이 어디 있고 종교가 어디 있겠는가. 기독교에서는 팔정도라 하는 대신에 산상수훈의 팔복이라 하는데 그것도 다 맞춰보면 또 다 이렇게 들어맞게 된다. 그래서 우리가 이렇

게 자꾸 연습을 해서 갖다 맞추면 나중에는 불교에도 통하게 되고 유교에도 통하게 되고 도교에도 통하게 되고 다 통하게 된다. 핵심들은 다 같은 것이다. 결국 탈고脫苦하자는 것이다. 그 탈고하는 방법이 무엇인가 하는 것이다. 그러니까 그 방법을 찾으면 된다. 그 방법을 찾으면 탈고가 가능한 것이다.

내가 지금 일식一食을 왜 하는가. 생로병사에서 병病 하나를 없이하기 위함이다. 내가 여러 번 말하지만 나는 공동묘지에 네 번 갔었다. 내일이면 죽는다 하는 것이 네 번 있었다. 바람만 불면 감기요, 그래서 일 년에 절반은 결석이었다. 그러니까 나는 온 몸이 병원이었다. 폐도 나쁘고 간도 나쁘고 심장도 나쁘고 다 나빴다. 몸 전체가 하나의 병원이다. 그래서 밤낮 다 죽게 되었다가 어떻게 또 살아나고 어떻게 또 살아나고 네 번을 그렇게 했다. 그런데 일식을 시작하니까, 일식을 한 후부터는 지금까지 결석을 해본 일이 없다. 이화대학에도 결석해본 일이 없고 감신대학에 결석해본 일도 없고 여기에 결석해본 일도 없다. 이것이 정말 병이 없다는 것, 사람에게 병 하나 없으면 그것이 얼마나 행복한지 모른다. 이 세상에서 제일 비참한 것이 병을 앓는 것이다. 집안에 병을 앓는 환자가 있어도 돈이 많이 들고 내가 병을 앓아도 패가망신하게 된다. 병이라는 것만큼 인생을 괴롭히는 것도 없다. 그러니까 그 병 하나 없어졌다는 그것이 여간 소중한 것이 아니다.

요전에도 그랬지만 우리의 마음, 이것은 늙지 않는다. 우리의 정신, 그것은 나지 않는다. 정신은 언제나 깨닫는 것이지 정신은 나는 것이 아니다. 마음은 늙지 않고 정신은 나지 않는다. 마음이라는 것이 이상하다. 요전에도 동창을 만났는데 나도 팔십을 넘었지만 그 사람도 팔십을 넘었다. 동창을 만나서 "야, 지금 너는 뭣하냐?" 하고 서로 "야, 야" 하지 나이 많아졌다고 해서 무슨 "예, 예" 하지 않는다. 그러니까 늙어도 마음은 늙지 않는다. 몸은 앓지 않고 마음은 늙지 않고 정신은 나지 않는다. 그리고 영혼은 죽지 않는다. 사람에게 네 가지가 있다면 몸은 앓지 않으면 되고 마음은 늙지 않으면 된다. 마음은 아직 새파랗다. 그리고 정신은 사는 것이 아니다. 정신은 깨는 것이다. 하루하루 깨나는 것이지 사는 것이 아니다. 그리고 우리에게 영혼이 있다면 영혼은 죽지 않는다. 그렇게 되면 다 해결이 된 것이다.

그러니까 맨 처음에 해결해야 될 것이 몸에 병을 없이 하는 일이다. 몸에 병 하나 없이 하는 것, 그것이 제일 첫 문제다. 그런데 한끼를 먹으면 왜 병이 안 나는지 나도 모른다. 한 번은 동아일보에 기사가 나서 읽어보니까 어떤 의사가 말하기를 한끼를 먹으면 체온이 조금 낮아진다고 한다. 체온이 낮으니까 균이 마치 냉장고에 들어간 것 같아서 활동을 못한다고 한다. 그래서 한끼를 먹으면 병이 없다고 그 사람은 그렇게 설명을 했다. 한 번은 미국 의학잡지에 한끼를 먹는 사람들의 이야기가 나왔는데 거기서도 다 병이 없다는 것이나. 식가가 병이 없는 이유는 한끼를 먹은 것이다. 이것은 석가가 시작한 것이 아니고 그 전에 베다Veda 시대부터 있었다. 베다 시대, 우파니샤드Upanishad 시대, 그때부터 병을 없이 하는 방법이 무엇인가 하면 한끼 먹는 것이다. 중국에서는 소강절邵康節(1011-77)이라는 사람이 한끼를 먹었다. 칸트Immanuel Kant(1724-1804)도 한끼를 먹었다. 『월든Walden』을 쓴 소로우Henry David Thoreau(1817-62)도 이 년 동안 한끼를 먹었는데 정말 병이 없었다. 왜 병이 없는지는 나도 모른다. 그래서 나는 남에게 한끼 먹어라 하고 권하지 않는다. 한끼 먹지 않고도 병이 안 나면 한끼 먹을 필요 없다. 그런데 나는 아무리 약을 먹고 주사를 맞아도 병이 안 나으니까 한끼 먹는 수밖에 없었다. 유영모 선생님도 삼십을 넘지 못할 것이라는 의사의 진단이 있었는데 90이 넘게 살았다. 그 비결이 무엇인가 하면 한끼 먹는 것이다. 그래서 유영모 선생님이 한끼 먹는 것을 보고 나도 한끼를 먹었는데 정말 나도 앓지 않게 되었다.

왜 그런지 이유는 모른다. 여러분도 한끼 먹는 것을 해 보고싶은 사람은 해보지만 그러나 내가 한끼 먹어라 해서 했다고 하지는 마라. 나는 누구더러 하라고 하지는 않는다. 우리 가족들보고도 절대 하라고 하지 않는다. 자기들이 해야 되겠다 해서 한다면 가만 내버려두지만 내가 하라 그렇게 하지 않는다. 왜 그런가 하면 내가 왜 병이 없어지는지 그 이유를 모르기 때문이다. 이유를 알면 되겠지만 이유를 모른다.

그래서 내가 기껏 생각해낸 이유가 무엇인가. 사람에게 오장五臟이 있는데 말하자면 위장, 폐, 심장, 간장, 신장이다. 이 오장이라 하는 것이 결국 오행五行으로 간다는 것이다. 오행이란 불(火)에서 흙(土)이 나오고 흙에서 금金이 나오고 금에서 수水가 나오고 수에서 목木이 나오고 목에서 불이 나온다는 것이다. 그러니까 목木이라는 것은 간장이고 화火라는 것은 심장이고 토土라는 것은 위장, 금金이라는 것은 폐장, 수水라는 것은 신장이다. 이것이 오행인데 내가 생각할 때 우리가 심장이 나쁘다 해서 우리 마음대로 심장을 어떻게 할 수 있는가 하면 할 수 없다. 간이 나쁘다 해서 어떻게 할 수 있는가 하면 할 수 없다. 신장이 나쁘다 해서 어떻게 할 수 있는가 하면 어떻게 할 수 없다. 폐가 나쁘다 해서 어떻게 할 수 있는가 하면 어떻게 할 수가 없다. 그런데 우리가 마음대로 할 수 있는 것은 위장이다. 이 위라는 것을 쉬게 하면, 한끼 먹는다는 것이 위를 쉬게 하는 것인데, 사십일 금식한다 하는 것도 쉬게 하는 것인데, 그렇게 쉬게 해서 그 기능을 회복시켜주는 것이다. 그래서 위가 튼튼해지면 폐도 튼튼해진다는 것이다. 오행이기 때문이다. 그래서 폐가 튼튼해지면 신장이 튼튼해진다. 신장이 튼튼해지면 간이 튼튼해지고 간이 튼튼해지면 심장이 튼튼해진다. 심장이 튼튼해지면 또 위가 튼튼해진다. 내가 전에 아플 때는 아침에 요강을 보면 그저 하얀 묵처럼 되었다. 두부처럼 늘 그렇게 나왔는데 일식을 하고 나서부터 차례차례 폐병도 없어지고 신장도 괜찮아지고 간도 좋아지고 전체가 다 괜찮아졌다. 요는 위 하나를 내 마음대로 할 수 있지 다른 것은 내 마음대로 할 수 없다는 것이다. 그러니까 옛날 사람들이 어떻게 이 오장을 건강하게 했는가 하면 결국 위를 건강하게 함으로써 다른 것들을 다 건강하게 하지 않았느냐는 말이다. 이것이 내 생각이다. 그런지 아닌지는 잘 모르지만 이것이 내 생각이다. 그래서 나는 폐도 심장도 간장도 다 나빴는데 나중에 일식을 하고 나서부터 차례차례 다 없어졌다. 얼마 전에도 보험공단에서 건강진단 하라 해서 보건소에 가서 진찰을 받아보니까 의사가 하는 말이 심장의 박동이 꼭 젊은 사람 같다고 했다. 나에게 무엇을 먹느냐고 물어서 특별히 먹는 것이 없다고 해도 의사는 이것이 젊은이의 박동이지 늙은이의 박동이 아니라는 것이다.

하여튼 내가 35세부터 지금까지 그 동안 하루도 아파 본 일이 없다. 물론 가끔 감기에 걸려본 일은 있지만 그 이상은 아파 본 일이 없다. 그러니까 내 위가 건강해진 것만은 확실하다. 전에는 아무 것도 먹지 못했는데 이제는 고구마를 먹어도 괜찮고 냉면을 먹어도 괜찮고 다 괜찮은 것을 보면 위가 튼튼해진 것은 확실하다. 위가 튼튼해지니까 다른 것도 다 튼튼해지지 않느냐는 것이다. 그래서 금년에도 지금 까지 감기 한번 안 앓고 나오니까 폐도 괜찮은 것 같다. 그러니까 일식이라는 것 때문에 위가 튼튼해지고 위가 튼튼해지는 깃 때문에 다른 오장이 튼튼해지고 따라서 육부가 튼튼해지고 그래서 오장육부五臟六腑가 다 튼튼해져서 건강이 된 것이 아닌가. 이것이 내가 하는 하나의 구실이다. 하여튼 일식을 해서 병이 없어졌다 하는 것은 확실하다. 그러니까 여러분도 오늘 말한 것을 가만 들여다보고서 생로병사라는 것, 탐진치위라는 것, 일식·일언·일좌·일언이라 하는 것, 그리고 상락아정이라 하는 것, 이것들을 잘 연결해보면 여러분의 문제가 해결되지 않겠느냐 하는 말이다.

문제가 해결되면 되지 더 무엇이 있겠는가. 그러니까 이 다음부터 여기 올 생각하지 말고 집에서 각자 자기 문제를 발견해서 자기 문제를 해결하면 된다. 내가 계속 말해야 이 소리지 무슨 다른 소리가 있겠는가. 사백억 십천 번을 말해도 다 이 소리지 다른 것이 무엇이 있겠는가. 내가 독특한 것이 있다면 나는 말도 하지만 보여준다는 것이다. 이렇게 나왔다는 것이 벌써 건강하다는 표가 아닌가. 이렇게 나와서 한 시간 하고 가고 또 나와서 한 시간 하고 가고 이렇게 하는 것이 말하자면 증証이라는 것이다. 그런데 그 증 배후에는 행行이 있는 것이다. 행의 배후에는 해解가 있는 것이다. 해의 배후에는 고苦가 있는 것이다. 내가 오랫동안 고통에 시달린 것이다. 고통에 시달리다가 어떻게 하면 될까 그 방법이 무엇일까 그리고 원인이 무엇일까 해서 그 원인을 삼독으로 잡은 것이다. 그 삼독을 해결하는데 어떻게 할까. 파라밀로 잡은 것이다. 파라밀로 잡아서 지금은 어떤가. 건강한 것이다.

결국 건강한 육체에 건강한 정신이다. 우리가 육체만 건강하면 무엇 하겠는가. 정신이 건강해야 된다. 정신을 건강하게 하는 방법은 역시 생각하는 것이다. 무엇을 생각하는가. 이런 성인들의 말을 생각하는 것이다. 이 이상 더 건강하게 하는 방법이 어디 있겠는가. 사람은 떡으로만 사는 것이 아니라 말씀으로 산다. 떡으로 살면 그것은 건강한 육체고 말씀으로 살면 그것은 건강한 정신이다. 그래서 집에서는 떡을 먹고 나오고 교회에 나와서는 이렇게 말씀을 내놓고 이렇게 하는 이것이 건강한 육체에 건강한 정신이다.

행복이라 하면 그것이 행복이지 다른 것이 있겠는가. 행복이라는 것이 무엇인가. 건강하다는 것이 행복이다. 『주역』에서 '건乾'은 하늘 건인데 건이 무엇인가 하면 건강하다는 '건健'이다. 하늘은 우리에게 무엇을 말하려고 하는가 하면 '건健'을 말하려는 것이고 땅은 우리에게 무엇을 말하려고 하는가 하면 '강剛'을 말하려고 하는 것이다. 우리가 건강을 가지면 하늘과 땅을 다 가진 것이다. 그 이상 행복한 것이 어디 있겠는가. 만일 땅을 건강한 육체라 하면 하늘은 건강한 정신이라 할 수 있다. 건강한 정신과 건강한 육체를 가지면 그것으로 다지 그 이상 우리가 바랄 것이 무엇이 있겠는가. 가장 행복한 것이 무엇인가. 건강이다. 여기에 대해 반대할 사람이 있겠는가. 반대할 사람이 있다면 마음대로 반대해도 좋다. 하여튼 "Sound body, Sound spirit"이라 하는 것, 이것이 없이는 우리에게 문화도 없고 국가도 없고 아무 것도 다 없는 것이다. 그렇지 않겠는가. 행복한 가정이라 해야 온 집안이 건강한 것이지 다른 것이 없다. 아이들은 나가서 열심히 공부 잘하고 운동 잘한다. 그것이면 됐지 더 무엇이 있겠는가. 우리 온 국민이 건강한 육체와 건강한 정신을 가졌으면 그것이 행복이지 더 무엇이 있겠는가. 이렇게 보면 오늘 사성제라는 전체의 내용을 한마디로 말하면 건강이라 할 수 있다. 건강, 이 이상 더 소중한 것이 없지 않느냐는 말이다. 사성제 하는 것, 해법은 원인을 알아 가지고 그것을 치료하는 것이다. 그래서 그 원인을 제거해 버리면 그것을 해탈이라 한다. 그 원인을 제거해 버리면 기쁨이, 상락아정이 넘친다는 것이다.

　이것이 말하자면 석가가 맨 처음에 한 말이면서 동시에 석가가 하고 싶은 말을 다 한 것이다. 더 할 말은 없다. 그러니까 이제부터 또 쭉 나오기는 나오지만 다 이것들의 재탕이고 재탕이지 다른 것이 무엇이 있겠는가. 여러분 가운데서도 건강해야 하겠다고 하면 반드시 자기의 건강을 유지하게 하는 행이 있어야 된다. 행이 없으면 우리가 건강을 증할 수가 없다. 그러니까 그것은 자기가 해가야 된다. 그리고 그렇게 하기 위해서는 반드시 그 이유를 알아야 된다. 그 이유를 알고 자기의 현실에 대해서 언제나 불만을 가져야 된다. 불만을 가져야 원인을 따지게 된다. 아프다 하면 왜 아픈가. 암이리 해서 암이라고 알면 병원에 가서 잘라버리고 만다. 잘라버리고 다시 건강한 몸이 되면 증이다. 모두 이것이지 다른 것이 없다.

2001. 4. 29.

제9. 광명각품光明覺品

광명각품 강해(1)

「광명각품光明覺品」은 부처님의 뜻이 무엇인가 하는 것이다. 그런데 부처님의 뜻이란 별 것이 아니다. 부처가 되겠다는 것이지 다른 것이 아니다. 결론은 성불成佛이다. 그리고 어떻게 성불을 하는가 할 때는 또 신해행증信解行証이다. 그래서 오늘 적어놓은 「광명각품」의 내용도 네 토막으로 나누면 신해행증이다. 언제나 신해행증이라는 것이다. 성문聲聞 · 연각緣覺 · 보살菩薩 · 불타佛陀라는 그것을 다른 말로 할 때 신해행증이라 한다. 보살의 특징은 행行이고 연각의 특징은 해解, 성문의 특징은 신信이다. 그리고 불타의 특징은 증証이다. 신해행증이라고 하든지 성문 · 연각 · 보살 · 불타라고 하든지 언제나 같은 말이다. 앞으로『화엄경』에서 죽 말하는 것이 그 소리다. 그것을 이렇게도 말해보고 저렇게도 말해보고 하는 것이다.

그렇게 같은 말을 자꾸 되풀이하면 지루하지 않느냐 하겠지만『화엄경』이 끝날 때까지 지나가 봐도 별로 지루한 줄 모른다. 왜 지루한 줄 모르는가 하면 말들이 다 살아있기 때문이다. 죽은 말이라면 지루한데 살았으니까 지루한 줄 모른다. 우리가 이것을 제일 느끼는 것이 사진과 그림이다. 사진은 한 번 보면 싫증이 난다. 자기 사진도 한 번 보면 되지 그것을 또 보고싶은 생각은 없다. 그런데 그림은 걸어두고 매일 보아도 싫증이 안 난다. 왜 그런가? 살아있기 때문이다. 사진과 그림의 차이가 그것이다. 사진은 죽었으니까 이천 원이면 족하지만 그림은 살았으니까 천만 원은 내야 된다. 『화엄경』이라 하는 것도 살았으니까 우리가 아무리 읽어도 싫증이 안 난다. 우리의 『성경』도 마찬가지다. 살았으니까 하나님의 말씀이요 생명의 말씀이다. 살았으니까 언제나 지루한 줄을 모른다. 산에 가서 샘물을 마시면 언제나 좋다. 살았기 때문이다. 수돗물은 먹기가 싫다. 수돗물 그것은 거기에 약품도 넣고 그래서 죽었다는 것이다. 언제나 산 물이 맛도 있고 싫증도 안 난다. 언제나 내용은 신해행증이라는 것이다. 그런데 그 하나님의 말씀, 혹은 부처님의 말씀이라 해도 좋은데, 그것은 밤낮 들어도 싫증이 안 난다.

「광명각품」인데 광명이란 요새로 말해서 진리다. 진리는 무엇인가 하는 말을 광명각光明覺이라고 한 것이다. 진리라는 것은 언제나 빛으로 상징한다. 우리가 이데아Idea라 해도 하나의 빛으로 상징하는 것이다. 그래서 진리는 무엇인가 하는 것을 옛날식으로 「광명각품」이라 한 것이다.

9.1 이시爾時 세존世尊 종양족륜하從兩足輪下 방백억광명放百億光明 조차삼천대천세계照此三千大千世界 여차처견불세존如此處見佛世尊

양족兩足이란 두 발을 말한다. 광명각이란 진리를 깨닫는 방법이 무엇인가 하는 말인데 그 방법이 무엇인가 하면 양족륜兩足輪이다. 진리는 머리로 깨닫는 것이 아니라는 것이다. 진리는 발바닥으로 깨닫는 것이지 머리로 깨닫는 것이 아니다. 칸트의 말이 제일 적당하다. 진리는 순수이성으로 깨닫는 것이 아니다. 진리는 실천이성으로 깨닫는다는 것이다. 칸트가 유명한 이유가 이것이다. 쭉 형이상학이 내려왔는데 그 당시까지 형이상학은 순수이성으로 해결된다 하고 내려왔다. 그런데 칸트가 그것이 아니라 했다. 소위 칸트의 코페르니쿠스적 전환이라는 것이다. 코페르니쿠스Copernicus(1473-1543)는 그때까지 지구를 중심으로 태양이 돌아간다고 했던 것을 그것이 아니라 지구가 태양을 돌고 있는 것이라 했던 사람이다. 그래서 소위 천동설이 그만 지동설로 뒤집힌 것이다. 칸트는 형이상학에 대해서 코페르니쿠스의 역할을 한 것이다. 지금까지는 순수이성으로 되는 줄 알았는데 그것이 아니라는 것이다. 실천이성으로 된다는 것이다. 그것이 유명한 칸트의 핵심이다. 순수이성보다도 실천이성이 더 높다는 것이다. 실천이성의 우위라는 것이다. 그러니까 칸트는 철학 속에서 처음으로 지동설을 주장한 사람이다. 진리는 머리로 아는 것이 아니라 발바닥으로 안다. 이것이 소위 실천이성이라는 것이다.

　발바닥이란 말은 『장자莊子』속에도 나온다. 마음이 어디에 있는가 할 때 마음은 발바닥에 있다는 것이다. 마음이 가슴에 있는 것도 아니고 머리에 있는 것도 아니다. 마음은 발바닥에 있다. 요가 하는 사람들이 최고의 요가는 물구나무서기라고 한다. 물구나무서기가 무엇인가 하면 하늘에 발바닥을 내 놓는 것이다. 참선한다 할 때 무엇을 하는가 하면 두 발바닥을 내 놓는 것이다. 가부좌跏趺坐라는 것이 그것이다. 그러니까 요가나 참선이나 마찬가지다. 요가나 참선만이 아니라 공자가 말하는 정좌正坐라 하는 것도 무릎을 굴해서 발바닥을 내 놓는 것이다. 진리를 깨닫는 방법은 발바닥이다. 몇 해나 참선을 하면 되는가. 조주趙州는 한 이십 년을 하라고 한다. 이십 년 해도 안 되면 어떻게 합니까? 한 이십 년을 더 하면 되지 않느냐? 사십 년을 하라는 것이다. 그것은 조주라는 사람이 사십 년을 해서 깨달았다는 것이다. 조주는 20살에 시작을 해서 60에 나서야 깨달은 것이다. 그러니까 정말 사십 년이 걸린 것이다. 칸트의 『실천이성비판』이 무엇인가? 발바닥으로 깨닫는 것이지 머리로 깨닫는 것이 아니라는 것이다.

　그러니까 진리는 지식의 대상이 아니다. 칸트로 말하면 게게벤Gegeben이 아니고 아우프게게벤Aufgegeben이다. 주어진 것이 아니다. 주어진 것은 대상물이다. 그런데 주어진 것이 아니라 위로부터 부과된 것이다. 위에서 부과된 것을 받으려면 발바닥으로 받아야지 다른 것으로 받으면 안 된다는 것이다. 하여튼 다 같은 이야기다. 언제나 진리는 지식이 아니라는 것이다. 지식을 넘어선 것이다. 진리를 알고 싶은 것이 사람의 걱정인데 진리라는 것은 알 수 있는 것이 아니다. 그래서 우리가 『법화경』을 할 때 언제나 비유하기를 물 속에 들어가서 뜨려면 어떻게 해야 되는가 하면 머리를 물 속에 집어넣어야 된다고 했다. 몰두沒頭라는 것이다. 머리를 물 속에 집어넣어야 된다는 것은 머리를 가지고는 안 된다는 말이다. 머리를 집어넣어야 떠올라온다. 떠올라온다는 말이 각覺이라는 것이다. 그래서 그때는 몰두라는 말을 많이 했다. 우리가 무엇에 몰두한다는 것이 무엇인가 하면 머리를 집어넣는 것이다. 머리를 집어넣어야 된다. 그래서 해석이나 이해가 아니고 정말 붕 뜨는 것인데 붕 뜨는 그것을 우리는 깨닫는다고 하는 것이다.

칸트는 1,700년대 사람이다. 『화엄경』은 1,200년 전쯤에 나온 것이다. 그래서 칸트와 『화엄경』의 간격이 천 년이 되는 것이지만 그래도 다 같은 내용이다. 어떻게 이렇게 천 이백 년 전에 이런 생각을 했는지 어찌 생각해 보면 정말 신비하다. 서양 사람들은 칸트를 코페르니쿠스적 전환이니 어머니 하고 야단치지만 이 칸트가 나오기 천 년 전에 벌써 코페르니쿠스의 전환이 나왔던 것이다. 우리가 몰라서 그렇지 또 이천 년 전에 이것이 나왔는지도 모른다. 하여튼 이것이 걸작이다. 어떻게 이런 말을 했는지? 이러니까 이것이 산 말이라는 것이다. 이것은 천 이백 년 전에 죽은 말이 아니다. 천 이백 년 전에 산 말이다. 그러니까 우리가 지금도 이것을 보고 있는 것이지 지금 이것이 죽은 말이라면 우리가 보겠는가.

"양족륜하兩足輪下 방백억광명放百億光明", 발바닥에서 빛이 나왔다는 것이 아니라 발바닥으로 깨닫는다는 말이다. 물론 빛이 나오기도 나왔을 것이다. 석가의 머리 이마 복판에서도 빛이 나왔다 하기도 하고, 어떤 때는 치아에서도 빛이 나왔다 하기도 하고, 무릎 사이에서 빛이 나왔다고 하기도 한다. 그러니까 발바닥에서 빛이 나왔다 해서 무슨 잘못될 것은 하나도 없다. 그런데 이것은 우리에게 정말 특별한 말이다. 진리는 실천이성이지 순수이성은 아니라는 것이다.

　서양 사람들은 진리를 보통 이데Idee라고 하는데 이데의 내용이 무엇인가 하면 자유, 영생, 신이라는 것이다. 이것이 진리의 내용이라 한다. 그런데 자유라는 말 대신에 보통 우주라는 말도 많이 쓴다. 우주라는 말은 대자연이라는 것이다. 대자연의 본질을 옛날 사람들은 자유라 했다. 요전에도 말했지만 독수리가 곧장 올라가서 한참을 떠 있다가는 다시 곧장 내려오곤 한다. 제 마음대로 왔다갔다하는 것이다. 돌고래도 물 속에서 쑥 튀어 나왔다가는 또 들어가고 한다. 소위 연비어약鳶飛魚躍이다. 생명의 약동이라는 것이다. 생명의 약동, 그것을 이 사람들은 자유라고 한 것이다. 아무리 비행기가 잘났다고 해도 독수리처럼 날 수는 없다. 비행기는 아무래도 자유가 없다. 비행기는 필연적으로 몇 미터를 가다가 뜬다던가 하지 쑥 떴다 쑥 내렸다가 안 된다. 그러니까 사람이 만든 속에는 아직 필연이지 자유는 아니라는 것이다. 그런데 이 사람들은 자연 속에서, 또는 우주 속에서 자유라고 하는 것을 본 것이다. 그래서 우주의 본질, 혹은 자연의 본질을 자유라고 한 것이다.

　우주나 자연이 무엇인가 하면 우리에게 마주 서있는 세계다. 대상세계라는 것이다. 그리고 객관의 세계다. 그 객관의 세계의 제일 끄트머리가 무엇인가 하면 한마디로 우주라는 것이다. 그 우주의 본질이 무엇인가 하면 자유다. 그러니까 이 우주니 자연이니 하는 말은 결국 우리가 보는 객관의 세계다. 자연세계다. 그것의 본질을 안다고 하는 것이 진리를 깨닫는 것이다. 그것이 이데의 내용이다.

　그리고 영생이라 해도 좋고 영생이라는 말 대신에 영혼이라 해도 좋고 또는 영혼불멸이라 해도 좋은데 책에 따라 여러 가지로 쓴다. 요는 영생이라 하든지 영혼이라 하든지 불멸이라 하든지 다 같은 말이다. 영혼불멸이라 해야 영생이지 영혼불멸이 아니면 영생이라 할 수도 없다. 그런데 영생이니 영혼이니 불멸이니 하는 것이 무엇인가 하면 나, 사람, 주관이다. 주관의 근원이다.

나라고 하는 것의 맨 아래 나타난 것은 몸이다. 우리 몸 속에는 마음이 있다. 마음 속에는 또 정신이 있다. 정신 속에는 무엇이 있는가? 그것을 우리는 보통 영이라 한다. 왕양명의 말로 하자면 일점영명一點靈明이라는 것이다. 인간의 가장 깊은 그 속에 무엇이 있는가 하면 일점영명이다. 그것을 『중용中庸』에서는 성성이라 한다. 우리 속에는 성이라는 것이 있다. 이성, 오성, 감성, 영성 하는 성이 있다. 그 성 때문에 우리는 철학도 할 수 있고 과학도 할 수 있고 예술도 할 수 있고 종교도 할 수 있다. 그 성이 없으면 우리가 교회에 다닐 수도 없다. 철학을 할 수도 없다. 사람은 이렇게 자꾸자꾸 찾아가 보면 맨 꼭대기에 무엇이 있는가 하면 옛날 사람들은 그것을 영이 있다고 했다.

요전에 말한 생로병사生老病死라 할 때 영靈이라 하면 거기에는 사死가 없다. 그러니까 영생永生이라는 말이 되고 만다. 그래서 영생靈生을 다른 말로 하면 영생永生이다. 영의 세계에는 죽음이 없다. 우리가 다 그렇게 생각한다. 우리가 하늘나라에 간다 하면 우리의 육체가 간다고 그렇게 생각하는 사람은 없다. 우리의 영이 하늘나라에 가는 것인데 그것은 영 죽지 않는다. 우리는 그런 생각을 하는 것이다. 그러니까 주관의 본질을 찾아 올라가면 맨 끄트머리에 무엇이 있는가 할 때 옛날 사람들은 그것을 영이라 했다. 그리고 플라톤 같은 사람은 그것을 이데아Idea라 했다. 인간적인 근원의 이데아가 영이라는 것이다. 그 영이라는 것은 불멸이다.

소크라테스도 영혼불멸을 믿고서 독약을 마시는 것이지 영혼불멸을 안 믿으면 독약을 마실 수가 없다. 예수도 부활을 믿고서 십자가를 지는 것이지 부활을 믿지 않고 십자가를 지는 것은 아니다. 예수가 십자가에서 "내 영혼을 당신께 바칩니다." 그렇게 하고 결국은 간 것이다. 그러니까 인간의 맨 꼭대기를 찾아볼 때 옛날 사람들은 그것을 영이라 했다. 그것을 무엇이라 해도 좋은데 하여튼 대표적으로 영이라는 이런 말을 써보는 것이다. 영이라 하는 그것은 영생이지 그것은 멸하는 것이 아니다. 멸하는 것은 우리의 몸이지 우리의 영이 멸하는 것은 아니다. 벌써 마음부터 우리는 멸한다는 생각이 없다. 마음은 언제나 젊어 있지 마음이 늙는 법은 없다. 몸은 자꾸 늙는다. 늙으면 무엇인지 새까만 것이 자꾸 돋는다. 검은 버섯이 돋는데 이것도 살려고 돋는 것이겠지.

몸은 이렇게 자꾸 늙어가지만 마음은 그대로 젊어 있다. 어렸을 때 마음 그대로다. 며칠 전에 처음으로 55년 전에 헤어진 친구를 하나 만났다. 만나서 "야" 하는데 이제는 우리가 팔십이 넘었다. "야, 그새 너는 어디 있었냐?" 했다. 같이 서울에 있으면서도 50년을 만나지 못한 것이다. 그런데 얼마 전에 동아일보에 내 사진이 실린 것을 보고는 그 사람은 55년 전의 그 사람이라는 것을 곧 알고 나에게 연락을 해서 만나게 되었다.

그러니까 마음도 불멸이다. 정신은 요전에 깨는 것이 정신이라 했다. 깬 정신은 정신도 역시 불멸이다. 하물며 영이 불멸인 것은 말할 것도 없다. 영을 우리는 성령이라 하는데 성령이라 하는 것은 불멸이다. 성령이 멸한다는 것은 말도 안 된다. 하나님은 영이시니, 불멸이다. 그리스도는 영이시니, 불멸이다. 성령도 영이시니, 불멸이다. 우리가 이 다음에 어떻게 되는가. 성령이 되는 것이다. 그런데 우리가 이 다음에만 성령이 아니라 지금도 우리가 믿음을 통해서 우리는 성령을 가지게 되는 것이다. 살아도 성령이고 죽어도 성령이다. 그러니까 삶도 죽음도 초월하게 되고 만다. 영생이다.

자유라 하는 것은 객관의 근원이요 영생이란 주관의 근원이다. 그래서 이 객관과 주관, 즉 우주와 인생을 다 포함한 그 근원이 누구인가 하면 그것을 우리는 하나님이라 하는 것이다. 하나님은 우주를 창조하고 엿새만에 사람을 창조하신 분이다. 그래서 사람의 근원과 우주의 근원을 우리는 하나님이라 하는 것이다. 자유, 영생, 신, 이 세 가지를 알면 다 아는 것이다. 이것을 다 알아야 우리는 진리를 깨달았다고 한다.

동양식으로 말하면 신이라 하는 것은 하늘을 아는 것이고 우주라 하는 것은 땅을 아는 것이고 영생이라 하면 사람을 아는 것이다. 천지인 天地人을 다 아는 것이다. 동양식으로 말할 때 천지인이라 하고 서양식으로 말할 때는 인人과 지地의 근원이 하나님이라고 보는 것이다. 그러니까 기독교에서는 사람의 근원을 그리스도라 하고 우주의 근원

제9. 광명각품光明覺品   259

을 성령이라 한다. 그래서 하나님을 알고 그리스도를 알고 성령을 아는 것이다. 성부와 성자와 성령을 다 아는 것, 그것이 또 진리가 되는 것이다.

이렇게 말하나 저렇게 말하나 다 같은 이야기인데 하여튼 칸트식으로 보면 이렇게 자유, 영생, 신, 이것을 아는 것이 진리라는 말이다. 그것을 어떻게 아는가 하면 도덕을 통해서만 알 수 있다는 것이다. 도덕을 통해서 안다는 그것은 무슨 말인가? 아까 자유라 할 때 자유는 도덕의 존재 근거요 도덕은 자유의 인식 근거라 한다. 이런 말이 제일 알기가 쉽다. 자유를 알려면 무엇으로 아는가? 도덕을 가지고야 알 수 있다. 도덕은 자유의 인식 근거다. 또 도덕이 되려면 자유가 있어야 도덕이 되지 자유가 없으면 도덕이라는 것이 없다. 강제로 누가 나를 효도하게 해서 효도한다고 하면 그것은 효도가 아니다. 효도를 하려면 내 마음 속에서 우러나야 한다. 내 마음 속에서 우러났다는 것이 자유라는 말이다. 칸트의 말로 하면 자유의사라는 것이다. 기독교에서 밤낮 말하는 것이 자유의사다. 자유의사라는 것이 없으면 도덕이라는 것이 성립이 안 된다. 도덕이 성립하려면 자유가 있어야 된다. 그리고 자유를 알려면 도덕을 알아야 된다.

효도를 하는데 자발적으로 해야 되고 기쁨으로 해야 된다. 진짜 효도인지 가짜 효도인지 그것을 알려면 효도를 하면서 기쁨을 느끼면 진짜지만 얼굴을 찌푸리면서 한다고 하면 그것은 효도가 아니다. 기뻐서 효도하게 될 때 그것이 정말 진짜다. 그리고 마음 속에서부터 우러나서 효도한다는 그것이 자유다. 마음 속에서 우러나서 효도한다 하는 것을 무엇으로 알 수 있는가 하면 기뻐서 효도하는 것으로 알 수 있다. 부모가 어린애를 사랑한다 하는 것을 어떻게 알 수 있는가? 어린애 똥은 더럽지가 않다 하는데서 알 수가 있다. 집사람이 전에 애를 키울 때 똥을 그냥 손으로 집는 것이다. "여보, 왜 그렇게 더러운 똥을 그냥 집느냐?" 하자 "아이들 똥도 더럽소?" 했다. 그것이다. 그 사랑이 진짜다. 진짜 자발적으로 우러났다는 것을 알 수 있다. 똥이 더럽지 않게 되어야 진짜다.

우리 부모가 오래 누워있다 할 때 부모의 똥을 누가 치워야 하나? 며느리가 치워야 하나? 아니다. 아들이 치워야 한다. 며느리야 암만해도 어머니의 똥이 더러울 것 아닌가. 그런데 아들은 어머니의 똥이 더럽지가 않다. 어머니의 똥이 더러우면 그것은 효가 아니다. 더럽지 않게 되어야 그것이 효다. 속에서 우러나오기 때문에 더럽지 않은 것이다. 어머니의 똥은 하루에 열 번이라도 치워준다. 속에서 우러나오기 때문이다. 우러나왔다는 그것이 무엇인가? 그것이 자유라는 것이다. 더럽지 않다는 것이 무엇인가? 그것이 인식이라는 것이다. 진짜 더럽지 않으니까 열 번이라도 치우는 것이다. 정말 내 속에서 우러나왔으니까 열 번이라도 치우는 것이다.

자유라 할 때 '자自'는 나라는 것이고 '유由'는 밭에서 싹이 터 나오는 것이다. 내 속에서 우러나오는 것이 자유다. 우러나왔으니까 어머니의 똥이 더럽지 않다. 더럽지 않다는 것이 그 효가 진짜라는 것이고 또 마음 속에서 우러나왔으니까 자유다. 그러니까 자유는 도덕의 존재 근거요 도덕은 자유의 인식 근거다. 효도가 어떻게 해야 그것이 스스로 우러나오는 것인가. 더럽지 않게 되어야 한다. 효도하는 그것이 한없는 기쁨을 느끼게 되어야 한다. 그래야 진짜요 그래야 자유다. 그렇지 않고 더럽다 그러면 그것은 억지요 자유가 아니다. 하여튼 나는 오늘 이런 예를 들었는데 여러분이 잘 생각해서 존재 근거요 인식 근거라는 이것을 알아두는 것이 좋을 것이다.

그런데 도덕은 자유의 인식 근거인 것만이 아니다. 영생의 인식 근거요 또한 신의 인식 근거인 것이다. 이것도 다 설명을 하려면 설명이 된다. 그러니까 도덕은 자유, 영생, 신 모두의 인식 근거가 되는 것이다. 이것을 유교식으로 설명하면 또 이렇다. 유교에서는 도덕의 핵심을 깨끗이라 한다. 불교에서 정토淨土 하는데 이것이 깨끗이다. 그리고 또 도덕의 핵심이 정직이다. 칸트도 도덕의 핵심이 정직이라 했다. 정직이 없으면 도덕이 안 된다. 그리고 또 도덕의 핵심이 진실이다. 그런데 정직이라는 것을 유교에서는 의義라고 하고 진실이라는 것을 인仁이라 한다. 그래서 도덕의 핵심이 깨끗, 정직, 진실이다. 깨끗,

정직, 진실, 이것을 빼버리면 아무 것도 없다.
　『화엄경』에서 이상국가가 어떤 국가인가 할 때 깨끗한 국가라 했다. 정토라는 것이다. 우리나라처럼 쓰레기가 많아서는 이상국가가 안 된다. 오염된 것을 가지고는 안 된다.『중용』에서 이상국가를 "천지위언 天地位焉 만물육언萬物育焉"이라 한다. 대자연이라는 것이다. 대자연이라는 것이 무엇인가 하면 깨끗이다. 청정법신淸淨法身이다.
　사람의 핵심이 무엇인가. 정직이다. 사람에게 만일 정직이 빠져나가면 그것은 사람이라고 할 수가 없다. 우리나라에 왜 이렇게 사기꾼들이 많은가? 우리나라에 사람이 없는 것이다. 우리나라에 사람이 있다면 거짓이 있을 이치가 없다. 거짓이라는 것이 무엇인가? 비인긴이라는 것이다. 밤낮 신문에 나는 것이 무엇인가 하면 한국에는 사람이 없다는 그 이야기다. 사람의 핵심이 무엇인가. 정직이다. 왜 정직인가. 사람은 똑바로 서 있는 것이 사람이다. 그것이 정직이다. 벌벌 기어다닌다면 그것은 강아지지 사람이라고 할 수가 없다. 사람의 특징은 언제나 정직이다. 똑바로 딱 서있는 것이다.
　그리고 하나님의 특징은 무엇인가 하면 진실이다. 이것이 공자의 생각이다. 공자가 생각하는 하나님의 특징이 무엇인가 하면 인仁이라는 것이다. 인이라는 것이 진실이다. 기독교에서는 진실이라는 말을 아멘이라 한다. 기도하고 나서 아멘이라 하는데 그 말은 진실이라는 뜻이다. 왜 아멘인가? 하나님이 아멘이기 때문이다. 하나님이 아멘이니까 우리가 아멘 할 수밖에 길이 없는 것이다. 그래서 우리는 이렇게 천지인이라 말할 수 있다. 자연은 한없이 깨끗한 것이고 사람은 한없이 정직한 것이고 하나님은 한없이 진실한 것이다. 또 이렇게 말해도 되는 것이다.
　공자는 도덕에 대해 목덕위주木德爲主라 했다. 이것은 공자만이 아니다.「요한복음」15장을 보면 나무 이야기가 또 나온다. 불교에서도 나무, 유교에서도 나무, 기독교에서도 나무다. 나무라는 것을 가지고 설명을 하는 것이다. 나무를 보면 나무는 곧장 하늘로 올라간다. 그것이 정직이다. 곧장 하늘로 올라가서 무엇을 붙잡는가. 태양을 붙잡는 것이다. 그리고 꽃은 언제나 깨끗한 것이다. 꽃이 필 때 보면 깨끗하다. 깨끗해야 벌이고 나비고 찾아온다. 벌과 나비가 무엇인가 하면 자유다. 정직해서 올라가면 태양인데 태양이라는 것은 신神이다. 그리고 가을이 되면 열매가 맺히는데 진실이다. 이 열매가 땅 속으로 들어가면 내년 봄에 싹이 터 나온다. 이것이 영생이다. 열매가 싹이 터서 영생이다. 그리고 싹이 터서 다시 열매가 되면 또 영생이다. 그러니까 진실을 통해서 우리는 영생을 보는 것이다. 꽃을 통해서 자유를 보는 것이다. 정직을 통해서 하나님을 보는 것이다. 서양 속담에 정직 속에 하나님이 깃들인다는 말이 있다. 정직한 마음에 하나님이 깃들인다는 것이다. 기독교에서 말하는 하나님의 의義라 하는 것이 무엇인가 하면 정직이라는 것이다. 그러니까 도덕이라는 나무를 통해서 우리는 하나님도 알 수가 있고 자유도 알 수가 있고 영생도 알 수가 있다. 다 알 수가 있다.

그러니까 칸트가 그렇게 공자를 좋아했다고 한다. 칸트의 고향이 쾨니스베르크인데 칸트의 별명이 쾨니스베르크의 공자다. 칸트가 제일 사랑한 사람이 공자다. 그래서 칸트를 나쁘게 말하는 사람은 쾨니스베르크의 중국 사람이라고 했다. 중국 사람이라 함은 공자를 말하는 것이다. 공자의 모든 실천윤리가 어디에 나오는가 하면 『논어論語』에 나온다. 칸트는 1700년대 사람인데 2,500년 전 공자와 또 마주치는 것이다. 이것이 참 이상한 것이다. 공자도 살았고 칸트도 살았으니까 이렇게 마주치는 것이지 죽었으면 못 마주친다. 그래서 도덕을 통해서야 자유도 알 수가 있고 영생도 알 수 있고 신도 알 수가 있고 다 알 수가 있다. 그것이 오늘의 내용이다. 다시 읽어본다.

"이시爾時 세존世尊 종양족륜하從兩足輪下 방백억광명放百億光明." 이것은 내가 여러 번 이야기한 것인데 석가는 죽을 때 양발을 관 밖으로 내 놓아라 했는데 나중에 아난이 돌아와서 그것을 보고서야 깨달았다는 것이다. 아난이 본 것은 부처님의 두 발바닥이다. 아난이라 하면 머리가 좋아서 많이 기억하는 사람이다. 불경은 모두 아난이 기록했다고 한다. 그렇게 머리가 좋아서 많이 기억했는데 진리는 깨닫지 못했다. 발바닥이 부족했다는 것이다. 실천이 부족한 것이다. 그런데 가섭은 두타행頭陀行이다. 가섭은 실천을 한 사람이다. 실천을 했던 가섭이 제2대가 되었고 그래서 아난이 다시 실천을 할 때 제3대가 되었다. 다 같은 이야기다.

"조차삼천대천세계照此三千大千世界", 온 세계를 비추었다. "여차처견불세존如此處見佛世尊", 이런 곳에서만 부처를 볼 수 있다. 실천을 통해서만 부처를 깨닫게 된다는 것이다.

좌연화장사자지좌坐蓮華藏師子之座 십불찰미진수보살十佛刹微塵數菩薩 소공위요所共圍遶.

부처는 언제나 연꽃으로 꾸민 자리에 앉아있다. 많은 제자들이 언제나 석가를 모시고 있었다.

이시문수사리보살爾時文殊師利菩薩 설차송언說此頌言

이때 문수사리보살이 나와서 찬송을 했다.

약유견정각若有見正覺 해탈이제루解脫離諸漏
불착일체세不着一切世 피비증도안彼非証道眼

만약 어떤 사람이 자기는 깨달았다고 그렇게 생각하는 사람이 있다고 하자. 왜 깨달았다고 하는가? 모든 욕심을 벗어났다. 진물이 흘러나오지 않게 되었다. 진물이 흘러나오면 더러운 것이다. 깨끗하다는 것은 진물이 흘러나오지 않게 된 것이다. 깨끗이다. 도덕의 맨 처음이 깨끗이다. 깨끗해졌다는 것이다. 그래서 "불착일체세不着一切世", 이 세상에 대한 집착이 없다는 것이다. 그렇게 생각하고서 자기는 진리를 깨달았다고 그렇게 생각한다면 그 사람은 증도안証道眼이 아니다. 진리를 깨달은 눈이 아니다. 증은 깨달았다는 말이나 같은 말이다. 도道는 진리라는 말이다. 실천 때문에 진리를 자꾸 도라고 한다. 실천을 주장하기 위해서 도라는 말을 쓴다. 도道라는 글자를 보면 머리 수首, 이것은 순수이성인데, 그 아래가 발 족足, 이것이 실천이성이다. 그러니까 순수이성만 가지고 안 된다. 실천이성이 되어야 한다. 칸트도 순수이성이 필요 없다는 것이 아니다. 순수이성이 있어야 관觀이 되는 것이다. 그 관을 해 가지고 관에서부터 실천이 나오는 것이다. 관에서 힘이 나와야 된다. 빛에서 힘이 나와야 되는 것이지 그것이 없으면 안 된다. 그러니까 빛과 힘이 합해진 글자가 도라는 것이다. 진리는 언제나 빛과 힘이 합해서 진리지 빛만 가지고 안 된다. 도안道眼이 아니다. 진리를 깨달은 눈이 아니다. 그러면 어떻게 해야 되는가.

세급출세간世及出世間 일체개 초월一切皆超越
이능선지법而能善知法 당성대광요當成大光耀.

세상도 초월해야 되지만 하늘도 초월해야 된다. 유有도 초월해야 되지만 무無도 초월해야 된다. 이것을 중도中道라 한다. 언제나 두 가지를 다 초월해야 된다. 그래서 "일체개초월一切皆超越", 전체를 다 초월해야 된다. 그렇게 해야 "능선지법能善知法", 선을 행하고 법을 알 수가 있다. 언제나 지행일치知行一致지 지知만 가지고는 안 된다는 것이다. 능선能善, 선을 실천하고 지법知法, 법을 알고, 언제나 순수이성과 실천이성이 다 합해야 된다. 그렇게 해서 나오는 것이 무엇인가 하면 중도라는 것이다. 중도란 무엇인가? "당성대광요當成大光耀", 성불成佛이라는 것이다.

말하자면 헤겔G.W.F. Hegel(1770-1831)의 변증법이다. 정반합正反合이다. an sich, fur sich, an und fur sich. 순수이성과 실천이성을 합해서 다시 아우프헤벤aufheben을 해서 나타난 베르덴werden, 그것을 우리가 성成이라 한다. 성대광요成大光耀는 성불이라는 말이다. 제3단계에 가서 이루어지는 것이다.

9.2 이시爾時 광명光明 과차세계過此世界 편조동방십불국토遍照東方十佛國土 남서북방南西北方 사유상하四維上下 역부여시亦復如是.

그때 빛이 이 세계를 비췄다. 동편으로 가서 비췄다. 그래서 열 나라, 백 나라 천 나라 만 나라 억 나라, 많은 나라들을 비췄다. 동서남북을 사유四維라 한다. 사유상하四維上下라 하면 우주라는 말이다. 사람 사는 땅만 비추는 것이 아니라 이 우주를 다 비추었다. 그러면 여래는 어떤 분인가.

여래색형제상등如來色形諸相等 일체세간막능측一切世間莫能測
억나유겁공사량億那由劫共思量 색상위덕전무변色相威德轉無邊

여래도 물론 모습도 있고 얼굴도 있고 다 있다. 그렇지만 온 세상 사람들이 그 여래의 모습을 볼래야 볼 수가 없다. 여래의 모습은 볼 수가 없다는 것이다. 몇 천 년을 아무리 생각을 해도 그 모습과 그 공덕은 알 수가 없다.

그러니까 이것은 아는 세계를 넘어선 세계라는 것이다. 『화엄경』이라면 『화엄경』은 아는 세계를 넘어선 세계다. 앞으로 몇 천 년 『화엄경』을 연구해도 그것은 다 알 수가 없다. 또 우리가 어디서나 미국이나 어디서나 온 세계에서 『화엄경』을 알아보려고 다 뜯어보았자 그것은 알 수 없는 것이다. 그러니까 다 같은 말이다. 이 세계는 지知를 초월한 세계지 우리의 지 속에 들어오는 세계가 아니다.

여래비이상위체如來非以相爲體 단시무상적멸법但是無相寂滅法
신상위의실구족身相威儀悉具足 세간수락개득견世間隨樂皆得見

여래는 상相을 가지고 체體를 삼는 것이 아니다. 그러니까 모습을 중요하게 생각하는 사람이 아니라는 것이다. "단시무상但是無相", 그 사람에게는 모습 같은 것은 문제가 안 된다. 문제는 무엇이 문제가 되는

가. 적멸법寂滅法이 문제다. 진리가 문제가 되지 모습 같은 것은 문제가 안 된다. 『장자莊子』의 「덕충부德充符」를 보면 애태타哀駘它 등 여섯 사람이 나오는데 모두 병신이다. 곱추도 있고 절름발이도 있고 다 병신이다. 그런데 거기에서 공부하는 학생들은 몇 십 년을 공부하면서도 자기 선생님이 병신이라는 것을 몰랐다는 것이다. 자기 선생님이 병신인줄 몰랐다는 그것이 무슨 말인가. 선생의 모습이나 선생의 태도는 문제가 안 된다는 것이다. 그런 것이 문제가 되면 그것은 소학생이다. 초등학교 학생이 되면 짱구니 무엇이니 하면서 선생의 별명이 다 붙는다. 그런데 일단 대학에 들어오면 선생의 별명을 부르는 사람은 없다. 대학생이 되어서는 진리만이 문제다. 그 선생의 실력이 얼마나 있느냐 그것만이 문제지 선생이 무슨 잘생겼다 못생겼다 하는 그것은 아무 문제가 안 된다.

　내가 대학 다닐 때 한문 선생은 얼굴에 경련이 나서 한 시간 내내 그러지만 그러나 그것이 마음에 걸리는 사람은 하나도 없다. 지금 생각해 보면 그것이 오히려 매력이 있다. 그것으로 잊을 수가 없다. 그 사람이 시험을 보는데 백지를 주었다. 백지를 주고는 무엇이나 쓰려면 쓰고 안 써도 좋다 하고 갔다. 그것이 한문 선생의 특징이다. 그런데 백지 낸 사람은 없고 나도 무엇이라 쓰긴 썼다. 그래도 점수를 A를 주었는데 하여튼 특별한 사람이었다. 그 사람에게 『주역周易』을 배웠는데 한 학기 동안에 『주역』 건괘乾卦 곤괘坤卦를 배우고는 말았다. 그런데 그 사람에게 『주역』을 배운 것 때문에 나도 『주역』을 몇 번이고 보게 된 것이다. 그렇게 시작해 주는 사람이 참 중요하다.

　그러니까 진리가 문제지 모습 같은 것은 문제가 아니다. 양복은 무슨 양복을 입었건 문제가 안 된다. 그러나 그렇다고 그 사람이 벌거벗고 나오는 것은 아니다. "신상위의실구족身相威儀悉具足"이다. 옷도 입고 나오고 다 갖추고 나왔다. 그러나 "세간수락개득견世間隨樂皆得見." 세상 사람들, 제자들이 그 사람을 기뻐서 쫓아다니는 것은 그 사람의 옷을 보려고 쫓아다니는 것이 아니다. 의상 전시회에 온 것이 아니다. 그 사람의 속을 보려고 온 것이다. 속을 본다고 할 때도 견見이라는 글자를 쓴다.

일신위무량一身爲無量 무량부위일無量復爲一
요지제세간了知諸世間 현형편일체現形遍一切

또 나왔는데 "일즉일체一卽一切 일체즉일一切卽一"이라는 것이다. 요전에는 "신즉자연神卽自然 자연즉신自然卽神"이라 했다. 다 같은 말이다. 나는 그것을 사차원이라는 말로 했다. 사차원이란 "시간즉공간時間卽空間 공간즉시간空間卽時間"이다. 다 같은 이야기다. 한 몸이 한없는 몸이 되고 또 한없는 몸이 한 몸이 된다. "일즉일체一卽一切 일체즉일一切卽一"이다. 그러니까 우리는 "일즉일체 일체즉일", 그것을 알아야 된다. 그것이 말하자면 우리가 알아야 될 『화엄경』의 핵심이다.

"요지제세간了知諸世間." 이 세상이란 아주 복잡다단한 세상이다. 그 복잡다단한 세상을 다 알고 그 사람들을 구원하기 위해서, 그 모든 사람을 위해서 하나의 형태를 나타내는 것이다. 이것은 요전에도 나온 것처럼 가난한 사람을 위해서는 가난한 사람처럼, 부자를 위해서는 부자처럼 그렇게 하는 것이다.

차신무소종此身無所從 역무소적취亦無所積聚
중생분별고衆生分別故 견불종종신見佛種種身.

이 몸이라는 것은 온 데가 없다. 우리 몸이라는 것은 가서 쌓일 데도 없다. 온 데도 없고 갈 데도 없다. 그러니까 우주에 꽉 차 있다는 말이다. 그런데 중생들은 분별지를 가지고 있기 때문에 자꾸 부처의 몸이 수억만 개가 된다고 그렇게 생각하는 것이다. 이상이 해解라는 것이다.

2001. 5. 6.

광명각품 강해(2)

　지난번에도 이야기했지만 제7장 「여래명호품如來名號品」에서 제12장 「현수품賢首品」까지는 제2처인 보광명전普光明殿에서 한 내용이다. 그런데 제7장 「여래명호품」은 신身이라는 것이고 제8장 「사성제품四聖諦品」은 구口라는 것 그리고 제9장의 「광명각품」은 의意라는 것이라고 했다. 그래서 7장, 8장, 9장은 부처님의 신구의身口意라 하는 것인데 이것 전체가 합해서 말하자면 신信이라는 것이다. 그리고 제10장 「보살문명품菩薩問明品」은 해解라는 것이며 제11장 「정행품淨行品」은 행行이고 제12장 「현수품」은 증証이라는 것이다. 그러니까 7처 8회라는 전체를 말해도 신해행증信解行証이고, 전체로 보면 해解라고 하는 보광명전의 내용도 또한 신해행증이다.
　제7장 「여래명호품」은 부처님의 모습은 어떤 것인가 해서 여러 가지 모습을 말한 것이다. 제8장 「사성제품」은 맨 처음에 부처님이 설법한 내용으로 부처님의 구口요, 제9장 「광명각품」은 부처님의 뜻이다. 부처님은 어떤 뜻을 가졌는가 하는 내용이다. 그리고 제10장이 「보살문명품」이다. 제11장은 「정행품」이고 제12장이 「현수품」이다. 제10장 「보살문명품」은 『60화엄경』에서는 제6장으로 「보살명난품菩薩明難品」이라고 한다. 「보살문명품」이나 「보살명난품」이나 같은 것이다.
　「광명각품」의 본문을 또 나누면 신해행증이 되는 데 첫 단락이 신信이다. 결국 무엇을 믿는가 하면 당성대광요當成大光耀라는 것이다. 결국 성불成佛을 믿는다는 것이다. 누구나 다 부처가 될 것을 믿는다.
　다음 단락은 행行이라는 것이다. 매 줄마다 행이라는 글자가 붙어있다. 그런데 여기서 제일 중요한 것은 첫 줄이다.

9.3 광대고행개수습廣大苦行皆修習 일야정근무염태日夜精勤無厭怠
　이도난도사자후已度難度師子吼 보화중생시기행普化衆生是其行

　행이라는 것은 별것이 아니고 고행苦行을 하는 것이다. 무슨 행이든지 다 고행이지 고행 아닌 것이 어디 있는가. 왜 고행을 하는 것인가? 바른 길을 익히기 위해서다. 바른 길을 익히기 위해서 자꾸 고행을 하는 것이다. 그래서 밤낮 열심히 노력해야 된다. 싫어하지도 않고 태만하지도 않고 부지런히 계속 가야 된다. 우리의 일생이 그것이다. 밤낮 일하고 밤낮 공부하는 이것이지 다른 것이 아니다. 건너가기 어려운 것을 이미 건너가야 된다. 파라밀다波羅蜜多라는 것이다. 그래야 사자후獅子吼, 큰 소리를 칠 수 있다. 건너가지 못하면 큰 소리 칠 수가 없다. 큰소리 친다고 하는 것은 별것이 아니라 보화중생普化衆生이다. 모든 사람을 넓게 감화시키는 것이다. 그것을 위해서 고행을 하는 것이다.

그러니까 이 한 줄이면 다 된다. 다음 줄부터는 채우느라고 적은 것뿐이다. 그러니까 빨리 읽고 가기로 한다.

중생유전애욕해衆生流轉愛欲海 무명망복대우박無明網覆大憂迫
지인용맹실단제至仁勇猛悉斷除 서역당연시기행誓亦當然是其行

중생은 밤낮 데굴데굴 굴러다니는데 욕심의 바다를 너무나 사랑한다. 그래서 무명無明의 그물에 덮여 씌워졌다. 무명에 붙잡혔다. 그래서 언제나 걱정 근심이 자꾸 와 닿는다. 어떻게 하면 이것을 벗어나는가? 결국 인仁에 도달해야 된다. 그래야 용감하게 이런 애욕과 이런 무명을 벗어나지 그렇지 않으면 안 된다. 그래서 모든 사람을 인에 도달하게 하기 위해 정말 결사적으로 고행을 하는 것이다.

세간방일착오욕世間放逸着五欲 불실분별수중고不實分別受衆苦
봉행불교상섭심奉行佛敎常攝心 서도어사시기행誓度於斯是其行

이 세상 사람들은 막 되는대로 산다. 제 멋대로 산다. 그래서 오욕五欲에 집착을 한다. 그러니까 안다고 하는 것도 다 진짜로 아는 것이 아니다. 그래서 많은 고통을 받게 된다. 그러니까 진짜 불교를 실천해서 자기의 몸을 가다듬어야 되는데 그것이 잘 안 된다는 것이다. 그래서 많은 사람들에게 그 마음을 가다듬게 하기 위해 결사적으로 이렇게 노력을 하는 것이다.

중생착아입생사衆生着我入生死 구기변제불가득求其邊際不可得
보사여래획묘법普事如來獲妙法 위피선설시기행爲彼宣說是其行

중생은 언제나 자기에게 집착을 해서 그만 생사에서 벗어나지 못한다. 끝을 찾아 나가려고 해도 끝이 보이지 않는다. 널리 여래를 섬겨야 묘한 법을 얻을 것이다. 그래서 그들을 위해서 그것을 알리기 위해서 자기가 고행을 하는 것이다.

중생무호병소전衆生無怙病所纏 상윤악취기삼독常淪惡趣起三毒
대화맹염항소열大火猛焰恒燒熱 정심도피시기행淨心度彼是其行

중생은 어디 의지할 데가 없다. 그래서 언제나 병에 걸려 있다. 언제나 나쁜 취미에 빠져서 탐진치貪瞋痴의 삼독三毒에 언제나 걸려있다. 그래서 마치 불붙는 집 같아 언제나 번뇌에 가득 차 있다. 그러니까 어떻게 하면 깨끗한 물로 그 사람들의 불을 꺼줄까 하는 그것 때문에 열심히 고행을 하는 것이다.

중생미혹실정도衆生迷惑失正道 상행사경입암택常行邪徑入闇宅
위피대연정법등爲彼大然正法燈 영작조명시기행永作照明是其行

중생은 미혹해서 정도正道를 잃었다. 언제나 나쁜 길로 걸어가서 어두운 집 속에서 산다. 그런 사람들을 위해서 크게 정법正法의 등불을 만들어 불을 붙여서 영원히 그 사람들을 밝혀주기 위해 고행을 하는 것이다.

중생표익제유해衆生漂溺諸有海 우난무애불가처憂難無涯不可處
위피흥조대법선爲彼興造大法船 개영득도시기행皆令得度是其行

중생들은 욕심의 바다에 밤낮 빠져있다. 그래서 밤낮 걱정과 어려움에 끝없이 시달린다. 그것을 어떻게 할 수가 없다. 그래서 그 사람들을 구원하기 위해 큰 배를 만들어 그 사람들을 구원하고 싶은 그것이 고행의 이유다.

중생무지불견본衆生無知不見本 미혹치광험난중迷惑癡狂險難中
불애민피건법교佛哀愍彼建法橋 정념영승시기행正念令昇是其行

중생은 무지해서 근본을 보지 못한다. 밤낮 미혹되고 어리석고 미치광이처럼 험하고 어려운 데 빠져있다. 부처가 그 사람들을 불쌍히 여겨 큰 다리를 놓아주기 위해서, 똑바른 생각을 가지고 그 다리를 건너가게 하기 위해서 고행을 하는 것이다.

견제중생재험도見諸衆生在險道 노병사고상핍박老病死苦常逼迫
수제방편무한량修諸方便無限量 서당실도시기행誓當悉度是其行

중생이 험도險道에 빠졌다. 생로병사의 고통에 언제나 시달리고 있다. 그래서 모든 방편을 한없이 닦아서 그 사람들을 구원해 주고 싶은 그것이 고행의 이유다.

문법신해무의혹聞法信解無疑惑 요성공적불경포了性空寂不驚怖
수형육도편시방隨形六道遍十方 보교군미시기행普敎群迷是其行

법을 듣고 믿고 이해하고 의심이 없게, 우리의 본성이 참되다고 하는 것을 깨달으면 아무 놀램과 무서움이 없어진다. 육도윤회六道輪廻하는 데 어디나 좇아가서 널리 미혹된 모든 사람을 가르치기 위해서 이렇게 고행을 하는 것이다.

이런 것을 보통 보살행菩薩行이라 한다. 보살들의 고행이라는 것이다. 보살들은 모든 사람들이 다 부처가 되기 전에는 자기는 부처가 되지 않는다고 하는 것이다. 모든 사람이 다 버스에 타기 전에는 자기는 절대 버스에 타지 않는다. 모든 사람이 자기보다 앞서서 부처가 되게 하기 위해 노력한다 하는 것이 보살행이다.

이 다음은 증증證이라는 것이다. 이것도 제일 첫 줄이 중요하다. 그 다음은 읽어도 되고 안 읽어도 된다.

9.4 일념보관무량겁一念普觀無量劫 무거무래역 무주無去無來亦無住 여시료지삼세사如是了知三世事 초제방편성십력超諸方便成十力

"일념一念"이란 우리가 보통 찰나라고 하는 것이다. 찰나 속에 영원이 있다. 말하자면 영원을 보는 그 시간이란 아주 순간이라는 것이다. 1초, 2초, 3초, 1분, 5분, 하여튼 짧은 시간이다. 짧은 시간에 "관무량겁觀無量劫"이다. '겁劫' 이란 시간이니까 무량겁은 무한한 시간으로 영원이다. 순간 속에 영원을 보는 것이다. 영원이라 해도 좋고 하나님이라 해도 좋다. 시간적으로 말하건 인간적으로 말하건 공간적으로 말하건 어떻게 말해도 된다. 그러니까 이것이 핵심이다. 한 순간에 영원을 보았다는 것이다. 그래서 과거도 없어지고 미래도 없어지고 현재도 없어진다. 시간성時間性이라는 것이다. 과거도 없고 현재도 없고 미래도 없다. 다 없어졌다. 이렇게 과거, 현재, 미래가 다 없다, 다 넘어섰다, 이렇게 깨달을 때 모든 방법을 초월하고 큰 힘을 가지게 된다. 결국 우리가 늘 말하는 빛에서 힘이 나온다는 것이다. $E=mc^2$이다. 이것은 알지도 못하면서 자꾸 쓰는 것인데 여기서 E는 힘이라고 생각하는 것이고 C는 빛의 속도니까 빛이라고 보는 것이다. 그러니까 빛에서 힘이 나오고 힘에서 빛이 나온다. "일즉일체一卽一切 일체즉일一切卽一"이다. 나는 그렇게 생각하는 것이다. 이것이면 다다. 다음은 읽어도 되고 안 읽어도 된다.

시방무비선명칭十方無比善名稱 영리제난상환희永離諸難常歡喜
보예일체국토중普詣一切國土中 광위선양여시법廣爲宣揚如是法

그렇게 되면 동서남북 사방 상하, 어디나 최고로 좋고 아름다운 세계가 펼쳐진다. 영원히 모든 고통을 벗어나게 되고 언제나 기쁨으로 차게 된다. 이 세계라고 하는 것은 언제나 기쁨이 넘치는 세계라는 것이다. 그래서 어디나 찾아가서 이런 이야기를 말하고 싶다.

위리중생공양불爲利衆生供養佛 여기의획상사과如其意獲相似果
어일체법실순지於一切法悉順知 편시방중현신력遍十方中現神力

모든 중생을 이롭게 하기 위해서 부처를 공양하는 것인데 그 뜻에 따라서, 그러니까 그 그릇에 따라서 그릇에 상당한 과일을 담게 된다. 주는 것은 같은데 그릇에 따라서 받는 것이 다 다른 것이다. 모든 법에 순종하여 다 알 수 있다. 그래서 어디서나 힘을 나타낼 수 있다.

종초공양의유인從初供養意柔忍 입심선정관법성入深禪定觀法性
보권중생발도심普勸衆生發道心 이차속성무상과以此速成無上果

처음에 부처님을 공양할 때부터 계속해서 부드럽게 참는다. 그러니까 인욕忍辱 정진精進의 육파라밀六波羅蜜을 말하는 것인데, 인욕을 해서 선정禪定에 들어가고 나중에는 지혜智慧에 들어가는 것이다. 모든 중생을 권해서 도심道心을 발하게 한다. 그래서 빨리 최고의 결과를 얻을 수 있도록 그렇게 도와준다.

시방구법정무이十方求法情無異 위수공덕령만족爲修功德令滿足
유무이상실멸제有無二相悉滅除 차인어불위진견此人於佛爲眞見

어디 가서나 진리를 구하지만 그 진정은 언제나 변함이 없다. 그렇게 열심히 노력을 하면 그 결과는 언제나 만족스럽게 된다. "이상二相", 생사라든가 유무라든가, 언제나 그 두 가지를 넘어서야 절대의 경지다. 이런 사람이야말로 진짜로 부처를 만날 수 있는 사람이다. '견見'이란 본다는 뜻도 있지만 같이 있다는 뜻이다. 이런 사람이야말로 언제나 부처님과 같이 사는 사람이다.

　　보왕시방제국토普往十方諸國土 광설묘법흥의리廣說妙法興義利
　　주어실제부동요住於實際不動搖 차인공덕동어불此人功德同於佛

여러 나라에 다니면서 묘한 법을 널리 설명을 하고 의리義利를 일으키고 그래서 어디 가서나 현실적으로 흔들림이 없는 그런 입장을 가지게 해 준다. 이런 사람이야말로 부처와 같은 공덕을 실천하는 사람이다.

　　여래소전묘법륜如來所轉妙法輪 일체개시보리분一切皆是菩提分
　　약능문이오법성若能聞已悟法性 여시지인상견불如是之人常見佛

여래가 말하는 것은 언제나 모든 것이 다 진리의 일부분이다. 만일 그 말을 듣고 자기가 무엇인지 깨닫는다면 이런 사람이야말로 언제나 부처와 같이 사는 사람이다. 또 견見이라 한다. 견이라는 것이 자꾸 나온다. 같이 사는 것을 보여준다는 것으로 증証이다.

　　불견십력공여환不見十力空如幻 수견비견여맹도雖見非見如盲覩
　　분별취상불견불分別取相不見佛 필경이착내능견畢竟離着乃能見

힘을 나타내지 않으면 그것은 안다고 해도 허깨비다. 힘이 나와야 된다. 언제나 빛에서 힘이 나와야지 힘이 안 나오면 그것은 쓸데없다. 보았다고 해도 그것은 본 것이 아니다. 장님이나 마찬가지다. 힘이 나와야 된다. 힘이 나와야 본 것이지 힘이 안 나오면 그것은 본 것이 아니다. 분별지分別智를 가지고 보았다고 하는 것은 그것은 본 것이 아니다. 언제나 통일지統一智라야 되지 분별지가 아니다. 그러니까 각覺이다. 지知가 아니라 각이라는 것이다. 결국 집착을 떠나게 되어야 부처를 볼 수 있게 되는 것이다. 능견能見이다.

중생수업종종별衆生隨業種種別 시방내외난진견十方內外難盡見
불신무애편시방佛身無㝵遍十方 불가진견역여시不可盡見亦如是

사람이 하는 일은 다 다르지만 정말 온 세계를 여기저기 보기는 어렵다. 불신佛身만이 어디나 걸림 없이 꽉 차 있다. 그러니까 다 본다고 하는 것은 거의 불가능하다.

비여공중무량찰譬如空中無量刹 무래무거편시방無來無去遍十方
생성멸괴무소의生成滅壞無所依 불편허공역여시佛遍虛空亦如是.

비유하면 허공에는 많은 별들이 꽉 차 있는데 가는 것도 아니고 오는 것도 아니다. 어디나 꽉 차 있다. 그 속에서 생성멸괴生成滅壞가 계속 돌아가고 있는데 부처도 허공처럼 이 우주에 편재해 있으면서 그 속에서 모든 세계가 또 돌아가고 있다.

하여튼 신信이라 하는 것은 부처님이 된다고 하는 것을 믿는 것이고 해解라고 하는 것은 일즉일체一卽一切를 믿는 것이고 행行이라는 것은 보살행이다. 남을 구원하기 위해서 내가 고행을 하는 것이지 나를 구원하기 위해서 고행하는 것이 아니라는 것이다. 그리고 증証이라 하는 것은 우리가 부처와 같이 있다는 것을 다른 사람에게 보여주는 것이다. 그러니까 나를 보여주는 것이 부처를 보여주는 것이다. 그것이 증이다.

2001. 5. 13.

제10. 보살문명품菩薩問明品

보살문명품 강해(1)

「보살문명품」이 『60화엄경』에서는 「보살명난품菩薩明難品」이라고 되어 있다. 내용은 열 가지다. 연기심심緣起甚深, 교화심심敎化甚深, 업과심심業果甚深, 설법심심說法甚深, 복전심심福田甚深, 정교심심正敎甚深, 정행심심正行甚深, 조도심심助道甚深, 일승심심一乘甚深, 불경계심심佛境界甚深이다. 이렇게 열 가지가 나와 있다. 하나만 말해도 되는데 열 개가 나왔다. 『화엄경』은 하나만 말해도 되는 것을 반드시 열 개로 말한다. 무엇이나 이렇게 열 배로 되어 있다. 그러니까 열 배, 백 배, 천 배 자꾸 이렇게 나간다. 제일 중요한 것은 1번이 제일 중요한 것이다. 1번을 알면 다 되는 것인데 또 계속해서 이렇게 열 개가 나온다. 1번은 연기심심緣起甚深인데 '심심甚深'이란 굉장히 깊다는 것이다. 그렇게 깊다고 하는 것보다는 소중하다고 하는 것이 더 좋다. 굉장히 소중하다는 것이다. 그리고 소중한 것이니까 얻는다는 것이 참 어렵다는 것이다. 소중한 것일수록 얻기가 참 어렵다. 금강석이라면 금강석은 소중하기 때문에 얻기가 참으로 어렵다. 금도 마찬가지다. 무엇이나 소중한 것은 얻기가 참 어렵다. 스피노자Baruch Spinoza의 『에티카Ethica』 끝에 보면 무엇이나 소중한 것은 참 희귀하다 했다. 무엇이나 소중한 것은 희귀하다고 했는데 여기서는 무엇이나 소중한 것은 참 얻기가 어렵다는 것이다. 그 얻기 어려운 것이 무엇인지 그것을 밝히는 것이다. 그러니까 「문명품問明品」보다 「명난품明難品」이라 하는 것이 훨씬 더 우리가 알기가 쉽다. 「문명품」이란 어떤 보살이 문수보살에게 묻는 것을 대답했다던가 그리고 문수가 묻는 것을 대답했다던가 해서 「문명품」이라 한 것이다.

1번이 연기심심緣起甚深인데 연기緣起란 무엇인가? 보통 인연소생因緣所生이라는 말을 많이 한다. 인연에 의해서 생기는 것이라 한다. 인因이라는 것과 연緣이라 하는 것이 하나가 되어야 무엇이 나오지 이것이 하나가 되지 못하면 무엇이 나오지 않는다. 그러니까 인연이라 하는 것이 상당히 중요하다. 결혼할 때 연분緣分이라는 말을 자꾸 한다. 플라톤이 말하는 것을 보면 남녀가 하나로 되어 있다가 이 세상에 내려올 때 절반으로 갈라져서 이 세상에 떨어진 것이라 한다. 그 둘이 어찌하다가 만나서 이것이 내 짝이로구나 알게 되어 서로 결혼하게 된다는 것이다. 플라톤의 『심포지움Symposium』에 나오는 내용이다. 본래 남자 여자는 하나로 되어 있다는 것이다. 그런데 땅에 떨어지면서 둘로 나뉘었다. 그래서 서로 찾다가 만나게 되면, 그것을 실존적 만남이라 하는데, 그렇게 제 짝을 구하게 되는 그것을 연분이라 한다. 그러니까 인과 연이 만난다는 것이 상당히 중요하다.

제일 쉽게 말하면 여기 물이 있는데 여기에 바람이 불어온다. 소강절邵康節(1011-77)의 시 가운데 "풍래수면시風來水面時"라 하는 시가 있다. 바람이 불어오면 물결이 한없이 일어난다. 그런데 바람이 자면 또 물결이 없어진다. 본래 물인데 이것이 물결이 된다. 일즉일체一卽一切다. 바람이 불면 하나가 만 개가 되고 바람이 자면 만 개가 또 하나가 된다. 그러니까 "일즉일체一卽一切 일체즉일一切卽一"이라 하는 것이 결국 인연因緣이라는 말이다. 인연 때문에 만 개도 되었다가 또 인연이 끝나면 다시 하나로 된다. 그래서 아까는 "일즉일체 일체즉일"이라 했는데 이번에는 인연이다. 왜 그렇게 만 개로 되었다 한 개로 되었다 하는가 하면 인연 때문이다. 바람 때문이다. 바람을 못 만나면 그것이 절대 안 된다. 그러니까 바람을 만난다는 것, 이것이 상당히 중요하다. 인도 사람들이 브라만Brahman이라 하는데 바람이라는 말이다. 기독교에서는 푸뉴마Pneuma라 한다. 성령이다. 그러니까 범아일여梵我一如다. 바람을 만나야 무엇이 나오지 그렇지 않으면 안 된다. 석가라 하면 『팔만대장경』이 나온다. 『팔만대장경』이 바람을 맞아야 나오지 그렇지 않으면 안 나온다. 기독교의 『성경』 66권이 다 어떻게 나온 것인가? 그것이 다 성령의 감화로 나오는 것이지 그렇지 않으면 안 나오는 것이다. 그러니까 「창세기」부터 「묵시록」까지 다 같은 내용이다. 왜냐 하면 성령이 같기 때문이다. 말은 다 다르지만 내용은 같은 것이다. 진리는 하나지만 그것이 『팔만대장경』으로 나오는 것은 바람 때문이다. 기독교에서는 성령이라 하고 인도 사람들은 브라만이라 하는데 여기서는 인연이라 한다. 그러니까 바람이라 하는 것이 상당히 중요한 것이다. 바람을 못 만나면 『팔만대장경』이 나올 수 없는 것이다.

10.1 연기심심緣起甚深

이시爾時 문수사리보살文殊師利菩薩 문각수보살언問覺首菩薩言
불자佛子 심성心性 시일是一 운하견유종종차별云何見有種種差別

이때 문수사리보살이 각수보살에게 물었다. 불자의 심성心性은 하나다. 제일 중요한 것은 심성이라는 것이다. 동양식으로 종교가 무엇인가 하면 심성이라 할 수 있다. 심心을 강조하면 왕양명王陽明(1472-1528)이 되고 성性을 강조하면 주자朱子(1130-1200)가 된다. 왕양명은 심학心學이 되고 주자는 성리학性理學이 된다. 그런데 그것이 따로 있을 것이 아니다. 그것이 하나가 되어야 한다. 그래서 심성이 되어야 한다. 그러니까 주자는 나쁘고 왕양명은 좋다고 하는 그것은 말이 안 된다. 왕양명은 결국 존덕성尊德性을 강조하는 것이고 주자는 결국 도문학道問學을 강조하는 것으로 강조점이 다른 것이다. 쉽게 말하면 왕양명은 종교적이고 주자는 과학적이다. 그런데 종교가 낫다 하거나 과학이 낫다 하거나 그렇게 되면 안 된다. 윌리암 제임스William James(1842-1910)처럼 "종교는 과학의 목적이요 과학은 종교의 수단"이라 그런 식으로 통일하든지 무엇이나 이것이 통일이 되어야지 그냥 나는 종교만 하지 과학은 모른다 하면 안 된다. 나는 하나님의 창조설만 믿지 다윈의 진화설은 안 믿는다 그렇게 되면 안 된다. 그러니까 종교도 알아야 되고 과학도 알아야 된다. 둘 다 알아야 된다. 그래서 언제나 심성心性이 하나가 되어야 한다. 어떻게 말하면 심心이 인因이고 성性이 연緣이라 그렇게 말할 수도 있다. 인연, 이것이 하나가 되어야지 이것이 둘로 따로 갈라지면 안 된다. 서양으로 말하면 하나는 합리론이고 하나는 경험론이다. 합리론과 경험론이 일치되게 하고 싶은 것이 칸트다. 그래서 일치가 되어야 한다. 따로 있으면 안 된다. 그러니까 종교가 약해지면 종교를 강조해야 되고 과학이 약해지면 과학을 강조해야 된다. 서로 강조하는 것이 다를 뿐이지 어느 것이 더 좋다 어느 것이 더 나쁘다 그럴 수 없다. 우리가 눈과 코를 어느 것이 더 중요하다고 말할 수 없다. 눈은 눈대로 중요하고 코는 코대로 중요하지 어느 것이 더 중요한 것이 아니다. 언제나 눈코가 꼭 같다 하는 것인데 이것이 말하자면 유기체설有機體說이다. 모두가 꼭 같지 어느 것이 더 중요하고 어느 것이 덜 중요하고 그럴 수 없다. 그러니까 심과 성, 이 두자만 알면 동양에서는 종교는 끝났다고 할 수 있다. 공자는 어떤 사람인가? 심성을 안 사람이다. 하여튼 심성이라 하는 이것이 참 중요하다.

  심성이 하나다. 그런데 어떻게 이것이 하나가 되지 못하고 자꾸자꾸 갈리는가? 이것이 질문이다. 인연이 하나가 되지 못하고 어떻게 이렇게 갈리는가. 그래서 다음에 예를 든다.

업부지심業不知心 심부지업心不知業
인부지연因不知緣 연부지인緣不知因.

　업業은 심心을 알지 못한다. 업이라 했는데 성性이라 해도 된다. 성性은 심心을 모르고 심은 성을 모른다. 이렇게 해도 같은 말이다. 종교 하는 사람은 과학을 일체 모르고 과학 하는 사람은 종교를 일체 모른다. 서로 모른다. 그리고 또 서로 미워하고 싸운다. 이렇게 된다.
　이렇게 생각할 수도 있고 또 업이라는 말을 했으니까 업으로 생각해도 된다. 이 사람들은 전생의 업이 현생의 결과가 된다는 이런 생각을 많이 한다. 내가 왜 이렇게 고생을 많이 하는가. 전생에 나쁜 짓을 많이 했으니까 네가 이번에 이렇게 된통 벌을 받는 것이라는 이런 말도 많이 한다. 그러니까 불교에서 제일 중요한 것은 내가 전생에서 무엇이었는지를 알아야 된다. 그것을 알아야 내가 금생을 대처할 수 있다. 그리고 그것을 모르면 내생을 위해서 할 것이 없다. 그런 의미로 우리가 생각해도 된다. 그러니까 "업부지심業不知心 심부지업心不知業", 이 말은 전생의 업은 금생의 내 마음을 알지 못하고 또 내 마음은 전생의 업을 알지 못한다는 것이다. 그러니까 불교 하는 사람들은 전생에 자기가 무엇이었다 그렇게 알아야 도를 튼 사람이지 그것을 모르면 도를 튼 사람이 아니다. 그리고 나는 죽으면 무엇이 된다 그렇게 또 알아야 되지 그것을 모르면 또 안 된다. 그렇게 되니까 그것이 영원한 생명이지 그렇지 않으면 영원한 생명이라 할 수 없다.
　그러나 우리는 그렇게 생각할 것은 없는데, 하여튼 어떻게 생각해도 좋다. 심心을 종교라 성性을 과학이라 그렇게 해도 된다. 요는 서로 알아야지 모르면 안 된다는 것이다. 그리고 "인부지연因不知緣 연부지인緣不知因"이다. 인因은 연緣을 모르고 연은 인을 알지 못한다. 인은 연을 알아야 되고 연은 인을 알아야 된다. 인연이라는 말을 많이 쓰는데 제일 많이 쓰는 것이 부부다. 남녀의 인연이라는 말을 많이 쓴다. 그런데 나는 제일 중요한 것이 선생과 학생의 인연이라 생각한다. 내가 일생을 살아보니까 선생을 만나는 것, 그것보다 중요한 것은 없다. 왜 그런가. 선생을 못 만나면 내가 발전을 안 하고 내가 발전을 안 하면 죽고 마니까 선생을 만나는 인연이 제일 중요한 것이다. 사람은 생명이니까 발전을 해야 산다. 선생이 없으면 발전을 못한다. 선생이 있어야 발전을 하고 발전을 해야 내가 산다. 그러니까 우리가 교회에 다닌다고 하는 것도 상당히 중요한 것이다. 매주일 한 번씩 와서 발전을 해야 된다. 발전을 해야 일생 사는 것이다. 일생 사니까 영생이다. 교회라든가 학교라든가 하여튼 내가 계속 발전해 가야 된다. 계속 발전하기 위해서 필요한 것이 선생이다. 그 선생을 만난다는 것, 그것이 최대의 인연이다.

그런데 눈먼 거북이 바다에서 나무 조각을 만난다는 부목맹구浮木盲龜라는 말도 했지만 선생을 만나기가 그렇게 힘들다. 정말 천 년에 한 번 만나기도 어렵다. 그래서 인도 사람들은 언제나 두 가지를 소중하게 생각한다. 먼저 사람으로 태어나기가 어렵다는 것이다. 강아지로 태어나기는 쉬운데 사람으로 태어나기는 제일 어렵다는 것이다. 그리고 또 하나는 선생을 만나기가 제일 어렵다는 것이다. 인도 사람들은 이 두 가지가 어렵다고 하는데 정말 이 두 가지만 가져도 인도 사람들은 살아나는 것이다. 우리는 그런 생각이 별로 없다. 사람으로 태어난다는 것이 이렇게 소중하다 하는 그런 생각을 별로 하지 않는다. 그리고 선생을 만나야 된다는 그런 생각도 별로 하지 않는다. 선생이란 그저 학점을 따는 도구지 그 밖에 아무 것도 아니라고 생각한다. 그러니까 인생으로 태어났다는 것이 가장 중요한 것이고 선생을 가졌다는 것이 또 하나 중요한 것이다.

나도 지금까지 교회에 다니면서 맨 처음에는 부흥회를 열심히 따라 다녔다. 부흥회 목사 가운데 참 좋은 사람들이 많았다. 장로교는 평양의 서문밖 교회의 임종순 목사, 감리교는 정동의 김종우 목사 같은 참 좋은 분들이 있었다. 그리고 외국 사람으로는 스탠리 존스Eli Stanley Jones(1884-1973)라는 사람이다. 그 사람의 부흥회가 제일 감명 깊었다. 그리고 일본에 가서는 성경공부 하는데 다녔는데 총본塚本이라는 사람이 했다. 그 사람은 내촌감삼內村鑑三(Uchimura Kanzo,

1861-1930)의 제자로 참 훌륭한 사람이었다. 그리고 그 사람의 친구로 학전鶴田이라는 사람이 있었는데 내가 와세다에 다닐 때 그가 매주일 한 번씩 와서『성경』을 가르쳐 주었다. 그래서 굉장히 많은 것을 배웠다. 단순히『성경』만 배운 것이 아니라 어떻게 살아야 된다는 것을 굉장히 많이 배웠다. 그리고 한국에 와서는 맨 처음에 춘원春園 이광수李光洙(1892-1950) 덕택으로 알게 된 것이 위당爲堂 정인보鄭寅普(1893-?)와 다석多夕 유영모柳永模(1890-1981)다. 정인보 선생 때문에 내가 일생 철학 선생으로 살게 되었다. 정인보가 맨 처음에 나를 철학 선생으로 채용해 준 것이다. 정인보가 아니었으면 나는 법이 전공이니까 법을 가지고 살아보려고 애쓰지 철학 선생이 될 이치가 없는데 정인보 선생이 나에게 와서 철학을 배워주어라 해서 내가 철학 선생이 된 것이다. 철학 선생을 했다고 하니까 또 그 이력서 가지고 연세대학에 가서 배워주고 또 이화대학에 가서 배워주고 또 감신대에 가서 배워주게 되었다. 이것이 다 정인보 선생 때문에 이렇게 된 것이다. 그리고 내가 여기서 이런 강의를 하는 것은 유영모 선생 때문이다. 유영모 선생 때문에 종교라는 것이 무엇인지 알게 되었다. 종교의 핵심이 심성心性이라 하는 이것도 유영모 선생에게 배운 것이다. 그래서 유영모 선생 때문에 신학도 했고 유영모 선생 때문에 이렇게 교회에서 주일학교 선생도 하게 된 것이다. 이것이 다 유영모 선생 때문이다. 유영모 선생이 아니었으면 도저히 안 되는 것이다.

　그래서 나는 제일 중요한 것이 무엇인가 하면 선생이 제일 중요하다고 한다. 그리고 이 선생 때문에 하나님을 만나게 되고 예수 그리스도를 만나게 되고 성령을 만나게 된다. 성부, 성자, 성령을 만나게 된다. 일생이 그것이다. 맨 처음에 29세에 유영모 선생을 만났다. 35세에 하나님을 만나게 되고 48세에 예수를 만나게 되고 52세에 그리스도를 만나게 되고 64세에 성령을 만나게 된다. 나에게 있어서는 일생이 그렇게 계단적으로 갔다. 물론 하나님을 만난다 그리스도를 만난다 성령을 만난다 하는 이것이 또 굉장히 큰 인연이다. 그리고 그 다음에 만나게 되는 것이 친구를 만나게 된다. 내가 지금까지 어디 취직했다 하면 친구 덕이지 친구가 아니면 어디 취직하겠는가. 감신에 취직한 것은 변선환邊鮮煥 덕으로 취직했다. 다 친구의 덕으로 취직도 하게 되고 또 친구를 만나게 된다. 여러분이 다 내 친구인데 이런 친구를 만나게 된다는 것, "유붕有朋이 자원방래自遠方來하니 불역락호不亦樂乎아." 이명섭 선생은 용인에서 온다. 몇 해 전에는 부산에서 오는 사람도 있었고 대구에서 오는 사람도 있었다. 멀리서 그렇게 한 주일에 한 번씩 만나보러 오는 것인데 내가 말하는 것은 밤낮 같은 소리다. 내가 몇 해 전에 「요한복음」 강의한 것을 지금 어느 선생님이 풀이해서 가져오는데 읽어보니까 내가 요새 하는 말과 꼭 같았다. 그러니까 내가 같은 말을 자꾸 되풀이하는데 나는 다 잊어버렸으니까 되풀이하는 줄도 모르는 것이다. 그런데 같은 말을 되풀이해도 또 오고 또 오는 것이 무엇인가. 이것이 인연이니까, 만나는 것이 좋아서 또 오고 또 오는 것이다. 그러니까 친구를 만나는 것, 이것도 얼마나 기쁜 일인지 모른다. 선생을 만나면 "불역락호不亦樂乎아", 친구를 만나면 "불역락호아." 이런 것을 우리는 인연이라 한다. 이런 만남이 없으면, 이런 인연이 없으면 정말 살 재미가 없다. 그러니까 인연을 요새말로 만남이라 그렇게 번역해도 된다. 우리가 누구를 만난다. 만나서 서로 이야기하고 마음을 주고받고 그것이 얼마나 좋은 것인지 모른다.

그런데 "인부지연因不知緣 연부지인緣不知因", 선생은 학생을 모르고 또 학생은 선생을 모른다. 이것은 정말 비극이라는 것이다. 그러니까 한 학기 내내 강의를 해도 하나도 걸리는 것이 없다. 그래서 이제는 학교를 그만 두어야겠다 하는 이런 생각이 자꾸 난다. 왜 그런가. "인부지연因不知緣"이기 때문이다. 나는 그 사람을 모르고 그 사람은 나를 모른다. 서로 통하는 데가 없다. 그들은 학점을 따러왔지 나를 보러 온 것이 아니다. 나를 안 보고도 학점만 얻으면 족한 것이다. 그러니까 인연이라는 것이 없고 만남이라는 것이 없다. 결국 하나의 기계다. 준비가 못 되서 그렇지 기계 갖다 놓고 해도 실컷 되는 것이다. "인부지연 연부지인", 이것은 정말 삭막한 인생이다. 서로 모르는 것이다.

그런데 나는 유영모 선생을 알았다는 것, 내게는 그것이 얼마나 소중한 것인지 모른다. 그래서 유영모 선생은 나를 알았고 나는 유영모 선생을 알았고 그래서 서로 알았다는 것, 그것이 얼마나 소중한지 모른다. 내가 유영모 선생 일기를 풀이했는데, 물론 벌써 7년 전에 풀이한 것이 이번에 나온 것인데, 여러분이 정말 많이 수고해 주셔서 오백 부 이상이 팔렸다. 그래서 내가 이백 부, 서점에서 삼백 부 팔기로 한 것이 다 끝났다. 이젠 나는 빚진 것이 아무 것도 없다. 이제는 더 이상 출판하지 않아도 된다. 내가 바란 것은 유영모 선생 것을 한 번 출판해야 되겠다, 그것이 내 소원이었다. 내 것은 출판하지 않아도 아무렇지도 않다. 그러니까 이제는 더 출판하지 않아도 아무 문제가 없다. 하여튼 누가 그렇게 많이 사 주었는지 모르지만 오백 부가 나갔다는 것은 정말 놀랄 일이다. 그것은 정말 볼 수 있는 책이 아닌데, 산 사람들은 다 속아서 산 것 같다.(웃음)

유영모 선생이 나를 알았다는 것, 내가 유영모 선생을 알았다는 것, 이것이다. 서로 마음이 통해야 되지만 유영모 선생의 그 성을 알아야 된다. 유영모 선생의 성이 무엇인지 또 내 성이 무엇인지 그것을 알아야 된다. 그런 것을 알기가 참 어렵다. 나도 유영모 선생의 성을 아는데 6년이 걸렸다. 유영모 선생의 본질은 이것이로구나 이렇게 아는 것이다. 그리고 유영모 선생은 또 내 본질을 아는 것이다. 서로 아는 것이다. 알아야 인연이 되는 것이지 모르면 인연이 아니다. 이런 인연 때문에 선생님의 한글시가 천 5백 개가 나오는 것이다. 그리고 시조가 천 5백 개가 나온다. 그러니까 무슨 『다석일지多夕日誌』가 아니다. 결국 시집과 시조집이다. 자기의 생각을 시로 표시도 하고 시조형으로 표시하기도 한 것이다. 그런데 그것이 한없이 어렵다. 그래서 그때도 누구 들으러 오는 사람이 없었다. 기껏 많아야 대여섯 명 어느 때는 안 올 때도 많다. 어렵기 때문이다. 한국말로 썼는데 한국 사람이 읽을 수가 없다. 이런 것이 나왔다는 것이 정말 기적이다. 그래서 외국어대 철학교수인 이기상 선생은 유영모 선생의 글은 글자 한 자에 철학개론 한 권이 들어가 있다고 요전에 중앙일보에 그렇게 썼다. 글자 한 자 속에 책 한 권이 들어가 있다. 그러니까 굉장히 심오하다는 말이다. 그렇게 굉장히 심오한 것이 나왔다는 것이다.

그러니까 고당古堂 조만식曺晩植(1883-1950)이나 유영모나 다 같은 사람들인데, 조만식의 글은 우리가 알 수가 없는데 유영모는 그렇게 글을 남기고 간 것이다. 그렇기 때문에 우리들은 그것을 통해서 당시 사람들의 생각을 알 수가 있다는 것이다. 그것이 상당히 중요하다. 남강南岡 이승훈李昇勳(1864-1930)의 생각도 우리가 모르지만 유영모의 글을 통해서 이승훈의 생각도 알게 되고 도산島山 안창호安昌浩(1878-1938)의 생각도 알게 되고, 그래서 한국 사람의 생각이 무엇인지 그것을 알게 되었다. 하여튼 유영모라는 사람이 삼천 수의 시를 남겨놓고 죽었다는 것. 우리가 그 삼천 수의 시를 통해서 한국의 근본 생각이 무엇인지, 한국의 본성이 무엇인지를 우리가 알 수 있는 하나의 길잡이가 되었다는 것, 나는 그것이 참 중요하다고 생각한다. 앞으로 그 책을 가지고 공부하는 사람들이 꽤 나올 것 같다. 요전에도 신문에 보니까 영국의 애딘버러에서 그것을 강의하고 있다고 한다. 그 사람도 영국에 가서 한국의 것을 하기는 해야 되겠는데 무엇을 할까 그러다가 유영모밖에 없다 하고 했다는 것이다. 그러고 보면 유영모라고 하는 것이 앞으로 우리에게 무엇인가 상당히 주는 것이 있을 것이다. 성性이라는 것, 유영모의 본질이 무엇인지, 그 유영모의 본질을 직관해야 된다. 본질직관이다. 또 유영모는 나의 본질을 직관해야 된다. 서로 본질을 직관해야 이것이 인연이 되는 것이지 직관을 못하면 인연이 안 된다.

보통 우리가 하는 법은 그분들이 쓴 책이나 논문을 보고서 아는 것인데 요전에 이명섭 선생 책을 읽어보니까 불교에 대해서 나보다 열 배는 더 알고 있었다. 그 책을 보지 않았으면 이명섭 선생이 불교에 대해서 하나도 모르는 사람인줄 알았을 것이다. 책을 읽어보니까 정말 얼마나 어렵게 썼는지 도저히 읽을 수 없게 어려웠다. 그러니까 우리는 그런 것을 보고서 알기가 쉬운데 그렇지 않고 서로 안다고 하기가 참 어렵다.

부부라면 남자는 여자의 본질을 알고 여자는 남자의 본질을 알고 그렇게 본질직관이 되어야 이것이 정말 인연이지 그렇지 않으면 인연이 아니다. 오늘 인연이라 하는 것이 상당히 중요한 것이다. 인연을 알면 되는 것이다. 인연을 알면 다 아는 것이다.

시時 각수보살覺首菩薩 이송답왈以頌答曰
제법무작용諸法無作用 역무유체성亦無有體性

각수보살이 그때 대답을 했다. "제법무작용諸法無作用." 『60화엄경』에서는 무작용無作用이 아니라 무자성無自性이라 했다. 무자성이라 하는 것이 더 좋을지 모른다. 제법諸法은 자기라고 하는 것이 없다. 또 무유체성無有體性이다. 실체가 없다. 이것이 유명한 말이다. 자성이 없고 실체가 없다는 것이다.

그런데 여기서는 그렇게 어려운 것으로 하지 말고 자기라는 것이 없다는 말이라 한다. 요새 아이들은 자기라 하는 것이 없다. 무엇이라 할까, 자주의식이 없다. 혹은 주체성이 없다. 이런 식으로 해도 된다. 요새 보니까 머리칼을 초록으로 물들이고 오는 아이들이 있다. 새파랗게 초록으로 물들이고 온 것을 보니까 이게 어디 놈인지 알 수가 없다. 한국 사람은 머리가 새까만 색이라야 한국 사람 같지 새파랗게 하고 오니까 한국 사람 같지가 않다. 무엇인지 자기의식이라는 것이 없다. 자주의식이라는 것이 없다. 그러니까 "인부지연因不知緣 연부지인緣不知因"이다. 한국 사람과 한국 사람이 만나야 서로 통하는데 한국 사람이 아니고 어디 다른 나라 사람 같으니까 이게 통 만나지지가 않는다. 그렇게 생각해도 된다. 요새 사람들은 자기라는 것이 없다. 자의식이라는 것이 없다. 내가 한국 사람이라고 하는 의식이 없다. 우리는 우선 그렇게 생각하기로 한다.

그리고 실체가 없다는 말은 무엇인가? 나는 하나의 영원한 존재라는 것, 그런 의식이 없다. 그저 죽으면 다다 이렇게 생각하지 죽어도 또 산다는 그런 생각이 통 없다. 그러니까 실체라는 것은 영생으로 갖다 붙이고 자성이라 하는 것은 자유라고 갖다 붙여본다. 나라고 하는 것도 없고 또 내가 앞으로 어떻게 된다 하는 것도 없다. 목적도 없고 아무 것도 없다. 이렇게 우리는 생각해도 좋다. 그래서 "제법무작용諸法無作用", 모든 것은 자기라고 하는 것이 없다. "역무유체성亦無有體性", 실체라는 것이 없다.

 시고피일체是故彼一切 각각불상지各各不相知
 비여하중수譬如河中水 단류경분서湍流競奔逝
 각각불상지各各不相知 제법역여시諸法亦如是

그렇기 때문에 일체가 서로 알지 못한다. 서로 통하지 않는 것이다. 비유를 하면 흘러가는 물이 얕은 여울에서 서로 내려가려고 야단치는 것처럼 물결과 물결이 서로 알지 못한다. 온 세상 사람들이 이와 마찬가지다. 밤낮 서로 만나도 서로 모른다.

일생에 친구가 몇이나 되는가 하면 열 명이 되기가 어렵다. 나를 정말 알아주는 사람이 누구였는가 할 때 다섯 명을 꼽기도 어렵다. 나에게 선생은 확실하다. 선생은 나를 알고 나는 선생을 알고 그것은 확실한데 친구라 하면 확실히 그렇게 알았을까 하는 생각이다. 내가 그래도 친구라 하면 안병무를 제일 가깝다고 생각하고 변선환이 내 속을 제일 많이 아는 사람이고 윤태림도 있고 그 몇 사람인데 그들이 진짜 나를 알았을까 그런 생각이 지금도 자꾸 든다. 하여튼 친구로 다섯 명의 친구를 가진다는 것, 이것 정말 참 어렵다. "인부지연 연부지인"이 되기 쉽지 인연이다 이렇게 되기가 참 어렵다.

 여리이관찰如理而觀察 일체개무성一切皆無性
 법안부사의法眼不思議 차견비전도此見非顚倒

우리가 이치를 가지고 보면 일체 모든 사람들이 다 서로 모른다. 다 무자성無自性이다. 그런데 어떻게 하면 인연이 되나. 법안法眼이 나와야 된다. 정말 뚫어 보아야 된다. 내가 내 아내의 마음을 꿰뚫어 보아야 된다. 꿰뚫어 보니까 내 아내가 나를 사랑하는지 말 안 해도 안다. 그래서 법안이 되어야 한다. 꿰뚫어 볼 수 있는 눈을 가져야 된다. 그렇게 보아야 진짜 보는 것이다. 전도顚倒는 뒤집힌 것이다. 그것은 뒤집혀 보는 것이 아니라 바로 보는 것이다. 그러니까 정말 진리를 깨닫고 보아야 바로 보이지 진리를 깨닫기 전에는 바로 보이지 않는다. 이렇게 해석해도 된다. 제일 중요한 것이 무엇인가 하면 법안이다. 꿰뚫어볼 수 있는 눈을 가져야 된다.

2001. 5. 13.

보살문명품 강해(2)

「보살문명품」은 『60화엄경』으로 하면 「명난품明難品」인데 제1번은 연기심심緣起甚深이라는 것이다. 심심甚深이란 가장 소중하다는 뜻이라고 했다. 그런데 제1번의 연기심심은 제10번의 불경계심심佛境界甚深과 한 쌍이다. 제2번의 교화심심敎化甚深은 제6번의 정교심심正敎甚深과 한 쌍이다. 제3번 업과심심業果甚深은 제7번 정행심심正行甚深과 한 쌍이고 제4번 설법심심說法甚深은 제8번 조도심심助道甚深과 한 쌍이고 제5번 복전심심福田甚深은 제9번 일심심심一心甚深과 한 쌍이다. 옛날부터 그렇게 전해오고 있다.

요전에 1번 연기심심을 읽었다. 인연因緣이라는 것인데 우리에게 여러 가지 인연이 있다. 부자父子의 인연도 있고 부부夫婦의 인연도 있고 또 친구의 인연도 있다. 우리에게 인연이 많지만 그 가운데서 『화엄경』에서 말하는 인연은 결국 사제師弟의 인연이라는 것이다. 모든 인연 가운데서 제일 소중한 인연이 사제의 인연이다. 왜 사제의 인연이 중요한가 하면 사람되는 일이니까, 우리가 선생님을 못 만나면 사람되기가 참 어려우니까 사제의 인연이 제일 소중한 것이다. 세상에서 제일 중요한 것이 사람되는 일인데 그 사람된다고 하는 것은 역시 선생님을 통해서 사람이 되는 것이 제일 쉬운 길이다. 물론 좋은 아내를 만나서 사람되는 경우도 있을 것이고 부모를 잘 만나서 사람되는 경우도 있을 것이고, 그런 일이 있겠지만 그 가운데서 가장 순수하게 사람되라고 가르치는 것이 선생이다.

사람된다고 하는 것을 인격人格이라 하는데 인격이라는 것은 결국 언제나 목적으로 대하지 수단으로 대하지 말라는 것이다. 칸트의 말인데 제일 중요한 것이 인격이라는 것이다. 그 인격을 가지려면 우리는 역시 높은 인격을 찾을 수밖에 길이 없다. 물론 최고의 인격이라 하면 하나님이다. 그 다음 인격은 기독교에서는 그리스도라 한다. 또 그 다음은 그리스도를 쫓아가는 많은 선생님들이다. 그 많은 선생님을 좇아서 우리도 역시 그리스도에게로, 하나님에게로 가는 것이지 그저 쉽게 가는 것은 아니다. 그래서 제일 중요한 인연이 사제의 인연이라, 사제의 인연이 제일 중요하다는 그런 말을 했다. 그러면 선생은 무엇을 하는가. 교화教化라는 것이다.

10.2 교화심심教化甚深

 선생은 인격이 무엇인지 가르치는 것이고 또 인격으로 변화시키는 것이 선생이다. 그러니까 만일 인격이 무엇인지 가르치지 못하는 선생은 선생이라 하기 어렵다. 소크라테스와 소피스트와의 차이가 무엇인가. 소크라테스는 인격을 가르치는 선생이고 소피스트는 인격 아닌 것을 가르치는 사람들이다. 그래서 소크라테스가 소중하다고 하는 것이다. 우리가 그리스도를 소중하다고 하는 이유가 무엇인가. 그리스도는 우리에게 인격이 무엇인지를 가르쳐주니까 소중한 것이지 만일 다른 것을 가르쳐준다면 그리스도가 소중할 이치가 하나도 없다.

이시爾時 문수사리보살文殊師利菩薩 문재수보살언問財首菩薩言
불자佛子 일체중생一切衆生 비중생非衆生

 이때 문수사리보살이 재수보살財首菩薩에게 말했다. 일체 중생이 중생이 되어야 하는데 중생이 중생답지가 않다. 사람이 사람다워야 할 터인데 사람이 사람답지가 않다는 것이다. 그것이 늘 문제다. 아버지는 아버지다워야 되고 어머니는 어머니다워야 되고 남편은 남편다워야 된다. 한문으로는 부부자자父父子子라 한다. 아버지는 아버지고 아들은 아들이라 하는 말이 아니라, 아버지는 아버지다워야 되고 아들은 아들다워야 된다는 말이다. 'should'라는 것이다. 그런데 "비중생非衆生", 중생이 중생답지 않다는 것이다.

운하여래云何如來 수기시隨其時 수기명隨其命 어여시제중생於如是

諸衆生中 위현기신 爲現其身 교화조복 敎化調伏.

 어떻게 해서 여래는 때를 가리지 않고 생명을 아끼지 않고 이런 중생들 가운데서 그 몸을 나타내서 그들을 가르치고 그들을 감화시키고 그들을 조화시키고 그들을 복종시키고 그렇게 하려고 애쓰는가. 이것이 말하자면 석가의 특징이다. 사람답지 않은 그런 데 가서 그 사람들을 사람으로 만들려고 애쓰는 그것이 석가다.

시時 재수보살財首菩薩 이송답왈以頌答曰

 그러자 재수보살이 다음과 같이 게송으로 대답했다.

분별관내신分別觀內身 차중수시아此中誰是我
약능여시해若能如是解 피달아유무彼達我有無

 우리의 몸을 하나하나 따져서 들여다 볼 것 같으면 이 가운데서 어느 것이 나인가? 코가 나인가, 눈이 나인가, 어느 것이 나인가? 우리가 가슴을 치면서 나라고 하지만 이것은 가슴이지 나가 아니다. 무엇이든지 나라고 하면 그것은 나가 아니다. 우리가 이렇게 생각해 따져 본다면 결국 우리는 어떤 결론에 도달하는가? "아유무我有無." 보통 유무有無라는 말보다는 즉비卽非라는 말을 많이 쓴다. 나는 나 아닌 것이 곧 나라는 것이다. 가슴을 치면서 나라고 하지만 그것은 가슴이지 나가 아니다. 무엇이건, 가슴이건 머리이건 배건 이것이 나라 하면 그것은 나가 아니다. 그러면 나는 무엇이 나인가? 쉽게 말하면 나를 초월한 것이 나다. 정신이라 해도 좋고 마음이라 해도 좋고 하여튼 무엇이라 하건 전체인데 그렇다고 몸 전체가 나라 하는 것은 아니다. 그래서 할 수없이 주체라고 말한다. 주체가 나다. 주체라고 하는 것을 키에르케고르Soren Kierkegaard(1813-55)는 정신이라 했다. 정신이 나다. 그 정신이라는 것을 우리가 무엇이라고 표현할 수는 없다. 그러니까 할 수 없이 나를 초월한 것이 나라고 그렇게 표현할 수밖에 길이 없다. 쉽게 말하면 나라고 하는 것은 나 아닌 것이 나지 내가 나는 아니다.

　소크라테스는 "너 자신을 알라"고 한다. 그럴 때 나 자신이 누구인가 하면 내가 나 자신은 아니다. 그래서 나는 쉽게 말해서 선생님이 나라고 한다. 선생님은 나를 초월해 있기 때문이다. 우리가 조금 더 나아가면 그리스도가 나다. 그리스도가 나지 내가 나는 아니다. 좀 더 올라가면 하나님이 나지 내가 나는 아니다. 더 쉽게 말하면 인격이 나지 인생이 나는 아니다. 가슴을 치면서 나라 하는 것은 인생이지 인격이 아니다. 그러니까 나 자신은 무엇인가 하면 인격이 나 자신이지 인생이 나 자신은 아니다. 우리가 그렇게 생각할 때 나 아닌 것, 즉 인격 그것이 나다.

　예수가 왜 죽었는가? 죽은 것은 인생이 죽은 것이지 예수의 인격이 아니다. 예수의 인격은 죽지 않은 것이다. 소크라테스가 죽으면서 말했다. 너희들은 나를 파묻는다고 생각하지만 사실은 너희 자신을 파묻는 것이지 나를 파묻는 것은 아니다. 소크라테스는 인격이고 소크라테스를 죽이는 사람은 인생이라는 말이다. 그러니까 무덤 속에 들어가는 것은 인생이다. 인격은 무덤 속에 들어갈 수 없다. 왜냐하면 인격은 영원하기 때문이다.

　이런 의미에서 나라고 하는 것은 나 아닌 것이 나라는 그런 결론에 도달할 수밖에 길이 없다. 우리는 이렇게 풀어서 해석하면 좀더 알기가 쉽다.

세간소견법世間所見法 단이심위주但以心爲主
수해취증상隨解取象相 전도불여실顚倒不如實

　이 세상에서 사람들이 만물을 볼 때 각각 자기의 생각을 제일이라고 생각한다. "단이심위주但以心爲主." 심心이라는 것을 우리가 크게 생각할 수도 있고 조그맣게 생각할 수도 있지만 여기서는 크게 생각하지 않고 조그맣게 생각한다.

우리의 생각에 따라서 나라고 하는 것이 이것이다 그렇게 생각한다. 우리의 생각에 따라서 이것이 나라 그렇게 생각하는데 자기를 바로 찾는 사람은 거의 없다. 다 "전도顚倒", 뒤집혔다. 틀렸다는 것이다. 그래서 "불여실不如實", 진짜 나는 아니다.

**능연소연력能緣所緣力 종종법출생種種法出生
속멸불잠정速滅不暫停 염념실여시念念悉如是.**

인연에 의해서 모든 만물이 생기는 것이다. 나 아닌 나, 그것들이 모여서 모든 만물이 생기는 것이다. 그러니까 모든 만물도 그냥 나라는 것이 없어지고 만다. 중생이 그만 중생이 아니다 하는 그렇게 되고 마는 것이다. 그렇게 되는 것은 마치 안개에 햇빛이 비쳐서 무지개가 나타나는 것과 같은 것이다. 인생이란 무지개 같은 것이라는 말이다. 허무하다는 것이다. 거기에는 인격이 없으니까 허무하다. 그래서 "속멸불잠정速滅不暫停." 안개나 무지개는 그저 잠깐이다. 잠깐 있다 사라지는 것이다.

우리 인생이 70년을 살면 오래 살았다, 80년을 살면 오래 살았다 하지만 그것도 아니다. 천 년을 살아도 인격이라는 것이 없으면 그것은 잠깐이다. 그것은 안개나 무지개와 같은 것이다. 인격이 영원한 것이지 인생은 잠깐으로 무상한 것이다. 그러니까 "속멸速滅", 그저 잠깐 살다 죽는 것이다. 젊은 사람들이 볼 때 70, 80 살면 오래 산 것이라 생각하겠지만 70난 그 사람으로 볼 때 70년은 꿈이다. 이것은 옛날 이야기 가운데도 많이 나온다. 잠깐의 꿈 속에서 일생을 살았다는 한단지몽邯鄲之夢이라는 그런 이야기가 있다. 백 년이 아니라 천 년을 살아도 잠깐이지 이만큼 살았으니 되었다 하는 그런 것은 없다. 그런데 하루를 살아도 인격을 살면 그것은 영원을 산 것이다. 그렇지만 만 년을 살아도 인생을 살면 그것은 찰나요 허무한 것이다. 우리가 언제나 인격과 인생이라는 것, 그것을 생각해야 된다. "속멸불잠정", 인생 그것은 잠깐 있다가 없어진다. "염념실여시念念悉如是", 아무리 오래 살아보았자 그것은 다 마찬가지이다.

그러니까 제2번의 교화라 하는 것도 상당히 중요하다. 이것 하나만 알아도 굉장한 것이다. 제1번의 인연이라 하는 것도 상당히 중요하고 제2번의 교화라고 하는 것도 상당히 중요하다. 교화라고 하는 것은 인격의 세계다. 결국 가르치는 것은 인격을 가르치는 것이다. 그래서 무엇으로 화化하는가 하면 인격으로 화하는 것이다. 예수는 인생이지만 그리스도는 인격이다. 예수가 그리스도로 화한 것이다. 그것이 중요한 것이지 무슨 예수가 중요한 것이 아니다. 우리는 그렇게 생각할 수도 있다.

10.3 업과 심심業果甚深

다음 제3번은 육도윤회六道輪廻라는 것이다. 우리는 이런 생각을 거의 해보지 못했는데 인도 사람들은 이렇게 생각하는 것이다. 내가 전생에 무엇이었고 내생에는 무엇이 된다는 그런 것을 우리는 거의 생각해보지 못했다. 기독교도 내생은 말하지만 전생은 거의 말하지 않는다. 그런데 인도 사람들은 전생이라는 것을 자꾸 말하니까 업보業報라는 말을 자꾸 한다. 내가 지금 이렇게 고생하는 것은 그저 고생하는 것이 아니다. 전생에 내가 나쁜 짓을 많이 해서 이렇게 고생을 하는 것이다. 그렇게 생각하면 화나는 것이 좀 멈춰질 수 있다. 누구 원망할 이유가 없다. 내가 전생에 나쁜 짓을 해서 이렇게 되었다는데 어떻게 하는가. 그래서 소위 인욕忍辱, 참는데 훨씬 도움을 준다. 요다음 내생에 나 또 고생하지 않도록 이번에는 좋은 일을 좀 많이 해야 되겠다, 그렇게 되니까 권선징악勸善懲惡이라 하는 것이 저절로 된다.

그러니까 육도윤회라 하는 생각이 우리에게는 없지만 그 사람들은 이런 것으로 해서 차차 선해지라고 선을 권장을 하고 아무리 어려움이 있어도 참게 하는 그런 구실을 제공하는 것이다. 그런 의미에서 업보라 하는 것도 상당히 인도 사람들에게 소중한 것이다. 우리는 선을 하라고 할 때는 그저 성선설性善說을 말하는 정도다. 인간의 본성이란 본래 선한 것이라 한다. 기독교에서도 선이라 할 때는 하나님이 선하신 분이라 한다. 예수님에게 누가 "참 선하신 선생님이여"하고 말하자 예수님은 대답하시길 "왜 나더러 선하다고 하느냐 선하신 분은 하나님뿐이시다." 했다. 칸트는 그것을 최고선最高善이라 한다. 플라톤은 하나님이란 무엇인가 하면 선의 이데아Idea라 했다. 칸트는 사람에게서 가장 중요한 것이 무엇인가 하면 선의지善意志라 했다. 선을 하려고 하는 그 의지가 가장 존엄한 것이라 했다. 선에 대해서 이렇게 말하는데 인도 사람들은 또 육도윤회를 말해서 선을 권장해 가는 것이다.

이시爾時 문수사리보살文殊師利菩薩 문보수보살언問寶首菩薩言
불자佛子 일체중생一切衆生 등유사대等有四大 무아無我 무아소無我所 운하이유수고수락云何而有受苦受樂.

이때 문수사리보살이 보수보살寶首菩薩에게 물었다. 모든 중생은 지수화풍地水火風이라는 사대四大를 가지고 있는데 "무아無我", 그 지수화풍에는 나라고 하는 것이 없다. 그것은 그냥 흙이지 거기에 무슨 인격이라 하는 것이 있을 이치가 없으니까 무아다. 그리고 "무아소無我所", 그것은 내 것이라 할 것도 없다. 코로 바람이 들어가는데 이것은 내 바람이라 해보아야 얼마나 가지고 있겠는가. 또다시 곧 내 놓아야 된다. 물을 마시고 내 물이라 해보았자 몇 시간이나 가지고 있겠는가. 또 그냥 가지고 있으면 퉁퉁 붓고 죽는다. 그러니까 내 놓아야 된다. 말하자면 이것은 우주 자연 전체의 것이지 내 것이라고 할 것이 없다. 이것이 내 몸덩이 같지만 내 몸이 아니다. 내 몸이라면 내 마음대로 해야 되는데 내 마음대로 할 수가 없다. 죽게 되면 죽어야지 안 죽겠다고 해서 안 죽는 게 아니다. 내 것이라면 안 죽을 수 있다. 그러나 내 것이 아니니까 결국 죽는 수밖에 길이 없다. 그래서 옛날부터 "사대원무주四大元無主"라 한다. 사대라는 것은 내 것이 아니다. 지수화풍은 내 것이 아니다. 이 몸은 내 것이 아니다. 다 같은 말이다. 이 지수화풍에는 나도 없고 또 내 것도 아니다. "운하이유수고수락云何而有受苦受樂",

그런데 세상에는 왜 이렇게 고통도 많고 또 어떤 사람들은 이렇게 잘 사는가.

시時 보수보살寶首菩薩 이송답왈以頌答曰

그러자 보수보살이 대답을 했다.

수기소행업隨其所行業 여시과보생如是果報生
작자무소유作者無所有 제불지소설諸佛之所說

전생의 업 때문에 지금 고통받는 사람도 있고 또 전생에 좋은 일을 많이 해서 지금 잘 사는 사람도 있다. 이것이 인도 사람들의 생각이다. 우리는 그렇게 인정하는 것뿐이다. 그래서 어떤 사람은 고생하기도 하고 어떤 사람은 즐거워하기도 한다. "작자무소유作者無所有." 이 고통과 즐거움을 누가 만들어냈는가. 아무도 없다. 다 내가 만들어낸 것이지 무슨 운명이 만들어낸 것이 아니다. 팔자가 어떻다고 하지만 무슨 팔자가 만들어낸 것이 아니다. 내가 만들어낸 것이다. 그래서 어디까지나 자기가 책임지려고 하는 그런 사상이다. 이것도 우리는 좋다고 생각한다. 이것은 다 내가 만든 것이다. 『60화엄경』에서는 작자作者를 조자造者라 했다. 창조자가 만든 것이 아니다. 기독교도 마찬가지다. 죄는 무슨 창조자가 만든 것이 아니다. 이것은 다 내가 책임져야지 이것을 하나님께 책임 지우면 안 된다. 자꾸 책임 지우고 싶어서 하나님은 왜 이렇게 악을 만들어 우리를 괴롭히는가 하는 사람도 있지만 기독교에서는 언제나 자유의지라는 것을 주장해서 모든 책임은 나에게 있지 하나님에게 있는 것은 아니라고 그렇게 말한다. 여기서도 마찬가지다. 무슨 조물주가 있어서 만든 것이 아니다. 그것이 부처의 가르침이다.

비여정명경譬如淨明鏡 수기소대질隨其所對質

현상각부동現像各不同 업성역여시業性亦如是

비유하자면 맑은 거울에 그림자가 비치는데 그 비추는 것에 따라서 그림자가 다 다른 것이나 마찬가지다. 맑은 거울에 비치는 어떤 물건, 그것이 업성業性이다. 내가 잘못한 것을 내가 받는 것이다. 쉽게 말하면 인과응보因果應報다. 내가 잘못한 것을 내가 거두는 것이다.

우여제세계又如諸世界 대화소소연大火所燒然
차화무래처此火無來處 업성역여시業性亦如是.

또 산에 불이 붙는데 그 불은 어디서 온 것이 아니다. 사람이 불을 냈던지 나무가 부딪혀 불이 났던지 다 여기서 된 것이지 무슨 밖에서 온 것이 아니다. 다 같은 생각이다. "차화무래처此火無來處", 이 불이 하늘에서 뚝 떨어진 것이 아니다. 운명이 아니라는 것이다. 내가 만들어 낸 것이다. 업보業報라는 것도 그런 것이다.

10.4 설법심심說法甚深

이시爾時 문수사리보살文殊師利菩薩 문덕수보살언問德首菩薩言
불자佛子 여래소오如來所悟 유시일법唯是一法 운하내설무량제법云何乃說無量諸法.

이때 문수사리보살이 덕수보살德首菩薩에게 물었다. 여래가 깨달은 바는 오직 진리 하나뿐이다. 그런데 어떻게 그렇게 많은 『팔만대장경』이 나오는가?
요전에도 말했지만 물은 언제나 평평한 물인데 거기에 바람이 불면 수많은 물결이 일어난다. 석가에게 바람이 불면 그렇게 『팔만대장경』이 나오는 것이다. 그렇지 않으면 아무 말도 안 나오는 것이다. 언제나 바람이라는 것, 푸뉴마Pneuma라는 것, 기독교는 성령이라 하는데,

그 성령의 역사로 그렇게 되는 것이지 무슨 석가가 만들어내는 것이 아니다. 인도 사람들은 브라만Brahman이라 한다. 브라만이 바람이다. 바람의 결과로 그렇게 되는 것이지 바람이 안 불면 그럴 수가 없다. 그러니까 언제나 성령이라든가 푸뉴마라든가 브라만이라든가 하는 이것이 없이는 절대 안 된다. 바람이 불면 무한정 쏟아지는 것이다. 무슨『팔만대장경』만 쏟아지는 것이 아니다. 무한정 쏟아진다. 어떻게 보면 이 우주 전체가 말씀이다. 이 우주라는 것이 무엇인가. 이것은 바람에 일어난 하나의 물결이라 볼 수 있다.

시時 덕수보살德首菩薩 이송답왈以頌答曰
불자소문의佛子所問義 심심난가료甚深難可了
지자능지차智者能知此 상락불공덕常樂佛功德

이때 덕수보살이 대답했다. 네가 지금 질문한 뜻은 참 알기 어려운 것이다. 왜 이렇게『팔만대장경』이나 나왔는지 그것은 참 알기가 어렵다. 그것은 정말 지혜로운 자만이 알 수가 있다. 지혜로운 자는 어떤 사람인가. "상락불공덕常樂佛功德", 불공덕을 받아서, 또는 성령의 역사로 이렇게 언제나 기쁨을 누릴 수 있는 사람이다. 그런 사람에게서 이런『팔만대장경』이 나오는 것이다.

비여지성일譬如地性一 중생각별주衆生各別住
지무일이념地無一異念 제불법여시諸佛法如是.

비유를 하면 땅은 하나지만 모든 중생이 다 다르게 쏟아져 나오는 것이나 같다. 땅은 언제나 고요하다. 그런데 모든 만물은 한없이 많다. 불법도 이와 마찬가지다.

10.5 복전심심福田甚深

이시爾時 문수사리보살文殊師利菩薩 문목수보살언問目首菩薩言
불자佛子 여래복전如來福田 등일무이等一無異

이때 문수사리보살이 목수보살目首菩薩에게 물었다. 복전福田이란 복의 밭으로 쉽게 말해서 사랑이다. 여래의 사랑이란 다 꼭 같다. 다름이 없다.

운하이견중생云何而見衆生 보시布施 과보부동果報不同

그런데 어떻게 아이들을 보면 이렇게 다른가. 부모의 사랑은 꼭 같은데 아이들이 받는 것은 왜 이렇게 다른가.
그것은 요전에 말한 것처럼 그릇이 달라서 그런 것이다. 비는 같은데 받는 그릇이 다른 것이다. 많이 받는 큰 나무도 있고 조금 받는 작은 나무도 있다.

시時 목수보살目首菩薩 이송답왈以頌答曰

이때 목수보살이 다음과 같이 게송으로 대답했다.

비여대지일譬如大地一 수종각생아隨種各生芽
어피무원친於彼無怨親 불복전역연佛福田亦然

비유하자면 대지는 하나인데 만물은 모두 다른 것이나 같다. 대지는 누구를 미워하고 누구를 친애하고 그런 것이 없다. 부처님의 사랑도 마찬가지다.

역여일출시亦如日出時 조요어세간照耀於世間
불복전여시佛福田如是 멸제제흑암滅除諸黑闇

해가 날 때 세간을 비추는데 하나님의 사랑도 이와 마찬가지로 어두움을 없이 하자는 것이다. 그런데 어떤 데는 더 어둡고 어떤 데는 더 밝다. 골짜기는 더 어두워지고 산꼭대기는 더 밝다. 다 그릇이 달라서 그렇다는 것이다.

10.6 정교심심正敎甚深

이시爾時 문수사리보살文殊師利菩薩 문근수보살언問勤首菩薩言
불자佛子 불교佛敎 시일是一 중생衆生 득견得見 운하부즉실단云何不卽悉斷 일체제번뇌박一切諸煩惱縛 이득출리而得出離.

이때 문수사리보살이 근수보살勤首菩薩에게 물었다. 부처님의 가르침은 하나인데 중생을 보게 되면 중생들은 어찌하여 모든 번뇌를 끊지 못하고 왜 고苦에서 벗어나지 못하는가.

시時 근수보살勤首菩薩 이송답왈以頌答曰

그때 근수보살이 다음과 같이 게송으로 대답했다.

약욕구제멸若欲求除滅 무량제과악無量諸過惡
당어불법중當於佛法中 용맹상정진勇猛常精進

모든 고통을 끊어버리려면, 모든 고통의 근원이 되는 허물과 악을 없이하려면 불법의 세계 속에 용맹하게 정진해야 된다. 일로매진一路邁進 해야 된다. 『법화경』에서 말하듯 정말 몰두해야 되지 되는대로 하면 안 된다.

비여미소화譬如微少火 초습속령멸樵濕速令滅

어불교법중於佛教法中 해태자역연懈怠者亦然.

비유하자면 조그만 불을 가지고 젖은 장작에 불붙이려면 장작에 불이 붙는 것이 아니라 불이 꺼지고 마는 것이나 같다. 내 속의 불성이 조그만 할 때 젖은 장작을 갖다 대면 내 불성이 없어지고 마는 것이다. 불법佛法 가운데서도 게으른 사람은 이렇게 되는 것이다. 그러니까 더 정진해야 된다는 그런 이야기다.

10.7 정행심심正行甚深

이시爾時 문수사리보살文殊師利菩薩 문법수보살언問法首菩薩言
불자佛子 여불소설如佛所說 약유중생若有衆生 수지정법受持正法 실능제단일체번뇌悉能除斷一切煩惱 하고何故 부유수지정법復有受持正法 이부단자而不斷者.

그때 문수사리보살이 법수보살法首菩薩에게 물었다. 부처님의 가르침을 중생들이 정법正法이라 해서 받게 되는 것인데, 그렇게 되면 번뇌가 다 끊어졌어야 되는데 어찌하여 정법을 받아들이고도 끊지 못하는 사람이 왜 있습니까?
정법을 받아들였으면 다 끊어져야 되는데 왜 끊지 못하는가 하는 질문이다.

시時 법수보살法首菩薩 이송답왈以頌答曰

이때 법수보살이 다음과 같이 게송으로 대답했다.

여인설미선如人設美饍 자아이불식自餓而不食
어법불수행於法不修行 다문역여시多聞亦如是

여기 좋은 음식을 차려놓았어도 자기가 먹지 않고 굶는 것이나 같다.
　어제 뉴스를 보니 다이어트 하다가 죽은 여자가 있었다. 안 먹고 예뻐지겠다고 계속 안 먹다가 죽었다고 한다. 하여튼 예뻐지겠다고 하는 욕심도 결사적으로 그렇게 하는 것을 보면 대단하다. 얼마나 예뻐지고 싶으면 그렇게 결사적으로 정진을 하다가 죽게까지 되었을까. 예뻐지기 위해서 성형수술도 하고, 요새는 우리나라에 별것이 많다. 그 이상한 바람이 우리나라에 불고 그래서 정말 야단이다.
　아무리 맛있는 음식이 있어도 제가 안 먹는데 어떻게 하겠는가. 법이 있어도 실천하지 않는데 아무리 많이 들으면 무엇 하는가.

　　여재사구도如在四衢道 광설중호사廣說衆好事
　　내자무실덕內自無實德 불행역여시不行亦如是.

　네 거리에서 불법을 열심히 설명하는 승려들도 자기가 실천하지 않으면 이와 마찬가지다. 승려라고 해서 되는 것은 아니다.

10.8 조도심심助道甚深

　　이시爾時 문수사리보살文殊師利菩薩 문지수보살언問智首菩薩言
　　불자佛子 어불법중於佛法中 지위상수智爲上首 여래如來 하고何故 혹위중생或爲衆生 찬탄보시등讚歎布施等

　이때 문수사리보살이 지수보살智首菩薩에게 물었다. 불법 가운데 지智가 제일이다. 기독교에서는 사랑이 제일이라고 하는데 불교에서는 지가 제일이라고 한다. 여래는 어떤 까닭으로 중생을 위해서 보시를 강조하고 어떤 중생에게는 다른 것을 강조하는가.

　　종무유유이일법終無有唯以一法 이득출리而得出離 성아누다라삼막삼보리자成阿耨多羅三藐三菩提者.

법은 오직 하나인데 그 하나를 가지면 고苦를 벗어날 수 있고 또 진리를 깨달을 수 있다. 그러니까 그 하나를 지키면 되는데 중생들에 따라 왜 다른 것을 강조하느냐 하는 질문이다. 그런데 중생들이 그것을 못 지키니까 여러 가지 보조역할을 하는 무엇을 만든다는 그런 이야기다.

시時 지수보살智首菩薩 이송답왈以頌答曰

이때 지수보살이 게송으로 대답했다.

불지중생심佛知衆生心 성분각부동性分各不同
수기소응도隨其所應度 여시이설법如是而說法

부처가 중생의 마음을 아는데 모든 사람이 다 다르다. 그 구원받는데도 조금씩 차이가 있다. 그래서 이렇게 말하는 것이다.

간자위찬시慳者爲讚施 훼금자찬계毀禁者讚戒
다진위찬인多瞋爲讚忍 호해찬정진好懈讚精進

법은 한 법이지만 구두쇠 같은 사람에게는 남을 좀 도와주라고 자꾸 권하는 것이고 또 자꾸 계戒를 깨드리는 사람에게는 계를 지키라고 한다. 또 자꾸 화내는 사람에게는 참으라 하고 게으른 사람에게는 자꾸 정진하라고 한다.

난의찬선정亂意讚禪定 우치찬지혜愚癡讚智慧
불인찬자민不仁讚慈愍 노해찬대비怒害讚大悲

뜻이 자꾸 흩어지는 사람에게는 집중하라고 하고 또 어리석음에 빠진 사람에게는 눈을 뜨라 하고 또 남에게 각박한 사람에게는 사랑하라 하고 화를 잘 내는 사람에게는 다른 사람을 불쌍히 생각하라고 한다.

우척위찬희憂慼爲讚喜 곡심찬탄사曲心讚歎捨
여시차제수如是次第修 점구제불법漸具諸佛法.

또 근심걱정이 많은 사람에게는 좀 기뻐할 줄도 알라 하고 마음이 비뚤어지고 기울어진 사람에게는 한편을 잘라버릴 줄도 알아야 된다, 중정中正을 택하라고 한다. 이렇게 여러 사람에게 여러 가지로 말하는 것인데 결국은 일법一法뿐이라는 말이다.

10.9 일심심심一心甚深

이시爾時 문수사리보살文殊師利菩薩 문현수보살언問賢首菩薩言
불자佛子 제불세존諸佛世尊 유이일도唯以一道 이득출리而得出離

그때 문수사리보살이 현수보살賢首菩薩에게 물었다. 부처님은 오직 일도一道에서부터 고苦를 벗어나는 것이다. 이것은 지난번 사제四諦에서 나온 것이다. 생로병사生老病死라는 고가 결국 팔정도八正道라 하는 도道에서부터 벗어나게 된다. 그러니까 도라는 것은 실천이다. 실천으로써 벗어나게 되지 생각만 해서는 안 된다는 것이다.

운하금현일체불토云何今見一切佛土 소유중사所有衆事 종종부동種種不同.

그런데 어찌해서 이 세상에는 이렇게 하면 된다 저렇게 하면 된다 하고 법이 이렇게 많은가. 어떤 데 가면 백 번 절하라 하고 어떤 데 가면 또 금식기도 하라고 한다. 왜 이렇게 법이 많은가 하는 질문이다.

시時 현수보살賢首菩薩 이송답왈이頌答曰

이때 현수보살이 다음과 같이 게송으로 대답했다.

문수법상이文殊法常爾 법왕유일법法王唯一法
일체무애인一切無礙人 일도출생사一道出生死

문수여, 법은 언제나 영원한 것이다. 법왕法王, 진리를 깨달은 사람은 진리만을 생각한다. 진리를 깨닫고서 아무 데도 걸림이 없는 사람은 무슨 일을 하든지 생사를 벗어날 수 있다.

여기서 일법一法을 쉽게 말하여 전공이라 하자. 자기의 전공에 대해서 "일체무애인一切無礙人", 자신이 있는 사람이다. 그런 사람은 "일도출생사一道出生死", 어디에 가서 자기의 전공에 대한 말을 해도 "출생사出生死", 거기 온 사람이 학생이건 선생이건 그것이 문제가 안 된다. 그러니까 생사라는 것을 학생과 교사라고 생각해보는 것이다. 그래도 좋고 또는 사는 것 죽는 것이라 해도 좋다. 기독교로 말하면 일도一道라 하는 것이 그리스도다. 우리가 그리스도를 붙잡으면 살아도 그리스도요 죽어도 그리스도다. 문제가 없다. 또 이순신李舜臣이라 하면 일도는 우리의 조국이다. 우리의 조국을 위해서는 살아도 좋고 죽어도 좋다. 인생의 목적이 인격이라 했는데 이 인격이라 하는 것이 여러 가지로 자꾸 바뀐다. 어떤 때는 조국이 될 수도 있고 어떤 때는 인류가 될 수도 있고 어떤 때는 세계가 될 수도 있다. 그때그때 따라서 자꾸 바뀌는 것이다. 그것을 붙잡으면 죽어도 그리스도요 살아도 그리스도다. 죽어도 조국을 위해서 사는 것이고 살아도 조국을 위해서 사는 것이다. 밥을 먹어도 조국을 위해서 먹는 것이고 잠을 자도 조국을 위해서 자는 것이다. 일체가 문제가 없어지는 것이다.

이 말은 원효대사元曉大師 때문에 유명하게 된 말이다. 원효는 이 말을 제일 좋아해서 자기의 호를 무애無礙라 하고 무애의 춤을 추었다고 한다. 그래서 자기의 전공에 대해서 자신이 있어야 된다. 자신이 있으면 문제가 될 것이 아무 것도 없다. 학생이 많아도 문제가 안 되고 선생이 많아도 문제가 안 된다. 문제될 것이 아무 것도 없다. 그러니까 학생 선생을 초월할 수 있을 만큼 자신을 가져야 된다. 그것이 일도一道라는 것이다. 자신을 가져야 된다. 그러니까 우리가 여러 가지를 다 할 수는 없다. 그렇지만 자기의 전공에 대해서는 자신을 가져야 된다. 밥을 한다 하면 밥하는 것에 대해서 자신을 가져야 손님이 오건 집안끼리 먹건 아무 문제가 안 된다. 무엇이나 마찬가지다. 김장을 담가도 자신을 가지면 손님이 천 명이 와도 문제가 안 된다. 그러니까 생사라는 것을 그렇게 생각하면 된다. 집안을 생이라 하고 손님을 사라고 보고 그렇게 생각해도 된다. 이 세상에는 나에게 가까운 사람도 있고 나에게 먼 사람도 있다. 이것을 소위 상대세계라 한다. 그러니까 언제나 절대를 붙잡으면 상대라는 것이 문제가 안 된다. 그런데 절대를 붙잡지 못하면 언제나 상대에 자꾸 걸린다. 그래서 언제나 마음이 흔들리고 마음이 가라앉지 못하는 것이다. 절대를 붙잡으면 언제나 마음이 가라앉아 마음이 편안하다. 아무 문제가 없다. 믿음이란 무엇인가. 그 절대를 붙잡은 것이 믿음이다. 그 절대를 붙잡으면 죽어도 좋고 살아도 좋다. 그것을 못 붙잡으면 죽을까봐 걱정이고 더 살려고 애쓴다. 더 살아보았자 밥 한끼 더 먹는 것뿐인데 그것을 가지고 그렇게 야단이다. 그러니까 그 절대를 붙잡는다는 그것이 참 중요하다.

  그런데 맨 처음에는 절대를 붙잡는다는 것이 무엇인지 모르게 되니까 할 수 없이 우리는 선생이라는 것을 가지고 절대로 생각하는 것이다. 그러니까 나는 유영모 선생이 죽는다 하면 죽는 줄 알았지 안 죽는 줄 몰랐다. 그만큼 선생을 믿게 된 것이다. 그러니까 유영모가 죽으냐 안 죽느냐 그것이 문제가 아니고 내가 선생을 얼마나 믿느냐 하는 것이 문제다. 유영모는 죽는다 했는데 살아 나오는 것을 볼 때 나는 "아, 유영모가 죽은 것이 아니고 내가 죽었구나" 했다. "내가 죽었구나" 하는 것이 무엇인가. 내가 절대 믿었다는 말이다. 그러니까 유영모가 없어진 것이 아니라 내가 없어진 것이다. 그래서 남은 것은 무엇이 남는가. 인격만이 남는 것이다. 진리만이 남는 것이다. 절대만이 남는 것이다. 절대를 어떻게 붙잡느냐. 국문학을 하는 사람은 국문학이 절대다. 국문학 이외엔 아무 것도 없다. 영문학 하는 사람은 영문학이 절대다. 무엇이나 하나 절대를 붙잡아서 그것을 하여간 파고 들어가는 것이다. 그래서 거기에 자신이 생기면 "일도출생사一道出生死", 언제나 생사를 벗어날 수 있다.

보통 이 말을 바꾸어서 생각하는 때도 많다. "일도출생사" 하면 "일체무애인一切無碍人"이다. 이것은 기독교식이다. 진리가 너희를 자유롭게 하리라는 말이다. 일도一道 는 진리다. 진리는 언제나 출생사出生死. 학생도 선생도 진리 앞에서는 꼼짝 못한다. 출생사, 그렇게 되면 아무 것도 걸리는 것이 없다. 기독교에서는 이렇게 되어 있는데 여기서는 거꾸로 되어 있다. "일체무애인"이 "일도출생사"다. 어떻게 해도 같긴 같은데 각기 서로 다른 맛이 있다. 그래서 자기 전공에 대해 아무 걸리는 것이 없다. 자신 만만하다. 그러면 누구를 대하든지 아무 문제가 없다. 출생사라는 것이다. 어떤 사람을 대하든지 아무 문제가 없다.

일체제불신一切諸佛身 유시일법신唯是一法身
일심일지혜一心一智慧 역무외역연力無畏亦然.

모든 불신佛身은 진리의 몸이다. 무엇 하나 파고 들어가면 내가 법신法身이 되고 마는 것이다. 내가 영문학이 되고 만다. 영문학과 내가 다른 것이 아니다. 내가 곧 영문학이 되고 만다. 말씀이 곧 육신이 되고 만다. 우리는 한국말이다. 내가 곧 한국말이다. 한국말이 내가 되고 말았다. 말씀이 육신이 된 것이다. 이런 것을 소위 성불成佛이라 한다. '성成'이란 하나가 되고 말았다는 뜻이다. 나하고 한국말이 하나가 되고 만 것이다. 자면서도 자꾸 한국말만 한다. 의식 때도 한국말, 무의식 때도 한국말이다. 살아서도 한국말이요 죽어서도 한국말이다. 밤낮 한국말뿐이다. 그렇게 되니까 법신이라는 것이다. 『화엄경』의 핵심이 법신이다. 말씀이 육신이 된 것이다. 그리고 일심一心이다. 그 다음에는 이런 문제 저런 문제 이런 생각 저런 생각이 없다. "일지혜一智慧", 아는 것은 그 하나뿐이다. 힘이 가득 차서 무외無畏, 무서울 것은 아무 것도 없다.

10.10 불경계심심佛境界甚深

이시爾時 제보살諸菩薩 위문수사리보살언謂文殊師利菩薩言
불자佛子 아등소해我等所解 각자설이各自說已 유원인자唯願仁者

그때 모든 보살이 문수사리보살에게 말했다. 우리들이 생각하는 것을 당신에게 다 말했다. 이젠 당신에게 원한다. 언제나 불佛이나 인仁이나 같이 쓰는 것이다.

이묘변재以妙辯才 연창여래演暢如來 소유경계所有境界.

정말 알기 쉽게 여래의 경지가 어떤 것인지 좀 상세하게 말해달라.

시時 문수사리보살文殊師利菩薩 이송답왈以頌答曰

이때 문수사리보살이 다음과 같이 게송으로 대답했다.

여래심경계如來深境界 기량등허공其量等虛空
일체중생입一切衆生入 이실무소입而實無所入

여래의 경계는 한없이 깊다. 마치 허공虛空 같다. 모든 중생이 그 속에 들어가도 들어간 것 같지가 않다. 마치 바다에 돌 하나 던진 것처럼 들어 가나마나다. 그렇게 넓다는 것이다.

비식소능식非識所能識 역비심경계亦非心境界

기성본청정其性本淸淨 개시제군생開示諸群生

그것은 지식을 가지고 알 수 있는 세계가 아니다. 식식識을 가지고 능히 알 수 있는 바가 아니다. 또한 우리의 마음의 경계와는 다르다. 그 본성은 한없이 깨끗하다. 모든 군생群生에게 다 열려있다. 마치 허공 같은 것이니까 모든 만물을 다 포섭하고도 남는다는 것이다.

비업비번뇌非業非煩惱 무물무주처無物無住處
무조무소행無照無所行 평등행세간平等行世間

거기에는 업業도 없고 번뇌煩惱도 없다. 육도윤회六道輪廻가 없어지고 만다. 물物도 없고 집착도 없다. 비추는 것도 없고 행한다는 것도 없다. 무사무위無思無爲가 되는 것이다. 언제나 꼭 같이 이 세상을 걸어가고 있다.

일체중생심一切衆生心 보재삼세중普在三世中
여래어일념如來於一念 일체실명달一切悉明達

우리 모든 사람의 마음은 언제나 이 세상에 붙어있다. 여래는 한 순간에 모든 것에 통달한다. 우리는 집착이 많아서 통달하기 어렵다는 것이다. 여래는 일체 집착이 없으니까 어디나 통달하게 된다.

2001. 5. 20.

제11. 정행품淨行品

정행품 강해

11.1 이시爾時 지수보살智首菩薩 문문수사리보살언問文殊師利菩薩言 불자佛子 보살菩薩 운하득무과실신어의업云何得無過失身語意業.

이때 지수보살이 문수사리보살에게 말했다. 보살은 어떻게 하면 과실이 없는 신구의 身口意의 업을 얻는가?

생처구족生處具足 승혜勝慧 인력因力 온선교蘊善巧 선수습념각분善修習念覺分 원만단파라밀圓滿檀波羅蜜 처비처지력處非處智力 천왕天王 여일체중생與一切衆生 위의爲依 어일체중생 중於一切衆生中 위제일爲第一.

그래서 태어난 데도 만족스럽고, 아주 우수한 머리를 가지고, 모든 부모님 선생님의 인연이 아주 좋고, 자기의 실천력이나 생각하는 힘, 오온五蘊이 다 고루 발달이 되고, 무엇이나 다 잘 익혀서, 생각하는 그것이 종내 깨닫는데까지 가고, 원만 보시 파라밀, 그래서 어떻게 처리해야 되고 어떻게 처리하면 안 된다는 힘을 가지게 되고, 천왕이 자기를 도와주게 되고, 모든 중생들의 의지가 되는, 그래서 모든 중생 가운데 제 일인자가 되는, 그렇게 되려면 어떻게 해야 됩니까?

11.2 이시爾時 문수사리보살文殊師利菩薩 고지수보살언告智首菩薩言
약제보살若諸菩薩 선용기심善用其心 즉획일체승묘공덕則獲一切勝妙功德.

이때 문수사리보살이 지수보살에게 말했다. 만약 모든 보살이 그 마음을 잘 쓰면 그렇게 될 수 있다. 마음을 잘 써야 된다는 것이다. 언제나 어떻게 하면 될까 그럴 때 어떻게 하면 된다 하는 그 방법을 발견해야 된다. 그러니까 생각을 많이 해야 된다. 답은 그것 하나다. "선용기심善用其心", 그 마음을 잘 써야 된다. 그렇게 된다면 모든 문제를 해결할 수 있는 아주 우수한 능력을 가지게 된다.

어제불법於諸佛法 심무소애心無所碍 주거래금제불지도住去來今諸佛之道 수중생주隨衆生住 항불사리恒不捨離.

모든 불법에 대해서도 하나도 걸림이 없는 마음이 된다. 그리고 과거, 미래, 현재 어디서든지 부처님의 도에서 살게 된다. 언제나 중생을 위해서 살게 된다. 언제나 중생들을 떠나지 않는다.

여제법상如諸法相 실능통달悉能通達 단일체악斷一切惡 구족중선具足衆善 당여보현當如普賢 색상제일色像第一.

모든 법의 세계를 다 통달하게 되고, 모든 악을 끊어버리고, 중선을 구족하게 되고, 마치 보현처럼 이 세상에서 제일 가는 사람이 될 수 있다.

일체행원一切行願 개득구족皆得具足 어일체법於一切法 무불자재無不自在 이위중생而爲衆生 제이도사第二導師.

모든 행원行願이 다 구족具足하게 된다. 모든 일체 법에 대해서 자재 아님이 없다. 그리고 중생을 위해서 마치 보현처럼 두 번째 큰 스승이 될 수도 있다.
그러니까 무엇을 행하느냐, 그것을 행할 때는 어떻게 생각하느냐 하는 것이 140개가 나오는데 그 가운데서 다음과 같이 몇 개만 뽑아 간단히 읽어본다.

11.3 보살재가菩薩在家 당원중생當願衆生 지가성공知家性空 면기핍박免其逼迫

보살이 집에 있을 때는 마땅히 중생들이 집의 성품이 공空이라는 것을 알아서, 집안의 성품이란 사랑이라는 것을 알아서, 부모가 자식을 사랑하고 자식은 부모를 사랑하는 그 사랑이라는 것을 알아서 서로 핍박하고 싸우는 일이 없기를 기원해야 된다.

효사부모孝事父母 당원중생當願衆生 선사어불善事於佛 호양일체護養一切

부모를 효孝로 섬길 때는 마땅히 모든 중생들이 부처님에게도 잘 섬기고 모든 사람들도 다 잘 대접하기를 바란다. 이렇게 기원하라, 이렇게 생각하라 혹은 이렇게 실천하라 아무렇게나 해석해도 좋다.

처자집회妻子集會 당원중생當願衆生 원친평등怨親平等 영리탐착永離貪着

처자들이 모였을 때는 마땅히 모든 중생들이 누구를 미워하고 누구를 친하고 하는 일이 없고 모든 탐착貪着에서 벗어나도록 그렇게 되기를 기원한다.

약유소시若有所施 당원중생當願衆生 일체능사一切能捨 심무애착心無愛着

무엇을 내가 베풀 때는 마땅히 모든 중생들이 다 남에게 주기를 바라고 마음에 애착이 없기를 바란다.

약재액난若在厄難 당원중생當願衆生 수의자재隨意自在 소행무애所行無碍

무슨 어려움에 부딪힐 때는 마땅히 모든 중생들이 마음에 따라 자재自在함을 얻어서 자기가 행하는 바에 걸리는 것이 없게 되기를 바란다.

사거가시捨居家時 당원중생當願衆生 출가무애出家無碍 심득해탈心得解脫

집을 떠날 때는 마땅히 중생들이 출가해도 걸림이 없고 마음에 해탈을 얻게 되기를 바란다.

탈거속복脫去俗服 당원중생當願衆生 근수선근勤修善根 사제죄액捨諸罪軛

속복俗服을 벗을 때는 마땅히 중생들이 모든 선근善根을 닦아 모든 죄의 멍에에서 벗어나게 되기를 바란다.

정신단좌正身端坐 당원중생當願衆生 좌보리좌坐菩提座 심무소착心無所着

똑바로 앉아 있을 때는 모든 중생들이 언제나 깨닫고 마음에 집착하는 바가 없게 되기를 바란다.

수집양기手執楊枝 당원중생當願衆生 개득묘법皆得妙法 구경청정究竟淸淨

손에 양기楊枝를 잡을 때는 모든 중생들이 다 묘법을 얻어서 깨끗해지기를 바란다.

약견직로若見直路 당원중생當願衆生 기심정직其心正直 무첨무광無諂無誑

곧은 길을 갈 때는 모든 중생이 다 마음이 정직해지고 남을 속이거나 남을 모함하는 일이 없게 되기를 바란다.

약견급정若見汲井 당원중생當願衆生 구족변재具足辯才 연일체법演一切法

우물에서 물을 길을 때는 모든 중생들이 다 청산유수로 달변達辯하게 되어 모든 법을 마음대로 말할 수 있게 되기를 바란다.

견고뇌인見苦惱人 당원중생當願衆生 획근본지獲根本智 멸제중고滅除衆苦

고뇌하는 사람을 만날 때는 모든 중생이 근본지根本智를 얻어서 모든 고통을 없이하게 되기를 바란다.

제11. 정행품淨行品 315

견고행인見苦行人 당원중생當願衆生 의어고행依於苦行 지구경처至究竟處

고행하는 사람을 만날 때는 중생들이 모든 고행에 의해서 깨닫는데 까지 가기를 바란다.

약견공발若見空鉢 당원중생當願衆生 기심청정其心淸淨 공무번뇌空無煩惱

밥을 얻으러 갔는데 주지 않을 때는 모든 중생들이 불평하지 말고 자기의 마음을 깨끗이 해서 번뇌에서 벗어나게 되기를 바란다.

약견만발若見滿鉢 당원중생當願衆生 구족성만具足成滿 일체선법一切善法

바리때에 밥을 가득 채워줄 때는 모든 중생들이 일체선법一切善法에 구족具足하고 성만成滿하기를 바란다.

약반식시若飯食時 당원중생當願衆生 선열위식禪悅爲食 법희충만法喜充滿

밥을 먹을 때는 모든 중생이 밥만 먹는 것이 아니라 말씀을 먹고 언제나 기쁨으로 충만하기를 바란다.

약세족시若洗足時 당원중생當願衆生 구족신력具足神力 소행무애所行無碍

발을 씻을 때는 모든 중생들이 발에 힘을 얻어서 무엇을 행하든지 거리낌이 없도록 하기를 바란다.

혼야침식昏夜寢息 당원중생當願衆生 휴식제행休息諸行 심정무예心淨無穢.

밤에 잘 때는 모든 중생들이 푹 쉬어 마음에 더러운 것이 다 없어지고 신진대사가 깨끗해지기를 바란다.

2001. 5. 20.

제12. 현수품賢首品

현수품 강해(1)

『화엄경』전체의 내용은 신해행증信解行証이다. 신해행증을 달리 말하면 성문 · 연각 · 보살 · 불타라는 것이다. 『화엄경』에서 맨 처음에 부처님이 적멸도장寂滅道場에 나타났다는 것이다. 그런데 그 부처님은 법신法身으로 나타났다. 그러니까 그 부처님을 비로자나불이라 한다. 그래서 석가가 한없이 잘났다는 이야기가 제1장부터 제6장까지 나왔는데 하나 하나의 장을 여기서는 품品이라 한다. 그래서 「세주묘엄품」, 「여래현상품」, 「보현삼매품」, 「세계성취품」, 「화장세계품」, 「비로자나품」이라는 여섯 개의 품이 나왔다. 이것들이 모두 첫째 장소인 적멸도장에서의 이야기다.

그 다음은 제2처인 보광명전普光明殿에서의 이야기인데 여기서도 모두 6개의 장이 나온다. 제7장 「여래명호품如來名號品」에서부터 지금 말하는 제12장 「현수품」까지 해서 모두 여섯 장이다. 그래서 지금까지 모두 12장이 나왔다. 이 다음부터는 제3처인 도리천에서의 이야기가 나오는데 그것도 모두 여섯 장이다. 그 다음 제4처는 야마천이고 제5처는 도솔천이고 제6처는 자재천이다. 그 다음에는 제2처였던 보광명전이 다시 한 번 나오고 맨 마지막 8번째 모임의 장소인 서다림원 逝多林園이 나온다. 그러니까 횟수는 8번이지만 보광명전에서 두 번째 일곱 번째 모임이 겹쳐서 칠처팔회七處八會가 된다. 강의한 고장은 7곳이고 강의한 횟수는 8번이라는 것이다.

그런데 우리가 전체적으로 알아야 할 것은 제1처인 적멸도장에서의 내용은 신信에 해당하는 것이고 제2처인 보광명전에서의 내용은 해解에 해당된다는 것이다. 『화엄경』 전체로 보면 제2처인 보광명전의 내용에서부터 제6처인 자재천까지의 내용이 모두 해解에 해당하는 것이다. 그리고 마지막 7번째는 행行이라는 것이고 8번째는 증証이라는 것이다. 7처 8회를 전체로 보면 이렇게 신해행증이다. 그런데 전체 속에서 해에 속하는 다섯 개의 장소, 즉 제2처인 보광명전, 제3처인 도리천, 제4처인 야마천, 제5처인 도솔천, 제6처인 자재천인데 이것들을 다시 보면 또한 신해행증이라는 것이다.

그러면 왜 다섯인가? 그것은 지난번에 말한 것처럼 선재동자라는 청년이 선생님을 모두 52분을 찾았다는 것 때문이다. 선재동자가 찾아간 첫 번째 열 명은 십신十信이라는 것이고 그 다음은 열 명은 십주十住라는 것이고 그 다음 열 명은 십행十行이라는 것이고 그 다음 열 명은 십회향十廻向이라는 것이고 마지막 열 명은 십지十地라는 것이다. 그렇게 50명을 찾아가고 나서 마지막에 등각等覺, 묘각妙覺이다. 등각이라는 문수보살이 나오고 묘각이라는 보현보살이 나온다. 그래서 53번째로 석가가 나오는 것이다. 그러니까 맨 처음 1번도 문수다. 문수에서 시작해서 문수로 끝나는데 하나 더 올라가면 보현이 되고 석가가 된다는 것이다. 바로 이것 때문에 다섯으로 나눈 것이다. 우리가 춘하추동春夏秋冬이라는 4계절이지만 오행五行 사상 때문에 초복, 중복, 말복이라 하는 것이 들어간 것이나 마찬가지다. 여기서도 52계단이라고 하는 것 때문에 하나가 더 들어간 것이다. 그러니까 십신十信은 신信이라는 것이고 십주十住는 해解라는 것이고 십행十行은 행行이고 십지十地가 증證이라는 것인데 십회향十廻向이라는 것이 하나 더 들어간 것이다. 도솔천이라는 곳에서의 내용이 십회향이다. 그리고 자재천이라는 곳은 십지라는 것이다. 그래서 등각, 묘각이 된다는 것이다.

그래서 오늘 제12장「현수품」은 제2처인 보광명전에서의 마지막 장인데『화엄경』전체로 보면 제2처 보광명전에서 제6처 자재천까지가 포함된 해解라는 것에 속하는 것이다. 그리고 제2처에서 제6처까지의 그 해라는 것 속에서 그것을 다시 보면 제2처인 제7장의「여래명호품」에서 오늘 12장「현수품」까지 보광명전의 내용 전체는 십신에 해당되는 것이고 제3처인 도리천은 십주고 제4처인 야마천은 십행이고 제5처인 도솔천은 십회향이고 제6처인 자재천은 십지라는 것이다. 그리고 또 제2처 보광명전의 내용만 놓고 보면 제12장「현수품」은 증證에 해당하는 것이다. 그러니까 제2처인 보광명전의 내용만 놓고 보면 또 7장에서 9장까지가 신信이고 10장「보살문명품」이 해解, 제11장「정행품」이 행行, 12장「현수품」이 증證이다. 이렇게 겹치고 겹치는 것이다. 소우주 대우주가 자꾸 겹치는 것이다.

7처 8회, 강의는 여덟 번을 했는데 장소는 일곱 군데라는 것이다. 12장「현수품」까지 두 번째 장소에서 강의한 것이다. 이런 것을 우리는 상식으로 가지고 보는 것이 좋다. 맨 처음 적멸도장에서 여섯 개의 장이 끝나고 두 번째 장소인 보광명전에서 또 여섯 개의 장이 나오는 것인데 맨 마지막 12장이「현수품」이다. 보광명전에서 나온 여섯 개의 장을 또 보면 7장, 8장, 9장은 신信이라는 것이고 10장은 해解, 11장은 행行, 12장「현수품」은 증證이라 했다. 그래서 맨 처음 석가의 신身이 어떤 것인가 할 때는 제7장「여래명호품」이고, 석가가 어떤 말(口)을 했는가 할 때는 제8장「사성제품」이고, 석가가 어떤 생각(意)을 했는가 할 때는 제10장「광명각품」이다. 이 세 장이 신信이라는 것이다. 그 다음 10장「보살문명품」이 해解, 11장「정행품」이 행行, 12장「현수품」이 증證이라는 것이다.

이렇게 분석하고 체계화 해 놓아야 이해하기가 쉽지 그렇지 않으면 하도 복잡하고 광대해서 이것이 무슨 말인지 알기 어렵다. 앞으로도 이런 말을 조금 더하겠지만 내용은 다 그런 것이다. 그래서 12장 「현수품」은 신해행증의 마지막인 증이라는 것이다.

이 「현수품」 속에 믿을 신신자가 열 개가 나오는데 나는 그 가운데 두 개만 골랐다. 그리고 삼매라 하는 것이 또 열 개가 나온다. 믿을 신도 열 개 나오고 삼매도 열 개가 나오는데 여기에 대한 게偈가 372개가 나온다. 게偈는 인도말로 가타gatha라는 것인데 하나의 시 형식이다. 우리 시조는 석 줄로 표현되는데 게는 넉 줄로 되어 있다. 이런 게가 모두 372개 나오지만 여기서는 몇 개만 골랐다.

7처處 8회會	화엄경		내 용
제1처 보리도장(1회)	제1장 ~ 제6장		신信
제2처 보광명전(2회)	제7장 여래명호품(신身) 신信 십신十信(신)		해解
	제8장 사성제품 (구口)		
	제9장 광명각품 (의意)		
	제10장 보살문명품	해解	
	제11장 정행품	행行	
	제12장 현수품	증證	
제3처 도리천(3회)			십주十住(해)
제4처 야마천(4회)			십행十行(행)
제5처 도솔천(5회)			십회향十廻向
제6처 자재천(6회)			십지十地(증)
제2처 보광명전(7회)			행行
제7처 서다림원(8회)			증証

삼매에 대해서 열 개가 나오는데 그 가운데서 내가 가장 중요하다고 생각하는 것은 해인삼매海印三昧, 화엄삼매華嚴三昧, 염불삼매念佛三昧라는 세 가지다. 열 개의 삼매 가운데서 가장 중요하다고 생각하는 해인삼매, 화엄삼매, 염불삼매, 세 가지를 뽑은 것이다. 우선 해인삼매부터 알아보기로 한다.

"신만성불信滿成佛 (초발심시初發心時 편성정각便成正覺)
언해인자言海印者 진여본각야眞如本覺也 망진심징妄盡心澄 만상제현萬象齊現. 유여대해猶如大海 인풍기랑因風起浪 약풍지식若風止息 해수징청海水澄淸 무상불현無象不現. 혹현성문연각도或現聲聞緣覺道 혹현남녀종종형或現男女種種形 무량행업無量行業 제음성諸音聲 일체시현一切示現 무유여無有餘 해인삼매세력고海印三昧勢力故."

"신만성불信滿成佛 (초발심시初發心時 편성정각便成正覺)"

믿음이 무엇인가? 믿음이라는 것이 가득 차면 부처가 된다. 불교에서도 믿음이라는 것이 굉장히 중요하다는 것이다. 믿음이 차면 부처가 된다. 그러니까 부처가 되는 과정이 견성성불見性成佛이라 하는 말도 있고 즉심성불卽心成佛이라는 말도 있고 신만성불信滿成佛이라는 말도 있다. 신만성불, 이것은 좀 알기가 어려운 말이지만 이것도 유명한 말이다. 믿음이 차면 부처가 된다는 것이다. 그래서 "초발심시初發心時", 처음에 "내가 부처가 되겠다" 그렇게 결심을 한 때, 그때가 곧 "성정각成正覺"이다. 부처가 된 때다. 부처가 되겠다고 생각한 때가 벌써 부처가 된 때다. 마음 속으로 벌써 부처가 된 것이다. 마음 속으로 부처가 되었으니 이제 마음 밖으로 자꾸 나와서 몸까지 부처가 되면 된다. 그러니까 제일 중요한 것이 무엇인가 하면 부처가 되겠다고 하는 그런 생각을 하는 것이다.

유교로 말하면 성인聖人이 되겠다는 그런 생각을 하는 것이다. 공자는 몇 살에 성인이 되겠다고 생각을 했는가. 열 다섯에 그런 생각을 했다. 십오十五에 지우학志于學이다. 공자는 열 다섯이 되었을 때 "나는 꼭 성인이 되어야겠다"하고 선생을 찾았다는 것이다. 양명은 12살에 꼭 성인이 되겠다 하고 시작했다. 성인이 되겠다고 시작했을 때가 벌써 절반은 성인이 된 것이다. 공자도 벌써 열 다섯에 절반은 성인이 된 것이다. 그래서 언제 끝이 났는가? 칠십에 끝이 나는 것이다. 이런 이야기다.

"언해인자언海印者 진여본각야眞如本覺也 망진심징妄盡心澄 만상제현萬象齊現."

해인海印이란 무슨 말인가. "진여본각眞如本覺"이다. 진여眞如란 진리라는 말이다. "진여본각", 그래서 글자대로 하면 진리를 근본적으로 깨달았다는 말이다. 쉽게 말하면 진여는 거울 같은 것인데 그 거울에 모든 만물이 비치는 것, 그것이 본각本覺이다. 이것은 말하자면 서양철학에서 스피노자Baruch Spinoza의 직관지直觀知나 같은 것이다. 스피노자도 범신론汎神論이고 이것도 범신론이니까 같은 내용이다. 마음이 거울같이 되면 무엇이나 비친다는 것이다. 그래서 "망진심징妄盡心澄", 거짓은 다 사라지고 마음이 깨끗해진다. 물결이 없어지고 고요해진 것이다. 열반적정涅槃寂靜이다. 마음이 고요해지니까 "만상제현萬象齊現", 모든 만상이 거울에 비치게 된다.

"유여대해猶如大海 인풍기랑因風起浪 약풍지식若風止息 해수징청海水澄清 무상불현無象不現."

비유하자면 큰 바다와 같다. 바다에 바람이 불면 물결이 일어나 야단치는데 만일 바람이 자면 바닷물이 한없이 고요해지고 한없이 깨끗해진다. 거울처럼 된다. 그래서 "무상불현無象不現", 만상萬象치고 나타나지 않는 것이 없다. 직관지라는 것이다.

쉽게 말하면 해인삼매란 내 마음이 거울같이 되면 모든 것이 다 비친다는 것이다. 한마디로 하면 그것이다. 거울이 되면 다 비친다는 것이다. 일즉일체一卽一切다. 거울이 되면 다 비친다. 그런데 범신론이니까 거울이 아니라 내가 신이 되면 그 다음에는 모든 만물로 나타날 수가 있다. 그러니까 신즉자연神卽自然이다. 이것이 소위 해인삼매라는 것이다. 하나가 되면 다가 될 수 있다. 거울이 되면 만물을 다 비칠 수 있다. 논리는 다 같은 것이다. 거울이 되면 만물을 다 비칠 수 있다. 그런데 신이 되면 무엇이나 다 될 수 있다. 신즉자연, 일즉일체 같은 말이 되고 만다. 해인삼매라는 것은 결국 신이 되면 무엇이나 될 수 있다는 것이다.

"혹현성문연각도或現聲聞緣覺道 혹현남녀종종형或現男女種種形 무량행업無量行業 제음성諸音聲 일체시현一切示現 무유여無有餘 해인삼매세력고海印三昧勢力故."

어떤 때는 성문도 될 수 있고 연각도 될 수 있고 어떤 때는 남자로도 또는 여자로도 무엇이나 될 수 있다.

무량행업無量行業이 될 수도 있고 제음성諸音聲이 될 수도 있다. 무엇이나 되어 보여줄 수 있다. 무엇이나 안 되는 것은 없다. 다 된다는 것이다. 그러니까 일즉일체라는 것인데 앞에서는 거울이 되면 다 비친다는 것으로 말하는 것이고 여기서는 신神이 되면 무엇이나 될 수 있다는 것이다. 기독교에서는 하나님이 우주를 창조했다고 한다. 하나님이 나무도 바위도 지구도 다 창조했다는 창조설이다. 그런데 여기서는 하나님이 나무도 되고 바위도 되고 지구도 되고 다 된다는 것이다. 이것이 소위 범신론이라는 것이다. 신즉자연이다. 그러니까 나무라 하면 그것은 나무이면서 동시에 신이라는 것이다. 그래서 나무에도 절하고 돌에도 절하고 산에 가서도 절하고 달보고도 절한다. 그래도 아무렇지 않다. 절간에 가면 맨 절이다. 왜 그런가 하면 범신론이기 때문이다. 돌멩이보고 절하고 나무보고 절한다. 왜냐하면 그것이 신이기 때문이다. 그러니까 신즉자연이다.

신은 무엇으로나 나타날 수 있다. 왜 이런 말을 또 하는가? 선생이 되면 초등학교에 가서 초등학교 학생도 알 수 있게 가르칠 수 있어야 되고, 대학교에 가서 대학생도 알 수 있게 가르칠 수 있어야 된다. 선생은 무엇이나 될 수 있어야 된다는 것이다. 선생은 초등학교 선생도 될 수 있어야 하고 중학교 선생도 될 수 있어야 되고 유치원 선생도 될 수 있어야 하고, 무엇이나 될 수 있어야 한다. 그래야 그것이 진짜 선생이지 대학에 가서는 강의할 수 있지만 초등학교에 가서는 꼼짝 못하겠다 그렇게 되면 안 된다. 그렇게 되려면 내가 말하는 대로 깊이 생각해서 쉽게 말해야 된다. 깊이 생각하지 않으면 대학 선생이 될 수 없다. 쉽게 말하지 않으면 초등학교 선생이 될 수 없다.

그러니까 교회 목사가 되기 어려운 이유가 그것이다. 교회에는 초등학생도 오고 대학 선생도 오는데 그 사람들이 다 알게 가르쳐야 된다. 그렇게 하려면 깊이 생각해서 쉽게 말해야 된다. 그래야 다 통하게 되지 그렇지 않으면 안 된다. 그러니까 해인삼매란 무엇인가 하면 깊이 생각해서 쉽게 말하라는 것이다. 깊이 생각하는 것이 바다가 거울처럼 되는 것이고 쉽게 말하는 것은 모든 만물이 다 비친다는 것이다. 그러니까 해인삼매는 무슨 남의 이야기가 아니라 선생님들이 어떻게 되어야 하는가 하는 말이다. 선생님들은 깊이 생각해서 쉽게 말해야 한다. 그것을 해인삼매라 한다. 우리는 그렇게 알면 되겠다. 다음에는 화엄삼매라는 것이다.

"지혜자재智慧自在 부사의不思議 설법교화說法敎化 득자재得自在. 방편지혜方便智慧 제공덕諸功德 일체자재一切自在 난사의難思議 화엄삼매華嚴三昧 세력고勢力故."

"지혜자재智慧自在 부사의不思議 설법교화說法敎化 득자재得自在."

자재自在는 스스로 있다는 것인데 요새로 말해서 입장을 가졌다는 것이다. 선생이 되려면 무엇을 하나 가져야 하는가. 입장을 가져야 한

제12. 현수품賢首品 325

다. 입장을 가져야 가르치는 것을 마음대로 할 수 있다. 자동차를 가져야 마음대로 갈 수 있는 것이나 마찬가지다. 그러니까 자유자재自由自在라는 것이다. 자유자재, 한문에서는 이렇게 자유와 자재가 언제나 연결이 된다. 요새 우리는 자유라는 말만 하지만 자유가 어디서 나오는가 하면 자재에서 나온다. 자유는 자재에서 나오는 것이지 자재가 없는데 어디서 자유가 나오는가. 그러니까 자재를 입장이라 해석해도 좋고 그냥 자유라고 해석해도 좋다. "지혜자재智慧自在", 지혜가, 아는 것이 정말 자유자재다. "부사의不思議", 그것이 참 이상하다. "설법교화說法敎化", 설법을 해서 남을 가르치는 것인데 거기에도 "득자재得自在", 자유자재다. 깊이 생각해서 쉽게 말하라는 것이다. 쉽게 말할 수 없다는 것은 아직 자기가 채 모른다는 것이다. 알면 쉽게 말할 수 있다. 모르니까 쉽게 말할 수 없는 것이다.

"방편지혜方便智慧 제공덕諸功德 일체자재一切自在 난사의難思議 화엄삼매華嚴三昧 세력고勢力故."

어떤 방편을 쓰는가. 초등학교에 가서는 인형극을 할까, 그림을 그리게 할까, 밖으로 데리고 나갈까, 어떤 방편을 써도 하여튼 알 수 있게만 하면 된다. 지혜智慧는 그 강의하는 내용이고 제공덕諸功德은 그 결과다. 정말 학생들이 재미있어 하고 알게 되었는지 그것도 우리가 알아야 된다. "방편方便 지혜智慧 제공덕諸功德", 그것들이 다 자유자재다. 그것이 참 이상하다. 그것을 화엄삼매라 한다. 그러니까 화엄삼매란 자유에 대해서 말한 것이다. 다음은 염불삼매라는 것이다.

"염불삼매念佛三昧 필견불必見佛 명종지후命終之後 생불전生佛前 (지관염불止觀念佛-자력自力, 칭명염불稱名念佛-타력他力)."

염불 하나만 가지고 종파가 된 것이 소위 정토종淨土宗이다. "나무아미타불南無阿彌陀佛" 한 번만 부르면 천국 간다는 것이다. 그것이

염불종念佛宗 혹은 정토종이다. 그런데 염불에는 칭명염불稱名念佛이 있고 지관염불止觀念佛이 있다. 정토종에서 "나무아미타불南無阿彌陀佛 관세음보살觀世音菩薩" 하는 것이 칭명염불이다. '아미타불阿彌陀佛'이란 무량수無量壽, 영원한 생명이다. '나무南無'는 믿는다, 귀의歸依한다는 것이다. 영원한 생명에 귀의한다. 그런데 『화엄경』에서 나오는 염불은 지관염불이다. '칭명稱名'이란 이름을 부른다는 것이다. "나무아미타불 관세음보살"하고 이름을 부르는 것이다. 『법화경』을 할 때 나온 것이다. 그때는 부처님을 보신報身이라 했다. 그런데 『화엄경』에 나오는 부처님은 법신法身이다. 『원각경』에 나오는 부처님은 응신應身이라 했다. 응신이라 하면 종교적이고 보신은 도덕적이고 법신이라 하면 철학적이다. 색깔이 다 다른 것이다.

『화엄경』에서는 지관염불止觀念佛인데 '지止'라는 것은 삼마디 samadhi다. 삼매三昧라는 말도 같은 말이다. 가만히 앉아서, 가부좌로 앉아서 발바닥에서 빛이 나온다는 말도 했는데, 가만 앉아서 깊이 생각하는 것이다. 깊이 생각해서 어떻게 하자는 것인가. 명상瞑想 다음이 관상觀相이다. 깊이 명상을 해 가지고 그 다음 관상을 하자는 것이다. 그런 세계까지 가는 것이다. 이것을 소위 견불見佛이라 한다. 부처님을 보는 세계까지 가는 것이다. 그것을 지관삼매止觀三昧라 한다. 그러니까 같은 염불삼매지만 화엄종에서는 지관염불이라 하고 정토종에서는 칭명염불이라 한다. 말하자면 정토종은 타력他力이고 화엄종은 자력自力이다.

그래서 염불삼매란 무엇인가. "필견불必見佛", 부처님을 보자는 것이다. 견불을 해서 무엇하자는 것인가. "명종지후命終之後 생불전生佛前", 죽어서 천당에 가자는 것이다. 죽은 후에 살자는 것이다. 죽은 후에 사는 것을 기독교에서는 영생이라 한다. 그러니까 기독교에서만 영생이란 신앙이 있는 것이 아니라 여기서도 영생이다. 정토종은 전체가 영생에 대한 신앙이다. 그리고 화엄종 속에도 또 있다.

『화엄경』에서 나온 열 가지 삼매 중에서 제일 중요한 것이 염불삼매, 화엄삼매, 해인삼매라는 세 가지다. 그런데 염불에서 찾는 것은 무엇인가 하면 영생永生이다. 그리고 화엄에서 찾는 것은 자유自由라는 것이다. 그리고 해인에서 찾는 것은 신神이다. 이렇게 되면 또다시 칸트가 『순수이성비판』에서 말한 내용이 된다. 사람이면 누구나 찾는 것이 신과 자유와 영생이라는 것이다. 누구나 찾는 것이기 때문에 그것을 이데Idee라고 했다. 그 이데라고 하는 것을 지적으로는 알 수가 없다는 것이다. 칸트는 그래서 그것을 실천이성으로, 발바닥으로 보아야 된다고 했다. 눈으로 보아서는 모르니까 발바닥으로 보아야 된다. 그래서 『실천이성비판』이 나온다.

그런데 그것이 요새 실존철학이나 생명철학이 되면 실천이성이라는 말보다 체험體驗이라는 말을 많이 쓴다.

딜타이Wilhelm Dilthey(1833-1911)도 체험이라 하고 베르그송Henri Bergson(1859-1941)도 체험이라 한다. 그러니까 실천보다 체험을 더 중요하게 생각한다. 한쪽에서는 체험을 주장하고 실존철학에서는 깨닫는 것을 중요하게 생각한다. 깨닫는다고 하는 것도 결국 체험을 통해서 깨닫는다고 보면 체험이라는 말이나 깨닫는다는 말이나 거의 비슷한 것이다. 각존覺存이나 실존實存이나 거의 비슷한 것이다.

철학의 역사가 그렇게 되어 가는 것이다. 고대古代라 하면 이데를 알려고 자꾸 노력했다는 것이고 그 다음 칸트가 되어서는 그것이 아니다, 이데를 알 수는 없다, 그러나 우리가 발바닥으로 볼 수는 있다 하는 것이다. 그랬다가 차차 요새로 내려오면 역시 체험해야 된다는 그런 말이 자꾸 나오는 것이다.

그러니까 영생도 우리가 체험해야 되는 것이고 자유도 우리가 체험해야 되는 것이고 신도 우리가 체험해야지, 신을 우리가 볼 수도 없고 자유라 하는 것도 볼 수가 없고 영생이라 하는 것도 볼 수가 없다. 볼 수 없다는 말은 알 수 없다는 말이다. 자유도 알 수 없고 신도 알 수 없고 영생도 알 수 없다. 누가 죽었다가 가서 영생하고 다시 와서 우리에게 영생을 말하면 알 수 있겠지만 그런 사람이 어디 있는가. 이런 것은 우리가 아무리 논문을 백 개를 쓴다 해도 모르는 것이다. 영생에 대해서 아무리 박사가 많이 나와도 이것은 모른다. 자유, 신, 다 마찬가지다. 오늘 말하려는 것이 이 세 가지다.

『화엄경』의 중요한 이야기도 결국은 칸트가 말하는 중요한 이야기나 거의 같은 것이다. 왜 그렇게 되는가 하면 사람이 생각하는 것이 거의 같기 때문이다. 생각은 거의 같은데 표현이 조금 다를 뿐이다. 그래서 『화엄경』의 핵심이라 해도 또 칸트가 말한 신, 자유, 영생이라는 것이다.

12.1 이시爾時 문수사리보살文殊師利菩薩 이게以偈 문현수보살왈問賢首菩薩曰

이때 문수사리보살이 게偈를 가지고 현수보살에게 물었다.

아금이위제보살我今已爲諸菩薩 설불왕수청정행說佛往修淸淨行

내가 지금까지 여러 보살들을 위해서 말한 것이 무엇인가. "불왕수청정행佛往修淸淨行", 부처가 과거에 얼마나 고행을 했는지 그것을 말한 것이다. 청정행淸淨行이나 고행이라는 말이나 마찬가지다.

인역당어차회중仁亦當於此會中 연창수행승공덕演暢修行勝功德.

당신도 또한 마땅히 이 모임 가운데서 좀 세밀하게 설명을 좀 하라. "수행승공덕修行勝功德", 그렇게 노력하고 고행을 해서 어떤 공덕을 얻었는가. 고행하고 노력해서 어떤 결과를 얻었는가. 그렇게 해서 어떤 복을 받았는지 설명을 하라는 것이다. '덕德'이란 마음 속에서 얻은 것이다. 밖에서 얻으면 '득得'인데 안에서 얻으면 덕이다. "승공덕勝功德", 정신적으로 얼마나 큰 효과를 얻었는가.
여기에 대해 현수보살이 다음과 같이 대답했다.

12.2 신위도원공덕모信爲道元功德母 장양일체제선법長養一切諸善法

이것이 신信에 대해서 한 유명한 말이다. 신信이라고 하는 것은 도道의 근원이요 공덕功德의 어머니다. 아까 신만성불신만성불信滿成佛이라 했다. 믿음이 무엇을 하는가 하면 부처가 되게 하는 것이다. 기독교의 믿음도 같은 신信인데 기독교에서는 하나님을 믿는다는 것이다. 그런데 이 사람들의 믿음이란 대승기신大乘起信이라는 것이다. 큰 선생님이 되어야 믿음이 나온다는 것이다. '승乘'이란 자동차라는 것이다. 큰배가 되어야 마음놓고 탈 수가 있다는 것이다. 태평양을 건너가려면 큰배가 되어야지 조그만 배가 되면 불안해서 견딜 수가 없다. 타이타닉Titanic도 깨지기야 깨졌지만 하여튼 큰배가 되어야 마음놓고 탈 수가 있다. 동해에서 금강산 가는 것도 몇 만 톤인지 모르지만 굉장히 크다. 그것을 타고 금강산을 가는데 가는지 안 가는지 모르게 간다. 배가 크니까 바다가 흔들리는지 안 흔들리는지 모르고 간다. 물결 같은 것은 문제도 안 되는 것이다. 그래서 대승기신이다. 큰배가 되어야 우리가 믿고 탈 수가 있지 그렇지 않으면 탈 수가 없다.

언제나 '승乘'은 스승이라는 것이다. 큰 스승이 되어야 우리가 믿고 따라갈 수가 있지 큰 스승이 못되면 믿고 따라갈 수가 없다. 요새 학교가 문제라고 하는데 선생님들이 이것을 못해서 그렇다. 학교 선생님들이 대승이 되어야 하는데 대승이 못되니까 학부형들에게 신용을 못 얻는 것이다. 그래서 교육이 자꾸 떨어지는 것이다. 불교에서 대승이 누구인가 하면 부처라는 것이다. 대승기신이다. 큰 스승을 만나는 것이다. 큰 스승을 만나야 그 스승으로부터 지식도 얻을 수 있고 도덕도 얻을 수 있고 여러 가지 다 얻을 수 있다.

큰 스승을 만나면 한 가지만 얻는 것이 아니다. 여러 가지를 얻는다. 선생의 인격도 배우고 선생의 지식도 배울 수 있고 선생의 생활방식도 배울 수 있고 여러 가지 배울 수 있다. 그래서 신信은 "도원공덕모道元功德母"라는 것이다. 큰 선생님은 도의 근원이요 공덕의 어머니다. 그러니까 믿을 신信자를 우리는 큰 선생이라 본다. 큰 선생이 나와야 믿을 수 있다. 기독교로 말하면 예수 그리스도가 "도원공덕모", 도의 근원이요 공덕의 어머니다. 공덕의 어머니라는 말이 잘 해석이 안 되면 그냥 생명의 어머니라고 보면 된다. 예수 그리스도가 누군가? 우리 도의 근원이요 생명의 어머니다. 하여튼 어떻게 해석하든지 간에 이 말이 유명한 말이다.

선생이 무엇인가 할 때 "도원공덕모"라 이렇게만 말하면 누가 잘못했다 할 사람이 하나도 없다. 왜?『화엄경』에 나오는 말이니까.『화엄경』12장에 나왔다고 하면 된다. 이것이 고전古典이라는 것이다. 고전을 모르면 이런 말이 어디서 나오는지 모른다. 요전에는 발바닥에서 빛이 나온다 했는데 그 말도 멋있지 않은가. "신위도원공덕모信爲道元功德母." 그리고 "장양일체제선법長養一切諸善法", 선생님을 따라다니면 모든 선한 가르침을 다 배울 수가 있다.

단제의망출애류斷除疑網出愛流 개시열반무상도開示涅槃無上道

그래서 지금까지의 모든 의심이 끊어지고 만다. 세상에 대한 애착이 끊어지고 만다. 중류절단衆流截斷이다. 모든 유행을 끊어버리고 만다. 남은 다 새빨간 물감을 들여도 나는 안 들인다. 중류절단이다. 모든 유혹을 끊어버린다. 흐를 '류流'는 물에 빠진다는 말이다. 모든 물의 빠짐에서 벗어나고 만다. 중류절단이다. 운문雲門이라는 사람의 말이다. 운문의 삼현三玄이라고 하는 세 가지 말 가운데 하나가 중류절단이다. "단제의망斷除疑網", 모든 의심이 끊어지고 "출애류出愛流", 모든 애착에서 벗어난다. 그래서 "개시열반무상도開示涅槃無上道." 열반이란 번뇌가 없어진 것이다. 걱정 근심이 없어진 것이다. 그리고 "무상도無上道", 최고의 세계에 도달하게 된다. 최고의 경지에 도달하게 된다.

약상신봉어제불若常信奉於諸佛 즉능지계수학처則能持戒修學處

만약 모든 부처님, 모든 선생님을 믿고 섬기게 되면 언제나 지계持戒를 가지고 수학修學할 수 있다. 지계는 육파라밀六波羅蜜의 하나다.

약상지계수학처若常持戒修學處 즉능구족제공덕則能具足諸功德

지계를 가지고 수학을 하게 되면 모든 공덕을 얻을 수 있다.

약이불덕자장엄若以佛德自莊嚴 즉획묘복단엄신則獲妙福端嚴身
약획묘복단엄신若獲妙福端嚴身 즉신황요여금산則身晃耀如金山.

만일 불덕佛德을 가지고 내 자신이 아주 빛나게 되면, 불덕을 가지고 내 인격이 아주 존엄해지면, 묘복妙福과 단엄端嚴한 인격을 얻을 수 있다. 단엄은 깨끗하고 엄격한 인격이다. 장엄莊嚴이라는 것이다. 만일 묘복과 단엄신端嚴身을 얻으면 마치 금덩이 산처럼 빛날 것이다. 황요晃耀는 찬란하게 빛난다는 말이다. 저녁 때나 아침에 해 뜰 때 찍은 에베레스트 사진을 보면 산들이 아주 노랗고 빨간색으로 물든 아름다운 모습인데 그것이 소위 금산金山이다. 그런 것은 정말 히말라야 가지 않으면 보기 힘든 것이다. 히말라야 산처럼 빛날 것이라는 말이다. 지금까지가 신信에 대한 이야기다. 이 밖에도 8개가 더 있다.

다음은 해인삼매海印三昧에 관한 이야기다. 해인삼매 이야기는 아까도 말했지만 신神이 되면 무엇이나 될 수 있다는 것이다.

12.3 약현무량신통력若現無量神通力 즉주불가사의토則住不可思議土
연설불가사의법演說不可思議法 영부사의중환희令不思議衆歡喜

만일 한없는 신통력을 가지게 되면 신비한 세계에서 살 수가 있다. 불가사의한 법을 가르칠 수도 있다. 그래서 신비하게도 모든 중생을 기쁘게 만들 수도 있다.

중생형상각부동衆生形相各不同 행업음성역무량行業音聲亦無量
여시일체개능현如是一切皆能現 해인삼매위신력海印三昧威神力

중생의 형상은 다 다르다. 학생은 초등학교, 중학교 다 다르다. 학생들의 행업行業이나 음성이 다 다르다. 그런데 그런 모든 사람들을 위해서 내가 변신해서 나타날 수 있다. 그것을 해인삼매의 힘이라 한다.

일미진중입삼매一微塵中入三昧 성취일체미진정成就一切微塵定
이피미진역부증而彼微塵亦不增 어일보현난사찰於一普現難思刹

아무리 작은 사건 속에서도 깊이 들어갈 수 있다. 그러니까 초등학교 학생을 가르친다고 해서 되는대로 한다면 그것은 안 된다. 사자는 토끼 한 마리 잡을 때도 있는 힘을 다해서 잡는 것이다. 사자는 코끼리를 잡을 때나 토끼 한 마리 잡을 때나 꼭 같다. 아무리 조그만 사건이라도 거기에 대해서 정성을 다 쏟는 것이다. 그것이 "일미진중입삼매一微塵中入三昧"다. 그래서 모든 사람이 다 문제를 해결하도록 만들어 준다. 그래서 그 사람들도 다 "부증불감不增不減", 아무 문제가 없이 된다. 하나 속에 일체를 나타내는 그것은 생각하기 어려운 시간이다. 시간을 초월하여 영원히 그렇게 나타날 수 있다는 것이다.

혹부유성혹유괴或復有成或有壞 혹유정주혹방주或有正住或傍住
혹여광야열시염或如曠野熱時焰 혹여천상인다망或如天上因陀網

어떤 때는 이루어지기도 하고 어떤 때는 무너지기도 하고 어떤 때는 바로 가기도 하고 어떤 때는 옆으로 가기도 한다. 어떤 때는 들의 아지랑이 같기도 하고 어떤 때는 하늘 위의 인드라 망 같기도 하다.

엄정불가사의찰嚴淨不可思議刹 공양일체제여래供養一切諸如來
방대광명무유변放大光明無有邊 도탈중생역무한度脫衆生亦無限

그래서 장엄하고 청정하다. 그것이 영원히 신비한 인격이다. 모든 선생님들을 공양하고 광명을 내 놓는데 끝이 없다. 그래서 무엇하자는 것인가. 모든 중생들을 해탈하게 하고 제도하자는 것이다. 그것이 한이 없다. 이상이 해인삼매라는 것이다.

다음은 화엄삼매華嚴三昧라는 것이다.

12.4 지혜자재부사의智慧自在不思議 설법언사무유애說法言辭無有碍

화엄삼매는 무엇인가. 지혜가 자재하고 신비하다. 설법언사說法言辭가 걸리는 데가 없다.

시계인진급선정施戒忍進及禪定 지혜방편신통등智慧方便神通等

보시, 지계, 인욕, 정진, 선정, 지혜, 육파라밀이다.

여시일체개자재如是一切皆自在 이불화엄삼매력以佛華嚴三昧力

이처럼 일체가 다 자재自在다. 이것을 화엄삼매의 힘이라 한다.

약욕공양일체불若欲供養一切佛 입어삼매기신변入於三昧起神變

모든 부처님께 공양하고자 하면 삼매에 들어가서 신변神變을 일으켜야 한다.

능이일수편삼천能以一手遍三千 보공일체제여래普恭一切諸如來

그래서 한 손을 가지고 삼천세계를 두루 어루만질 수 있어야 한다. 모든 여래를 공경하는 것이다.

보살주재삼매중菩薩住在三昧中 종종자재섭중생種種自在攝衆生

보살이 이 삼매 가운데 사는데 종종자재種種自在 속에 중생을 포섭한다.

실이소행공덕법悉以所行功德法 무량방편이개유無量方便而開誘

그래서 어떤 소행所行이든지 공덕법이 나온다. 무량방편으로 개유開誘한다.

유묘삼매명수락有妙三昧名隨樂 보살주차보관찰菩薩住此普觀察
수의시현도중생隨宜示現度衆生 실사환심종법화悉使歡心從法化

그래서 한없이 신비한 삼매로서 그 속에서 기쁨이 나오게 된다. 보살이 이것을 관찰하고 그때그때 따라 그때그때 적당히 나타나서 모든 중생을 구제한다. 그래서 모든 사람으로 하여금 기쁜 마음으로 진리에 순종하게 만든다. 염불삼매는 다음에 보기로 한다.

2001. 5. 27.

현수품 강해(2)

지난번에 해인삼매海印三昧, 화엄삼매華嚴三昧, 염불삼매念佛三昧가 중요하다고 말했다. 염불에는 지관염불止觀念佛과 칭명염불稱名念佛이라는 두 가지가 있는데 『화엄경』에서 말하는 염불은 지관염불이고 정토종에서 하는 염불은 칭명염불이다. 그러니까 정토종에서는 타력이고 화엄종에서는 자력이라는 것이다. 지관止觀에서 '지止'라 하는 것은 선정禪定이고 '관觀'이라 하는 것은 지혜智慧라는 것이다. 지관이란 육파라밀의 선정 지혜나 같은 것이다.

삼매가 모두 열 개가 나오는데 그 가운데서 해인삼매, 화엄삼매, 염불삼매, 세 가지가 가장 중요한 것이다. 해인삼매에서 말하려고 하는 것은 신神이고 화엄삼매에서 말하려고 하는 것은 자유이고 염불삼매에서 말하려고 하는 것은 영생이다. 우리는 그렇게 생각하면 된다. 언제나 형이상학의 최고의 이념이라 할 때는 이 셋이다. 지난 시간의 해인삼매, 화엄삼매에 이어서 염불삼매를 보기로 한다.

12.5 유승삼매명안락有勝三昧名安樂 능보구도제군생能普救度諸群生

최고의 삼매를 얻으면 마음이 가라앉고 즐겁게 된다. 최고의 삼매라 해 보았자 그것은 지관삼매라는 것이지 다른 것이 아니다. 지관止觀이란 선정 지혜니까, 마음은 평안해지고 기쁨이 나오는 것이다. 최고의 삼매가 되면 마음은 평안해지고 또 내 속에서 즐거움이 나온다. 그래서 모든 사람을 구원해 줄 수 있다.

방대광명부사의放大光明不思議 영기견자실조복令其見者悉調伏

그래서 큰 지혜를 나타내서 그 사람을 보는 자로 하여금 모두다 그 사람의 말을 깊이 듣게 만든다. 마음속으로 깊이 감명하여 듣게 된다.

소방광명명선현所放光明名善現 약유중생우차광若有衆生遇此光
필령획익부당연必令獲益不唐捐 인시득성무상지因是得成無上智

지혜를 낼 때마다 언제나 선을 드러내자는 것이다. 모든 사람들이 이 빛을 만나게 되면 반드시 도움을 얻는다. 그리고 "부당연不唐捐", 헛되게 버리지 않는다. 반드시 도움을 얻는다는 말이다. 그래서 최고의 지혜를 얻게 된다.

우방광명명제도又放光明名濟度 차광능각일체중此光能覺一切衆

빛을 발하는 것은 결국 백성들을 구원하자는 것이다. 그래서 이 빛이 모든 사람을 깨우쳐주는 것이다.

영기보발대서심令其普發大誓心 도탈욕해제군생度脫欲海諸群生

그래서 모든 사람으로 하여금 자기도 부처가 되겠다는 그런 마음을 굳히고 모든 욕심의 바다에서 벗어나도록 만들어 준다.

개오중생무유량開悟衆生無有量 보사염불법승보普使念佛法僧寶

이렇게 해서 깨달은 중생들이 한없이 많다. 그래서 염불念佛·염법念法·염승念僧, 불법승佛法僧 삼보三寶를 언제나 생각하게 하는 것이다.
염법을 하는 종교가 일본의 법화종法華宗이다. 일본 법화종 사람들이 와서 밤낮 하는 것이 "나무묘법연화경南無妙法蓮華經"인데 그것을 일본말로 해서 "남묘호렝개교"라고 자꾸 부른다. 그것이 소위 염법이라는 것이다. 법을 자꾸 외는 것이다. "나무아미타불"이라 할 때는 염불이다. 제일 많이 하는 염불이 "나무아미타불 관세음보살"하는 것이다. 이것이 소위 칭명稱名이다. 이런 염불도 있지만 일본의 법화종처럼 밤낮 "나무묘법연화경"을 계속 백 번이고 천 번이고 외는 염법도 있다. 그런데 염승이라 하는 것은 그렇게 많이 없다.

급시발심공덕행及示發心功德行 시고득성차광명是故得成此光明.

그래서 정말 결심을 하고 좋은 일을 하려고 애쓰게 된다. 결국은 지혜를 완성하는 것이다. 성불한다는 말이다.
다음은 염불에 대해서 아주 유명한 글이다. 염불할 때는 반드시 이 글이 나온다.

우방광명명견불又放光明名見佛 차광각오장몰자此光覺悟將歿者
영수억념견여래令隨憶念見如來 명종득생기정국命終得生其淨國.

또 빛을 발해서 부처를 보는데 이 빛이 장차 죽으려는 사람을 깨우치게 해서 기억하고 생각함을 따라 여래를 보게 한다. 자기 기억과 생각을 통해서 여래를 본다는 것이다. 그래서 죽으면 깨끗한 나라, 천국에 태어나게 한다. 이것이 소위 염불종念佛宗, 정토종淨土宗이라는 것이다. 정토종에서 언제나 갖다 쓰는 것이 이것이다.

견유임종권염불見有臨終勸念佛 우시존상령첨경又示尊像令瞻敬
비어불소심귀앙俾於佛所深歸仰 시고득성차광명是故得成此光明.

그래서 사람이 죽게 되면 염불을 권해라. 기독교에서도 사람이 죽으면 가서 자꾸 찬송을 불러준다. 같은 것이다. 그래서 부처님의 불상佛像을 보여주면서 부처님을 보고 존경하게 만들어라. 그래서 부처님 계신 곳에 돌아가서 깊이 앙모하게 존경하게 하라. 그렇게 해서 이 빛을 완성하는 것이다. 빛을 완성한다는 말은 부처가 된다는 말이다.
이상 두 줄이 언제나 염불삼매의 본문이다.

12.6 여일모공소방광如一毛孔所放光 무량무수여항사無量無數如恒沙
일체모공실역연一切毛孔悉亦然 차시대선삼매력此是大仙三昧力

하나의 털구멍 속에서 빛이 나온다. 그래서 한없이 많은 빛이 나오는데 마치 바다의 모래처럼 빛이 많이 나온다. 모든 털구멍에서 다 빛이 나오는 것이다. 이것이 대선大仙의 삼매력三昧力이다. 대선이란 석가의 많은 이름 가운데 하나다.

대사광명역여시大士光明亦如是 유지혜자개실견有智慧者皆悉見
범부사신열해인凡夫邪信劣解人 어차광명막능도於此光明莫能覩

대사大士의 광명은 이와 같다. 지혜 있는 사람은 다 볼 수 있다. 그러나 범부나 미신에 빠진 사람이나 머리가 나쁜 사람은 이 빛을 볼 수가 없다. 그런 사람들은 불법을 이해할 수가 없다는 말이다.

비여명월재성중譬如明月在星中 보살처중역부연菩薩處衆亦復然
대사소행법여시大士所行法如是 입차삼매위신력入此三昧威神力

비유하자면 마치 달이 별 가운데 있는 것처럼 보살은 대중 속에 들어가 있다. 그래서 보살들이 하는 법은 언제나 이와 같다. 삼매에 들어가서 아주 신력神力을 얻게 되는 것이다.

비여일월유허공譬如日月遊虛空 영상보편어시방影像普遍於十方
천지피택기중수泉池陂澤器中水 중보하해미불현衆寶河海靡不現

비유하면 마치 해와 달처럼 허공을 돌아다니는데 해와 달의 빛이 시방十方에 널리 비친다. 그래서 샘터, 연못, 호수, 그릇 속의 물 어디나 다 비친다. 그래서 이 중보衆寶가 어디나 나타나지 않는 데가 없다. 신즉자연神卽自然이라는 것이나 마찬가지다. 어디나 나타난다.

제일지혜광대혜第一智慧廣大慧 진실지혜무변혜眞實智慧無邊慧
승혜급이수승혜勝慧及以殊勝慧 여시법문령이설如是法門令已說·

   제일지혜는 넓고 큰 지혜다. 진실지혜는 한없는 무변無邊의 지혜다. 최고의 지혜 및 더 특별한 지혜, 이렇게 법문에 대해서 죽 말했다.
   이미 말했듯이 이런 게偈가 372개가 있다. 그 가운데 몇 개만 뽑은 것이다. 핵심은 그 세 가지, 해인삼매, 화엄삼매, 염불삼매라는 것이다. 이것만 알면 된다.

2001. 6. 3.

제13. 승수미산정품昇須彌山頂品

승수미산정품 강해

이미 말했지만 『화엄경』은 보통 칠처팔회七處八會라 한다. 강의한 장소는 7군데, 강의 횟수는 8번이라는 것이다. 여덟 번의 강의 가운데는 땅에서 네 번, 하늘에서 네 번이다. 맨 처음 적멸도장寂滅道場에서 강의했고 두 번째는 보광명전普光明殿이라는 장소에서 했다. 지금까지 본 것이 이 두 곳에서 한 것이다. 장소는 하늘에서 네 곳, 땅에서는 세 곳인데 적멸도장과 보광명전 그리고 마지막 석가가 죽게 되는 서다림원逝多林園이라는 장소다. 하늘에서는 도리천忉利天, 야마천夜摩天, 도솔천兜率天, 자재천自在天이라는 네 곳이다. 오늘 나오는 데는 수미산 꼭대기인데 도리천이라는 곳이다. 사실은 수미산 꼭대기 위로 다섯 개의 하늘이 나오는데 네 곳만 말한 것이다.

이 사람들은 하늘을 세 층으로 나눈다. 맨 밑은 욕계欲界, 그 다음은 색계色界, 그리고 무색계無色界다. 욕계는 하늘에 올라가서도 아직 욕심이 안 떨어진 것을 말한다. 하늘에 올라가서 잘 먹고 잘 자고 이렇게 되기를 바라는 사람들이 있는 것이다. 마호멧교에 보면 하늘에 올라가서 아주 맛있는 것을 먹고 잘 지낸다는 것이 나오는데 그래서 하늘에도 욕계라는 것이 있다. 그 다음이 색계다. 아직도 빛이 남아있다는 것이다. 그 다음이 무색계다. 그러니까 도리천이니 야마천이니 하는 것은 다 욕계의 하늘이다. 그 위에는 사선천이라 해서 또 있고 그 위에 또 무엇이 있다. 전에 나왔던 그림을 보면 다 나와있다. 욕계에 나오는 하늘이 도리천, 야마천, 도솔천, 자재천이다.

그런데 천天이란 무엇인가 하면 보통 다신론多神論에서 신神이라 하는 것과 비슷한 것이다. 다신론에서는 해도 신이요 달도 신이다. 그런 신이라는 것이다. 그리고 천이라 할 때는 보통 천당이라 하는 천도 된다. 천당에 또 신이 있을 테니까. 신이니 천이니 거의 같이 쓰는 것이다.

그런데 여기 지금 맨 처음 나오는 것이 수미산이다. 수메루sumeru 라는 것인데 수미산이라 한다. 수미산을 팔만 사천 유순이라 하는데 이 사람들의 자막대기가 얼마인지 모르지만 요새로 말하면 8,848미터라는 것이다. 말하자면 에베레스트나 마찬가지다. 요새는 8,000미터 이상 되는 산이 13개라 하는데 이 사람들은 대충 7,000미터 이상 되는 높은 산이 33개가 있다는 것이다. 그래서 그 산 하나하나가 신이다. 그러니까 우리로 말하면 태백산, 백두산을 하나의 신으로 보는 것이다.

높은 산들이 33개가 있는데 그 가운데서 제일 높은 산이 에베레스트라는 것이다. 그 에베레스트가 여기서 말하는 수미산이다. 그러니까 이 수미산을 받들고 있는 산들이 32개가 있는데, 마치 가운데 있는 신을 다른 여러 신들이 모시고 있는 것이나 마찬가지다. 그래서 수미산을 받들고 있는 32천이 있고 그 밑에는 수미산을 지키는 사천왕이 있다.

수미산 꼭대기가 도리천인데 도리천에는 제석천帝釋天이 있다. 보통 석제환인釋帝桓因이라고 한다. 단군신화도 여기서 나왔다고 한다. 단군신화는 중 일연一然이 만든 것이다. 중 일연이 이것을 아는 사람이니까 말하자면 환인桓因이 여기 제석천이라는 것이다. 그리고 석제환인의 아들이 환웅桓雄이다. 환웅의 아들이 환검桓儉인데 환검이 바로 단군檀君이다. 그러니까 단군은 환인의 손자가 되는 것이다. 그래서 단군신화를 보면 낮에는 땅에 내려 왔다가 밤에는 하늘로 올라가고 그렇게 올라갔다 내려갔다 한다. 그분들은 밤에는 하늘에 올라가서 자고 낮에는 우리 땅에 내려와서 다스리는 것이다. 이런 단군신화가 여기서 온 것이 아닌가 하는 하나의 학설이 있다.

석제환인인데 보통 제석천이라 한다. 제석천은 도리천에 산다는 것이다. 석제환인, 환인이란 하나님이라는 말이다. 하나님이 산다는 것이다. 그래서 도리천이라 하기도 하고 수미산이라 하기도 한다. 다 같이 에베레스트 꼭대기를 말하는 것이다. 말하자면 그 속에 궁전이 하나 있는데 거기에 석제환인이 산다는 것이다. 이것은 단군신화와 연결이 되니까 말해두는 것이다.

「승수미산정품昇須彌山頂品」인데 부처가 수미산에 올라갔다는 말이다. 에베레스트 꼭대기에 올라갔다. 꼭대기에는 무엇이 있는가. 거기에는 하나님의 궁전이 있다. 거기가 천국인데 거기에 석제환인이 산다는 것이다.

13.1 이시爾時 세존世尊 불리일체보리수하不離一切菩提樹下 이상승수미而上昇須彌 향제석전向帝釋殿.

이때 세존이 일체 보리수 아래를 떠나지 않고서 수미산에 올라가서 제석전帝釋殿으로 향했다.

보리수 아래는 첫 번째 강의 장소인 적멸도장이다. 석가가 그 적멸도장에서 벌벌 기어올라가서 에베레스트 꼭대기에 간 것이 아니고 거기에 앉아 있으면서 올라갔다는 것이다. 이것이 『화엄경』에서 많은 문제가 된다. 법장法藏이란 사람은 그것이 무슨 뜻인가 하고 몇 가지로 이유를 밝혀 놓았다. 석가는 지금 법신法身이니까, 법신은 우주에 꽉 차 있는 것이니까 우주 어디나 갈 수 있지 않느냐 이렇게 설명하기도 하고, 또 석가는 해인삼매에 들어가면 하늘에 있는 것이 다 비치니까 어디나 볼 수 있다 그렇게 설명하기도 한다. 삼매는 정신통일이니까 요새로 말하면 망원경이나 비슷한 것이다. 망원경을 통해서 보면 달도 보이고 별도 보이고 다 보인다는 것이다. 이것이 하나의 설명이다. 또 하나가 무엇인가 하면 역시 망원경으로 볼 수도 있지만 인공위성도 있지 않느냐 하는 것이다. 인공위성을 타고 가서 달나라도 가고 화성에도 가서 내려앉을 수 있다는 것이다. 이렇게 인공위성설과 망원경설이라는 두 가지가 8가지 설명 가운데 가장 유명한 것이다.

제일 문제는 인공위성설이다. 인공위성설이란 무엇인가. 삼매는 정신통일인데 정신을 통일하면 숨을 자꾸 천천히 쉬게 된다. 숨을 자꾸 줄여서 일 분에 네 번 세 번 그렇게 줄이다가 나중에는 딱 멈춘다. 숨을 딱 멈추고도 살아있는데 그 동안에 내 속에 있는 의식이라 할까 무엇이 하늘로 날아간다는 것이다. 하늘로 날아가서 어디든지 가서 보고 또 내려온다는 것이다. 이런 것을 심리학에서는 무엇이라 하는지 모르겠는데 보통 서양철학에서는 그것을 탈혼脫魂이라 한다. 법장法藏은 그것을 그가 쓴 『탐현기探玄記』라는 책에서 "불자재부사의해탈佛自在不思議解脫"이라 했다. 부처님은 땅에 가만 앉아 있으면서도 신비하게도 해탈, 탈혼을 한다는 것이다. 가만 앉아 있으면서 의식이 하늘로 올라가서 돌아다닐 수 있다는 것이다. 실제로 그랬는지 모르겠지만 하여튼 그렇게 해석을 하는 것이다.

그런데 서양철학에서는 확실하다. 네오플라토니즘Neoplatonism의 플로티노스Plotinos(204-270)라는 사람은 일생에 네 번 탈혼을 했다. 그것이 기독교에 들어와서 아씨시의 성 프란시스, 클라라 등 기독교 신비주의자들, 그런 사람들도 탈혼을 하게 된다. 그리고 최근에 탈혼한 사람은 카톨릭에서 성자가 된 젬마 갈가니라는 사람이다. 젬마 갈가니라는 여자는 삼십에 죽었다. 무슨 병에 걸려 죽은 것이 아니라 아주 먹지 않고 죽었다. 젬마는 가만 앉아 있으면, 말하자면 선정禪定인데, 얼굴이 새빨개져서 그 다음에는 칼로 찔러도 모른다. 그렇게 한 시간이고 두 시간이고 있다가 다시 또 의식이 회복되는 것이다. 그 동안에 자기는 어디 갔다 왔다는 것이다. 자기는 가서 성모 마리아도 만나 보고 베드로도 만나 보았다고 한다. 베드로를 만났다고 하는 그것은 어떻게 말할 수 없는 것인데 어떤 때는 그가 살던 로마에서 나폴리에 있는 어떤 신부를 만나보고 왔다는 때도 있다. 그래서 신부가 무엇을 하더냐 하고 물으니까 자기에게 편지를 쓰고 있는데 자기가 가서 그 편지를 다 보고 왔다는 것이다. 그런데 자기가 가서 보는 줄도 신부는 모르고 있더라 했다. 그러면서 그 편지의 내용은 어떤 것이라 다 말을 했다. 그렇게 한 후 한 사나흘 뒤에 정말 편지가 왔는데 그 내용이 젬마가 말했던 것과 꼭 같았다. 그러니까 이것은 가지 않았다 할 수는 없다. 그래서 젬마가 베드로에게도 갔다 왔다 하는 것도 믿지 않을 수 없는 것이다. 그러니까 카톨릭에서는 이 사람을 성녀라 한다. 최근에 탈혼한 사람으로서는 이 젬마라는 성녀가 있었다.

　장면張勉 국무총리가 로마에 가서 전부 답사를 한 후 젬마 갈가니라는 책을 썼는데 유영모 선생이 그 책을 여러 권 사서 강의 듣는 사람들에게 나눠주었다. 나도 그것을 보았는데 "아, 이런 일도 있을 수 있나" 하고 그런 것을 그때 처음 알았다. 그런데 나중에 철학을 배우면서 보니까 플로티노스도 그랬다.

　그런데 인도에서 8세기에 샹카라Adi Shankara라는 사람이 살았는데 당시의 최고 철학자다. 그 사람은 기독교로 말하면 어거스틴Saint Augustine(354-430)이나 토마스 아퀴나스Thomas Aquinas(1224/25-1274)나 비슷한 사람이다. 이 사람은 고전을 많이 해석하고 아주 유명한 사람인데 이 사람의 이력을 보면 이 사람도 한 보름 동안 탈혼을 했다. 한 보름 동안 탈혼을 해서 돌아다니다가 돌아왔다. 그래서 이 샹카라라는 사람이 탈혼으로 유명한데 이 사람은 인도에서 굉장히 유명한 학자였다. 그리고 이 사람은 요가Yoga의 거두였다. 요가를 해서 결국 탈혼까지 하게 하는 것이다. 학자이면서 동시에 요가를 해서 실제로 탈혼까지 하는 것을 보여준 그런 실력을 가진 사람이었다. 탈혼이라 하는 것이 이렇게 서양에도 있고 인도에도 있고 여러 곳에 있다. 그런데 여기서도 역시 탈혼을 말하는 것이 아닌가 해서 법장은 "불자재부사의

해탈佛自在不思議解脫"이라 한 것이다.

이 사람들은 영혼불멸을 믿는 사람들이니까 이런 일이 있게 되면 영혼불멸이 더 확실한 것이다. 살아서도 나가서 돌아다니다 오니까 죽으면 또 부처님 앞에 나가서 살게 된다고 그래도 아무 의심이 없는 것이다. 하여튼 이런 탈혼 현상이라는 것을 여기서 말하는 것이 아닌가 하는 것이 법장의 이야기다. 그것도 또 우리가 한 번 알아 들어야 한다.

세존이 보리수하를 떠나지 않고 수미산 꼭대기에 올라갔다. 수미산 꼭대기에는 제석전이란 왕궁이 있다.

이시爾時 제석帝釋 공경향불恭敬向佛 유원애민唯願哀愍 처차궁전處此宮殿.

그때 제석帝釋, 석제환인이 부처님을 공경하여 부처님을 향해서 절을 하고 부탁을 했다. 이 궁전에 거처하십시오. 이 궁전에 와 계시면서 좀 가르쳐 달라고 부탁을 한 것이다.

이시爾時 세존世尊 입묘승전入妙勝殿 차전홀연광박관용此殿忽然廣博寬容.

이때 세존이 거기 제석전帝釋殿, 즉 최고의 궁전에 들어갔다. 묘승전妙勝殿이란 최고의 궁전이라는 뜻이다. 제석전이 최고의 궁전이라는 것이다. 그래서 수미산을 어느 때는 묘고산妙高山이라 하기도 한다. '묘妙'는 신비하다는 뜻이다. 신비하고 높은 산이라는 것이다. 묘승전은 신비한 최고의 궁전이라는 뜻이다. 그래서 석가가 최고의 궁전인 제석전에 들어갔다. 거기에 들어가니까 갑자기 그것이 우주로 확대가 되었다. 일즉일체一卽一切가 되고 마니까 우주로 확대가 된 것이다. 우주로 확대가 되니까 우주의 온 보살들을 다 불러모으게 되는 것이다.

2001. 6. 3.

제14. 수미정상게찬품須彌頂上偈讚品

수미정상게찬품 강해(1)

14.1 이시爾時 불신력고佛神力故 시방각유일대보살十方各有一大菩薩 이래집회而來集會

이때 부처님의 신통력으로 사방에 있는 큰 보살들을 불러모았다.

기명왈其名曰 법혜法慧 일체혜一切慧 승혜勝慧 공덕혜功德慧 정진혜精進慧 선혜善慧 지혜智慧 진실혜眞實慧 무상혜無上慧 견고혜보살堅固慧菩薩.

그 이름들이 법혜, 일체혜, 승혜, 공덕혜, 정진혜, 선혜, 지혜, 진실혜, 무상혜, 견고혜보살 등이다. 이름에 모두 혜慧가 들어간 보살들이다. 머리 좋은 보살들만 불러들였다는 것이다. 인텔리들만 모은 것이다. 그랬더니 그 머리 좋은 보살들이 또 부처님을 찬송한다. 이 사람들은 반드시 부처님을 찬송한다는 것이 하나 있어야 되는데 이것이 이 사람들이 말하는 신信이라는 것이다. 언제나 대승기신大乘起信이다. 부처님을 찬송한다는 말은 부처님이 큰 스승이라는 말이다. 이것이 이 사람들의 신信이라는 것이다.

그래서 14장은 부처님을 찬송한다는 신信이고 그 다음 15장은 「십주품十住品」이라는 것인데 이것이 소위 해解라는 것이다. 언제나 이 사람들은 이렇게 신해행증信解行証이다. 그러니까 수미산에서 제일 중요한 것이 십주十住라는 것이다.

우리가 지금까지 보아온 제2처 보광명전은 십신十信이라는 것이다. 그리고 제3처 도리천은 십주十住라는 것이다. 그리고 제4처 야마천은 십행十行이라는 것이다. 그리고 제5처 도솔천은 십회향十廻向이라는 것이다. 그리고 마지막 자재천은 십지十地라는 것이다. 그래서 50이 되고 그 다음에 등각等覺, 묘각妙覺이 되어 52천이 되는 것이다.

그런데 수미산에서도 또 신해행증이다. 지금까지 본 13장과 14장 두 장에서는 십신十信을 한 것이다. 이제부터 제15장의 십주十住를 하려고 하는 것이다. 십주의 핵심은 해解라는 것이다. 그리고 십주가 지나가면 그 다음에 나오는 것이 제16장의 범행梵行이라 하는 행이 또 나오고 그 다음에 17장, 18장의 증証이라는 것이 또 나온다. 언제나 구조가 그렇게 되어 있으니까 우리가 지금 어디 있는지 그것을 알아야 된다.

우리가 도리천에서 하는 것은 십주인데 십주는 해解라는 것이다. 그 다음에 야마천에 가면 십행이 나온다. 이렇게 해서 신해행증 하고 나오는데 그것만 확실히 해 가면 아무리 『화엄경』이 복잡하다 해도 우리가 길을 잃을 염려가 없다. 자칫하면 우리가 길을 잃고 헤매게 되는데 그러면 마치 밀림 속에 들어간 것처럼 어떻게 된 것인지 통 모르게 된다.

이시爾時 세존世尊 종양족지從兩足指 방백천억 묘색광명放百千億妙色光明

그때 세존이 발가락 사이에서 빛이 나왔다. 말하자면 언제나 순수이
성이 아니라 실천이성이라는 말이다. 한없이 아름다운 빛을 나타냈다.

보조시방普照十方 일체세계一切世界 수미정상須彌頂上 제석궁중불급
대중帝釋宮中佛及大衆 미불개현靡不皆現.

널리 시방十方을 비추어서 일체 세계를 다 드러냈다. 그래서 제석궁
帝釋宮의 부처님과 모든 중생들이 다 빛나게 되었다.

14.2 이시爾時 동방법혜보살東方法慧菩薩 설송왈說頌曰

이때 동방의 법혜보살이 찬송을 했다.

불방정광명佛放淨光明 보견세도사普見世導師
수미산왕정須彌山王頂 묘승전중주妙勝殿中住

부처님이 아주 깨끗한 빛을 방출했다. 그래서 세상을 지도하는 모든
보살들, 여기 대표적으로 열 명이 나왔는데, 그 모든 보살들을 보는 것
이다. 수미산 제일 높은 꼭대기에 석가가 올라가서 묘승전妙勝殿이라
는 궁전 속에 들어가셨다.

아등금견불我等今見佛 주어수미정住於須彌頂
시방실역연十方悉亦然 여래자재력如來自在力

우리들 보살들은 지금 부처님을 보게 되었는데 부처님은 수미산 꼭
대기에 있다. 모든 시방에 있는 보살들도 다 보게 되었다. 그것은 여래
의 힘에 의지해서 그렇게 보게 된 것이다.

제14. 수미정상게찬품須彌頂上偈讚品 349

혜광항보조慧光恒普照 세암실제멸世闇悉除滅
일체무등윤一切無等倫 운하가측지云何可測知

지혜의 빛이 온 우주에 널리 퍼진다. 언제나 이 사람들이 제일 주장하는 것이 빛이다. 빛이 널리 비친다는 것이다. 그래서 세상의 암흑을, 기독교에서는 죄라 하는데 이 사람들은 암흑이라 한다. 세상의 암흑을 다 없이 해 준다. 그것은 무엇과도 비교할 수 없는 그런 큰 빛이다. 그 빛을 우리가 어떻게 상상할 수 있겠는가. 굉장하다는 것이다.

14.3 이시爾時 남방일체혜보살南方一切慧菩薩 설송언說頌言

이때 남방의 일체혜보살이 찬송을 했다.

가사백천겁假使百千劫 상견어여래常見於如來
불의진실의不依眞實義 이관구세자而觀救世者
시인취제상是人取諸相 증장치혹망增長癡惑網
계박생사옥繫縛生死獄 맹명불견불盲冥不見佛

영원히 여래를 본다고 해도 진실된 뜻을 가지고 보지 않으면 이 사람은 겉만 보는 사람이다. 언제나 진실된 뜻으로 부처님을 대해야지 진실된 뜻으로 보지 않으면 아무리 부처님을 본다고 해도 그 사람은 껍데기만 보지 속은 못 본다. 이것이 아주 중요하다. 진실의眞實義라고 하는 것이 없으면 아무리 부처님을 만나도 부처님 껍데기만 보지 속은 못 본다.
 진실의가 무엇인가? 요새로 말하면 문제의식을 가지고 선생님을 만나야 한다는 것이다. 자기 속에 해결해야 할 어떤 문제가 있어야 한다. 그 문제를 가지고 선생님을 만나야지 문제 없이 선생님을 만난다면 그것은 정말 수박 겉 핥기로 선생님을 보는 것이다. 우리가 석사과정, 박사과정에 들어갈 때는 반드시 어떤 문제를 가지고 석사를 하고 박사를 해야지 그런 것이 없이 선생이 하란다고 이렇게 하고 저렇게 하면 그냥 허수아비처럼 되고 만다. 제일 중요한 것이 문제의식을 가지고 선생을 만나는 것이다. 문제의식을 가지고 선생을 찾아가야지 문제의식을 못 가지고 선생을 찾아가면 선생의 속을 알 수가 없다. 그것이 진실의라는 것이다. 그렇지 않으면 선생의 껍데기만 핥다 만다. 그렇게 되면 학교에 다녀 보았자 더 의심만 늘어나고 더 모르게 되고 더 도덕적으로 타락하게 된다. 식자우환識字憂患이라는 것이다. 배우면 도로 더 나빠진다는 것이다. 그것도 사실이다. 알면 알수록 지능범이 되고 만다.

"치혹망癡惑網", 치癡와 혹惑의 그물에 걸려들게 된다. 그리고 "계박생사옥繫縛生死獄"이다. 생사의 감옥에 갇히게 된다. 기독교에서는 죄라고 하는데 불교에서는 생사라 한다. 생사를 달리 말하면 육도윤회六道輪廻라는 것이다. 나서는 죽고 또 나서 또 죽는 것이다. 불교의 핵심은 이런 육도윤회를 벗어나자는 것이다. "일도출생사一道出生死"라는 것이다. 생사를 벗어나는 것이다. 기독교로 말하면 죄를 벗어나는 것이다. 죄를 벗어나서 어디에서 살자는 것인가. 하늘나라에 가서 살자는 것이다. 불교에서는 그것을 생사를 벗어나서 말하자면 불도佛道에서 살자는 것이다. 그러니까 생사라는 것은 단순히 났다 죽었다 하는 이것이 아니다. 육도윤회라는 것이다. "계박생사옥", 육도윤회를 그냥 빙글빙글 돌아다닌다는 것이다. 그래서 "맹명불견불盲冥不見佛", 언제나 눈을 감고 다니지 부처는 볼 수가 없다. 문제의식이 없으면 언제나 선생님의 핵심을 들여다보지 못한다는 말이다.

**관찰어제법觀察於諸法 자성무소유自性無所有
여기생멸상如其生滅相 단시가명설但是假名說**

모든 법을 관찰하면 "자성무소유自性無所有"다. "자성무소유", 이 말이 벌써 수십 번 나온다. 연기성공緣起性空이라는 말도 한다. 인연에 의지해서 모든 만물이 생겨난다는 것이다. 그 만물은 자기라는 것이 없다. 무자성無自性이다. 자기라는 것이 없으니까 공空이라는 것이다. 요전에 인연이라는 것이 나왔을 때는 무자성을 정신이 나갔다고 해석했다.

무자성이라는 말 대신에 무아無我라고 해도 된다. 제법무아諸法無我다. 무자성을 나쁘게 해석하면 정신이 나갔다고 해석할 수도 있다. 그런데 또 좋게 해석하면 한없이 위대한 정신이라고 해석할 수도 있다. 이렇게 나쁘게 해석하느냐 아니면 좋게 해석하느냐에 따라 다르다. 불교의 용어들이 이렇게 두 가지로 해석할 수 있게 되어 있다. 나쁘게도 해석할 수 있고 좋게도 해석할 수 있다 무無라 해도 이것은 없다고 해석할 수도 있고 최고로 있다고 해석할 수도 있다. 그래서 무라 할 때 조주趙州는 무無를 '무무무無無無'라 했다. 없이 할래야 없이할 수 없는 것이다. 그것이 무다. 그러니까 절대무라는 것이다. 없이 할래야 없이할 수 없는 절대다. 서양으로 말하면 존재, 있고 있는 자라고 하는 그것이나 동양의 무라고 하는 것이나 같은 개념이다. 그러니까 동양은 언제나 부정적으로 말하는 것이고 서양은 긍정적으로 말하는 것이다.

긍정이 좋은가 부정이 좋은가. 요새는 차차 서양보다는 동양식이 좋다는 것으로 돌고 있다. 생각한다 할 때도 유사有思가 좋은가 무사無思가 좋은가. 또 행한다 할 때도 무위無爲가 좋은가 유위有爲가 좋은가. 그런데 아무리 칸트니 하이데거 Martin Heidegger(1889-1976) 라 해도 거기에는 역시 유사有思지 무사가 아니다. 사思가 없으면 안 된다. 그리고 유위有爲다. 마땅히 할 일을 해야 된다. 실천이성이다. 서양은 유위인데 동양은 무위다. 무사無思요 무위無爲다. 더 생각할 것이 없는 단계까지 가야 되고 더 할 것이 없는 단계까지 가야 된다. 그래야 완전이지 아직도 무슨 생각할 것이 있고 아직도 무슨 할 것이 있으면 그것은 불완전하다고 그렇게 보는 것이다.

그래서 불교에서는 무식無識이라 하는 말도 그것은 굉장히 높은 지식을 가진 사람이 되고 유식有識은 조금 지식을 가진 사람이 된다. '유有'라는 글자의 어원을 보면 손에 고기를 들고 있는 것이 유라는 글자다. 아무리 사람이 60kg라 해도 고기 한 근 든 것이지 별것이 아니다.

70kg, 100kg 나간다 해도 고기 한 근이지 별것이 아니다. 이것이 유有라는 것이다. 그런데 '무無' 라는 글자는 대사십림大四十林으로 되어 있는 것이다. 숲에 나무가 많은데 한없이 많다. 그리고 그 숲이 또 한없이 많고 한없이 크다는 것이다. 그것이 없을 무라는 글자다. 그러니까 없을 무는 한없이 많은 것을 나타내는 것이다. 한없이 많은 것, 그것이 없는 것이라는 말이다.

우리가 하늘을 쳐다보면 한없이 별들이 많이 있다. 그것이 낮에는 해에 가려져 그만 없어지고 만다. 그런데 그 없다는 속에는 무진장無盡藏이다. 한없이 많다는 것이다. 언제나 유有라는 것은 조그만 것을 가리키고 무無라는 것은 한없이 큰 것을 가리킨다. 그러니까 공空이라 하는 것도 마찬가지다. 공을 중국 사람에게 오면 무無라고 한다. 인도 사람들에게는 공이다. 수냐타sunyata라는 것인데 공은 한없이 큰 것이다.

그러니까 무자성無自性은 나쁜 의미로 말하면 정신 나간 놈이지만 좋은 의미로 말하면 자기가 없는 사람이다. 자기가 없는 사람은 한없이 큰 사람이다. 무아無我, 자기가 없다. 무無는 없다는 것이 된다. 그래서 어떤 때는 어미 모母자가 없을 무毋나 같은 글자가 된다. 어머니야말로 무아다. 어머니에게는 자기가 없고 아이들뿐이다. 그래서 공空이라 하는 것을 우리가 제일 가깝게 말하면 사랑이라는 것이다. 어머니의 사랑이 공이다. 무아無我, 공空, 무자성無自性, 이런 것이 불교의 자비를 가리키는 핵심적인 철학이 되는 것이다.

자성무소유自性無所有. 제법무아諸法無我다. 그러니까 이 무아無我의 세계는 생멸상生滅相을 초월한 것이다. 생멸生滅이나 생사生死나 같은 것이다. "제행무상諸行無常 시생멸법是生滅法 생멸멸이生滅滅已 적멸위락寂滅爲樂"이다. 불교도들이 밤낮 따로 외는 것이 이것이다. 생멸멸이 해야 일도一道가 된다. 일도가 출생사出生死다. 생사를 넘어서야 일도가 된다. 생사를 넘어서지 못하면 일도가 안 된다.

일체법무생一切法無生 일체법무멸一切法無滅
약능여시해若能如是解 제불상현전諸佛常現前.

일도출생사一道出生死. 일체법一切法이 무생無生 무멸無滅이다. 이렇게 알아야 우리는 언제나 부처를 보게 되는 것이다.

2001. 6. 3.

수미정상게찬품 강해(2)

14.4 이시爾時 서방승혜보살西方勝慧菩薩 설송언說頌言

이때 서방의 승혜보살이 찬송하여 말했다.

지금 보살 열 명이 나와서 죽 말하는 것인데 먼저 승혜보살이 말하는 것이다. 이런 말이 모두 백 개가 나오는데 그 가운데 몇 개만 고른 것이다.

여래대지혜如來大智慧 희유무등윤希有無等倫
일체제세간一切諸世間 사유막능급思惟莫能及

부처님의 한없이 큰 지혜는 무엇과도 비길 수 없으리만큼 아주 희귀하다. 모든 세상 사람은 도저히 부처님의 세계를 생각으로 이해할 수 없다.

미혹무지자迷惑無知者 망취오온상妄取五蘊相
불료피진성不了彼眞性 시인불견불是人不見佛

그래서 미혹되고 무식한 사람들은 제멋대로 생각하기도 하고 제멋대로 느끼기도 하고 제멋대로 행동하는 것이다. 그래서 부처님의 본질을 파악하지 못한다. 그렇게 본질을 파악하지 못하면 부처님을 볼 수가 없다. 언제나 본성을 파악하고 나야 부처님을 보지 본성을 파악하지 않으면 부처님을 보지 못한다.

그러니까 언제나 명상瞑想이 있은 후에 관상觀相이 나오지 명상 없이 관상은 안 나온다. 요전에 기원(invocation), 명상(meditation), 관상(contemplation), 합일(union)이라 했다. 언제나 깊은 명상이 있은 후에야 관상이 있지 깊은 명상이 없으면 관상이 안 된다. 깊이 명상한다는 것이 무엇인가 하면 부처님의 본질이 무엇인가 깊이 생각하는 것이다. 그렇게 깊이 생각하고 나야 부처님을 볼 수가 있다. 본다는 것은 물론 마음속에서 보는 것이지 무슨 껍데기를 보는 것은 전혀 아니다. 그러니까 관상이지 견見이 아니다. '견'이란 눈으로 보는 것이다. 말하자면 우리가 눈으로 별을 보면 반짝이는 것만 보이는데 망원경으로 보면 달처럼 크게 보인다. 그러니까 '관觀'이란 망원경으로 보는 것이지 눈으로 보는 것은 아니다. 그런데 나중에 관을 하고 나서 또 그 다음 단계를 말할 때 다시 견이라는 말도 쓴다. 그것은 그때 가서 설명할 것이다. "불료피진성不了彼眞性 시인불견불是人不見佛", 그 사람의 본성을 알지 못하면 이런 사람은 부처를 볼 수가 없다.

요지일체법了知一切法 자성무소유自性無所有
여시해법성如是解法性 즉견노사나則見盧舍那.

그래서 알아야 될 것은 무엇인가 하면 일체법이다. 법法이라는 말 속에는 다섯 가지 뜻이 들어 있다. 모든 만물이라 할 때도 법이라 한다. 또 모든 만물이 운행되는 법칙을 말할 때도 법이라 한다. 또 우리가 가르친다 할 때도 교법敎法이다. 그리고 진리라 할 때도 법이다. 그리고 하나님 실재라 할 때도 법이라 한다. 법이라는 말이 이렇게 상당히 넓고 깊은 말이다. 결국 법이라는 한 자만 알면 다 아는 것이다. 이렇게 넓고 깊은 말이 많지는 않은데, 특히 법이라는 글자가 여러 가지 뜻으로 쓰이는 글자다. 그러니까 일체법을 일체 만물, 혹은 일체 법칙, 진리라 해도 된다. 그러니까 그것은 그때그때에 따라 번역을 하게 된다.

그래서 "일체법一切法 자성무소유自性無所有", 일체법은 자기라는 것이 없다. "자성무소유", 이것이 제일 중요한 말이다. 불교에서 삼법인三法印이라 하는데 세 가지 이것이 진리다 하고 도장을 찍었다는 말이다. 도장을 찍었다는 것은 증거한다는 말이다. 불교에서 제일 핵심이 세 가지가 있다는 것이다. 그 세 가지 가운데 하나가 제법무아諸法

無我라는 것인데 그것을 여기서 자성무소유라 한 것이다. 혹은 제법개공諸法皆空이라 해도 같은 말이다. 공空이란 결국 없다는 이야기다. 이것이 하나의 법인法印이다. 말하자면 불교가 되기 위해서는 이것 하나 도장을 맡아야 된다는 것이다. 그 도장을 못 맡으면 그것은 불교가 안 되는 것이다. 보통 간단히 말할 때는 '아난다Ananda'라는 것, 무아지경이라는 것이다. 그래서 법의 본질 혹은 진리의 본질을 이렇게만 알면 곧 비로자나불의 본질을 파악할 수 있다.

14.5 이시爾時 북방공덕혜보살北方功德慧菩薩 설송언說頌言

이때 북방의 공덕혜보살이 찬송하여 말했다.

제법무진실諸法無眞實 망취진실상妄取眞實相
시고제범부是故諸凡夫 윤회생사옥輪廻生死獄

모든 법이라는 것은 "무진실無眞實", 진실이 없다. 이것도 자기가 없다는 말이나 같은 말이다. 그런데 그것을 잘못 생각해서 진실한 것이 무엇이 있는 것처럼 망녕되게 그렇게 이해를 했다. 그러니까 무자성이 아니고 유자성有自性이라고 그렇게 이해를 했다는 말이다.

그렇게 이해를 하면 어떻게 되는가. 모든 사람들이 생사의 지옥 속에 계속 들어갔다 나왔다 하는 것이다. 그렇게 들어갔다 나왔다 하는 것을 윤회輪廻라 한다. 어느 때는 강아지도 되고 어느 때는 고슴도치도 되고 어느 때는 지옥도 되고, 이렇게 여러 가지로 이 사람들은 돌아간다고 한다. 육도윤회六道輪廻라는 것이다. 지옥도 되고 축생도 되고 아수라도 되고 사람도 되고 천신도 되고 여섯 가지로 돈다는 것이다.

불견제법공不見諸法空 항수생사고恒受生死苦
사인미능유斯人未能有 청정법안고淸淨法眼故

제14. 수미정상게찬품須彌頂上偈讚品

왜 그렇게 도는가. 무자성無自性이라는 것을 몰라서 그렇다. 이유는 그것이다. 이제 불교의 핵심이 무엇인지를 우리가 조금씩 조금씩 알아가는 것이다. 무자성이라는 것을 몰라서 계속 윤회를 한다는 것이다. 법공法空이나 제법무자성諸法無自性이나 같은 말이다. 그러니까 법공이라는 것을 알지 못하니까 밤낮 생사 윤회의 고통에 빠진다는 것이다. 이런 사람은 아직도 청정법안淸淨法眼을 가지지 못한 것이다. 깨끗한 진리의 눈을 가지지 못한 것이다.

약견불진법若見佛眞法 즉명대지자則名大智者
사인유정안斯人有淨眼 능관찰세간能觀察世間.

진짜로 진리가 무엇인지 깨달으면 이 사람이야말로 정말 큰 지혜를 가진 사람이다. 이런 사람은 깨끗한 눈이 있어서 이 세상을 정말 똑바로 관찰할 수 있다. 계속 나오는 것이 무엇인가 하면 볼 '견見', 볼 '관觀', 눈 '안眼'이다.

그러니까 이것은 요전에도 말했지만 신信을 말하는 것이다. 『대승기신론大乘起信論』이라는 것이다. 언제나 대승이 되어야 믿음이 생기지 소승 가지고는 안 된다. 큰 선생님이 되어야 믿을 수 있다. 큰 선생이 되어야 믿어지지 조그만 선생들은 믿을 수가 없다는 말이다. 언제나 대승大乘이 있고 소승小乘이 있는데 대승이 되어야 믿음이 나온다는 것이다. 그래서 석가는 대승이라는 것이다. 석가는 눈을 뜬 사람, 깨달은 사람이다. 깨달았다는 것이 소위 눈을 떴다는 말이다. 다 같은 말인데 같은 말을 이렇게도 말하고 저렇게도 말하고 이것이 80권이나 계속하는 것이다.

제일 중요한 것은 지금 석가라는 사람은 진리를 깨달은 사람이라는 이것을 자꾸 말하는 것이다. 그래서 석가라는 사람은 아주 대승이라는 것이다. 그 대승의 핵심은 무아無我라는 것이다. 무아니까 대승이지 만일 자기라는 것이 있다고 하면 그것은 안 된다.

소크라테스와 소피스트sophist의 차이가 무엇인가. 소크라테스는 무아라는 것이다. 소피스트는 유아有我라는 것이다. 더 쉽게 말하면 소크라테스는 돈을 안 받았는데 소피스트는 돈을 받았다는 것이다. 그 차이다. 필로소퍼philosopher인가 소피스트인가, 그 차이다. 그러니까 무아가 되어야 대승이 되고 유아가 되면 소승이 된다.

14.6 이시爾時 동북방정진혜보살東北方精進慧菩薩 설송언說頌言

이때 동북방 정진혜보살이 찬송을 했다.

약주어 분별若住於分別 즉괴청정안則壞淸淨眼
우치사견증愚癡邪見增 영불견제불永不見諸佛

언제나 깨닫는다 하는 것은 통일지統一智요 깨닫는 것이 아니라 그냥 안다 하는 것은 분별지分別智라 한다. 쉽게 말하면 과학은 분별지요 철학은 통일지다. 그러니까 과학을 가지고는 인간의 문제가 해결되지 않는다. 자연의 문제는 과학으로 된다. 그런데 인간의 문제는 철학으로야 되지 과학을 가지고는 안 된다. "너 자신을 알라", 자기를 알려면 철학으로 알아야지 과학으로 아는 것이 아니다. 돌멩이를 안다고 하면 그것은 과학으로 아는 것이다. 분별지로 된다. 그런데 사람을 안다든가 나를 안다든가 할 때는 통일지라야 된다. 아직도 과학적인 단계에 머물러 있으면 철학적인 눈은 아직도 뜨지 못한 것이다. 그러니까 어리석은 바보 같은 짓을 하게 된다. 영원히 부처를 볼 수가 없다. 자기를 볼 수가 없다.

법성본청정法性本淸淨 여공무유상如空無有相
일체무능설一切無能說 지자여시관智者如是觀

법성法性이라는 말이 중요한 말이다. 진리의 본질이라는 말이다. 이때는 법을 진리라 해석하는 것이 좋다. 성性이란 본체, 본질이다. 다음에 시간이 있으면 의상대사의 『화엄일승법계도華嚴一乘法界圖』를 읽어보겠는데 그 법계도에서 제일 먼저 나오는 글자가 법성法性이다. 그래서 법성게法性偈라고도 한다. 법성이란 진리의 본질이 무엇인가 하는 말이다.

법성, 진리의 본질은 무엇인가. "본청정本清淨", 본래 깨끗한 것이다. 『법화경』을 공부할 때 진리를 언제나 물로 비유했다. 『노자老子』도 마찬가지다. 진리를 물에 비유했다. 물이란 본래 깨끗한 것이라 했다. 그런데 본래 깨끗한 그 물이 오염이 되었다. 누가 오염을 시켰는가. 사람들이 오염시켰다는 것이다. 한강 물이 본래 깨끗한 것인데 사람들이 이것을 오염시켜 놓았다. 오염된 물을 우리가 다시 깨끗하게 해야 한다. 정수장에서 깨끗하게 만들어야 된다.

물은 본래 깨끗한 것이다 하는 것을 우선 깨달아야 된다. 그것이 본각本覺이다. 본각이란 물은 본래 깨끗한 것이다 하는 것을 우선 깨닫는 것이다. 그 다음에 시각始覺이다. 우리가 오염된 물을 다시 정수장에서 깨끗하게 만들면 또 깨끗해진다. 그것을 비로소 또 깨닫는 것이 시각이다. 그래서 본각과 시각이 하나가 된 사람을 여래如來라 한다. 여래는 본각과 시각이 하나가 된 사람이다. 언제나 이것이 기초다. 그래서 진리의 본질이 무엇인가 할 때는 언제나 물을 가지고 비유를 한다. '법法'이라는 것이 물 '수水' 변에 흘러갈 '거去' 다. 물이 흘러간다는 이것이 법法이다. 그러니까 물의 본질이 무엇인가 하면 본래 깨끗하다는 것이다. 청천강이라는 강이 있는데 그 강에 가보면 정말 한없이 깨끗하다. 기차를 타고 가면서 내려다 보면 깊은 속까지 들여다 보인다. 묘향산 골짜기에서 내려오는 물인데 그렇게 깨끗할 수가 없다.

물은 본래 깨끗한 것이다. 그러니까 "여공如空"이다. 속에 오염된 것이 아무 것도 없다. 또 "무유상無有相"이다. 아무 상이 없다. 깨끗하니까 속까지 그냥 들여다 보인다. 아무 걸리는 것이 없다. 무자성無自性이라는 말도 그 말이다. 자기가 없다는 말이 무슨 말인가 하면 오염된 것이 없다는 말이다. 오염된 것이 없어야 석가의 본질이다. 기독교로 말하면 죄가 없다는 것이다. 그리스도는 죄가 없다. 죄가 없는 사람이니까 우리를 구원할 수 있지 죄 있는 사람이라면 소경이 소경을 인도하는 것이나 마찬가지로 구원할 수가 없다. 기독교로 말하면 죄가 없다는 말을 불교식으로는 무자성이라 하는 것이다. 본래 깨끗한 것이다. 오염된 것이 하나도 없다. 그러니까 "여공무유상如空無有相"이다. "여공如空"이란 속까지 아주 꿰뚫려 보이는 것이다. 그리고 "무유상無有相"이란 아무 것도 걸리는 것이 없는 것이다.

무엇이라 말할 것도 없다. 그렇지 않은가. 깨끗하면 다지 무엇이라 말하겠는가. 무엇이라 말할 수가 없다. 깨달은 사람만이 이렇게 알 수 있는 것이다.

이것들이 다 석가가 잘났다는 이야기를 하는 것이다. 다른 것은 아무 것도 없다.

14.7 이시爾時 동남방선혜보살東南方善慧菩薩 설송언說頌言

이때 동남방 선혜보살이 찬송을 했다.

희유대용건希有大勇健 무량제여래無量諸如來
이구심해탈離垢心解脫 자도능도피自度能度彼

석가는 한없이 용감하고 기운이 세다. 한없이 많은 부처님, 불교에서는 다 부처지 부처가 하나라는 이런 생각을 절대 안 한다. 석가성불釋迦成佛에 산천초목山川草木 동시성불同時成佛이라 한다. 석가가 진리를 깨닫고 보니 산천초목들은 벌써 깨닫고 있었다. 산천초목은 본래 부처님이다. 부처 아닌 것은 나뿐이었다. 내가 깨닫지 못해서 부처 아닐 때는 그것을 몰랐다. 그런데 내가 깨닫고 보니 다 부처라는 것이다. 일즉일체一卽一切다. 하나가 깨끗해지니까 전체가 다 깨끗해졌다고 그렇게도 할 수 있지만 전체는 다 깨끗한데 나만 더러웠다는 것이다. 만물은 다 튼튼한데 사람만이 병신이다. 병원에 다니는 것은 사람뿐이다. 토끼가 병원에 가는가? 그런데 그것도 사람하고 같이 있으면 또 병신이다. 사자니 코끼리니 일체 병원이라는 것이 없는데 이것들이 사람하고 가까이 있으면 또 병이 든다. 왜 그런가? 병신하고 가까이 있으니까 또 병신이 되는 것이다. 언제나 제일 문제는 사람이다. 제일 더러운 것도 사람이다. 호랑이 똥은 약으로 쓴다. 그렇게 깨끗하다. 호랑이는 똥도 깨끗하다. 그런데 사람만 이렇게 더럽다. 이것이 소위 원죄 原罪라는 것이다. 아담 하와가 죄를 지어서 이렇게 아담 하와의 새끼들이 다 이렇게 더러워졌다는 것이다.

죄에서 벗어나면 마음이 한없이 깨끗해서 자유를 누릴 수 있다. 해탈이다. 요전에 석가는 앉아서도 도리천에 올라갈 수 있다고 했다. 우리는 그것을 탈혼이라 했는데 이것도 같은 말이다. 결국 이 세상에 있으면서 탈혼도 할 수 있다는 것이다. 때를 벗어나서 정신이 자유에 이를 수 있다. 해탈은 '모크샤moksha'라는 것인데 자유라는 뜻이다. 그래서 자기도 구원받고 다른 사람도 구원받는다.

약인료지불若人了知佛 급불소설법及佛所說法
즉능조세간則能照世間 여불노사나如佛盧舍那

만일 사람들이 부처와 부처의 가르침을 안다면 그 사람도 노사나 부처님처럼 세상을 비칠 수 있다. 달리 말하면 그 사람도 부처가 될 수 있다는 말이다. 누구나 부처가 될 수 있다는 것이다. 감리교에서 말하는 '만인 구원설'이다. 누구나 구원받을 수 있다. 장로교에서는 예정설이다. 어떤 사람만 구원받을 수 있다. 사실은 그런 것이 아닌데 잘못 해석하면 그렇게도 할 수 있는 것이다. 누구나 부처가 될 수 있다.

정각선개시正覺善開示 일법청정도一法淸淨道
정진혜대사精進慧大士 연설무량법演說無量法.

"정각선개시正覺善開示", 정말 진리를 깨달으면 내 속에 본래 있는 선善이 열고 나온다. 성선설性善說이다. 언제나 진리를 깨달으면 깨달음에 그치지 않고 선이 나타나는 것이다. 진선미眞善美라는 것이 연결이 되어 있는 것이지 진리를 깨달았는데 선은 없다, 그것은 아니다. 진리를 깨달았다 하는 것은 철학이고 선이 나타났다 하는 것은 도덕이다. 그러니까 순수이성이 지나가면 반드시 실천이성이 나오게 되어있지 순수이성이 나왔는데도 실천이성이 없다는 그것은 말이 안 된다. 순수이성이 있으면 반드시 실천이성이 또 나온다. 정각이 되면 반드시 선개시, 선이 또 나타난다. 그래서 "일법청정도一法清淨道", 하나의 진리와 깨끗한 도덕이다. 진과 선이다. "정진혜대사精進慧大士", 열심히 그 길을, 실천이성을 해 가노라면 아주 큰 지혜로운 선생이 될 수 있다. 그래서 "연설무량법演說無量法", 그 사람도 역시 부처님처럼 한없는 진리를 가르칠 수 있다. 이 한 줄에 불교가 다 들어가 있다. 진선미가 여기에 다 나와 있다. 정각正覺에서 선善이 나오고, 이 선이 진리와 하나가 되어서 계속 깨끗하게 가면 지혜의 선생이 되는데 한없는 법을 설하게 된다. "연설무량법"을 미美라고 보면 되겠다. 미가 아주 용솟음쳐서 나온다는 것이다. 석가의 말씀이 굉장히 아름답다는 말이다. 번역한 글을 보면 참 아름답다. 중들이 무엇이라 외는 것을 보면 마치 중세에 수도승들의 챈트chant를 듣는 것 같다. 음률을 가지고 외는 것을 보면 정말 정신이 도취될 수 있으리만큼 아름답다는 것이다. 이 한 줄에 진선미가 다 들어있는데 불교를 한마디로 하면 진선미지 그 밖에 다른 것이 아니다.

14.8 이시爾時 서남방지혜보살西南方智慧菩薩 설송언說頌言

이때 서남방의 지혜보살이 찬송했다.

아문최승교我聞最勝教 즉생지혜광卽生智慧光
보조시방계普照十方界 실견일체불悉見一切佛

내가 최고의 가르침을 들었다. 지혜의 빛이 내 속에서 나올 수 있게 되었다. 그 지혜의 빛을 가지고 시방 세계를 널리 비출 수가 있다. 그래서 일체가 다 부처인 것을 깨달을 수 있다. 산천초목이 다 부처라는 것을 깨달을 수 있다. 이 세상이 다 깨끗하다는 것이다. 한강 물만 더럽지 다 깨끗하다. 태평양도 깨끗하고 대서양도 깨끗하고 다 깨끗하다.

유쟁설생사有諍說生死 무쟁즉열반無諍即涅槃
생사급열반生死及涅槃 이구불가득二俱不可得

'쟁諍'은 간쟁한다는 뜻이다. 간할 쟁인데 나쁘게 말할 때는 싸운다는 뜻도 된다. 분별지가 되어 싸우는 것이 있으면 생사에 떨어지게 된다. 통일지가 되어 싸우는 것이 없어야 열반에 들어갈 수 있다. 생사와 열반이라고 하는 것을 같이 얻을 수는 없다. 생사를 넘어서야 열반이다.

정각과거세正覺過去世 미래급현재未來及現在
영단분별근永斷分別根 시고설명불是故說名佛

그래서 과거, 현재, 미래의 시간이라는 것을 깨달아야, 늘 시간단제時間斷際 혹은 시간성時間性이라 하는데, 시간이라는 것을 깨달아야 분별지를 끊어버릴 수 있다. 철학의 시간과 과학의 시간은 다르다. 과학의 시간은 그냥 시간이고 철학의 시간은 시간성이다. 정신적인 시간이다.

14.9 이시爾時 진실혜보살眞實慧菩薩 설송언說頌言

이때 진실혜보살이 찬송하여 말했다.

소이어왕석所以於往昔 무수겁수고無數劫受苦
유전생사중流轉生死中 불문불명고不聞佛名故

옛날에 한없이 오랜 동안 고생을 하며 생사 속에서 유전流轉했는데 왜 이렇게 유전을 했는가. 부처님을 몰라서 그런 것이다. 부처님을 알았으면 해탈했을 터인데 부처님을 몰라서 계속 죄 속에서 헤매고 있었다.

어실견진실於實見眞實 비실견불실非實見不實
여시구경해如是究竟解 시고명위불是故名爲佛

참이라고 할 때는 참을 알아야 되고 거짓이라 할 때는 거짓을 알아야 된다. 옳은 것은 옳다 하고 그른 것은 그르다고 해야 된다. 제대로 판단이 되어야 한다. 이렇게 알았으면 이런 사람을 부처라 할 수 있다. 아는 것은 안다 하고 모르는 것은 모른다 하고 그것이 지혜라는 말이다.

일체법무주一切法無住 정처불가득定處不可得
제불주어차諸佛住於此 구경부동요究竟不動搖.

모든 법은 집착이라는 것이 없다. 물은 계속 흘러가기 마련이지 물이 어디 집착하는 데는 없다. 물이 어디에 가서 멎는가 쫓아가 보아도 물이 멎는 데는 없다. 계속 돌아가는 것이다. 모든 부처님도 일체 집착이라는 것이 없다. 그렇기 때문에 흔들림이라는 것이 있을 수 없다.
  자꾸 흔들고 있는데 더 흔들게 무엇이 있는가. 그렇지 않은가. 물은 흘러간다. 그러나 물이 흘러간다고 하는 사실은 흘러가지 않는다. 우리가 여러 번 말한 것이다.

14.10 이시爾時 하방무상혜보살下方無上慧菩薩 설송언說頌言

이때 하방의 무상혜보살이 찬송하여 말했다.

여래광보조如來光普照 멸제중암명滅除衆闇冥
시광비유조是光非有照 역부비무조亦復非無照

여래의 빛이 널리 비치는데 모든 어려움을 없이 하는 것이다. 이 빛은 비치는 것도 아니고 안 비치는 것도 아니다. 이것도 아니고 저것도 아니라는 것, 이것이 말하자면 불교에서 늘 하는 말인데, 언제나 중도中道를 가리면 이것도 아니고 저것도 아니라는 것이다. 정正도 아니고 반反도 아니고 합合이다. 불교에서 팔불八不이라 한다. 이것도 아니고 저것도 아니다. 비치는 것도 아니고 안 비치는 것도 아니다.

차중무유이此中無有二 역부무유일亦復無有一
대지선견자大智善見者 여리교안주如理巧安住

이 가운데는 둘이라는 것이 없다. 또한 하나라는 것도 없다. 지금 공, 하나, 둘이 다 나온다. 둘이라는 것도 없고 하나라는 것도 없다. 정말 지혜 있는 사람은 그것을 보아야 된다. 공도 볼 수 있어야 되고 하나도 볼 수 있어야 되고 둘도 볼 수 있어야 된다.『주역』으로 말하면 무극無極, 태극太極, 음양陰陽(양의兩儀)이다. 요전에도 공, 하나, 둘, 이것이 형이상학이라 했다. 무극, 태극, 음양, 이것을 기독교로 말하면 성령, 하나님, 예수 그리스도다. 예수 그리스도는 둘이고 하나님은 하나, 성령은 공이다. 언제나 공, 하나, 둘이다. 불교도 마찬가지다. 공, 하나, 둘이지 더 다른 것이 없다.

무중무유이無中無有二 무이역부무無二亦復無
삼계일체공三界一切空 시즉제불견是則諸佛見

무無 속에는 둘이 없고 둘이 없어야 또 무다. 그래서 삼계三界가 일체 공이다. 무도 공이고 하나도 공이고 둘도 공이고 다 공이다. 하나님도 영이시고 그리스도도 영이시고 성령도 영이시다. 그러니까 기독교에서 '영이시라' 하는 말을 불교에서는 공이라고 하는 것이다. 그렇게 된즉 모든 부처를 볼 수 있다.

14.11 이시爾時 상방견고혜보살上方堅固慧菩薩 설송언說頌言

이때 상방의 견고혜보살이 찬송하여 말했다.

불이대비심佛以大悲心 보관제중생普觀諸衆生
견재삼유중見在三有中 윤회수중고輪廻受衆苦

부처님은 대비심을 가지고 모든 중생들을 살펴보신다. 사람들이 다 죄 속에서 헤매고 있다. 그래서 한없이 고통을 겪고 있다.

약불보살등若佛菩薩等 불출어세간不出於世間
무유일중생無有一衆生 이능득안락而能得安樂

모든 부처님과 보살 등이 정말 이 세상에 나타나지 않았으면 하나의 중생도 구원받을 사람이 없었을 것이다. 부처님이 나타났기 때문에 중생들이 구원을 받게 되었다는 말이다.

득청정혜안得淸淨慧眼 요제불경계了諸佛境界
금견노사나今見盧舍那 중증청정신重增淸淨信

그래서 깨끗한 지혜의 눈을 뜨게 되었고 부처님의 세계가 어떤 것인지도 알게 되었다. 내가 이제 비로자나불을 보니 더욱더욱, 정말 깨끗한 믿음이 더 자꾸 나온다. 이것이 소위 『대승기신론大乘起信論』이라는 것이다. 부처님을 보니까 정말 자꾸 더 믿어진다는 것이다. 마지막이 한마디 하자고 지금 이런 것이 백 개가 나온 것이다. 그것을 우리는 많이 약해서 몇 개만 본 것이다. 이것이 신信이라는 것이다.

2000. 6. 10.

제15. 십주품十住品

십주품 강해

제15장이 「십주품」인데 십주十住는 해解라는 것이다. 지금 도리천忉利天에서의 핵심은 십주라는 것이다. 도리천 다음에 야마천궁이 나오는데 그것은 행行이라는 것이다. 그 다음은 회향廻向이고 그 다음에 십지十地라는 것이 나온다.

그런데 오늘 나온 십주와 마지막 십지는 같다는 것이다. 말하자면 알파가 오메가와 같다는 것인데 그 말을 누가 했는가 하면 의상대사의 동생뻘 되는 법장法藏이라는 사람이 한 것이다. 법장이 『탐현기探玄記』라는 책, 말하자면 철학을 깊이 파고 들어가는 글을 쓴 것인데, 법장은 그 『탐현기』를 써서 아마 의상대사에게 보여주었을 것이다. 내가 이런 책을 썼는데 한 번 보아달라, 잘못된 것이 있으면 고쳐 달라고 했을 것이다. 『탐현기』는 법장이 쓴 그런 책인데 거기에 십주에 대한 법장의 해석이 나와 있다. 십주의 내용을 법장은 자기 나름으로 해석을 한 것이다. 그래서 십주와 십지는 거의 같다는 것이다.

15.1 이시爾時 법혜보살法慧菩薩 승불위력承佛威力 입보살무량방편삼매入菩薩無量方便三昧.

법혜보살이 부처님의 힘을 받아서 깊은 명상 속에 들어갔다. 부처님의 힘을 받았다는 것은 석가가 또 문제를 주어서, 화두話頭를 내준 것인데 화두를 주면 그것을 생각하기 위해서 깊은 명상에 들어가는 것이다. 선禪에서 명상에 들어가도록 화두를 주는 것이다. 문제를 내 주는 것이다. 부처가 무엇인가 하는 문제를 내 주면 부처가 무엇인가 하고 깊이 생각해 들어간다. 그것을 소위 삼매라 한다.

시시是時 제불諸佛 즉여법혜보살卽與法慧菩薩 무애지無碍智 무착지無着智 무단지無斷智 무치지無癡智 무리지無異智 무실지無失智 무량지無量智 무승지無勝智 무해지無懈智 무탈지無奪智.

이때 모든 부처님들이 법혜보살에게 모든 지혜를 주었는데 무애지無碍智 걸림이 없는 지혜, 무착지無着智 집착이 없는 지혜, 무단지無斷智 끊어진 것이 없는 지혜, 무치지無癡智 어리석음이 없는 지혜, 무리지無異智 다른 것이 없는 지혜, 무실지無失智 실패가 없는 지혜, 무량지無量智 한없이 많은 지혜, 무승지無勝智 최고의 지혜, 무해지無懈智 게으름이 없는 지혜, 무탈지無奪智 빼앗김이 없는 지혜, 이런 지혜들을 주었다.

15.2 제불諸佛 각신우수各伸右手 마법혜보살정摩法慧菩薩頂 법혜보살法慧菩薩 즉종정기卽從定起 고제보살언告諸菩薩言

모든 부처님들이 바른손을 펴서 법혜보살의 머리에 올리고 안수를 했다. 기독교에서는 목사가 되려고 할 때 감독이 와서 안수를 한다. 정목사가 되려면 감독 셋이 손을 얹고 안수를 한다.
그러자 법혜보살은 기도 속에서 깨어나서 모든 보살에게 말을 했다.

이제 목사가 되었으니까 많은 사람에게 설교를 할 수 있게 되었다는 말이다.

보살주菩薩住 유십종有十種 초발심주初發心住 치지주治地住 수행주修行住 생귀주生貴住 구족방편주具足方便住 정심주正心住 불퇴주不退住 동진주童眞住 법왕자주法王子住 관정주灌頂住.

보살이 알아야 될 것이 열 가지가 있다. '주住'라는 것은 입장을 가졌다는 것이다. 우리가 가져야 할 것이 입장이다. 내 입장을 가져야 내가 마음대로 설명할 수 있지 내 입장을 못 가지면 안 된다. 내 입장이 안 되면 남의 입장이라도 가져야 된다. 칼 막스Karl Marks(1818-83)의 입장이라도 가져야 공산주의자도 된다. 그렇지 않으면 키에르케골Soren Kierkegaard(1813-55)의 입장이라도 가져야 된다. 기독교에서는 예수 그리스도의 입장을 가지고 사는 그것을 믿음이라 한다. 믿음이란 무엇인가. 하나의 입장을 가지는 것이다. 그 입장이라는 말 대신에 여기서는 주住라는 말을 쓰는 것이다.

열 가지 알아야 될 것이 무엇인가. 초발심주初發心住, 치지주治地住, 수행주修行住, 생귀주生貴住, 구족방편주具足方便住, 정심주正心住, 불퇴주不退住, 동진주童眞住, 법왕자주法王子住, 관정주灌頂住인데 이 열 가지라는 것은 무엇인가.

십주十住		십지十地	
(1) 수신선근修身善根(초발심주初發心住)		환희歡喜	신信
(2) 이염명정離染明淨(치지주治地住)		이구離垢	해解
(3) 정행훈습正行薰習(수행주修行住)		발광發光	행行
(4) 종생존귀種生尊貴(생귀주生貴住)		염혜焰慧	증証
(5) 기비민물起悲愍物(구족방편주具足方便住)		난승難勝	신信
(6) 훼찬부동毁讚不動(정심주正心住)		현전現前	해解
(7) 연불능괴緣不能壞(불퇴주不退住)		원행遠行	행行

(8) 삼업광결三業光潔(동진주동진주童眞住)　　　부동不動　　　　증証
(9) 응기선설應機善說(법왕자주法王子住)　　　선혜善慧　　　　행行
(10) 성취지신成就智身(관정주灌頂住)　　　　법운法雲　　　　증証

　(1)신, (2)해, (3)행, (4)증, (5)신, (6)해, (7)행, (8)증, (9)행, (10)증이다. 12가지라면 신해행증信解行証이 세 번인데 10가지뿐이니까 신해행증을 두 번하고 나머지는 행과 증이라 했다. 이 사람들의 구조는 언제나 이렇게 되어 있다. 1번에는 신身이라는 글자가 나오고 2번에는 명명이라는 글자가 나오고 3번에는 정행正行이 나오고 4번에는 존귀尊貴라는 존尊자가 나온다. 그러니까 신해행증이다.

　1번은 초발심주初發心住라는 것인데 법장은 수신선근修身善根이라 했다. 선한 뿌리가 누구겠는가. 선생님이 선근善根이다. 선한 뿌리를 깊이 믿고 그 뒤를 따라가는 그것이 수신선근이다. 그러니까 제일 중요한 것은 선생님을 만나야 되는 것이다. 선생님을 못 만나면 아무 것도 안 된다. 공부하는데 제일 중요한 것이 무엇인가. 선생님을 만나야 된다. 정말 대승大乘의 선생님을 만나야 된다. 대승을 만나서 정말 믿고 좇아가야 된다. 그리고 이염명정離染明淨, 자기의 무식한데서부터 자꾸 떠나서 아는 세계로 깨끗한 세계로 자꾸 밝아져야 된다. 그 다음이 3번 정행훈습正行薰習이다. 아는 것을 자꾸자꾸 실천해 보아야 된다. 그래서 훈습薰習, 계속 닦아 가는 것이다. 그래서 4번의 존귀尊貴, 자기가 하나의 존귀한 사람으로서 태어나야 한다.

　우리가 석사 과정에 들어갔다고 하면 우선 지도교수를 만나야 한다. 그 다음에는 책을 자꾸 보아서 자기의 무식한 것이 없어져야 한다. 그 다음에는 논문을 자꾸 써 보아야 된다. 그 다음 마지막엔 시험에 통과해서 석사를 따야 한다. 요새 공부나 옛날 공부나 다 마찬가지다. 그러니까 공부만 열심히 하고 논문은 안 써 보았다 그러면 아무래도 안 된다. 논문을 쓰고 반드시 학위를 받아야 그것이 존귀라는 것이다.

　그 다음은 5번 기비민물起悲愍物이다. 공부하는 것은 그냥 공부하는 것이 아니라 모든 중생을 살리기 위해서 공부한다. 자비를 일으키고 모든 만물을 불쌍히 여기는 그런 마음으로 또 공부를 시작하여야 한다. 그래서 훼찬부동毁讚不動이다. 다른 사람이 칭찬하건 욕하건 그런데 흔들리면 안 된다. 자기의 전공이면 전공을 파 가는 것이다. 그래서 7번이 연불능괴緣不能壞, 어떤 바람이 불어도 절대 흔들리지 않는다. 이것이 입장이라는 것이다. 7번이 입장이라는 것인데 입장은 깨지지 않는 것이다. 그래서 8번 삼업광결三業光潔이다. 삼업三業이란 신구의 身口意다. 몸, 입, 생각, 그것이 다 이제는 깨끗해지는 것이다. 그리고 9번 응기선설應機善說, 누구를 만나도 이제 자기의 입장을 가지게 되었으니까 설명할 수가 있다. 그래서 10번의 성취지신成就智身이다. 요새로 말하면 교수가 되는 것이다.

그러니까 8번이 박사학위를 받은 것이라면 9번은 강사로 조금 있다가 교수가 되는 것이다. 말하자면 석사를 졸업하고 다시 지도교수를 만나서 책을 읽고 논문을 쓰고 박사학위를 받아서 강사가 되었다가 교수가 되는 것이다. 이것이 소위 해解라는 것이다. 그렇게 되어야 알았다는 것이다. 알았다는 것이 무엇인가. 무엇인가 거기에 대해서 전공을 해서 석사도 되고 박사도 되고 교수가 되어야 무엇을 안 것이지 그렇지 않으면 알았다고 할 수가 없지 않은가.

1번이 초발심주初發心住다. 초발심주는 "공부를 하겠다", 그렇게 결심을 하는 것이다. 결심만 해서는 안 되고 반드시 선생을 찾아 가야 한다. 결심만 하고 집에 가만 앉아 있다 하면 안 된다. 초발심주가 무엇인지 읽어본다.

15.3 견최승지미묘신見最勝智微妙身 상호단엄개구족相好端嚴皆具足
여시존중심난우如是尊重甚難遇 보살용맹초발심菩薩勇猛初發心

"최승지最勝智", 최고의 권위자요, "미묘신微妙身", 신비하리만큼 거기에 대해 통달한 사람이다. 최고의 권위자요 신비하리만큼 통달한 사람이다. 그리고 그 사람의 모습도 아주 자신만만하다. 자신만만하다고 해서 무슨 교만하다는 것은 아니다. 단정하고 존엄한 것이다. 자기 속에 입장을 가지면 단정하고 존엄하다. 그래서 "상호단엄개구족相好端嚴皆具足"이다. 이렇게 존경스럽고 중요한 훌륭한 선생님, 이런 선생님은 천 년에 한 번 만날까 말까 그렇게 만나기가 어려운 것이다. 천재일우千載一遇다. 천 년에 한 번 만나기도 힘들다. 그러니까 이런 선생님을 붙잡은 사람들은 정말 열심히 용맹하게 발심해야 한다.

맨 처음 중요한 것이 선생이라는 말이다. 선생을 만나는데 아주 최승지 선생님이다. 최고의 지혜를 가진 사람이다. "최승지 미묘신"이다. 그 사람 자신은 아주 신비하다. 도가 통했다는 말이다. 이것이 제일 중요하고 이 다음은 같은 말의 되풀이다.

일체중생제결혹一切衆生諸結惑 상속현기급습기相續現起及習氣
욕실료지구경진欲悉了知究竟盡 보살이차초발심菩薩以此初發心

모든 중생들은 아주 미혹에 빠져 있다. 이 세상 현상에 끌려 다니고 나쁜 버릇에 그냥 오염이 되어서 아무리 알려고 해도 결국 알 수가 없다. 그러니까 보살은 좀 열심을 내야 한다.

욕일모공방광명欲一毛孔放光明 보조시방무량토普照十方無量土
일일광중각일체一一光中覺一切 보살이차초발심菩薩以此初發心

하나의 털구멍에서 빛이 나온다. 한 사람이라도 깨달은 사람이 있으면 그 다음에 모든 사람이 깨달을 수 있다. 제일 중요한 것이 일즉일체一卽一切다. 한 사람이라도 깨달은 사람이 있으면 온 세상 사람을 다 깨닫게 할 수 있다. 모든 빛 속에서 다 깨닫게 할 수 있다. 이것이 보살들이 열심을 내야 하는 이유다.

일체시방제세계一切十方諸世界 무량여래실충만無量如來悉充滿
욕실료지피불법欲悉了知彼佛法 보살이차초발심菩薩以此初發心

한 사람이 깨닫게 되면 온 세계가 다 깨닫게 된다. 그러니까 정말 열심을 내서 시작하라는 것이다.

보살여시발심이菩薩如是發心已 응령왕예시방국應令往詣十方國
공경공양제여래恭敬供養諸如來 이차사기무퇴전以此使其無退轉

보살이 이와 같이 발심發心을 했다. 발심이란 내가 꼭 부처가 되겠다고 결심하는 것이다. 보살이 이와 같이 결심을 하고 나서 맨 처음에 해야 할 것이 무엇인가? 여기저기 돌아다니면서 선생님을 찾는 것이다. 지금은 어떤지 잘 모르지만 옛날에 독일에서는 대학에 입학을 하면 자기가 배우고 싶은 선생님을 찾아가서 배울 수가 있었다고 한다. 어떤 대학을 가더라도 학생이 만일 칸트에게 배우고 싶다 하면 칸트가 있는 대학으로 가서 배울 수가 있고 헤겔에게 배우고 싶다 하면 헤겔이 있는 대학으로 가서 배울 수가 있었다고 한다. 어디든지 선생님 있는 곳에 찾아가서 배울 수 있는 그런 제도였다고 한다. 좌우간 선생을 찾아가는 것이다. 그래서 공경공양恭敬供養을 한다. 열심히 공부를 하는 것이다. 그리고 선생님의 입장을 이해하기까지 거기서 떠나지 않는다.

차시보살발심주此是菩薩發心住 일향지구무상도一向志求無上道
여아소설교회법如我所說教誨法 일체제불역여시一切諸佛亦如是.

이것을 발심주發心住라 하는데 이것이 십주十住 가운데 제1번이다. 그러니까 부처가 되겠다 하고 결심을 했으면 우선 선생님을 찾아가서 그 선생님의 속을 다 알기까지는 절대 떠나면 안 된다는 것이다. 그래서 계속, 한결같이 올라가야 된다. 선생님의 세계라고 하는 것은 상당히 높은 세계니까 그 높은 세계까지 올라가야 한다. 그저 같이 평평한 길을 걸어가는 것은 아니다. 그래서 보통 선생님을 산山이라 한다. 옛날 스승이라 하면 덕산이니 약산이니 그렇게 산이라는 이름이 많다. 큰 산이니까 그 꼭대기까지 올라가려면 보통 어려운 것이 아니다. 그래서 계속 올라가야 된다. 법혜보살인 내가 지금 말하는 이것은 다른 선생님들이 말하는 것이나 차이가 없다. 이것이 십주 가운데 첫째다.

15.4 제이치지주보살第二治地住菩薩 응당발기여시심應當發起如是心
시방일체제중생十方一切諸衆生 원사실순여래교願使悉順如來敎

두 번째는 치지주治地住다. 이렇게 결심을 했으면 모든 중생들이 여래의 가르침을 따르니 만큼 나도 중생의 앞장을 서서 그렇게 가야 된다.

이주여시승묘심已住如是勝妙心 차령송습구다문次令誦習求多聞
상락적정정사유常樂寂靜正思惟 친근일체선지식親近一切善知識.

그래서 정말 이런 갸륵한 마음을 가지게 되면 그 다음에는 열심히 공부를 해야 한다. 석사 논문 하나 쓰려면 그래도 책을 한 백 권은 읽어야 논문이 써진다. 열심히 공부를 해서 깊이 생각하는 그런 버릇을 길러야 한다. 그렇지 않으면 학문의 세계가 뚫어지지 않는다. 그래서 언제나 고요하게 올바로 생각해 들어가 즐거워한다. 그리고 아주 좋은 친구들과 같이 열심히 공부를 한다.

15.5 제삼보살수행주第三菩薩修行住 당의불교근관찰當依佛敎勤觀察
제법무상약급공諸法無常若及空 무유아인무동작無有我人無動作

세 번째는 행行이다. 석사 논문을 쓰는 과정이다. 불교가 도대체 무엇인가, 그렇게 해서 깊이 보아야 한다. 불교가 무엇인가? 제법무상諸法無常이다. 보통 제행무상諸行無常이라 한다. 무상無常이나 공空이나 다 같은 말이다. 그리고 제법무아諸法無我다. 자기가 없다는 것이다. "무유아인무동작無有我人無動作", 이것을 "아인我人은 무동작無動作일 수 없다" 그렇게 해석할 수도 있고 제법무아로 해석할 수도 있다. 이것을 다시 설명하는 것이 다음이다.

시방세계급허공十方世界及虛空 소유지수여화풍所有地水與火風
욕계색계무색계欲界色界無色界 실권관찰함령진悉勸觀察咸令盡

세계라는 것은 허공이니까 제행무상諸行無常이다. 지수화풍地水火風이라는 것은 자연이니까 그것은 "사대원무주四大元無主"다. 원무주元無主니까 공空이다. 그리고 "오온본시공五蘊本是空"이다. 그러니까 제행무상이요 제법무아라는 것이다. 그래서 결국은 불교의 핵심을 보는 것이다. 불교의 핵심이란 그것이다. 제행무상諸行無常, 제법무아諸法無我, 열반적정涅槃寂靜이다. 이것을 알면 불교를 아는 것이다.
이것을 히말라야 산으로 비유하면 제행무상이란 히말라야 산꼭대기에 얼음이 있는 것이고 제법무아는 양자강 물이 차서 내려오는 것이고 열반적정은 논밭에 물이 가서 닿는 것이다. 이렇게 해석해도 되고 또는 제행무상은 유심연기唯心緣起라 하고 제법무아는 불佛이라 하고 열반적정은 대방광大方廣이라 해도 된다. 하여튼 무엇으로 하든 그 셋만 알면 된다.
기독교로 말하면 성부, 성자, 성령이다. 혹은 요전처럼 해인삼매, 화엄삼매, 염불삼매, 이렇게 알아도 된다. 어떻게든 이것을 알아서 이것이 자기 것이 되어야 한다. 어느 것이나 말하고자 하는 것은 같은 것인데 이렇게도 말해보고 저렇게도 말해보는 것이다.
제일 쉽게 생각하면 제행무상은 자꾸 변하는 변變의 세계다. 다르게 말하면 헤라클레이토스Heraclitus(535-475 B.C.)의 만물유전萬物流轉이다. 물은 자꾸 흘러간다. 그런데 흘러간다고 하는 사실은 흘러가지 않는다. 제법무아다. 그래서 하나 올라가는 것이다. 변變의 세계에서 불변不變의 세계로 올라가는 것이다. 그리고 세 번째 열반적정이라는 이간易簡의 세계로 올라가는 것이다. 정·반·합으로 올라가는 것이다.
맨 처음에 속초에서 설악산을 본다 하는 것이 첫 단계요, 그 다음은 올라가는 것이 두 번째요, 꼭대기에 올라가서 전체를 살핀다 하는 것이 마지막 인仁의 세계다. 이렇게 여러 가지로 표현되는데 어떻게 되었건 내용은 같은 것이다. 정·반·합이라는 것이다. 그래서 지知의 세계에서 행行의 세계로 갔다가 행의 세계에서 사랑의 세계로 넘어가는 것이다. 이것이 인생의 삼 단계라는 것이다. 서른 살까지는 공부하느라 애쓰고 65세까지 일하느라 애쓰고 65세가 지나면 그 다음에는 어떻게 하면 남을 좀 도와줄까 그렇게 사랑의 세계를 사느라고 애쓰는 것이다.

이것이 말하자면 인생의 삼 단계다. 그 삼 단계를 가면 되는 것인데 그 삼 단계를 가지 못하고 2단계에서 그만 말든지 그러면 안 된다. 꼭 삼 단계까지 가야 된다. 이것을 『주역』에서는 변의 세계, 불변의 세계, 그 다음에 이간의 세계라 한다. 변역變易, 불역不易, 간이簡易이다. 간역簡易인데 발음은 '간이' 라고 한다. 변역이란 말하자면 히말라야 꼭대기의 얼음이 자꾸 녹아 내리는 것이고 불역이란 물이 한없이 흐르는 것이고 이간이란 물이 논에 들어가서 모든 곡식이 무성하게 자라는 것이다. 이런 삼 단계다.

기독교식으로 말하면 길이요 진리요 생명이라 그렇게 해도 또 마찬가지다. 길이라 하는 것은 변하는 세계, 진리라 하는 것은 불변의 세계, 생명이란 간이의 세계다. 무엇이든 이렇게 차원이 한 차원씩 달라지는 것이다. 같은 차원이라면 알기가 쉬운데 한 차원씩 이렇게 달라진다. 그러니까 제행무상에서 제법무아는 한 차원 높아진 것이다. 그리고 열반적정이라 하면 또 한 차원이 높아진다. 그런 것을 우리가 늘 생각하면서 이런 것은 그때그때 알기 쉽게 해석하면 된다.

관찰피계각차별觀察彼界各差別 급기체성함구경及其體性咸究竟
득여시교근수행得如是教勤修行 차즉명위진불자此則名爲眞佛子.

이 세상의 여러 가지 세계를 차별 있게 관찰하고 그 체성體性을 깊이 깊이 알아야 한다. 제행무상諸行無常이라 하면 제행무상이 무엇인지,

제법무아諸法無我라 하면 제법무아의 본질이 무엇인지 그것을 알아 가야 한다. 그 체성을 깊이 연구하고, 그래서 이런 것을 다 알고서 수행의 세계로 들어가야 한다. 그래야 이것이 진짜 부처의 제자다. 그러니까 세 번째는 수행의 세계로 들어가는 것이다.

15.6 제사생귀주보살第四生貴住菩薩 종제성교이출생從諸聖敎而出生
요달제유무소유了達諸有無所有 초과피법생법계超過彼法生法界

네 번째는 증証이니까 석사가 되는 것이다. 아주 산꼭대기에 올라가서 이제는 주저앉게 된 것이다. 높은 세계에 올라가서 태어나는 것이다. 이제는 떡으로만 사는 것이 아니라 말씀으로 사는 세계가 되어야 한다. 성인의 가르침에서부터 출생하게 되어야 한다. "오늘 내가 너를 낳았다" 그럴 때, 하나님께서 우리를 낳았으니 우리는 이제 하나님의 아들이지 이 세상의 아들이 아니다. 한 단 올라가는 것이다. "생귀주生貴住", 정말 고귀한 세계에 태어나는 것이다. 이번에는 육체적으로 태어나는 것이 아니라 정신적으로 태어나는 것이다. 이제는 가르침으로 태어나는 것이다. 기독교로 말하면 성령으로 거듭나는 것이다. 그래서 이 모든 것은 내 것이 아니라는 것, 다 하나님의 것이라는 것, 그것을 알아야 된다. 우리 몸도 이것은 내 몸이 아니다. 하나님의 몸이다. 이 세상을 초월해서 법계라는 더 높은 세계에 태어나야 한다.

신불견고불가괴信佛堅固不可壞 관법적멸심안주觀法寂滅心安住
수제중생실료지隨諸衆生悉了知 체성허망무진실體性虛妄無眞實.

그래서 부처를 믿는데 아주 반석 같은 믿음을 가지고 흔들리지 않게 그렇게 믿어야 한다. 그래서 결국은 무엇인가. 아까 말한 제3단계인 열반적정涅槃寂靜의 세계다. 열반적정의 세계라는 것이 지금 관법적멸觀法寂滅의 세계라는 것이다. 요전에도 그랬지만 "제행무상諸行無常 시생멸법是生滅法, 생멸멸이生滅滅已 적멸위락寂滅爲樂"이다. 생멸生滅이라는 것이 끝나야, 불생불멸不生不滅의 세계에 들어가야, 그 세계를 우리는 적멸寂滅이라 한다. 생멸의 세계가 끝나고 불생불멸의 세계가 되어야 그것이 적멸의 세계다. 적멸의 세계가 되어야 거기가 즐거움이 가득한 세계다. 이런 말은 보통 불교에서 흔하게 쓰여지는 말이다. 적멸 같은 말이 아주 중요한 말이다. 열반적정이라 하기도 하고 열반적멸涅槃寂滅이라 하기도 한다. 열반이 만일 천국이라면 천국이 어떤 세계인가. 적멸의 세계다. 모든 욕심이 다 끊어지고 이젠 그것을 넘어선 세계다. 그것을 소위 적멸위락寂滅爲樂이라 한다. 관법적멸이다. 적멸의 세계에 가야 된다. 그 세계에 들어가야 마음이 편안하게 된다. 그래서 모든 중생이 다 아는 바를 따라서 이 세계란 허망하고 진실이 없으니까 거기에 붙잡히지 말고, 생멸의 세계에 붙잡히지 말고 더 높은 세계에 올라가라는 것이다.

자꾸 이렇게 말하니까 우리가 생멸의 세계는 아무 것도 아니라고 생각하게 되는데 그것도 또한 아니다. 다시 쓰자면 제행무상인데 무상이란 덧없다는 것이다. 무상이다. 혹은 잠깐이다. 인생은 났다 그러면 벌써 죽는다. 우리가 칠십 년 팔십 년 살아보았자 잠깐이지 별 것이 아니다. 그렇게 하면 아주 허무주의 비슷하다. 그러니까 그렇게 생각하지 말고 제행무상이라는 생멸의 세계를 꽃이라 생각하는 것이다. 반짝 피었다가 지는 것이 꽃이다. 백일홍도 있지만 꽃이란 그렇게 오래 피는 것이 아니다. 그러니까 제행무상의 시대는 꽃의 시대라는 것이다. 그리고 제법무아는 잎사귀의 시대다. 그래서 꽃도 아주 필요한 것이고 잎도 아주 필요한 것이다. 제행무상도 아주 필요한 것이고 제법무아도 한없이 필요한 것이다. 그런데 그냥 꽃에만 머물러 있으면 안 된다는 것이다. 잎사귀로 나야 한다. 또 잎사귀에 머물러도 안 된다. 또 열매를 맺어야 한다. 이런 것을 우리는 알아야지 꽃이나 잎이 쓸데없다 그러면 안 된다. 이 육체는 쓸데없다든가 이것은 무슨 악이라든가 무엇이라든가 그런 식으로 되면 안 된다. 육체처럼 소중한 것이 어디 있는가. 육체 없이 우리가 어떻게 사는가. 이 육체가 굉장히 소중하다는 것이다. 그러나 집착하면 안 된다.

그러니까 착실과단着實果斷이다. 열매가 무르익기까지는 딱 붙어있어야 한다. 이 세상에 대한 애착이 굉장히 심해야 한다. 그래서 딱 붙어 있다가 열매가 무르익으면 그 다음에는 딱 과단果斷이다. 끊고 떨어져야 한다. 열매가 무르익기까지는 착실하게 붙어 있어야 된다. 이 세상에 대한 애착이 아주 강해야 한다. 아마 그런 것을 자본주의라 할 것이다. 그러나 일단 열매가 익으면 뚝 떨어져야 한다. 그냥 거기에 매달려 있으면 쭉정이가 되고 만다. 열매가 뚝 떨어져서 땅에 떨어져야 백 배도 되고 천 배도 되지 그냥 붙어있으면 말라죽고 만다.

학교에 다닐 때는 착실하게 학교에 다녀야 하지만 공부를 다 하면 뚝 떨어져야 한다. 그리고 직장에 있을 때는 또 착실하게 직장에 있어야 한다. 그리고 정년이 되면 또 뚝 떨어져야 한다. 그 다음에는 또 자비의 세계에 착실하게 매달려야 한다. 그리고 뚝 떨어질 때는 또 뚝 떨어져서 우리가 하늘나라에 가야 할 때는 또 가야 한다.

언제나 착실 과단, 착실 과단, 착실 과단, 이렇게 가는 것이지 꽃이 필요없다든가 그런 것이 절대 아니다. 우리가 자칫하면 '몸나' 이것은 아무 것도 아니다, '맘나' 이것도 아무 것도 아니다, '얼나' 이것만이 제일이다, 그렇게 하기 쉬운데 그런 식으로 생각하면 안 된다. '몸나', 건강한 육체 이것이 얼마나 중요한지 모른다. 건강한 육체 없이 어떻게 건강한 정신이 있는가. 또 건강한 정신이 없이 어떻게 건강한 영혼이 있겠는가. 이것들이 다 필요한 것인데 제행무상이라 해서 그것은 허무한 것이다 그렇게 하면 안 된다. 제행무상을 꽃이라고 생각해야 된다. 그리고 제법무아는 잎이라고 생각해야 한다. 그래서 마지막 우리가 가야 되는 것은 열매라는 것인데 그것이 열반적정이다.

우리가 그렇게 가면 "심신탈락진心身脫落盡 유유일진실唯有一眞實"이다. 임제臨濟 스님의 말인데 몸과 마음이 다 떨어진 후에 오직 남아 있는 것이 무엇인가 하면 무르익은 열매라는 것이다. 그러니까 심신心身이라는 것이 무엇인가 하면 꽃과 잎이라는 것이다. 심과 신 어느 것을 꽃이라 하고 어느 것을 잎이라 해도 된다. 꽃과 잎이 떨어진 후에야 나무가지에 오직 대롱대롱 남아 있는 것이 무엇인가. 그것이 실존實存

이라는 것이다. 그것이 소위 실존의 세계다. 그러니까 그 진실의 세계가 있기 위해서는 꽃과 잎이 필요한 것이다. 꽃이 없이 열매가 어디 있는가. 잎이 없이 어떻게 열매가 있는가. 그러니까 다 필요한 것인데 인생이란 이렇게 가야 하니까 이런 말을 하는 것뿐이다.

그러니까 제행무상도 중요한 것이고 제법무아도 중요한 것이고 열반적정은 더 중요한 것이다. 우리는 그렇게 생각하면 된다. 그래서 관법적멸觀法寂滅이다. 이것이 제3단계다. 그러니까 "사대원무주四大元無主"하는 것이 제1단계고 "오온본시공五蘊本是空"은 2단계고 적멸위락寂滅爲樂 이것이 3단계다. 3단계라는 것이 마지막 생귀주生貴住라는 것이다. "체성허망무진실體性虛妄無眞實", 체성은 허망하고 진실이 아니다. 꽃과 잎은 허망하고 열매가 아니다. 체體를 몸이라 하고 성性을 마음이라 그래도 되고 체를 잎이라 하고 성을 꽃이라 해도 된다. 그러니까 허망이라 함은 쓸데없다는 그런 소리가 아니라 그것은 지나가야 된다는 말이다. 그것을 열매라 하면 안 된다는 것이다. 그것이 지나고 그 다음에 또 오는 것이 열매라는 것이다. 이것이 인생의 삼 단계로 중요한 것이다. 불교에서는 이것을 삼법인三法印이라 한다. 이것이 제일 핵심이다. 『주역』으로 말하면 변역變易, 불역不易, 간이簡易이다.

15.7 종차제오제보살從此第五諸菩薩 설명구족방편주說名具足方便住
  심입무량교방편深入無量巧方便 발심구경공덕업發心究竟功德業

5단계는 박사 과정으로 또 들어가는 것이다. 이때부터 중요한 것이 방편주方便住다. 어떤 방편을 쓰느냐 하는 것이 중요하다. 농사를 지을 때 그냥 손으로 하는가 기계로 하느냐, 그것이 방편이다. 비행기를 타느냐 자전거를 타느냐. 그 방편이 중요하다. 바다를 건너려면 큰배나 비행기를 타야 하지만 옆집에 가려면 자전거를 타고 가야 한다. 그 때마다 방편이 중요한 것이다. 박사가 되려 해도 어떤 방편을 써서 가느냐. 그것이 중요하다. 방편에도 여러 가지 방편이 있으니까 무슨 방편을 쓰든지 하여튼 공덕을 끝내면 된다.

보살소수중복덕菩薩所修衆福德 개위구호제군생皆爲救護諸群生
전심이익여안락專心利益與安樂 일향애민령도탈一向哀愍令度脫.

보살이 닦는 여러 가지 복덕은 나를 위해서 그것들이 쓰여지는 것이 아니고 남을 위해서 쓰여지는 것이다. 그래서 남이 이익을 얻고 남이 안락을 얻게 그렇게 우리는 정신을 써야 된다. 그래서 불쌍한 사람들이 조금이라도 잘살 수 있게 되기를 바라야 한다.

15.8 제육정심원만주第六正心圓滿住 어법자성무미혹於法自性無迷惑
정념사유리분별正念思惟離分別 일체천인막능동一切天人莫能動

여섯 번째는 "정심원만주正心圓滿住"다. 정심주正心住라는 것이다. 학문의 세계에서 요령을 붙잡는 것이다. 법에 있어서 자성自性이라는 것에 미혹되면 안 된다. 자성이 있다고 하기도 하고 자성이 없다 하기도 하는데 그때그때 따라 다르게 해석해야 된다. 있다고 그래도 말이 안 되고 없다고 그래도 말이 안 된다. 이런 것이 어렵다. 그러니까 있는 것도 아니고 없는 것도 아니고 소위 중도中道를 가야 한다. 생도 아니고 멸도 아니고 중도로 가야 한다. 있는 것도 아니고 없는 것도 아니고 중도로 가는 것이다. 결국 중도라는 것이 제3단계라는 말이다.

그래서 깊이 생각을 해서 하나의 체계를 이루어 가야 한다. 천天이건 인人이건 흔들리지 않게 되어야 한다. 불교에서는 언제나 천과 인을 다 생각한다. 육도윤회에서 사람보다 더 높은 세계를 천이라 한다. 그래서 천에게 대해서도 인에 대해서도 흔들림이 없어야 한다. 그런 세계까지 가야 한다. 소위 중심을 잡는 것이다.

일체제법개무상一切諸法皆無相 무체무성공무실無體無性空無實
여환여몽리분별如幻如夢離分別 상락청문여시의常樂聽聞如是義.

일체제법一切諸法은 형이상이다. 다 형이상이다. 이 현실세계를 초

제15. 십주품十住品 383

월해야 한다. 그래서 진리의 세계에 기쁨을 가지게 되어야 한다. 유상有相의 세계가 아니고 무상無相의 세계, 현실의 세계가 아니고 이론의 세계다. 논문을 쓰는 것은 다 이론적으로 체계화하는 것이다. 우리도 이것이 다 이론적으로 체계화하는 것이다. 이것이 다 무상의 세계지 구체적으로 어떻다 하는 유상의 세계가 아니다. 무상의 세계로 체계화되어야 근사하게 되지 구체적으로 꽃이라 써 놓으면 학문 같지가 않다. 그래서 무상無相의 세계라는 것이다.

15.9 제칠불퇴전보살第七不退轉菩薩 어불급법보살행於佛及法菩薩行 약유약무불출若有若無不出 수문시설무퇴동雖聞是說無退動

7번은 불퇴전보살不退轉菩薩이다. 이것이 소위 입장을 얻었다는 것이다. 다시는 흔들리지 않는 중심을 잡았고 또 입장을 얻은 것이다. 약유若有라든가 약무若無라든가, 출出이라든가 불출不出이라든가, 이젠 어떤 이야기를 들어도 흔들리지 않게 된 것이다. 중도에 들어간 것이다. 정正·반反은 언제나 왔다갔다하는 세계니까 언제나 합合에 들어가야 흔들리지 않는 세계가 된다.

일즉시다다즉일一卽是多多卽一 문수어의의수문文隨於義義隨文 여시일체전전성如是一切展轉成 차불퇴인응위설此不退人應爲說.

결국 말하고자 하는 것은 이 한마디다. "일즉시다一卽是多 다즉일多卽一." 전체는 하나 속에 있고 하나는 전체 속에 있다. 논문이 되려면 그렇게 되어야 한다. 아무리 몇 천 페이지를 써도 일언이폐지一言以蔽之하면 무엇이다, 딱 그렇게 되어야지 일언이폐지가 안 되면 그것은 안 된다. "일즉시다 다즉일", 체계화가 된다는 말이다.

이것을 또 다른 말로 하면 "문수어의文隨於義 의수문義隨文"이다. 글의 핵심은 뜻에 있고 뜻은 또 글로 펼친다. 이렇게 해서 펼치면 손바닥이 되고 닫으면 주먹이 된다. 손바닥이 되었다 주먹이 되었다 하는 것인데 이것을 옛날부터 "일음일양위지도一陰一陽謂之道"라 했다. 한 번 닫으면 일음一陰이 되고 한 번 펴면 일양一陽이 된다. 낮에는 일양이고 밤에는 일음이다. 이렇게 해서 세상이 돌아가는 것이다. 그래서 정말 이제 자기의 입장을 가진 사람이 되면 흔들리지 않게 된다.

15.10 제팔보살동진주第八菩薩童眞住 신어의행개구족身語意行皆具足 일체청정무제실一切淸淨無諸失 수의수생득자재隨意受生得自在

7번이 논문을 쓰는 것이라면 8번은 박사가 되는 것이다. 7번에서는 보살행의 행행이 중요한 것이다. 8번이 되면 "득자재得自在", 자유자재 하는 경지다. 신신身에 있어서도 어語에 있어서도 의意에 있어서도 자유자재다. 신구의身口意 삼업三業이 다 구족具足이다. 그래서 이제는 논문에 무슨 미스프린트 하나도 없다. 그리고 지도교수가 무엇이라 질문하건 다 대답할 수 있다. 그래야 박사 논문이 끝난다.

요지일체제불국了知一切諸佛國 진동가지역관찰震動加持亦觀察 초과불토불가량超過佛土不可量 유행세계무변수遊行世界無邊數

모든 불국을 다 알고 그래서 온 불국을 흔들 정도로 훌륭한 논문을 썼다. 온 세계가 다 찬양할 수 있는 논문을 쓴 것이다. 가지加持라는 말을 많이 쓰는데 '가加'는 힘을 더 보태주는 것이고 '지持'는 자기가 힘을 지니고 지키는 것이다. 이제는 선생님에게 힘을 보태 받기도 하고 또 내가 내 힘으로도 살 수 있게도 되었다. 그래서 온 세계를 이제는 건너뛰어서 유유자적悠悠自適하는 비행기가 된 것이다. 나비의 세계가 된 것이다.

제1단계는 애벌레의 세계다. 제행무상諸行無常이라 하는 것이 애벌레의 세계다. 2단계 제법무아諸法無我는 고치의 세계다. 그런데 제3단계 열반적정涅槃寂靜이 되면 그것은 나비의 세계다. 니체Friedrich Nietzsche(1844-1900)는 그것을 사자와 낙타와 어린애라 했다. 공자라 하면 30에 입립立 하기까지가 애벌레다. 50에 지천명知天命 하기까지는 고치다. 그리고 70에 불유구不踰矩라 할 때는 나비다. 이것이 언제나 인생의 핵심문제다. 그것을 다루자는 것이 불국이다.

이제 두 가지가 남았는데 하나는 왕의 아들이다. 왕이 될 사람인 태자가 되는 것이고 그 다음에는 진짜 왕이 되는 것이다. 그래서 9번은 태자고 10번은 왕이다.

15.11 제구보살왕자주第九菩薩王子住 능견중생수생별能見衆生受生別
번뇌현습미부지煩惱現習靡不知 소행방편개선료所行方便皆善了

태자는 모든 백성들이 어떻게 사는지 그것을 알아야 한다. 백성들의 문제가 무엇인지 그것을 깊이 꿰뚫어 알아야 한다. 그래서 어떻게 하면 이 백성들을 살릴까 그 방편을 알아야 한다.

법왕소유관정법法王所有灌頂法 신력가지무겁외神力加持無怯畏
연침궁실급탄예宴寢宮室及歎譽 이차교조법왕자以此教詔法王子.

그래서 법왕이 가지고 있는 그 법을 가지고 신력神力을 얻어서 자기의 가진 힘과 합해서 겁이 없고 두려움이 없이 온 국민들이 잘살 수 있는 법을 가르쳐 준다. 교조教詔는 사실 왕이 내 놓는 것인데 왕을 대신해서 태자로서도 할 수 있다는 것이다.

15.12 제십관정진불자第十灌頂眞佛子 성만최상제일법成滿最上第一法
시방무수제세계十方無數諸世界 실능진동광보조悉能震動光普照

10번은 왕이 된 것이다. 관정灌頂은 왕이 되었다는 것이다. 기독교로 말하면 세례 받는 것인데 여기서는 관정이라 한다. 『구약』을 보면 왕이 될 때 올리브 기름을 부어준다. 그리스도라는 이름이 "기름부음을 받았다"는 뜻이다. 기름부음을 받아서 왕이 되었다는 것이다. 황태자가 관정으로 왕이 되었다. 그래서 최고의 법을 완수하는 것이다. 온 세계를 빛으로 비추는 것이다. 그것이 왕이 하는 일이다.

　　일체견자삼세지一切見者三世智 어제불법명료지於諸佛法明了智
　　법계무애무변지法界無碍無邊智 충만일체세계지充滿一切世界智.

모든 보는 사람은 삼세三世의 지혜를 얻는 것이다. 그래서 모든 불법을 아주 밝게 아는 것이다. 그래서 아무 데도 걸릴 것이 없는 무변지無邊智를 얻는 것이다. 그래서 세계지世界智가 충만해진다. 지智라는 것, 삼세지三世智, 명료지明了智, 무변지, 세계지, 이런 최고의 지혜를 다 체득을 했다는 것이다. 체득하면 무엇이 되는가. 왕이 되는 것이다. 나중에 「십지품十地品」에 가면 이것이 또 나온다. 결국 지적知的으로 최고의 경지에 도달했다는 것이다.

2001. 6. 17.

제16. 범행품梵行品

범행품 강해

16.1 이시爾時 정념천자正念天子 백 법혜보살언白法慧菩薩言

이때 정념천자가 법혜보살에게 말했다.

불자佛子 일체세계제보살중一切世界諸菩薩衆 의여래교依如來敎 염의출가染衣出家 운하이득범행청정云何而得梵行淸淨 종보살위從菩薩位 체어무상보리지도逮於無上菩提之道.

모든 보살들은 언제나 여래의 가르침에 힘입어서 검은 옷을 입고 부처가 되려고 출가를 하는데 어떻게 하면 범행청정梵行淸淨을 얻는가.
 범아일여梵我一如라 할 때 '범梵'은 하나님이라는 뜻이다. 하나님과 내가 하나의 같은 본질을 가졌다는 말이 범아일여다. 『우파니샤드 Upanishad』의 핵심이 이것이다. 그런데 불교에서는 이 말을 많이 하지 않고 불교에서는 주로 무아無我라는 말을 많이 한다. 그런데 보통 범梵이라 하면 거룩하다는 뜻이다. 그러니까 범행梵行이란 거룩한 행실이다. 거룩하다는 말이 잘 없으니까 그냥 깨끗한 행실이라 한다. 깨끗한 행실을 가져야 되는데 그것을 어떻게 가지느냐. 그리고 보살의 세계라는 것은 어떤 세계인가. 그리고 그 보살이 가야 될 길은 어떤 길인가. 혹은 보살이 깨달아야 될 길은 어떤 것인가. 정념천자가 세 가지 질문을 한 것이다.

16.2 법혜보살法慧菩薩 언言 불자佛子 보살마하살菩薩摩訶薩 수범행시修梵行時 응이십법應以十法 이위소연而爲所緣 작의관찰作意觀察

법혜보살이 말했다. 보살이 깨끗한 행실을 닦을 때는 우선 열 가지를 해야 된다. 그러니까 이것은 교수가 되는 것이다. 아까 관정灌頂을 해서 왕이 되었다고 했는데 사실은 교수가 되었다는 말이다. 교수가 되어 가르치는 세계에 들어가는 것이다. 교수는 어떤 마음씨를 가져야 되는가 하는 그것이 「범행품」의 내용이다. 교수는 세 가지를 가져야 하는데 첫째는 관계되는 법이 열 가지가 있는데 그것을 잘 알아야 된다. 그러면 그 열 가지가 무엇인가.

소위所謂 신身 신업身業 어語 어업語業 의意 의업意業 불佛 법法 승僧 계戒.

교수에게 제일 중요한 것은 우선 몸이 건강한 것이다. 그 다음에 몸으로 하는 모든 태도, 몸가짐이 중요하다. 그 다음은 말이다. 교수가 말을 못하면 안 된다. 또 말투라는 것도 중요하다. 생각도 중요하다. 생각의 내용도 중요하다. 그 다음은 불佛이다. 교수가 가져야 될 것은 선생님이다. 언제나 선생님을 가져야 한다. 선생님이 되기 위해서는 언제나 선생님을 가져야 된다. 선생이 없는 교수는 보잘것이 없는 교수다. 그 다음은 법法이다. 요새로 말하면 교과서다. 종교에서 말하자면 고전古典이다. 고전을 알아야 한다. 경전을 알아야 된다. 그리고 승僧이다. 학교로 말하면 클래스다. 자기가 가르치는 상대를 알아서 대학생이면 대학생에 맞게 초등학생이면 초등학생이 알아듣게 가르쳐야 한다. 그리고 계戒라는 것, 전체적으로 교수가 가져야 될 것은 조심하는 것이다. 교수는 함부로 행동하는 것이 아니다. 언제나 조심해야 한다.

16.3 여시관찰如是觀察 범행법梵行法 불가득고不可得故 삼세법三世法 개공적고皆空寂故.

이렇게 알았으면 두 번째는 자기가 알아야 될 교재, 실천해야 될 내용, 가르쳐야 될 내용이다. 그런데 그것은 내가 만든 것이 아니라 주어진 것이라야 한다. 경전은 내가 만든 것이 아니다. 주어진 교재다. 「마태복음」은 마태가 쓴 것이 아니다. 『성경』은 주어진 교재, 하나님의 말씀이다. 언제나 하나님의 말씀을 가지고 가르쳐야지 자기 생각을 가르치면 안 된다. 옛날부터 지금까지 내려오는 모든 고전이 다 공적空寂이다. 속이 텅 비었다. 통했다는 말이다. 「창세기」부터 「묵시록」까지 다 통했다. 다 하나님의 말씀이지 하나님의 말씀 아닌 것이 없다.

의무취착고意無取着故 심무장애고心無障碍故 소행무이고所行無二故 방편자재고方便自在故 수무상법고受無相法故.

거기에 내 뜻을 가지고 이렇고 저렇고 갖다 붙일 것이 아니다. 내 마음을 가지고 이렇고 저렇고 걸려 들어갈 것이 아니다. 영원한 진리니까 거기는 집착해도 안 되고 마음이 걸려도 안 된다. 그 말씀은 그대로 내가 실천할 것이지 해도 되고 안 해도 되는 것이 아니다. 그것을 실천하는데는 내가 내게 맞도록 내 맘대로 정해야 된다. 그것은 무슨 구체적인 이야기가 아니다. 다 공리公理다. 다 진리다. 그래서 어디나 갖다 맞추든 다 맞는 것이다. 그러니까 무상無相이라는 것이다. 유상有相이 아니다. 무슨 덩어리가 아니다. 그래서 무엇이나 갖다 집어넣으면 다 맞는다.

관무상법고觀無相法故 지불법평등고知佛法平等故 구일체불법고具一切佛法故 여시如是 명위청정범행名爲淸淨梵行.

그 무상법無相法을 꿰뚫어 보아야 한다. 꿰뚫어 본다 함은 그것을 한 번 구체화시켜보는 것이다. 제행무상諸行無常을 아까 꽃이라 했는데 그렇게 한 번 꿰뚫어 보는 것이다. 잎이다, 열매다, 그렇게 보아야 확실히 내 것이 된다. 그래서 진리라고 하는 것은 어디서나 다 같은 것이다. 그래서 일체 불법을 다 갖추고 있다. 하나 속에 다 들어 있고 다 속에 하나가 들어 있다. 이렇게 가르쳐야 정말 깨끗한 가르침이다.

그러니까 가르치려면 될 수 있는 대로 『성경』을 가르치는 것이 제일 좋다. 유교를 가르치려 해도 『주역』이라든가 『논어』가 좋지 『맹자』라 하면 벌써 『논어』만 못하다. 벌써 한 단 떨어진다. 기독교라 그래도 복음이 제일이지 「로마인서」그러면 또 한 단 떨어진다.

다음은 교수가 가져야 될 세 번째 것으로 교수는 어떤 태도를 가져야 하는가 하는 것이다. 첫째는 교수는 어떤 품위를 가져야 되는가 하는 소위 보살위菩薩位라는 것이었다. 그 다음 두 번째는 어떤 내용을 가르쳐야 하는가 하는 체어무상보리지도逮於無上菩提之道라는 것인데 진리를 가르쳐야 된다는 것이다. 그리고 세 번째는 어떤 태도를 가져야 하는가 해서 범행청정梵行淸淨이라는 것이다.

16.4 문이聞已 응기대자비심應起大慈悲心 관찰중생觀察衆生 이불사리而不捨離 사유제법思惟諸法 무유휴식無有休息 행무상업行無上業.

교수는 어떤 태도를 가져야 하는가. "문이聞已 응기대자비심應起大慈悲心." 교수의 가장 중요한 것은 자비심이다. 학생들을 사랑하는 것이다. 학생들을 사랑하는 이것이 최고다. 자비심으로 학생들을 잘 따

제16. 범행품梵行品 391

져 보아서 절대 학생을 떠나보내면 안 된다. 그래서 가르치는 교재에 대해서 언제나 깊이 생각해야 된다. 쉬지 말고 밤낮 생각해야 된다. 그래서 최고의 가르침을 실천해야 된다.

불구과보不求果報 요지경계了知境界 여환여몽如幻如夢 여영여향如影如響 역여변화亦如變化.

그런데 중요한 것은 "불구과보不求果報"라는 것이다. 돈 받을 생각을 하면 안 된다. 이것이 범행청정이라는 것이다. 가르치고 돈 받을 생각을 하면 안 된다. 가서 설교해주고 돈 받아야겠다 하면 안 된다. 주는 돈을 받아오는 것은 좋은데 받으러 가면 안 된다. 그리고 가서 가르치는 것이 진리인데 그것은 돈으로 계산할 수가 없는 것이다. 그것은 무가지보無價之寶다. 값을 칠 수가 없는 것이다. 『화엄경』 이것은 무가지보다. 이것을 얼마 짜리라 값을 칠 수 있는가. 이런 것은 값을 칠 수도 없는 것이지만 또 가서 가르치고서 값을 기대해도 안 된다.

옛날에는 설교하고 돈 받는 법은 없었다. 우리가 젊었을 때는 목사가 다른 교회에 가서 설교하면 돈준다는 이런 법이 절대 없었다. 근래 한 이십 년 사이에 생긴 악습이다. 교회에서 이것부터 없어져야 한다. 그리고 조금 주면 불평하고 많이 달라 하고 이것이 말하자면 교회의 가장 큰 문제다. 교회는 거저 받았으니 거저 주는 것이다. 우리가 받을 때도 거저 받았으니 거저 주는 것이다. 우리가 돈 주고 받은 것이 아니다. 그러니 내가 줄 때도 거저 주어야 한다. 이것이 범행청정이라는 것이다.

선생도 학교에서 주는 대로 받는 것이지 더 달라고 데모하고 그러면 안 된다. 나는 전교조라는 것은 하면 안 된다고 생각한다. 선생이 데모라는 것을 하면 안 된다. 그것은 말도 안 된다. 그것은 선생도 아니다. 그러니까 선생은 거저 받고 거저 주고 이것인데 남들이 생활비라도 해야 되지 않느냐 하고 조금 주면 그저 모른 척하고 받는 것이지 거기에 관심이 있으면 안 된다. 불구과보, 이것이 제일 중요한 것이다.

그 사는 사람들의 경계가 어떤지 자꾸 변해가니까 잘 알아야 된다.

16.5 약제보살若諸菩薩 능여여시관행상응能與如是觀行相應 어제법중
於諸法中 불생이해不生二解 일체불법一切佛法 질득현전疾得現前.

모든 보살이 이렇게 보고 이렇게 실천할 때는 모든 법에 있어서 두 가지 이해가 생길 수는 없다. 그리고 일체 불법은 다 구체화하게 된다.

초발심시初發心時 즉득아뉴다라삼막삼보리卽得阿耨多羅三藐三菩提 지일체법知一切法 즉심자성卽心自性 성취혜신成就慧身 불유타오不由他悟.

부처가 되어야겠다 마음먹었을 때 벌써 진리를 깨달은 것이다. 요전에도 나왔다. "초발심시初發心時 편성정각便成正覺"이다. 그래서 모든 일체의 법을 알아서 그 법과 내가 하나가 되어서 결국은 혜신慧身이 되는 것이다. 인仁이라 하는 것을 여기서는 혜신이라 하는 것이다. 정말 교수가 되는 것이다. 말씀이 육신이 되는 것이다. 그것이 교수지 다른 것이 아니다. 진리의 화신 그것이 교수다. 그래서 제가 깨닫는 것이지 남에게 깨달음을 받는 것은 아니다.

2001. 6. 17.

제17. 초발심공덕품初發心功德品

초발심공덕품 강해

 늘 말하지만 『화엄경』은 전체로 말하면 신해행증信解行証이다. 7처 8회 전체가 신해행증인데 1회는 신信, 2회부터 6회까지가 해解, 그리고 7회는 행行, 8회는 증証이라는 것이다. 2회부터 6회까지의 해라는 것을 놓고 보면 그것도 또한 신해행증이다. 그래서 2회는 신에 해당하고 지금 수미산에서 하는 3회의 내용은 해에 해당하는 것인데 이것을 또 놓고 보면 이 속에도 역시 내용은 신해행증이다. 그러니까 제13장 「승수미산정품」과 제14장 「수미정상게찬품」은 신에 해당하고 제15장 「십주품」은 해에 해당하고 제16장 「범행품」은 행에 해당하고 제17장 「초발심공덕품」과 제18장 「명법품」은 증에 해당하는 것이다.

 「초발심공덕품」인데 요전에도 "초발심시初發心時 변성정각便成正覺"이라 했다. 『화엄경』 제1장 맨 첫 줄이 이것이다. 석가가 보리수 밑에서 깨달았다는 것이다. 그러니까 이것은 굉장히 중요한 것이다. 그래서 여기서 또 나온다. 초발심初發心이라는 것이 무엇인가. 아마 첫 사랑을 해본 사람이라면 초발심이 어떤 것인지 알 것이다. 그런데 나는 별로 시원치 않아서 할 말이 없는데 내가 첫선 본 그것은 있으니까 여러 번 말한 것이지만 또 한 번 말한다. 나는 무식해서 아는 것이 몇 개 안 된다. 그래서 그것을 또 되풀이하고 또 되풀이하는 것이다.

내가 맨 처음에 나도 잘 아는 사람이고 우리 집사람도 잘 아는 사람이 부산에서 중매를 하겠다고 해서 그 잘 아는 중매하는 사람의 집으로 갔다. 그 집에 나도 가고 우리 집사람도 갔는데 그때 나는 얼마나 수줍은지 그 집에 한 시간을 머물면서도 나는 한 번도 보지 못했다. 아마 우리 집사람은 나를 잘 보았을 것이다. 그런데 나는 너무 수줍어서 못 보았다. 그렇게 보지도 못하고 있다가 마지막에 나오면서 언뜻 보았다. 힐끗 보았다고 할까 문득 보았다고 할까, 하여튼 잠깐 본 것이다. 그런 것을 우리는 찰나라고 한다. 그 순간 잠깐 본 것이다. 그렇게 하고는 집으로 왔다. 그러니까 어머니가 나에게 어떻게 생겼더냐 물었다. 그래서 잘 못 보았다고 했다. 옷은 무슨 옷을 입었더냐. 그것도 잘 모르겠다 했다. 양복인가 한복인가 그것도 잘 모르겠다 했다. 머리는 어떻게 했더냐. 안경을 끼었더냐. 그것도 다 잘 모르겠다 했다. 본 것은 아무 것도 없는 것이다. 그럼 너는 어떻게 할 것인가. 결혼할 거예요. 보지도 못하고 뭘 결혼하느냐. 그때 내가 한 말이 "얼핏 보았는데 악질 같지는 않아요." 얼핏 보았는데 악질 같지는 않다는 것 하나는 보았다는 것이다. 그런데 그 얼핏 본 것으로 지금까지 거의 50년을 같이 살고 있는 것이다. 이런 것을 보통 찰나 속에 영원이 있다고 말한다. 불교식으로 말하면 견성성불見性成佛이다. 보긴 보았는데 무슨 얼굴을 본 것도 아니고 옷을 본 것도 아니고 아무 것도 아니다. 그 속에 본성을 들여다 본 것이다. 얼핏 보니까 악질 같지는 않더라. 그것이 무엇인가 하면 그 속의 본성을 본 것이다. 본성을 보아서 결국 우리는 결혼을 해서 나는 남편이 되었고 집사람은 아내가 되었다. 그래서 소위 성불이 된 것이다. 이런 것을 견성성불이라고 한다. "초발심시 편성정각", 이것도 견성성불이나 비슷한 말이다. 얼핏 보았는데, 말하자면 첫 인상인데, 별로 악질 같지 않더라 하는 것이 첫 인상인데, 그리고 성불이다. "초발심시 편성정각"이다. 불佛을 정각正覺이라 한 것인데 불이나 정각이나 같은 말이다. 결국 아내가 되고 남편이 되어 지금까지 사는 것이다.

오늘 내 아내가 못 나왔는데 지난 토요일 혈압이 높아서 세브란스에 입원하여 한 주일 있었는데 이제 거의 다 나아서 내일이나 모레 퇴원할 것이다. 여러분들 중에 걱정하시는 분도 있고 또 찾아오시는 분도 있고 그래서 일부러 광고를 한다. 이제 혈압이 많이 내려갔으니까 여러분이 과히 걱정하지 않으셔도 될 것 같다.

초발심인데, 그러니까 첫사랑이라 해도 되고 첫인상이라 해도 되고 무엇인지 모르지만 그 본질을 보는 것이다. 요새 철학으로 말하면 본질직관이라 하는 것이다. 현상학에서 본질직관이라 하는 것, 이데아치온ideation이라 하는 것, 탁 보고 순간에 알아 가지고, 그래서 같이 일생을 산다든가 영원을 산다든가, 그런 것을 우리는 공덕이라 한다. 공덕이라 하는 것은 그 본 결과 일생 얻어지는 내용이다. 얻어지는 내용이란 그냥 잘 사는 것이다. 그러니까 공덕 가운데 제일 중요한 것이 초발심공덕初發心功德이다. 요새 사람들은 무슨 오래 사귀어 보아야 안다고 하지만 오래 사귀어도 모른다. 오래 사귄다고 해야 그저 껍데기만 보는 것이다. 그 사람 집안을 본다 학력을 본다 성격을 본다 그런 것들이지 그 속을 보는 것은 아니다. 속을 보는 것이 중요하다. 본질직관이 중요한 것이지 그 사람의 다른 것을 보는 것은 별로 중요하지 않다. 그래서 십 년을 사귀었어도 아직도 결혼을 결정하지 못한다 하는 그런 사람이 많은데 왜 그런가 하면 무엇인지 속을 보아야 되는데 십 년을 사귀었다고 해서 그 속이 보이는가. 아니라는 것이다. 보는 것은 순간이다. 찰나 속에 영원이 있는 것이지 무슨 십 년 이십 년 속에 영원이 있는 것이 아니다. 이런 것을 알면 이 말이 무슨 말인지 우리는 알 수가 있다. 불교의 핵심이라 하면 견성성불이다. 더구나 선禪이 되면 이것을 강조한다. 견성성불, 그 본질을 파악해야 무엇이 되지 그렇지 않으면 안 된다. 요새로 말해서 본질직관이라는 말이 제일 좋다. 본질을 탁 직관해야 된다. 인튜이션intuition이다. 그것을 보통 이데아치

온이라 하는데 이데아를 직관해 가는 것이다. 그래서 초발심공덕이다.

17.1 이시爾時 천제석天帝釋 백법혜보살언白法慧菩薩言 불자佛子 보살菩薩 초발보리지심初發菩提之心 소득공덕所得功德 기량其量 기하幾何.

이때 천제석이 법혜보살에게 물었다. 보살이 초발 보리심으로 얻어지는 공덕이 무엇인가. 찰나에서 얻어진 공덕이 어디까지 가느냐는 것이다. 그래서 영원까지 간다 하는 그 소리를 하자는 것이다. 초발심 공덕이 무엇인가. 그것이 얼마나 갈 것인가.

법혜보살法慧菩薩 언언 차의심심此義甚深 난설難說.

법혜보살이 말했다. 이 뜻은 굉장히 깊은 것이다. 견성성불見性成佛이라고 하는 이 뜻은 정말 굉장히 깊은 것이다. 그러니까 직관을 해야 된다. 얕은 것이라면 직관할 필요도 없다. 얕으면 그냥 추리해서 되는 것인데 이것은 그렇게 안 된다는 것이다. 그 뜻이 굉장히 깊은 것이다. 그래서 우리가 보통 추리해 가지고 명상해 가지고는 잘 안 된다. 그것은 또 말하기도 참 어렵다.
 나는 이것을 경험했으니까 또 하고 또 하지 경험 못했으면 이것은 못한다. 어쩌다가 맞선을 한 번 본 것인데 그때 나는 불교를 다 알았다. 그 맞선을 안 보았으면 그것이 어떤 것인지 모른다. 그런데 그것은 난설難說이다. 말하기도 참 어렵다.

17.2 불자佛子 가사유인假使有人 이일체락구以一切樂具 공양동방아승지세계소유중생供養東方阿僧祇世界所有衆生.

여기 어떤 사람이 있다고 하자. "일체락구一切樂具", 『법화경』에서는 이것을 장난감이라 했는데 여기서는 텔레비전이나 냉장고 등 여러 가지 가전제품들이라 해 본다. 그 사람이 가전제품들을 온 세상 사람들에게 다 하나씩 나누어 주었다면 그 공덕은 초발심공덕과 비교할 때 어떤 것인가.

법혜보살法慧菩薩 언言 불자佛子 차인공덕此人功德 비보살초발심공덕比菩薩初發心功德 백분불급일百分不及一.

법혜보살이 말했다. 이 사람의 공덕은 초발심공덕의 백분의 일도 안 된다. 초발심공덕은 부처가 되는 것인데 냉장고 하나씩 주었다고 해서 무슨 부처가 되는 것은 아니다. 그러니까 백분의 일이 아니라 만분의 일도 안 되는 것이다.

발시심이發是心已 능지전제일체제불能知前際一切諸佛 시성정각始成正覺.

초발심을 하게 되면 과거의 모든 부처님들이 정말 깨달았다는 그 이유를 알 수 있다. 견성성불 했다는 그 이유를 알 수 있다.

능신후제일체제불能信後際一切諸佛 소유선근所有善根 능지현재일체제불能知現在一切諸佛 소유지혜所有智慧.

그리고 또 앞으로 미래의 많은 부처님이 나올 텐데 그 사람들이 그렇게 착하게 사는 그 이유도 또한 알 수 있다. 또 지금 사는 모든 부처님들이, 달리 말해서 모든 선생님들이 많은 지혜를 가지고 있다는 것, 그것도 알 수가 있다. 이렇게 한 번 직관을 해 놓으면, 직관했다는 것이 하나의 입장을 얻은 것이니까, 하나의 입장을 얻으면 그 다음에는 거기에서부터 학문도 하게 되고 가르치게도 되고 다 여러 개가 되니까 그렇게 될 수 있는 것이다.

17.3 위리세간발대심爲利世間發大心 기심보편어시방其心普遍於十方

중생국토삼세법衆生國土三世法 불급보살최승해佛及菩薩最勝海

그런데 이런 것은 자기의 이익을 위해서 그렇게 하는 것은 아니다. 남을 도와주기 위해서 하는 발심發心이라는 것이다. 우리가 남을 도와주기 위해서, 세상을 도와주기 위해서 하는 것이지 내가 잘살기 위해서 하는 것은 아니다. 만일 의사가 되겠다 하면 어떻게든 남의 어려움을 고쳐주겠다, 이렇게 해서 의사가 되면 그것은 인술이지만 의사가 되어 돈을 벌겠다 하면 그것은 아니다. 같은 것이라도 그 목적이 어디에 있는지에 따라 다르다. 결국 남을 위해서 이런 생각을 하는 것, 그것이 "위리세간발대심爲利世間發大心"이다. 그래야 그런 마음이 널리 온 세상으로 퍼져간다. 그래서 "중생국토삼세법衆生國土三世法 불급보살최승해佛及菩薩最勝海", 온 세상 끝까지 복음이 퍼져간다. "일일一日 극기복례克己復禮 천하귀인天下歸仁"이라 한다. 하루만 인仁에 머물러 있으면 천하가 인에 돌아온다. 온 천하에까지 그 사랑이 미친다는 말이다.

보살시발광대심菩薩始發廣大心 즉능편왕시방찰卽能遍往十方刹
법문무량불가설法門無量不可說 지광보조개명료智光普照皆明了

그러니까 맨 처음부터 큰 마음을 가져야 된다. '찰刹'이란 시간이다. 공간으로 넓게 퍼져가고 또한 동시에 시간으로 영원히 간다는 것이다. 예수라면 예수라는 사람의 생각이 몇 천 년을 가고 있다. 그렇게 해서 기독교라고 하는 것이 아주 법문무량法門無量이 되었다. 다 말할 수 없으리만큼 많아진 것이다. 그래서 그 지혜의 빛이 온 세상을 밝게 되었다. 그러니까 예수라는 사람이 한 번 반짝 한 것이 계속 빛이 나와서 온 세계에 영원히 이렇게 간다는 것이다.

방대광명종종색放大光明種種色 보조중생제흑암普照衆生除黑闇
광중보살좌연화光中菩薩坐蓮華 위중천양청정법爲衆闡揚淸淨法

결국은 무엇인가 하면 빛이라는 것이다. 이 사람들은 부처의 세 가지 성격을 빛과 힘과 생명이라는 것인데 생명이라는 것을 나는 지금 무엇이라고 우리말로 고치면 좋을지 모르겠다. 임시로 숨이라 해 보는데 숨이라는 말이 생명이라는 말을 딱 꼬집어서 표현하는데는 부족하다. 그러니까 어떤 때는 바람이라 하기도 하고 기쁨이라 하기도 한다. 빛과 힘은 확실한데 우리말 한 글자로 생명이란 말을 딱 표현할 수 있어야 되는데 아직 잘 안 된다.

하여튼 부처가 증거하는 것이 무엇인가. 빛과 힘과 숨이다. 진리와 도와 생명이다. 예수가 언제나 "나는 길이요 진리요 생명이라" 하는데 다른 말로 하면 나는 빛이요 나는 힘이요 나는 숨이라는 말이다. 이 사람들도 언제나 부처가 무엇인가 할 때는 빛과 힘과 숨이라는 것이다. 그래서 여기서 "방대광방大光", 빛을 발한다고 한다. 이것이 부처의 내용이다. 그래서 "명종종색明種種色", 여러 가지 색깔을 낸다. 그래서 많은 중생들을 어두움에서 헤어나게 한다. 기독교는 죄에서 구원한다고 하는데 이 사람들은 이렇게 어둠에서 구원한다고 한다. 이렇게 조금 다르다. 이 사람들은 지적이고 기독교는 도덕적이다. 우리는 죄에서 구원한다고 하는데 이 사람들은 흑암에서 구원한다는 것이다. 그래서 빛 속에는 우리를 도와주기 위해 보살들이 앉아있다. 그래서 언제나 깨끗한 진리를 밝혀주기 위해서 애쓰고 있다는 것이다. 많은 선생님들이, 많은 목사님들이 진리를 밝히기 위해서 애쓰고 있다는 것이다.

일신시현무량신一身示現無量身 일체세계실주편一切世界悉周遍
기심청정무분별其心淸淨無分別 일념난사력여시一念難思力如是.

예수라고 하는 한 사람이 시작한 것인데 요새는 목사 전도사 수만 명이 되었다. 무량신無量身이 되는 것이다. 그래서 일즉일체一卽一切라는 것이다. 한 사람이 시작한 것인데 그것이 무량신으로 번진다. 그러고 온 세계가, 땅 끝까지 복음이 가는 것이다. 그래서 그 마음이 깨끗해져서 분별에 떨어지지 않게 한다. 불교에서는 언제나 분별을 좋지 않게 생각한다. 전체를 파악할 수 있게 된다는 것이다. 자기만 알지 다른 사람은 모른다는 그런 것이 없도록 하는 것이다. 그래서 한 생각이라도 바르게 생각한다는 것이 얼마나 어려운지 모른다. 이것이 빛이라는 것이다. 증証이라는 것이 이것이다. 무엇을 증명하는가. 빛이라는 것을 증명하는 것이다. 이 다음에는 힘이라는 것을 증명하는 것인데 힘을 여기서는 도道라고 한다.

17.4 욕득최승제일도欲得最勝第一道 위일체지해탈왕爲一切智解脫王
응당속발보리심應當速發菩提心 영진제누리군생永盡諸漏利群生

최고의 도道를 얻기 위해서는 일체지一切智를 가지고 모든 죄에서부터 해탈이 되어야 한다. 그것은 힘이 없으면 안 된다. 그래서 도를 힘이라 한다. 모든 죄에서부터 벗어나야 된다. 그 벗어나는 것을 열반涅槃이라 한다. 기독교에서는 죄에서 벗어난다고 하는데 불교에서는 번뇌煩惱에서 벗어난다고 한다. 해탈이다. 그래서 보리심을 빨리 발해서 모든 번뇌를 영원히 끊어버려야 한다. 번뇌, 욕심, 그것을 누漏라고 한다. 흐르는 것이다. 그래서 자꾸 오염시킨다. 더러운 물로 세상을 자꾸 오염시키는 것, 이것을 기독교는 죄라고 하는데 이 사람들은 누漏라고 한다. 더러운 것을 아주 끊어버리고 모든 군생群生을 살려준다.

취향보리심청정趣向菩提心淸淨 공덕광대불가설功德廣大不可說
위리중생고칭술爲利衆生故稱述 여등제현응선청汝等諸賢應善聽

진리를 향하는 마음은 언제나 깨끗해야 된다. 공덕은 한없이 커서 말할 수가 없다. 중생들을 위해서 칭송하고 찬술하는 것이니 너희들 모든 어진 사람들은 응당 잘 들어야 한다.

보살발심공덕량菩薩發心功德量 억겁칭양불가진億劫稱揚不可盡

제17. 초발심공덕품初發心功德品 401

이출일체제여래以出一切諸如來 독각성문안락고獨覺聲聞安樂故

보살의 발심공덕은 무량해서 영원히 칭송하고 선양해도 끝이 없어 모든 여래를 나오게 하고 독각獨覺과 성문聲聞을 기쁘게 한다. 독각은 두 번째로 성문 다음의 연각緣覺이라는 것이다. 성문, 연각을 즐겁게 한다.

일체지지서필성一切智智誓必成 소유중생개영도所有衆生皆永度
발심광대등허공發心廣大等虛空 생제공덕동법계生諸功德同法界.

진리를 깨달아야겠다는 그런 맹서, 혹은 그런 서원이 반드시 이뤄져야 한다. 그 이루어지는 것이 초발심공덕이다. 그래서 모든 중생들을 다 구원해야 되겠다는 것이다. 그래서 그 마음의 넓기가 허공과 같다. 그 공덕도 또한 한없이 커서 진리의 세계와 맞먹는다.
이것은 지금 힘의 세계를 말하는 것이다. 이 다음은 숨의 세계다.

17.5 차시보살최승지此是菩薩最勝地 출생일체보현도出生一切普賢道
삼세일체제여래三世一切諸如來 미불호념초발심靡不護念初發心

이것은 보리의 최고의 세계다. 보현의 모든 사람을 다 구원해서 현명하게 만들겠다는 그런 세계에 태어나는 것이다. 그러니까 생명이라는 것이다. 그런 세계에 태어나는 것이다. 삼세일체의 모든 여래가 이 발심을 보호해주지 않는 이가 없다.

시방세계제여래十方世界諸如來 실공찬탄초발심悉共讚歎初發心
차심무량덕소엄此心無量德所嚴 능도피안동어불能到彼岸同於佛

시방의 모든 여래가 이 초발심을 다 찬양한다. 이 공덕도 한이 없다. 그래서 능히 하늘나라에 가서 그리스도와 같이 산다는 것이다. 생명이라는 것이 그것이다. 그러니까 요전 식으로 말하면 맨 처음 빛이라는 것이 해인삼매海印三昧이고 길이라는 것은 화엄삼매華嚴三昧이고 이 것은 염불삼매念佛三昧다. 언제나 이 셋이다. 빛과 힘과 숨이다. 숨이란 영원한 생명을 얻는다는 것이다. 『원각경』에서는 삼마디samadhi, 삼마파티samapatti, 디야나dhyana라 했다. 모든 경의 핵심은 이렇게 말하나 저렇게 말하나 내용은 다 그것이다. 역시 빛과 힘과 숨이라는 것이다. 우리가 사는 것이 하늘은 빛을 나타내고 땅은 힘을 나타내고 모든 만물은 생명을 나타낸다. 이것을 중국 사람은 천지인天地人이라 한다. 하늘은 빛을 나타내고 땅은 힘을 나타내는 것이다. 그 다음은 사람을 위시해서 모든 만물인데 만물을 대표해서 인人이라 하는데 이것은 생명을 나타낸다. 그러니까 이 우주가 무엇으로 되어 있는가 하면 빛과 힘과 생명으로 된 것이다. 그것을 빼 놓으면 우주라는 것이 없다. 빛이라 할 때는 시간, 힘이라 할 때는 공간, 숨이라 할 때는 인간이다. 시간, 인간, 공간이라 표현해도 마찬가지다. 요는 이것이니까 무엇이라 하나 다 같은 이야기다. 몇 해를 해 보아야 이 이야기다. 이것을 알면 또 다 아는 것이다. 앞으로 우리가 무슨 경을 읽어보아도 이것이지 다른 것은 없다. 그것을 우리가 아까 말한대로 직관을 해야 한다. 그것을 우리가 인튜이션intuition 해 들어가야 한다. 그것을 인튜이션 해 들어가면 문제는 다 풀리지 풀리지 않는 것은 아무 것도 없다. 유교 그래도 그 소리 하자는 것이고 불교라 해도 그 소리요 기독교라 해도 그 소리다. 그래서 선禪에서는 그냥 '쓰쓰'라 한다. 그 소리가 그 소리지 딴 이야기가 아니라는 것이다. 그러니까 견성見性만 하면 다 그 소리지 다른 것은 아무 것도 없다. 그래서 견성을 강조하는 것이 선이라는 것이다.

욕지일체제불법欲知一切諸佛法 선응속발보리심宣應速發菩提心
차심공덕중최승此心功德中最勝 필득여래무애지必得如來無碍智.

모든 불법을 알기 위해서는 이런 보리심을 빨리 발해야 한다. 이 마음이 공덕 가운데 최고의 공덕이다. 반드시 여래의 무애지無碍智를 얻을 수 있을 것이다.

2001. 6. 24.

제18. 명법품明法品

명법품 강해

초발심공덕初發心功德, 전체적으로 말하면 그것이다. 첫 선을 보고 결혼해서 50년 동안 잘살았다는 그것이다. 한마디로 하면 그것인데 그래도 잘살았다 하는 동안 무엇이 또 있을 것 아니냐 하는 것이다. 어린애 키우는 일이라든가 무엇이 있을 것 아니냐는 것이다. 그래서 그렇게 그렇게 말할 때는 그것을 제일 말 잘한 사람이 공자라는 것이다. 15에 지우학志于學이다. 이것이 초발심이라는 것이다. 30에 입립이라는 것, 40에 불혹不惑, 50에 지천명知天命, 60에 이순耳順, 70에 종심소욕불유구從心所欲不踰矩이다. 종심소욕불유구라는 말을 줄여서 종심從心이라 하기도 하고 불유구不踰矩라는 말을 하기도 하는데 나는 불유구라는 말이 좋아서 불유구라 한다.

공자가 초발심 했다가 공덕은 어디까지 갔는가 하면 불유구까지 간 것이다. 우리가 그냥 일생을 잘살았다 하면 아까처럼 되고 말지만 그것을 좀더 부분적으로 구체적으로 잘 말해달라 그럴 때는 「명법품明法

品」이라는 것이다. 좀더 구체적으로 자세하게 조목조목 밝혀달라 하는
것이 「명법품」이라는 것이다. 말하자면 「초발심공덕품」을 좀더 세밀하
게 말해 놓은 것이 「명법품」이다. 그러니까 증証은 다 같은 증이다.

18.1 이시爾時 정진혜보살精進慧菩薩 백법혜보살언白法慧菩薩言
불자佛子 보살마하살菩薩摩訶薩 초발구일체지심初發求一切智心 성취
여시무량공덕成就如是無量功德 피제보살彼諸菩薩 운하수습云何修習.

이때 정진혜보살이 법혜보살에게 말하길 보살이 초발심으로 무량공
덕을 성취했는데 그 보살은 어떻게 수습을 했는가. 초발심 했을 때 벌
써 편성정각이다. 그런데 그렇게 한마디로 해 치우고 마니까 좀 부족
하다는 것이다. 그 동안의 내용을 좀더 자세하게 말해달라는 것이다.
"운하수습云何修習", 그 동안에 그래도 여러 우여곡절이 있었을 것 아
닌가. 어떤 식으로 수습이 되어 갔는가.

영제여래令諸如來 개생환희皆生歡喜 일체대행一切大行 개득청정皆得
淸淨 소유대원所有大願 실사만족悉使滿足 항불사파라밀행恒不捨波羅蜜
行 소념중생所念衆生 함령득도咸令得度 소삼보종紹三寶種 사부단절使不
斷絶 선근방편善根方便 개실불허皆悉不虛.

모든 부처님을 기쁘시게 했다. 모든 선생님을 기쁘시게 했다. 공자로
말하면 언제 그렇게 했는가. 30에 입立 했을 때다. 공자도 한없이 기
뻐했겠지만 공자의 선생님도 다 기뻐했다. 공자가 노자를 찾아가서 배
우러 왔다고 하니까 너는 이미 입立을 했는데 무엇을 배우려느냐. 너
는 그냥 돌아가서 다른 사람을 가르쳐라. 그래서 공자와 노자는 만났
다가는 그냥 헤어지고 만다. 더 배워줄 게 없다. 그래도 공자가 여기까
지 찾아왔는데 뭘 그래도 말해달라 했더니 세 가지 주의를 주었다. 너
는 힘이 강해서 자꾸 싸우려고 하는데 기운을 좀 깎아서 싸우지 않도
록 해라, 그렇게 서너 마디 했다고 한다. 그러니까 선생이 제일 좋아하

는 것이 무엇인가 하면 불퇴주不退住가 되는 것이다. 하나의 입장을 얻는 것이다. 하나의 입장을 얻는 것을 제일 기뻐한다.

그래서 "일체대행一切大行 개득청정皆得淸淨", 공자로 말하면 40에 불혹不惑이다. 이제는 다시는 무슨 문제에 걸리는 것이 없다. 유혹에 걸리는 것이 없다. 문제에 걸리는 것이 없다. 꼭대기에 올라왔는데 문제될 것이 무엇인가. 그 다음은 50에 지천명知天命이다. 천명을 아니까 자기가 무엇을 해야 될 지 자기의 소원을 이룰 수가 있다. "소유대원所有大願 실사만족悉使滿足"이다.

그런데 이런 것을 말할 때 파라밀波羅蜜이라 한다. 이렇게 죽 가는 것을 파라밀이라 한다. 육파라밀六波羅蜜이다. 그런데 "항불사파라밀행恒不捨波羅蜜行", 언제나 육파라밀을 버리지 말고 가라는 것이다. 계속 올라가라는 것이다. 계속 올라가는 것을 버리지 말라는 말이다. 지금 정진혜보살이라는 사람이 지혜를 얻기 위해서 계속 정진해서 올라가는 것을 말하는 것이다. 그 내용이 파라밀이다. 그래서 "소념중생所念衆生 함령득도咸令得度", 모든 사람이 다 득도하길 바라는 것이다. 이것이 60의 이순耳順이다. 그래서 결론은 어디까지 가야 되는가. "소삼보종紹三寶種 사부단절使不斷絶", 삼보三寶를 유지해 가는 것이다. 그러고 "선근방편善根方便 개실불허皆悉不虛"다. "종심소욕불유구從心所慾不踰矩"다. 어떤 방편을 써서라도 다 불유구, 다 구원을 받을 수 있도록 해 주는 것이다. 공자식으로 말하면 "종심소욕불유구"인데 여기서는 또 이런 식으로 말한 것이다.

18.2 이시爾時 법혜보살法慧菩薩 고정진혜보살언告精進慧菩薩言

이때 법혜보살이 정진혜보살에게 말했다.

불자佛子 보살마하살菩薩摩訶薩 부유십법復有十法 능령일체제불환희能令一切諸佛歡喜.

모든 부처님을 기쁘시게 하는 열 가지 법이 있다.

일자一者 정진불퇴精進不退 이자二者 불석신명不惜身命 삼자三者 어제리양於諸利養 무소희구無所希求

첫째는 "정진불퇴精進不退"다. 삼십에 입立 하기까지는 "정진불퇴"다. 또 그 입 하는 세계가 불퇴의 경지까지 간 것이다. 둘째는 "불석신명不惜身命"이다. 물론 입 하기 위해서 목숨을 내 놓고 공부했다 할 수도 있고, 또는 입을 해 놓으면 이제는 아침에 도를 들었으니까 이제 저녁에 죽어도 좋다, 이럴 수도 있는 것이다. 입 했다는 말을 달리 말하면 도를 들었다는 것이다. 입 했으니까 이제는 십자가를 질 수 있게 되었다. 남을 위해서 생명을 바칠 수 있게 되었다. 그러니까 지금까지 열심히 했다는 뜻도 되고 또 이제 앞으로 내가 생명을 바칠 수 있다 하는 뜻도 된다. 아침에 도를 들었으니까 저녁에 죽어도 좋다는 것이다. 요전으로 말하면 "일도출생사一道出生死"다. 도에 통했으니까 아무 때 죽어도 좋다. "일체무애인一切無碍人"이다. 이제는 아무 것도 걸릴 것이 없다. 다 같은 말이다. "불석신명", 이제는 죽어도 좋다. 셋째는 "어제리양於諸利養 무소희구無所希求", 이제는 돈 벌 생각 이런 것은 별로 없다. 의사라면 돈 버는 것이 아니라 남을 고쳐주는 것이 중요하지 돈 버는 것은 별로 그렇게 중요하지 않다. 요새 의사들은 돈 많이 주는데 왜 그렇게 돈, 돈 하고 야단인지 알 수가 없다. 무엇인지 인성교육이 제대로 안 된 것이다.

사자四者 지일체법知一切法 개여허공皆如虛空 오자五者 선능관찰善能觀察 보입법계普入法界

넷째는 일체법一切法에 통달하는 것이다. 자기의 전공에 통달한 것이다. 다섯째는 "선능관찰善能觀察 보입법계普入法界"이다. 의사라면 환자들을 잘 관찰해서 낫도록 해 주는 것이다.

육자六者 지제법인知諸法印 심무의착心無倚着 칠자七者 상발대원常發大願 팔자八者 성취청정인지광명成就淸淨忍智光明

　여섯째는 "지제법인知諸法印 심무의착心無倚着"이다. 이제는 자기 전공에 핵심을 파악해서 이제는 더 걸릴 데가 없다. 일곱째는 "상발대원常發大願"이다. 언제나 큰 이상을 가져야 된다. 우리나라 사람의 약점이 큰 이상을 못 가지는 것이다. 조그맣게 조그맣게만 생각하지 큰 이상을 생각하지 못한다. 여덟째는 "성취청정인지광명成就淸淨忍智光明"이다. 인지忍智의 '인忍'이란 '인認'이다. 인법지혜認法智慧나 같은 것이다. 진리를 인식하고 지혜를 깨달아서 정말 무엇이나 다 통할 수 있는 깨끗한 광명을 성취한 것이다. 쉽게 말하면 전공을 완성했다는 것이다.

　구자九者 관자선법觀自善法 심무증감心無增減 십자十者 의무작문依無作門 수제정행修諸淨行.

　아홉째는 "관자선법觀自善法 심무증감心無增減", 이제는 자기 속에 좋은 법을 발견해서 그것을 아무 때나 쓸 수 있다. 열째는 "의무작문依無作門 수제정행修諸淨行"이다. 이제는 억지로 하는 것이 아니라 저절로 된다. 노자로 하면 무위자연無爲自然이다. 가르친다 해도 억지로 가르치는 것이 아니라 저절로 가르친다. 통했으니까 이제는 가르칠 때 상대방만 보면 된다. 그 사람이 수준이 높은 사람이면 높게, 낮은 사람이면 낮게 가르치면 된다. 이제는 상대의 그것만 보면 되지 자기가 어떻게 할 것은 없다. 그러니까 석가는 무슨 강의 준비해서 가는 일이 절대 없다. 거기 가서 보고서 그 사람들의 문제가 어떤 것인지 가서 보고 짐작을 해 가지고 그 모인 사람들을 보면서 그 가운데서 제일 고민이 많은 사람의 얼굴을 보면서 계속 그 사람의 고민을 풀어가는 것이다. 그래서 그 사람이 웃었다 그러면 끝나는 것이다. 이렇게 해서 나온 것이 『금강경』이니 무엇이니 이렇게 나온 것이지 무슨 석가가 강의 준비해 가지고 설교 연습을 실컷 해서 말한 것이 아니다. 그때그때 되는대로 하는 것이다. 무위자연이다. 무슨 준비한 것이 아무 것도 없다. 그냥 가서 말하는 것이다. 그런 것을 "의무작문 수제정행"이라 한다. 이상 말한 것이 "영제여래令諸如來 개생환희皆生歡喜"라는 것이다.

18.3 불자佛子 여주실법汝住實法 발대정진發大精進 증장불퇴增長不退 이득해탈已得解脫 응리치암應離癡闇 정근수호精勤守護 무령방일無令放逸 불자佛子 보살마하살菩薩摩訶薩 주십종법住十種法 명불방일名不放逸 하자何者 위십爲十.

이제는 구체적인 세계다. 삼십에 입立 하는 이것은 이론의 세계인데 사십에 불혹不惑 하는 것은 구체적인 세계다. 이제는 구체적인 문제에 도달해서 문제를 풀어가야 한다. 그래서 크게 발전을 해서 뒤로 물러서지 않도록 그렇게 해야 된다. 이제는 구체적인 문제를 풀어내야 한다. 그것이 해탈解脫이다. 그래서 "응리치암應離癡闇", 어리석고 어두운데서 벗어나야 한다. 그래서 "정근수호精勤守護", 열심히 다른 사람을 보호해 주어야 한다. "무령방일無令放逸", 유혹에 빠지지 않도록 해야 한다. 그렇게 되기 위해 열 가지를 생각한다. 사십에 불혹인데 여기서는 그것을 "명불방일名不放逸"이라 했다. 유혹에 빠지지 않도록 하는 것이다. 열 가지 생각할 것이 무엇인가.

일자一者 호지중계護持衆戒 이자二者 원리우치遠離愚癡 삼자三者 심락질직心樂質直 사자四者 근수선근勤修善根 오자五者 항선사유恒善思惟 육자六者 불락친근不樂親近 칠자七者 수제선업修諸善業 팔자八者 영리이승永離二乘 구자九者 낙수중선樂修衆善 십자十者 항선관찰恒善觀察.

첫째는 "호지중계護持衆戒", 언제나 계명을 지켜야 한다. 둘째는 "원리우치遠離愚癡", 어리석은 사람을 멀리한다. 셋째는 "심락질직心樂質直", 언제나 정직하게 산다. 넷째는 "근수선근勤修善根", 언제나 자기의 좋은 점을 닦아가야 한다. 다섯째 "항선사유恒善思惟", 언제나 깊이 생각한다. 여섯째 "불락친근不樂親近", 너무 자기와 가까운 사람하고만 붙어있지 않는다. 전체를 생각해야 되기 때문이다. 일곱째 "수제선업修諸善業", 좋은 일을 자꾸 연구해 보아야 한다. 여덟째 "영리이승永離二乘", 이승에서 떠나서 일승이 되어야 한다. 아홉째 "낙수중선樂修衆善", 언제나 좋은 일이라면 앞장선다. 열째 "항선관찰恒善觀察", 이 현실 세계를 언제나 바로 관찰해야 한다. 다음은 지천명知天命이다.

18.4 불자佛子 유십종법有十種法 영제보살令諸菩薩 속입제지速入諸地 하등河等 위십爲十.

자기의 세계 속으로 빨리 들어가야 한다. 그것이 소위 천명天命을 아는 것이다. 우선 자기가 무엇을 하여야 할지 그것을 알아야 한다. 그래서 열 가지를 알아야 한다.

일자一者 선교원만복지이행善巧圓滿福智二行 이자二者 능대장엄파라밀도能大莊嚴波羅蜜道 삼자三者 지혜명달智慧明達 불수타어不隨他語 사자四者 승사선우承事善友 오자五者 상행정진常行精進 육자六者 선능안주여래신력善能安住如來神力 칠자七者 수제선근修諸善根 불생피권不生疲倦 팔자八者 심심이지深心利智 이대승법以大乘法 구자九者 어지지법문於地地法門 심무소주心無所住 십자十者 여삼세불선근방편與三世佛善根方便 동일체성同一體性.

첫째는 "선교원만복지이행善巧圓滿福智二行", 아는 것과 행복해지는 것이 원만하게 바로 갖춰져야 한다. 아는 것만 해도 안 되고 행복한 것만 해도 안 된다. 아는 것과 행복한 것이 겸해져야 한다. 그러기 위해서 잘 맞춰야 된다. 조절을 해야 된다. 둘째는 "능대장엄能大莊嚴 파라밀도波羅蜜道", 언제나 파라밀도를 완전히 실천해 가야 한다. 셋째는 "지혜명달智慧明達 불수타어不隨他語", 언제나 자기의 의견이라는 것이 확실해서 자꾸 남의 말을 들으려고 하지 않게 되어야 한다. 넷째 "승사선우承事善友", 언제나 좋은 친구를 사귀어야 한다. 다섯째 "상행정진常行精進", 언제나 발전해야 한다. 여섯째 "선능안주善能安住 여래신력如來神力", 언제나 여래의 힘을 얻을 수 있게 되어야 한다. 일곱째 "수제선근修諸善根 불생피권不生疲倦", 언제나 좋은 뿌리를 가져서 나무가 시들지 않게 되어야 한다. 사람이 피곤하지 않게 되어야 한다. 피곤하게 되면 안 된다. 스트레스 받게 되면 안 된다. 심신이 통일되어 있으면 피곤하지 않다. 여덟째 "심심이지深心利智 이대승법以大乘法", 대승법을 알아야지 소승법을 보면 안 된다. 아홉째 "어지지법문於地地法門 심무소주心無所住", 언제나 어디서나 진리의 세계에서 살아야지 이 세상에 집착을 하면 안 된다. 열째는 "여삼세불與三世佛 선근방편善根方便 동일체성同一體性", 언제나 삼세의 부처님과 불유구不踰矩의 경지에 같이 가서 동일한 체성體性을 가져야 한다. 이 다음은 60의 이순耳順이다.

18.5 불자佛子 운위설법云爲說法 탐욕다자貪欲多者 위설부정爲說不淨 진에다자瞋恚多者 위설대자爲說大慈 우치다자愚癡多者 교근관찰教勤觀察.

어떻게 설법을 하는가. 욕심이 많은 사람에게는 언제나 욕심이라는 것이 더러운 것이다, 세상에 욕심처럼 더러운 것은 없다 하고 가르쳐 준다. 자꾸 화내는 사람에게는 남을 사랑하는 법을 가르쳐 주어라. 어리석은 사람에게는 사물을 관찰해서 그 속을 들여다보는 연습을 시켜라.

삼독등자三毒等者 위설성취승지법문爲說成就勝智法門 낙생사자樂生死者 위설삼고爲說三苦 약착처소若着處所 설처공적說處空寂.

삼독三毒에 빠져 있는 사람에게는 최고의 법문을 성취할 수 있도록 도와줘라. 이 세상에서 살기를 좋아하는 사람은 이 세상이 고해라는 것을 가르쳐 주어라. 그래서 언제나 복잡한 것보다는 고요한 데서 생각하면서 살기를 좋아해라.

심해태자心懈怠者 설대정진說大精進 회아만자懷我慢者 설법평등說法平等 다첨광자多諂誑者 위설보살爲說菩薩.

공부하지 않으려는 사람은 열심히 공부하라고 도와주고, 교만한 사람에게는 언제나 법이란 다 평등하다는 것을 가르쳐 주어라. 남에게 아첨하는 사람에게는 언제나 보살처럼 의연하게 살기를 가르쳐 주어라.

기심질직其心質直 낙적정자樂寂靜者 광위설법廣爲說法 영기성취令其成就.

언제나 정직한 마음을 가지고 깊이 생각해서 많은 사람을 가르쳐 주면서 자기 자신의 인격을 완성해 가라.
다음은 육파라밀에다 네 개를 합친 것이다. 이 사람들은 열 개를 좋아하니까 육파라밀로 실컷 되는 것인데 여기에다 네 개를 더 합친 것이다.

18.6 보살菩薩 불사제도不捨諸度 구족장엄파라밀도具足莊嚴波羅蜜道

(1) 보시布施 내외실사內外悉捨 무소착無所着 능정단파라밀能淨檀波羅蜜

보시라는 것은 남을 도와주는 것이다. 남을 도와주었으면 그것으로 끝내지 거기에 대해서 무슨 미련을 가지지 말라.

(2) 지계持戒 영리아만永離我慢 능정시파라밀能淨尸波羅蜜
　지계는 언제나 교만을 버리는 것이다.

(3) 인욕忍辱 기심평등其心平等 무유동요無有動搖 능정인파라밀能淨忍波羅蜜
　인욕이란 언제나 마음이 평등해서 흔들리지 않는 것이다.

(4) 정진精進 상수미해常修靡懈 항불퇴전恒不退轉 능정정진파라밀能淨精進波羅蜜
　정진은 언제나 부지런하게 해서 뒤로 떨어지지 않는 것이다.

(5) 선정禪定 상정사유常正思惟 능정선파라밀能淨禪波羅蜜
　선정은 언제나 바로 생각하는 것이다.

(6) 반야般若 근선지식近善知識 승사불권承事不倦 능정반야파라밀能淨般若波羅蜜
　반야는 언제나 좋은 선생님을 만나서 배우는 것이다.

(7) 방편方便 교화중생敎化衆生 불염권不厭倦 능정방편파라밀能淨方便波羅蜜
　방편이란 다른 사람을 가르치는 데 게으르지 말라는 것이다. 공자식으로 말하면 앞에 6번이 "학이불염學而不厭"이고 7번 이것은 "교이불권敎而不倦"이다.

(8) 원願 진증득여래지혜盡證得如來智慧 능정원파라밀能淨願波羅蜜
　원願이란 언제나 여래가 가진 지혜를 나도 한 번 체득했으면 하는 것으로 증証이다.

(9) 력力 구심심력具深心力 무유잡염無有雜染 능정력파라밀能淨力

波羅蜜

력力이란 깊은 사랑하는 마음을 가지고 언제나 그 사랑을 깨끗하게 베푸는 것이다.

(10) 지혜智慧 보각오법계문普覺悟法界門 능정지파라밀能淨智波羅蜜

지혜는 넓게 진리의 세계를 깨닫는 것이다. 진리를 체득하는 것이다.

18.7 불자佛子 보살구족여시지혜菩薩具足如是智慧 영삼보종令三寶種.

이 사람들의 핵심은 또 삼보三寶라는 것이다. 삼보란 빛과 힘과 숨인데 그것을 또 이렇게 저렇게 생각해 보는 것이다. 삼보는 무엇인가.

영부단절永不斷絶 교제중생敎諸衆生 발보리심發菩提心 능령불종부단能令佛種不斷.

첫째, 모든 사람들에게 보리심을 일으키게 해서 누구나 부처가 될 수 있게 하는 것이다.

개천법장開闡法藏 능령법종부단能令法種不斷.

둘째는 법의 창고를 열어서 그 속에서 법을 자꾸 꺼내는 것이다. 요새로 말하면 학자라는 것이다. 학자들은 이 책 저 책에서 필요한 것들을 다 꺼내서 그것을 가지고 논문을 쓰고 또 논문을 쓰고 한다. 그것이 법장이다. 그러니까 첫째는 진리를 깨닫는 것이고 두 번째는 학문에 깊이 들어가서 논문을 쓰는 사람들이다.

선지교법善持敎法 무소괴위無所乖違 능령승종부단能令僧種不斷.

세 번째는 그 교법, 가르침을 유지해서 될 수 있는 대로 올바르게 그것을 다른 사람들에게 전해주고 가르치는 사람이다. 이것을 승종僧種이라 하는데 요새로 말하면 선생들이다. 우리 같은 사람들은 다 선생이다. 제3세계다. 이명섭 선생 같은 분은 법장이라 하겠다. 이 세상에는 학자들이 있어야 된다. 학자들이 없으면 우리가 정말 제대로 알기가 어렵다. 그래서 학자들이 쓴 논문들을 읽어보고 그래서 우리가 알아 가지고 그것을 될 수 있는 대로 다른 사람들에게 올바로 가르쳐야 한다. 그리고 그 법장이 있기 전에 정말 깨달은 사람들이 있어야 된다. 에디슨Thomas Alva Edison(1847-1931)이나 아인슈타인Albert Einstein(1879-1955) 같은 사람들이 깨달아 가지고 온 인류에게 무한한 공덕을 주는 그런 사람이 있어야 한다. 그러니까 철인이 있어야 되고 철학자가 있어야 되고 또 보통 선생들이 있어야 된다. 어떻게 해석해도 좋다.

임제臨濟 같은 사람은 그것을 삼현三玄이라 했다. 맨 처음은 진리를 체득한 사람이고 둘째는 진리를 표현하는 사람이고 셋째는 해석하는 사람이다. 그것을 삼현이라 했다. 예수라 하면 체득한 사람이다. 마태, 마가, 누가, 요한, 이런 사람들은 표현한 사람들이다. 그리고 바울은 해석한 사람이다. 이런 식으로 생각해도 된다. 맨 처음에 체득한 사람이 있으면 그 다음에 그것을 표현하는 사람도 있어야 된다. 또 그것을 해석하는 사람도 있어야 된다.

이런 식으로 생각해도 되고 또는 아까처럼 깨달은 사람, 학자들, 그리고 선생들이라 해도 된다. 그렇게 해야 학문이라는 것이 계승이 되지 그런 세 사람이 없으면 학문이 계승이 안 된다. 학자가 없어도 안 되고 선생이 없어도 안 되고 또 진리를 발견하려고 애쓰는 사람들이 없어도 안 된다. 그래서 산으로 강으로 돌아다니면서 발견하려고 애쓰는 사람들이 있다. 맘모스 발자국이 어디에 있는지 발견하려고 산으로 들로 돌아다니는 사람들이 있다. 그렇게 발견하려고 애쓰는 사람들도 있고, 한 번 발견하면 그것을 과거의 모든 자료와 연결을 지어서 이것은 어느 때의 무엇이라 하고 학문적으로 해설하는 사람들도 있다. 그것을 또 받아서 학생들에게 가르치는 사람이 선생들이다. 이렇게 해서 학문의 세계가 죽 이어지는 것이다. 이것을 소위 도통道通이라 한다. 이렇게 학문이 끊어지지 않게 해야 된다.

18.8 심주보리집중복心住菩提集衆福 상불방일식견혜常不放逸植堅慧
정념기의항불망正念其意恒不忘 시방제불개환희十方諸佛皆歡喜

언제나 보리를 생각하면서 만복을 받는 사람이 되기를, 언제나 유혹에 빠지지 말고 언제나 굳은 믿음을 가지고 살도록, 언제나 자기의 전공은 깊이 올바로 생각해서 잊지 말도록, 그래서 언제나 선생님들이 기뻐할 수 있도록 해야 된다. 그러니까 언제나 삼보가 끊어지지 않도록 해야 된다. 그래서 깨닫는 사람, 발견하는 사람도 나와야 되고 학자들도 나와야 되고 선생도 나와야 된다. 그것이 끊어지지 않도록 해야 된다.

이 다음에 또 누군가 이런 집회를 가지기 바란다. 그래서 이런 집회가 끊어지지 않도록, 그래서 우리 한국 사회가 조금이라도 빛을 발할 수 있도록, 한국 사회가 조금이라도 힘을 얻을 수 있도록, 한국 사람이 조금이라도 숨을 쉴 수 있도록, 이런 집회가 자꾸자꾸 있어야 된다. 물론 교회에서 다 하지 않느냐 할 수 있지만 너무 교회에만 다 맡기지 말고 역시 우리는 교회를 도와주는 이런 기관들이 있어야 된다. 목사님이 심방도 가야 되고 하는데 다 어떻게 하는가. 목사님이 우리 집사람 앓는다고 거기까지 찾아왔기에 "아니 여기는 왜 옵니까, 대학교회 5백 명을 다 쫓아다니려면 교회 일은 언제 봅니까" 하고 말했다. 나도 전에 대학교회 일을 십 년 맡아 했는데 처음에 심방 다니는 것을 쫓아다니려니까 아무 것도 할 수 없었다. 그래서 목사가 필요하면 나에게 찾아오너라 하고 나는 심방을 다니지 않았다. 하여튼 어떻게 되었건 목사 혼자서 다 못하지 않는가. 그러니까 주일학교에 있는 사람들이 이것을 도와주어야 한다. 그래서 나는 여러분이 어디에 가든지 교회에 가서 주일 학교 선생을 하라는 것이다. 주일학교 선생 하겠다고 하면 거의

다 하라고 할 것이다. 주일학교 선생은 월급 안 받으니까 교회에서도 무슨 손해날 것은 하나도 없다. 그러니까 다 주일학교 선생은 시키니까 어디든지 가서 이렇게 클래스를 차리면 이것이 얼마나 도움이 되겠는가. 그래서 나는 신학교에서도 기독교 교육학과가 제일 중요하다고 생각한다. 신학은 목사 만드는 것인데 기독교 교육학과는 주일학교 선생 만드는 것이다. 주일학교 선생처럼 중요한 것이 없다. 일본에 가서 보니까 주일학교 선생은 다 60대 이상이 하고 있었다. 60대 이상의 사람들이 주일학교 선생하지 대학생들이 주일학교 선생 하는 것은 거의 없었다. 나는 거기에서 우리나라도 주일학교에서 나이 좀 많은 사람들이 해야 되겠다 그렇게 알았다.

주야근수무해권晝夜勤修無懈倦 영삼보종부단절令三寶種不斷絶
소행일체백정법所行一切白淨法 실이회향여래지悉以廻向如來地

그래서 여러분도 삼보가 끊어지지 않도록 열심히 노력해야 된다. 우리가 가르치는 것은 언제나 진리를 가르치는 것뿐이지 딴 이야기가 없다. 그래서 우리는 무엇이나 예수님께 돌리는 것이다.

보살소수증선행菩薩所修衆善行 보위성취제군생普爲成就諸群生
영기파암멸번뇌令其破闇滅煩惱 항복마군성정각降伏魔軍成正覺

우리가 착한 일을 하고 모든 사람들을 도와서 그 사람들이 성공하도록 만들어 주고 그 사람들의 어두움을 깨뜨려 주고 그 사람들의 고민을 해결해 주어 그 사람들도 마귀에게 끌려다니지 않도록 그렇게 깨닫게 해준다.

진지안서여상왕進止安徐如象王 용맹무외유사자勇猛無畏猶師子
부동여산지여해不動如山智如海 역여대우제중열亦如大雨除衆熱

어질 인仁이라는 것은 코끼리처럼, 용기는 사자처럼, 지혭는 태산처럼, 그래서 설법은 비오는 것처럼. 물론 장마비처럼 오는 수도 있고 부흥목사처럼 막 야단치고 소리 꽝꽝치는 사람도 있을 것이고 나처럼 일생을 가야 큰 소리 한 번도 못 치고 밤낮 보슬비처럼 조그맣게 말하는 사람도 있을 것이다. 그래서 언제나 선생들은 비를 뿌리듯이 설법을 해야 한다. 제일 중요한 것이 비요 그 다음 중요한 것은 강이요 그 다음 중요한 것은 우물이고 그 다음 중요한 것은 저수지다. 그런 계단이다. 그러니까 이 네 가지, 언제나 코끼리처럼, 사자처럼, 태산처럼, 비처럼, 이렇게 네 가지가 마지막으로 나왔다.

2001. 6. 24.

제19. 승야마천궁품 昇夜摩天宮品

승야마천궁품 강해

지난 시간에는 「승수미산정품 昇須彌山頂品」의 제석천 帝釋天이었다. 수미산에 올라간 것인데 수미산은 우주의 가장 높은 꼭대기다. 말하자면 에베레스트 꼭대기라는 것이다. 에베레스트 산꼭대기에 제석천이 있다는 것인데 제석천의 뜻은 환인궁 桓因宮으로 하나님이 계신 곳이라는 말이다. 제석천이라는 말 대신에 도리천 忉利天이라는 말도 나왔는데 도리천이란 33천을 말한다. 에베레스트를 중심으로 그 주위에 8,000미터 이상 되는 봉우리가 13개가 있고 또 7,000미터 이상 되는 봉우리가 20여 개가 된다는 것이다. 그래서 가장 높은 봉우리들을 서른 셋으로 친 것이다. 그래서 그 33봉우리가 제석천을 둘러싸고 있다는 것이다. 그래서 가운데 가장 높은 에베레스트만을 말할 때는 제석천이라 하고 주위의 높은 봉우리를 말할 때는 도리천이라 한 것이다. '도리 忉利'는 33이라는 뜻이다.

그런데 산꼭대기란 하늘과 땅이 서로 만나는 자리다. 하늘과 땅이 만난다는 말은 신인합일神人合一 혹은 천인합일天人合一이라는 것이다. 꼭대기가 하나님을 만나는 자리다. 그것을 우리는 입立이라 한다. 공자가 말하길 "삼십이입三十而立"이라 했는데 삼십에 하나님을 만났다는 말이다. 입장이라 하기도 하는데 이 제석천이라는 것이 하나님과 사람이 만나는 그 자리를 말한다. 그것이 결국 십주十住라는 것이다. 주住라는 것을 달리 말하면 입장立場이라는 것이다. 그러니까 십주라는 것이 무엇인가 하면 결국 사람과 하나님이 만났다고 하는 이야기다. 장자莊子는 그것을 눈이 뚫렸다고 한다. 사람과 하나님이 만나면 눈이 뚫린다는 것이다. 그러면 십신十信이란 무엇인가. 장자는 그것을 귀가 뚫렸다고 한다. 그러니까 십신은 귀가 뚫리는 것이고 십주는 눈이 뚫리는 것이고 십행十行이란 코가 뚫리는 것이다. 우리가 영어공부를 해보면 맨 처음에 귀가 뚫리게 되고 그 다음에 눈이 뚫리게 된다. 책을 쉽게 읽을 수 있게 된 것이다. 그 다음에 영어로 논문을 제대로 쓸 수 있게 되면 그것을 우리는 코가 뚫렸다고 한다. 그래서 맨 마지막은 입이 뚫리는 것이다. 설교를 할 수 있게 되는 것이다. 그러니까 신해행증信解行証을 달리 말하면 귀가 뚫리고 눈이 뚫리고 코가 뚫리고 입이 뚫린다는 것이다. 그래서 장자는 "이철위총耳徹爲聰 목철위명目徹爲明 비철위전鼻徹爲顫 구철위감口徹爲甘 심철위지心徹爲知 지철위덕知徹爲德"이라 했다. 내가 맨 처음에 유영모 선생님의 강의를 들으러 갔을 때 선생님이 이 말씀을 하셨다. 선생님도 『장자莊子』를 배우면서 이 말이 인상이 깊었던 모양이다. 나도 이 말이 상당히 인상이 깊어서 잘 잊혀지지 않는다. 불교에서는 귀가 뚫리는 것을 성문聲聞이라 하고 눈이 뚫리는 것을 연각緣覺이라 하고 코가 뚫리는 세계를 보살菩薩이라 하고 입이 뚫린 세계는 불타佛陀라 한다. 그래서 우리는 지금까지 성문과 연각을 한 것이다. 이제부터는 보살과 불타에 대한 이야기다.

　석가가 강가의 보광명전普光明殿에서 한 이야기는 십신十信이라는 것이다. 신앙의 중심은 선생님이다. 대승기신大乘起信이다. 큰 선생을 만나면 언젠가는 귀가 뚫리고 눈이 뚫리게 된다. 기독교로 말해서 하나님을 만나는 순간이 눈이 뚫리는 순간이다. 그리고 코가 뚫리는 것은 그리스도를 만나는 순간이다. 그리고 입이 뚫리는 것은 성령을 만나는 순간이다. 그런데 그런 것을 불교에서 말할 때는 신해행증이라 하는데 다시 말해서 성문·연각·보살·불타라는 것이다.

오늘은 야마천궁夜摩天宮이다. '야마夜摩'라는 말은 시간이라는 말이다. 야마천을 한문으로 쓸 때는 시분천時分天이라 한다. 귀가 뚫릴 때나 눈이 뚫릴 때나 다 때가 있다는 것이다. 나도 어려서부터 교회에 다녔는데 그래서 여러 목사님들 부흥목사님들 말씀을 많이 들었다. 그리고 일본에 가서는 내촌감삼內村鑑三(Uchimura Kanzo, 1861-1930)의 제자 총본塚本이라는 사람에게 많이 들었다. 한국에 와서는 함석헌咸錫憲(1901-89)의 말을 듣다가 유영모의 말을 많이 듣게 되었다. 그렇게 많이 들었는데 그러다가 어느 날 유영모의 말을 듣는 중에 귀가 뚫렸다. 그러니까 유영모는 나에게 특별한 선생이다. 내게 있어서 유영모가 하나의 대승大乘이다. 언제인지는 적어두지 않아서 확실하지 않는데 한 번은 선생님과 학생들이 북한산 보현봉 밑에 바위들이 많은 골짜기로 야유회를 갔었다. 지금 평창동에서 북한산으로 올라가는 가장 큰 골짜기인데 돌이 많이 깔려 있는 골짜기다. 반석같이 넓은 바위가 있는 거기에서 7, 8명이 모였었는데 그때 선생님이 「요한복음」 14장을 읽으면서 설명을 했다. 그때 말씀하신 것이 "나는 길이요 진리요 생명"이라는 말씀이었다. 그런데 그때 그 설명을 듣는 순간에 귀가 뚫렸다. 나중에 산에 가서 보니까 그 장소가 그대로 있었다. 내가 선생님의 강의를 여섯 해를 들었는데 마지막 거기서 그 강의를 들을 때 귀가 뚫린 것이다. 그때가 언제인지 적어 두었으면 좋은데 적어두지 않아서 기억은 못하지만 하여튼 귀가 뚫린다는 말은 이제 더 들을 필요가 없다는 것이다. 선생님의 말은 다 같은 말이니까 이제 더 들을 필요가 없어졌다. 물론 그 다음에도 선생님의 강의에 수십 년 더 다니기는 다니지만 그저 다니는 것이지 더 들을 것은 없다. 여기에도 지금 오래 다니는 분들이 있는데 아마 같은 심정일 것이다. 그저 와 주는 것이지 무슨 들을 것이 있어서 오는 것은 아니라고 생각한다. 사람은 이렇게 언젠가 귀가 뚫리는 때가 있다. 내가 영어 공부할 때 맨 처음 한 학기 지나고 끝나는 방학 때 학생들이 다 가고 나 혼자 남아서 심심하니까 라디오를 틀어놓고 어떤 교육방송을 듣는데 그 말이 굉장히 느리게 느껴졌다. 왜 저 사람은 저렇게 천천히 말하는가 했다. 그리고 영화를 구경하러 갔더니 배우들의 하는 말이 왜 그렇게 천천히 말하는 것인지, 그래서 그 하는 말들을 거의 다 알아듣게 되었다. 그때 나는 "아, 내가 귀가 뚫리는구나" 생각했다. 영어도 귀가 뚫리지만 하나님의 말씀도 오래 배우다가 나중에는 귀가 뚫리는 때가 있다. 그래서 성경말씀 가운데는 더 들을 말이 없다 하리만큼 귀가 뚫리는 때가 있다. 그것을 시분時分, 야마천이라 한다. 그 다음 눈이 뚫리는 때가 있다. 그것은 내가 여러 번 말하는 서른 다섯 살 되던 3월 17일 오전 9시 5분이다. 그때 내가 하나님을 만나는 순간이다. 그것이 여기서 말하는 수미산정須彌山頂이라는 것이다. 그것이 "삼십이입三十而立"이라는 것이다. 거의가 다 35세에 입立이다. 공자도, 소크라테스도, 석가도 다 35세에 입立이다. 눈이 뚫리는 것이다. 그런 때가 있다. 그것은 시간까지 확실하다. 3월 17일 오전 9시 5분이다. 그런 것을 시분이라 한다. 그 다음에 행행에 대해서 코가 뚫리는 그런 때가 있다. 그것은 내가 48세 되던 때다. 그 다음에는 입이 뚫리는 때가 또 있는데 나는 64세다. 하여튼 각각 다 자기 경험에 따라 나는 언제 귀가 뚫렸다, 언제쯤 눈이 뚫렸다, 언제쯤 코가 뚫렸다, 언제쯤 입이 뚫렸다 하고 대충 어느 때라 말할 수 있다. 그런 것을 시분이라 한다. 때가 있다는 것이다. 성문·연각·보살·불타, 다 때가 있다는 것이다.

그 다음 중요한 십행十行이라는 것은 천궁天宮이다. 수미산은 산꼭대기라는 것인데 이때부터 하늘로 올라간다. 그래서 하늘에서 살게 되었다. 하늘에서 살게 되었다는 것은 말하자면 자유라는 것이다. 중국 사람들은 자유라는 말 대신에 도道라는 말을 쓴다. 그래서 사홍서원四弘誓願에 "불도무상서원성佛道無上誓願成"이라 한다. 하늘에 올라가는 것이 불도佛道다. "일도출생사一道出生死." 생사를 넘어서 하늘에 올라가는 것, 그것을 행행이라 한다. 이것은 산에 올라간다는 것이 아니라 하늘에 올라간다는 것이다. 그래서 그것을 보통 공空이라 해서 공 속에 살게 된다고 한다. 공거空居, 공 속에 산다는 것은 자유자재라는 말이다. 그 자유의 세계에 도달하는 것을 우리는 행이라 한다. 자유를 향해서 열심히 가는 사람을 우리는 키에르케고르의 말로 해서 실존이라 한다. 귀가 뚫렸다는 것이 무엇인가. 귀의 자유를 위해서 계속 쫓아다니면서 듣는 것인데 듣다가 어느 때 가서 딱 뚫리게 된다. 딱 뚫렸다는 말은 도에 통했다는 말이다. 요새로 말하면 자유에 도달했다는 말이다. 영어가 이제 들린다, 이제 무슨 말인지 다 알아듣겠다, 듣는데는 이제 별로 문제가 없다, 이렇게 되면 그것은 귀가 자유에 도달한 것이다. 책을 보는데 자꾸 보아서 나중에는 휙휙 날리게 되었다 하면 보는데 도가 통한 것이다. 그러니까 옛날로 말하면 도에 통했다 하는 것을 요새로 말하면 자유를 얻었다는 것이다. 듣는데 자유를 얻고 보는데 자유를 얻고 쓰는데 자유를 얻고 말하는데 자유를 얻고 그렇게 우리의 일생이라는 것은 계속 올라가는 길이다. 향상일로向上一路다. 계속 올라가는 것인데 올라가서 결국 자유에 도달하는 그것이 "일도출생사"다. 그래서 그 다음에는 "일체무애인一切無碍人"이다. 이제 걸릴 것이 아무 것도 없다. 자유를 얻은 것이다. 우리가 맨 처음 자유를 얻는 것은 모국어에 대한 자유다. 우리가 한국말에 대해서 자유가 된 것이다. 거기에서부터 자유가 시작된다. 말의 자유다. 그러다가 철학에도 자유를 얻게 되고 문학에도 자유를 얻게 되고 이렇게 여러 가지로 자유를 얻어 가는 과정이 인생 사는 과정이지 우리에게 그런 자유라는 것이 없다면 인생 사는 맛이 없는 것이다. 그래서 우리는 계속 노력하는 것인데 그 계속 노력하는 그것을 행行이라 한다.

그런데 행이란 굉장히 고통스러운 것이다. 그래서 고행苦行이라 한다. 굉장히 고통스러운 고행이다. 그리고 고행일 뿐만 아니라 또한 고독孤獨하다. 혼자 해야 되기 때문이다. 그런데 그렇게 산으로 올라가면 갈수록, 높아지면 높아질수록 보이는 세계가 자꾸 넓어진다. 요전에 한층 더 올라가면 천리가 넓어진다는 그런 말을 했다. 자꾸 그렇게 넓어지는데 그런 세계를 공관空觀이라 한다. 넓게 되어서 전체가 다 보이는 그런 세계다. 올라갈수록 고통스럽고 고독하지만 그 넓어지는 매력에 그만두지 못하고 계속 가는 것이다. 이런 식으로 살아가는 사람은 언제나 행복을 느끼는 것이다. 올라갈수록 자꾸 넓어지는 세계를 보게 되니까 자꾸 행복해진다. 그래서 행의 세계란 또한 행복한 세계다. 하늘에 올라가서 자유를 얻고 사는 것이다. 그것이 천궁天宮이요 공거空居라는 것이다.

이 사람들의 문제는 언제나 생로병사生老病死라는 것이다. 기독교에서는 죄에서 벗어난다고 말하는데 이 사람들은 생로병사에서 벗어난다고 한다. 생로병사를 간단히 줄여서 생사生死라 하기도 한다. 생사에서 벗어나서 자유로운 사람이 "일도출생사一道出生死 일체무애인一切無碍人"이다. 생사를 벗어나 일체 걸림이 없이 사는 세계, 그것을 공거空居라 한다. 쉽게 말하면 자유다. 생로병사를 어떻게 이겨내는가. 결국 이 사람들이 말하는 것은 경제문제를 어떻게 할 것인가, 정치문제를 어떻게 할 것인가, 문화문제를 어떻게 할 것인가, 사회문제를 어떻게 할 것인가 하는 것이다. 이 네 가지 문제다. 이 네 가지를 극복하는 단계를 이 사람들은 파라밀이라 한다. 파라밀은 도피안渡彼岸이라는 뜻이다. 저쪽 언덕으로 건너갔다는 뜻이다. 이 지상에서 저쪽 천국으로 건너간 것이다. 그것이 지금 말하는 행의 세계라는 것이다. 지상의 세계란 생로병사의 세계이고 천국의 세계는 상락아정常樂我淨의 세계다. 영원하고 한없이 즐겁고 한없이 자유롭고 한없이 깨끗한 세계다. 생로병사의 세계에서부터 상락아정의 세계로 넘어가는 그것을 도피안이라 한다. 인도 사람들은 그것을 파라밀이라 하는데 야마천궁夜摩天宮에서 말하는 것은 모두 파라밀에 대한 것이다.

보통 육파라밀이라 해서 보시布施, 지계持戒, 인욕忍辱, 정진精進, 선정禪定, 지혜智慧라 한다. 그런데 열 개를 만들기 위해서 여기에 네 개를 더했다. 방편方便, 원願, 력力, 그리고 또 한 번 지智라는 것을 더했다. 그런데 열 개라고 하건 여섯이라 하건 내용은 네 개뿐이다. 보시라는 것, 지계라는 것, 선정이라는 것, 그리고 지혜라는 것, 이 넷이 중요한 것이다. 그런데 인욕이란 굉장히 고통스럽지만 참고 가는 것이고 정진이란 계속해 가야지 중간에서 끊어지면 도가 아니지 않느냐는 것이다. 그러니까 인욕, 정진은 전체적인 분위기를 조장하는 것이지 아무 것도 아니다.

보시는 사회문제를 어떻게 해결하느냐는 것이다. 복지문제다. 어떻게 가난한 사람들에게 쌀을 나누어 주느냐는 보시의 문제다. 그리고 지혜란 문화의 문제다. 우리의 문화를 어떻게 창달해 가느냐는 문화문제다. 선정은 우리의 정치문제를 어떻게 바로잡느냐는 것이다. 정치문제 가운데 제일 어려운 것이 남녀문제다. 우리나라에도 남녀의 성문제, 성폭력 그런 말이 자꾸 나온다. 민주당, 한나라당이 밤낮 싸우고 남쪽 북쪽 하는 이것도 다 정치문제다. 이들을 하나로 합친다는 것이 보통 어려운 것이 아니다. 그런 정치문제를 개인적으로 말할 때는 남녀문제라 한다. 감정의 문제다. 치정이다. 그 감정을 다스려야 되는데 그것이 참 어렵다. 그 다음 계戒라는 것은 먹는 문제다. 될 수 있는 대로 조금씩 먹어야 되는데 자꾸 먹게 된다. 자꾸 먹으면 자꾸 탈난다. 이것이 경제문제다. 이렇게 경제, 정치, 문화, 사회문제라는 네 가지를 다루는 것이 파라밀이다.

석가가 6년 고행했다는 것이 지계持戒다. 그런데 6년 동안 실제로 석가가 한 것은 일식一食이다. 일식으로 피골이 상접해서 결국 해골처럼 되기까지 고행을 했다. 그 다음에 한 것이 선정禪定이다. 49일 동안 선정이다. 49일 동안 고민하고 고민하는데 그 가운데서 문제가 무엇인가 하면 자꾸 미인들이 나타난다는 것이다. 석가의 눈앞에 자꾸 미인들이 나타난다. 이것이 석가의 두 번째 문제다. 이 문제를 해결하는 것이 선정이다. 그래서 35세에 성불成佛이다. 성불이라는 것이 소위 지혜智慧라는 것이다. 인도 사람들이 가지고 있는 모든 문화를 석가가 자기의 머리 속에서 다시 재정립해서 다시 새로운 문화를 창출해 내기 시작하는 것이다. 그것이 소위 지혜라는 것이다. 그 다음에 45년 설법說法이다. 이것이 소위 법보시法布施라는 것이다. 재물을 보시하는 것도 있고 진리를 보시하는 것도 있다. 재시財施와 법시法施가 있다. 그런데 45년 설법했다는 것은 법시다. 그러니까 석가의 일생을 따져보면 일식一食·일좌一坐·일인一仁·일언一言이다. 6년 고행이 일식이요 일좌는 선정이라는 것이며 일인은 성불이라는 것이다. 불佛이나 인仁이나 같은 것이다. 그리고 45년 설법이니까 일언이다. 그래서 석가의 일생을 가만 따져 보면 일식·일좌·일인·일언이다. 쉽게 말하면 경제, 정치, 문화, 사회문제를 자기로서 어떻게 풀어가느냐 하는 것이다. 그 문제를 자기가 풀어가야 되지 그렇지 않으면 안 된다. 인간이 가진 근본문제를 우선 자기가 풀어가야 한다. 그래서 풀린 결과는 무엇인가. 아까도 말했지만 귀가 뚫리고 눈이 뚫리고 코가 뚫리고 입이 뚫린 것이다. 자유의 세계에 들어간 것이다.

십행을 지금 넷으로 나눈 것이다. 그래서 공거空居라는 자유의 경지에 도달한 것이다. 그것을 야마천궁이라 한다. 그러니까 여기서 지금 말하려는 것은 네 가지 문제를 해결하자는 것이다. 뚫릴 때까지 해결하는 것이다. 뚫리면 해결된 것이다. 자유를 얻을 수 있을 때까지 해결하는 것이다. 이것이 야마천궁의 이야기다.

19.1 이시爾時 세존世尊 불리일체보리수하不離一切菩提樹下 급수미산정及須彌山頂 이향어피야마천궁보장엄전而向於彼夜摩天宮寶莊嚴殿.

석가는 보리수 밑에서 진리를 깨닫고 그 다음 수미산정에서 천인합일天人合一을 얻게 되었다. 그때 보리수 밑을 떠나지 않고 수미산정으로 올라갔다고 했다. 이번에는 보리수하와 수미산정 둘 다 떠나지 않고 야마천궁에 갔다는 것이다. 야마천궁은 무엇으로 상징하는가. 별로 상징한다. '야마夜摩' 란 밤이다. 해와 달이 없는 캄캄한 밤이라 했다. 캄캄한 밤이 되면 될수록 더 반짝이는 것이 무엇인가 하면 별이다. 그래서 보장엄전寶莊嚴殿이다. 별을 보배라 한 것이다. 보배 가운데 가장 큰 것이 금강석이다. 금강석 같은 별이 꽉 차 있는 은하수가 보장엄전이다.

19.2 시時 야마천왕夜摩天王 요견불래遙見佛來 즉이신력卽以神力 어기전내於其殿內 화작보연화장사자지좌化作寶蓮華藏師子之座

그때 그 은하수를 다스리는 야마천왕이 멀리서 부처님이 오시는 것
을 보고 즉시 신통력을 발휘해서 자기가 사는 집안에 아주 금강석으로
박은 연꽃이 핀 큰 사자좌 의자를 만들었다.

이백불언而百佛言 선래세존善來世尊 처차궁전處此宮殿 시불수청時佛
受請 즉승보전卽昇寶殿.

그리고 부처님에게 말했다. "잘 오셨습니다 세존이시여, 어서 이 궁
전으로 들어오십시오." 그때 부처가 그 청을 받아서 그 보석으로 꽉 차
있는 집안으로 들어갔다.

19.3 이시爾時 천왕天王 이설송언而說頌言

이때 천왕이 아주 찬송하며 말했다.

보왕여래세간등寶王如來世間燈 제길상중최무상諸吉祥中最無上
피증입차청정전彼曾入此淸淨殿 시고차처최길상是故此處最吉祥.

보왕寶王이란 보석의 왕인데 별로 말하면 북극성이다. 야마천궁이
란 파라밀이라는 행을 말하는 것인데 여기에도 또한 들여다보면 신해
행증信解行証으로 갈려있는데 여기서는 지금 신신을 말하는 것이다.
석가모니라는 사람을 믿으려니까 석가모니는 어떤 사람인가 하면 북
극성 같은 움직이지 않는 사람이라는 것이다. 온 별이 돌아도 북극성
은 돌지 않는다. 북극성이 움직이면 배들이 그것을 믿고 움직일 수 없
다. 그래서 석가는 "보왕여래寶王如來"다. 북극성 같은 존재다. 그리
고 "세간등世間燈", 이 세상을 비치는 빛이다. "제길상중최무상諸吉祥
中最無上." 길상吉祥은 잘 쓰지 않는 말인데 경사스럽다는 말이다.
'길吉'이란 행복하다는 것이고 '상祥'이란 신성하다는 것이다. 그러니
까 가장 행복하고 신성한 사람이라는 뜻이다. 당신처럼 행복한 사람이

어디 있고 당신처럼 신성한 사람이 어디 있겠느냐는 말이다. 어서 깨끗한 이 하늘나라에 들어오십시오. 당신이 오시기 때문에 지금처럼 행복한 때는 없습니다.

　책을 보니까 야마천궁에는 해와 달이 없는데 어떻게 하면 낮이 되고 밤이 되는가 할 때 두 가지가 나와 있다. 하나는 연꽃이 피면 낮이고 연꽃이 지면 밤이라고 되어있고 또 하나는 붉은 연꽃이 피면 낮이고 파란 연꽃이 피면 밤이라고 나와 있는 데도 있다. 빨갛다 파랗다 하는 것은 우리 태극기의 빨강 파랑이라는 것인데 그것을 우리는 보통 "일음일양위지도一陰一陽謂之道"라 한다. 도道라는 것을 설명할 때 그렇게 말한다. 그리고 연꽃이 피면 낮이고 연꽃이 지면 밤이라 하는 것은 봄이 와서 꽃이 피는 것이 아니라 꽃이 피어야 봄이라는 것이다. 연꽃이 피어야 봄이다. 낮이라 하나 봄이라 하나 마찬가지다. 정말 정신이 깬 사람이 나타나면 낮이고 정신이 깨지 못한 사람이 나타나면 그것은 밤이다. 그러니까 이것은 정신의 광명이다. 이것은 「묵시록」 20장에도 나온다. 해와 달은 없고 이제는 하나님의 영광이 비친다는 것이다. 하나님의 영광이 비치면 낮이고 하나님의 영광이 떠나면 밤이다. 그러니까 정신이 깨면 낮이고 정신이 나가면 밤이다. 그래서 시간이란 사람에게서 나오는 것이다. 깬 사람이 나오면 깬 시대가 된다. 인간에서 시간이 나오고 시간에서 공간이 나온다는 그런 생각이다.

19.4 이시爾時 차전此殿 홀연광박관용忽然廣博寬容 여기천중如其天衆 제소주처諸所住處.

이때 이 집이 갑자기 넓어져 우주 전체가 야마천궁이 되고 말았다. 그래서 하늘의 중생들, 무수한 별들이 다 제자리로 돌아가게 되었다.
　이상이 신信이라는 것이다. 다음은 해解라는 것이다. 부처라는 사람은 어떤 사람인가 그것을 또 설명한다.

2001. 9. 2.

제20. 야마궁중게찬품夜摩宮中偈讚品

야마궁중게찬품 강해

 야마천의 핵심은 십행十行이라는 것이다. 이 다음에 나오는 도솔천에서의 핵심은 십회향十廻向이라는 것이고 그 다음의 타화자재천에서는 십지十地라는 것이다. 지금 보광명전에서의 십신十信과 도리천에서의 십해十解라는 두 가지가 끝난 것이다. 야마천에서는 십행이라는 것이 제일 중요하다. 그런데 지난번에 말한 것처럼 이 야마천궁을 또 넷으로 나누면 신해행증으로 볼 수 있다.

 20.1 이시爾時 불신력고佛神力故 시방각유일대보살十方各有一大菩薩 이래집회而來集會

 이때 부처님이 신통한 힘을 가지고 시방의 많은 보살들을 청해서 집회를 했다.

기명왈其名曰 공덕림功德林 혜림慧林 승림勝林 무외림無畏林 참괴림慚愧林 정진림精進林 역림力林 행림行林 각림覺林 지림보살智林菩薩.

그 보살들의 이름은 다음과 같다. 공덕림, 혜림, 승림, 무외림, 참괴림, 정진림, 역림, 행림, 각림, 지림보살이다.

이시爾時 세존世尊 종양족상從兩足上 방백천억묘생광명放百千億妙色光明 보조시방일체세계普照十方一切世界.

이때 세존의 양쪽 발에서 갖가지 신비한 빛이 나와 온 세계를 널리 비추었다.

부처님의 집회에 많은 보살들이 참석했는데 대표적으로 열 사람의 보살을 말한 것이다. 보살이란 계속 올라가는 사람이다. 그래서 그것을 나무로 상징한다. 공자도 목덕위주木德爲主라 했다. 자기의 일생은 나무처럼 계속 올라간다는 것이다. 계속 자라서 큰 나무가 되는 것이다.
 우리나라 양평에는 천 년 된 은행나무가 있다. 키가 60미터 하루에 물을 50드럼을 마신다. 그래서 인격人格이라 할 때는 나무 '목木' 변에 각각 '각各'이다. 각각이 나무라는 것이다. 인재人材라 할 때도 나무 '목木' 변에 재간 '재才'다. 사람에게 제일 중요한 것이 나무처럼 되는 것이다. 이화대학에서 말하는 진선미眞善美라 하는 것도 나무에서 나온 것이다. 가을의 열매는 진실眞實이고 여름의 무성한 잎은 선엽善葉이고 봄의 아름다운 꽃은 미화美花다. 그리고 나무의 줄기는 성간聖幹 혹은 성목聖木이다. 사람은 언제나 나무와 같이 사는 것이다. 그러다 나중에는 나무가 되고 만다. 나무가 많은 것이 수풀 '림林'이다.
 보살은 행하는 사람이다. 행에 들어간다는 것은 고행이다. 모든 행이 다 어렵지 쉬운 것은 하나도 없다. 그래서 고행을 보통 산에 오르는 것으로 비유한다. 산에 오르는 것은 상당히 힘들고 또 외롭다. 그러나 산에 올라만 가면 앞이 한없이 터진다. 산에 올라가면 몇 천리를 내다볼 수 있다. 그래서 공관空觀이라 했다. 이렇게 올라가는 것을 보통 산에 비유하는데 여기서는 나무에 비유했다. 우리 일생이란 언제나 나무 같은 것이다. 그래서 목덕위주라 한 것이다. 공자의 사상이 그것이다. 일생 속에서 얼마나 자라느냐? 10미터 자라는가 60미터 자라는가, 큰 사람인가 작은 사람인가? 그런데 석가는 큰 사람으로 자랐다는 것이다. 이렇게 사람의 일생을 큰 나무에 비유한다. 그래서 여기서는 모두 나무에 비유해서 보살들 이름에 수풀 림林을 쓴 것이다.

20.2 이시爾時 공덕림보살功德林菩薩 설송언說頌言

이때 공덕림보살이 다음과 같이 게송으로 찬송했다.

불방대광명佛放大光明 보조어시방普照於十方
실견천인존悉見天人尊 통달무장애通達無障㝵

나무는 무엇이 나무로 된 것인가. 하늘의 빛과 땅의 물이 합해서 나무가 되었다. 그래서 빛을 발한다. 온 세계를 비친다. 그래서 하늘에 사는 모든 사람들, 하늘에 사는 사람들은 의인들이고 땅에 사는 사람들은 죄인이다. 의인들을 비치는 것이다. 하늘에 올라갔으니까 하늘에 사는 모든 사람들의 존엄을 다 보고 있는 것이다. 그래서 어디나 자유자재로 갈 수 있게 된 것이다.

불공덕무변佛功德無邊 운하가측지云何可測知
무주역무거無住亦無去 보입어법계普入於法界

언제나 빛과 힘이다. 전지전능이다. 힘이 들어가야지 힘이 들어가지 않으면 나무가 아니다. 언제나 빛과 힘이 합친 것이 나무다. 그러기 위해 얼마나 노력했는지 모른다. 공덕이 끝이 없다. 어떻게 그것을 다 셀 수가 있겠는가. 그래서 "무주無住", 절대 어느 한 곳에 집착하면 안 된다. 집착하면 나무가 크지 못한다. 나무란 어디 집착하지 않고 그냥 큰다. 그리고 칡넝쿨처럼 어디 남을 의지하는 것도 아니다. 제 힘으로 곧장 커 가는 것이다. "무주역무거無住亦無去", 어디 집착하지도 않고 어디 의지하지도 않는다. 그래서 별세계로 들어간다. 이것이 공덕림보살의 이야기다.

20.3 혜림보살慧林菩薩 설송언설說頌言
세간대도사世間大導師 이구무상존離垢無上尊
불가사의겁不可思議劫 난가득치우難可得值遇

혜림보살이란 지혜의 나무가 크게 자랐다는 것이다. 그래서 다른 사람을 지도할 만한 큰 선생이 되었다는 것이다. 나무처럼 올라가면 올라갈수록 무엇에서 벗어나는가? 기독교로 말하면 죄에서 벗어나는데 여기서 하는 말은 때에서 벗어난다는 것이다. 때를 벗어난다. 때라 할 때, 때 '구垢'라는 것인데 그것은 때 '시時'라는 것이나 마찬가지다. 때를 벗어난다는 것은 시간을 벗어난다는 것이다. 야마夜摩라는 말이 시간이라는 말이다. 때를 초월하는 것, 시간을 초월하는 것이다. 모든 더러운 것을 다 초월한다. 올라갈수록 깨끗해지는 것이다. "이구離垢"다. 그래서 "무상존無上尊"이다. 한없이 높이 올라갔다. 높이 올라가면 올라갈수록 사람이 존엄해진다. 그래서 석가의 이름 중에 세존世尊이 있다. 높이 올라갔으니까 한없이 존엄하다는 것이다. 설악산에 가면 1,250미터 바위가 있는데 세존봉이라고 한다. 바위가 한없이 높이 올라가서 세존이 되는 것이다.

그런데 "불가사의겁不可思議劫"이다. 거기까지 올라가는 데 얼마나 오래 걸렸는지 아무도 모른다. 이 사람들은 사람의 70년 일생을 일생으로 삼는 것이 아니다. 70년 전에도 몇 억 년을 노력해 왔고 또 앞으로도 계속 노력해간다는 것이다. 우리는 언제나 현생만을 생각하는데 이 사람들은 과거라는 것을 자꾸 생각한다. 과거에 수없이 노력해서 지금 여기까지 온 것이지 갑자기 하루 이틀에 된 것이 아니라는 것이다. 그래서 니체는 앞으로 오만 년이 걸리면 원숭이가 사람이 되듯 지금 사람들이 그만큼 발전할 것이라 한다. 계속 발전한다는 것이다.

그래서 "난가득치우難可得値遇", 정말 만나기 어려운 큰 나무를 만나게 된 것이다. 석가가 하루 이틀에 된 것이 아니라는 것이다. 수 없이 오랜 동안 노력하고 노력해서 큰 재목이 되었다. 그런 재목은 정말 만나기가 쉽지 않다. 대궐을 지을 때 기둥으로 쓰는 나무들은 수백 년 자란 나무들이다. 그런데 우리나라에는 그런 나무가 지금 거의 없다.

무량무수겁無量無數劫 수습보리행修習菩提行
불능지차의不能知此義 불가득성불不可得成佛.

한없이 오랜 세월 동안 "수습보리행修習菩提行", 보리행을 수습했다. 진리를 깨닫기 위해서 노력하는 공부를 계속했다는 것이다. 이런 뜻을 알지 못하면 절대 부처가 될 수 없다. 공자의 일생을 보아도 공자는 73세에 죽었는데 죽기까지 계속 노력하지 하루라도 노력을 그친 일은 없다. 퇴계退溪 이황李滉(1501-70)도 마찬가지다. 주자朱子도 마찬가지다. 죽기 전까지 계속 『대학大學』을 번역하고 번역해서 죽기 사흘 전에 『대학』 번역을 끝냈다. 괴테도 마찬가지다. 계속 노력해서 그렇게 되는 것이지 무슨 천재가 있어서 그렇게 되는 것은 절대 아니다. 그러니까 행의 세계를 한마디로 말하면 노력이라는 것이다.

20.4 승림보살勝林菩薩 설송언說頌言
비여맹하월譬如孟夏月 공정무운예空淨無雲曀
혁일양광휘赫日揚光輝 시방미불충十方靡不充

여름에 구름 한 점 없는 맑은 날, 태양이 높이 떠서 아주 밝게 비친다. 아까는 나무가 자꾸 올라간다고 했는데 이번에는 태양이 높이 올라갔다는 것이다. 같은 비유다. 그래서 그 빛이 온 세계에 차지 않는

데가 없다. 빛이 꽉 차 있다는 것이다.

제법무생고諸法無生故 자성무소유自性無所有
여시분별지如是分別知 차인달심의此人達深義.

"제법무생고諸法無生故", 모든 만물이 다 죽었는데 그 까닭은 태양이 없어졌기 때문이다. "자성무소유自性無所有." 그러니까 모든 생명의 근원이 태양이라는 것이다. 태양이 있으면 살고 태양이 없으면 죽는 것이다. 이것이 결국 "일즉일체一卽一切 일체즉일一切卽一"이라는 것이다. 우리 사람들에게 가장 중요한 일이 태양을 발견하는 것이다. 태양을 발견하지 못하면 절망에 빠지고 만다. 태양을 발견하지 못하고 살면 사는 것이 산 것이 아니다. 태양을 발견하면 죽어도 죽는 것이 아니다. 부처란 무엇인가. 태양을 발견한 사람이 부처다. 내게 있어서 태양이 누구인가. 철학에서는 존재라 한다. '있고 있는 자' 라는 것이다. 우리는 있다가 없는 자인데 태양은 언제나 있고 있는 자다. 태양을 붙잡으면 모든 만물이 사는 것이고 못 붙잡으면 모든 만물이 죽는다.

이렇게 아는 사람만이 인생의 깊은 오의奧義를 아는 사람이다. 말은 쉬운데, 내 태양이 누군가 그것이 중요하다. 그 태양을 향해서 얼마나 애를 썼는가? 그 태양을 붙잡으려고 얼마나 애를 썼는가? 그것이 중요한 것이다. 그런데 보통 우리는 태양을 잊어먹고 산다. 태양을 생각하지도 않고 사니까 "제법무생고諸法無生故"가 되고 만다. 사람이 다 죽게 되고 만다. 그러니까 인생의 문제는 간단하다. 존재의 물음이다. 내 태양이 누군가? 그것을 한 번 물어서 그것을 붙잡으면 된다. 그런데 그런 존재의 물음이라는 것이 그만 이제 다 없어지고 말았다. 존재의 망각이다. 그런 생각이 다 없어지고 만 것이다. 그래서 태양 대신에 나타난 것이 돈이다. 돈 하나 때문에 사람을 죽인다. 보험금을 타려고 같이 타고 가던 자기 아내를 물 속에 집어넣고 죽인 사람도 있다. 돈이 얼마나 귀하면 자기 아내를 죽이기까지 할까. 이것이 소위 돈에 미친 세상이다. 제일 소중한 것이 무엇인가? 자본주의가 되면 자본이 제일 주인이고 자본이 제일 옳은 것이다. 그러니까 이제 하나님은 다 없어지고 돈이 하나님이 되고 말았다. "자성무소유自性無所有", 이것이 가장 중요한 말인데 이것은 또 앞으로 다른 뜻으로 해석할 수도 있지만 여기서는 이렇게 해석하기로 한다.

20.5 무외림보살無畏林菩薩 설송언說頌言
여래광대신如來廣大身 구경어법계究竟於法界
불리어차좌不離於此座 이편일체처而遍一切處

여래如來란 무엇인가. 지금까지 생각한 것은 법신法身이다. 전에 우리는 본각本覺과 시각始覺이 합해진 사람을 여래라 한다고 했다. 본각, 시각의 합치가 여래다. 본각과 시각이 서로 떨어져 합치지 못하는데 그것을 합치면 우리는 그것을 여래라 한다. 요새로 말하면 정신분열이 되었다가 그것이 통일이 된 것이다. 심신통일心身統一이라는 말도 했는데 그렇게 통일이 된 것을 여래라 한다. "여래광대신如來廣大身", 여래의 한없이 넓고 큰 몸이다. 우주 만한 것이다. 그래서 우주에 꽉 찬 것이 무엇인가 하면 진리다. 그래서 이것을 법신이라 한다.『화엄경』의 주 부처님이 법신이다.『법화경』에선 보신報身이었다. 48억년 동안 노력하고 노력해서 부처가 되었다는 것이다. 그리고『원각경』에서는 응신應身이었다. 응신이란 소위 45년 동안 설법한 부처님이다.『화엄경』에서는 법신을 말하는 것이니까 "여래광대신"이라 한다. 그래서 진리란 우주 속에 꽉 차 있는 것이지 석가의 몸에만 있는 것이 아니다. 석가가 진리를 발견한 것도 아니고 진리를 만든 것도 아니다. 진리는 우주에 꽉 차 있는 것인데 그 진리를 석가가 체득한 것이다.

그래서 그 자리에 가만 앉아 있어도 어디나 갈 수가 있다. 가만히 앉아 있으면서 산꼭대기에 올라갈 수 있다고 했다. 보리수하菩提樹下를 떠나지 않고 수미산 꼭대기도 가고 야마천에도 간다. 왜 그런가 하면 법신이기 때문이다. 우리가 생각한다 할 때 생각은 우주에 꽉 찰 수가 있다. 나는 달도 생각할 수 있고 하나님도 생각할 수 있다. 무엇이나 다 생각할 수 있다. 생각은 가만 앉아서도 달나라 별나라 다 생각할 수 있다. 생각이란 우주에 꽉 차 있기 때문이다. 그러니까『화엄경』은 철학 하는 경이다.『법화경』은 도덕 하는 경이고『원각경』은 종교 하는 경이라 했다. 그래서 여기를 떠나지 않아도 어디나 갈 수가 있다. 요새 전화가 있으니까 여기 앉아서 어디나 다 전화를 할 수 있는 것이나 마찬가지다. 가지 않아도 다 된다.

약문여시법若聞如是法 공경신락자恭敬信樂者
영리삼악도永離三惡道 일체제고난一切諸苦難.

이런 진리를 우리가 들으면 그런 진리를 공경하고 그런 진리를 믿고 그런 진리를 좋아하고 그래서 그런 진리와 하나가 된다. 공자는 아는 것보다 좋아하는 것이 더 좋고 좋아하는 것보다 즐기는 것이 더 좋다고 했다. 여기서도 마찬가지다. 맨 처음에 공경하다가, 그 다음에는 믿다가, 그 다음에는 좋아하고 즐거워하게 된다. 차차 깊어져서 하나가 되는 것이지 그렇지 않으면 하나가 될 수 없다. 부부가 같이 산다고 해도 마찬가지다. 그런데 이렇게 하나가 된다는 것이 참 어렵다. 40년을 살아도 밤낮 남 같지 어디 이렇게 자기 아내를 공경한다든가 자기 아내를 믿는다든가 좋아하고 즐거워하게 되기가 참 어렵다. 이렇게 되어야 하나가 되고 그래야 부부지 그렇지 않으면 부부라 할 수가 없다. 아직도 자기 아내를 깔본다거나 그렇게 되면 부부라 할 수 없다. 여자는 남자를 공경해야 되고 남자는 여자를 공경해야 된다. 공경한다는 것이 무엇인가. 상대방의 인격을 서로 인정해준다는 것이다. 상대방은 인격이지 무슨 물건이 아니다. 칸트로 말하면 인격을 목적으로 대하지 수단으로 대하지 말라는 것이다. 자기 아내를 무슨 수단처럼 부려먹으려고 하지 말라는 것이다. 목적으로 대해서 자기 아내를 공경해야 된다. 그래야 아내도 사람대우를 받는 것이다. 인간관계에서 제일 중요한 것이 서로 공경하는 것이다. 학생만 선생을 공경하는 것이 아니라 선생도 학생을 공경해야 한다. 그래서 유치원 보모들은 유치원생을 보고

"네, 네" 한다. 유치원 아이들도 인격이니까 한없이 존엄하다는 것이다. 존엄하니까 한없이 존경해야 된다. 공경한다고 해서 무슨 껍데기로 표현하는 것은 아니지만 마음속으로 서로 존경하는 것, 그것이 상당히 중요한 일이다. 인간이 서로 존경하는 것이 없으면 하나의 물건이지 인간이라는 것이 안 된다. 사람을 물건으로 대하지 말고 인격으로 대하라. 이것이 상당히 중요한 것이다. 그 다음 믿음이라는 것인데, 서로 믿는다는 것도 중요하다. 그리고 '락樂' 은 즐긴다고 하기보다 기뻐서 즐거워한다는 것이다. 우리말로 기뻐한다는 것이 좀더 나을지 모르겠지만 하여튼 하나가 되어서 기뻐하는 것이다. 그렇게 되어야 기독교에서 말하는 사랑이다. 사랑의 내용이란 이것이다. 믿음과 공경과 희락이다. 이런 사랑이 되면 "영리삼악도永離三惡道", 모든 악을 떠나고 만다. 사랑 속에 무슨 악이 들어갈 구석이 없지 않는가? 사랑이면 다다. 사랑이 되면 율법을 지킬 필요도 없다. 사랑이 없어져야 사람을 죽인다든가 도둑질한다거나 간음한다거나 거짓말한다거나 이런 것이 다 나오지 사랑하는데 이런 것이 어디 있을 수 있겠는가. 그러니까 사랑만 하게 되면 모든 악은 다 떠날 수 있다. 그렇게 다 떠나면 서로 아무 고난이라는 것이 없다. 아무리 노력해도 서로 즐겁지 고난이란 없다.

20.6 참괴림보살慚愧林菩薩 설송언說頌言
약인득문시若人得聞是 희유자재법希有自在法
능생환희심能生歡喜心 질제의혹망疾除疑惑網

사람이 듣고 싶은 것이 무엇인가? 하늘에 올라가는 비방이다. 그런데 그것은 보통 사람이 알 수 있는 비방이 아니다. 아주 희유稀有한 것이다. "희유자재법希有自在法", 하늘에 올라가는 법이라는 것인데 모든 사상이나 종교가 다 나타내고자 하는 것이 그것이다. 그래서 정말 그 비행기를 타기만 하면 하늘에 올라갈 수 있으니까 한없이 기쁘고 즐거운 것이다. 하늘이란 어떠한 곳인가? 기쁘고 즐거운 데가 하늘이다. 그래서 "능생환희심能生歡喜心"이다. 그 다음에는 모든 의심과 의

혹의 그물에서 금시 해제가 된다. '질疾'이란 빠르다는 뜻이다. "질제의혹망疾除疑惑網." 하늘에만 올라가면 금시 해제가 된다. 환경오염이라 자꾸 말하지만 하늘에만 올라가면 오염이 어디 있는가. 어떻게 하면 하늘에 올라갈 수 있는가? 희유자재법인데 이것은 나중에 행에 들어가면 나온다.

여래무유상如來無有上 역무여등자亦無與等者
일체무능비一切無能比 시고난치우是故難値遇.

여래처럼 높이 올라간 사람도 없고 여래처럼 훌륭한 사람도 없다. 비슷한 사람도 없다. 아주 정말 특별하다. 하도 높으니까 그 사람과는 일체 비교할 수가 없다. 그러니까 그런 사람을 만난다는 것이 정말 쉽지 않다. 그런 사람은 삼천 년에 한 번씩이나 만날 수 있다 해서 삼천 년에 한 번씩 피는 우담바라화優曇波羅華를 보는 것 같다고 한다. 꽃이 피면 낮이고 꽃이 지면 밤이라 했는데 꽃이 무엇인가 하면 부처라는 꽃이다. 이 세상도 마찬가지다. 대통령의 꽃이 피면 낮이고 꽃이 지면 밤이다. 언제나 낮과 밤이 사람에 의해 결정되는 것이다.

20.7 정진림보살精進林菩薩 설송언說頌言
제법무차별諸法無差別 무유능지자無有能知者
유불여불지唯佛與佛知 지혜구경고智慧究竟故

부처가 되면 결론이 무엇인가 하면 결국 일체가 같아지고 마는 것이다. 차별이 없어지고 만다. 하늘에 올라가서 내려다보면 다 꼭 같지 차별이 있을 수 없다. 부처라는 말이 본래 각覺이라는 말인데 무슨 각인가 하면 평등각平等覺이다. 제일 먼저 우리가 깨달아야 되는 것이 무엇인가 하면 남녀평등이다. 남녀평등, 이것부터 우리가 알아야 한다. 한국 사람은 아직도 남녀평등을 모르니까 자꾸 아들을 낳으려 하고 딸은 안 낳으려 한다. 말하자면 한국인들이 어리석은 것이다. 우리가 남녀평등이라는 것을 알면 우리나라는 아마 나라가 달라질 것이다. 남녀 차별이 계속되는 동안은 한국은 아직도 후진국을 벗어날 수 없다. 평등에는 여러 가지가 있지만 우선 가장 가까운 남녀평등부터 알아야 된다. 남자나 여자나 깨면 부처요 깨지 못하면 진흙덩이에 불과하다. 여자나 남자나 깨면 다 부처로 똑같다. 남자는 깰 수 있는데 여자는 깰 수 없다는 그것은 말도 안 된다. 다 깰 수 있으니까 다 평등이지 다른 것은 아무 것도 없다. 우리나라에서 제일 먼저 아들 낳아야 되겠다는 생각부터 없어져야 한다. 무엇을 낳든지 간에 낳아서 그들을 깨워야 된다. 깨우면 부처고 못 깨우면 그것은 진흙덩이다. 이런 생각을 해야지 아들이 더 귀하다, 딸이 더 귀하다 그런 생각을 하면 안 된다.

　지행일치知行一致, 이것도 평등이라는 것이다. 생사일여生死一如, 이것도 평등이라는 것이다. 사는 것과 죽는 것이 꼭 같은 것이다. 그런데 사는 것은 좋은데 죽는 것은 싫다, 이렇게 되면 부처 될 날이 먼 것이다. 그러니까 자기의 정도에 따라서 평등이라는 것을 자꾸 넓혀가야 된다. 우선 우리가 현실적으로는 남녀평등부터 시작해야 된다. 지행일치라는 것도 지행평등이라는 말이다. 생사일여라는 것도 생사평등이라는 말이다. 그러니까 부처란 한마디로 평등을 깨달은 사람이다. 그래서 "제법무차별諸法無差別"이다. 그런데 그것을 깨달은 사람이 별로 없다. 다 남자는 귀하고 여자는 천하다는 그런 생각을 하고 있지 남자나 여자나 같다 이렇게 깨달은 사람이 별로 없다. 사는 것은 좋고 죽는 것은 싫다 다 이렇게 알고 있지 그것이 같다고 생각하는 사람은 정말 없다는 것이다. 그러니까 "무유능지자無有能知者", 이것을 아는 사람은 거의 없다. "유불여불지唯佛與佛知", 정말 부처 된 사람과 부처의 친구 되는 그 사람만이 알 수 있다. 쉽게 말해서 부처만큼 높아지지 않으면 그것이 알아지지 않는다는 것이다. 이 말도 유명하다. 유불여불唯佛與佛이다. 선생님과 선생님 비슷하게 된 사람, 예를 들면 공자孔子와 안연顏淵이 유불여불이다. 학생 가운데 선생 비슷한 사람이 많이 있다. 비슷할 뿐만 아니라 선생보다 더 나은 사람도 많다. 그렇게 되면 유불여불이다. 그래서 "유불여불지", 유불여불만이 알 수 있다. 그렇게 되어야 지혜가 끝까지 간 것이다. 이는 깨달았다는 말이지 다른 말이 아니다.

비여산수법譬如算數法 증일지무량增一至無量
수법무체성數法無體性 지혜고차별智慧故差別.

우리가 수학으로 예를 들면 하나에다 하나 더하면 둘이 되고 또 하나를 더하면 셋이 되고 이렇게 억 만까지 갈 수 있다. 그렇지만 그 수라고 하는 것은 하나라고 하나, 둘이라고 하나, 셋이라고 하나 다 하나가 들어간 것이다. 하나 속에도 하나가 들어있고 둘 속에도 하나가 들어있고 셋 속에도 하나가 들어있다. 하나가 다 들어가 있다. 그러니까 평등이라는 것이다. 이것을 소위 불성佛性이라 한다. 모든 만물에는 불성이 다 들어가 있다. 주자朱子(1130-1200)는 그것을 태극太極이라 한다. 모든 만물 속에 태극이 다 들어가 있다고 한다. 다 같은 말이다. 모든 만물 속에 다 하나님의 신비가 들어가 있다. 그러니까 신비가 없는 것은 하나도 없다는 것이다. 그러니까 평등이다. 그래서 수數라는 것은 체體가 있는 것이 아니다. 그것은 추상적인 것이다. 하나라는 것은 무슨 사과라는 것도 아니고 아무 것도 아니다. 그냥 하나다. 그러나 그 하나는 다 꼭 같다는 것이다. "지혜고차별智慧故差別", 그런 것을 아는 지혜를 가져야 하나 속에도 하나가 있고, 둘 속에도 하나가 있고, 셋 속에도 하나가 있고, 다 하나가 있다는 그런 것을 알 수가 있다.

20.8 역림보살力林菩薩 설송언說頌言
일체중생계一切衆生界 개재삼세중皆在三世中
삼세제중생三世諸衆生 실주오온중悉住五蘊中

중생계에 있는 사람들은 과거, 현재, 미래 그렇게 간다. 삼세三世에 사는 모든 중생은 다 색수상행식色受想行識이라는 오온五蘊에 산다. 감각도 있고 생각도 있고 실천도 있고 의식도 있고 다 있다는 것이다.

제온업위본諸蘊業爲本 제업심위본諸業心爲本
심법유여환心法猶如幻 세간역여시世間亦如是.

그 온蘊 때문에 업業을 만든다. 좋은 업도 만들고 나쁜 업도 만든다. 욕심이라는 것 때문에 나쁜 업을 만들고 양심이라는 것 때문에 좋은 업도 만든다. "제업심위본諸業心爲本", 심心 때문에 업이 생긴다는 것인데 심이란 여기선 욕심을 말하는 것 같다. 욕심에서 업이 나오고 업에서 온이 생긴다. 그런데 그 욕심이라고 하는 것은 무지개 같은 것이다. 각 사람들 마음속에 그것이 꽉 차 있다. 그 욕심은 아무 쓸모 없는 것이고 그것이 있으면 자기가 손해나는 것뿐인데 그것이 꽉 차 있다. 욕심을 비우면, 마음을 비우면 온 천하가 다 내 것인데 욕심이 꽉 차 있기 때문에 다 원수가 된다. 동네 사람도 원수가 되고 남편과도 원수고 다 원수다. 그래서 저 혼자 자폐증에 빠져 공주병에도 걸리고 왕자병에도 걸린다. 다른 사람과 내가 꼭 같다는 그런 생각을 해야 되는데 그것이 아니라 저만 잘나고 남은 못났다고 한다. 욕심이라는 것, 그것은 아무 것도 아닌데 거기에서부터 업이 생기고 업에서 온이라는 이런저런 나쁜 생각이 자꾸 나오고 거기에서부터 삼세중생이라는 지옥 속에 빠져 있다는 것이다.

20.9 행림보살行林菩薩 설송언說頌言
비여시방계譬如十方界 일체제지종一切諸地種
자성무소유自性無所有 무처불주편無處不周遍

온 세상의 일체 만물은 다 "자성무소유自性無所有", 자기라는 것이 없다. 일체 만물은 다 어디에 속해 있는 것이지 자기라는 것이 없다. 그러니까 만물이란 태양이 아니라는 것이다. 다 태양에 속해 있는 것이다. 그래서 어디나 다 꽉 차 있다. 그런데 태양은 하나밖에 없으니까 꽉 차 있을 수 없다. 물론 빛은 꽉 차 있다. 만물은 "자성무소유", 그래서 일체가 평등이지 내가 잘난 것이 아니다. 내가 왕자도 아니고 공주도 아니다. 다 꼭 같은 것이다. 그러니까 "무처불주편無處不周遍", 어디나 꽉 차서 다 같이 사는 것이다. 같으니까 같이 사는 것이지 그렇지 않으면 같이 살 필요도 없다.

약능견불신若能見佛身 청정여법성淸淨如法性
차인어불법此人於佛法 일체무의혹一切無疑惑

만약 우리가 욕심이 없는 부처의 몸을 본다면 그 부처의 마음은 한없이 깨끗하다. 욕심이 없는 것이다. "청정여법성淸淨如法性." 깨끗한 불처럼 하나도 더러운 것이 없다. 법성法性이라는 말이 앞으로 자주 나오는데 법성이란 우리의 본질이다. 우리의 본질이 한없이 깨끗한 것이다. 그것을 불성佛性이라 한다. 모든 사람에게는 다 불성이 있다고 한다. 본각本覺이란 말이다. 사람은 다 누구나 깨끗한 본각이 있다. 물은 본래 깨끗한 것이다. 그런데 자본주의라든가 공산주의라든가 그렇게 무엇인지 잘못되어서 우리가 더러워진 것이다. 그 더러워진 것만 해결하면 또 다시 깨끗해지는 것이지 깨끗해지지 않을 수 없다. 이것은 불교만이 아니라 모든 종교가 다 그렇게 생각한다. 그러니까 본각과 시각始覺이 하나가 되면 여래如來가 되는 것이다. "청정여법성", 법성처럼 깨끗한 것이다. 깨끗하기가 에베레스트 산꼭대기의 얼음처럼 깨끗하다는 말이다. 그러니까 법성이란 산꼭대기의 얼음이다. 그 얼음이 녹아서 내려오는 것이 물이고 그 물 때문에 살아가는 것이 만물이다. "차인어불법此人於佛法 일체무의혹一切無疑惑." 이런 사람에게는 불법이라는 것이 하등 문제될 것이 없다. 깨끗한 것이 불법이니까 문제될 것이 없다. 의혹이 아무 것도 없다.

20.10 각림보살覺林菩薩 설송언說頌言
심여공화사心如工畵師 능화제세간能畵諸世間
여심불역이如心佛亦爾 여불중생연如佛衆生然

약인욕료지若人欲了知 삼세일체불三世一切佛
응관법계성應觀法界性 일체유심조一切唯心造.

이것이 제일 유명한 것이다. 이것이 실차난타實叉難陀(Siksananda, 652-710)가 번역한 것으로 『60화엄경』에선 조금 다르게 되어 있다. 그러나 그 뜻은 다 같은 것이다.

마음은 그림 그리는 화백 같다. 모든 그림을 능히 그릴 수 있다. 그러니까 기독교로 말하면 하나님이 우주를 창조했다는 말이나 같은 말이다. 하나님이 심心이다. 하나님이 그림 그리는 화백이다. 하나님이 우주를 창조했다. "여심불역이如心佛亦爾", 그런데 하나님 같은 분이 또 누구인가 하면 부처라는 것이다. "여불중생연如佛衆生然", 또 부처 같은 사람이 누구인가 하면 중생이다. 그러니까 하나님과 부처와 중생이 한통이라는 것이다. 기독교로 말하면 성부, 성자, 성령이 한통이라는 것이다. 그러니까 태양, 물, 나무, 이것이 한통이다. 태양이 없으면 나무도 없고 물이 없으면 나무도 없다. 태양, 물, 나무, 이것이 한통이다. 심心이라 하면 태양이고 물이라 하는 것이 불佛이고 나무라 하는 것이 중생衆生이다. 그러니까 태양과 물이 합해진 것이 나무라는 중생이다. 모든 생명이 그것이다.

만약 사람들이 정말 알고 싶다면 그것은 이 세상의 모든 부처라고 하는 사람들은 이 우주를 진리의 세계라고 깨달은 사람들이라는 것이다. 이 우주가 진리의 세계라고 깨달은 사람들이다. 왜 진리의 세계인가. "일체유심조一切唯心造", 일체가 하나님이 만들었다. 하나님이 만들었으니까 이 우주가 깨끗한 것이다. 하나님이 만들었으니까 이 우주가 진선미지 그렇지 않으면 진선미가 될 턱이 없다. 『60화엄경』에서는 다음과 같이 번역했다.

"심여공화사心如工畵師 화종종오음畵種種五陰
일체세계중一切世界中 무법이불조無法而不造
여심불역연如心佛亦然 여불중생연如佛衆生然

심불급중생心佛及衆生 시지무차별是之無差別
제불실요지諸佛悉了知 일체종심전一切從心轉
약인여시해若人如是解 피인견진불彼人見眞佛."

"무법이불조無法而不造", 만물치고 만들어지지 않은 것은 없다. 일체가 하나님이 만들었다는 것이다. "심불급중생心佛及衆生 시지무차별是之無差別", 마음과 부처와 중생은 차별이 없다. 모든 사람은 그것을 꼭 알아야 된다. 그것을 아는 사람이 부처다. 그래서 자기의 마음을 돌이켜야 된다. 지금처럼 차별에 살던 사람이 평등으로 돌이켜야 된다. 사람들이 이렇게만 되면 그런 사람은 진짜 부처와 언제나 같이 살 수 있을 것이다. "피인견진불彼人見眞佛." 여기서 견見이란 보았다는 것이 아니라 같이 산다는 것이다. 아까 말로 유불여불이다.

이것은 우리가 원효대사 이야기 할 때면 밤낮 나오는 말이다. 원효대사가 어디 가다가 밤에 어느 무덤에서 물을 마셨다는 그런 이야기에서 밤낮 하는 이야기가 이 소리다. 그리고 또 원효대사가 좋아했던 말이 "일도출생사一道出生死 일체무애인一切無碍人"이다. 이 다음의 행行의 세계가 무엇인가 하면 "일도출생사"다. 하늘에 올라갔다는 것이 무엇인가 하면 생사를 넘어섰다는 것이다. 시간을 넘어섰다는 말도 달리 말하면 생사를 넘어섰다는 것이다. 그러니까 야마夜摩라는 말이 시간이라는 말이 되고 만다. 생사를 넘어서고, 시간을 넘어서고, 죄악을 넘어서고, 모든 더러움을 넘어서고, 그렇게 해서 하늘로 올라간다. 그래서 청정법신淸淨法身이 된다. "일도출생사"는 『화엄경』「보살문명품菩薩問明品」에서 가장 유명한 말이고 여기서는 이 말이 제일 유명하다. 유심연기唯心緣起를 말할 때면 언제나 이것이 인용된다. 그만큼 유명해서 불교를 잘 모르는 사람들도 웬만큼 아는 사람들은 다 『화엄경』의 이 말은 안다.

20.11 지림보살智林菩薩 설송언설頌言
비여수의주譬如隨意珠 능현일체색能現一切色

무색이현색無色而現色 제불역여시諸佛亦如是

수의주隨意珠는 제 마음대로 되는 구슬이다. 마니주 혹은 여의주라고도 한다. 이 구슬만 가지면 마음대로 할 수 있다는 것이다. 그 마니주는 아무 색깔이 없다. "무색이현색無色而現色", 색깔이 없기 때문에 모든 색깔을 나타낸다. 근본은 흰색이다. 그런데 그것이 7색으로 변한다. 모든 색을 다 나타내는 것이다. "무색이현색"이다. 마음이 가난해야 천국이다. 우리가 알았다 하는 것도 마찬가지다. 아무 것도 모르니까 알게 되는 것이다. 무지지지無知之知다. 아무 것도 모르니까 알게 되는 것이지 알았다 그러면 더 들어갈 수 없다. 언제나 마음을 비워야 온 세계가 다 내 것이 된다. 마음에 무엇이라도 조금 차면 내 것이 안 된다. 소동파蘇東坡(1036-1101)의 "적벽부赤壁賦"에 나오는 것이 그것이다. 청풍명월淸風明月이라는 유명한 이야기가 그것이다. 그러니까 마음을 비운다던가 하는 말을 여기서는 무색無色이라 한 것이다. 금강석도 색이 없으니까 그렇게 7색으로 빛나는 것이지 금강석에 본래 색깔이 있다면 그렇게 빛나지 않는다. 언제나 무극이태극無極而太極이다. 무극이니까 태극이지 무극이 안 되면 태극이 안 된다. 그러니까 동양철학은 다 이 무無라는 것이 근본이다. 무위자연無爲自然이다. 무위니까 자연이지 그것이 유위有爲가 되면 자연이 아니다.

아까 무자성無自性을 다른 말로 할 때는 공관空觀이라 하는데 공관이란 진공眞空이 공관이다. 진공이니까 묘유妙有다. 진공묘유眞空妙有지 진공이 허무가 아니다. 그러니까 다 같은 말이다. "무색이현색無色而現色"이다. 색깔이 없으니까 억만 색깔로 나타나는 것이다. 모든 부처가 다 마찬가지다.

제불무유법諸佛無有法 불어하유설佛於何有說
단수기자심但隨其自心 위설여시법謂說如是法.

"제불무유법諸佛無有法", 부처는 자기가 가진 특별한 법이란 없다.

그러니까 자기가 할 말이 없는 것이다. "불어하유설佛於何有說"이다. 이 사람들은 법도 가진 것이 없고 말도 가진 것이 없다. "단수기자심但隨其自心." 이것을 『60화엄경』에서는 "수기소응화隨其所應化"라 했다. 만나는 상대에 따라서 여러 가지 빛깔이 된다는 것이다. 푸른 빛을 만나면 푸르게 되고 붉은 빛을 만나면 붉게 된다. 누구든지 만나면 그 자기 마음속에서 "위설여시법謂說如是法", 설법이 자꾸 나온다.

석가는 무슨 강의 준비를 해 가는 법이 없었다. 우리는 설교하려면 며칠을 끙끙대며 준비해 가야 한다. 그렇게 되면 벌써 마니주가 아니다. 무색無色이 아니다. 유색有色을 가지고 가는 것이다. 그런데 석가라는 사람은 강의 준비를 해 가는 법이 없다. 그저 가서 휙 둘러보고 누구 얼굴이 가장 비참한가 찾아내서 그 비참한 얼굴을 가만 들여다보면서 그 비참한 얼굴이 기쁜 얼굴로 바뀌기까지 말해 가는 것이다. 자기는 무슨 말을 하는지도 모른다. 자기가 하기는 하지만 자기가 무슨 말을 하는지는 모른다. 그러니까 하나님이 말하는 것이다. 가장 비참한 얼굴이 정말 화락해져서 편안한 마음을 가질 수 있기까지 자기도 모르는 말을 계속하는 것이다. 베토벤이 피아노 치는 것이나 마찬가지다. 자기가 무엇을 치는 지도 모르고 자꾸 치고 있는 것이다. 그래서 나온 경이 『화엄경』이라, 『법화경』이라 하는 것이다. 그러니까 자기가 무슨 준비해 가는 것은 하나도 없는데 비참한 얼굴을 보면 그 마음에서, 무색無色인 마음에서 현색現色이 되는 것이다. 그래서 『팔만대장경』이 나온 것이다. 그런데 그 『팔만대장경』이 기독교로 말하면 그것은 석가의 말이 아니라는 것이다. 부처의 말이라는 것이다. 그것은 석가 개인의 말이 아니다. 비참한 얼굴을 바라보면 석가의 마음 속에 가득 찬 것이 무엇인가 하면 사랑뿐이다. 어떻게 그 사람의 얼굴을 좀 풀어주나 하는 그 사랑이 변해서 설법이 되는 것이다.

그러니까 베토벤이라면 달이 떠 올라오는데 그 옆에 서 있는 장님은 저것을 못 보겠구나 그런 생각이 들어서 굉장히 슬프고 애처로운 마음이 꽉 차게 되었다. 너무 슬프고 애처로워서 가만 달을 쳐다보고 있으니까 자기 손이 자꾸 움직인다. 그래서 피아노를 치는데 자기가 치는 것이 아니다. 자기가 지금 무엇을 치는 지도 모른다. 자꾸 손이 움직여 피아노를 치는데 손의 움직임이 끝나서 일어서니까 장님이 하는 말이 "오늘의 달빛은 참으로 아름다웠습니다" 했다. 베토벤이 피아노를 치고 있는 동안은 그 장님이 달을 보고 있는 것이다. 소리를 통해서 빛을 보고 있는 것이다. 토키talkie는 빛을 통해서 소리가 나오는 것인데 이것은 반대로 소리를 통해서 빛을 보는 것이다. 이것이 소위 "무색이현색"이라는 것이다. 베토벤의 가슴 속에 사랑이 가득 찼기 때문에 음악이 나오게 된 것이다. 그러니까 일체를 만드는 것은 무엇이 만드나? 사랑이 만들어내는 것이다. 왜 하나님을 사랑이라 하는가? 하나님이 우주 만물을 만들어 놓았기 때문이다. 사랑을 가지고 우주 만물을 만들어 놓은 것이다. 일체 만물이라는 이것이 무엇인가? 사랑이다. 공기도 사랑이고 흙도 사랑이고 다 사랑이다. 그런데 불교에서는 그 사랑을 마음이라 한다. 그래서 만해萬海 한용운韓龍雲(1879-1944)의 시를 보면 돌도 마음이고 벽돌도 마음이고 다 마음이라 한다. 자꾸 마음이라, 마음이라 하는데 그 마음이란 무엇인가 하면 하나님이고 하나님이란 무엇인가 하면 사랑이다. 그래서 풀이니 나무니 다 사랑이지 사랑 아닌 것이 없다. 다 나를 살려주고 있는 것이다. 일체가 나를 살려주는 사랑이다. 공기가 없으면 나는 죽고 만다. 그러니까 일체가 다 사랑의 화신이다. 이것이 소위 법신法身이라는 것이다. 일체가 사랑이다.『팔만대장경』이 무엇인가? 사랑의 화신이다. 석가가 오늘 이런 사랑을 가지면『법화경』이 되는 것이고 저런 사랑을 가지면『금강경』이 되는 것이다. 그러니까『팔만대장경』모두 사랑의 화신이지 사랑의 화신 아닌 것이 어디 있는가. 「마태복음」도 사랑이고 「누가복음」도 사랑이고 다 사랑이지 사랑 아닌 것이 어디 있는가. 하나님의 말씀은 다 사랑이다.

2001. 9. 9.

제21. 십행품十行品

십행품 강해(1)

  십행十行이란 우리가 보통 도道라고 하는 것이다. 도는 길이니까 길을 간다는 행행行이나 마찬가지인데 보통은 도라고 한다. 동양철학이란 것을 한마디로 하면 도라고 한다. 감신대 장종철 교수가 내 붓글씨를 가지고「김홍호의 예술관과 전인교육」이라는 논문을 썼는데 붓글씨 그것이 서도書道, 즉 도道라는 것이다.『화엄경』도 이 도를 밝히자는 것이다. 유교니 불교니 동양 것은 다 도를 밝히자는 것이다. 그래서 우리는 도라는 것, 그것이 무엇인지 밝혀야 된다.
  공자는 아침에 도를 들으면 저녁에 죽어도 좋다고 했다. 이것이 우리에게 가장 확실한 말이다. 공자에게는 도가 그만큼 중요하다는 것이다. 아침에 도를 들으면 저녁에 죽어도 좋을 만큼 우리에게 도가 필요하다는 것이다. 그런데 도라는 것을 기독교로 번역하면 믿음이라 하는 것이 좋을 것 같다. 아침에 우리가 믿음을 얻으면 저녁에 죽어도 좋다, 그렇게 우리는 바꿔 말할 수도 있다. 믿음(信)이란 사람과 말이 하나가 된 것이다. 도라는 것도 마찬가지다. 진리와 사람이 하나가 된 것을 도라 할 수 있다. "일도출생사一道出生死 일체무애인一切無碍人", 이 말은 요전에「보살문명품」에서 나온 말인데 원효대사가 제일 좋아했다고 한다. "참만고일성순參萬古一成純", 이 말은 『장자』에 나오는 말이다. "인심유위人心惟危 도심유미道心惟微 유정유일惟精惟一 윤집궐중允執厥中", 이것은 요堯임금이 순舜임금에게, 또 순임금이 우禹임금에게 전해주었다는 것으로 중국철학의 핵심이다.

그리고 석가는 6년 고행을 했다고 하는데 그 내용은 일식一食이다. 그리고 석가가 49일 참선했다고 하는데 그것은 일좌一坐다. 그래서 일좌식一坐食이라 하는데 이것은 석가가 처음 시작한 것이 아니라 석가 이전의 베다Veda 시대부터 내려온 것이라 한다. 제일 중요한 것이 일좌식이다. 도라는 것을 한마디로 하면 일좌식이라는 것이다. 그 다음에 35세에 성불成佛, 부처가 되었다. 유교에서는 불佛이라 하는 대신에 인仁이라 해서 성인成仁이라 한다. 그래서 나는 불이라는 말을 쓰지 않고 인仁이라는 말을 계속 쓴다. 일인一仁이라 한다. 그 다음 45년 설법인데 그것은 일언一言이라 한다. 그래서 석가의 일생을 한마디로 말하면 일식一食·일좌一坐·일인一仁·일언一言이다. 그런데 이것을 기독교로 번역하면 일식이 아니라 40일 금식이다. 일좌라 하지 않고 기도라 한다. 40일 금식기도가 일식·일좌라는 것인데 이것이 기독교의 도다. 그리고 일인이라 하지 않고 기독교에서는 항마降魔라 한다. 마귀를 이겼다는 것이다. 부처가 되었다 할 때도 마왕을 이겼다고 한다. 그러니까 부처가 되었다는 말을 다른 말로 하면 마귀를 이겼다는 것이다.

이번 뉴욕에서 참사를 일으킨 것도 하나의 악마다. 어떻게 그렇게 아무 죄 없는 사람들을 수천 명씩 죽이고 할 수 있는지, 하여튼 앞으로 얼마나 죽이겠다고 할지 모르지만 이런 것을 소위 악마라 한다. 예수님은 거짓말하는 사람과 사람 죽이는 사람을 악마라 했다.「요한복음」에서 거짓말과 살인이 악마의 특징이라 했다. 살기 위해서 자꾸 거짓말하고 또 사람을 죽인다. 이것을 어떻게 말하면 생사生死라 할 수 있다. 하여튼 이번에 이런 사건이 어디서부터 시작되었는가? 악마는 그저 나오는 것이 아니다. 결국 아랍 사람들이 가지고 있는 지독한 원한, 거기에서부터 악마가 나오는 것이라 할 수 있다. 히틀러Adolf Hitler가 유태 사람을 6백만을 죽였다. 유태 사람은 아랍 사람을 50만 명을 내 쫓았다. 그래서 지금 팔레스틴이라 해서 천막 치고 사는 것이 50년이다. 그러니까 거기에 대한 원한이다. 그런데 그 원한이 자꾸 증폭된 것은 미국이 자기들은 도와주지 않고 유태만 도와준다는 것이다. 그러니까 유태 사람에 대한 원한이 미국 사람에 대한 원한으로 된 것이다. 그리고 월 스트리트Wall street를 치는 것도 거기가 전부 유태 사람들의 집이니까 거기를 치는 것이다. 그래서 미국 사람들을 저렇게 많이 죽였다. 미국 사람들이 또 이제 아프가니스탄에 가서 아무 것도 모르는 사람들을 또 수십만을 죽여놓으면 악이 또 악을 낳게 된다. 그러니까 이것을 풀고 나가야 되는데 풀지 못하고 가면 악이 악을 낳는 악순환이 계속된다.

히틀러도 악마다. 스탈린Joseph Stalin도 악마다. 공산당 선언 처음에 나오기를 "하늘에 지금 악마가 떠돌고 있다"하고 시작하는데 정말 악마요 악령이다. 도스토예프스키Fyodor M. Dostoyevsky가 말하는 악령이다. 악령이 떠돌아다닌다거나 악마가 떠돌고 있다. 스탈린 손에 죽은 사람이 2천만 명이다. 히틀러 손에 죽은 사람이 6백만이다. 이것이 다 악마지 다른 것이 아무 것도 없다. 그러니까 사람을 속인다거나 사람을 죽인다거나 그러면 이것이 악마다. 그런데 이번에 이런 악마가 대대적으로 발동을 해서 수많은 사람이 희생되고 말았다. 이것은 국부적으로 말하면 한없는 비극이지만 이런 비극이 원인 없이 일어난 것이 아니다. 반드시 원한이라는 원인 때문에 이런 비극이 나온 것이다.

예수가 40일 금식기도 해서 나온 것이 무엇인가. 악마를 이겼다는 것이지 다른 것이 아무 것도 아니다. 석가가 부처가 되었다는 것도 악마를 이겼다는 것이다. 그러니까 우리는 어떻게 이 악마를 이기느냐 그것이 언제나 문제다. 제국주의, 자본주의, 공산주의, 이런 것들이 다 악마의 변형들이다. 그러니까 그런 것들이 나타날 때마다 이런 원한이 나오게 되고 살인이 나오게 되고 전쟁이 나오게 되어 수많은 사람이 비참하게 되는 것이다. 하여튼 악마를 이겼다는 것이다. 그것이 그리스도다. 그래서 전하는 것이 복음이다. 복음을 전한다는 것은 악마의 소리가 아닌 하나님의 말씀을 전한다는 것이다. 그것을 일언一言이라 한다. 『화엄경』이라 하면 이것은 하나의 일언에 속하는 것이다. 이것은 성령의 소리지 악마의 소리가 아니다.

그런데 악마의 지혜라는 것은 한없이 대단하다. 그렇게 폭탄 하나 싣지 않고 미사일 하나 쏘는 것도 없이 저쪽 비행기를 잡아타고 들어간다는 것은 보통머리가 아니다. 누가 그런 머리를 썼는지 지혜라면 정말 한없는 지혜다. 그러니까 악마의 지혜라는 것도 한없는 지혜다. 이 선악의 대립이라는 것은 어제 오늘 시작한 것이 아니다. 몇 천 년을 두고 우리가 이렇게 싸우고 있는 것이다.

하여튼 이것을 불교식으로 말하면 일식一食·일좌一坐·일인一仁·일언一言이고 기독교식으로 말하면 금식禁食·기도祈禱·항마降魔·복음福音이다. 그리고 동양식으로 말하면 "일음일양위지도一陰一陽謂之道"라 한다. 일음일양을 노자는 허심실복虛心實腹이라 했다. 장자는 허실생백虛室生白이라 했다. 다 같은 말이다. 『주역』에서는 또 "형이상위지도形而上謂之道"라 한다. 도道는 형이상形而上이라는 것이다. 사홍서원四弘誓願에서는 "불도무상서원성佛道無上誓願成"이라 한다. 불도란 한없이 높은 것인데 그것을 한 번 이루어 보았으면 좋겠다. 공자는 "발분망식發憤忘食"이라 했다. 망식이란 일식이고 발분이란 일좌다. 기독교로 말하면 금식기도다. 금식기도를 공자식으로 말하면 발분망식이다. 그러고 "낙이무우樂而無憂"다. 우리가 형이상이 되는 것이다. 이것이 일인이다. 그러고 "부지노지장지不知老之將至"인데 이것이 일언이다. 시간 가는 줄도 모르고 계속 가르치는 것이다. 이것이 소위 공자의 일식·일좌·일인·일언이다.

그래서 여기 십행十行에 나오는 이것을 보통 십파라밀十波羅蜜이라 한다. 파라밀이란 건너갔다는 것이다. 도피안渡彼岸이다. 저쪽 언덕으로 건너간 것이다. 생사를 넘어서서 형이상의 세계로 넘어갔다는 이런 말이다. 중국에서는 길 도道를 쓰지만 불교에서는 건널 도渡를 쓴다. 이것이 일도一道라는 것으로 결국 같은 것이다. 그래서 십행이란 열 가지 도道인데 이것은 육파라밀에다 넷을 더한 것이다. 보시布施, 지계持戒, 인욕忍辱, 정진精進, 선정禪定, 지혜智慧가 육파라밀이다. 이 가운데서 세 가지가 중요하다 할 때는 계정혜戒定慧라 한다. 그런데 『화엄경』에서는 무엇이나 열 개로 늘리는 버릇이 있다. 그래서 육파라밀에다 방편方便, 원願, 력力 그리고 다시 지智라는 것을 더했다. 지智가 두 번 나오는데 그 차이는 무엇인가? 아랍 사람들이 쓴 지혜는 악한 것이지만 굉장히 지혜롭다. 그런데 나중에 지智라는 것은 지행일치知行一致라 할 때의 지다. 행을 포함한 지다. 그러니까 지智와 지知는 다른 것이다.

여기서 제일 중요한 것이 지계·선정·지혜·보시라는 것이다. 석가가 6년 동안 지계를 했다는 것이 무엇인가 하면 일식이다. 선정이라는 것은 일좌다. 지혜라는 것은 일인이다. 그리고 나중에 한 것이 보시라는 일언이다. 보시라는 것이 맨 마지막에 오는 것이다. 보시가 먼저 나와 있으니까 이것부터 해야 된다고 그렇게 하면 안 된다. 그것은 몰라서 하는 소리다. 보시라는 것은 맨 결론이다. 그 가운데 인욕이라고 하는 것은 6년이라면 6년 괴로움을 참아야 되니까 인욕이라 하는 고통을 참는다는 것이 나온 것이다. 그리고 6년이면 6년을 계속해야 되니까 정진이다. 40일 금식이라 하면 40일 금식하는 동안 배가 얼마나 고프겠는가. 돌멩이를 떡으로 만들어 먹고 싶으리만큼 배가 고팠을 것이다. 그런 것을 참는 것이 인욕이다. 그런데 40일을 계속 가야 되니까 정진이다. 그러니까 인욕, 정진이란 거기에 붙어 있는 하나의 태도라 할 것이다. 그래서 육파라밀의 핵심은 무엇인가 하면 보시·지계·선정·지혜다. 그리고 또 어떤 사람은 방편·원·력·지라는 것도 보시·지계·선정·지혜를 말하는 것이라고 말한다. 또 어떤 사람은 방편·원·력·지라는 것이 모두 다 보시의 방편이요 보시의 원이요 보시의 력이요 보시의 지혜라고 말하기도 한다. 사람에 따라 이렇게 달

제21. 십행품十行品   453

라지지만 어떻게 해석해도 좋다. 중요한 것은 지계·선정·지혜·보시라는 것인데 지계란 한마디로 무엇인가 하면 거악去惡이다. 악을 제거해 버리는 것이다. 왜 한끼를 먹는가? 밥이 생각하는데 방해가 되니까 제거해 버리는 것이다. 그래서 한끼가 되는 것이다. 왜 금식을 하는가. 밥 먹는 것이 기도하는데 방해가 되니까 제거해 버리는 것이다. 저절로 제거해 버리면 망식이 된다. 발분하면 저절로 망식이 된다. 망식이 다른 글자로 나올 때 지계라는 것이다. 그래서 거악이다. 선정이란 무엇인가 하면 위선爲善이다. 위선거악爲善去惡이다. 악은 자꾸 버려야 되고 선은 자꾸 쌓아야 된다. 인심人心이 무엇인가 하면 악惡이다. 이것 때문에 온 인류가 위태로워진 것이다. 아랍 사람은 아랍 사람대로 미국 사람은 미국 사람대로 인심 때문에 자꾸 이런 악이 나온다. 그런데 도심道心이란 무엇인가. 그것은 선善이다. 그러니까 인심은 버리고 도심은 늘여가야 된다. 이것이 위선거악이라는 것이다. 그래서 결국 악마라는 것을 죽여버리고 마는 항마降魔가 되어야 한다. 그래야 유정유일惟精惟一이다. 그리고 하나님의 나라를 만들어야 윤집궐중允執厥中이다. 그래서 이것도 일식·일좌·일인·일언, 이렇게 간다고 볼 수 있다. 무엇이나 우리는 그렇게 생각하면 된다.

　그러니까 계戒라는 것은 악을 버리는 것이다. 간음하지 말라. 도적질하지 말라. 살인하지 말라. 살인, 도적질, 간음, 이것이 다 악이다. 이런 악을 버려야 되는데 뉴욕 한복판에서 실천을 했으니 이것이 악마다. 그런데 이 악마를 어떻게 잡느냐? 이것이 문제다. 이 악마가 폭탄을 떨어뜨린다고 죽을 것인가? 악마가 나온 구멍이 원한이라는 것인데 이 원한을 폭탄으로 칠 수가 있는 것인가? 이것이 문제다. 물론 미국에도 지혜로운 사람이 많을 것이고 선한 사람도 많을 것이다. 그런 사람들이 이런 문제에 대해서 심각하게 토론을 해서 이 악마를 어떻게 떨어뜨릴 것인가 지혜를 모아야 하는데 그것은 미국 전체도 생각해야 되고 세계 전체도 생각해야 될 것이다. 그래서 공산주의가 몰락하듯이 이것이 몰락이 되어야 한다. 이 악마라는 것을 어떻게 제거하느냐? 예수는 이 악마를 제거하는 방법으로써 금식기도를 했다는 것이다. 그런데 지금 폭탄으로 악마가 제거되겠는가? 이것이 앞으로의 문제다.

거악이라는 것이 지계다. 그리고 선정이라는 것은 위선이다. 선을 자꾸 쌓는 것이다. 그러고 악마를 깨뜨리면 그것이 지혜라는 것이다. 악마를 깨뜨려 버리고 그 다음에 모든 사람들을 살려주는 그것이 보시다. 그러니까 지계·선정·지혜·보시, 이렇게 생각하면 우리가 틀릴 게 하나도 없다.

여기서 우리가 말하고자 하는 것은 도라는 것과 하늘에 올라가서 자유하는 것이다. 도라는 것을 다르게 말하면 도덕道德이다. 그래서 도덕과 자유다. "일도출생사一道出生死", 이것이 도덕이다. "일체무애인一切無碍人", 이것은 자유다. 칸트의 말로 하면 자유란 도덕의 존재근거요 도덕은 자유의 인식근거다. 길이 왜 있는가. 자유 때문에 있다. 우리가 길을 왜 닦는가. 자유 때문이다. 길이 있어야 우리가 마음대로 왔다갔다 한다. 자동차를 타려면 길이 있어야 된다. 그러니까 자유는 도덕의 존재근거라는 것이다. 그리고 자동차를 몰려면 길이 있다는 것만으로는 안 되고 길을 알아야 된다. 인식근거란 길을 알아야 된다는 것이다. 경주를 찾아가려면 어떻게 가는지 길을 알아야 된다. 길을 알고, 가면서 또한 도덕도 지켜야 된다. 빨간 불에는 멈추고 파란 불에는 간다. 그렇게 지켜야 될 것이 또한 많이 있다. 그 지키는 것이 소위 교통도덕이다. 자동차는 교통도구다. 그 도구 때문에 우리는 자유를 얻게 되는 것이다. 그런데 그 도구를 쓰기 위해서는 반드시 도덕을 지켜야 된다. 그러니까 도덕과 자유의 관계인데 하나는 존재의 근거가 되고 하나는 인식의 근거가 된다. 그래서 존재存在와 인식認識이라는 둘이 합쳐야 된다.

21.1 이시爾時 공덕림보살功德林菩薩 승불신력承佛神力 욕령불종성부단고欲令佛種性不斷故 설송왈說頌曰

이때 공덕림보살이 부처님의 신통한 힘을 이어받아 진리를 사랑하는 사람들이 끊어지지 않도록 노래를 불렀다.

공덕림보살이다. 도란 언제나 실천하는 것이다. 실천을 해서 자기의 힘이 자꾸 길러져야 된다. 그래서 공덕功德이라 한다. '덕德'이란 얻을 '득得'이나 마찬가지다. 실천해서 기술이 자꾸 길러지는 것이 공덕이다. 그리고 실천은 계속해야 되니까, 나무가 자라는 것처럼 계속해야 되니까 공덕림功德林이란 말을 쓰는 것이다. 그리고 "승불신력承佛神力"이다. 요전에도 말했지만 내 힘으로 되는가 하면 되지 않는다. 악마를 굴복시키는데 내 힘으로 되지 않으니까 하나님의 힘으로 해야 된다. 하나님의 힘을 받으려니까 할 수 없이 금식기도가 되는 것이다. 기도가 있어야 되고 기도를 해도 간절히 해야 되니까 금식이다. 금식해야 간절하게 되지 밥을 잔뜩 먹고 하면 기도가 제대로 되겠는가. 왜 금식기도를 하는가? 하나님의 힘을 받아야 되니까 금식기도가 필요한 것이다. 그러니까 "승불신력"이다. 신의 힘을 빌어야 무엇이 되지 그렇지 않으면 안 된다.

일심경례십력존一心敬禮十力尊 이구청정무애견離垢淸淨無碍見
경계심원무윤필境界深遠無倫匹 주여허공도중자住如虛空道中者

힘을 가진 선생님을 일심一心으로 공경한다. 힘을 가진 선생님의 내용은 무엇인가? "이구청정무애견離垢淸淨無碍見", 때라는 것을 다 떠났다. 더러운 것을 다 떠났다. 죄악을 다 벗어났다. 그래서 청정淸淨, 깨끗해졌다. 그리고 아무리 보아도 먼지 하나 없다. 걸릴 게 하나도 없다. 한없이 깨끗하게 된 것이다. "경계심원무윤필境界深遠無倫匹", 그리고 이것을 산으로 비유하면 산이 한없이 높고 크니까 골짜기가 한없이 깊고 멀다. 골짜기가 한없이 깊고 멀어서 어디 비교할 데도 없다. 요전에 청정장엄淸淨莊嚴이라 했다. 청정장엄이란 말이 제일 좋다. 에베레스트를 보면 위에 한없이 깨끗하고 한없이 장엄하다. 청정장엄이라는 말이 꼭 맞는 말이다. 나의 예술관이라 하는 것도 별것이 아니다. 청정장엄이라는 것이다. 글씨를 썼다 하면 글씨가 깨끗해야 된다. 깨끗하고 또 글씨 하나하나가 힘이 들어가서 장엄해야 된다. 청정장엄이다. 그것을 이렇게 저렇게 여러 가지로 표시하는 것이다. 그러니까 동양철학이란 예술철학이다. 결국 동양인의 예술이란 한마디로 말해서 청정장엄이다. 그러니까 동양사람들은 색깔 칠한 그림보다 더 중요한 것이 문인화文人畵다. 난蘭이면 난, 대나무면 대나무를 그리는데 색깔이 들어가면 깨끗하기가 어렵다. 그리고 문인화보다 더 중요한 것이 글씨다. 글씨를 써서 깨끗해야 된다. 그리고 장엄해야 된다. 청정장엄, 그렇게 되면 그것이 명필이다. 그러니까 깨끗하고, 그것을 논문에서는 공관空觀이라 했는데 공관이란 달리 말해서 진공묘유眞空妙有라는 것이다. '진공'이란 깨끗하다는 것이고 '묘유' 란 장엄하다는 것이다. 우리가 에베레스트를 보면 진공묘유다. 깨끗하고 장엄하다. 칸트는 미美를 "목적 없는 합목적성"이라 했다. 목적이 없다는 것은 진공이라는 말이요 합목적성이란 묘유라는 것이다. 칸트의 미에 대한 정의도 마찬가지로 진공묘유다. 진공묘유라는 것이 구체적으로 어떤 것인가. 청정장엄이다. 이것이 예술의 핵심이다. "주여허공도중자住如虛空道中者", 청정장엄이란 말을 또 다른 말로 하면 마치 허공에 사는 사람 같다는 것이다.

법계소유개명료法界所有皆明了 어제일의최청정於第一義最淸淨
영파진만급우치永破瞋慢及愚癡 피공덕자행사도彼功德者行斯道.

"법계소유개명료法界所有皆明了", 이 장엄한 법계를 다 볼 수가 있다. "어제일의최청정於第一義最淸淨", 그러니까 제일의第一義는 청정이고 제2의는 장엄이다.

무엇을 깨끗하게 하는가. "진만급우치瞋慢及愚癡"를 영원히 없이하는 것이다. '진瞋'이란 뉴욕에 가서 폭격하는 그런 것이 진이다. 화가 터져 오르는 것이다. 그리고 지금 미국 사람들이 폭격하겠다고 하는 것도 진이다. 그 다음에 교만驕慢이다. 교만해서 약한 사람들을 무시하고 천대하고 그래서 약한 사람들이 원한에 사무치게 된다. 옛날 우리 양반들이 교만했기 때문에 상놈들은 일생을 원한을 품고서 살아왔다. 미국으로 말하면 백인들이 한없이 교만하니까 흑인들은 한없는 원한을 품고 살고 있다. 미국에 와서 아무 것도 모르고 죽은 흑인이 5백만이라 한다. 그러니까 교만이 있는 곳에는 반드시 원한이 있게 마련이다. 그리고 어리석을 '우愚'다. 어둡고 어리석은 암우暗愚다. '치癡'는 음란한 것이다. 이런 것이 더러운 것인데 이것을 없이 하는 것이다.

그러니까 일식·일좌·일인·일언이라는 것이 무엇을 없이하자는 것인가 하면 탐진치기貪瞋痴欺를 없이하자는 것이다. 그 네 가지를 탐진치기라 하기도 하고 어느 때는 그것을 생로병사生老病死라 하기도 한다. 그러니까 생로병사를 없이하자는 것이다. 생로병사라 하나 탐진치기라 하나 다 같은 말이다. 그것을 없이하려면 보통 힘이 필요한 것이 아니다. 힘이 있는 사람만이 그것을 없이할 수 있지 힘이 없으면 절대 안 된다. "피공덕자행사도피功德者行斯道."

도에 대해서 1번부터 10번까지 열 개의 행이란 것이 나온다. 1번 환희행歡喜行, 2번 요익행饒益行, 3번 무위역행無違逆行, 4번 무굴요행無屈撓行, 5번 이치난행離痴難行, 6번 선현행善現行, 7번 무착행無着行, 8번 난득행難得行, 9번 선법행善法行, 10법 진실행眞實行이다. 그런데 여기서 1번 환희행이 결론이다. 십행의 결론이 무엇인가 하면 기쁨이라는 것이다. 우리가 성령의 제일 조건이 기쁨이다. 악령이 사라지고 성령이 돌아오면 기쁨이 된다. 그래서 환희라는 것이 결론이다.
그리고 우리가 제거해야 될 것이 있는데 그것을 말한 것이 우선 3번 무위역행無違逆行이다. 뉴욕을 폭격하는 것이 역행이다.『60화엄경』에서는 그것을 에한행恚恨行이라 했다. 에한恚恨이란 속에서 화가 막 터져 나오는 것을 말한다. 어디서 터져 나오는가. 원한에서 나온다. 원한이 꽉 차 가지고 거기에서 화가 터져 나온다. 그래서 그런 악을 저지르게 되는 악마다. 그리고 5번이 이치난행離痴亂行인데 음란이다. 7번은 무착행無着行인데 요새로 말하면 자본주의다. 탐욕이 꽉 차 있어서 가난한 사람이 굶어죽어도 모른다는 것이다. 이렇게 제거해야 될 것 세 가지를 말했다. 계戒라는 것이 여기서는 세 가지로 나온 것이다. 그러니까 3번, 5번, 7번이 계라는 것이다.

그 다음에 선정禪定이란 선善을 쌓아야 된다는 것이다. 그것을 말한 것이 2번 요익행饒益行이다. 그리고 4번 무굴요행이다. 굴하지 말고 계속 쌓아야 된다는 것이다. 그리고 8번 난득행難得行이다. 아무리 얻기 어려워도 그것을 얻어야 된다는 것이다.

그러니까 거악去惡이 셋이고 위선爲善이 셋이다. 그리고 나중에 위선 거악을 합쳐서 악마를 이긴다는 것, 그것을 혜慧라고 하는데 그것이 셋이다. 그것이 6번 선현행善現行이다. 악이 물러가고 선이 나타날 수 있게 하는 것이다. 그 다음에 9번의 선법행善法行이다. 진리가 실천되게 되어야 한다. 그리고 10번의 진실행眞實行이다. 진실이 실천되게 되어야 한다.

이렇게 거악이 셋, 위선이 셋, 그 다음에 혜라는 것이 셋, 그리고 맨 마지막 보시라는 것인데 그것이 1번의 환희행歡喜行이다. 계戒가 셋, 정定이 셋, 혜慧가 셋, 그리고 결론은 보시라는 것이다. 그래서 우리는 이 계, 정, 혜, 보시라는 순서에 따라서 읽어보기로 한다.

21.2 무위역행無違逆行

십행의 3번으로 나온 무위역행이란 무엇인가 하면 속에 화가 꽉 차고 원한이 꽉 차 있는 것이다. 위역違逆, 비위가 당초에 맞지 않고 그리고 막 거슬려서 견딜 수 없다는 것이다. 그래서 뉴욕에 가서 여객기로 빌딩을 파괴하는 역행逆行을 했다. 사람으로서는 도저히 못할 짓을 한 것이다. 그런 테러는 악마나 할 수 있지 어떻게 사람으로서 그런 일을 하겠는가.

지혜무변불가설智慧無邊不可說 보편법계허공계普遍法界虛空界
선능수학주기중善能修學住其中 피금강혜행사도彼金剛慧行斯道

지혜라는 것이 한이 없고 끝이 없다. 뉴욕을 폭격하는 것, 어느 놈이

제21. 십행품十行品 459

그것을 생각해 냈는지 도저히 생각할 수 없는 지혜를 낸 것이다. 악지혜惡智慧다. "보편법계허공계普遍法界虛空界", 이 허공계에 원한이 꽉 차 있다. 그래서 그것을 실천하기 위해서 플로리다에 가서 비행훈련을 일 년씩이나 했다. 그 빌딩으로 그렇게 들어간다는 것이 보통 기술이 아니다. 굉장한 기술이 필요하다고 한다. 일 년 동안이나 그 사람들은 미국 밥 먹고 미국 학교에 다니면서 훈련을 했다. 그러니까 제 돈은 하나도 안 쓰고 다 미국 비행기로 미국에서 훈련받아서 미국을 치는 그 지혜라는 것은 정말 빈 라덴이 그렇게 했는지는 모르지만 비상한 놈은 비상한 놈이다.

그러니까 이것을 좋게 하려면 이와 반대로 가야 된다. 선한 지혜가 한없이 많아야 되고 우주에는 원한이 아니라 사랑이 꽉 차야 된다. 그 사랑을 실천하기 위해서 우리는 많은 훈련을 쌓아야 된다. 이렇게 우리는 선악으로 다 해석을 해야 한다.

시방무량무변계十方無量無邊界 소유일체제중생所有一切諸衆生
아개구호이불사我皆救護而不捨 피무외자행사도彼無畏者行斯道.

이 우주에 많은 사람들이 살고 있는데, 뉴욕에 많은 사람들이 살고 있는데, 그 사람들을 다 구호해서 한 사람도 빼놓지 않고 살려야 된다. 지금 뒤처리 하는 사람들이 그런 일을 한다. 악이 저지른 뒤끝을 선으로써 처리해 가는 것이다. 그래서 다만 한 사람이라도 구해보자는 것이다. 그래서 그 잿더미에서 지금 있는 힘을 다해서 구호하고 헌혈을 하고 그러는 것이 이것이다. "아개구호이불사我皆救護而不捨 피무외자행사도彼無畏者行斯道." 빌딩이 언제 무너질지도 모르는데 그 밑에서 이런 일을 하고 있다는 것이다.

21.3 이치난행離痴亂行

5번의 이치난행이란 음란이라는 것이다. 이것이 또 인류에게 언제부터 붙어 다녔는지 모른다. 소돔 고모라도 이것이고 노아의 방주도 그것이다. 요새 에이즈Aids 환자가 하여튼 몇 천만이 된다고 한다. 사람들이 제일 돈 많이 쓰는 데가 음란에 관해서다. 아편을 먹는 것도 음란 때문이다. 돈벌어서는 다 음란으로 버리고 마는 것이다. 옛날에는 돈 벌면 첩얻는 그것이 자랑이었다. 그러니까 음란이라는 이것이 인류를 좀먹어온 지가 얼마나 오래인지 모른다. 악마가 다른 것이 아니다. 음란이 악마다. 이 악마를 어떻게 제거하는가? 나는 저녁에 산보하러 연세대 캠퍼스로 가는데 요새 학생들은 왜 그렇게 남녀가 붙어 있는지, 하여튼 옛날에는 보지 못하던 모습이다. 도저히 눈뜨고 다닐 수가 없다. 그저 옆에 앉아있는 것도 아니다. 참 이상한 세상이 되고 말았다. 망조가 들기를 정말 단단히 들었다. 젊은 아이들이 저렇게 되어 가면 어떻게 될 것인가. 젊은 아이들이 정신을 차려야 될 터인데 젊은 아이들이 다 정신이 나가서 남녀가 딱 붙어 가지고 어른들이 가도 돌아보지도 않는다. 이마를 딱 맞대고 앉아 있다. 자본주의라는 것이 만들어낸 것이 음란이라는 것이다. 로마 때도 그랬다. 이런 음란에서 벗어나려면 어떻게 해야 되는가?

선해일체어언법善解一切語言法 문난수대실구경問難酬對悉究竟
총철변혜미부지聰哲辯慧靡不知 차무외자소행도此無畏者所行道 .

정말 하나님의 말씀을 우리가 잘 이해를 해야 된다. 음란에 대한 문제는 물어보기도 어렵고 답변하기도 어렵다. "문난수대실구경問難酬對悉究竟." 음란에 관한 문제는 설교하기도 참 어렵다. 음란을 잘못 가르치면 오히려 더 음란에 빠지게 만든다. 그러니까 묻기도 어렵고 대답하기도 어렵다. 정말 말하기 어려운 것이 남녀문제다. 그러니까 이것은 제가 알아야 된다. "총철변혜미부지聰哲辯慧靡不知", 총명하고 현철하고 변별력 있고 지혜 있는 이런 사람들이라야 한다. 가르쳐서 아는 것이 아니라 제가 알아야 된다. 그래서 음란은 제가 이겨 나가야 되지 무슨 다른 사람이 가르쳐 주었다고 해서 이겨 나가는 사람은 있을 것 같지 않다. 정말 깬 사람이 되어야 이것을 안다. 그래서 음란이라는 것이 얼마나 무섭다는 것, 깨나야 이것을 알 수 있다.

선해복앙제국토善解覆仰諸國土 분별사유득구경分別思惟得究竟
실사주어무진지悉使住於無盡地 차승혜자소행도此勝慧者所行道.

역사를 일으키기도 하고 멸망시키기도 하는 것이 무엇인가 하면 음란이다. 로마가 멸망한 것도 음란 때문이다. 그런 역사의 내용을 우리가 잘 분별하고 깊이 생각해야 된다. 기독교의 핵심이 무엇인가? 음란에서 벗어나자는 것 아닌가. 아담과 하와 이야기, 노아의 방주 이야기, 소돔과 고모라 이야기, 로마 이야기까지 일체가 다 음란에서 벗어나자는 것이다. 기독교라는 것이 그것이다. 그래서 정말 음란의 세계라는 것은 끝이 없다. 이것은 정말 지혜를 가진 사람만이, 최고의 지혜를 가진 사람만이 이것을 이겨 나갈 수 있다.

21.4 무착행無着行

7번의 무착행이란 집착을 떠나는 것이다. 우리가 제일 많이 집착하는 것이 재물이다. 탐욕이다.

제불관정제일법諸佛灌頂第一法 이득차법관기정已得此法灌其頂
심항안주정법문心恒安住正法門 피광대심행차도彼廣大心行此道

탐욕을 어떻게 씻어버리는가. 그것은 진리로 씻어버리는 수밖에 길이 없다. 이미 진리를 얻어서 우리 몸을 깨끗이 했으면, 집착을 벗고 탐욕을 벗었으면, 마음은 언제나 평안하다. 그리고 말은 언제나 바르게 된다. 언제나 넓은 마음, 빈 마음으로 살게 된다.

일체문자어언법一切文字語言法 지개선입불분별智皆善入不分別
주어진실경계중住於眞實境界中 차견성자소행도此見性者所行道.

　모든 문자나 언어나 법을 다 분별없이 선善으로 들어갈 수 있는 지혜를 가져야 된다. 그래서 우리가 재물 속에서 사는 것이 아니라 진실 속에서 사는 것이다. 우리가 집착 속에서 사는 것이 아니라 진실 속에서 살게 되어야 한다. 이것은 정말 진리를 발견한 사람만이 행할 수가 있다.
　이렇게 오늘의 내용은 음난淫亂, 탐욕貪慾, 진에瞋恚, 이 세 가지를 버려야 된다는 것이다. 이 세 가지 악을 버리려면 이렇게 해야 된다 하고 한마디씩 한 것이다. 물론 본문에는 이것들이 길게 나와 있는데 그것을 다 쓸 수 없으니까 이렇게 두어 줄만 썼다. 결국 살도음殺盜淫이라는 세 가지다. 죽이는 것, 도적질하는 것, 음란한 것, 이것을 삼악三惡이라 하는데 이 삼악을 제거하자는 것이 오늘의 내용이다.

2001. 9. 16.

십행품 강해(2)

『중용中庸』에 보면 "도야자道也者 불가리야不可離也 가리可離 비도야非道也"라 하는 말이 있다. 도道라는 것은 절대 떠날 수 없다는 말이다. 떠날 수 있다면 도가 아니다. 오늘은 이런 것을 중심으로 해서 생각하기로 한다. 십행十行이라는 것을 달리 말하면 결국 도라는 것이기 때문이다.

10행이라는 열 가지를 보시布施, 지계持戒, 인욕忍辱, 정진精進, 선정禪定, 지혜智慧, 방편方便, 원願, 력力, 지智라는 쓰여진 그 순서에 따라 열 가지로 죽 설명을 해도 좋다. 보통『화엄경』을 해석한 책에서는 대개가 그렇게 했다. 그런데 나는 지난 시간에 이것을 그렇게 하지 않고 열 개를 추려보면 여섯이 되고 더 간추리면 넷이 된다고 해서 네 개로써 설명을 했다. 넷이란 계戒·정定·혜慧라는 삼학三學에다 보시布施가 더해진 것이다. 계戒라는 것은 악을 물리치는 것이고 정定이란 선을 쌓아 올리는 것이라 했다. 그래서 혜慧라는 것을 선을 쌓아올린 사람이라 하면 시施라는 것은 다른 사람을 도와주는 것이다. 쉽게 의사로 비유해서 말하자면, 계라는 것은 병이라 보고 정이란 약이라 보는 것이고 혜라는 것은 의사라 보고 시施라는 것은 환자를 치유하는 것이라 보는 것이다. 불교에서는 이렇게 의사로 비유하는 것이 많다. 사제四諦라 하는 것도 의사로 비유해서 말한다. 그렇게 하면 우리가 좀 더 알기가 쉽다.

무엇인지 나쁜 것이 있어서 문제가 되는 것인데 그것을 삼악三惡이라 혹은 삼독三毒이라 한다. 살도음殺盜淫이라 하면 삼악이고 삼악의 원인으로 탐진치貪瞋痴라 하면 삼독이 된다. 그래서 삼악 혹은 삼독을 제거하자는 것이 계戒라는 것이다. 무엇으로 삼독을 제거하는가. 독을 제거하기 위해서는 약藥이 있어야 된다. 약으로 제거하는 것이 정定이다. 그럼 누가 제거하는가. 지혜 있는 의사가 제거해야 된다. 그래서 의사가 환자의 독을 제거하는 시술이 시施라는 것이다. 우리는 이렇게 생각해서 계戒·정定·혜慧·시施라는 네 개로 보는 것이다. 지난 시간에 탐진치를 말하는 3번, 5번, 7번을 했다. 삼독을 없이하기 위해서는 삼약三藥이 필요하다는 것이다. 그것이 정定이라는 것인데 2번, 4번, 8번이라 해본다. 2번은 요익행饒益行인데 말하자면 넉넉하게 유익을 주는 것이다. 넉넉하게 유익을 주는 약이다.

21.5 요익행饒益行

지지심심난가입智地甚深難可入 능이묘혜선안주能以妙慧善安住
기심구경부동요其心究竟不動搖 피견고행행사도彼堅固行行斯道

"지지심심난가입智地甚深難可入", 약은 무엇이 약인가. 안다고 하는 것, 진리가 약이다. 진리를 안다고 하는 것, 그것은 한없이 깊어서 들어가기가 참 어렵다. "능이묘혜선안주能以妙慧善安住", 능히 묘혜妙慧를 가져야 된다. '묘妙'는 신비하다는 것이다. 그러니까 자기의 지혜가 아니라 하나님의 지혜라야 된다. 그런 지혜를 가져야 능히 진리의 세계에 들어갈 수 있다. "기심구경부동요其心究竟不動搖", 그 진리의 세계까지 들어가야 마음에 종당 흔들림이 없다. "피견고행행사도彼堅固行行斯道", 이렇게 된 사람이라야 금강석처럼 굳은 사람이 된다.

의상명결리제구意常明潔離諸垢 어삼계중무소착於三界中無所着
호지중계도피안護持衆戒到彼岸 차정심자행사도此淨心者行斯道

"의상명결리제구意常明潔離諸垢", 도라는 것은 의지의 세계니까 우리의 뜻이 언제나 밝고 깨끗하고 그래서 언제나 때를 떠나야 된다. 야마夜摩라는 말이 시간이라는 뜻이라 했다. 시간이라는 것이 사실은 때라는 것이다. 그러니까 몸에 더러운 것도 때요 시간이 가는 것도 때다. 문제는 언제나 때 문제다. 야마천夜摩天에서의 문제는 때 문제다. 그래서 언제나 깨끗해야 되고 모든 때를 떠나야 된다. 때를 떠난다는 것을 쉽게 말하면 시간의 초월이다. 영생이란 무엇인가? 시간을 초월하

제21. 십행품十行品 465

는 것이다. 건강한 생이란 무엇인가. 때가 없어지는 것이다. 병이 없어지는 것이다. 몸을 오염시키는 전체가 다 때라는 것이다. 그래서 때라는 것에는 시간이라는 뜻과 죄악이라는 뜻이 있다. "어삼계중무소착於三界中無所着." 때가 어디서 생기는가? 이 세상에 대한 집착 때문에 때가 생긴다. 때는 흙에서 나오는 것이지 어디서 나오겠는가. "호지중계도피안護持衆戒到彼岸", 이 때를 없이해야 된다. 중계衆戒라는 것은 때를 없이하자는 것이지 다른 것이 아니다. 모든 계戒를 지켜서 깨끗한 세계에 도달하자는 것이다. 때 없는 세계, 영원한 세계, 시간을 초월한 세계, 병 없는 세계, 오염 없는 세계, 우리는 보통 그런 세계를 하늘나라 하는데 그런 하늘나라에 도달하자는 것이다. "차정심자행사도此淨心者行斯道", 그런 세계는 마음이 깨끗한 사람이 갈 수 있지 마음이 더러운 사람은 갈 수가 없다.

십행의 4번째는 무굴요행이다.

21.6 무굴요행無屈撓行

어제불법근수습於諸佛法勤修習 심상정진불해권心常精進不懈倦
정치일체제세간淨治一切諸世間 피대용왕행차도彼大龍王行此道

'요撓'는 휜다는 뜻으로 뇨인데 요로 읽는다. 그래서 무굴요행無屈撓行이란 휘지 않는다, 굴하지 않는다 하는 것인데, 한마디로 정직하다는 것이다. "어제불법근수습於諸佛法勤修習", 우리가 진리의 법을 계속 공부하고 닦아야 한다. "심상정진불해권心常精進不懈倦", 그래서 마음이 언제나 계속 발전해 가야 된다. 우리의 지식과 행이 계속 발전해 가야 된다. 그러니까 나태하거나 지루해 하거나 그런 것이 없어야 된다. 언제나 부지런해야 된다. 나는 '부지런하다'는 말을 '불을 질렀다'는 말이나 같은 뜻으로 생각한다. 나 자신을 불지르는 것이다. '불타'라는 것이 무엇인가. 불이 붙어 타는 것이 불타지 별것이 아니다. 생명의 불이 붙는 것이다. 진리의 불이 붙는 것이다. 기독교로 말하면 성령의 불이 붙는 것이다. 불이 붙는 것이 생명이요 그것이 불타라는 것이다. 그러니까 부지런해야 되지 게으르거나 지루해하면 안 된다. 요전에 공자는 발분망식發憤忘食이라 했다. 발분망식이라는 것도 불이 붙는다는 것 아니겠는가. 부지런하다는 것이다. 도道라는 것이 별 것인가. 부지런한 것이 도다. 부지런한 것이 무엇인가. 불을 지르는 것이다. "정치일체제세간淨治一切諸世間." 왜 이런 것을 해야 되는가. 이 세상을 깨끗하게 쓸어야 되기 때문이다. 정치淨治라는 말이다. 세상을 깨끗하게 하기 위해서 부지런한 것이다.

세상을 깨끗하게 하려면 우리 마음부터 깨끗해져야 한다. 마음이 더러우면 쓰레기를 그냥 마구 버린다. 왜 이렇게 한국이 더러워졌는가. 한국 사람의 마음이 더러워졌기 때문이다. 해수욕장이니 운동 경기장이니 쓰레기를 마구 버려 온통 쓰레기 천지가 된다. 깨끗해야겠다는 위생관념이 희박한 것인데 왜 그렇게 되었는가 하면 우리 역사가 변소가 없는 역사였다. 경복궁에 가서 아무리 찾아보아도 변소가 없다. 우리는 변소를 만들 줄 모르는 역사를 가졌다. 중국에 가면 지금도 그렇다. 상해 인구가 천만 명인데 그 가운데 삼분의 일은 변소가 없다고 한다. 그것이 중국의 역사다. 그래서 중국에서는 열차를 타고 가는데 조금 시골이라 하면 역사驛舍에 변소가 없다. 그래서 할 수 없이 주변 밭에 가서 전부들 용변을 보고 다시 기차에 오른다. 그리고 중국 사람들은 일 년 내내 같은 옷 입지 빨래하는 법이 별로 없다. 그리고 자기가 삼사십 년 입던 옷을 시장에 갖다 팔면 그 옷을 누군가 사서 또 몇 십 년 입는다. 빨래도 안 하고 몇 백 년이고 입는 것이다. 우리가 그런 문화의 영향을 받아서 산 사람들이다. 그래도 한국 사람들은 백의민족이라 해서 흰옷을 입는 덕택에 비교적 깨끗한 민족이 되었다. 그런데 중국 사람들은 푸른 옷을 입는다. 그래서 일생 빨래할 줄 모른다. 『대지』라는 소설을 읽어보면 결혼식 할 때 처음으로 목욕을 한다. 그렇게 사는 사람들이니까 우리는 더러움에 대한 의식이 깨지 못한 것이다. 그래서 더러운 것을 보아도 더러운 줄 모르고 자기가 더럽게 오염을 시키면서도 별로 죄책감도 없이 살아가는 것이다. 그래서 그냥 하수도를 강으로 흘려 버리고 그 물을 또 떠다먹고 그러면서 살고 있다. 그러니까 우리 마음 속에 깨끗함이라는 것이 회복되어야 하는데 아직도 그것이 덜 되어 있다.

"피대용왕행차도彼大龍王行此道", 용이란 비가 오게 하는 것이다. 비가 온다는 것이 무엇인가. 이 땅을 깨끗이 쓸어내는 것이 비다. 내리는 비(우雨)나 쓰는 비나 같은 말이다. 비로 쓸어내는 것이 깨끗이 하는 것인데 그것이 용왕의 역할이다.

보방무량광명망普放無量光明網 조요일체제세간照耀一切諸世間
기광소조입법성其光所照入法性 차선혜자행사도此善慧者行斯道.

"보방무량광명망普放無量光明網", 깨끗하다고 하는 것은 빛나는 것이나 같은 것이다. 밝으면 좀더 깨끗해진다. 문명이 발전하면 발전할수록 깨끗해지는 것이다. 옛날보다 지금은 많이 깨끗해졌다. 요새는 그래도 매일 목욕하고 잘 수 있다. 옛날에야 집에 어디 더운물이 나왔는가. 그래서 어려서부터 냉수마찰을 했다. 아침에 일어나서 열심히 냉수마찰을 해야 하루씩 깨끗해진다. 그런데 매일 냉수마찰 한다는 것이 보통 어려운 일이 아니다. 그래서 대개 그냥 안 하고 섣달 그믐날 가면 물 데워서 목욕 한 번 하고 일 년을 가는 것이다. 우리는 그런 구조에서 살아온 것이다. 그러니까 지금은 굉장히 깨끗해진 것이다. 문명이란 결국 깨끗해지는 것이 문명이다. HG 웰즈Wells는 문명이란 물 많이 쓰는 것이 문명이라 했다. 물 많이 쓴다는 것은 깨끗해진다는 것이지 다른 것이 아니다. 우리가 광명을, 문명을 넓게 펴야 한다. "조요일체제세간照耀一切諸世間", 그래서 더러운 구석구석을 다 비추어서 더러움을 씻어내야 한다. "기광소조입법성其光所照入法性", 그 빛이 비치는 곳, 문명이 비치는 곳, 거기는 법성法性이다. 깨끗한 인간의 본성이 법성이다. 그러니까 우리가 본래 이렇게 더러운 것이 아니다. 본래의 깨끗한 본성이다. 청정법신淸淨法身이다. 물은 본래 깨끗한 것이다. 우리도 본래 깨끗한 것이다. 그런데 어떡하다가 우리가 더러워졌다. 우리가 본래 깨끗하다는 것이 본각本覺이다. 그리고 우리가 어떡하다가 더러워졌는데 다시 그 깨끗함을 회복하는 것이 시각始覺이다. 그래서 본각과 시각이 합치면 그것을 여래如來라 한다. 깨끗한 우리의 본성이 다시 나오는 것이다. "차선혜자행사도此善慧者行斯道", 이것은 정말 높은 지혜를 가진 사람만이 이렇게 할 수 있다.

다음은 10행의 8번째인 난득행이다.

21.7 난득행難得行

안주심심대법해安住甚深大法海 선능인정일체법善能印定一切法
요법무상진실문了法無相眞實門 차견실자소행도此見實者所行道

　난득행難得行, 어려운 행이다. 얻기 어려운 보약이라 해도 된다. "안주심심대법해安住甚深大法海", 깊은 진리의 세계에 편안하게 산다. "선능인정일체법善能印定一切法", 모든 진리를 인정印定, 도장찍는다는 말인데 체득한다는 것이다. 체득해야 된다. 깨끗하다고 하는 것도 우리가 마음으로만 하는 것이 아니라 체득해야 된다. 매일 목욕해야 된다. 물론 한 주일에 한 번씩 해도 되겠지만 될 수 있는 한 매일 목욕한다. 하여튼 체득을 해야 된다. "요법무상진실문了法無相眞實門." 법法이란 물로 씻는 것이라 할 때의 물이다. "법무상法無相", 법에는 상이 없다. 물은 물이지 물에 무슨 모양이 있는 것이 아니다. 물이란 우리 몸을 깨끗이 해주는 하나의 진실한 작용을 하는 것이다. 그런데 아무리 물로 씻어도 깨끗함이 없다 하면 그것은 거짓이지 진실이 아니다. 그것을 알아야 된다. "차견실자소행도此見實者所行道", 그래서 진실을 보는 사람, 언제나 구체적으로 실천하는 사람이 되어야 한다. 구체적으로 실천하기 전에 진실이 어디 있겠는가.

진어무량무변겁盡於無量無邊劫 관찰일체중생계觀察一切衆生界
미증견유일중생未曾見有一衆生 차견고토소행도此堅固士所行道.

"진어무량무변겁盡於無量無邊劫", 한없는 오랜 세월을 보내면서. "관찰일체중생계觀察一切衆生界", 일체 중생계를 보니까. "미증견유일중생未曾見有一衆生", 한 중생도 더러움에 빠진 사람이 없다. 온 세계가 다 깨끗해졌다. "차견고토소행도此堅固土所行道", 그렇게 되어야 그것이 깬 나라다. 미국에 가서 제일 부러운 것은 더운 물이 안 나오는 집이 없다는 것이다. 아무리 시골에 가도 수세식 변소가 없는 데가 없다. 아직도 우리나라는 수세식 없는 데가 많을 것이다. 나라에서 쓸데없는 데 돈 쓰지 말고 그런 것부터 좀 고쳐야 하지 않을까. 축구 한다고 외국 사람들이 많이 오는데 수세식 변소 없는 데 가서 어떻게 지내겠는가.

이상 세 가지가 정정이라는 것으로 적선積善이다. 좋은 것을 자꾸 쌓는 것이다. 다음으로 중요한 것은 의사가 되는 것이다. 아무리 약이 있어도 의사가 없으면 안 된다. 의사란 어떤 사람인가 하는 것인데 이것이 6번, 9번, 10번이다. 먼저 6번의 선현행이다.

21.8 선현행善現行

공덕무량나유타功德無量那由他 위구불도개수습爲求佛道皆修習
어기일체도피안於其一切到彼岸 차무진행소행도此無盡行所行道

선현善現, 선善을 나타내는 사람이라야 된다. 선만 있어도 안 된다. 선을 나타내야 한다. 선을 나타내는 이가 누군가. 의사다. 그러니까 이렇게 차원이 자꾸 달라진다. 약의 차원과 의사의 차원이 다르다. "공덕무량나유타功德無量那由他." 나유타란 억億이다. 한없이 많다는 것이다. 공덕무량功德無量이다. 의사라는 사람은 정말 많은 고생을 해서 그 의술을 체득한 사람들이다. "위구불도개수습爲求佛道皆修習", 그래서 병 고치는 법을 구해서 이제는 다 고칠 수 있도록 그렇게 되었다. "어기일체도피안於其一切到彼岸", 모든 사람의 병을 고쳐주어서 깨끗한 나라로 갈 수 있도록. "차무진행소행도此無盡行所行道", 한없이 많은 사람들을 고쳐준다. 요전에도 세브란스에 갔더니 환자들이 난간에까지 꽉 차 있었다. 의사들이 날마다 몇 십 명씩 보는데도 환자들이 계속 밀려있다. 그런 것을 볼 때 무진행無盡行이라 생각했다. 의사들이야말로 무진행을 행하고 있는 것이다. 환자들이 끝이 없다.

초출세간대론사超出世間大論師 변재제일사자후辯才第一師子吼
보사군생도피안普使群生到彼岸 차정심자소행도此淨心者所行道.

"초출세간대론사超出世間大論師", 이런 사람들은 세상을 초월해서, 의학을 초월해서 이제는 얼마든지 병을 설명할 수 있는 사람들이다. "변재제일사자후辯才第一師子吼", 아무리 무식한 환자도 다 알아들을 수 있도록 쉽게 말하는 사람이다. 싫증도 안 내고 계속해서 설명을 해 준다. "보사군생도피안普使群生到彼岸", 그래서 모든 환자로 하여금 병이 나아서 건강한 상태로 건너가게끔 해준다. "차정심자소행도此淨心者所行道", 이런 사람은 욕심이 없어야 이렇게 한다. 욕심 많은 사람은 의사도 못할 것이다.

21.9 선법행善法行

수습무변복지장修習無邊福智藏 보작청량공덕지普作清涼功德池
이익일체제군생利益一切諸群生 피제일인행차도彼第一人行此道

9번의 선법행善法行이다. 정말 좋은 기술을 실천해 가는 사람들이다. "수습무변복지장修習無邊福智藏." 한없이 많은 행복에 도달하게 하는 지식이 무변복지無邊福智다. 행복에 도달할 수 있는 지혜를 계속 연마해서 "보작청량공덕지普作清涼功德池", 모든 사람으로 하여금 아픔을 벗어나서 깨끗하게 되고 시원하게 되게끔 고쳐주는 공덕이다. 그 공덕을 널리 쌓아서 "이익일체제군생利益一切諸群生", 모든 사람들에게 이익을 준다. "피제일인행차도彼第一人行此道", 이렇게 되어야, 정말 허준 같은 제일의 명의가 되는 것이다. 그러니까 의학의 세계에 가면 더 높은 사람이 있고 더 높은 사람이 있다. 그래서 맨 꼭대기에 가면 허준이 될 것이다. 그래서 제일인자를 만나면 우리는 병을 쉽게 고칠 수 있는데 못 만나면 어렵게 된다. 나도 치과에 가서 이를 뽑는데 처음에는 조그만 의사들이 뽑으려 하다 종내 못 뽑으니까 나중에는 치과대학장이 나왔다. 그 사람이 맨 밑의 치아를 뽑는데 한 사십 분이 걸렸다. 땀을 내면서 이를 뽑는데, 그 사람이 아니었으면 큰 수술을 해야 되는데 그 사람 때문에 그래도 쉽게 뽑았다. 그러니까 명의라 하는 것이 있긴 있다. 그것을 소위 제일인자라 한다.

인력근수도피안忍力勤修到彼岸 능인최승적멸법能忍最勝寂滅法
기심평등부동요其心平等不動搖 차무변지소행도此無邊智所行道.

"인력근수도피안忍力勤修到彼岸", 참고, 이기고, 부지런히 닦고, 그래서 정말 명의의 세계에까지 도달한다. "능인최승적멸법能忍最勝寂滅法", 그래서 모든 병을 없이하고 마는 그런 신통한 법을 배워 가지고. "기심평등부동요其心平等不動搖", 어떤 환자가 와도 그 마음에 아무 문제가 안 된다. 언제나 평등이다. 아무 문제가 안 된다. 자신이 있다는 것이다. 흔들림이 없다. "차무변지소행도此無邊智所行道", 이런 일은 정말 끝없는 지혜를 가진 사람만이 할 수가 있다.

21.10 진실행眞實行

10번의 진실행이다. 어떤 환자라도 진실하게 대하는 사람이다. 돈 많이 주면 해주고 많이 안 주면 안 해주고 하는 그런 사람이 아니다. 우리에게 쌀이라 하면 쌀이 진실이다. 쌀은 부자 집에만 가서 밥이 되는 것이 아니다. 부자 집이건 가난한 집이건 어디서나 다 밥이 되어 잡아 잡수세요 하는 진실이다. 밤이니 포도니 하는 모든 열매가 진실이다. 속이 꽉 차 있다. 사람이 와서 먹어도 그만이요 다람쥐가 와서 먹어도 그만이요 까치가 와서 먹어도 그만이다. 모든 생물에게 일체 자기 자신을 바치는 것이지 일체 차별이 없다. 그런 것을 진실행이라 한다.

(1) 십력十力
요달시처급비처了達是處及非處 어제력처보능입於諸力處普能入
성취여래최상력成就如來最上力 피제일력소행도彼第一力所行道.

도道의 세계는 힘의 세계다. 힘은 어디서 오는가. 빛에서 나온다. 도에는 언제나 옳은 것과 옳지 않은 것이 있다. 옳지 않은 것은 제거해 버리고 옳은 것은 실천한다. 그래야 도가 된다. "요달시처급비처了達是處及非處", 옳은 것과 옳지 않은 것을 확실히 구별해야 된다. 이것을 왕양명王陽明(1472-1528)은 치양지致良知라 했다. 양지를 가지고 확실히 구별한다. "어제력처보능입於諸力處普能入", 어디나 힘이 필요하다 그런데는 어디나 들어가서 힘을 빌려준다. "성취여래최상력成就如來最上力", 그래서 여래의 최고의 실력을 우리는 다 성취해야 되겠다. 무슨 면에 있어서건, 의사면 의사, 간호사면 간호사, 모든 직업에 있어서 최고의 힘을 우리는 길러가야 한다. "피제일력소행도彼第一力所行道", 이것이 최고의 힘을 가진 사람이 가는 길이다.

(2) 변재무궁辯才無窮
어제법중득선교於諸法中得善巧 능입진여평등처能入眞如平等處
변재선설무유궁辯才宣說無有窮 차불행자소행도此佛行者所行道.

환자에게는 설명을 잘 해주어야 한다. "어제법중득선교於諸法中得善巧", 모든 이치를 잘 알아서 그것을 정말 쉽게 쉽게 잘 설명할 수 있어야 한다. "능입진여평등처能入眞如平等處", 어떤 사람이든지 평등하게 해야 된다. "변재선설무유궁辯才宣說無有窮", 그래서 잘 알아 가지고 쉽게 알려준다. 변재辯才는 말을 잘하는 것이 아니다. 쉽게 알게 해주는 것이다. 깊이 생각해서 쉽게 말하는 것이다. 생각이 짧으면 쉽게 말할 수가 없다. 생각이 깊어야 쉽게 말할 수가 있다. 모든 복음이나 진리는 쉽게 말한 것이지 어렵게 말한 것은 하나도 없다. 쉽게 말하는데 말하는 것이 다함이 없다. "차불행자소행도此佛行者所行道", 이것이 우리가 세상을 구원하는 하나의 중요한 길이다.

(3) 동불선근同佛善根
능어불지급해탈能於佛智及解脫 심생정신영불퇴深生淨信永不退
이신이생지혜근以信而生智慧根 차선학자소행도此善學者所行道.

"능어불지급해탈能於佛智及解脫", 불지와 해탈에 능해서. 그러니까 모든 문제가 해결이 되었다는 것이다. "심생정신영불퇴深生淨信永不退", 그래서 깊이 자신이 생겼다. 이제는 까닥도 안 하게 되었다. "이신이생지혜근以信而生智慧根", 믿음을 가지고 어떤 환자를 보아도 그 환자의 병이 보인다는 것이다. "차선학자소행도此善學者所行道", 이것은 정말 연구를 많이 한 사람이라야 이렇게 된다.

(4) 입불종성入佛種性
보살능이독일신菩薩能以獨一身 입어삼매이적정入於三昧而寂定
영견기신무유수令見其身無有數 일일개종삼매기一一皆從三昧起.

"보살능이독일신菩薩能以獨一身", 보살은 언제나 한 몸을 가지고. "입어삼매이적정入於三昧而寂定", 삼매란 깊이 생각하는 것이다. 정말 어떤 입장을 얻기까지 깊이 생각해 가는 것이다. "영견기신무유수令見其身無有數", 그래서 한없이 많은 사람들을 고쳐줄 수 있는 것이다. 일즉일체一卽一切다. 혼자서 수많은 사람들을 우리가 고쳐줄 수 있다. "일일개종삼매기一一皆從三昧起", 그래서 모든 사람이 다 깊은 생각에서 깨나고 병에서 깨나고 그렇게 되기를 바라는 것이다.

(5) 입불자비종성入佛慈悲種性
제근미묘행역연諸根微妙行亦然 능위중생광설법能爲衆生廣說法

수기문자불흔경誰其聞者不欣慶 차등허공소행도此等虛空所行道.

"제근미묘행역연諸根微妙行亦然", 모든 이치란 미묘하고 또 그것을 실천하는 것도 미묘하다. "능위중생광설법能爲衆生廣說法", 모든 사람들에게 그 이치와 그 실천법을 널리 알 수 있게 해줘야 된다. "수기문자불흔경誰其聞者不欣慶", 그 말을 듣는 사람은 기뻐하지 않는 사람이 어디 있는가. "차등허공소행도此等虛空所行道", 그래서 모든 문제가 다 해결되면 그것이 허공이다. 그것이 하늘나라다.

(6) 입불지혜종성入佛智慧種性
지안청정무여등智眼淸淨無與等 어일체법실명견於一切法悉明見
여시지혜교분별如是智慧巧分別 차무등자소행도此無等者所行道.

"지안청정무여등智眼淸淨無與等", 의사라면 의사의 눈이 한없이 깨끗해야 된다. "어일체법실명견於一切法悉明見", 그래서 모든 병을 다 꿰뚫어볼 수 있는 그런 밝은 눈을 가져야 한다. "여시지혜교분별如是智慧巧分別", 이런 지혜와 이런 분별을 가지고 어떤 병이나 고칠 수 있어야 된다. "차무등자소행도此無等者所行道", 이런 사람만이 정말 비교할 수 없이 높은 지혜를 가진 사람이다.

(7) 진실어학습眞實語學習
수순어사이성취隨順言詞已成就 괴위담론선최복乖違談論善摧伏
상능취향불보리常能趣向佛菩提 무변혜자소행도無邊慧者所行道.

"수순어사이성취隨順言詞已成就", 쉽게 말해서 누구나 다 알 수 있게 되어야지 어려운 말만 자꾸 하면 아무도 모른다. 더구나 시골 교회에 가서 칼 바르트가 무엇이라 말했다고 한다든지 에밀 부룬너가 무엇이라 했다고 한다든지 그래 가지고는 안 된다. 그 사람에 맞는 말을 해야 된다. 그 사람들에게 맞는 말을 해서 그 사람들에게 알려주어야 한다. "괴위담론선최복乖違談論善摧伏", 그래서 어그러진 말은 하지 않고 모든 잘못된 말은 꺾어버린다. "상능취향불보리常能趣向佛菩提", 그래서 모든 사람들이 다 부처님의 지혜까지 갈 수 있도록 그렇게 도와주는 것이다. "무변혜자소행도無邊慧者所行道", 이것도 한없는 지혜를 가진 사람만이 할 수 있는 일이다.

(8) 요익중생불공饒益衆生不空
수기응견응공양隨其應見應供養 위현여래청정신爲現如來淸淨身
교화중생백천억敎化衆生百千億 장엄불찰역여시莊嚴佛刹亦如是.

"수기응견응공양隨其應見應供養", 환자의 정도에 따라서 그 사람의 정도에 맞게 모든 치료를 해 준다. "위현여래청정신爲現如來淸淨身", 그렇게 되려면 의사 자체가 건강한 사람이 되어야 한다. 의사가 앓아서는 되겠는가. "교화중생백천억敎化衆生百千億", 그래서 모든 사람들을 다 깨끗한 사람으로 고칠 수 있게, 변화시킬 수 있게 그렇게 가르쳐야 된다. "장엄불찰역여시莊嚴佛刹亦如是", 이렇게 되어야 깨끗하고 장엄한 부처님의 세계가 나타나는 것이다. 요전에도 말했듯이 깨끗하고 장엄한 것이 도道다. 그래서 우리는 깨끗하고 장엄한 세계를 만들어 가자는 것이다.

(9) 십행법문十行法門
보살공덕무유변菩薩功德無有邊 일체수행개구족一切修行皆具足
가사무량무변불假使無量無邊佛 어무량겁설부진於無量劫說不盡.

"보살공덕무유변菩薩功德無有邊", 보살의 영향이라는 것은 한이 없이 크다. "일체수행개구족一切修行皆具足", 그렇게 되기 위해서는 모든 수행을 쌓아야 된다. "가사무량무변불假使無量無邊佛", 비록 한없이 많은 부처님이 나와서, "어무량겁설부진於無量劫說不盡", 영원한 시간을 다 써도 다 끝날 수 없는 그런 가르침이다. 앞으로 사람들이 또 나오고 나오니까, 그 사람들에게 맞게 가르쳐야 되니까 끝없는 가르침이다. 정말 영원한 생명이다. 끝없이 물처럼 흘러나오는 것이다. 지금 우리가 『화엄경』을 이렇게 읽고 지나가지만 앞으로 십 년 후에 이것을 설명하는 사람은 또 다르게 설명한다. 때가 자꾸 달라지기 때문이다. 그러니까 자꾸 다르게 또 다르게 설명하는 것이다. 오늘 내가 이렇게 설명한 것도 과거에 설명한 것과 다르다. 과거에 이렇게 설명한 사람은 한 사람도 없었을 것이다. 과거에 예수 믿는 사람들에게 『화엄경』 설한 사람이 어디 있었겠는가. 예수 믿는 사람에게 설하는 것이니까 이것은 과거에 불교도가 불교도에게 설하는 것과는 다른 것이다. 불교도가 불교도들에게 설한 책이 수십 권으로 되어 있는데 탄허呑虛스님이 우리말로 번역해서 나와 있다. 그 책을 보면 다 알 수 있다. 그러나 오늘 내가 한 이야기는 불교도들에게 하는 것이 아니라 기독교도들에게 하는 것이니까 다르다. 기독교도들에게는 기독교도들에게 맞게 해야지 또 불교식으로 하면 안 된다. 그러니까 앞으로도 기독교 아닌 사람에게 할 때는 또 다르게 해야 된다. 그래서 "설부진說不盡"이다. 말이라 하는 것은 끝이 없는 것이다. 계속해서 다함이 없다.

21.11 환희행歡喜行

원리세간제과환遠離世間諸過患 보여중생안은락普與衆生安隱樂
능위무등대도사能爲無等大導師 피승덕자행사도彼勝德者行斯道

십행의 1번이 환희행인데 이것이 마지막 결론으로 보시布施라는 것이다. 환희행歡喜行이라는 이것이 결론이다. "원리세간제과환遠離世間諸過患", 이 세상의 모든 근심 걱정을 다 떠났다. "보여중생안은락普與衆生安隱樂", 이 세상 모든 사람들과 같이 즐거워한다. 맹자가 말하는 여민동락與民同樂이다. 나만 즐거워하는 것이 아니다. 내 걱정만 떼 놓는 것이 아니라 온 국민의 걱정을 떼 놓는 것이다. 그러니까 제과환諸過患이다. 모든 국민의 문제를 해결해 가는 것이다. 그래서 모든

백성들이 다 잘살 수 있도록 그렇게 되는 것이다. "능위무등대도사能爲
無等大導師", 그렇게 되려면 정말 큰 대통령이 되어야 한다. 큰 스승이
되어야 한다. 큰 아버지가 되어야 한다. 결국 하나님만이 가능하다는
것이다. "피승덕자행사도彼勝德者行斯道", 정말 최고의 실력을 가진
사람만이 이런 일을 할 수 있다.

단파라밀이성만檀波羅蜜已成滿 백복상호소장엄百福相好所莊嚴
중생견자개흔열衆生見者皆欣悅 피최승혜행사도彼最勝慧行斯道.

"단파라밀이성만檀波羅蜜已成滿." 단파라밀檀波羅蜜이란 보시라는
것이다. 보시파라밀이다. 보시파라밀이 완성이 되는 것이다. 이것이 우
리의 목적이다. "백복상호소장엄百福相好所莊嚴", 그래서 모든 사람들
이 한없는 행복 속에 서로 좋아한다. 백복百福, 한없는 행복을 가지고
서로 좋아하고 그래서 결론은 청정장엄淸淨莊嚴이다. 장엄한 세계를
이루어 가는 것이다. "중생견자개흔열衆生見者皆欣悅", 모든 중생이
이런 큰 선생을 보면 기뻐하지 않을 사람이 없다. 그래서 그리스도가
세상에 온 것을 기쁜 소식이라 한다. 복음이란 말이 기쁜 소식이라는
것이다. 좋은 선생이 오면 기쁜 소식이다. 마치 환자가 훌륭한 의사를
만나면 한없이 기쁜 것이나 같다. 이것이 소위 환희행이다. 이런 환희
행을 만들어내는 사람이 큰 스승이다. 명의다. 큰 대통령이다. 구세주
다. 구세주를 만나면 누구나 다 기뻐한다. "피최승혜행사도彼最勝慧行
斯道", 그런 구세주야말로 최고의 지혜를 가지고 이 세상을 구원하는
그런 사람이다. 그래서 보시행布施行이라는 이것이 전체의 결론인데
그것은 기쁨이라는 것이다. 기쁨을 나는 기가 뿜어 나온다고 기쁨이라
한다. 우리의 생명이 약동한다는 말이다. 생명의 약동이다. 하늘에는
독수리가 날고 강에는 물고기가 뛰노는 그런 생명이 약동하는 세계, 그
것이 소위 법계法界라는 것이다.

2001. 9. 23.

제22. 십무진장품十無盡藏品

십무진장품 강해

「십행품十行品」이나 「십무진장품十無盡藏品」이나 같은 것인데 「십행품」이 조금 원리적인 것이라면 「십무진장품」은 조금 구체적인 것이다.

22.1 이시爾時 공덕림보살功德林菩薩 부고제보살언復告諸菩薩言 불자佛子 보살마하살菩薩摩訶薩 유십종장有十種藏 하등위십何等爲十.

이때 공덕림보살이 모든 보살들에게 다시 말했다. 여러분, 보살마하살에게는 십종장十種藏이 있다. 그런데 그 열 가지란 무엇인가.

보살 가운데 큰 보살들이 보살 마하살이다. 보살은 부처님 아래 사람인데 말하자면 부처님의 제자들이다. 그러니까 공자孔子(552-479 B.C.)를 부처라 하면 안연顔淵이니 증자曾子니 하는 사람들이 보살이라는 것이다. 공자의 제자들이 삼천인데 그 가운데 70인이 보살이 될 수 있고 십철十哲이라 하면 보살 가운데 마하살이다. 큰 보살이다. '장

藏이란 무엇을 넣어두는 창고다.

소위所謂 신장信藏 계장戒藏 참장慚藏 괴장愧藏 문장聞藏 시장施藏 혜장慧藏 염장念藏 지장持藏 변장辯藏.

1) 신장信藏 2) 계장戒藏 3) 참장慚藏 4) 괴장愧藏 5) 문장聞藏 6) 시장施藏 7) 혜장慧藏 8) 염장念藏 9) 지장持藏 10) 변장辯藏, 이렇게 열 가지다.

이것들은「십행품」에서 이미 나온 것들을 다시 한 번 되풀이하는 것인데 조금 구체적으로 말한 것뿐이다. 이렇게 열 개로 말해도 되지만 이것도 앞서「십행품」에서 말한 방식대로 세 개는 나쁜 것, 세 개는 좋은 것, 세 개는 살아있는 것, 그리고 하나는 모든 사람을 다 고치는 것이라 본다. 그래서 2) 계장戒藏 3) 참장慚藏 4) 괴장愧藏이라는 셋은 나쁜 것, 병병이라 보고 1) 신장信藏 5) 문장聞藏 8) 염장念藏, 이 셋은 좋은 것, 약藥이라 보고 그 다음에 7) 혜장慧藏 9) 지장持藏 10) 변장辯藏, 이 셋은 의사라고 한다. 그리고 6) 시장施藏은 보시라고 한다. 그래서 이 순서대로 읽어본다.

22.2 계장戒藏

차보살此菩薩 성취보요익계成就普饒益戒 불수계不受戒 주계不住戒 무회한계無悔恨戒 무위쟁계無違諍戒 불손뇌계不損惱戒 무잡예계無雜穢戒 무탐구계無貪求戒 무과실계無過失戒 무훼범계無毀犯戒.

요익계饒益戒는「십행품」에서 나왔다. 불수계不受戒는 외도불수外道不受라 해서 다른 사상은 받아들이지 않는다는 것이다. 외도外道, 불교 외의 많은 사상들이다. 인도에 많은 사상들이 있는데 그 외도를 받지 말라는 것이다. 부주계不住戒, 이것은 악에 머물지 말라는 것이다. 무회한계無悔恨戒, 후회할 일을 하지 말라. 무위쟁계無違諍戒, 다

투고 싸우는 그런 짓은 하지 말라. 불손뇌계不損惱戒, 다른 사람에게 손해를 주고 머리를 아프게 하는 일은 하지 말라. 무잡예계無雜穢戒, 잡스럽고 더러운 일은 하지 말라. 무탐구계無貪求戒, 욕심 많게 탐내는 일은 하지 말라. 무과실계無過失戒, 쓸데없는 실수를 자꾸 하지 말라. 무훼범계無毁犯戒, 남을 헐뜯고 아프게 하는 그런 일은 하지 말라. 이렇게 하지 말라는 것이 계다.

운하위무훼범계云何爲無毁犯戒 차보살此菩薩 영단살도사음永斷殺盜邪婬 망어양설악구妄語兩舌惡口 급무의어及無義語 탐진사견貪瞋邪見 구족수지십종선업具足受持十種善業.

남을 헐뜯고 물어뜯지 말라는 무훼범계無毁犯戒, 그런 계를 성취한 사람들은 어떤 사람들인가. 이런 사람들은 영원히 죄악을 끊어버린 사람들이다. 살殺, 남을 죽이는 일, 도盜, 도적질하는 것, 사邪, 거짓말 하는 것, 음婬, 음란한 것, 이런 것들을 하지 말아야 된다.

이것이면 다 되는데 불교에서는 또 몇 가지를 덧붙였다. 십계十戒라 해서 살도음殺盜淫에다 탐진치貪瞋痴 그리고 여기 나온 네 가지를 덧붙인다. 그러니까 몸에 관한 것으로 살도음이라는 셋과 뜻, 마음에 관한 것으로 탐진치라는 셋, 거기에다 다음의 넷이다. 즉 망어妄語, 양설兩舌, 악구惡口, 무의어無義語라는 것이다. 보통은 기어綺語, 망어妄語, 악구惡口, 양설兩舌이라 한다. 기어는 비단처럼 꾸미는 말이다. 양설이란 혓바닥이 둘로 갈라져 이런 말 했다가 저런 말 했다가 하는 것이니까 거짓말하는 것을 말한다. 악구라는 것은 남을 욕하는 것이다. 망어는 아무 의미 없는 말들을 하루종일 떠드는 것이다. 허탄虛誕한 말이 망어다. 쓸데없는 말을 그냥 지껄이고 있는 것이다. 여기서 무의어라 했는데 보통은 기어라 한다. 남에게 아첨하는 말이다. 그러니까 사실 여기서는 망어가 아첨하는 말, 기어라는 것이고 무의어가 뜻 없는 말이라 해야 글자의 뜻에는 맞는 것인데 보통은 망어를 뜻 없이 떠드는 말이라 하고 아첨하는 말은 기어라고 한다. 그래서 보통은 기어,

망어, 악구, 양설이라 그렇게 되어 있다. 이런 것을 소위 십계라 한다. 탐진치라는 삼독三毒과 살도음이라는 삼악三惡과 기어, 망어, 악구, 양설이라는 것 이 넷을 합해서 십계라 한다.

"탐진사견貪瞋邪見", 탐貪은 탐하는 것이고 진瞋은 남을 미워하는 것이고 사견邪見이란 거짓 속이는 것이다. 그래서 이런 열 가지를 다 없이해야 "구족수지십종선업具足受持十種善業", 열 가지 선업을 할 수가 있다.

22.3 참장慚藏

위피보살謂彼菩薩 심자념언心自念言 아무시세래我無始世來 여제중생與諸衆生 개실호작皆悉互作 부모형제자매남녀父母兄弟姉妹男女 구탐진치具貪瞋癡 교만첨광驕慢諂誑 급여일체제번뇌고及餘一切諸煩惱故 갱상뇌해更相惱害 체상능탈遞相陵奪 간음상살姦淫傷殺 무악부조無惡不造 일체중생一切衆生 실역여시悉亦如是.

위피보살이 마음속으로 말했다. 내가 옛날부터 모든 중생과 같이 부모 형제자매 남녀의 인연을 맺어서 결국 한 일은 탐진치라는 그것뿐이었다. 교만하고 아첨하고 속이는 그런 것으로 온갖 골치 아픈 번뇌뿐이었다. 다른 사람을 괴롭히고 해치고 서로 다른 사람을 무시하고 서로 빼앗고 음란하고 살상하고 그래서 악이란 악은 하지 않은 것이 없었다. 그런데 이런 것은 나만이 아니라 모든 중생들이 다 그렇게 했다. 그러니까 기독교로 말하면 원죄라는 것이다.

22.4 괴장愧藏

차보살此菩薩 자괴석래自愧昔來 어오욕중於五欲中 종종탐구種種貪求 무유염족無有厭足 인차증장因此增長 탐에치등貪恚癡等 일체번뇌一切煩惱 아금불응부행시사我今不應復行是事 약아어금若我於今 유행시사猶行是事 즉위기광삼세제불則爲欺誑三世諸佛.

그래서 이 보살이 부끄럽게 생각한 것이 무엇인가. 어렸을 때부터 다섯 가지 욕심에 빠져서 여러 가지를 탐하고 구하고, 그런데 아무리 갖고서도 만족이 없고, 그래서 이런 것이 자꾸자꾸 발전이 되어 나중에는 탐貪이 되고 진에瞋恚가 되고 치痴가 되어 일체 번뇌가 생겨났다. 그래서 스스로 참회하고 부끄럽게 생각한다. 나는 이제부터 이런 일은 다시는 안 하겠다고 그렇게 결심을 한다. 내가 만일 이제부터 이런 죄악된 일을 한다면 이것은 모든 부처님을 속이는 것밖에 안 된다. 그러니까 이제부터 부처님 앞에서 진실하게 살아야겠다는 것이다.

22.5 신장信藏

차보살此菩薩 입불지혜入佛智慧 성취무변무진신成就無邊無盡信 득차신이得此信已 심불퇴전心不退轉 심부잡란心不雜亂 불가파괴不可破壞 무소염착無所染着 상유근본常有根本 수순성인隨順聖人 주여래가住如來家 호지일체제불종성護持一切諸佛種性 증장일체보살신해增長一切菩薩信解 수순일체여래선근隨順一切如來善根 출생일체제불방편出生一切諸佛方便.

그러기 위해서는 우선 믿음을 가져야 된다. 그래서 이 보살은 부처님의 지혜에 들어가서 아주 한량없는 믿음을 완성했다. 믿음을 얻은 다음에는 마음이 뒤로 물러서는 것이 없고 마음이 어지럽거나 잡된 것이 없고 마음이 아주 튼튼해서 깨뜨려지는 것이 없고 그래서 이제는 죄악에 물들지 않고 언제나 뿌리를 가진 사람이 되었다. 왜 그렇게 되는가. 믿음이란 언제나 선생님과 연결되는 것으로 대승기신大乘起信이다. 선생님을 좇아가게 된 것이다. 믿음은 거기에서부터 시작되는 것이다. 기독교에서는 예수를 믿는다고 하는데 예수라는 분이 우리에게는 대승이다. 선생님에게 수순隨順하여 선생님의 집에 살게 되었다. 기독교로 말하면 교회에서 살게 되었다는 것이다. 그래서 모든 부처님의 소질을 잘 유지하고 보살의 믿음과 이해력을 더 발전시키고 그래서 여래의 모든 좋은 입장을 좇아가게 되었다. 그래서 선생님을 따라가게 되었다.

22.6 문장聞藏

차보살此菩薩 지시사유고시사유知是事有故是事有 하등위시사유고시사유何等爲是事有故是事有 위무명유고행유謂無明有故行有 하등위세간법何等爲世間法 소위색수상행식所謂色受想行識.

선생님을 따라가게 되니까 많이 듣게 되고 많이 배우게 된다. 문장聞藏이다. 그래서 이 보살이 이런 일이 있기에 이런 일이 생긴다 하는 것을 알았다. "시사유고시사유是事有故是事有", 이런 일이 있기에 이런 일이 생긴다는 것, 보통 연기緣起라 말하는 것이다. 철학적으로 말하면 유기체有機體 사상이다. 코가 있기에 눈이 있는 것이고 눈이 있기 때문이 코가 있는 것이다. 그것이 다 한 몸이지 다른 것이 아니라는 유기체 사상이다. 시간이 있을 때는 공간이 있고 공간이 있을 때는 반드시 시간이 있다 할 때는 그것을 사차원이라 한다. 다 같은 말이다. 그러니까 이런 것이 있기 때문에 저런 것이 있다는 것이다. 시간이 있기 때문에 공간이 있다. 언제나 시간 · 공간이 곱해있다는 이런 식이다.

어떤 것이 있기 때문에 이런 것이 있게 되는가. 예를 들면 우리의 무명無明 때문에 이렇게 나쁜 짓을 하게 된 것이다. 희랍 사람이나 인도 사람이나 마찬가지로 우리가 몰라서 그렇다는 것이다. 알면 절대 나쁜 짓은 안 한다는 것이다. 플라톤Plato(427-347 B.C.)의 이데아Idea 사상도 그것이다. 그런데 우리나라 사람들은 다 아는 사람들인데, 대학도 다 졸업한 사람들인데 차 타고 가다 쓰레기 내다 버리는 것을 볼 때 우리는 이것이 잘 안 된다. 희랍 사람이나 인도 사람들은 사람들이 무식해서, 사람들이 몰라서 나쁜 짓을 한다고 말한다. 알면 안 하는데 몰라서, 무명 때문에 나쁜 짓을 한다는 것이다. 이것이 소위 십이지인연十二支因緣이라는 것이다. 무명에서 시작해서 맨 마지막에 죽음까지 가는 것이다.

　이 세상의 법, 세간법世間法이란 어떤 것인가. 소위 오온五蘊이라는 색수상행식色受想行識이다. 색色이란 대상세계요 수受는 감각의 세계, 상想은 생각하는 세계, 행行은 실천하는 세계, 식識이란 주체, 주관의식이다. 주관과 객관의 일치인데, 그 일치하는 과정을 다섯 가지로 한 것이다. 밝을 '명명'은 해와 달이 합친 것인데 그 밝을 명이 되기 위해서는 그 사이에 이렇게 다섯 가지가 있다는 것이다. 이것을 오행五行 사상이라 한다. 오온 사상도 마찬가지다. 우리가 진리를 깨닫기 위해서는 다섯 단계로 가야 된다는 이런 생각이다.

　하등위출세간법何等爲出世間法 소위계정혜所謂戒定慧 해탈解脫 해탈지견解脫知見 일체중생一切衆生 어생사중於生死中 무유다문無有多聞 불능요지차일체不能了知此一切 아당발의我當發意 지다문장持多聞藏 증아뇩다라삼막삼보리證阿耨多羅三藐三菩提 위제중생爲諸衆生 설진실법說眞實法.

　출세간법出世間法이란 무엇인가. 소위 계戒·정定·혜慧라는 것이다. 그것을 달리 말하면 일식一食·일좌一坐·일인一仁·일언一言이다. 그것을 또 다르게 말하면 과학, 철학, 신학, 예술이다. 다 마찬가지다. 요전에도 시간성時間性을 가지고 시간을 극복해야 한다고 했다. 생로병사生老病死를 무엇으로 극복하는가. 과학, 철학, 종교, 예술이다. 사는 문제는 결국 경제문제니까 과학으로 해결한다. 유교에서는 과학, 철학, 종교, 예술이라는 말 대신에 인의예지仁義禮智라 한다. 하늘이 우리에게 문제를 해결하는 방법을 허락해 주었다. 그것을 우리가 성성이라 한다. 천명天命, 하늘이 우리에게 모든 문제를 해결하는 방법을 허락해 주었다. 그것이 무엇인가 하면 감성感性, 오성悟性, 이성理性, 영성靈性이다. 감성은 예술의 세계, 오성은 과학의 세계, 이성은 철학의 세계, 영성은 종교의 세계다. 이렇게 하늘은 우리에게 생로병사의 문제를 해결할 수 있는 방법을 우리에게 넣어 주었다. 그것이 불교에서 말하는 보배라는 것이다. 그것을 우리가 발견하면 견성見性이라 한다. 그러니까 견성 안 한 사람이 없다. 다 견성했다. 대학에 다니면서 공과대학에 다니고 의과대학에도 다니고 다 방법을 발견해서 하는 것이지 방법을 발견하지 않은 사람이 어디 있는가. 그래서 그 방법을 실천하면 "솔성지위도率性之謂道", 도道라 한다. 실천하면 도다. 도라는 것은 해결이 되었다는 것이다. 이 방법을 가지고 실천하면 해결이 된다. 해결이 되었다 하면 그것을 도라 하고 해결이 된 사람이라 할 때는 불佛이라 한다. 그러니까 견성성불見性成佛이다. 그래서 여러분이 다 부처님이다. 오늘 여기 다 밥 먹고 왔지 못 먹고 온 사람 없다. 다 해결한 사람들이다. 그러니까 우리가 다 아는 것을 공부하는 것이지 무슨 모르는 소리를 우리가 새로 하는 것은 아무 것도 없다.

"일도출생사一道出生死." 생사라는 것이 문제다. 어떻게 사나, 어떻게 죽나 그것이 문제다. 그 문제를 해결하는 방법이 성性이고 그것을 실천하면 도道라는 것이다. 그러니까 과학, 철학, 예술, 종교, 그것을 하는 것이 도지 다른 것이 아니다. 도를 실천해서 모든 문제가 해결되면 "일체무애인一切無碍人"이다. 일체 문제가 없는 사람이다. 일체 문제를 해결한 사람이다. 문제를 해결했다는 것은 배고프면 밥 먹는 것이다. 그러니까 방법을 알면 그것을 견성이라 하고 그 방법을 실천해서 해결하면 도라 하고 그렇게 해결한 사람은 불이라 한다. 부처란 무엇인가. 해결한 사람이다. 자유인이다.

해탈解脫이라는 것이 자유라는 말이다. 출생사出生死가 해탈이다. 해탈하는 방법이란 다른 것이 아니고 과학, 철학, 예술, 종교다. 그러니까 죽음의 문제는 종교요 늙는 문제는 예술이고 병의 문제는 철학이고 사는 문제는 과학이다. 그것뿐이지 다른 것이 무엇인가. 『화엄경』이라는 것도 그것뿐이다. 그런데 이 사람들이 재간이 있어서 말을 정말 근사하게 하는 것이다. 그것도 한 번만 하는 것이 아니라 몇 만 번을 한다. 『마하바라타Mahabharata』에서는 사랑한다는 말을 십만 번을 한다. 그래도 싫증이 안 난다는 것이다. 어린아이들 노래하는 것을 들으면 아무리 들어도 싫증이 안 난다. 아이들이 코 흘리면서 하는 노래지만 그 것이 그대로 듣기 좋은 것이다. 그러니까 이런 경전이란 몇 천 년을 듣고 들어도 좋다는 것이다. 우리가 여기에서 즐거움을 얻는 것이다.

목적은 해탈이다. 해탈이라는 것을 보통은 열반涅槃이라 한다. 해탈이란 말은 니르바나nirvana라는 말인데 니르바나는 불이 꺼졌다는 뜻이다. 불이 꺼졌다는 것은 내 속의 욕심의 불이 꺼졌다는 것이다. 욕심의 세계가 아니라 진리의 세계에서 사는 것이다. 욕심의 세계에서 진리의 세계로 넘어오면 해탈, 니르바나라 한다. 이런 세계를 한문자로 말할 때는 적적寂이라 한다. 열반적정涅槃寂靜이다. 적적寂 · 정정靜, 다 같은 말이다. 문제가 없어졌으니까 고요하게 되고 고요하게 되었다. 해탈이라는 말이 자유라는 말인데 그것을 열반이라 하고 어떤 때는 니르바나 혹은 적적寂이라 한다. 적적寂에다 원圓을 붙여서 원적圓寂이라 하는데 완전한 해탈이라는 것이다. 죄에서 완전히 벗어났다, 이제 자유롭다는 것이다. 이렇게 불교에서 쓰는 문구들이 외국어 같아서 우리에게 생소하지만 그 문구에 익숙해지면 다 재미있는 표현이다.

문제가 있으면 아무래도 선생님에게 가서 배워야 되는데 배우질 못했다. 많이 듣지 못했다. 그래서 행이라는 방법을 알 수가 없다. 알 수가 없으니까 그냥 무명이다. 그냥 눈감고 헤매는 것이다. 그래서 나는 이런 생각을 했다. 선생님에게 많이 배워서 "증아누다라삼막삼보리 證阿耨多羅三藐三菩提", 그 방법을 깨닫는 것이다. 그 방법이라는 것이 아누다라삼막삼보리다. 그러니까 과학을 하게 되고 철학을 하게 되고 종교를 하게 되고 예술을 하게 되고 다 하게 되는 것이다. 아누다라삼막삼보리를 번역하면 무상정편지無上正遍智라 한다. 최고의 바른 지혜라는 것이다. 그것을 붙잡았다. 최고의 방법이라는 것이 별것인가. 인의예지仁義禮智라는 것이지 다른 것이 아니다. 인의예지를 맹자孟子는 성성性이라 한다. 불교에서는 그것을 발견하면 견성見性이라 한다. "증 아누다라삼막삼보리", 최고의 지혜, 방법을 발견하게 되었다. '증證'이라 할 때는 증득證得이다. 최고의 방법을 얻게 되었다, 그래서 모든 사람들에게 그 진짜 방법이 무엇인지 가르쳐주게 되었다. 그러니까 자기가 체험을 해보면 그 체험한 것을 다른 사람에게도 가르쳐주게 되는 것이다.

22.7 염장念藏

차념此念 유십종有十種 소위所謂 적정념寂靜念 청정념清淨念 불탁념不濁念 명철념明徹念 이진념離塵念 이종종진념離種種塵念 이구념離垢念 광요념光耀念 가애락념可愛樂念 무장애념無障碍念.

이 생각에는 열 가지가 있다. 적정념寂靜念, 해탈하겠다는 생각, 자유를 얻겠다는 생각이다. 불교에서 제행무상諸行無常, 제법무아諸法無我, 열반적정涅槃寂靜이라는 세 가지 가운데 하나다. 삼마디samadhi, 삼마파티samapatti, 디야나dhyana라 할 때 디야나를 적寂이라 한다. 그래서 적이라는 것이 제일 중요하다. 디야나까지 가야 된다. 디야나까지 간 세계, 완전한 해탈, 원적圓寂이다. 원적에까지 가려면 그 전에 삼마파티가 있어야 되고 그 전에 삼마디가 있어야 한다. 삼마디란 가만 앉아서 깊이 생각하는 것이다. 정靜이다. 여기에서부터 시작해서 결론은 적이라는 디야나까지 가는 것이다. 그래서 정적靜寂인데 그것을 이 사람들은 뒤집어서 적정寂靜이라 한다. 디야나란 말하자면 니르바나nirvana요 완전 해탈이다. 자유라는 것이다. 언제나 생각하는 것은 적정, 자유를 생각하는 것이다. 그러니까 적정을 고요함을 생각한다고 보면 안 된다. 불교에서 적정이란 하나의 숙어로 해탈을 생각하는 것, 자유를 생각하는 것이다.

그리고 여기서 제일 중요한 것은 '깨끗'이다. 내가 자꾸 말하는 것이 에베레스트인데 에베레스트의 특징은 깨끗한 것이다. 그리고 에베레스트의 특징은 장엄한 것이다. 그래서 불교에서 도道라는 것의 특징은 언제나 청정장엄淸淨莊嚴이다. 청정장엄이 되면 문제는 다 해결된 것이다. 그래서 제일 많이 주장하는 것이 청정淸淨이다. 깨끗한 것이다. 청정이니까 불탁不濁, 더럽지 않은 것이다. 청정이니까 명철明徹이다. 꿰뚫려 보이는 것이다. 이북에 가면 묘향산에서 내려오는 청천강이 있는데 정말 청천강을 내려다보면 얼마나 깨끗한지 그냥 아래까지 꿰뚫려 보인다. 명철이다. 오염을 일체 떠난 것이다. 여러 가지 구차한 생각을 다 떠났다. 때를 떠난 것이다. 때를 떠나야 사차원이다. 시간을 초월한 세계다. 시간을 어떻게 초월하는가. 시간의 공간화, 시간과 공간을 겹치는 수밖에 없다. 그래서 언제나 빛나는 생각, 언제나 즐거운 생각, 기쁜 생각 그리고 아무 것도 걸리지 않는, 생명의 샘이 강같이 흐르는 세계다.

지금까지 세 가지 독과 세 가지 약에 대해서 말했다. 이제 혜慧라는 것인데 이것은 의사다. 그러니까 삼독과 삼약은 정正·반反이지만 의사가 된다는 것은 아우프헤벤aufheben이다. 지양止揚이 되어 하나 더 높은 세계가 된다. 중도中道라는 것이다. 생사를 넘어선 에베레스트 꼭대기, 하나님을 만나는 그 자리, 삼십에 입立이라 하는 그 자리다. 거기에 서야 의사가 된다. 그러니까 제일 중요한 것이 혜慧다. 의사가 되어 정확한 지식을 가져야 된다. 그리고 진찰을 해도 정확하게 해야 된다.

22.8 혜장慧藏

차보살此菩薩 어색於色 여실지如實知 색집色集 여실지如實知 색멸色滅 여실지如實知 색멸도色滅道 여실지如實知 어수상행식於受想行識 여실지如實知 어무명於無明 여실지如實知 어성문於聲聞 여실지如實知 욕령중생欲令衆生 지기실성知其實性 광위선설廣爲宣說 위설하등爲說何等 설제법불가괴說諸法不可壞.

'색色'이란 객관세계 전체를 말한다. 보통은 사제四諦를 이야기하는 것으로 보통 고苦라 하는 것을 여기서는 지금 색이라 했다. 고가 무엇인지, 또 고의 원인이 무엇인지도 알아야 한다. 어떻게 하면 고가 없어지는지 그것도 알아야 한다. 또 도道라는 것, 그 방법이 무엇인지 그것도 알아야 된다. 그래서 이것을 사제라 한다. 사제를 알아야 한다. 색수상행식色受想行識은 인식론으로, 어떻게 하면 진리를 깨닫게 되는가 그것도 알아야 된다. 무명에서 시작하는 12지인연이라는 것도 알아야 된다. 성문·연각·보살·불타, 이런 것도 알아야 된다. 그래서 모

든 중생으로 하여금 우주의 본질이 무엇인지를 알도록 해야 한다. 그
렇게 하기 위해서 가르치는 것이다. 그럼 무엇을 가르쳐야 되는가. 진
리라는 것은 깨뜨릴 수 없는 것임을 가르쳐야 한다.

차혜무진장此慧無盡藏 유십종불가진有十種不可盡 소위다문선교所
謂多聞善巧 친근선지식親近善知識 선분별구의善分別句義 입심법계入
深法界 이일미지장엄以一味智莊嚴 집일체복덕集一切福德 심무피권
心無疲倦 입일체 다라니문入一切陀羅尼門.

이 지혜는 한이 없는 것이다. 그래서 한이 없는 것 열 가지가 있는데
그것은 첫째 사람이 많이 배울수록 기술이 좋아지는 것이다. 둘째는
좋은 선생님을 만나야 된다. 그래서 셋째 그 원리를 깊이 깨달아야 된
다. 그리고 네째는 자기의 전공분야 속으로 깊이 들어가야 한다. 그래
서 그 전공에 대한 지식에 아주 자신이 생겨야 된다. 그래서 다섯째는
"집일체복덕集一切福德"이다. 모든 행복을 누리게 되어야 한다. 왜냐
하면 그것을 가지고 문제가 해결되니까 그렇다. 그래서 언제나 정신의
피로함이 없고 싫증남이 없어야 한다. 번뇌가 없어야 한다. 여섯째는
일체 다라니문에 들어가야 된다. 다라니는 총지摠持, 한마디로 무엇이
다 하고 딱 아는 것이다. 요령을 꿰뚫는다는 것이다.

능분별能分別 일체중생一切衆生 어언음성語言音聲 능단일체能斷一
切 중생의혹衆生疑惑 위일체중생爲一切衆生 현일체불신력現一切佛
神力 교화조복敎化調伏 영수행부단令修行不斷 불가진고不可盡故 시
위십是爲十.

일곱째는 사람들의 말을 알아들어야 한다. 말을 알아듣는다는 것이
참 어렵다. 외국어 하는 것도 어렵지만 이런 학문의 세계에 들어가는
것도 어렵다. 그래서 여덟째는 그 말을 알아듣고 모든 의심나는 것을
없애야 한다. 그래서 아홉째는 모든 중생들을 위해서 정말 신의 힘을

얻어서 그 사람들이 알 수 있도록 가르쳐야 한다. 알기까지 가르쳐야 한다. 그래서 열째는 계속 발전해서 끝이 없어야 한다. 사람은 죽기까지 발전하는 것이지 죽기 전에 다 끝났다 그런 것은 없다. 그리고 또 죽은 다음에도 발전해야 한다.

 그러니까 여러분은 세상에서 다 못한 것 걱정할 것 없다. 죽은 다음에도 가서 또 해야 하니까 걱정할 것 없다. 소위 영원한 생명이다. 죽으면 끝이라 하는 것을 생사生死라 하는데 우리가 생사에 집착하면 안 된다. 죽으면 다 끝이다 하는 이것은 소위 허무감이다. 불교에서는 이것을 모든 고민의 근원이라 본다. 죽으면 끝이라 하는 것이 아니다. 부처라 하는 것도 『법화경』에서는 나이가 사십 팔억 년이다. 『화엄경』에서는 그보다 또 더 길다. 그러니까 영원한 생명이라는 것이다. 우리가 오기 전에도 얼마든지 여러 번 생을 거듭한 것이고 우리가 죽은 후에도 또 여러 번 생을 거듭하는 것이지 이것으로 끝이다 하는 것이 아니다. 그렇게 아니라 하고 생각하는 것을 출생사出生死라 한다. 생사라는 이 70년 인생 이것이 끝이 아니다. 거기서 벗어나야 도道다. 도라는 것은 끝이 없어야 도지 끝이 있으면 도가 아니다. 부산까지 가면 끝난 것 같지만 배를 타고 또 미국까지 간다. 지구가 동그랗게 되어 있으니까 끝이 없다. 도라는 것은 동그란 것이다. 끝이 없는 것이다. 끝없는 세상을 우리가 살아가는데 이것이 계속 발전하는 세상이 되어야지 후퇴하는 세상이 되면 안 된다는 것이다. 그래서 우리는 끝없이 발전해 가는 것이다. 무진장이다. 끝없이 발전해 간다.

22.9 지장持藏

 차보살此菩薩 지제불소설수다라持諸佛所說修多羅 지일불명호持一佛名號 지일불수기持一佛授記 지일중회持一衆會 지연일법持演一法 지일근무량종종성持一根無量種種性.

 의사는 힘을 가져야 된다. 실력이 있어야 된다. '수다라修多羅'는 경전을 말한다. 의사라면 의학에 관한 책들이다. 철학이면 철학에 관한 고전이다. 기독교로 말하면 『성경』이다. 우리도 하나의 전문가라는 이름을 가져야 된다. 거기에 대해서는 우리도 하나의 전문가라는 이름을 가져야 한다. 선생의 도道를 계승해서 받으면 나는 누구의 제자라 하게 된다. 미술 하는 사람, 음악 하는 사람, 모두 나는 누구의 제자라 한다. 이런 것을 소위 '수기授記'라 한다. 요새로 말하면 졸업장을 받은 것이다. 그래서 자기도 이제 하나의 클래스를 가지게 된다. 자기도 전공분야를 가지게 된다. 그러니까 자기의 소질에 맞는 여러 가지 지식을 가지게 된다.

불자佛子 차지장此持藏 무변난만無邊難滿 난지기저難至其底 난득친근難得親近 무능제복無能制伏 무량무진無量無盡 구대위력具大威力 시불경계是佛境界 유불능료唯佛能了.

이 전공이라 하는 것은 한없이 깊고 그것을 다 채운다는 것은 대단히 어렵다. 의학이라 해도 얼마나 넓은가. 눈 하나만 해도 일생 해도 모자란다. 눈 속에서 또 망막 하나만 가지고 일생 연구하는 사람도 있다. 그러니까 "무변난만無邊難滿"이다. 그래서 끄트머리까지 다 알 수 있는가. 거의 어려운 것이다. 아무리 안과 선생이라 해도 눈에 대해서 다 안다 하기 어려운 것이다. 밑바닥까지 들어가는 것은 참 어렵다. 또 그 이론이라면 이론에 대해 친근해지기가 참 어렵다. 그러니까 완전히 극복한다는 것은 참 어렵다. 우리가 암을 극복한다고 한 지가 얼마나 오래 되었는가. 그런데 아직도 못하고 그냥 있다. 무엇 하나 극복한다는 것이 참 어렵다. 그러니까 한없는 실력을 쌓아야 된다. 이런 경계에 올라간 부처님만이 할 수 있다. 결국 부처님까지 올라가야 한다는 것이다. 유불여불唯佛與佛이다. 부처님만이 부처님을 알 수 있다. 부처님의 세계까지 가야 정말 학문의 세계가 통하는 것이지 그렇지 않으면 안 된다. 한마디로 실력을 가져야 되겠다는 것이다.

22.10 변장辯藏

차보살此菩薩 유심지혜有深智慧 요지실상了知實相 광위중생廣爲衆生 연설제법演說諸法 불위일체제불경전不違一切諸佛經典 수기근성隨其根性 실령만족悉令滿足 심득환희心得歡喜 멸제일체번뇌전구滅際一切煩惱纏垢 영일체중생令一切衆生 불종부단佛種不斷 정심상속淨心相續 역이법광명亦以法光明 이연설법而演說法 무유궁진無有窮盡 불생피권不生疲倦 영제보살令諸菩薩 구경성취무상보리究竟成就無上菩提.

정말 깊은 지혜가 있어서 실상實相을 다 파악할 수 있다. 암이면 암에 대해 잘 분석할 수 있다. 모든 중생을 위해서 이런 것을 가르칠 수 있다. 그래서 지금까지 나온 모든 경전을 하나도 틀리지 않고 다 설명할 수 있다. 그래서 그 사람 소질에 따라서 다 만족하게 할 수가 있다. 그 사람의 마음을 기쁘게 할 수도 있고 그 사람들의 모든 문제를 다 해결해 줄 수도 있다. '전구纏垢'는 실에 끌려 다니듯 매이고 더럽게 된 것이다. 그것을 다 제거해 줄 수가 있다. 일체 중생들이 진리의 세계를 떠나지 않도록 해서 공부하겠다고 하는 마음을 계속해서 이어갈 수 있도록 해준다. 후계자를 양성하는 것이다. 그래서 이 진리의 밝은 빛을 가지고 후계자들에게 잘 가르치는 것이다. 그래서 정말 끝없이 학생도 지루하지 않고 선생도 피곤하지 않다. 그렇게 계승해 가는 것이다. 그래서 모든 보살들, 학생들로 하여금 최고의 진리를 체득할 수 있도록 해 준다. 왜 그렇게 해주는가. 다음에 열 가지 이유가 나온다.

요익일체중생饒益一切衆生 이본원선회향以本願善廻向 일체겁무단절一切劫無斷絶 진허공계실개오盡虛空界悉開悟 회향유위이불착廻向有爲而不着 일념경계일체법一念境界一切法 무진대원심無盡大願心 무변이無變異 선섭취제다라니善攝取諸陀羅尼 일체제불소호념一切諸佛所護念 요일체법개여환了一切法皆如幻 시위십종무진법是爲十種無盡法.

후계자로 좋은 의사가 나오면 그가 얼마나 세상 사람들을 이롭게 하
겠는가. 일체 중생을 이롭게 해준다. 그리고 본원本願을 가지고 선회
향善廻向, 선으로 돌아오기까지, 병을 다 고치게 되기까지, 오랜 시간
계속해서 이 문화가 끊어지지 않도록 한다. 허공虛空이란 마음이라는
것이다. 마음을 다해서 깨닫기까지 노력한다. 그래서 의사가 되어 병
자들에게 돌아오는 것이다. 그런데 집착하면 안 된다. 의사가 되면 병
을 고쳐주는 것이지 돈을 벌자는 것은 아니다. 한 생각 속에 모든 문제
가 다 들어간다. 하나를 알면 다 알게 된다. 그래서 이 세상을 구원하
겠다고 하는 이 간절한 마음은 변함이 없다. 가장 핵심적인 요령은 우
리가 꼭 잡고 놓치면 안 된다. 허준처럼 무슨 병에는 무슨 풀을 뜯어먹
으면 된다 하고 딱 알아야 된다는 것이다. 그래서 돈 안 내고도 병 고
칠 수 있게 해야 된다. 그래야 모든 부처님의 도움을 받게 된다. 그래
서 모든 문제가 다 안개처럼 사라지게 되도록 해야 한다. 그렇게 우리
가 실력을 무진장으로 가져야 한다는 것이다. 한없이 실력을 가져야
한다. 아는 것도 무진장無盡藏이라는 것이다. 하나를 알면 다 알게 되
기 때문이다. 원리만 알면 다 알게 된다. 그러니까 무진장이란 말을 쓴
다. 서울에 무진장스님이 있는데 나도 여러 번 만났는데 불교계 출판
도 하는 그런 사람이다. 그 무진장도 여기서 나왔을 것이다. 허공은 아
무 것도 없는 것이 아니라 거기에 무진장이 들어 있다. 별이 억만 개가
들어 있다. 그러니까 진공묘유眞空妙有다. 아무 것도 없는 것 같은데
그 속에 무진장이 들어가 있다.

22.11 시장施藏

차보살此菩薩 행십종시行十種施 소위所謂 분감시分減施 갈진시竭
盡施 내시內施 외시外施 내외시內外施 일체시一切施 과거시過去施 미
래시未來施 현재시現在施 구경시究竟施.

결국 무엇하자는 것인가 하면 중생을 살리자는 것이다. 열 가지 남을

도와주는 것이 있다. 분감시分減施, 자기 것을 조금 나눠서 남을 주는 것이다. 갈진시竭盡施, 조금 주는 것이 아니라 있는 것을 다 준다. 내시內施, 자기 속에 있는 것을 다 준다. 책에 예로 나와있는 것을 보면 내장도 준다고 했는데 옛날에도 신장이니 간장이니 떼어주는 것이 있었는지 모르겠다. 자기 속에 있는 피도 주고 심장도 떼어주고 그렇게 주는 것이 내시다. 외시外施, 자기 밖에 있는 것을 준다. 내외시內外施, 자기 안팎에 있는 모든 것을 다 준다. 일체시一切施, 부모는 자기의 모든 것을 다 준다. 과거시過去施, 과거도 주고 미래시未來施, 미래도 주고, 현재시現在施, 현재도 주고 구경시究竟施, 다 끝없이 준다. 보시布施란 기독교로 말하면 사랑이다. 끝없이 주는 것이다. 불교에서는 보시라 자비라 하는데 다 같은 말이다.

운하위보살云何爲菩薩 분감시分減施 아신중我身中 유팔만호충有八萬戶蟲 의어아주依於我住 아신충락我身充樂 피역충락彼亦充樂 영어신심令於身心 불생탐애不生貪愛 실득성취청정지신悉得成就淸淨智身 시명구경시是名究竟施.

어느 것이 분감시分減施인가 예를 들어본다. 내 몸 속에 벌레가 팔만 개가 있다. 그래서 그 벌레들은 나를 믿고 산다. 그러니까 같이 즐긴다. 그래서 나는 내 몸만 살리는 것이 아니라 내 속에 있는 벌레들도 다 살려주는 것이다. 맨발의 성자 이현필李鉉弼(1913-64)은 몸에서 이가 나오면 다시 집어넣어 주었다. 자기는 이와 같이 산다는 것이다. 불살생不殺生이다. 산 것은 일체 죽이지 않고 같이 산다는 것이다. 그런데 모기는 하도 피를 빨아먹으니까 같이 못살 것 같다. 오늘도 모기를 세 마리나 잡았다.

우리의 몸과 마음에 탐애貪愛를 없이하고 우리의 몸을 깨끗하고 지혜로운 몸으로 만든다. 그래서 다 같이 살자는 것인데 이것을 구경시究竟施라 한다.

2001. 9. 30

제23. 승도솔천궁품昇兜率天宮品

승도솔천궁품 강해

　도솔천궁昇兜率天宮이다. '도兜'는 투구를 쓴 모양으로 '두'라고 발음하는 것인데 여기서는 '도'라고 읽고 도솔천이라 한다. '도솔兜率'의 뜻은 지족知足, 언제나 만족할 줄 안다는 것이다. 언제나 불평불만으로 사는 것이 아니라 감사하면서 기쁨으로 사는 것이다. 그래서 '도솔천兜率天'을 번역하면 "낙지족천樂知足天"이다. 하나님의 은혜가 한없이 충만해서 언제나 하나님의 은혜로 즐겁게 살 수 있는 자기가 되었다. 그리고 "상행지족常行知足", 언제나 감사하고 만족해서 살아가기 때문에 "무소염착無所染着", 이 세상의 죄에 물들거나 빠지는 법이 없다. 나는 나로서 충만하기 때문에 더 원하는 것이 없다. 더 원하는 것이라야 이것이 욕심이고 그 욕심이라야 빠지지 욕심이 없으면 무슨 빠질 것이 없다. 그래서 "장처생사長處生死", 생사에 처해서도, 우리가 이 세상에 살면서도, "불폐열반不廢涅槃", 해탈을 벗어나지 않는다. 이 세상에 살면서도 이 세상이 천국이다. 천국에 따로 가야 천국이 아니다.『노자老子』46장에 나오는 말인데 "지족지족知足之足 상족의 常足矣"라, 만족할 줄 아는 만족이 진짜 만족이다. 그저 배부르다 하는 그런 만족이 아니라 우리가 왜 만족해야 하는 지 그 이유를 알고 만족하는 것이다. 쉽게 말하면 정신적인 만족이다. 그 정신적인 만족이 되어야 영원히 만족이다. 물질적인 만족은 있었다 없었다 하니까 만족이 아니다. 그런데 정신적인 만족은 무진장이니까 무한히 만족할 수 있다. 공자로 말할 때 안회顔回는 어떤 사람인가 하면 안빈락도安貧樂道라 한다. 도를 즐기기 때문에 아무리 현실이 구차하더라도 편안하게 살아간다. 지족지족知足之足이 있기 때문에 편안하다는 것이다. 도를 즐기기 때문에 현실에서 아무 문제없이 살아갈 수가 있다. 그러니까 공자는 안빈락도라 하는 말을 쓰고 노자는 지족지족이란 말을 쓴다. 우리 속에 무엇인지 기쁨이 충만해 있으면 이 세상의 모든 문제가 별로 문제가 안 된다.

지난 번에 말한 불교도가 불교도에게 해설한『화엄경』책이 무엇이 있는지 소개한다. 먼저『신화엄경합론新華嚴經合論』이라는 책인데 모두 23권이다. 당나라 때 이통현李通玄(635-730)이라는 사람이 쓴 것인데 탄허呑虛스님이 현토역해懸吐譯解, 토를 달고 번역을 했다. 그리고 번역본으로 두세 가지가 있는데 법정法頂스님이 번역한 것은『60화엄경』이고 무비無比라는 사람이『80화엄경』을 12권으로 번역한 것이 있다. 그리고 화엄경을 가장 요령 있게 설명한 책으로는『화엄경사상연구華嚴經思想研究』라는 책이 있다. 동국대의 이도업李道業이라는 사람이 쓴 책인데 민족사에서 출판했다.

도솔천의 뜻이 "낙지족천樂知足天", 만족해서 감사하며 산다는 것, 하나님의 은혜가 너무도 감사해서 아무 불평불만 없이 살아갈 수 있다는 것인데 어떻게 하면 그렇게 감사하게 될 수 있는가? 그 방법은 자기의 욕심을 줄이는 것뿐이다. 이만 하면 족하다, 그렇게 생각하면 된다. 요새 내가 생각하는 것은 살아있는 것만 해도 고맙다 하는 것이다. 다른 것은 다 문제 삼을 것 없이 살아있는 것만 해도 얼마나 고마운가. 살아있는 것 하나로써 만족하는데 문제될 것이 더 무엇이 있겠는가.

23.1 이시爾時 세존世尊 부이신력復以神力 불리어차보리수하不離
於此菩提樹下 급수미정及須彌頂 야마천궁夜摩天宮 이왕예어도솔타
천일체묘보소장엄전而往詣於兜率陀天一切妙寶所莊嚴殿.

이때 세존께서 다시 신비한 힘을 가지고 처음 진리를 깨달았던 보리
수 아래도 떠나지 않고 그 다음의 수미산도 떠나지 않고 또 야마천궁
에서도 떠나지 않고 도솔천으로 갔다. 우주는 한 통이니까, 또 법신法
身이니까, 법신은 우주에 가득 차 있으니까 어디나 갈 수 있는 것이다.
생각의 세계란 그런 것이다. 우리는 여기 앉아서도 하나님을 생각할
수도 있고 태양도 생각할 수 있고 은하수도 생각할 수 있고 무엇이나
다 생각할 수 있다. 법신이란 철학적 자아다. 『법화경』에서 말한 보신
報身은 도덕적 주체이고 『원각경』에서 말한 응신應身은 종교의 주체
다. 그러니까 실제로 석가가 나와서 가르친 것은 종교다. 그런데 그 실
제 가르친 석가의 배후에는 석가의 도덕이 버티고 있다. 도덕이라는
것이 버티고 있지 않으면 가르칠 수가 없는 것이다. 그리고 그 도덕의
배후에는 사색思索, 철학이라는 것이 버티고 있는 것이다. 그러니까
맨 앞의 종교 하나를 내 세우기 위해서 그 뒤에 도덕이 버티고 있고 그
뒤에는 또 철학이 버티고 있다. 이 두 가지 뒷받침이 없으면 종교라는
것이 나올 수 없다. 『중용中庸』으로 말하면 "천명지위성天命之謂性"은
철학이고 "솔성지위도率性之謂道"는 도덕이고 "수도지위교修道之謂
敎"는 종교다. 그러니까 종교의 배후에는 언제나 도덕이 있어야 된다.
그래서 도덕이 없는 사람이 목사가 되었다 하면 그것은 종교가 안 된
다. 우리는 목사님의 말씀을 듣는 것이 아니라 목사님이라는 사람을
보는 것이다. 교인들이 오는 것은 그 목사라는 사람을 보러 오는 것이
지 무슨 목사의 말을 들으려고 오는 것은 아니다. 그래서 목사에게 제
일 중요한 것은 도덕이다. 목사에게는 반드시 도덕이라는 것이 있어야
되고 또 그 도덕의 배후에는 철학이 있어야 된다. 철학이 없고 아주 사
상이 빈곤한 그런 사람이 목사가 된다는 것은 말도 안 된다. 반드시 선
생님의 배후에는 도덕이 있어야 된다. 도덕이 있어야 인격이라는 것이

있게 된다. 그 인격의 배후에는 철학이 있어야지 또 철학이 없으면 그 가르치는 내용이 아주 미약해지고 만다. 지금 『화엄경』이라 하는 것은 철학이다. 맨 뒤에 있는 법신이다. 법신 앞에는 보신이라는 도덕이 있고 그 앞에 응신이라는 실제 가르치는 선생이 들어가는 것이다. 『화엄경』이라는 것은 철학이니까 벌써 이것은 『법화경』을 할 때와는 다르다. 여기서는 철학적인 내용이 많이 있다. 생각할 건덕지가 많은 것이다.

보리수 밑에도 떠나지 않고 수미산도 떠나지 않고 야마천도 떠나지 않고 도솔천궁에 들어갔는데 가서 보니까 아주 굉장히 아름다운 여러 가지 보물로 장식한 궁전이 있었다.

시時 도솔천왕兜率天王 요견불래遙見佛來 즉어전상卽於殿上 부마니장사자지좌敷摩尼藏師子之座 기사자좌其師子座 천제묘보지소집성天諸妙寶之所集成.

이때 도솔천왕이 멀리서 석가가 오는 것을 보고 자리에서 일어났다. 마니摩尼라는 보석으로 된 돗자리를 깔고 거기에 사자좌를 놓았다. 사자의 모습을 조각한 의자를 놓았다는 것이다. 석가가 앉는 자리는 언제나 사자를 조각해 놓는다. 왕이 앉는 자리에는 언제나 용이 조각되어 있고 선생님이 앉는 자리에는 사자를 조각해 놓는다는 것이다. 사자좌를 놓고는 하늘의 모든 아름다운 보석들을 다 갖다 놓았다.

아름답게 장식해 놓았다는 것인데 『화엄경』 책을 보면 이 장식했다는 것이 수십 가지가 나온다. 꽃으로 장식했다, 보석으로 장식했다, 무엇으로 장식했다 하면서 수없이 나온다. 꽃도 하나만이 아니라 백억이다. 백억 꽃으로, 백억 진주로, 백억 보석으로, 그렇게 장식했다는 내용이 수십 페이지로 나온다.

23.2 이시爾時 여래위신력고如來威神力故 도솔궁중兜率宮中 일체

제천一切諸天 개요견불皆遙見佛 여대목전如對目前.

이때 여래는 위엄과 정신력을 가지고 도솔궁중으로 들어갔다. 그래서 "일체제천一切諸天", 하늘의 많은 신들이 바로 눈 앞에서 부처님을 바라보았다. 하늘의 신들이 제천이다. 인도 사람들은 신을 천天이라 한다. 33천天이라 하는 것은 결국 33신神이다.

시時 피대중彼大衆 견여래신見如來身 일일모공一一毛孔 출백천억나유타아승지광명出百千億那由他阿僧祇光明 일일광명一一光明 개유부사의색皆有不思議色 부사의광不思議光 조부사의법계照不思議法界.

이때 많은 대중들이 여래의 몸을 직접 보게 되었다. 선생님을 눈 앞에서 직접 볼 수 있는 기회를 가진 것이다. 그런데 선생님의 몸 하나하나의 털구멍에서 "백천억나유타아승지광명百千億那由他阿僧祇光明"이 나왔다. '아승지'는 무량하고 무변하다는 뜻이다. '나유타'는 억조라는 무한한 수다. 한없는 빛이 나왔다는 말이다. 그런데 하나하나의 빛이 다 "부사의색不思議色"이다. 아주 신비한 빛이다. 그 빛이 어디서 나왔는가 하면 석가의 무릎에서 나온 것이다. 야마천에서는 발가락에서 나왔는데 여기서는 무릎이다. 발가락이니 무릎이니 하는 것은 다 실천이성이라는 말이다. 그 빛이 온 세상을 비쳤다.

23.3 이시爾時 세존世尊 이불장엄以佛莊嚴 구대위덕具大威德 위령일체중생爲令一切衆生 생대환희生大歡喜.

이때 세존께서 부처의 장엄함과 큰 위덕을 갖추어 일체 중생으로 하여금 큰 환희를 일으켰다. 그래서 사람들은 다음과 같이 부처님을 찬양하는 노래를 불렀다.

석유여래무애월昔有如來無礙月 제길상중최수승諸吉祥中最殊勝

피증입차장엄전彼曾入此莊嚴殿 시고차처최길상是故此處最吉祥.

이것은 『80화엄경』의 번역인데 이보다 약 삼백 년 전에 번역된 『60화엄경』에서는 이것을 다음과 같이 번역했다. 즉 "석유여래무애월昔有如來無碍月"을 『60화엄경』에서는 "무애여래여만월無碍如來如滿月"이라 번역했다. "석유여래무애월", 이것은 번역하기가 조금 어렵다. 중국 사람들은 어떻게 번역하는지 모르지만 한문으로 보면 옛날에 무엇이 있었다는 이런 식으로 된다. 그런데 이것은 무슨 옛날에 있었다는 그런 것이 아니다. 그래서 『60화엄경』의 번역인 "무애여래여만월"이라 하는 것이 알기가 쉽다. 아무 것에도 걸림이 없는 자유자재한 석가여래의 그 얼굴을 보니 마치 보름달 같았다는 것이다. 석가 여래를 보니까 "제길상중諸吉祥中 최수승最殊勝"이다. 행복하기가 한이 없다. 길상吉祥이라는 말을 옛날 사람들은 많이 썼다. 행복하다, 경사스럽다, 은혜스럽다는 것인데 말하자면 좀 종교적이면서도 현실적인 그런 것이다. 그래서 꼭 꼬집어 어떤 것이라 말하기 어렵다. 기독교로 말하면 은혜스럽고 행복하다는 그런 말이다. 모든 행복 가운데서 선생님을 만나는 이 행복 이상 가는 것이 어디 있겠느냐는 말이다. "피증입차장엄전彼曾入此莊嚴殿", 그분이 지금 장엄한 도솔천궁에 들어왔다. "시고차처최길상是故此處最吉祥", 그래서 이 땅이 가장 복된 땅이 되었다. 복지福地가 된 것이다. 이북 금강산에 가면 무슨 김일성이 와서 앉았던 곳이라 하면 거기를 아주 잘 해놓고는 밟지도 못하게 한다. 또 김일성이 올라가다 어디 쉬었던 자리가 있으면 또 거기를 제단처럼 만들어 놓았다. 그 사람들로 말하면 거기가 길상지지吉祥之地다. 그리고 큰 바위에는 잘 쓰지도 못하는 김일성의 글씨를 조각해 놓았다. 우리의 눈에는 형편없지만 그 사람들 눈에는 한없이 경외스럽고 감격스러운 것이다.

23.4 이시爾時 세존世尊 어일체 보장엄 전於一切寶莊嚴殿 마니보장사자좌상摩尼寶藏師子座上 결가부좌結跏趺坐 법신청정法身淸淨

이때 세존은 모든 보물과 마니주로 장식한 사자좌 위에 앉았다. 결가부좌로 앉았는데 그분의 정신은 한없이 깨끗했다. 법신은 철학적 주체니까 정신이라 해 둔다. 그분의 정신은 한없이 깨끗하다.

묘용자재妙用自在 불안명료佛眼明了 견일체법見一切法 구대신통具大神通 실능편왕悉能遍往 선지기시善知其時 위중설법爲衆說法.

그리고 "묘용자재妙用自在", 그 사람의 지혜는 마음대로 굴러 나온다. 영어 잘하는 사람은 영어가 맘대로 나오듯 석가는 그 생각이 마음대로 굴러 나온다. 부처님의 눈은 무엇이나 꿰뚫어 본다. 그래서 모든 진리를 다 알 수가 있다. 그리고 신통력을 가졌다. 그래서 어디나 가고 싶으면 다 갈 수가 있다. 보리수 나무 밑에 앉아서 야마천에도 가고 도솔천에도 간다. 어디나 갈 수 있는데 그것은 생각으로 가는 것이다. 우리도 가만히 뉴욕도 생각할 수 있고, 그렇게 다 갈 수 있다. "선지기시善知其時 위중설법爲衆說法", 그래서 언제나 때를 알아 가지고 많은 사람을 위해서 설법을 한다.

2001. 10. 7.

제24. 도솔궁중게찬품兜率宮中偈讚品

도솔궁중게찬품 강해(1)

 언제나 구조는 신해행증信解行証이다. 23장에서 석가가 나왔다 하는 것은 신信이다. 대승기신大乘起信이 된 것이다. 큰 스승이 나왔으니까 믿음이 된 것이다. 그 다음에는 석가가 어떤 분인지 제자들이 한 사람씩 나와서 설명을 하는 것이다. 그러니까 해解라는 것이다.

 24.1 이시爾時 불신력고佛神力故 시방각유일대보살十方各有一大菩薩 기명왈其名曰 금강당金剛幢 견고당堅固幢 용맹당勇猛幢 광명당光明幢 지당智幢 보당寶幢 정진당精進幢 이구당離垢幢 성수당星宿幢 법당보살法幢菩薩.

 이때 부처님이 신통한 힘으로 시방十方에 있는 여러 큰 보살들을 불러모았다. 그 이름이 금강당, 견고당, 용맹당, 광명당, 지당, 보당, 정진당, 이구당, 성수당, 법당보살이다. '당幢' 이란 깃발을 꽂는 곳이다.

언제나 대장이 있는 곳에 깃발을 꽂는다. 그러니까 가장 우수한 제자들이라는 것이다. 불타는 이미 진리를 깨달은 사람이고 보살은 지금 진리를 깨달아 가고 있는 사람이다. 불타를 교수라 하면 보살은 박사 과정이다. 보살菩薩이란 보리살타菩提薩陀를 줄인 것인데 보리는 진리라는 말이고 살타는 사람이라는 말이다. 진리를 찾아가고 있는 사람이 보살이다. 그런데 석가는 이미 끝났으니까 불타라 한다.

기신其身 실방백천억나유타悉放百千億那由他 아승지청정광명阿僧祇淸淨光明 차무량광此無量光 개종보살皆從菩薩 청정심보淸淨心寶.

그 몸에서 한없는 빛이 나왔다. 보살의 마음이 너무도 깨끗해서, 그 마음속에 있는 금강석에서 이런 깨끗한 빛이 한없이 나온 것이다.

이시爾時 세존世尊 종양슬륜從兩膝輪 방백천억나유타광명放百千億那由他光明.

이때 세존의 양 무릎에서 백천억 나유타 광명이 나왔다.

다음은 열 사람의 보살이 나와서 석가가 어떤 사람인지, 즉 부처가 어떤 사람인지 말하는 것이다. 부처란 결국 나를 말하는 것이다. 그러니까 내 말이지 무슨 남의 이야기가 아니다. 다석多夕 유영모柳永模(1890-1981) 선생의 말로 하면 '제소리'다. 내게 관한 이야기다. 우리가 언제나 나라고 하는 것을 이렇게 멀리 내놓고서 대상화하니까 저기 있는 부처가 되는 것인데 사실은 나 자신이 부처가 되는 것이지 무슨 저기에 있는 것이 아니다. 우리가 자꾸 알고 싶은 것은 나를 알고 싶은 것이다. 그래서 희랍 사람들이 "너 자신을 알라" 하는 것이다. 희랍 사람들이나 인도 사람들이나 같은 사람들이다. 또 우리가 제일 알고 싶은 것도 나다. 나를 알고 싶기 때문에 이런 말들이 몇 천 년이 지나가도 없어지지 않는 것이다. 사진은 언제나 내 사진이 보고 싶은 것이다. 중학교 졸업 때 찍은 사진도 보면 내 얼굴만 보이지 남의 얼굴은 하나도 보이지 않는다. 내 얼굴은 다 아니까 보고 싶지 않을 것 같아도 졸업사진을 보면 꼭 내 얼굴만 보이지 다른 얼굴은 보이지도 않는다. 사람의 전 관심은 자기에게 있는 것이다. 이기주의 안 될래야 안 될 수가 없다. 그런데 그 자기라는 것, 자기가 자기를 보기가 참 어렵다. 내가 내 얼굴을 어떻게 보겠는가. 그래서 할 수 없이 거울을 놓고 본다. 『화엄경』이라는 거울을 놓고 보는 것이다. 그러니까 『성경』이라는 것이 무슨 예수의 말이 아니다. 그것은 내 말이다. 내가 나를 보려면 거울을 놓고 보아야 된다. 그러니까 『성경』이란 깨끗한 거울이다. 『성경』이니 『화엄경』이니 다 나를 비춰주는 거울이다. 그러니까 우리가 관심을 갖고 또 읽고 또 읽는 것이지 그렇지 않다면 2천 3백년 전에 나온 이야기를 무엇하러 우리가 보고 있겠는가. 우리가 보는 것은 2천 3백년 전에 나온 거울이지만 아직도 거울이 좋다는 것이다. 그래서 우리는 또 보고 또 보고 만 년 후에도 또 본다. 하나님의 말씀이 영원하다 하는 것은 그것이 내 거울이기 때문이다. 그런데 그것이 남의 이야기라면, 예수의 이야기라면 나와 무슨 상관인가. 예수가 2천년 전에 죽은 사람인데 나와 무슨 상관인가. 석가는 벌써 2천 5백년 전에 죽은 사람인데 나와 무슨 상관인가. 그러나 이것은 나를 비춰주는 거울이기 때문에 또 보고 또 보는 것이다. 그래서 우리가 이런 글을 읽을 때 내가 무엇인가 하는 것을 이렇게 말해주면 "아, 내가 이런 것인가", 그렇게 언제나 나와 비교해 보아야 한다. 그래서 내가 이만 못하다 할 때는 나를 좀더 올려야 되겠다 하고, 내가 이만하다 하면 지족知足, 그것으로 족하다 하는 것이다. 다음에 나오는 열 개가 다 내 소리니까 그렇게 알고 관심 있게 보아야 된다.

24.2 이시爾時 금강당보살金剛幢菩薩 설송언說頌言

이때 금강당보살이 다음과 같이 게송으로 말했다.

여래불출세如來不出世 역무유열반亦無有涅槃
이본대원력以本大願力 시현자재법示現自在法

　여래라 하는 것도 나를 말하는 것이지 다른 것이 아니다. 나라고 하는 것은 세상에 오는 것도 아니고 이 세상을 떠나는 것도 아니다. 나는 이 세상에 태어나는 것도 아니고 이 세상을 떠나가는 것도 아니다. 그것이 나다. 영원한 생명이 나지 나왔다 죽는 그것이 나가 아니다. 이 말부터가 우리에게 한없는 위로가 된다. 이것이 진리지 다른 것이 진리이겠는가. 이것이 우리에게 믿어지게 되어야 한다. 아, 나라고 하는 것은 왔다 가는 것도 아니고 났다 죽는 것도 아니다. 났다 죽는 것이 아니라 하는 말을 다른 말로 하면 출생사出生死라 한다. 생에서도 벗어나고 사에서도 벗어난 그것이 나다. 보통은 팔불八不이라 해서 여덟 가지에서 벗어났다고 한다. 이것이 소위 나가르쥬나Nagarjuna(용수龍樹)의 가장 핵심 사상이다.
　불생不生, 불멸不滅, 불상不常, 불단不斷, 불일不一, 불이不異, 불래不來, 불거不去, 즉 생사生死, 상단常斷, 동이同異, 거래去來라는 여덟 가지에서 벗어났다는 것이다. 인생이란 영원한 것이라 하는 것은 상常이고 인생은 이것으로 끝이다 하는 것이 단斷이다. 인생은 죽었다가 또 태어나고 죽었다 또 태어나고 그렇게 영원하게 돌아간다는 그런 생각을 상常이라 한다. 여기에 비해 인생이란 이것으로 다라 하는 것이 단斷이다. 또 하나는 같은 것과 다른 것이다. 또 하나는 거래去來라는 것이다.
　그런데 이런 것은 다 무엇을 말하는 것인가 하면 모순矛盾이라는 것이다. 가장 모순이다. 우리가 대소大小라 하면 그 가운데 중中이 있다. 그런데 모순이라 하면 가운데 무엇이 있을 수 없다. 생사라는 것은 그 가운데라는 것이 있을 수 없다. 살면 살았고 죽으면 죽었지 그 사이에 무엇이 없다. 그래서 보통 우리는 양量도 다르고 질質도 다르다 할 때 모순이라 한다. 논리학에서 모순율矛盾律이니 배중률排中律이니 하는데 질과 양이 다 다를 때 모순이라 한다. 모순矛盾이라는 글자의 뜻은 창과 방패다. 창과 방패라는 무기인데 요새로 말하면 비행기로 폭격하고 아래에서는 미사일을 쏘아대고 하는 그런 것이다. 그러니까 적대 관계라는 것이다. 요새 미국과 아프간이 적대 관계다. 이스라엘과 팔레스틴이 적대 관계다. 우리는 남과 북이 적대 관계다. 이런 것을 우리는 모순 관계라 한다. 그런데 출생사라 하면 적대 관계를 청산하고 평화스런 친구 관계가 되는 것이다. 생사를 초월했다는 말은 물론 죽고 사는 것을 초월했다는 말인데 내용은 적대 관계를 청산했다는 것이다. 우리가 가만 생각할 때 나는 누구와 모순 관계에 있는가, 쉽게 말하면 나는 누구를 미워하는가 하는 것이다. 그러니까 내가 누구를 미워하는 동안까지는 나는 생사를 벗어나지 못한 것이다. 내가 아무도 미워하는 이가 없다, 나는 다 좋아한다 그러면 출생사가 된 것이다.

그렇게 되려면 일도一道라야 한다. 일도가 되어야 출생사가 된다. 일도란 무슨 말인가 하면 성숙한 인간이 되어야 한다는 말이다. 성숙한 인간이 되어야 모순 관계가 없어지지 성숙한 인간이 아니면 모순 관계가 없어지지 않는다. 성숙하다는 것은 마음이 비었다는 것이다. 마음이 닫혀 있으면 누구와도 적대 관계다. 그런데 마음을 열면 적대 관계라는 것이 없어지고 만다. 그래서 남의 단점을 보고 사는 것이 아니라 남의 장점을 보고 산다. 우리가 단점을 보면 전체가 원수다. 그런데 장점만 보면 다 친구다. 이것이 소위 왕양명王陽明(1472-1528)으로 말하면 만가성인滿街聖人이라는 것이다. 세상에는 장점 없는 사람이 없다는 것이다. 불교식으로 말하면 다 불성佛性이 있다는 것이다. 깡패들도 사귀어보면 얼마나 믿음직한지 모른다. 나도 언젠가 기차에서 깡패를 만나 깡패 이야기를 듣다가 서울역에서 내리니까 나에게 얼마나 좋게 대하는지, 깡패에게 정말 신의라는 것이 있었다. 『장자莊子』에 보면 도척盜跖이라는 가장 악질 속에도 인의예지仁義禮智가 다 있다고 한다. 이것이 소위 성선설性善說이다. 아무리 악질이라도 보면 좋은 것이 다 있다는 것이다. 그런데 우리는 왜 원수가 되는가 하면 그 좋은 것은 보지 못하고 자꾸 나쁜 것만 보기 때문이다. 자꾸 얄미운 것만 보이고 이기적인 면만 보인다. 그래서 볼수록 미워져 나중에는 원수가 되고 만다.

그러니까 원수는 그 사람이 원수가 된 것이 아니라 원수를 내가 만든 것이다. 서로 마음을 열어야 한다. 그래서 내가 저 사람을 보고서 저 사람의 이런 점은 참 좋다 하고 그 사람을 한 번 칭찬해 주면 그 사람은 즉각 달라진다. "아, 나를 인정해 주는구나. 나를 아는 사람을 위해서 나는 목숨을 바쳐야겠다." 그렇게 나오게 된다. 세상에서 제일 원수가 시어머니와 며느리다. 그런데 며느리가 한 번 마음을 열든지 시어머니가 한 번 마음을 열든지 그래서 며느리에게는 무슨 장점이 있는가 한 번 연구해서, 찾기 어려우면 연구라도 해서 찾아 가지고 "아, 너는 이점이 참 멋있더라", "너는 이런 장점이 있으니까 너는 참 좋은 사람이다" 이렇게 하면 며느리는 확 달라질 것이다. "아, 우리 시어머니가 나를 알아주는구나" 그리고 다음에는 며느리가 시어머니의 장점은 무엇인가 생각해서 "우리 어머니는 너무 아껴서 깍쟁이라 했는데 사실 그 애끼는 것 때문에 내가 돈이라도 좀 쓰게 된 것 아니냐, 그것이 장점이다" 그래서 "어머니가 그렇게 애낀 덕분에 내가 이렇게 잘 쓰고 있습니다" 한다. 그렇게 조금씩 마음을 열기 시작하면 그 다음에는 다 친하게 된다. 그래서 온 천지가 천국이 된다. 지옥은 내가 만드는 것이고 천국도 내가 만드는 것이다. 천국을 만드는 사람에게는 온 천지가 천국이다. 무슨 죽어서 천국 가는 것이 아니다. 그러니까 여러분도 가만 생각해서 단점을 보지 말고 장점을 한 번 찾아보기 바란다. 그래서 그것을 꼭 말해주어야 한다. 너는 이런 장점이 있어서 좋다 하고 말해주어야 그 사람도 좋아하지 자기만 알고 가만 있으면 안 된다. 너는 이런 것이 참 좋다 그렇게 신앙고백을 해야 된다.(웃음) 그렇게 되면 출생사다. 그렇게 되기 위해서는 일도一道, 내 마음을 열어놓아야 한다. 며느리면 며느리에 대해서 욕심을 내지 말아야 한다. "그 며느리가 있는 것만으로 나는 족하다. 나한테 무엇을 안 해줘도 좋다. 그저 있는 것만으로 족하다. 며느리가 있으니까 내 아들도 살아가고 손자들도 다 살아가는 것 아닌가." 그러니까 지족知足이다. 며느리에 대해서 무엇을 요구하지 말고 그저 며느리의 존재, 며느리가 있다고 하는 것, 그것만으로 만족하는 것이다. 그러니까 여러분이 여기에 와서 내 말을 안 들어도 좋다. 여러분이 여기에 있다는 것만으로 나는 만족한다. 한 사람도 안 오면 나는 누구를 보며 말하겠는가. 그래서 있다는 것만으로 만족한다. 그것이 소위 존재론이라는 것이다. 있다는 것만으로 만족하지 그 이상 욕심이 없다. 그것이 지족이다. 내가 살아있는 것으로 만족하지 돈이 없다든가 그런 것은 문제도 안 된다. 살아만 있으면 이것이 얼마나 좋은가. 그렇게 만족하기 시작하면 언제나 기쁨이 넘치게 되지 기쁨이 모자랄 이치가 없다. 사람이 슬퍼하고 괴로워하는 것은 다 욕심 때문이다. "나는 억만 장자가 되어야 하는데 왜 돈이 이것뿐인가" 그렇게 자꾸 문제를 삼는 것이다. 그러니까 그것은 제가 만드는 것이지 절대 다른 사람이 만드는 것이 아니다. 언제나 나는 출생사라야 한다. 모든 사람에게 다 문을 열어놓고 다 사랑할 수 있는 그런 사람이 되어야 한다. 그것이 나다. 나만이 아니라 누구나, 모든 나, 온 세계에 있는 나, 그런 것이 나다. 존재가 나라는 것이다. 모세가 하나님께 "당신은 누구입니까?" 그러니까 하나님이 대답하기를 "나는 있고 있는 자"라 했다. 존재로서 만족하는 이가 하나님이다. 하나님은 그것으로 족하다. 그래서 우리는 그렇게 생각해야 한다. 그러니까 존재가 나라는 것이다. 하나님만이 존재가 아니라 내가 존재다. 내가 존재라 하는 것은 내가 살아있는 것만으로 만족하는 그것이 나라는 것이다. 온 세상이 다 살아있는 것으로 만족하면 그것이 다 나다. 나라고 하는 것은 모든 사람들과 통할 수 있어야 나다. 어느 누구라도 막혀있으면 그것은 하이데거Martin Heidegger(1889-1976)의 말로 해서 존재자지 존재가 아니다. 존재가 되려면 모든 사람과 다 터져 있어야 한다. 누구나 나다. 어디나 나다. 언제나 나다. 나는 영원한 생명이요 무한한 생명이요 절대적인 생명이다. 그것이 나다. 그러니까 소크라테스Socrates(469-399 B.C.)는 "너 자신을 알라"는 것이다. 그런 나가 나지 그렇지 않고 딱 막혀서 서로 미워하고 싸우는 이런 것은 나가 아니다. 요새 철학에서는 그런 것을 대상화라 한다. 모든 만물을 다 대상화하고 마는 것이다. 자기라고 하는 것도 그만 대상화하고 만다. 그래서 자기라는 것이 자기가 아니라 하나의 우상이 되고 만다. 나는 공주라야 하는데 왜 이렇게 공주가 안 되어서 고생을 하는가.

나는 제왕이 되어야 할 터인데 왜 이렇게 되었는가. 언제나 자기를 제왕이라고 대상화한다. 그래서 남들이 자기를 제왕이라 해야 되는데 그렇게 안 해준다. 그러니 불평불만이 될 수밖에 없다. 지족知足이 안 되는 것이다. 자기가 존재라는 것을 알면 언제나 지족이다. 그러니까 나라고 하는 것은 누구나 나지 나만 나가 아니다. 이분도 나요 저분도 나다. 다 부처님이다. 부처님 아닌 사람은 하나도 없다. 그리고 지금만이 아니라 언제나 나다. 영원 전에도 나요 영원 후에도 나다. 그 나는 절대 죽지 않는다. 죽는 나가 아니다. 언제나다. 그리고 어디나다. 미국에 있는 사람도 나고 아프간에 있는 사람도 나다. 다 나지 미국에 있는 사람만 살아야 되고 아프간에 있는 사람은 죽어도 된다 하는 것이 아니다. 부시George W. Bush가 그것을 아는지 모르겠다. 부시가 이『화엄경』도 좀 읽어보아야 할 터인데『화엄경』이 있는 줄도 모를 것이다.

나가 무엇인가. 언제나 나다. 나는 영원한 생명이다. 어디나 나다. 나는 무한한 생명이다. 누구나 나다. 절대적인 나다. 그래서 출생사가 되어야 나지 생에 걸려있거나 사에 걸려있거나 그러면 그것은 나가 아니다. 누구나는 생사를 초월한 나요 언제나도 생사를 초월한 나다. 언제나 생사를 초월한 절대적인 나, 그것이 나지 생사에 걸려있는 나는 나가 아니다. 그러니까 내가 누구와 아직도 원수가 되어 있으면 그것은 내가 아니다. 모든 사람들과 마음을 풀어놓고 누구와도 나는 사귈 수 있다 그렇게 되어야 나다. 아직도 시어머니가 밉다 그것은 나가 아니다. 그것은 아주 생사에 빠져있는 것이다. 모순에 빠져 있는 것이다. 그러니까 생사를 초월해야 나지 생사에 빠져 있으면 나가 아니다.

그래서 맨 처음에 나오는 이 한마디가 얼마나 고마운 말인지 모른다. 사람은 이 세상에 나는 것도 아니고 죽는 것도 아니다. 생사를 초월해야 나다. 언제나, 어디나, 누구나, 그것이 나다. 그러니까 욕심이 없는 사람이 나다. 욕심이 있는 사람 그것은 나가 아니다. 그래서 모든 사람과 같이 마음을 열어놓아야 된다. 마음을 열어놓으면 온 천하가 내 것이다. 소동파蘇東坡(1036-1101)의 "적벽부赤壁賦"가 그것이다. 마음만 열어놓으면 온 천하가 다 내 것이다. 그렇게 살자는 것이 소동파의

"적벽부" 내용이다. 그래서 세상에 나온 것도 아니고 죽는 것도 아니다. 언제나 무엇도 아니고 무엇도 아니라고 그렇게 표현된다. 출생사, 생도 아니고 사도 아니라는 것이다. 생사를 초월한 것이다.

"이본대원력以本大願力", 아까 일도一道라 했는데 여기서는 이렇게 말한다. 본원本願이라는 두 자가 나오는데 일본에 가면 본원사本願寺라는 큰 절이 있다. 본원이라는 것이 무엇인가. 절간에 가면 자꾸 사홍서원四弘誓願이라 해서 외운다. 중생무변서원도衆生無邊誓願度, 번뇌무진서원단煩惱無盡誓願斷, 법문무량서원학法門無量誓願學, 불도무상서원성佛道無上誓願成. 이것이 무엇인가 하면 소위 신해행증信解行証이다. 요전에 우리가 말한 일식一食·일좌一坐·일인一仁·일언一言이다. 계戒·정定·혜慧·시施라는 것이다. 육파라밀 가운데 핵심적인 것이 넷이 있는데 보시布施·지계持戒·선정禪定·지혜智慧라는 것이다. 불교라는 것을 신해행증이라 해도 되고 육파라밀로 보시·지계·선정·지혜라 해도 된다. 다 같은 것이다. 그러니까 시施라 하는 것은 "중생무변서원도"다. 모든 사람을 다 살려주고 싶다는 것이다. 그리고 계戒라는 것은 "번뇌무진서원단"이다. 번뇌는 없이해야 된다는 것이다. 독毒은 없이해야 된다는 것이다. 약藥을 가져야 된다는 것이 "법문무량서원학"이다. 그리고 의사가 되어야 한다는 것은 "불도무상서원성"이다. 의사가 되어 모든 환자를 고쳐주어야 한다는 것이 보시다. 모든 사람을 고쳐주기 위해서 독은 없이해야 하고 약은 만들어야 되고 의사는 되어야 한다. 그래서 모든 환자를 고쳐야 된다. 불교의 내용 전체가 이것이다.

서원誓願이란 쉽게 말하면 우리에게 소원이 있다는 것이다. 기독교로 말하면 무엇을 해달라 하는 기도라 해도 된다. 그러니까 원력願力이라 하는 것을 기도의 힘이라 해도 된다. 혹은 믿음의 힘이다. 그런데 사홍서원과 제일 비슷한 것으로 48원이라는 것이 있다. 이것은 누구의 소원인가 하면 법장보살法藏菩薩의 소원이다. 그 가운데서 제일 유명한 소원이 18번이다. "나무아미타불南無阿彌陀佛 관세음보살觀世音菩薩" 그렇게 한 번만 불러도 천당에 들어가게 된다는 것이다. 그것이 염불왕생념불왕생生念佛往生이다. 이것이 소위 정토종淨土宗이라는 것이다. 염불 한마디만 해도 구원을 얻는다는 것이다. 기독교로 말하면 만인구원설이라는 것인데 믿기만 하면 다 구원을 얻는다는 것이다. 그런데 이 사람들은 믿는다는 것을 더 확실히 하기 위해서 그저 한 번 염불만 하면 된다는 것이다. 그런데 그 염불도 간절한 마음으로 염불해야 된다는 것도 아니다. "갓뎀 지저스 크라이스트(God damn, Jesus Christ)" 그렇게만 해도 천국에 간다는 것이다. 그것이 48원 가운데 18번인데 법장이라는 사람은 만일 그 원이 이뤄지지 않으면 자기는 절대 부처가 안 되겠다는 것이다. 불취정각不取正覺이다. 이런 것을 보살행菩薩行이라 한다. 더 쉽게 말하면 모든 사람이 다 버스에 타기까지는 자기는 안 탄다는 것이다. 모든 사람이 다 구원받은 다음에야 나도 구원받지 그렇지 않으면 나는 구원받지 않는다는 것인데 쉽게 말하면 지극한 사랑이다. 온 세상 사람을 다 버스에 태우기 전에는 나는 절대 안 탄다. 아무리 천당이 좋은 데라도 나는 절대 안 간다는 것이다. 모든 사람을 먼저 천국에 보내야겠다는 이런 것을 소위 보살행이라 한다. 이것이 소위 대승불교라는 것이다. 넘치는 사랑이다. 그런 넘치는 사랑을 본원이라 한다. 자기의 근본 마음에서부터 우러나오는 소원인데 그것이 무엇인가 하면 넘치는 사랑이다. 어머니가 자기 자식에 대해서 훌륭한 사람이 되게 해달라, 나보다 더 나은 사람이 되게 해달라는 이것이 어머니의 간절한 소원인데 이것이 어디서 나오는가 하면 어머니의 사랑에서 나온다. 그 사랑이 있으니까 그런 간절한 소원이 나오는 것이지 그 사랑이 없으면 간절한 소원이 나오지 않는다. 그러니까 본원이라 하는 것을 기독교로 말하면 사랑이다. "이본대원력以本大願力", 이 사랑의 힘으로, "시현자재법示現自在法", 자유자재할 수 있는, 막힌 데가 없는, 속이 툭 터진, 그런 세계가 나타나게 된다. 오늘 이 네 마디 속에 모든 것이 다 들어가 있다. 남북 통일하는 법도 다 들어가 있고 세계를 살리는 법도 다 들어 있다. 요는 우리의 마음을 여는 것이다. 마음을 열어서 누구나 다 친구로 대하게 되면 거기가 하늘나라이지 다른 데가 하늘나라이겠는가. 그러기 위해서는 내가 대원력大願力을 가져야 한다. 내가 사랑을 가져야 된다. 내가 사랑을 가져야 된다기보다는 내가 성숙한 인간이 되어야 한다. 성숙한 인간이 못되면 마음을 열지 못한다. 그냥 답답해서 저 혼자 고민하고 있고, 그래서 히스테리에 걸리고, 정신병에 걸리고 그렇게 된다. 마음을 탁 트면 히스테리가 어디에 있고 정신병이 어디에 있겠는가. 자폐증이 어디에 있겠는가. 자폐증이란 닫고 있으면 자폐증이다. 열면 아무 것도 없는 것이다. 이것을 소위 무無라 한다. 무의 세계가 되는 것이다.

언제나 우리는 세상에 온 것도 아니고 가는 것도 아니다. 난 것도 아니고 죽는 것도 아니다. 이런 말을 할 때마다 언제나 출생사出生死라는 그런 생각을 해야 한다. 출생사라는 말은 무엇인가. 출모순出矛盾이다. 출모순이란 무엇인가. 출적대관계出敵對關係다. 적대 관계를 벗어나려면 어떻게 해야 되는가. 대원력, 다른 사람이 정말 잘 살았으면 좋겠다는 그런 사랑하는 마음을 가져야 된다. 그런 사랑을 가져야 마음이 열리지 너는 죽고 나 혼자 잘살아야겠다 이렇게 생각하면 이것은 대원력이 아니다. 그러니까 그 소원, 다른 사람을 위해서 기도해 주는, 너도 정말 잘 되었으면 좋겠다 해서 그 사람을 위해서 기도해 주는 그런 마음이 대원력이다. 그런 대원력을 가지면 "시현자재법", 그 자리가 바로 천국이다. 천국이라 따로 갈 데가 없다. 다 죽으면 천당 가겠다고 애쓰지만 갈 천당은 없다. 여기가 천당이라야 갈 천당도 있지 여기가 천당이 아닌데 거기가 천당이 되겠는가. 한국이 살기 싫다고 미국 가면 미국은 천당인가. 자기 코끝에 똥을 묻히고 있으면 어디 간들 구린내가 안 나겠는가. 우리가 환경을 바꾸면 다 될 것 같아도 그것이 안 된다. 미국에 갔다가 살기 싫다고 다시 오는 사람도 있다. 밤낮 왔다갔다, 그 사람은 그렇게 사는 것이다. 그러니까 한국이 천국이 아니면 미국도 천국이 아니다. 한국이 천국이면 미국도 천국이다. 이런 생각을 해서 오늘은 이 네 마디만 알고 다음에 하기로 한다.

2001. 10. 7.

도솔궁중게찬품 강해(2)

24.2 이시爾時 금강당보살金剛幢菩薩 설송언說頌言
여래불출세如來不出世 역무유열반亦無有涅槃
이본대원력以本大願力 시현자재법示現自在法

여래는 세상에 나오지도 않았고 또한 죽어서 열반으로 가지도 않는다. 이것은 출생사出生死나 같은 말이다. 그리고 "이본대원력以本大願力", 이것은 일도一道라는 말이나 같은 말이다. 그리고 "시현자재법示現自在法", 이것은 "일체무애인一切無碍人"이나 같은 말이다. 결국 "일도출생사一道出生死 일체무애인一切無碍人"이라는 것이다.

색신비시불色身非是佛 음성역부연音聲亦復然
역불리색성亦不離色聲 현불신통력見佛神通力

이 육신이라 하는 것은 정신이 아니다. 육신은 정신이 아니다. 또 사람의 말소리 그것도 정신이라 할 수는 없다. 그렇지만 그 육신이나 음성을 떠나서 부처의 정신력을 나타낼 수는 없다. 정신력을 나타내는 것은 말로 나타내는 것이다. 그래서 정신력이 있다 하는 것은 말에 힘이 있다는 것이다. 말을 떠나서 정신을 나타낼 수 없는 것이고 또 이 정신이 나타나는 것이 육체적인 수행에 의지해서 나타나는 것이지 육체적인 수행 없이 정신이 나타나는 것은 아니다. 그러니까 우리가 정신과 육체를 생각하지만, 물론 육체가 정신도 아니고 정신이 물론 육체도 아니지만, 그러나 육체를 떠나서 정신을 나타낼 수는 없다. 예수 그리스도, 마찬가지다. 예수를 떠나서 그리스도를 나타낼 수는 없다.

정각무래처正覺無來處 거역무소종去亦無所從
청정묘색신淸淨妙色身 신력고현현神力故顯現

깨닫는다고 하는 것은 오는 데도 없고 가는 데도 없다. 요전에 팔불八不이라 했다. 생사生死(생멸生滅), 단상斷常, 일이一異(일다一多), 거래去來, 이것이 용수보살의 팔불이라는 사상이다. 그런데 이것들은 다 같은 것이다. 요전에도 말했지만 모순矛盾이라는 것이다. 모순이라는 것은 전쟁이라는 것이다. 서로 미워하고 서로 싸우고 죽이는 것이다. 이런 적대 관계에서 나와야 되지 않느냐는 것이다. 그래서 일도一道, 하나의 세계를 만들어야 된다. 그렇게 해야 모든 사람들이 서로 원수가 되지 않는다. 서로 걸림이 없이 다 같이 살 수가 있다는 것이다. 그러니까 앞에서 말한 이야기나 같은 것이다. 앞에서는 생사生死로 말해본 것이고 여기서는 거래去來로 말해본 것이다. 다 같은 말이다. 오는 데도 없고 가는 데도 없다. 그래서 "청정묘색신淸淨妙色身", 깨끗하고 장엄한 육체, 쉽게 말하면 건강한 육체다. 건강한 육체가 되어야 "신력고현神力故顯現", 건강한 정신이 나타난다. 희랍 사람들의 생각도 마찬가지다. 건강한 육체에 건강한 정신, 건강한 정신에 건강한 육체다.

욕구일체지欲求一切智 속성무상각速成無上覺
응이정묘심應以淨妙心 수습보리행修習菩提行.

모든 것을 알려고 하면 결국 눈을 뜨는 수밖에 없다. 눈만 뜨면 다 보이는 것이다. 객관의 세계를 해결하기 위해서는 주체적인 눈뜬다고 하는 개안開眼이 필요한 것이다. 모든 것을 알려고 하면 최고의 진리를 깨달아야 된다. 최고의 진리가 무엇인가 하면 주체적 진리다. 주체적 진리란 눈을 뜬다는 것이다. 눈을 뜨기 위해서는 깨끗한 마음을 가져야 된다. 욕심이 없어야 된다. "상무욕이常無欲以 관기묘觀其妙", 욕심이 없어야 그 묘妙를 볼 수가 있다. 욕심이 없어야 깊은 세계를 들여다 볼 수 있지 욕심이 있으면 안 된다. "상유욕이常有欲以 관기요觀其徼", 욕심이 있으면 껍데기만 보이지 깊은 세계는 볼 수가 없다. 욕심이 없으면 하나님도 볼 수 있다. 마음이 깨끗한 자는 하나님을 본다.

그러니까 욕심을 없이하고 진리 탐구에 모든 정열을 쏟아야 된다.

24.3 견고당보살堅固幢菩薩 설송언說頌言

견고당 보살이 다음과 같이 게송으로 말하였다.

여래승무비如來勝無比 심심불가설甚深不可說
출과언어도出過言語道 청정여허공淸淨如虛空

여래는 다른 사람과 비교할 수 없는 최고의 경지에 올라갔다. 그 속은 너무 깊어서 말할 수가 없다. 최고라 하나 깊다고 하나 같은 말이다. 그것은 말로 표현할 수가 없다. 말이 끊어졌다. "청정여허공淸淨如虛空", 얼마나 깨끗한지 허공과 같다.

도사위개연導師爲開演 심심미묘법甚深微妙法
이시인연고以是因緣故 현차무비신現此無比身

이 세상을 지도하는 선생님으로 온 인류를 위해서 아주 깊고 미묘한 진리를 열어서 설명해 주신다. 이런 일을 하기 위해서, 진리를 드러내기 위해서 그 청정하고 장엄한 그 모습을 나타내 보이신 것이다.

의업상청정意業常淸淨 공양제여래供養諸如來
종무피염심終無疲厭心 능입어불도能入於佛道

생각하는 것이 한없이 깨끗하다. 욕심이 없다는 말이다. 모든 선생님을 아주 깊이 모시고 배운다. 아무리 배워도 피곤하거나 싫증나는 일이 없다. 공자가 말하는 "학이불염學而不厭"이다. 그래서 결국 진리의 경지에까지 도달한 것 아닌가.

광대지소설廣大智所說 욕위제법본欲爲諸法本
응기승희망應起勝希望 지구무상각志求無上覺

넓고 큰 지혜가 말하는 바는 모든 만물의 근본되는 원리를 말하기 위함이다. 그러니까 절대 낙심하지 말고, 언제나 희망을 가지고, 최고의 진리를 깨닫기 위한 뜻을 세워서 노력해 가라.

24.4 용맹당보살勇猛幢菩薩 설송언說頌言
비여명정안譬如明淨眼 인일도중색因日觀衆色
정심역부연淨心亦復然 불력견여래佛力見如來

용맹당보살의 게송이다. 깨끗한 눈이 해가 뜨면 모든 만물을 다 보듯이, 깨끗한 마음도 또한 그렇게 불력佛力으로 여래를 볼 수가 있다.

비여양옥전譬如良沃田 소종필자장所種必滋長
여시정심지如是淨心地 출생제불법出生諸佛法

좋은 논밭에 씨를 뿌리면 잘 자라는 것처럼, 깨끗한 마음이 되면 모든 이치를 다 알 수 있게 된다.

비여가타약譬如伽陀藥 능소일체독能消一切毒
불법역여시佛法亦如是 멸제번뇌환滅諸煩惱患

가타약伽陀藥, 그것이 일체의 독을 없이해 버리듯 불법도 또한 이와 같이 모든 번뇌를 없이해 버린다.
 '가타' 라는 것은 게偈를 말한다. "바가바드 기타Bhagavad-gita"라 하는 기타, 즉 노래다. 그러니까 가타약이란 말씀의 약이다

비여허공계譬如虛空界 불생역불멸不生亦不滅

제불법여시諸佛法如是 필경무생멸畢竟無生滅.

허공계라 하는 것이 생멸을 초월해 있듯이 불법이라 하는 것 역시 생멸을 초월한 것이다.
생멸을 초월함이란 모순을 초월한 것이다. 서로 원수를 극복하는 것이다. 쉽게 말하면 사랑한다는 것이다. 출생사出生死, 생사를 나왔다 하는 것이 무슨 말인가 하면 결국 사랑하라는 것이다. 사랑해야 온 세계가 하나가 된다. 하나가 되어야 마음놓고 아무 데나 마음대로 갈 수가 있다. 원수가 되면 이북같이 갈 수가 없다. 우리도 하나가 되면 마음대로 갈 것이다. 그러니까 출생사는 서로 사랑하라는 말이다. 원수를 초월하여야 하나의 세계가 된다. 하나의 세계가 되어야 마음대로 다닐 수가 있다.

24.5 광명당보살光明幢菩薩 설송언설頌言
비여일심력譬如一心力 능생종종심能生種種心
여시일불신如是一佛身 보현일체불普現一切佛

광명당보살이 찬송을 했다. 하나의 마음의 힘이 여러 가지 마음을 만들어 낸다. 그와 마찬가지로 하나의 부처님의 몸이 여러 가지 부처로 나타나게 된다.
신즉자연神卽自然이나 마찬가지 말이다. 하나의 신神이 억만 가지 자연으로 나타나는 것이다. 더 쉽게 말하면 하나의 태양이 억만 가지 만물로 나타나는 것이다. 모든 만물이 무엇인가. 하나의 태양이지 다른 것이 아니다. 태양이 흩어지면 만물이 되고 만물이 합해지면 태양이 되는 것이다. 이것을 일즉일체一卽一切라 한다. 하나, 그것이 일만이 되고 일만, 그것이 또 하나가 된다. 하나의 부처가 억만 가지 부처로 나타난 것이다. 그러니까 모든 만물이 다 부처라는 말이다. 돌멩이도 부처고 나무도 부처고 부처 아닌 것이 없다. 부처라는 것이 무엇인가. 욕심이 없으면 그것이 부처다. 욕심이 없으면 부처요 욕심이 있으면 악마다. 그러니까 돌멩이도 부처다. 모두 부처로 나타난 것이다. 기독교에서는 돌멩이보고 절하면 우상숭배라 한다. 그런데 불교는 그것이 아니다. 돌멩이에 절하면 그것은 부처님을 숭배하는 것이다. 욕심이 없으니까 돌멩이처럼 깨끗한 것이 없고 돌멩이처럼 장엄한 것이 없다. 그러니까 그런 깨끗하고 장엄한 돌멩이를 보고 절하는 것인데 무엇이 잘못이냐는 것이다. 이렇게 생각이 아주 다른 것이다. 우리는 우상숭배라 하지만 저쪽은 그것이 아니다.

삼세일체불三世一切佛 법신실청정法身悉淸淨
수기소응화隨其所應化 보현묘색신普現妙色身

모든 부처님은 다 진리의 몸이다. 돌멩이도 다 진리의 몸이다. 다 깨끗하다. 그래서 대상에 따라서, 상대방에 따라서, 이렇게도 나타나고 저렇게도 나타난다. 그러니까 부처가 돌멩이도 되고 나무도 되고 하는 것은 우리를 살려주기 위해서 그러는 것이다. 그래서 우리가 없으면 그것은 아무 의미가 없다는 것이다. 그런데 그 모든 만물이 무엇인가. 그것이 부처님의 사랑의 표현이라는 것을 우리가 알아야 된다. 공기라 하면 공기도 우리를 살려주기 위해서 있지 우리와 상관없는 공기가 아니다. 일체가 다 그렇다. 그래서 일체가 다 하나님의 사랑이지 사랑 아닌 것이 없다. 우리는 그것이 사랑인 줄 모르는 것뿐이지 일체가 다 사랑이다. 그것을 알면 눈을 뜬 것이고 그것을 모르면 눈을 감은 것이다. 일체가 다 살리기 위해 있는 것이다.

불신비변화佛身非變化 역부비비화亦復非非化
어무화법중於無化法中 시유변화형示有變化形

불신佛身은 변화하는 것이 아니다. 그러나 변화하지 않는 것도 아니다. 그러니까 변하지 않으면서 변하는 것이다. 태양은 변화하지 않는 것이다. 그런데 만물은 다 변화하는 것이다. 그러니까 변화하지 않으면서 또 변화하는 것이다. 또 변화하면서 변화하지 않는 것이다. 다 같은 말이다. 변화하지 않는 속에 변화하는 것을 드러낸다. 그러니까 변화하지 않는 것과 변화하는 것이 얽힌 것이 이 세상이라는 말이다. 나라고 하면 나는 나서 죽는 날까지 계속 나다. 변화하지 않는 것이다. 그렇지만 또 나는 계속 변화하고 있다. 자꾸 늙어간다. 계속 변화하는 것이다. 그래서 나도 변화하지 않으면서 변화하는 것이다.

정각불가량正覺不可量 법계허공등法界虛空等
심광무애저深廣無涯底 언어도실절言語道悉絶.

그러니까 깨닫는다고 하는 것은 그것이 어떤 것이라고 그렇게 말할 수는 없는 것이다. 법계허공이라 하는 것도 어떤 것이라 그러기 참 어렵다. 왜냐하면 그것은 한계가 없기 때문이다.
한없이 깊고 넓어서 끄트머리가 없다. 말로는 할 수 없는 것이다. 그러니까 각覺이라 하는 것은 눈을 뜬다는 그런 세계이지 무엇이 어떻다 하는 세계가 아니다. 소위 체득해야 되는 세계지 말로 이런 것이다 하는 것이 아니다. 진리라는 것이 어떤 것인가 하고 몇 천 페이지를 써놓아보았자 그것은 아무 것도 아니다. 그렇게 말로 되는 세계가 아니다. 눈을 뜬다고 하는 하나의 체득이다. 내가 눈을 뜨면 되는 것이지 그것은 어떻다 설명할 것이 아니다.

24.6 지당보살智幢菩薩 설송언說頌言
약인능신수若人能信受 일체지무애一切智無碍
수습보리행修習菩提行 기심불가량其心不可量

지당보살의 게송이다. 만일 사람이 능히 한없는 지혜를 받아들이려면, 지혜를 깨달으려면, 진리를 찾기 위해서 한없이 노력해야 한다. 그래서 얼마나 열심을 내야 하는가. 그 열심이라는 것은 헤아릴 수가 없다. 요전에도 말하였듯이 얼마나 열심을 내야 하는가 하면 발분망식發

憤忘食이다. 밥 먹는 것을 잊어먹을 정도로 열심을 내야 된다는 것이다.

비여정만월譬如淨滿月 보현일체수普現一切水
영상수무량影像雖無量 본월미증이本月未曾二

깨끗한 달이 모든 물에 비치는 것처럼, 이것은 여러 번 나왔듯이 하늘의 달과 물 속의 달이라는 것이다. 하늘의 달은 하나요 물 속의 달은 억만이다. 다 같은 비유다. 모든 강물에 나타난다. 강물이라 하기 보다 모든 이슬 속에 다 나타난다. 그 이슬 속에 몇 천억 개가 나타나지만 하늘에 있는 달은 하나뿐이다. 일체즉일一切卽一이요 일즉일체一卽一切라는 것이다. 이것이 『화엄경』의 핵심 사상이다. 이것을 더 다르게 말하면 천인합일天人合一이다. 기독교로 말하면 신인합일神人合一이다. 「요한복음」 14장 11절이다. "나는 하나님 안에 있고 하나님은 내 안에 있다"는 것이다. 나는 하나님 안에 있고 하나님은 내 안에 있다. 하나님이 내 안에 있다는 것은 이슬 속의 달이고 내가 하나님 안에 있다는 것은 하늘 위에 있는 달이다. 그런 관계니까 신인합일이라 하거나 혹은 범아일여梵我一如, 천인합일이라 하거나 다 같은 말이다. 이것은 내용이 어떻다 하는 그런 것이 아니다. 이것은 말로 표시할 수 없는 것이다. 이것은 이런 것이다 저런 것이다 하는 그런 것이 아니고 하나님하고 나하고가 하나가 되는 것, 말하자면 부자일치父子一致가 되는 것이다. 부자일치라는 것은 본래가 부자일치인 것이지 어떻게 만들어낸 것이 아니다. 본래 부자일치인 것을 우리가 잊어먹고 있었던 것인데 그것을 우리는 회상하는 것이고 깨닫는 것뿐이다. 소크라테스 말로 하면 아나무네시스anamnesis(회상)라는 것이고 불교로 말하면 깨달음이다. 물이라 하는 것은 본래 깨끗한 것인데 그것을 다시 회복한 것뿐이다. 그래서 본각本覺이다. 본래 깨끗한 것인데 어떡하다 흐려진 것이다. 그것을 다시 회복해서, 이것을 시각始覺이라 하는데, 그래서 본각과 시각을 일치시키면 그것을 여래如來라 한다. 그러니까 이것은 하나의 사실이지 말로 할 수 있는 세계가 아니다. 아버지와 내가 하나라는 것은 내가 어렸을 때, 내가 어려서 모를 때부터 사실인 것이지 이 것이 말로 설명해서 된 일이 아니다. 어떻게 되는 일이 아니라 본래 그 런 것이다. 하나님이 우주를 창조하신 것은 본래 그런 것이지 내가 어 떻게 해 가지고 하나님이 우주를 창조하신 것은 절대 아니다. 하나님 이 우주를 창조하신 것을 우리가 모르고 있던 것인데 이제 다시 우리 가 그것을 깨닫는 것뿐이다.

여시무애지如是無碍智 성취등정각成就等正覺
보현일체찰普現一切刹 불체역무이佛體亦無二

그러니까 이렇게 무애지無碍智, 현실적인 사실이지 이것은 지적인 내용이 아니다. 현실적인 사실을 우리가 다시 알게 되는 것, 그것이 정 각正覺이다. 이 세상 억만 가지로 많지만 본체는 하나다. 태양이 만물 이 되는 것이다. 하나님이 우주를 창조한 것이다. 다 같은 말이다. 아 무리 우주가 억만으로 많다고 해도 다 하나님이 창조한 것이지 다른 이가 창조한 것이 아니다.

비일역비이非一亦非二 역부비무량亦復非無量
수기소응화隨其所應化 시현무량신示現無量身.

하나, 둘, 많다, 이런 숫자를 우리가 자꾸 쓰는데, 이것은 그때그때 우리가 알기 쉽게 하기 위해서 쓰는 것뿐이지 현실은 하나가 전체가 되고 전체가 하나가 되었다는 것뿐이다.

24.7 보당보살寶幢菩薩 설송언說頌言
불신무처소佛身無處所 충만일체처充滿一切處
여공무변제如空無邊際 여시난사의如是難思議

보당보살의 찬송이다. 불신은 처소가 없다. 불신佛身이라 하나 법신

法身이라 하나 같은 말이다. "불신무처소佛身無處所." 하나님이 하늘 어떤 자리에 앉아있는 것은 아니다. 온 우주에 가득 차 있다. 에네르기 Energeia라 하면 에네르기가 어느 한 곳에 뭉쳐있는 것이 아니라 우주에 꽉 차 있는 것이 에네르기다. 마치 허공 같아서 끝이 없다. 그러니까 이것은 생각의 대상이 아니다. 생각의 대상이 되려면 한계가 있어야 되는데 한계가 없으니까 이것은 생각의 대상이 아니다.

여예안소도如翳眼所覩 비내역비외非內亦非外
세간견제불世間見諸佛 응지역여시應知亦如是

눈병 걸린 사람이 무엇을 보면 안에도 잘 안 보이고 밖에도 잘 안 보인다. 말하자면 똑똑하지 않은 것이다. 이 세상 사람들이 부처를 보았다 하는 것, 교회에서 성령을 받았다고 하는 것도 이렇게 정신나간 것이 많은 것이다. 성령을 받았다고 하는데 알고보면 그만 정신분열이 되고 만 것이 많다.

불가이국토不可以國土 주야이견불晝夜而見佛
세월일찰나歲月一刹那 당지실여시當知悉如是

이 땅이나 이 시간에서, 이 땅과 이 대낮과 밤, 이런 데서 부처를 본다고 하는 것은 있을 수 없는 것이다. 그럼 부처는 언제 보는가. '한 찰나에', '한 순간에'라 하는 이 말은 '시간을 초월해서'라는 말이다. 시간을 초월한 경지에서 보는 것이지 어떤 낮 어떤 밤 그런 것은 아니다. 시간을 초월한 그때, 바울로 말하면 자기의 정신이 삼층천으로 올라가서, 거기에서 하나님을 본다는 것이다. 사람이란 그렇게 초의식의 세계가 될 때가 있다. 그런 초의식의 세계에 올라가서 보는 것이지 우리가 눈뜨고 보는 그런 것은 아니다. 초의식의 세계에서 하나님을 보는 것이다.

비여정일륜譬如淨日輪 불여혼야합不與昏夜合
이설모일야而說某日夜 제불법여시諸佛法如是.

마치 깨끗한 태양을 밤에 볼 수 없는 것과 같다. 석가가 35세 12월 10일 보았다 그렇게 하는 것도 시간을 초월했다는 것이지 어느 시간에 보았다는 이야기는 아니다. 부처가 진리를 깨닫는 것도 시간을 초월하는 순간이지 시간 안에서 보는 것은 아니다.

24.8 정진당보살精進幢菩薩 설송언說頌言
여관모니존汝觀牟尼尊 소작심기특所作甚奇特
충만어법계充滿於法界 일체실무여一切悉無餘

정진당보살의 게송이다. 네가 석가모니의 모습을 보면 그 모습은 참으로 존엄할 것이다. '모니牟尼'는 선생님이라는 뜻이다. 그런데 석가모니의 그 모습이라고 하는 것은 어떤 하나의 굳어있는 모습이 아니다. 석가모니의 생각은 온 우주에 가득 차 있다. 물론 우리의 생각도 우주에 가득 차는 것이다. 조금이라도 빠진 데가 없이 온 우주에 꽉 차 있다.

불신부재내佛身不在內 역부부재외亦復不在外
신력고현현神力故顯現 도사법여시導師法如是

불신이라는 것은 안에 있는 것도 아니고 밖에 있는 것도 아니다. 법신이라 하는 것은 신神의 힘으로 나타나는 것뿐이다. 또 그렇게 나타나도 우리가 보려면 또 신의 힘으로 보는 것이지 거저는 또 못 보는 것이다. 예수가 아무리 부활했다고 그래도 그것은 신의 힘으로 부활한 것이지 예수 제 힘으로 부활한 것은 아니다. 바울이 예수를 보았다 하는 것도 신의 힘으로 보는 것이지 바울 제 힘으로 보는 것은 아니다. 다 신의 힘으로 나타내기도 하는 것이고 보기도 하는 것이다. 그래서 신의 힘이 없으면 아무 것도 안 된다. 기독교로 말하자면 성령의 역사를 통하지 않으면 아무 것도 안 된다는 것이다. 그러니까 진리의 세계의 법도 다 그렇다는 것이다.

비여일체법譬如一切法 중연고생기衆緣故生起
견불역부연見佛亦復然 필가중선업必假衆善業

모든 만물이라는 것은 어떤 인연에 의해서 세상에 나타난 것이다. 어떤 이유가 있어서 세상에 나타난 것이다. 거저 나타난 것이 아니다. 아까 말처럼 우리를 살리기 위해서 나타났다는 것이다. 부처를 보는 것도 또 마찬가지다. 부처를 보는 것도 그저 볼 수는 없다. 착한 일을 많이 한 사람에게 부처가 나타난다. 정직한 사람에게 하나님이 나타나는 것이다. 마음이 깨끗한 사람에게 하나님이 나타나는 것이지 아무에게나 나타나는 것은 아니다.

비여수의주譬如隨意珠 능만중생심能滿衆生心
제불법여시諸佛法如是 실만일체원悉滿一切願.

마음대로 되는 구슬, 즉 자유를 얻고 싶어하는 생각은 모든 사람 속에 다 가지고 있는 것이다. 그 자유를 얻게 하는 진리는 모든 사람들의 소원 가운데 꽉 차 있다. 그 소원이 어떤 소원인가 하면 무슨 욕심을 만족시키자는 소원이 아니라 좋은 일을 하자는 소원이다. 결정선원決定善願이다. 그런 착한 소원이다. 그런 착한 소원 속에만 진리는 깃들이는 것이다. 제 욕심을 채우려는 세계에는 진리가 깃들지 않는다는 말이다. 결정선원, 내가 착한 일을 하여야 되겠다는 것이다. 내가 다른 사람을 살려주어야 되겠다는 것이다. 그런 마음의 결정을 했을 때, 그 때 진리는 깨닫게 되는 것이다. 진리가 어디 있는가. 사랑 속에 있다. 사랑 속에 진리가 있지 미움 속에는 진리는 없는 것이다.

24.9 이구당보살離垢幢菩薩 설송언說頌言
여래대지광如來大智光 보정제세간普淨諸世間
세간기정이世間旣淨已 개시제불법開示諸佛法

이구당보살이 찬송한다. 여래의 큰 지혜의 빛이 온 세상을 깨끗이 한다. 이 세상이 깨끗하게 되면 모든 진리는 나타나게 된다.

불신급세간佛身及世間 일체개무아一切皆無我
오차성정각悟此成正覺 부위중생설復爲衆生說

부처님이나 이 대자연이나 거기에는 일체 자기라는 것이 없다. 자연도 자기라는 것이 없다. 다 남을 위해서 있는 것이다. 예수님도 남을 위해서 있지 자기라는 것이 없다. 불신이나 세간이나 다 자기라는 것이 없다. 자기라는 것이 없는 그것이 부처라는 것을 깨닫기만 하면 그것이 진리를 깨달은 것이다. 그러니까 사랑이 진리라는 것이다. 사랑이 곧 진리다. 그래서 또 이런 것을 다른 사람에게도 말하는 것이다.

여래보지견如來普知見 명료일체법明了一切法
불법급보리佛法及菩提 이구불가득二俱不可得

여래의 눈은 모든 만물을 정확하게 볼 수가 있다. 불법이라는 것은 만물이라는 객관이고 보리라는 것은 주관인데, 이 객관과 주관 둘 다 있다고 하는 것은 있을 수 없다. 그러니까 눈을 뜨면 객관과 주관은 하나가 되는 것이다. 둘로 갈려 있으면 아직 눈이 안 떠진 것이다.

도사무래거導師無來去 역부무소주亦復無所住
원리제전도遠離諸顚倒 시명등정각是名等正覺.

세계를 인도하는 큰 스승들은 오는 것도 없고 가는 것도 없다. 한 곳에 머물러 있는 것도 없다. 모든 잘못된 생각을 멀리 떠났다. 그것을 우리는 깨달았다고 한다. 그러니까 사랑 그것이 진리다. 그것이 깨달은 것이다. 깨달은 것과 사랑하는 것은 둘이 아니다.

24.10 성수당보살星宿幢菩薩 설송언說頌言
불수중생심佛隨衆生心 보현일체신普現一切身
성도전법륜成道轉法輪 급이반열반及以般涅槃

부처님은 모든 사람을 구원하기 위해서 여러 가지 몸으로 나타난 것이다. 진리를 깨달아서 설법을 하는 것이다. 그래서 "급이반열반及以般涅槃", '반般'이란 온전하다는 것이고 '열반涅槃'은 해탈이라는 것이다. 그래서 요전에 원적圓寂이라 했다. 같은 말이다. 완전히 해탈한 사람, 자기 자신으로부터 해탈한 사람, 자기 자신이 없는 사람이다.

우리는 이렇게 말하면 무슨 부처가 굉장한 사람으로 자꾸 생각하는데, 말로 하면 굉장하지만 사실은 아무 것도 아니다. 그럼 누가 부처인가. 어머니가 부처다. 어머니라는 존재는 자기가 없다. 자녀를 위해서 일체를 바치는 존재다. 나라고 하는 것이 없다. 우리가 부처라 하면 굉장한 것 같지만 부처님이 다른 데 있는 것이 아니라 우리 집에 가면 어머니가 부처님이다. 진리가 무슨 다른 것이 아니다. 어머니가 진리다. 그런 것을 이렇게 저렇게 자꾸 말해보는 것이다. 왜 이렇게 자꾸 말해야 되는가? 사람이 어머니가 되기가 참 어렵다는 것이다.

중생망분별衆生妄分別 시불시세계是佛是世界
요달법성자了達法性者 무불무세계無佛無世界

모든 사람들은 정말 쓸데없는 분별지를 가지고 산다. 너와 나는 남이라 해서 탄저균을 보내서라도 너를 죽여야겠다는 것이다. 미국 사람과 아프간 사람은 아주 다른 사람이라 이렇게 생각하는 것인데 다 같은 사람이지 무슨 다른 사람이겠는가. 회교도니 기독교도니 무엇이 다르겠는가. 마호멧도 예수 믿던 사람이지 다른 사람인가. 분별지, 너와 나는 다르다고 하는 것, 돈푼이나 생기면 그 다음에는 너와 나는 다르다, 그렇게 되는데, 우리는 그런 물건에 걸리지 않아야 된다. 그래서 분별지 때문에 이것은 부처요, 이것은 세상이라, 이렇게 갈라놓는 것이다. 진리의 본질을 깨달은 사람은 부처도 없는 것이고 세계도 없는 것이다. 부처가 다른 것이 부처인가, 어머니가 부처다. 세계가 다른 데 있는가, 우리 집이 세계다. 우리 집이 천국이고 우리 어머니가 하나님이다. 우리 어머니가 하나님이지 하나님이 또 따로 있겠는가. 그렇게 되니까 "무불무세계無佛無世界", 부처도 없고 세상도 없는 것이다. 그러니까 우리가 선불교의 선승들을 보면 부처라는 말을 한 번 듣고는 강가에 가서 귀를 씻는다고 한다. 부처라는 말을 한 번 들으면 귀가 더러워진 것이다. 그런 사람들의 이야기를 우리가 알아들어야 한다. 부처가 있는 것이 아니다. 말하자면 하나의 가상이지 부처가 있는 것이 아니다. 부처가, 누가 부처인가. 우리 어머니가 부처다. 열반이 무슨 따로 있는 것이 아니다. 우리 집안이 열반이다. "무불무세계", 부처도 없고 세계도 없는 것이다.

약능어세간若能於世間 원리일체착遠離一切著
무애심환희無碍心歡喜 어법득개오於法得開悟

이 세상에 있어서 일체의 집착을 떠나면 거기가 천국이다. 아무 것도 걸림이 없는 기쁨이 가득 찬 곳이다. 그것을 우리는 진리를 깨달았다 하는 것이다. 진리를 깨달았다는 것이 별것이 아니다. 자꾸 우리는 어렵게 생각하고 『화엄경』은 무슨 심오하다느니 어떠니 하지만 심오한 것 하나도 없다. 다 내 소리를 하는 것이고 우리 집안 소리를 하는 것이지 아무 것도 없다.

언어중현시言語中顯示 일체불자재一切佛自在
정각초어언正覺超語言 가이어언설假以語言說.

말 속에서 나타내려 하는 것은 모든 부처가 자유롭다는 것이다. 어떻게 하면 자유롭게 되는가. 욕심이 없으면 자유롭게 된다. 자기가 자기를 붙잡고 있는 것이지 다른 이가 붙잡고 있는 것이 아니다. 그러니까 우리가 말로 표시하려고 하지만 깨달았다고 하는 것이 무엇인가 하면 말을 초월하는 것이다. 어머니라 하면 우리가 어머니를 말로 어떻게 표시하겠는가. 어머니가 어떻다, 그렇게 표시할 수 있겠는가. 사랑이면 사랑이지 사랑을 어떻게 표시하겠는가. 내가 배고프면 젖 먹여 주는 것이 사랑이지 어떻게 표시할 수가 없다. 그러니까 언어를 초월한 것이다. 그저 할 수 없어서 말을 빌어 말로 하는 것뿐이다. 그렇다고 해서 완전하게 말하는 것은 아니다. 그저 비슷하게 말을 빌어 말하는 것뿐이다.

24.11 법당보살法幢菩薩 설송언說頌言
녕가항구수寧可恒具受 일체세간고一切世間苦
종불원여래終不遠如來 부도자재력不覩自在力

법당보살의 게송이다. 차라리 온 고통을 겪을지라도 여래를 멀리해서 자재력을 보지 않겠다는 그런 일은 있을 수 없다. 그러니까 아무리 고생스러워도 선생님을 붙잡고 내가 진리를 깨달아야 되겠다는 것이다. 여래를 멀리해서 자유를 보지 않겠다고 하는 것은 아니라는 말이다. 결국 부처님을 꼭 붙잡고 자유를 얻고야 말겠다는 것이다.

약유제중생若有諸衆生 미발보리심未發菩提心
일득문불명一得聞佛名 결정성보리決定成菩提

만일 중생이 아직도 진리를 깨닫겠다는 생각을 내지 않았으면 한 번 선생님의 이름을 듣고 반드시 진리를 깨닫겠다 하고 선생님을 꼭 붙잡아야 된다.

중생무시래衆生無始來 생사구유전生死久流轉
불료진실법不了眞實法 제불고흥세諸佛故興世

중생은 나서부터 죽기까지 계속 어리석음에 빠져있는 것이다. 중생은 옛날부터 밤낮 서로 원수가 되어서 와글와글 한다. 그것은 왜 그런가. 사람이라는 것이 무엇인지 몰라서 그렇다. 사람이라고 하는 것이 무엇인가. 사람, 삶, 사랑이다. 삶이나 사람이나 사랑이나 다 같은 것이다. 인간의 본질이 사랑이라는 것이다. 하나님이 사람을 만들었다는 것이 무엇인가. 인간의 본질이 사랑이라는 것이다. 마호멧이 와서 말한 것도 그것이다. 인간의 본질은 사랑이라는 것이다. 예수가 와서 말한 것도 그것이다. 두 사람이 다른 말 한 것이 아니다. 다 같은 말 한 것이다. 그런데 왜 이렇게 회교도와 기독교도가 서로 갈라져서 하나는 탄저병 뿌리고 하나는 폭격하고 이러는가. 다 예수 믿는다는 사람들인데, 기도하는 사람들인데, 왜 이렇게 되는가 하면 다 그 핵심을 붙잡지 못하고 그냥 분별지가 되어 기독교와 회교는 다른 것이라 한 것인데 다를 이치가 있는가. 유태 사람들은 이삭의 자손이고 아랍 사람들은 이스마엘의 자손이다. 다 아브라함의 자손이다. 다 아브라함의 자손인데 왜 분별지가 나오는가. 그러니까 그 본질을 깨달으면 회교도와 기독교도가 어떻게 원수가 되겠는가. 서로 손잡고 같이 살아야 되는데 인간의 본질을 몰라서 그런 것이다. 인간의 본질이 사랑이라는 것을 모르는 것이다. 그것을 알려주기 위해서 많은 선생님들이 나온 것이다. 공자도 나오고 석가도 나오고 다 나온 것이다.

제법불가괴諸法不可壞 역무능괴자亦無能壞者
자재대광명自在大光明 보시어세간普示於世間.

그런데 사람들이 아무리 오해를 해도 진리는 무너질 수 없다. 인간의 본질이 사랑이라는 것은 무너지지 않는다. 또 무너뜨릴 수도 없다. 왜냐하면 인간의 본질이 사랑이기 때문이다. 정말 눈을 뜨게 되면 온 세상 사람들이 다 알게 되는 것인데 자꾸 눈을 감고서 서로 싸우는 것이다. 그러니까 모든 죄는 어디 있는가 하면 그것은 눈을 감아서 그렇다는 것이다. 그래서 무명 때문에, 눈을 감았기 때문에, 분별지를 가지고 자꾸 다르다고 하는 것이다. 그러니까 종교라는 것은 한마디로 말하면 다 같다는 이 소리다. 다 하나님의 아들이요 하나님의 딸인데 우리가 하나님을 무시하고 어디에 있겠는가.

2001. 10. 14.

부록

제1. 세주묘엄품 世主妙嚴品

1.1 여시아문如是我聞 일시一時 불佛 재마갈제국在摩竭提國 아란야법阿蘭若法 보리장중菩提場中 시성정각始成正覺.

기지견고其地堅固 금강소성金剛所成 상묘보륜上妙寶輪 급중보화及衆寶華 청정마니淸淨摩尼 이위엄식以爲嚴飾 제색상해諸色相海 무변현현無邊顯現 마니위당摩尼爲幢 상방광명常放光明 항출묘음恒出妙音 중보라망衆寶羅網 묘향화영妙香華纓 주잡수포周帀垂布 마니보옥摩尼寶玉 변현자재變現自在 우무진보雨無盡寶 급중묘화及衆妙華 분산어지分散於地 보수행렬寶樹行列 지엽광무枝葉光茂 불신력고佛神力故 영차도장令此道場 일체장엄一切莊嚴 어중영현於中影現 기사자좌其獅子座 고광묘호高廣妙好 마니위대摩尼爲臺 연화위망蓮花爲網 청정묘보淸淨妙寶 이위기륜以爲其輪.

1.2 이시爾時 세존世尊 처우차좌處于此座 어일체법於一切法 성최정각成最正覺 지입삼세智入三世 실개평등悉皆平等 기신충만其身充滿 일체세간一切世間 기음其音 보순시방국토普順十方國土 신항편좌身恒遍坐 일체도장一切道場 삼세소행三世所行 중복대해衆福大海 실이청정悉已淸淨 이항시생而恒示生 제불국토諸佛國土 무변색상無邊色相 원만광명圓滿光明 연일체법演一切法 여포대운如布大雲 일일모단一一毛端 실능용수悉能容受 일체세계一切世界 교화조복敎化調伏 일체중생一切衆生 신편시방身遍十方 이무래왕而無來往 지입제상智入諸相 요법공적了法空寂 삼세제불三世諸佛 소유신변所有神變 어광명중於光明中 미불함도靡不咸覩 일체불토一切佛土 부사의겁不思議劫 소유장엄所有莊嚴 실령현현悉令顯現.

1.3 유십불세계有十佛世界 미진수微塵數 보살마하살數菩薩摩訶薩 소공위요所共圍遶

차제보살此諸菩薩 왕석往昔 개여비로자나여래皆與毘盧遮那如來 공집선근共集善根 변재여해辨才如海 입법계장入法界藏 지무차별智無差別 요달제불了達諸佛 희유광대希有廣大 비밀지장秘密之藏 일체여래一切如來 공덕대해功德大海 함입기신咸入其身.

1.4 부유불세계復有佛世界 보현보살普賢菩薩 (십신중十信衆)

해월광대명보살海月光大明菩薩 미진수집금강신微塵數執金剛神 부유신중신復
有身衆神 족행신足行神 도장신道場神 주성신主城神 주지신主地神 주산신主山
神 주림신主林神 주락신主樂神 (십주중十住衆)

주가신主嫁神 주하신主河神 주해신主海神 주수신主水神 주화신主火神 주풍신
主風神 주공신主空神 주방신主方神 주야신主夜神 주주신主晝神 (십행중十行衆)

아수라왕阿修羅王 가루라왕迦樓羅王 긴나라왕緊那羅王 마후라가왕摩睺羅迦
王 야차왕夜叉王 용왕龍王 구반다왕鳩槃茶王 건달바왕乾闥婆王 월천자月天子 일
천자日天子 (십회향중十廻向衆)

삼십삼천왕三十三天王 수야마천왕須夜摩天王 도솔천왕兜率天王 화약천왕化藥
天王 타화자재천왕他化自在天王 대범천왕大梵天王 광명천왕光明天王 편정천왕
遍淨天王 광과천왕廣果天王 대자재천왕大自在天王 (십지중十地衆)

1.5 이시爾時 여래도장중해如來道場衆海 실이운집悉已雲集 무변품류無邊品類
주잡편만周帀遍萬 형색부종形色部從 각각차별各各差別 수소래방隨所來方 친근세
존親近世尊 일심첨앙一心瞻仰.
차제중회此諸衆會 이리일체번뇌已離一切煩惱 심구心垢 급기여습及其餘習 최중
장산摧重障山 견불무애見佛無碍. 여시如是 개이비로자나여래皆以毘盧遮那如來
왕석지시往昔之時 어겁해중於刧海中 수보살행修菩薩行. 이사섭사以四攝事 이증섭
수而曾攝受 일일불소一一佛所 종선근시種善根時 개이선섭皆已善攝. 종종방편種
種方便 교화성숙敎化成熟 영기안립令其安立 일체지도一切智道 종무량선種無量
善 획중대복獲衆大福.

1.6 이시爾時 묘염해천왕妙焰海天王 승불위력承佛威力 이설게언而說偈言
불신보편제대회佛身普遍諸大會 충만법계무궁진充滿法界無窮盡
적멸무성불가취寂滅無性不可取 위구세간이출현爲救世間而出現
여래법왕출세간如來法王出世間 능연조세묘법등能然照世妙法燈
경계무변역무진境界無边亦無盡 차자재명지소증此自在名之所證
불부사의리분별佛不思議離分別 요상시방무소유了相十方無所有
위세광개청정도爲世廣開淸淨道 여시정안능관견如是淨眼能觀見
여래지혜무변제如來智慧無邊際 일체세간막능측一切世間莫能測
영멸중생치암심永滅衆生痴闇心 대혜입차심안주大慧入此深安住
여래공덕부사의如來功德不思議 중생견자번뇌멸衆生見者煩惱滅
보사세간획안락普使世間獲安樂 부동자재천능견不動自在天能見
중생치암상미복衆生痴闇常迷覆 여래위설적정법如來爲說寂靜法
시즉조세지혜등是則照世智慧燈 묘안능지차방편妙眼能知此方便
여래청정묘색신如來淸淨妙色身 보현시방무유비普賢十方無有比
차신무성무의처此身無性無依處 선사유천소관찰善思惟天所觀察
여래음성무한애如來音聲無限碍 감수화자미불문堪受化者靡不聞
이불적연항부동而佛寂然恒不動 차락지천지해탈此樂智天之解脫
적정해탈천인주寂靜解脫天人主 시방무처불현전十方無處佛現前
광명조요만세간光明照耀萬世間 차무애법엄당견此無碍法嚴幢見
불어무변대겁해佛於無邊大劫海 위중생고구보리爲衆生故求菩提
종종신통화일체種種神通化一切 명칭광천오사법名稱光天悟斯法.

1.7 이시爾時 지국건달바왕持國乾闥婆王 승불위력承佛威力 이설송언而說頌言
제불경계무량문諸佛境界無量門 일체중생막능입一切衆生莫能入
선서여공성청정善逝如空性淸淨 보위세간개정도普爲世間開正道
여래일일모공중如來一一毛孔中 공덕대해개충만功德大海皆充滿
일체세간함이락一切世間咸利樂 차수광왕소능견此水光王所能見
세간광대우고해世間廣大憂苦海 불능소갈실무여佛能消竭悉無餘
여래자민다방편如來慈愍多方便 정목어차능심해淨目於此能深解

부록 537

시방찰해무유변 十方刹海無有邊 불이지광함조요 佛以智光咸照耀
보사척제사악견 普使滌除邪惡見 차수화왕소입문 此水華王所入門
불어왕석무량겁 佛於往昔無量劫 수습대자방편행 修習大慈方便行
일체세간함위안 一切世間咸慰安 차도보음능오입 此道普音能悟入
불신청정개락견 佛身淸淨皆樂見 능생세간무진락 能生世間無盡樂
해탈인과차제성 解脫因果次第成 미목어사선개시 美目於斯善開示
중생미혹상유전 衆生迷惑常流轉 우치장개극긴밀 愚癡障蓋極緊密
여래위설광대법 如來爲說廣大法 사자당왕능연창 師子幢王能演暢
여래보현묘색신 如來普賢妙色身 무량차별등중생 無量差別等衆生
종종방편조세간 種種方便照世間 보방보광여시견 普放寶光如是見
대지방편무량문 大智方便無量門 불위군생보개천 佛爲群生普開闡
입승보리진실행 入勝菩提眞實行 차금강당선관찰 此金剛幢善觀察
일찰나중백천겁 一刹那中百千劫 불력능현무소동 佛力能現無所動
등이안락시군생 等以安樂施群生 차락장엄지해탈 此樂莊嚴之解脫.

1.8 이시 爾時 보광염장주화신 普光焰藏主火神 승불위력 承佛威力 이설송언 而說頌言

여관여래정진력 汝觀如來精進力 광대억겁부사의 廣大億劫不思議
위리중생현세간 爲利衆生現世間 소유암장개령멸 所有闇障皆令滅
중생우치기제견 衆生愚癡起諸見 번뇌여류급화연 煩惱如流及火然
도사방편실멸제 導師方便悉滅除 보집광당어차오 普集光幢於此悟
복덕여공무유진 福德如空無有盡 구기변제불가득 求其邊際不可得
차불대비무동력 此佛大悲無動力 광조오입심생희 光照悟入心生喜
아관여래지소행 我觀如來之所行 경어겁해무변제 經於劫海無邊際
여시시현신통력 如是示現神通力 중묘궁신소료지 衆妙宮神所了知
억겁수성불가사 億劫修成不可思 구기변제막능지 求其邊際莫能知
연법실상영환희 演法實相令歡喜 무진광신소관견 無盡光神所觀見
시방소유광대중 十方所有廣大衆 일체현전첨앙불 一切現前瞻仰佛
적정광명조세간 寂靜光明照世間 차묘염신소능료 此妙焰神所能了

모니출현제세간牟尼出現諸世間 좌어일체궁전중坐於一切宮殿中
보우무변광대법普雨無邊廣大法 차시방신지경계此十方神之境界
제불지혜최심심諸佛智慧最甚深 어법자재현세간於法自在現世間
능실천명진실리能實闡明眞實理 위광오차심흔경威光悟此心欣慶
제견우치위암개諸見愚癡爲闇蓋 중생미혹상유전衆生迷惑常流轉
불위개천묘법문佛爲開闡妙法門 차조방신능오입此照方神能悟入
원문광대부사의願門廣大不思議 역도수치이청정力度修治已淸淨
여석원심개출현如昔願心皆出現 차진음신지소료此震音神之所了.

1.9 부차復次 보흥운당주수신普興雲幢主水神 출현보광주해신出現寶光主海神 보발신류주하신普發迅流主河神 유연승미주가신柔軟勝味主稼神 길상주약신吉祥主藥神 포화여운주림신布華如雲主林神 개화잡지주산신開華帀地主山神 보덕정화주지신普德淨華主地神 보봉광요주성신寶峰光耀主城神 정장엄당도장신淨莊嚴幢道場神 보인수족행신寶印手足行神 정희경계신중신淨喜境界身衆神 묘색나라연집금강신妙色那羅延執金剛神 설송언說頌言

여응관법왕汝應觀法王 법왕법여시法王法如是
색상무유변色相無有邊 보현어세간普現於世間
불신일일모佛身一一毛 광망부사의光網不思議
비여정일륜譬如淨日輪 보조시방국普照十方國
여래신통력如來神通力 법계실주편法界悉周遍
일체중생전一切衆生前 시현무진신示現無盡身
여래설법음如來說法音 시방막불문十方莫不聞
수제중생류隨諸衆生類 실령심만족悉令心滿足
중견모니존衆見牟尼尊 처세궁전중處世宮殿中
보위제군생普爲諸群生 천양어대법闡揚於大法
법해선복처法海漩澓處 일체차별의一切差別義
종종방편문種種方便門 연설무궁진演說無窮盡
무변대방편無邊大方便 보응시방국普應十方國
우불정광명遇佛淨光明 실견여래신悉見如來身

공양어제불供養於諸佛 억찰미진수億刹微塵數
공덕여허공功德如虛空 일체소첨앙一切所瞻仰
신통력평등神通力平等 일체찰개현一切刹皆現
안좌묘도장安坐妙道場 보현중생전普現衆生前
염운보조명焰雲普照明 종종광원만種種光圓滿
법계무불급法界無不及 시불소행처示佛所行處.

1.10 부차復次 보현보살普賢菩薩 설송언說頌言

불소장엄광대찰佛所莊嚴廣大刹 등어일체미진수等於一切微塵數
청정불자실만중淸淨佛子悉滿中 우부사의최묘법雨不思議最妙法
여어차회견불좌如於此會見佛坐 일체진중실여시一切塵中悉如是
불신무거역무래佛身無去亦無來 소유국토개명현所有國土皆明現
현시보살소수행顯示菩薩所修行 무량취지제방편無量趣地諸方便
급설난사진실리及說難思眞實理 영제불자입법계令諸佛子入法界
출생화불여진수出生化佛如塵數 보응군생심소욕普應群生心所欲
입심법계방편문入深法界方便門 광대무변실개연廣大無邊悉開演
여래명호등세간如來名號等世間 시방국토실충편十方國土悉充遍
일체방편무공과一切方便無空過 조복중생개리구調伏衆生皆離垢
불어일체미진중佛於一切微塵中 시현무변대신력示現無邊大神力
실좌도장능연설悉坐道場能演說 여불왕석보리행如佛往昔菩提行
삼세소유광대겁三世所有廣大劫 불념념중개시현佛念念中皆示現
피제성괴일체사彼諸成壞一切事 부사의지무불료不思議智無不了
불자중회광무한佛子衆會廣無限 욕공측량제불지欲共測量諸佛地
제불법문무유변諸佛法門無有邊 능실료지심위난能悉了知甚爲難
불여허공무분별佛如虛空無分別 등진법계무소의等眞法界無所依
화현주행미부지化現周行靡不至 실좌도장성정각悉坐道場成正覺
불이묘음광선창佛以妙音廣宣暢 일체제지개명료一切諸地皆明了
보현일일중생전普現一一衆生前 진여여래평등법盡與如來平等法.

제2. 여래현상품如來現相品

2.1 이시爾時 제보살諸菩薩 작시사유作是思惟 운하시제불지云何是諸佛地 운하시제불안云何是諸佛眼.

무량겁중수행만無量劫中修行滿 보리수하성정각菩提樹下成正覺
위도중생보현신爲道衆生普現身 여운충편진미래如雲充遍盡未來
중생유의개사단衆生有疑皆使斷 광대신해실령발廣大信解悉令發
무변제고보사제無邊際苦普使除 제불안락함령증諸佛安樂咸令證
보살무수등찰진菩薩無數等刹塵 구래차회동첨앙俱來此會同瞻仰
원수기의소응수願隨其意所應受 연설묘법제의혹演說妙法除疑惑.

2.2 세존世尊 지제보살심지소념知諸菩薩心之所念 즉어면문중치지간卽於面門衆齒之間 방불찰미진수광명보조시방放佛刹微塵數光明普照十方 각일억불찰미진수세계해各一億佛刹微塵數世界海 피세계해제보살중彼世界海諸菩薩衆 어광명중於光明中 각득견차화장장엄세계해各得見此華藏莊嚴世界海.

무량겁중수행해無量劫中修行海 공양시방제불해供養十方諸佛海
화도일체중생해化度一切衆生海 금성묘각편조존今成妙覺遍照尊
모공지중출화운毛孔之中出化雲 광명보조어시방光明普照於十方
응수화자함개각應受化者咸開覺 영취보리정무애令取菩提淨無碍
불석왕래제취중佛昔往來諸趣中 교화성숙제군생敎化成熟諸群生
신통자재무변량神通自在無邊量 일념개령득해탈一念皆令得解脫
마니묘보보리수摩尼妙寶菩提樹 종종장엄실수특種種莊嚴悉殊特
불어기하성정각佛於其下成正覺 방대광명보위요放大光明普威耀
대음진후편시방大音震吼遍十方 보위홍선적멸법普爲弘宣寂滅法
수제중생심소락隨諸衆生心所樂 종종방편령개효種種方便令開曉
왕수제도개원만往修諸度皆圓滿 등어천찰미진수等於千刹微塵數
일체제력실이성一切諸力悉已成 여등응왕동첨례汝等應往同瞻禮.

2.3 이시爾時 시방세계해일체중회十方世界海一切衆會 몽불광명蒙佛光明 소개각
이所開覺已. 각공래예비로자나여래소各共來詣毘盧遮那如來所 친근공양親近供
養 소위차화장장엄세계해동所謂此華藏莊嚴世界海東 차유세계해次有世界海 해남
海南 해서海西 해북海北 해동북海東北 해동남海東南 해서남海西南 해서북방海西
北方 해하방海下方 해상방海上方 차유세계해次有世界海. 여시등如是等 십억불찰
十億佛刹 미진수微塵數 세계해중世界海中 유십억불찰有十億佛刹 미진수微塵
數 보살마하살菩薩摩訶薩 향불작례向佛作禮 어기좌상於其座上 결가부좌結跏趺
坐.

일체제불중회중一切諸佛衆會中 보편시방무불왕普遍十方無不往
개이심심지혜해皆以甚深智慧海 입피여래적멸법入彼如來寂滅法
일일광명무유변一一光明無有邊 실입난사제국토悉入難思諸國土
청정지안보능견淸淨智眼普能見 시제보살소행경是諸菩薩所行境
보살능주일모단菩薩能住一毛端 편동시방제국토遍動十方諸國土
불령중생유포상不令衆生有怖想 시기청정방편지是其淸淨方便地
일일진중무량신一一塵中無量身 부현종종장엄찰復現種種莊嚴刹
일념몰생보령견一念沒生普令見 획무애혜장엄자獲無碍慧莊嚴者
삼세소유일체겁三世所有一切劫 일찰라중실능현一刹那中悉能現
지신여환무체상知身如幻無體相 증명법성무애자證明法性無碍者.

2.4 이시爾時 세존世尊 욕령일체보살대중欲令一切菩薩大衆 득어여래무변경계신통
력고得於如來無邊境界神通力故 방미간광放眉間光. 이시불전爾時佛前 유대연
화有大蓮華 홀연출현忽然出現 차화생이此華生已 일념지간一念之間 어여래백호상
중於如來白毫相中 유보살마하살有菩薩摩訶薩 명일체법승음보살名一切法勝音
菩薩. 요심법계了深法界 생대환희生大歡喜 입불소행入佛所行 지무의체智無疑滯
입불가측불법신해入不可測佛法身海 염념보관일체법계念念普觀一切法界.

2.5 이시爾時 중중衆中 부유보살마하살復有菩薩摩訶薩 명관찰일체승법연화광혜왕
名觀察一切勝法蓮華光慧王 명법희혜광명名法喜慧光明 명향염광보명혜名香
焰光普明慧 명사자분신혜광명名師子奮迅慧光明 명법해혜공덕장名法海慧功德

藏 명혜등보명 名慧燈普明 명화염계보명지 名華焰髻普明智 명위덕혜무진광 名威德慧無盡光 명법계보명혜 名法界普明慧 명정진력무애혜 名精進力無碍慧 승불위신 承佛威神 관찰시방 觀察十方 이설송 而說頌

　불신충만어법계 佛身充滿於法界 보현일체중생전 普現一切衆生前
　수연부감미불주 隨緣赴感靡不周 이항처차보리좌 而恒處此菩提座
　여래일일모공중 如來一一毛孔中 일일찰진제불좌 一一刹塵諸佛座
　보살중회공위요 菩薩衆會共圍遶 연설보현지승행 演說普賢之勝行
　여래안처보리좌 如來安處菩提座 일모시현다찰해 一毛示現多刹海
　일일모현실역연 一一毛現悉亦然 여시보주어법계 如是普周於法界.

제3. 보현삼매품普賢三昧品

3.1 이시爾時 보현보살마하살普賢菩薩摩訶薩 어여래전於如來前 좌연화장사자지좌坐蓮華藏師子之座 승불신력承佛神力 입우삼매入于三昧 차삼매此三昧 명일체제불비로자나여래장신名一切諸佛毘盧遮那如來藏身.

3.2 이시爾時 개유시방일체제불皆有十方一切諸佛 이현기전而現其前 동성찬언同聲讚言 여능입차汝能入此 일체제불一切諸佛 비로자나毘盧遮那 여래장신如來藏身 보살삼매菩薩三昧 차시시방일체제불此是十方一切諸佛 공가어여共加於汝 이비로자나以毘盧遮那 여래본원력如來本願力 능입일체지성력지能入一切智性力智 시시是時 시방제불十方諸佛 각서우수各舒右手 마보현보살정摩普賢菩薩頂.

3.3 이시爾時 보현보살普賢菩薩 즉종시삼매이기卽從是三昧而起
　이시爾時 일체보살중一切菩薩衆 개향보현皆向普賢 동성찬언同聲讚言
　종제불법이출생從諸佛法而出生 역인여래원력기亦因如來願力起
　진여평등허공장眞如平等虛空藏 여이엄정차법신汝已嚴淨此法身
　보현광대공덕해普賢廣大功德海 편왕시방친근불遍往十方親近佛
　일체진중소유찰一切塵中所有刹 실능예피이명현悉能詣彼而明現
　입어법계일체진入於法界一切塵 기신무진무차별其身無盡無差別
　비여허공실주편譬如虛空悉周遍 연설여래광대법演說如來廣大法
　위도중생어겁해爲度衆生於劫海 보현승행개수습普賢勝行皆修習
　연일체법여대운演一切法如大雲 기음광대미불문其音廣大靡不聞
　차중무량대중해此中無量大衆海 실재존전공경주悉在尊前恭敬住
　위전청정묘법륜爲轉淸淨妙法輪 일체제불개수희一切諸佛皆隨喜.

제4. 세계성취품 世界成就品

4.1 이시爾時 보현보살마하살普賢菩薩摩訶薩 이불신력以佛神力 편관찰遍觀察. 일체세계해一切世界海 일체중생해一切衆生海 일체제불해一切諸佛海 일체법계해一切法界海 일체중생업해一切衆生業海 일체중생근욕해一切衆生根欲海 일체제불법륜해一切諸佛法輪海 일체삼세해一切三世海 일체여래원력해一切如來願力海 일체여래신변해一切如來神變海.

4.2 여시관찰이如是觀察已 보고일체도장중해普告一切道場衆海 제보살언諸菩薩言 불자佛子 제불세존諸佛世尊. 지일체세계해성괴지知一切世界海成壞智 지일체중생업해지知一切衆生業海智 지일체법계안립해지知一切法界安立海智 설일체무변불해지說一切無邊佛海智 입일체욕해근해지入一切欲解根海智 일념보지일체삼세지一念普知一切三世智 현시일체여래무량원해지顯示一切如來無量願海智 시현일체불신변해지示現一切佛神變海智 전법륜지轉法輪智 건립연설해建立演說海 불가사의不可思議.

4.3 시시是時 보현보살普賢菩薩 즉설송언卽說頌言
지혜심심공덕해智慧甚深功德海 보현시방무량국普現十方無量國
수제중생소응견隨諸衆生所應見 광명편조전법륜光明遍照轉法輪
보현행원무변제普賢行願無邊際 아이수행득구족我已修行得具足
보안경계광대신普眼境界廣大身 시불소행응체청是佛所行應諦聽.

4.4 이시爾時 보현보살普賢菩薩 고제대중언告諸大衆言 제불자諸佛子 세계해世界海 유십종사有十種事 소위所謂 ① 세계해기구인연世界海起具因緣 ② 세계해소의주世界海所依住 ③ 세계해형상世界海形狀 ④ 세계해체성世界海體性 ⑤ 세계해장엄世界海莊嚴 ⑥ 세계해청정世界海淸淨 ⑦ 세계해불출흥世界海佛出興 ⑧ 세계해겁주世界海劫住 ⑨ 세계해겁전변차별世界海劫轉變差別 ⑩ 세계해무차별문

世界海無差別門

4.5 이시爾時 보현보살普賢菩薩 승불위력承佛威力 이설송언而說頌言
① 소설무변중찰해所說無邊衆刹海 비로자나실엄정毘盧遮那悉嚴淨
세존경계부사의世尊境界不思議 지혜신통력여시智慧神通力如是
중생번뇌소요탁衆生煩惱所擾濁 분별욕락비일상分別欲樂非一相
수심조업부사의隨心造業不思議 일체찰해사성립一切刹海斯成立

② 편만시방허공계遍滿十方虛空界 소유일체제국토所有一切諸國土
여래신력지소가如來神力之所加 처처현전개가견處處現前皆可見
멸괴생성호순복滅壞生成互循復 어허공중무잠이於虛空中無暫已
막불개유청정원莫不皆由清淨願 광대업력지소지廣大業力之所持

③ 일체국토심분별一切國土心分別 종종광명이조현種種光明而照現
불어여시찰해중佛於如是刹海中 각각시현신통력各各示現神通力
혹유잡염혹청정或有雜染或淸淨 수고수락각차별受苦受樂各差別
사유업해부사의斯由業海不思議 제유전법항여시諸流轉法恒如是

④ 혹종심해생或從心海生 수심소해주隨心所解住
여환무처소如幻無處所 일체시분별一切是分別
혹이불광명或以佛光明 마니광위체摩尼光爲體
제불어중현諸佛於中現 각기신통력各起神通力

⑤ 광대찰해무유변廣大刹海無有邊 개유청정업소성皆由清淨業所成
종종장엄종종주種種莊嚴種種住 일체시방개편만一切十方皆遍滿
일일사중일체불一一事中一切佛 여시엄정여응관如是嚴淨汝應觀
과거미래현재겁過去未來現在劫 시방일체제국토十方一切諸國土

⑥ 일체법문삼매등一切法門三昧等 선정해탈방편지禪定解脫方便地

어제불소실정치於諸佛所悉淨治 이차출생제찰해以此出生諸刹海
수습장엄방편지修習莊嚴方便地 입불공덕법문해入佛功德法門海
보사중생갈고원普使衆生竭苦原 광대정찰개성취廣大淨刹皆成就

⑦ 제불법신부사의諸佛法身不思議 무색무형무영상無色無形無影像
능위중생현중상能爲衆生現衆相 수기심락실령견隨其心樂悉令見
혹유능어일념중或有能於一念中 개오군미무유수開悟群迷無有數
혹어모공출화운或於毛孔出化雲 시현무량무변불示現無量無邊佛

⑧ 혹유순정혹순염或有純淨或純染 혹부염정이구잡或復染淨二俱雜
원해안립종종수願海安立種種殊 주어중생심상중住於衆生心想中
시종일념종성겁始從一念終成劫 실의중생심상생悉依衆生心想生
일체찰해겁무변一切刹海劫無邊 이일방편개청정以一方便皆淸淨

⑨ 일체제국토一切諸國土 개수업력생皆隨業力生
여등응관찰汝等應觀察 전변상여시轉變相如是
염오제중생染汚諸衆生 업혹전가포業惑纏可怖
피심령찰해彼心令刹海 일체성염오一切成染汚

⑩ 일일진중무량광一一塵中無量光 보편시방제국토普遍十方諸國土
실현제불보리행悉現諸佛菩提行 일체찰해무차별一切刹海無差別
일일진중삼세불一一塵中三世佛 수기소락실령견隨其所樂悉令見
체성무래역무거體性無來亦無去 이원력고편세간以願力故遍世間

제5. 화장세계품華藏世界品

5.1 이시爾時 보현보살普賢菩薩 부고대중언復告大衆言
　제불자諸佛子 차화장장엄세계해此華藏莊嚴世界海 시비로자나여래是毘盧遮那如來. 왕석어세계해미진수겁往昔於世界海微塵數劫 수보살행시修菩薩行時 일일겁중一一劫中 친근세계해미진수불親近世界海微塵數佛 일일불소一一佛所 정수세계해미진수대원지소엄정淨修世界海微塵數大願之所嚴淨.

5.2 제불자諸佛子 차화장장엄세계해此華藏莊嚴世界海 유수미산有須彌山. 미진수풍륜소지微塵數風輪所持 최재상자最在上者 명수승위광장名殊勝威光藏 능지보광마니장엄향수해能持普光摩尼莊嚴香水海. 차향수해此香水海 유대연화有大蓮華 화장장엄세계해華藏莊嚴世界海 주재기중住在其中. 세존왕석어제유世尊往昔於諸有 미진불소수정업微塵佛所修淨業 이석겁해수행력以昔劫海修行力 금차세계무제구今此世界無諸垢.

5.3 이시爾時 보현보살普賢菩薩 부고대중언復告大衆言
　차화장장엄세계해此華藏莊嚴世界海 대윤위산大輪圍山 기내소유대지其內所有大地
　　기지평탄극청정其地平坦極淸淨 안주견고무능괴安住堅固無能壞
　　마니처처이위엄摩尼處處以爲嚴 중보어중상간착衆寶於中相間錯.

5.4 이시爾時 보현보살普賢菩薩 부고대중언復告大衆言
　차대지중此大地中 유십불가설불찰미진수향수해有十不可說佛刹微塵數香水海
　　향수징정구중색香水澄淨具衆色 보화선포방광명寶華旋布放光明
　　보진음성문원근普震音聲聞遠近 이불위신연묘법以佛威神演妙法.

5.5 이시爾時 보현보살普賢菩薩 부고대중언復告大衆言

일일향수해一一香水海 각유사천하미진구향수하各有四天下微塵數香水河
기하소유선류처其河所有漩流處 보살여운상용출菩薩如雲常踊出
실왕광대찰토중悉往廣大刹土中 내지법계함충만乃至法界咸充滿.

5.6 이시爾時 보현보살普賢菩薩 부고대중언復告大衆言
차제향수하此諸香水河 양간지지兩間之地 각유사천하미진수중보수림各有四天下
微塵數衆寶樹林
중보장엄방대광衆寶莊嚴放大光 광중보현제화불光中普現諸化佛
일일주행미불편一一周行靡不遍 실이시방광개연悉以十方廣開演.

5.7 이시爾時 보현보살普賢菩薩 부고대중언復告大衆言
차화장장엄세계해此華藏莊嚴世界海 일체경계一切境界 일일개이세계해미진수청정
공덕지소장엄一一皆以世界海微塵數淸淨功德之所莊嚴
불가사의억대겁不可思議億大劫 친근일체제여래親近一切諸如來
여기일체지소행如其一切之所行 일찰라중실능현一刹那中悉能現.

5.8 이시爾時 보현普賢 언言
차십불가설불찰미진수향수해중此十不可說佛刹微塵數香水海中 유십불가설불찰미
진수세계종有十不可說佛刹微塵數世界種
이일찰종입일체以一刹種入一切 일체입일일역무여一切入一亦無餘
체상여본무차별體相如本無差別 무등무량실주편無等無量悉周遍.

5.9 이시爾時 보현普賢 언言
차십불가설불찰미진수향수해此十不可說佛刹微塵數香水海 재화장장엄세계해중在
華藏莊嚴世界海中 여천제망如天帝網 최중앙향수해最中央香水海 출대연화出
大蓮華 유세계종有世界種 이주기상而住其上. 유불가설불찰미진수세계有不可說佛
刹微塵數世界 어중포열於中布列 기최하방其最下方 유세계有世界 명최승광편조
名最勝光遍照. 차상此上 유세계有世界 명종종향연화묘장엄名種種香蓮華妙莊
嚴 차상此上 십삼층세계十三層世界 명사바名娑婆 기불其佛 즉시비로자나여래세존

부록 549

卽是毘盧遮那如來世尊 차상此上 유이십층세계有二十層世界 명묘보염名妙寶
焰.

5.10 이시爾時 보현普賢 언言
　차무변묘화광향수해동此無邊妙華光香水海東 차유향수해次有香水海 명리구염장
名離垢焰藏 출대연화出大蓮華 유세계종有世界種 이주기상而住其上 명편조찰선
名遍照刹旋 이보살행후음以菩薩行吼音 위체爲體 차중최하방此中最下方 유세계
有世界 명궁전장엄당名宮殿莊嚴幢 기상其上 이십불찰미진수세계二十佛刹微塵
數世界 위요圍遶 순일청정純一淸淨 불호佛號 보조허공등普照虛空燈.

5.11 차이구염장향수해남此離垢焰藏香水海南 차유향수해次有香水海 명무진광명
륜名無盡光明輪 차향수해우선此香水海右旋 유향수해有香水海 명금강보염광名
金剛寶焰光 차향수해우선此香水海右旋 유향수해有香水海 명제청보장엄名帝靑
寶莊嚴 기우선其右旋 명금강륜장엄저名金剛輪莊嚴底 기우선其右旋 명연화인다라
망名蓮華因陀羅網 기우선其右旋 명적집보향장名積集寶香藏 기우선其右旋 명
보장엄名寶莊嚴 기우선其右旋 명금강보취名金剛寶聚 기우선其右旋 명천성보첩名
天城寶堞.

5.12 이시爾時 보현보살普賢菩薩 부고대중언復告大衆言
　제불자諸佛子 피리구염장향수해彼離垢焰藏香水海 차유십향수해次有十香水海
무진광명륜향수해외無盡光明輪香水海外 십향수해十香水海 금강염광명향수해외金
剛焰光明香水海外 십향수해十香水海 제청보장엄향수해외帝靑寶莊嚴香水海
外 십향수해十香水海 금강륜장엄저향수해외金剛輪莊嚴底香水海外 십향수해十香
水海 연화인다라망향수해외蓮華因陀羅網香水海外 십향수해十香水海 적집보향장
향수해외積集寶香藏香水海外 십향수해十香水海 보장엄향수해외寶莊嚴香水海
外 십향수해十香水海 금강보취향수해외金剛寶聚香水海外 십향수해十香水海 천
성보첩향수해외天城寶堞香水海外 십향수해十香水海.

5.13 화장세계해華藏世界海 법계등무별法界等無別
장엄극청정莊嚴極淸淨 안주어허공安住於虛空
차세계해중此世界海中 찰종난사의刹種難思議
일일개자재一一皆自在 각각무잡란各各無雜亂
비여의수림譬如依樹林 종종과차별種種果差別
업력차별고業力差別故 중생찰부동衆生刹不同
비여중궤상譬如衆繢像 화사지소작畵師之所作
여시일체찰如是一切刹 심화사소성心畵師所成
중생신각리衆生身各異 수심분별기隨心分別起
여시찰종종如是刹種種 막불개유업莫不皆由業
잡염급청정雜染及淸淨 무량제찰종無量諸刹種
수중생심기隨衆生心起 보살력소지菩薩力所持
일일심념중一一心念中 출생무량찰出生無量刹
이불위신력以佛威神力 실견정무구悉見淨無垢
유찰니토성有刹泥土成 기체심견경其體甚堅硬
흑암무광조黑闇無光照 악업자소거惡業者所居
고다이낙소苦多而樂少 박복지소처薄福之所處
석산험가외石山險可畏 죄악자충만罪惡者充滿
찰중유지옥刹中有地獄 중생고무구衆生苦無救
상재흑암중常在黑闇中 염해소소연焰海所燒然
유찰중보성有刹衆寶成 상방무변광常放無邊光
금강묘연화金剛妙蓮華 장엄정무구莊嚴淨無垢
불가설토물不可說土物 장엄어일찰莊嚴於一刹
각각방광명各各放光明 여래원력기如來願力起
일체불신력一切佛神力 진중현중토塵中現衆土
종종실명견種種悉明見 여영무진실如影無眞實
어일찰종중於一刹種中 찰형무유진刹形無有盡
개유불원력皆由佛願力 호념득안주護念得安住
몰천여강신歿天與降神 처태급출생處胎及出生

부록 551

항마성정각降魔成正覺 전무상법륜轉無上法輪
유찰무광명有刹無光明 흑암다공구黑闇多恐懼
고촉여도검苦觸如刀劍 견자자산독見者自酸毒
지옥축생도地獄畜生道 급이염라처及以閻羅處
시탁악세계是濁惡世界 항출우고성恒出憂苦聲
불어청정국佛於淸淨國 시현자재음示現自在音
시방법계중十方法界中 일체무불문一切無不聞.

제6. 비로자나품 毘盧遮那品

6.1 이시爾時 보현보살普賢菩薩 부고대중언復告大衆言
내왕고세乃往古世 유세계해有世界海 차세계해중此世界海中 유세계有世界 명승음名勝音 피세계중彼世界中 유향수해有香水海 기해중其海中 유대연화수미산有大蓮華須彌山 기산상其山上 유일대림有一大林 차림동此林東 유일대성有一大城 기성차남其城次南 유일천성有一天城 차일일성此一一城 각유백만억누각各有百萬億樓閣 차보화지륜대림지중此寶華枝輪大林之中 유일도장有一道場 기도장전其道場前 유일대해有一大海 출대연화出大蓮華.

6.2 피승음세계초겁중彼勝音世界初劫中 기제일불其第一佛 호일체공덕산수미승운號一切功德山須彌勝雲 이시피불爾時彼佛 즉어미간卽於眉間 방대광명放大光明. 시時 일체세간주一切世間主 몽불광명蒙佛光明 피염광명대성중彼焰光明大城中 유왕有王 명희견선혜名喜見善慧. 왕자오백인王子五百人 대위광大威光 위상수爲上首 대위광태자大威光太子 획득여시법광명이獲得如是法光明已 승불위력承佛威力 설송언說頌言
　세존좌도장世尊坐道場 청정대광명淸淨大光明
　비여천일출譬如千日出 보조허공계普照虛空界
　세존광소조世尊光所照 중생실안락衆生悉安樂
　유고개멸제有苦皆滅除 심생대환희心生大歡喜.
　시時 희견선혜왕喜見善慧王 심대환희心大歡喜 설송언說頌言
　일체지향불一切持向佛 심생대환희心生大歡喜
　처자권속구妻子眷屬俱 왕견세소존往見世所尊.
　이시爾時 대위광보살大威光菩薩 설송언說頌言
　아문불묘법我聞佛妙法 이득지광명而得智光明
　이시견세존以是見世尊 왕석소행사往昔所行事
　아관불찰해我觀佛刹海 청정대광명淸淨大光明

적정증보리寂靜證菩提 법계실주편法界悉周遍.
이시爾時 일체공덕산수미승운불一切功德山須彌勝雲佛 위대위광보살爲大威光
菩薩 설송언說頌言

선재대위광善哉大威光 복장광명칭福藏廣名稱
위리중생고爲利衆生故 발취보리도發趣菩提道
대광공양아大光供養我 고획대위력故獲大威力
영진수중생令塵數衆生 성숙향보리成熟向菩提.
피일체공덕산수미승운불彼一切功德山須彌勝雲佛 멸도후滅度後 유불출세有佛
出世 명파라밀선안장엄왕名波羅蜜善眼莊嚴王.

6.3 이시爾時 대위광동자大威光童子 견피여래見彼如來 설송언說頌言
불가사의억겁중不可思議億劫中 도세명사난일우導世明師難一遇
차토중생다선리此土衆生多善利 이금득견제이불而今得見第二佛.
시時 피불彼佛 위대위광보살爲大威光菩薩 설송언說頌言
선재공덕지혜해善哉功德智慧海 발심취향대보리發心趣向大菩提
여당득불부사의汝當得佛不思議 보위중생작의처普爲衆生作依處.

6.4 파라밀선안장엄여래波羅蜜善眼莊嚴如來 입열반이入涅槃已 제삼여래第三
如來 출현어세出現於世 명최승공덕해名最勝功德海 대위광동자大威光童子 수전
륜왕위受轉輪王位 견피여래見彼如來
시時 피불彼佛 위대위광보살爲大威光菩薩 설송언說頌言
선재복덕대위광善哉福德大威光 여등금래지아소汝等今來至我所
민념일체중생해愍念一切衆生海 발승보리대원심發勝菩提大願心.

6.5 제불자諸佛子 피마니화지륜대림중彼摩尼華枝輪大林中 부유불출復有佛出
號 명칭보문연화안당名稱普聞蓮華眼幢. 시시是時 대위광大威光 어차명종於此
命終 생수미산상적정보궁천성중生須彌山上寂靜寶宮天城中 위대천왕爲大天王
명리구복덕당名離垢福德幢. 공제천중共諸天衆 구예불소俱詣佛所 우보화운雨寶
華雲 이위공양以爲供養.

제7. 여래명호품如來名號品

7.1 이시爾時 세존世尊 재마갈제국아란야법보리장중在摩竭提國阿蘭若法菩提場中 시성정각始成正覺 어보광명전於普光明殿 좌연화장사자지좌坐蓮華藏師子之座.묘오개만妙悟皆滿 이행영절二行永絶 달무상법達無相法 여십불찰미진수제보살與十佛刹微塵數諸菩薩 구俱.

7.2 시時 제보살諸菩薩 작시사유作是思惟 약세존若世尊 견민아등見愍我等 개시불주開示佛住 불법성佛法性 소설법所說法 불위덕佛威德. 설제보살說諸菩薩 십주十住 십행十行 십회향十廻向 십장十藏 십지十地 십원十願 십정十定 십통十通 십정十頂. 급설及說 여래지如來地 여래경계如來境界 여래신력如來神力 여래소행如來所行 여래력如來力 여래무외如來無畏 여래삼매如來三昧 여래신통如來神通 여래자재如來自在 여래무애如來無碍 여래안如來眼 여래이如來耳 여래비如來鼻 여래설如來舌 여래신如來身 여래의如來意 여래변재如來辯才 여래지혜如來智慧 여래최승如來最勝.

7.3 이시爾時 세존世尊 지제보살심지소념知諸菩薩心之所念 각수기류各隨其類 위현신통爲現神通 현신통이現神通已 동방과십불찰미진수세계東方過十佛刹微塵數世界 유세계有世界 명금색名金色 남방南方 명묘색名妙色 서방西方 명연화색名蓮華色 북방北方 명포도화색名蒼蔔華色 동북방東北方 명우발라화색名優鉢羅華色 동남방東南方 명금색名金色 서남방西南方 명보색名寶色 서북방西北方 명금강색名金剛色 하방下方 명파리색名玻瓈色 상방上方 명평등색名平等色.

7.4 이시爾時 문수사리보살마하살文殊師利菩薩摩訶薩 승불위력承佛威力 보관일체보살중회普觀一切菩薩衆會 이작시언而作是言 제불자諸佛子 여래如來 어차사바세계於此娑婆世界 종종신種種身 종종명種種名 색상色相 수단修短 수량壽量 처소處所 제근諸根 생처生處 어업語業 관찰觀察 영제중생令諸衆生 각별지견各別

부록 555

知見.

7.5 제불자諸佛子 여래如來 어차사천하於此四天下 혹명일체의성或名一切義成 원만월圓滿月 사자후師子吼 석가모니釋迦牟尼 제칠선第七仙 비로자나毘盧遮那 구담瞿曇 대사문大沙門 최승最勝 도사導師 여시등如是等 기수십천其數十千.

7.6 제불자諸佛子 차사천하동此四天下東 차유세계次有世界 명위선호名爲善護 여래어피남방如來於彼南方 혹명제석或名帝釋 보칭寶稱 이구離垢 실어實語 조복調伏 구족희具足喜 대명칭大名稱 능이익能利益 무변無邊 최승最勝. 서방西方 혹명수천或名水天 희견喜見 최승왕最勝王 조복천調伏天 진실혜眞實慧 도구경到究竟 환희歡喜 법혜法慧 소작이변所作已辨 선주善住. 북방北方 명대모니名大牟尼 고행苦行 세소존世所尊 최승전最勝田 일체지一切智 선의善意 청정예라발나淸淨瞖羅跋那 최상시最上施 고행득苦行得. 동북방東北方 명조복마名調伏魔 성취成就 식멸息滅 현천賢天 이탐離貪 승혜勝慧 심평등心平等 무능승無能勝 지혜음智慧音 난출현難出現. 동남방東南方 명극위엄名極威嚴 광염취光焰聚 편지遍知 비밀秘密 해탈解脫 성안주性安住 여법행如法行 정안왕淨眼王 대용건大勇健 정진력精進力. 서남방西南方 명안주名安住 지왕智王 원만圓滿 부동不動 묘안妙眼 정왕頂王 자재음自在音 일체시一切施 지중선持衆仙 승수미勝須彌. 서북방西北方 명보편名普遍 광염光焰 마니계摩尼髻 가억념可憶念 무상의無上義 상희락常喜樂 성청정性淸淨 원만광圓滿光 수비修臂 주본住本. 하방下方 명집선근名集善根 사자상師子相 맹리혜猛利慧 금색염金色焰 일체지식一切知識 구경음究竟音 작이익作利益 도구경到究竟 진실천眞實天 보편승普遍勝. 상방上方 명유지혜名有智慧 청정면淸淨面 각혜覺慧 상수上首 행장엄行莊嚴 발환희發歡喜 의성만意成滿 여성화如盛火 지계持戒 일도一道 여래如來 어중於中 유백억만종종명호有百億萬種種名號 사바세계娑婆世界 여래명호如來名號 명평등등백名平等等百.

제8. 사성제품四聖諦品

8.1 이시爾時 문수사리보살마하살文殊師利菩薩摩訶薩 고제보살언告諸菩薩言
　　제불자諸佛子 고성제苦聖諦 차사바세계중此娑婆世界中 혹명죄或名罪 핍박逼迫 변이變異 반연攀緣 취聚 자刺 의근依根 허광虛誑 옹창처癰瘡處 우부행愚夫行. 고집성제苦集聖諦 명계박名繫縛 멸괴滅壞 애착愛着義 망각념妄覺念 취입趣入 결정決定 망網 희론戱論 수행隨行 전도근顚倒根. 고멸성제苦滅聖諦 명무쟁名無諍 이진離塵 적정寂靜 무상無相 무몰無沒 무자성無自性 무장애無障碍 멸滅 체진실體眞實 주자성住自性. 고멸도성제苦滅道聖諦 명일승名一乘 취적趣寂 도인導引 구경무분별究竟無分別 평등平等 사담捨擔 무소취無所趣 수성의隨聖意 선인행仙人行 십장十藏 유여시등사백억십천명有如是等四百億十千名.

8.2 제불자諸佛子 차사바세계此娑婆世界 소언고정제자所言苦聖諦者 피밀훈세계중彼密訓世界中 혹명영구근或名營求根 등십종명等十種名 집성제集聖諦 혹명순생사或名順生死 등십종명等十種名 멸성제滅聖諦 혹명제일의或名第一義 등십종명等十種名 도성제道聖諦 명맹장名猛將 등십종명等十種名. 남방南方 최승세계最勝世界 서방西方 이구세계離垢世界 북방北方 풍일세계豊溢世界 동북방東北方 섭취세계攝取世界 동남방東南方 요익세계饒益世界 서남방西南方 선소세계鮮少世界 서북방西北方 환희세계歡喜世界 하방下方 관약세계關鑰世界 상방上方 진음세계振音世界.

8.3 제불자諸佛子 여차사바세계중如此娑婆世界中 설사성제說四聖諦 유사백억십천명有四百億十千名 여시동방백천억如是東方百千億 무수무량무변무등無數無量無邊無等 불가수不可數 불가칭不可稱 불가사不可思 불가량不可量 불가설不可說 진법계盡法界 허공계虛空界 소유세계所有世界 피일일세계중彼一一世界中 설사성제說四聖諦 역각유사백억십천명亦各有四百億十千名 수중생심隨衆生心 실령조복悉令調伏.

부록　557

제9. 광명각품 光明覺品

9.1 이시爾時 세존世尊 종양족륜하從兩足輪下 방백억광명放百億光明 조차삼천대천세계照此三千大千世界 여차처견불세존如此處見佛世尊 좌연화장사자지좌坐蓮華藏師子之座 십불찰미진수보살十佛刹微塵數菩薩 소공위요所共圍遶.
　　이시문수사리보살爾時文殊師利菩薩 설차송언說此頌言
　　약유견정각若有見正覺 해탈이제루解脫離諸漏
　　불착일체세不着一切世 피비증도안彼非證道眼
　　세급출세간世及出世間 일체개초월一切皆超越
　　이능선지법而能善知法 당성대광요當成大光耀.

9.2 이시爾時 광명光明 과차세계過此世界 편조동방십불국토遍照東方十佛國土 남서북방南西北方 사유상하四維上下 역부여시亦復如是.
　　여래색형제상등如來色形諸相等 일체세간막능측一切世間莫能測
　　억나유겁공사량億那由劫共思量 색상위덕전무변色相威德轉無邊
　　여래비이상위체如來非以相爲體 단시무상적멸법但是無相寂滅法
　　신상위의실구족身相威儀悉具足 세간수락개득견世間隨樂皆得見.
　　일신위무량一身爲無量 무량부위일無量復爲一
　　요지제세간了知諸世間 현형편일체現形遍一切
　　차신무소종此身無所從 역무소적취亦無所積聚
　　중생분별고衆生分別故 견불종종신見佛種種身.

9.3 광대고행개수습廣大苦行皆修習 일야정근무염태日夜精勤無厭怠
　　이도난도사자후已度難度師子吼 보화중생시기행普化衆生是其行
　　중생유전애욕해衆生流轉愛欲海 무명망복대우박無明網覆大憂迫
　　지인용맹실단제至仁勇猛悉斷除 서역당연시기행誓亦當然是其行
　　세간방일착오욕世間放逸着五欲 불실분별수중고不實分別受衆苦

봉행불교상섭심奉行佛教常攝心 서도어사시기행誓度於斯是其行
중생착아입생사衆生着我入生死 구기변제불가득求其邊際不可得
보사여래획묘법普事如來獲妙法 위피선설시기행爲彼宣說是其行
중생무호병소전衆生無怙病所纏 상윤악취기삼독常淪惡趣起三毒
대화맹염항소열大火猛焰恒燒熱 정심도피시기행淨心度彼是其行
중생미혹실정도衆生迷惑失正道 상행사경입암택常行邪徑入闇宅
위피대연정법등爲彼大然正法燈 영작조명시기행永作照明是其行
중생표익제유해衆生漂溺諸有海 우난무애불가처憂難無涯不可處
위피흥조대법선爲彼興造大法船 개영득도시기행皆令得度是其行
중생무지불견본衆生無知不見本 미혹치광험난중迷惑癡狂險難中
불애민피건법교佛哀愍彼建法橋 정념영승시기행正念令昇是其行
견제중생재험도見諸衆生在險道 노병사고상핍박老病死苦常逼迫
수제방편무한량修諸方便無限量 서당실도시기행誓當悉度是其行
문법신해무의혹聞法信解無疑惑 요성공적불경포了性空寂不驚怖
수형육도편시방隨形六道遍十方 보교군미시기행普教群迷是其行.

94 일념보관무량겁一念普觀無量劫 무거무래역무주無去無來亦無住
여시요지삼세사如是了知三世事 초제방편성십력超諸方便成十力
시방무비선명칭十方無比善名稱 영리제난상환희永離諸難常歡喜
보예일체국토중普詣一切國土中 광위선양여시법廣爲宣揚如是法
위리중생공양불爲利衆生供養佛 여기의획상사과如其意獲相似果
어일체법실순지於一切法悉順知 편시방중현신력遍十方中現神力
종초공양의유인從初供養意柔忍 입심선정관법성入深禪定觀法性
보권중생발도심普勸衆生發道心 이차속성무상과以此速成無上果
시방구법정무이十方求法情無異 위수공덕령만족爲修功德令滿足
유무이상실멸제有無二相悉滅除 차인어불위진견此人於佛爲眞見
보왕시방제국토普往十方諸國土 광설묘법흥의리廣說妙法興義利
주어실제부동요住於實際不動搖 차인공덕동어불此人功德同於佛
여래소전묘법륜如來所轉妙法輪 일체개시보리분一切皆是菩提分

약능문이오법성若能聞已悟法性 여시지인상견불如是之人常見佛
불견십력공여환不見十力空如幻 수견비견여맹도雖見非見如盲覩
분별취상불견불分別取相不見佛 필경이착내능견畢竟離着乃能見
중생수업종종별衆生隨業種種別 시방내외난진견十方內外難盡見
불신무애편시방佛身無碍遍十方 불가진견역여시不可盡見亦如是
비여공중무량찰譬如空中無量刹 무래무거편시방無來無去遍十方
생성멸괴무소의生成滅壞無所依 불편허공역여시佛遍虛空亦如是.

제10. 보살문명품菩薩問明品

10.1 연기심심緣起甚深

이시爾時 문수사리보살文殊師利菩薩 문각수보살언問覺首菩薩言
불자佛子 심성心性 시일是一 운하견유종종차별云何見有種種差別
업부지심業不知心 심부지업心不知業
인부지연因不知緣 연부지인緣不知因.
시時 각수보살覺首菩薩 이송답왈以頌答曰
제법무작용諸法無作用 역무유체성亦無有體性
시고피일체是故彼一切 각각불상지各各不相知
비여하중수譬如河中水 단류경분서湍流競奔逝
각각불상지各各不相知 제법역여시諸法亦如是
여리이관찰如理而觀察 일체개무성一切皆無性
법안부사의法眼不思議 차견비전도此見非顚倒.

10.2 교화심심敎化甚深

이시爾時 문수사리보살文殊師利菩薩 문재수보살언問財首菩薩言
불자佛子 일체중생一切衆生 비중생非衆生 운하여래云何如來 수기시隨其時 수기명隨其命 어여시제중생중於如是諸衆生中 위현기신爲現其身 교화조복敎化調伏.
시時 재수보살財首菩薩 이송답왈以頌答曰
분별관내신分別觀內身 차중수시아此中誰是我
약능여시해若能如是解 피달아유무彼達我有無
세간소견법世間所見法 단이심위주但以心爲主
수해취중상隨解取衆相 전도불여실顚倒不如實
능연소연력能緣所緣力 종종법출생種種法出生
속멸부잠정速滅不暫停 염념실여시念念悉如是.

10.3 업과심심業果甚深

이시爾時 문수사리보살文殊師利菩薩 문보수보살언問寶首菩薩言
불자佛子 일체중생一切衆生 등유사대等有四大 무아無我 무아소無我所 운하
이유수고수락云何而有受苦受樂.
시時 보수보살寶首菩薩 이송답왈以頌答曰
수기소행업隨其所行業 여시과보생如是果報生
작자무소유作者無所有 제불지소설諸佛之所說
비여정명경譬如淨明鏡 수기소대질隨其所對質
현상각부동現像各不同 업성역여시業性亦如是
우여제세계又如諸世界 대화소소연大火所燒然
차화무래처此火無來處 업성역여시業性亦如是.

10.4 설법심심說法甚深

이시爾時 문수사리보살文殊師利菩薩 문덕수보살언問德首菩薩言
불자佛子 여래소오如來所悟 유시일법唯是一法 운하내설무량제법云何乃說
無量諸法.
시時 덕수보살德首菩薩 이송답왈以頌答曰
불자소문의佛子所問義 심심난가료甚深難可了
지자능지차智者能知此 상락불공덕常樂佛功德
비여지성일譬如地性一 중생각별주衆生各別住
지무일이념地無一異念 제불법여시諸佛法如是.

10.5 복전심심福田甚深

이시爾時 문수사리보살文殊師利菩薩 문목수보살언問目首菩薩言
불자佛子 여래복전如來福田 등일무이等一無異 운하이견중생云何而見衆生
보시布施 과보부동果報不同.
시時 목수보살目首菩薩 이송답왈以頌答曰
비여대지일譬如大地一 수종각생아隨種各生芽
어피무원친於彼無怨親 불복전역연佛福田亦然

역여일출시亦如日出時 조요어세간照耀於世間
불복전여시佛福田如是 멸제제흑암滅除諸黑闇.

10.6 정교심심正教甚深
이시爾時 문수사리보살文殊師利菩薩 문근수보살언問勤首菩薩言
불자佛子 불교佛教 시일是一 중생衆生 득견得見 운하부즉실단云何不即悉
斷 일체제번뇌박一切諸煩惱縛 이득출리而得出離.
시時 근수보살勤首菩薩 이송답왈以頌答曰
약욕구제멸若欲求除滅 무량제과악無量諸過惡
당어불법중當於佛法中 용맹상정진勇猛常精進
비여미소화譬如微少火 초습속령멸樵濕速令滅
어불교법중於佛教法中 해태자역연懈怠者亦然.

10.7 정행심심正行甚深
이시爾時 문수사리보살文殊師利菩薩 문법수보살언問法首菩薩言
불자佛子 여불소설如佛所說 약유중생若有衆生 수지정법受持正法 실능제단
일체번뇌悉能除斷一切煩惱 하고何故 부유수지정법復有受持正法 이부단자
而不斷者.
시時 법수보살法首菩薩 이송답왈以頌答曰
여인설미선如人設美饍 자아이불식自餓而不食
어법불수행於法不修行 다문역여시多聞亦如是
여재사구도如在四衢道 광설중호사廣說衆好事
내자무실덕內自無實德 불행역여시不行亦如是.

10.8 조도심심助道甚深
이시爾時 문수사리보살文殊師利菩薩 문지수보살언問智首菩薩言
불자佛子 어불법중於佛法中 지위상수智爲上首 여래如來 하고何故 혹위중생或
爲衆生 찬탄보시등讚歎布施等 종무유유이일법終無有唯以一法 이득출리而得出
離 성아누다라삼막삼보리자成阿耨多羅三藐三菩提者.

시時 지수보살智首菩薩 이송답왈以頌答曰
불지중생심佛知衆生心 성분각부동性分各不同
수기소응도隨其所應度 여시이설법如是而說法
간자위찬시慳者爲讚施 훼금자찬계毀禁者讚戒
다진위찬인多瞋爲讚忍 호해찬정진好懈讚精進
난의찬선정亂意讚禪定 우치찬지혜愚癡讚智慧
불인찬자민不仁讚慈愍 노해찬대비怒害讚大悲
우척위찬희憂慽爲讚喜 곡심찬탄사曲心讚歎捨
여시차제수如是次第修 점구제불법漸具諸佛法.

10.9 일심심심一心甚深

이시爾時 문수사리보살文殊師利菩薩 문현수보살언問賢首菩薩言
불자佛子 제불세존諸佛世尊 유이일도唯以一道 이득출리而得出離 운하금현
일체불토云何今見一切佛土 소유중사所有衆事 종종부동種種不同.
시時 현수보살賢首菩薩 이송답왈以頌答曰
문수법상이文殊法常爾 법왕유일법法王唯一法
일체무애인一切無碍人 일도출생사一道出生死
일체제불신一切諸佛身 유시일법신唯是一法身
일심일지혜一心一智慧 역무외역연力無畏亦然.

10.10 불경계심심佛境界甚深

이시爾時 제보살諸菩薩 위문수사리보살언謂文殊師利菩薩言
불자佛子 아등소해我等所解 각자설이各自說已 유원인자唯願仁者 이묘변재
以妙辯才 연창여래演暢如來 소유경계所有境界.
시時 문수사리보살文殊師利菩薩 이송답왈以頌答曰
여래심경계如來深境界 기량등허공其量等虛空
일체중생입一切衆生入 이실무소입而實無所入
비식소능식非識所能識 역비심경계亦非心境界
기성본청정其性本淸淨 개시제군생開示諸群生

비업비번뇌非業非煩惱 무물무주처無物無住處
무조무소행無照無所行 평등행세간平等行世間
일체중생심一切衆生心 보재삼세중普在三世中
여래어일념如來於一念 일체실명달一切悉明達.

제11. 정행품淨行品

11.1 이시爾時 지수보살智首菩薩 문문수사리보살언問文殊師利菩薩言
불자佛子 보살菩薩 운하득무과실신어의업云何得無過失身語意業. 생처구족生處具足 승혜勝慧 인력因力 온선교蘊善巧 선수습념각분善修習念覺分 원만단파라밀圓滿檀波羅蜜 처비처지력處非處智力 천왕天王 여일체중생與一切衆生 위의爲依 어일체중생중於一切衆生中 위제일爲第一.

11.2 이시爾時 문수사리보살文殊師利菩薩 고지수보살언告智首菩薩言
약제보살若諸菩薩 선용기심善用其心 즉획일체승묘공덕則獲一切勝妙功德. 어제불법於諸佛法 심무소애心無所碍 주거래금제불지도住去來今諸佛之道 수중생주隨衆生住 항불사리恒不捨離. 여제법상如諸法相 실능통달悉能通達 단일체악斷一切惡 구족중선具足衆善 당여보현當如普賢 색상제일色像第一. 일체행원一切行願 개득구족皆得具足 어일체법於一切法 무불자재無不自在 이위중생而爲衆生 제이도사第二導師.

11.3 보살재가菩薩在家 당원중생當願衆生 지가성공知家性空 면기핍박免其逼迫
효사부모孝事父母 당원중생當願衆生 선사어불善事於佛 호양일체護養一切
처자집회妻子集會 당원중생當願衆生 원친평등怨親平等 영리탐착永離貪着
약유소시若有所施 당원중생當願衆生 일체능사一切能捨 심무애착心無愛着
약재액난若在厄難 당원중생當願衆生 수의자재隨意自在 소행무애所行無碍
사거가시捨居家時 당원중생當願衆生 출가무애出家無碍 심득해탈心得解脫
탈거속복脫去俗服 당원중생當願衆生 근수선근勤修善根 사제죄액捨諸罪軶
정신단좌正身端坐 당원중생當願衆生 좌보리좌坐菩提座 심무소착心無所着
수집양기手執楊技 당원중생當願衆生 개득묘법皆得妙法 구경청정究竟淸淨
약견직로若見直路 당원중생當願衆生 기심정직其心正直 무첨무광無諂無誑
약견급정若見汲井 당원중생當願衆生 구족변재具足辯才 연일체법演一切法

견고뇌인見苦惱人 당원중생當願衆生 획근본지獲根本智 멸제중고滅除衆苦
견고행인見苦行人 당원중생當願衆生 의어고행依於苦行 지구경처至究竟處
약견공발若見空鉢 당원중생當願衆生 기심청정其心淸淨 공무번뇌空無煩惱
약견만발若見滿鉢 당원중생當願衆生 구족성만具足成滿 일체선법一切善法
약반식시若飯食時 당원중생當願衆生 선열위식禪悅爲食 법희충만法喜充滿
약세족시若洗足時 당원중생當願衆生 구족신력具足神力 소행무애所行無碍
혼야침식昏夜寢息 당원중생當願衆生 휴식제행休息諸行 심정무예心淨無穢.

제12. 현수품 賢首品

12.1 이시爾時 문수사리보살文殊師利菩薩 이게以偈 문현수보살왈問賢首菩薩曰
아금이위제보살我今已爲諸菩薩 설불왕수청정행說佛往修淸淨行
인역당어차회중仁亦當於此會中연창수행승공덕演暢修行勝功德.

12.2 신위도원공덕모信爲道元功德母 장양일체제선법長養一切諸善法
단제의망출애류斷除疑網出愛流 개시열반무상도開示涅槃無上道
약상신봉어제불若常信奉於諸佛 즉능지계수학처則能持戒修學處
약상지계수학처若常持戒修學處 즉능구족제공덕則能具足諸功德
약이불덕자장엄若以佛德自莊嚴 즉획묘복단엄신則獲妙福端嚴身
약획묘복단엄신若獲妙福端嚴身 즉신황요여금산則身晃耀如金山.

12.3 약현무량신통력若現無量神通力 즉주불가사의토則住不可思議土
연설불가사의법演說不可思議法 영부사의중환희令不思議衆歡喜
중생형상각부동衆生形相各不同 행업음성역무량行業音聲亦無量
여시일체개능현如是一切皆能現 해인삼매위신력海印三昧威神力
일미진중입삼매一微塵中入三昧 성취일체미진정成就一切微塵定
이피미진역부증而彼微塵亦不增 어일보현난사찰於一普現難思刹
혹부유성혹유괴或復有成或有壞 혹유정주혹방주或有正住或傍住
혹여광야열시염或如曠野熱時焰 혹여천상인다망或如天上因陀網
엄정불사의찰嚴淨不可思議刹 공양일체제여래供養一切諸如來
방대광명무유변放大光明無有邊 도탈중생역무한度脫衆生亦無限.

12.4 지혜자재부사의智慧自在不思議 설법언사무유애說法言辭無有碍
시계인진급선정施戒忍進及禪定 지혜방편신통등智慧方便神通等
여시일체개자재如是一切皆自在 이불화엄삼매력以佛華嚴三昧力

약욕공양일체불若欲供養一切佛 입어삼매기신변入於三昧起神變
능이일수편삼천能以一手遍三千 보공일체제여래普恭一切諸如來
보살주재삼매중菩薩住在三昧中 종종자재섭중생種種自在攝衆生
실이소행공덕법悉以所行功德法 무량방편이개유無量方便而開誘
유묘삼매명수락有妙三昧名隨樂 보살주차보관찰菩薩住此普觀察
수의시현도중생隨宜示現度衆生 실사환심종법화悉使歡心從法化.

12.5 유승삼매명안락有勝三昧名安樂 능보구도제군생能普救度諸群生
방대광명불사의放大光明不思議 영기견자실조복令其見者悉調伏
소방광명명선현所放光明名善現 약유중생우차광若有衆生遇此光
필령획익부당연必令獲益不唐捐 인시득성무상지因是得成無上智
우방광명명제도又放光明名濟度 차광능각일체중此光能覺一切衆
영기보발대서심令其普發大誓心 도탈욕해제군생度脫欲海諸群生
개오중생무유량開悟衆生無有量 보사염불법승보普使念佛法僧寶
급시발심공덕행及示發心功德行 시고득성차광명是故得成此光明.
우방광명명견불又放光明名見佛 차광각오장몰자此光覺悟將歿者
영수억념견여래令隨憶念見如來 명종득생기정국命終得生其淨國.
견유임종권염불見有臨終勸念佛 우시존상령첨경又示尊像令瞻敬
비어불소심귀앙俾於佛所深歸仰 시고득성차광명是故得成此光明.

12.6 여일모공소방광如一毛孔所放光 무량무수여항사無量無數如恒沙
일체모공실역연一切毛孔悉亦然 차시대선삼매력此是大仙三昧力
대사광명역여시大士光明亦如是 유지혜자개실견有智慧者皆悉見
범부사신열해인凡夫邪信劣解人 어차광명막능도於此光明莫能覩
비여명월재성중譬如明月在星中 보살처중역부연菩薩處衆亦復然
대사소행법여시大士所行法如是 입차삼매위신력入此三昧威神力
비여일월유허공譬如日月遊虛空 영상보편어시방影像普遍於十方
천지피택기중수泉池陂澤器中水 중보하해미불현衆寶河海靡不現
제일지혜광대혜第一智慧廣大慧 진실지혜무변혜眞實智慧無邊慧

부록 569

승혜급이수승혜勝慧及以殊勝慧 여시법문영이설如是法門令已說.

제13. 승수미산정품 昇須彌山頂品

13.1 이시 爾時 세존世尊 불리일체보리수하 不離一切菩提樹下 이상승수미 而上昇須彌 향제석전 向帝釋殿. 이시 爾時 제석 帝釋 공경향불 恭敬向佛 유원애민 唯願哀愍 처차궁전 處此宮殿. 이시 爾時 세존 世尊 입묘승전 入妙勝殿 차전홀연광박관용 此殿忽然廣博寬容.

제14. 수미정상게찬품 須彌頂上偈讚品

14.1 이시爾時 불신력고佛神力故 시방각유일대보살十方各有一大菩薩 이래집회 而來集會 기명왈其名曰 법혜法慧 일체혜一切慧 승혜勝慧 공덕혜功德慧 정진혜 精進慧 선혜善慧 지혜智慧 진실혜眞實慧 무상혜無上慧 견고혜보살堅固慧菩薩. 이시爾時 세존世尊 종양족지從兩足指 방백천억묘색광명放百千億妙色光明 보조 시방普照十方 일체세계一切世界 수미정상須彌頂上 제석궁중불급대중帝釋宮中佛 及大衆 미불개현靡不皆現.

14.2 이시爾時 동방법혜보살東方法慧菩薩 설송왈說頌曰
　　불방정광명佛放淨光明 보견세도사普見世導師
　　수미산왕정須彌山王頂 묘승전중주妙勝殿中住
　　아등금견불我等今見佛 주어수미정住於須彌頂
　　시방실역연十方悉亦然 여래자재력如來自在力
　　혜광항보조慧光恒普照 세암실제멸世闇悉除滅
　　일체무등윤一切無等倫 운하가측지云何可測知.

14.3 이시爾時 남방일체혜보살南方一切慧菩薩 설송언說頌言
　　가사백천겁假使百千劫 상견어여래常見於如來
　　불의진실의不依眞實義 이관구세자而觀救世者
　　시인취제상是人取諸相 증장치혹망增長癡惑網
　　계박생사옥繫縛生死獄 맹명불견불盲冥不見佛
　　관찰어제법觀察於諸法 자성무소유自性無所有
　　여기생멸상如其生滅相 단시가명설但是假名說
　　일체법무생一切法無生 일체법무멸一切法無滅
　　약능여시해若能如是解 제불상현전諸佛常現前

14.4 이시爾時 서방승혜보살西方勝慧菩薩 설송언說頌言
　　여래대지혜如來大智慧 희유무등윤希有無等倫
　　일체제세간一切諸世間 사유막능급思惟莫能及
　　미혹무지자迷惑無知者 망취오온상妄取五蘊相
　　불료피진성不了彼眞性 시인불견불是人不見佛
　　요지일체법了知一切法 자성무소유自性無所有
　　여시해법성如是解法性 즉견노사나則見盧舍那.

14.5 이시爾時 북방공덕혜보살北方功德慧菩薩 설송언說頌言
　　제법무진실諸法無眞實 망취진실상妄取眞實相
　　시고제범부是故諸凡夫 윤회생사옥輪廻生死獄
　　불견제법공不見諸法空 항수생사고恒受生死苦
　　사인미능유斯人未能有 청정법안고淸淨法眼故
　　약견불진법若見佛眞法 즉명대지자則名大智者
　　사인유정안斯人有淨眼 능관찰세간能觀察世間.

14.6 이시爾時 동북방정진혜보살東北方精進慧菩薩 설송언說頌言
　　약주어분별若住於分別 즉괴청정안則壞淸淨眼
　　우치사견증愚癡邪見增 영불견제불永不見諸佛
　　법성본청정法性本淸淨 여공무유상如空無有相
　　일체무능설一切無能說 지자여시관智者如是觀.

14.7 이시爾時 동남방선혜보살東南方善慧菩薩 설송언說頌言
　　희유대용건希有大勇健 무량제여래無量諸如來
　　이구심해탈離垢心解脫 자도능도피自度能度彼
　　약인료지불若人了知佛 급불소설법及佛所說法
　　즉능조세간則能照世間 여불노사나如佛盧舍那
　　정각선개시正覺善開示 일법청정도一法淸淨道
　　정진혜대사精進慧大士 연설무량법演說無量法.

부록　573

14.8 이시爾時 서남방지혜보살西南方智慧菩薩 설송언說頌言
아문최승교我聞最勝教 즉생지혜광卽生智慧光
보조시방계普照十方界 실견일체불悉見一切佛
유쟁설생사有諍說生死 무쟁즉열반無諍卽涅槃
생사급열반生死及涅槃 이구불가득二俱不可得
정각과거세正覺過去世 미래급현재未來及現在
영단분별근永斷分別根 시고설명불是故說名佛.

14.9 이시爾時 진실혜보살眞實慧菩薩 설송언說頌言
소이어왕석所以於往昔 무수겁수고無數劫受苦
유전생사중流轉生死中 불문불명고不聞佛名故
어실견진실於實見眞實 비실견불실非實見不實
여시구경해如是究竟解 시고명위불是故名爲佛
일체법무주一切法無住 정처불가득定處不可得
제불주어차諸佛住於此 구경부동요究竟不動搖.

14.10 이시爾時 하방무상혜보살下方無上慧菩薩 설송언說頌言
여래광보조如來光普照 멸제중암명滅除衆闇冥
시광비유조是光非有照 역부비무조亦復非無照
차중무유리此中無有二 역부무유일亦復無有一
대지선견자大智善見者 여리교안주如理巧安住
무중무유리無中無有二 무이역부무無二亦復無
삼계일체공三界一切空 시즉제불견是則諸佛見.

14.11 이시爾時 상방견고혜보살上方堅固慧菩薩 설송언說頌言
불이대비심佛以大悲心 보관제중생普觀諸衆生
견재삼유중見在三有中 윤회수중고輪廻受衆苦
약불보살등若佛菩薩等 불출어세간不出於世間
무유일중생無有一衆生 이능득안락而能得安樂

득청정혜안得淸淨慧眼 요제불경계了諸佛境界
금견노사나今見盧舍那 중증청정신重增淸淨信.

제15. 십주품 十住品

15.1 이시爾時 법혜보살法慧菩薩 승불위력承佛威力 입보살무량방편삼매入菩薩無量方便三昧. 시시是時 제불諸佛 즉여법혜보살卽與法慧菩薩 무애지無碍智 무착지無着智 무단지無斷智 무치지無癡智 무리지無異智 무실지無失智 무량지無量智 무승지無勝智 무해지無懈智 무탈지無奪智.

15.2 제불諸佛 각신우수各伸右手 마법혜보살정摩法慧菩薩頂 법혜보살法慧菩薩 즉종정기卽從定起 고제보살언告諸菩薩言 보살주菩薩住 유십종有十種 초발심주初發心住 치지주治地住 수행주修行住 생귀주生貴住 구족방편주具足方便住 정심주正心住 불퇴주不退住 동진주童眞住 법왕자주法王子住 관정주灌頂住.

15.3 견최승지미묘신見最勝智微妙身 상호단엄개구족相好端嚴皆具足
여시존중심난우如是尊重甚難遇 보살용맹초발심菩薩勇猛初發心
일체중생제결혹一切衆生諸結惑 상속현기급습기相續現起及習氣
욕실료지구경진欲悉了知究竟盡 보살이차초발심菩薩以此初發心
욕일모공방광명欲一毛孔放光明 보조시방무량토普照十方無量土
일일광중각일체一一光中覺一切 보살이차초발심菩薩以此初發心
일체시방제세계一切十方諸世界 무량여래실충만無量如來悉充滿
욕실료지피불법欲悉了知彼佛法 보살이차초발심菩薩以此初發心
보살여시발심이菩薩如是發心已 응령왕예시방국應令往詣十方國
공경공양제여래恭敬供養諸如來 이차사기무퇴전以此使其無退轉
차시보살발심주此是菩薩發心住 일향지구무상도一向志求無上道
여아소설교회법如我所說教誨法 일체제불역여시一切諸佛亦如是.

15.4 제이치지주보살第二治地住菩薩 응당발기여시심應當發起如是心
시방일체제중생十方一切諸衆生 원사실순여래교願使悉順如來教

이주여시승묘심已住如是勝妙心 차령송습구다문次令誦習求多聞
상락적정정사유常樂寂靜正思惟 친근일체선지식親近一切善知識.

15.5 제삼보살수행주第三菩薩修行住 당의불교근관찰當依佛敎勤觀察
제법무상약급공諸法無常若及空 무아유인무동작無有我人無動作
시방세계급허공十方世界及虛空 소유지수여화풍所有地水與火風
욕계색계무색계欲界色界無色界 실권관찰함령진悉勸觀察咸令盡
관찰피계각차별觀察彼界各差別 급기체성함구경及其體性咸究竟
득여시교근수행得如是敎勤修行 차즉명위진불자此則名爲眞佛子.

15.6 제사생귀주보살第四生貴住菩薩 종제성교이출생從諸聖敎而出生
요달제유무소유了達諸有無所有 초과피법생법계超過彼法生法界
신불견고불가괴信佛堅固不可壞 관법적멸심안주觀法寂滅心安住
수제중생실요지隨諸衆生悉了知 체성허망무진실體性虛妄無眞實.

15.7 종차제오제보살從此第五諸菩薩 설명구족방편주說名具足方便住
심입무량교방편深入無量巧方便 발심구경공덕업發心究竟功德業
보살소수중복덕菩薩所修衆福德 개위구호제군생皆爲救護諸群生
전심이익여안락專心利益與安樂 일향애민령도탈一向哀愍令度脫.

15.8 제육정심원만주第六正心圓滿住 어법자성무미혹於法自性無迷惑
정념사유리분별正念思惟離分別 일체천인막능동一切天人莫能動
일체제법개무상一切諸法皆無相 무체무성공무실無體無性空無實
여환여몽리분별如幻如夢離分別 상락청문여시의常樂聽聞如是義.

15.9 제칠불퇴전보살第七不退轉菩薩 어불급법보살행於佛及法菩薩行
약유약무출불출若有若無出不出 수문시설무퇴동雖聞是說無退動
일즉시다다즉일一卽是多多卽一 문수어의의수문文隨於義義隨文
여시일체전전성如是一切展轉成 차불퇴인응위설此不退人應爲說.

15.10 제팔보살동진주第八菩薩童眞住 신어의행개구족身語意行皆具足
일체청정무제실一切淸淨無諸失 수의수생득자재隨意受生得自在
요지일체제불국了知一切諸佛國 진동가지역관찰震動加持亦觀察
초과불토불가량超過佛土不可量 유행세계무변수遊行世界無邊數.

15.11 제구보살왕자주第九菩薩王子住 능견중생수생별能見衆生受生別
번뇌현습미부지煩惱現習靡不知 소행방편개선료所行方便皆善了
법왕소유관정법法王所有灌頂法 신력가지무겁외神力加持無怯畏
연침궁실급탄예宴寢宮室及歎譽 이차교조법왕자以此敎詔法王子.

15.12 제십관정진불자第十灌頂眞佛子 성만최상제일법成滿最上第一法
시방무수제세계十方無數諸世界 실능진동광보조悉能震動光普照
일체견자삼세지一切見者三世智 어제불법명료지於諸佛法明了智
법계무애무변지法界無碍無邊智 충만일체세계지充滿一切世界智.

제16. 범행품梵行品

16.1 이시爾時 정념천자正念天子 백법혜보살언白法慧菩薩言 불자佛子 일체세계제보살중一切世界諸菩薩衆 의여래교依如來敎 염의출가染衣出家 운하이득범행청정云何而得梵行淸淨 종보살위從菩薩位 체어무상보리지도逮於無上菩提之道.

16.2 법혜보살法慧菩薩 언言 불자佛子 보살마하살菩薩摩訶薩 수범행시修梵行時 응이십법應以十法 이위소연而爲所緣 작의관찰作意觀察 소위所謂 신身 신업身業 어語 어업語業 의意 의업意業 불佛 법法 승僧 계戒.

16.3 여시관찰如是觀察 범행법梵行法 불가득고不可得故 삼세법三世法 개공적고皆空寂故. 의무취착고意無取着故 심무장애고心無障碍故 소행무이고所行無二故 방편자재고方便自在故 수무상법고受無相法故. 관무상법고觀無相法故 지불법평등고知佛法平等故 구일체불법고具一切佛法故 여시如是 명위청정범행名爲淸淨梵行.

16.4 문이聞已 응기대자비심應起大慈悲心 관찰중생觀察衆生 이불사리而不捨離 사유제법思惟諸法 무유휴식無有休息 행무상업行無上業. 불구과보不求果報 요지경계了知境界 여환여몽如幻如夢 여영여향如影如響 역여변화亦如變化.

16.5 약제보살若諸菩薩 능여시관행상응能與如是觀行相應 어제법중於諸法中 불생이해不生二解 일체불법一切佛法 질득현전疾得現前. 초발심시初發心時 즉득아누다라삼막삼보리卽得阿耨多羅三藐三菩提 지일체법知一切法 즉심자성卽心自性 성취혜신成就慧身 불유타오不由他悟.

제17. 초발심공덕품 初發心功德品

17.1 이시爾時 천제석天帝釋 백법혜보살언白法慧菩薩言 불자佛子 보살菩薩 초발보리지심初發菩提之心 소득공덕所得功德 기량其量 기하幾何.
　법혜보살法慧菩薩 언言 차의심심此義甚深 난설難說.

17.2 불자佛子 가사유인假使有人 이일체락구以一切樂具 공양동방아승지세계소유중생供養東方阿僧祇世界所有衆生.
　법혜보살法慧菩薩 언言 불자佛子 차인공덕此人功德 비보살초발심공덕比菩薩初發心功德 백분불급일百分不及一. 발시심이發是心已 능지전제일체제불能知前際一切諸佛 시성정각始成正覺. 능신후제일체제불能信後際一切諸佛 소유선근所有善根 능지현재일체제불能知現在一切諸佛 소유지혜所有智慧.

17.3 위리세간발대심爲利世間發大心 기심보편어시방其心普遍於十方
　　중생국토삼세법衆生國土三世法 불급보살최승해佛及菩薩最勝海
　　보살시발광대심菩薩始發廣大心 즉능편왕시방찰卽能遍往十方刹
　　법문무량불가설法門無量不可說 지광보조개명료智光普照皆明了
　　방대광명종종색放大光明種種色 보조중생제흑암普照衆生除黑闇
　　광중보살좌연화光中菩薩坐蓮華 위중천양청정법爲衆闡揚淸淨法
　　일신시현무량신一身示現無量身 일체세계실주편一切世界悉周遍
　　기심청정무분별其心淸淨無分別 일념난사력여시一念難思力如是.

17.4 욕득최승제일도欲得最勝第一道 위일체지해탈왕爲一切智解脫王
　　응당속발보리심應當速發菩提心 영진제누리군생永盡諸漏利群生
　　취향보리심청정趣向菩提心淸淨 공덕광대불가설功德廣大不可說
　　위리중생고칭술爲利衆生故稱述 여등제현응선청汝等諸賢應善聽
　　보살발심공덕량菩薩發心功德量 억겁칭양불가진億劫稱揚不可盡

이출일체제여래以出一切諸如來 독각성문안락고獨覺聲聞安樂故
일체지지서필성一切智智誓必成 소유중생개영도所有衆生皆永度
발심광대등허공發心廣大等虛空 생제공덕동법계生諸功德同法界.

17.5 차시보살최승지此是菩薩最勝地 출생일체보현도出生一切普賢道
삼세일체제여래三世一切諸如來 미불호념초발심靡不護念初發心
시방세계제여래十方世界諸如來 실공찬탄초발심悉共讚歎初發心
차심무량덕소엄此心無量德所嚴 능도피안동어불能到彼岸同於佛
욕지일체제불법欲知一切諸佛法 선응속발보리심宣應速發菩提心
차심공덕중최승此心功德中最勝 필득여래무애지必得如來無碍智.

제18. 명법품明法品

18.1 이시爾時 정진혜보살精進慧菩薩 백법혜보살언白法慧菩薩言
 불자佛子 보살마하살菩薩摩訶薩 초발구일체지심初發求一切智心 성취여시무량공덕成就如是無量功德 피제보살彼諸菩薩 운하수습云何修習. 영제여래令諸如來 개생환희皆生歡喜 일체대행一切大行 개득청정皆得淸淨 소유대원所有大願 실사만족悉使滿足 항불사파라밀행恒不捨波羅蜜行 소념중생所念衆生 함령득도咸令得度 소삼보종紹三寶種 사부단절使不斷絕 선근방편善根方便 개실불허皆悉不虛.

18.2 이시爾時 법혜보살法慧菩薩 고정진혜보살언告精進慧菩薩言
 불자佛子 보살마하살菩薩摩訶薩 부유십법復有十法 능령일체제불환희能令一切諸佛歡喜. 일자一者 정진불퇴精進不退 이자二者 불석신명不惜身命 삼자三者 어제리양於諸利養 무소희구無所希求 사자四者 지일체법知一切法 개여허공皆如虛空 오자五者 선능관찰善能觀察 보입법계普入法界 육자六者 지제법인知諸法印 심무의착心無倚着 칠자七者 상발대원常發大願 팔자八者 성취청정인지광명成就淸淨忍智光明 구자九者 관자선법觀自善法 심무증감心無增減 십자十者 의무작문依無作門 수제정행修諸淨行.

18.3 불자佛子 여주실법汝住實法 발대정진發大精進 증장불퇴增長不退 이득해탈已得解脫 응리치암應離癡闇 정근수호精勤守護 무령방일無令放逸 불자佛子 보살마하살菩薩摩訶薩 주십종법住十種法 명불방일名不放逸 하자何者 위십爲十. 일자一者 호지중계護持衆戒 이자二者 원리우치遠離愚癡 삼자三者 심락질직心樂質直 사자四者 근수선근勤修善根 오자五者 항선사유恒善思惟 육자六者 불락친근不樂親近 칠자七者 수제선업修諸善業 팔자八者 영리이승永離二乘 구자九者 낙수중선樂修衆善 십자十者 항선관찰恒善觀察.

18.4 불자佛子 유십종법有十種法 영제보살令諸菩薩 속입제지速入諸地 하등何

等 위십爲十. 일자一者 선교원만복지이행善巧圓滿福智二行 이자二者 능대장엄파라밀도能大莊嚴波羅蜜道 삼자三者 지혜명달智慧明達 불수타어不隨他語 사자四者 승사선우承事善友 오자五者 상행정진常行精進 육자六者 선능안주여래신력善能安住如來神力 칠자七者 수제선근修諸善根 불생피권不生疲倦 팔자八者 심심이지深心利智 이대승법以大乘法 구자九者 어지지법문於地地法門 심무소주心無所住 십자十者 여삼세불선근방편與三世佛善根方便 동일체성同一體性.

18.5 불자佛子 운위설법云爲說法 탐욕다자貪欲多者 위설부정爲說不淨 진에다자瞋恚多者 위설대자爲說大慈 우치다자愚癡多者 교근관찰敎勤觀察. 삼독등자三毒等者 위설성취승지법문爲說成就勝智法門 낙생사자樂生死者 위설삼고爲說三苦 약착처소若着處所 설처공적說處空寂. 심해태자心懈怠者 설대정진說大精進 회아만자懷我慢者 설법평등說法平等 다첨광자多諂誑者 위설보살爲說菩薩. 기심질직其心質直 낙적정자樂寂靜者 광위설법廣爲說法 영기성취令其成就.

18.6 보살菩薩 불사제도不捨諸度 구족장엄파라밀도具足莊嚴波羅蜜道
 (1)보시布施 내외실사內外悉捨 무소착無所着 능정단파라밀能淨檀波羅蜜
 (2)지계持戒 영리아만永離我慢 능정시파라밀能淨尸波羅蜜
 (3)인욕忍辱 기심평등其心平等 무유동요無有動搖 능정인파라밀能淨忍波羅蜜
 (4)정진精進 상수미해常修靡懈 항불퇴전恒不退轉 능정정진파라밀能淨精進波羅蜜
 (5)선정禪定 상정사유常正思惟 능정선파라밀能淨禪波羅蜜
 (6)반야般若 근선지식近善知識 승사불권承事不倦 능정반야파라밀能淨般若波羅蜜
 (7)방편方便 교화중생敎化衆生 불염권不厭倦 능정방편파라밀能淨方便波羅蜜
 (8)원願 진증득여래지혜盡證得如來智慧 능정원파라밀能淨願波羅蜜
 (9)력力 구심심력具深心力 무유잡염無有雜染 능정력파라밀能淨力波羅蜜
 (10)지혜智慧 보각오법계문普覺悟法界門 능정지파라밀能淨智波羅蜜

18.7 불자佛子 보살구족여시지혜菩薩具足如是智慧 영삼보종令三寶種.
영부단절永不斷絶 교제중생教諸衆生 발보리심發菩提心 능령불종부단能令佛種不斷. 개천법장開闡法藏 능령법종부단能令法種不斷.
선지교법善持教法 무소괴위無所乖違 능령승종부단能令僧種不斷.

18.8 심주보리집중복心住菩提集衆福 상불방일식견혜常不放逸植堅慧
정념기의항불망正念其意恒不忘 시방제불개환희十方諸佛皆歡喜
주야근수무해권晝夜勤修無懈倦 영삼보종부단절令三寶種不斷絶
소행일체백정법所行一切白淨法 실이회향여래지悉以廻向如來地
보살소수중선행菩薩所修衆善行 보위성취제군생普爲成就諸群生
영기파암멸번뇌令其破闇滅煩惱 항복마군성정각降伏魔軍成正覺
진지안서여상왕進止安徐如象王 용맹무외유사자勇猛無畏猶師子
부동여산지여해不動如山智如海 역여대우제중열亦如大雨除衆熱.

제19. 승야마천궁품 昇夜摩天宮品

19.1 이시爾時 세존世尊 불리일체보리수하不離一切菩提樹下 급수미산정及須彌山頂 이향어피야마천궁보장엄전而向於彼夜摩天宮寶莊嚴殿.

19.2 시時 야마천왕夜摩天王 요견불래遙見佛來 즉이신력卽以神力 어기전내於其殿內 화작보연화장사자지좌化作寶蓮華藏師子之座 이백불언而百佛言 선래세존善來世尊 처차궁전處此宮殿 시불수청時佛受請 즉승보전卽昇寶殿.

19.3 이시爾時 천왕天王 이설송언而說頌言
　　보왕여래세간등寶王如來世間燈 제길상중최무상諸吉祥中最無上
　　피증입차청정전彼曾入此淸淨殿 시고차처최길상是故此處最吉祥.

19.4 이시爾時 차전此殿 홀연광박관용忽然廣博寬容 여기천중如其天衆 제소주처諸所住處.

제20. 야마궁중게찬품 夜摩宮中偈讚品

20.1 이시爾時 불신력고佛神力故 시방각유일대보살十方各有一大菩薩 이래집회 而來集會 기명왈其名曰 공덕림功德林 혜림慧林 승림勝林 무외림無畏林 참괴림 慚愧林 정진림精進林 역림力林 행림行林 각림覺林 지림보살智林菩薩. 이시爾時 세존世尊 종양족상從兩足上 방백천억묘색광명放百千億妙色光明 보조시방일체세계 普照十方一切世界.

20.2 이시爾時 공덕림보살功德林菩薩 설송언說頌言
불방대광명佛放大光明 보조어시방普照於十方
실견천인존悉見天人尊 통달무장애通達無障礙
불공덕무변佛功德無邊 운하가측지云何可測知
무주역무거無住亦無去 보입어법계普入於法界.

20.3 혜림보살慧林菩薩 설송언說頌言
세간대도사世間大導師 이구무상존離垢無上尊
불가사의겁不可思議劫 난가득치우難可得值遇
무량무수겁無量無數劫 수습보리행修習菩提行
불능지차의不能知此義 불가득성불不可得成佛.

20.4 승림보살勝林菩薩 설송언說頌言
비여맹하월譬如孟夏月 공정무운예空淨無雲曀
혁일양광휘赫日揚光輝 시방미불충十方靡不充
제법무생고諸法無生故 자성무소유自性無所有
여시분별지如是分別知 차인달심의此人達深義.

20.5 무외림보살無畏林菩薩 설송언說頌言
　　여래광대신如來廣大身 구경어법계究竟於法界
　　불리어차좌不離於此座 이편일체처而遍一切處
　　약문여시법若聞如是法 공경신락자恭敬信樂者
　　영리삼악도永離三惡道 일체제고난一切諸苦難.

20.6 참괴림보살慚愧林菩薩 설송언說頌言
　　약인득문시若人得聞是 희유자재법希有自在法
　　능생환희심能生歡喜心 질제의혹망疾除疑惑網
　　여래무유상如來無有上 역무여등자亦無與等者
　　일체무능비一切無能比 시고난치우是故難値遇.

20.7 정진림보살精進林菩薩 설송언說頌言
　　제법무차별諸法無差別 무유능지자無有能知者
　　유불여불지唯佛與佛知 지혜구경고智慧究竟故
　　비여산수법譬如算數法 증일지무량增一至無量
　　수법무체성數法無體性 지혜고차별智慧故差別.

20.8 역림보살力林菩薩 설송언說頌言
　　일체중생계一切衆生界 개재삼세중皆在三世中
　　삼세제중생三世諸衆生 실주오온중悉住五蘊中
　　제온업위본諸蘊業爲本 제업심위본諸業心爲本
　　심법유여환心法猶如幻 세간역여시世間亦如是.

20.9 행림보살行林菩薩 설송언說頌言
　　비여시방계譬如十方界 일체제지종一切諸地種
　　자성무소유自性無所有 무처불주편無處不周遍
　　약능견불신若能見佛身 청정여법성淸淨如法性
　　차인어불법此人於佛法 일체무의혹一切無疑惑.

20.10 각림보살覺林菩薩 설송언說頌言
　　심여공화사心如工畵師 능화제세간能畵諸世間
　　여심불역이如心佛亦爾 여불중생연如佛衆生然
　　약인욕료지若人欲了知 삼세일체불三世一切佛
　　응관법계성應觀法界性 일체유심조一切唯心造.

20.11 지림보살智林菩薩 설송언說頌言
　　비여수의주譬如隨意珠 능현일체색能現一切色
　　무색이현색無色而現色 제불역여시諸佛亦如是
　　제불무유법諸佛無有法 불어하유설佛於何有說
　　단수기자심但隨其自心 위설여시법謂說如是法.

제21. 십행품十行品

21.1 이시爾時 공덕림보살功德林菩薩 승불신력承佛神力 욕영불종성부단고欲令佛種性不斷故 설송왈說頌曰

　　일심경례십력존一心敬禮十力尊 이구청정무애견離垢淸淨無碍見
　　경계심원무윤필境界深遠無倫匹 주여허공도중자住如虛空道中者
　　법계소유개명료法界所有皆明了 어제일의최청정於第一義最淸淨
　　영파진만급우치永破瞋慢及愚癡 피공덕자행사도彼功德者行斯道.

21.2 무위역행無違逆行

　　지혜무변불가설智慧無邊不可說 보편법계허공계普遍法界虛空界
　　선능수학주기중善能修學住其中 피금강혜행사도彼金剛慧行斯道
　　시방무량무변계十方無量無邊界 소유일체제중생所有一切諸衆生
　　아개구호이불사我皆救護而不捨 피무외자행사도彼無畏者行斯道.

21.3 이치난행離痴亂行

　　선해일체어언법善解一切語言法 문난수대실구경問難酬對悉究竟
　　총철변혜미부지聰哲辯慧靡不知 차무외자소행도此無畏者所行道
　　선해복앙제국토善解覆仰諸國土 분별사유득구경分別思惟得究竟
　　실사주어무진지悉使住於無盡地 차승혜자소행도此勝慧者所行道.

21.4 무착행無着行

　　제불관정제일법諸佛灌頂第一法 이득차법관기정已得此法灌其頂
　　심항안주정법문心恒安住正法門 피광대심행차도彼廣大心行此道
　　일체문자어언법一切文字語言法 지개선입불분별智皆善入不分別
　　주어진실경계중住於眞實境界中 차견성자소행도此見性者所行道.

21.5 요익행 饒益行

지지심심난가입智地甚深難可入 능이묘혜선안주能以妙慧善安住
기심구경부동요其心究竟不動搖 피견고행행사도彼堅固行行斯道
의상명결리제구意常明潔離諸垢 어삼계중무소착於三界中無所着
호지중계도피안護持衆戒到彼岸 차정심자행사도此淨心者行斯道.

21.6 무굴요행 無屈撓行

어제불법근수습於諸佛法勤修習 심상정진불해권心常精進不懈倦
정치일체제세간淨治一切諸世間 피대용왕행차도彼大龍王行此道
보방무량광명망普放無量光明網 조요일체제세간照耀一切諸世間
기광소조입법성其光所照入法性 차선혜자행사도此善慧者行斯道.

21.7 난득행 難得行

안주심심대법해安住甚深大法海 선능인정일체법善能印定一切法
요법무상진실문了法無相眞實門 차견실자소행도此見實者所行道
진어무량무변겁盡於無量無邊劫 관찰일체중생계觀察一切衆生界
미증견유일중생未曾見有一衆生 차견고토소행도此堅固士所行道.

21.8 선현행 善現行

공덕무량나유타功德無量那由他 위구불도개수습爲求佛道皆修習
어기일체도피안於其一切到彼岸 차무진행소행도此無盡行所行道
초출세간대론사超出世間大論師 변재제일사자후辯才第一師子吼
보사군생도피안普使群生到彼岸 차정심자소행도此淨心者所行道.

21.9 선법행 善法行

수습무변복지장修習無邊福智藏 보작청량공덕지普作淸凉功德池
이익일체제군생利益一切諸群生 피제일인행차도彼第一人行此道
인력근수도피안忍力勤修到彼岸 능인최승적멸법能忍最勝寂滅法
기심평등부동요其心平等不動搖 차무변지소행도此無邊智所行道.

21.10 진실행眞實行
(1) 십력十力
요달시처급비처了達是處及非處 어제력처보능입於諸力處普能入
성취여래최상력成就如來最上力 피제일력소행도彼第一力所行道.

(2) 변재무궁辯才無窮
어제법중득선교於諸法中得善巧 능입진여평등처能入眞如平等處
변재선설무유궁辯才宣說無有窮 차불행자소행도此佛行者所行道.

(3) 동불선근同佛善根
능어불지급해탈能於佛智及解脫 심생정신영불퇴深生淨信永不退
이신이생지혜근以信而生智慧根 차선학자소행도此善學者所行道.

(4) 입불종성入佛種性
보살능이독일신菩薩能以獨一身 입어삼매이적정入於三昧而寂定
영견기신무유수令見其身無有數 일일개종삼매기一一皆從三昧起.

(5) 입불자비종성入佛慈悲種性
제근미묘행역연諸根微妙行亦然 능위중생광설법能爲衆生廣說法
수기문자불흔경誰其聞者不欣慶 차등허공소행도此等虛空所行道.

(6) 입불지혜종성入佛智慧種性
지안청정무여등智眼淸淨無與等 어일체법실명견於一切法悉明見
여시지혜교분별如是智慧巧分別 차무등자소행도此無等者所行道.

(7) 진실어학습眞實語學習
수순어사이성취隨順言詞已成就 괴위담론선최복乖違談論善摧伏
상능취향불보리常能趣向佛菩提 무변혜자소행도無邊慧者所行道.

부록 591

(8) 요익중생불공饒益衆生不空
수기응견응공양隨其應見應供養 위현여래청정신爲現如來淸淨身
교화중생백천억敎化衆生百千億 장엄불찰역여시莊嚴佛刹亦如是.

(9) 십행법문十行法門
보살공덕무유변菩薩功德無有邊 일체수행개구족一切修行皆具足
가사무량무변불假使無量無邊佛 어무량겁설부진於無量劫說不盡.

21.11 환희행歡喜行
원리세간제과환遠離世間諸過患 보여중생안은락普與衆生安隱樂
능위무등대도사能爲無等大導師 피승덕자행사도彼勝德者行斯道
단파라밀이성만檀波羅蜜已成滿 백복상호소장엄百福相好所莊嚴
중생견자개흔열衆生見者皆欣悅 피최승혜행사도彼最勝慧行斯道.

제22. 십무진장품十無盡藏品

22.1 이시爾時 공덕림보살功德林菩薩 부고제보살언復告諸菩薩言 불자佛子 보살마하살菩薩摩訶薩 유십종장有十種藏 하등위십何等爲十. 소위所謂 신장信藏 계장戒藏 참장慚藏 괴장愧藏 문장聞藏 시장施藏 혜장慧藏 염장念藏 지장持藏 변장辯藏.

22.2 계장戒藏
차보살此菩薩 성취보요익계成就普饒益戒 불수계不受戒 불주계不住戒 무회한계無悔恨戒 무위쟁계無違諍戒 불손뇌계不損惱戒 무잡예계無雜穢戒 무탐구계無貪求戒 무과실계無過失戒 무훼범계無毀犯戒. 운하위무훼범계云何爲無毀犯戒 차보살此菩薩 영단살도사음永斷殺盜邪婬 망어양설악구妄語兩舌惡口 급무의어及無義語 탐진사견貪瞋邪見 구족수지십종선업具足受持十種善業.

22.3 참장慚藏
위피보살謂彼菩薩 심자념언心自念言 아무시세래我無始世來 여제중생與諸衆生 개실호작皆悉互作 부모형제자매남녀父母兄弟姉妹男女 구탐진치具貪瞋癡 교만첨광憍慢諂誑 급여일체제번뇌고及餘一切諸煩惱故 갱상뇌해更相惱害 체상능탈遞相陵奪 간음상살姦婬傷殺 무악부조無惡不造 일체중생一切衆生 실역여시悉亦如是.

22.4 괴장愧藏
차보살此菩薩 자괴석래自愧昔來 어오욕중於五欲中 종종탐구種種貪求 무유염족無有厭足 인차증장因此增長 탐에치등貪恚癡等 일체번뇌一切煩惱 아금불응부행시사我今不應復行是事 약아어금若我於今 유행시사猶行是事 즉위기광삼세제불則爲欺誑三世諸佛.

부록 593

22.5 신장信藏

차보살此菩薩 입불지혜入佛智慧 성취무변무진신成就無邊無盡信 득차신이得此信已 심불퇴전心不退轉 심부잡란心不雜亂 불가파괴不可破壞 무소염착無所染着 상유근본常有根本 수순성인隨順聖人 주여래가住如來家 호지일체제불종성護持一切諸佛種性 증장일체보살신해增長一切菩薩信解 수순일체여래선근隨順一切如來善根 출생일체제불방편出生一切諸佛方便.

22.6 문장聞藏

차보살此菩薩 지시사유고시사유知是事有故是事有 하등위시사유고시사유何等爲是事有故是事有 위무명유고행유謂無明有故行有 하등위세간법何等爲世間法 소위색수상행식所謂色受想行識.
하등위출세간법何等爲出世間法 소위계정혜所謂戒定慧 해탈解脫 해탈지견解脫知見 일체중생一切衆生 어생사중於生死中 무유다문無有多聞 불능요지차일체不能了知此一切 아당발의我當發意 지다문장持多聞藏 증아누다라삼막삼보리證阿耨多羅三藐三菩提 위제중생爲諸衆生 설진실법說眞實法.

22.7 염장念藏

차념此念 유십종有十種 소위所謂 적정념寂靜念 청정념淸淨念 불탁념不濁念 명철념明徹念 이진념離塵念 이종종진념離種種塵念 이구념離垢念 광요념光耀念 가애락념可愛樂念 무장애념無障碍念.

22.8 혜장慧藏

차보살此菩薩 어색於色 여실지如實知 색집色集 여실지如實知 색멸色滅 여실지如實知 색멸도色滅道 여실지如實知 어수상행식於受想行識 여실지如實知 어무명於無明 여실지如實知 어성문於聲聞 여실지如實知 욕령중생欲令衆生 지기실성知其實性 광위선설廣爲宣說 위설하등爲說何等 설제법불가괴說諸法不可壞.
차혜무진장此慧無盡藏 유십종불가진有十種不可盡 소위다문선교所謂多聞善巧 친근선지식親近善知識 선분별구의善分別句義 입심법계入深法界 이일미지장엄以一味智莊嚴 집일체복덕集一切福德 심무피권心無疲倦 입일체다라니문入一切陀

羅尼門.

능분별能分別 일체중생一切衆生 어언음성語言音聲 능단일체能斷一切 중생의혹衆生疑惑 위일체중생爲一切衆生 현일체불신력現一切佛神力 교화조복敎化調伏 영수행부단令修行不斷 불가진고不可盡故 시위십是爲十.

22.9 지장持藏

차보살此菩薩 지제불소설수다라持諸佛所說修多羅 지일불명호持一佛名號 지일불수기持一佛授記 지일중회持一衆會 지연일법持演一法 지일근무량종종성持一根無量種種性. 불자佛子 차지장此持藏 무변난만無邊難滿 난지기저難至其底 난득친근難得親近 무능제복無能制伏 무량무진無量無盡 구대위력具大威力 시불경계是佛境界 유불능료唯佛能了.

22.10 변장辯藏

차보살此菩薩 유심지혜有深智慧 요지실상了知實相 광위중생廣爲衆生 연설제법演說諸法 불위일체제불경전不違一切諸佛經典 수기근성隨其根性 실령만족悉令滿足 심득환희心得歡喜 멸제일체번뇌전구滅際一切煩惱纏垢 영일체중생令一切衆生 불종부단佛種不斷 정심상속淨心相續 역이법광명亦以法光明 이연설법而演說法 무유궁진無有窮盡 불생피권不生疲倦 영제보살令諸菩薩 구경성취무상보리究竟成就無上菩提.

요익일체중생饒益一切衆生 이본원선회향以本願善廻向 일체겁무단절一切劫無斷絶 진허공계실개오盡虛空界悉開悟 회향유위이불착廻向有爲而不着 일념경계일체법一念境界一切法 무진대원심無盡大願心 무변이無變異 선섭취제다라니善攝取諸陀羅尼 일체제불소호념一切諸佛所護念 요일체법개여환了一切法皆如幻 시위십종무진법是爲十種無盡法.

22.11 시장施藏

차보살此菩薩 행십종시行十種施 소위所謂 분감시分減施 갈진시竭盡施 내시內施 외시外施 내외시內外施 일체시一切施 과거시過去施 미래시未來施 현재시現在施 구경시究竟施. 운하위보살云何爲菩薩 분감시分減施 아신중我身中 유팔만호충

부록 595

有八萬戶蟲 의어아주依於我住 아신충락我身充樂 피역충락彼亦充樂 영어신심令於身心 불생탐애不生貪愛 실득성취청정지신悉得成就淸淨智身 시명구경시是名究竟施.

제23. 승도솔천궁품昇兜率天宮品

23.1 이시爾時 세존世尊 부이신력復以神力 불리어차보리수하不離於此菩提樹下 급수미정及須彌頂 야마천궁夜摩天宮 이왕예어도솔타천일체묘보소장엄전而往詣於兜率陀天一切妙寶所莊嚴殿. 시時 도솔천왕兜率天王 요견불래遙見佛來 즉어전상卽於殿上 부마니장사자지좌敷摩尼藏師子之座 기사자좌其師子座 천제묘보지소집성天諸妙寶之所集成.

23.2 이시爾時 여래위신력고如來威神力故 도솔궁중兜率宮中 일체제천一切諸天 개요견불皆遙見佛 여대목전如對目前. 시時 피대중彼大衆 견여래신見如來身 일일모공一一毛孔 출백천억나유타아승지광명出百千億那由他阿僧祇光明 일일광명一一光明 개유부사의색皆有不思議色 부사의광不思議光 조부사의법계照不思議法界.

23.3 이시爾時 세존世尊 이불장엄以佛莊嚴 구대위덕具大威德 위령일체중생爲令一切衆生 생대환희生大歡喜.
석유여래무애월昔有如來無碍月 제길상중최수승諸吉祥中最殊勝
피증입차장엄전彼曾入此莊嚴殿 시고차처최길상是故此處最吉祥.

23.4 이시爾時 세존世尊 어일체보장엄전於一切寶莊嚴殿 마니보장사자좌상摩尼寶藏師子座上 결가부좌結跏趺坐 법신청정法身淸淨 묘용자재妙用自在 불안명료佛眼明了 견일체법見一切法 구대신통具大神通 실능편왕悉能遍往 선지기시善知其時 위중설법爲衆說法.

제24. 도솔궁중게찬품 兜率宮中偈讚品

24.1 이시爾時 불신력고佛神力故 시방각유일대보살十方各有一大菩薩 기명왈其名曰 금강당金剛幢 견고당堅固幢 용맹당勇猛幢 광명당光明幢 지당智幢 보당寶幢 정진당精進幢 이구당離垢幢 성수당星宿幢 법당보살法幢菩薩.
기신其身 실방백천억나유타悉放百千億那由他 아승지청정광명阿僧祇淸淨光明 차무량광此無量光 개종보살皆從菩薩 청정심보淸淨心寶. 이시爾時 세존世尊 종양슬륜從兩膝輪 방백천억나유타광명放百千億那由他光明.

24.2 이시爾時 금강당보살金剛幢菩薩 설송언說頌言
　　여래불출세如來不出世 역무유열반亦無有涅槃
　　이본대원력以本大願力 시현자재법示現自在法
　　색신비시불色身非是佛 음성역부연音聲亦復然
　　역불리색성亦不離色聲 현불신통력見佛神通力
　　정각무래처正覺無來處 거역무소종去亦無所從
　　청정묘색신淸淨妙色身 신력고현神力故顯現
　　욕구일체지欲求一切智 속성무상각速成無上覺
　　응이정묘심應以淨妙心 수습보리행修習菩提行.

24.3 견고당보살堅固幢菩薩 설송언說頌言
　　여래승무비如來勝無比 심심불가설甚深不可說
　　출과언어도出過言語道 청정여허공淸淨如虛空
　　도사위개연導師爲開演 심심미묘법甚深微妙法
　　이시인연고以是因緣故 현차무비신現此無比身
　　의업상청정意業常淸淨 공양제여래供養諸如來
　　종무피염심終無疲厭心 능입어불도能入於佛道
　　광대지소설廣大智所說 욕위제법본欲爲諸法本

응기승희망應起勝希望 지구무상각志求無上覺.

24.4 용맹당보살勇猛幢菩薩 설송언說頌言
　　비여명정안譬如明淨眼 인일도중색因日覩衆色
　　정심역부연淨心亦復然 불력견여래佛力見如來
　　비여양옥전譬如良沃田 소종실자장所種必滋長
　　여시정심지如是淨心地 출생제불법出生諸佛法
　　비여가타약譬如伽陀藥 능소일체독能消一切毒
　　불법역여시佛法亦如是 멸제번뇌환滅諸煩惱患
　　비여허공계譬如虛空界 불생역불멸不生亦不滅
　　제불법여시諸佛法如是 필경무생멸畢竟無生滅.

24.5 광명당보살光明幢菩薩 설송언說頌言
　　비여일심력譬如一心力 능생종종심能生種種心
　　여시일불신如是一佛身 보현일체불普現一切佛
　　삼세일체불三世一切佛 법신실청정法身悉清淨
　　수기소응화隨其所應化 보현묘색신普現妙色身
　　불신비변화佛身非變化 역부비비화亦復非非化
　　어무화법중於無化法中 시유변화형示有變化形
　　정각불가량正覺不可量 법계허공등法界虛空等
　　심광무애저深廣無涯底 언어도실절言語道悉絶.

24.6 지당보살智幢菩薩 설송언說頌言
　　약인능신수若人能信受 일체지무애一切智無碍
　　수습보리행修習菩提行 기심불가량其心不可量
　　비여정만월譬如淨滿月 보현일체수普現一切水
　　영상수무량影像雖無量 본월미증이本月未曾二
　　여시무애지如是無碍智 성취등정각成就等正覺
　　보현일체찰普現一切刹 불체역무이佛體亦無二

비일역비이非一亦非二 역부비무량亦復非無量
수기소응화隨其所應化 시현무량신示現無量身.

24.7 보당보살寶幢菩薩 설송언說頌言
　　불신무처소佛身無處所 충만일체처充滿一切處
　　여공무변제如空無邊際 여시난사의如是難思議
　　여예안소도如翳眼所覩 비내역비외非內亦非外
　　세간견제불世間見諸佛 응지역여시應知亦如是
　　불가이국토不可以國土 주야이견불晝夜而見佛
　　세월일찰나歲月一刹那 당지실여시當知悉如是
　　비여정일륜譬如淨日輪 불여혼야합不與昏夜合
　　이설모일야而說某日夜 제불법여시諸佛法如是.

24.8 정진당보살精進幢菩薩 설송언說頌言
　　여관모니존汝觀牟尼尊 소작심기특所作甚奇特
　　충만어법계充滿於法界 일체실무여一切悉無餘
　　불신부재내佛身不在內 역부부재외亦復不在外
　　신력고현현神力故顯現 도사법여시導師法如是
　　비여일체법譬如一切法 중연고생기衆緣故生起
　　견불역부연見佛亦復然 필가중선업必假衆善業
　　비여수의주譬如隨意珠 능만중생심能滿衆生心
　　제불법여시諸佛法如是 실만일체원悉滿一切願.

24.9 이구당보살離垢幢菩薩 설송언說頌言
　　여래대지광如來大智光 보정제세간普淨諸世間
　　세간기정이世間旣淨已 개시제불법開示諸佛法
　　불신급세간佛身及世間 일체개무아一切皆無我
　　오차성정각悟此成正覺 부위중생설復爲衆生說
　　여래보지견如來普知見 명료일체법明了一切法

불법급보리佛法及菩提 이구불가득二俱不可得
도사무래거導師無來去 역부무소주亦復無所住
원리제전도遠離諸顚倒 시명등정각是名等正覺.

24.10 성수당보살星宿幢菩薩 설송언說頌言
　　불수중생심佛隨衆生心 보현일체신普現一切身
　　성도전법륜成道轉法輪 급이반열반及以般涅槃
　　중생망분별衆生妄分別 시불시세계是佛是世界
　　요달법성자了達法性者 무불무세계無佛無世界
　　약능어세간若能於世間 원리일체착遠離一切着
　　무애심환희無礙心歡喜 어법득개오於法得開悟
　　언어중현시言語中顯示 일체불자재一切佛自在
　　정각초어언正覺超語言 가이어언설假以語言說.

24.11 법당보살法幢菩薩 설송언說頌言
　　녕가항구수寧可恒具受 일체세간고一切世間苦
　　종불원여래終不遠如來 부도자재력不覩自在力
　　약유제중생若有諸衆生 미발보리심未發菩提心
　　일득문불명一得聞佛名 결정성보리決定成菩提
　　중생무시래衆生無始來 생사구유전生死久流轉
　　불료진실법不了眞實法 제불고흥세諸佛故興世
　　제법불가괴諸法不可壞 역무능괴자亦無能壞者
　　자재대광명自在大光明 보시어세간普示於世間.

．

부록 601

찾아보기

책이름

「40권 화엄경」 34
「60화엄경」 34, 63, 139, 170, 211, 220, 444, 458, 497, 501
「80화엄경」 34, 63, 170, 220, 497, 501
「노자익老子翼」 141
「노자老子」 32, 51, 98, 360, 497
「논리철학 논고」 74
「논어論語」 128, 263
「다석일지 공부」 134
「다석일지多夕日誌」 285
「대승기신론大乘起信論」 358, 367
「대승기신론소大乘起信論疏」 64, 67
「대학大學」 434
「도덕경道德經」 140
「마하바라타Mahabharata」 67, 205, 486
「바가바드 기타Bhagavad-Gita」 35, 64
「법화경」 19, 87, 96, 115, 158, 243, 256, 360, 498
「베다Veda」 64
「벽암록碧巖錄」 116
「성경」 44, 505
「수현기搜玄記」 34, 50
「순수이성비판」 105, 328
「신화엄경합론新華嚴經合論」 51, 497
「실천이성비판」 255, 328
「심포지움Symposium」 278
「에티카Ethica」 278
「엘리엇과 동양사상 I」 59, 73
「우파니샤드Upanishad」 64, 388
「원각경圓覺經」 19, 214, 403, 498
「월든Walden」 248
「이상국가」 167, 173
「일심과 실존」 67
「장자莊子」 255, 267, 421, 450, 507

「주역周易」 23, 98, 111, 167, 173, 251, 366, 378, 382, 452
「중론中論」 64
「중용中庸」 15, 56, 109, 131, 175, 258, 262, 464, 498
「탐현기探玄記」 19, 51, 112, 344, 369
「파라밀다심경波羅蜜多心經」 120
「파우스트」 22
「팔만대장경」 116, 243, 279, 298, 447-48
「폴리티아Politeia」 17
「해인도海印圖」 54
「화엄경華嚴經」 11, 167, 486, 497, 499, 505
「화엄경」의 핵심 85, 170, 233, 268, 308, 329, 521
「화엄경사상연구華嚴經思想研究」 497
「화엄일승법계도華嚴一乘法界圖」 54, 360

「갈라디아서」 44
「고린도후서」 129
「김흥호의 예술관과 전인교육」 449
「누가복음」 62
「덕충부德充符」 267
「로마인서」 139, 234
「마태복음」 62
「묵시록」 279, 429
「법계도法界圖」 85
「요한복음」 62, 64, 262, 422, 450, 521
「창세기」 279
「히브리서」 76

(ㄱ)

가섭迦葉 26, 165, 264
가타gatha 321
각覺 14, 54, 117, 128, 131, 256, 276, 439, 520
각안覺眼 132
각일覺日 128

각자覺者 17
각존覺存 328
갈애渴愛 240
감성感性, 오성悟性, 이성理性, 영성靈性 485
강물 118
개안開眼 515
객관과 주관은 하나 526
객관의 근원 259
객관적 경험 171
거울 53, 323, 505
거저 392
건강 251
건곤감이乾坤坎離(☰ ☵ ☳ ☲) 23
게偈 35, 63, 93, 321
게게밴Gegeben 255
견見 275, 356
견불見佛 327
견성見性 403, 486-87
견성성불見性成佛 322, 395-97, 486
결정선원決定善願 525
경經 229
경지 131, 157
경험론 280
계戒・정定・혜慧 485
계戒・정定・혜慧・시施 464, 511
계정혜戒定慧 453
고苦 239, 250, 489
고당古堂 조만식曹晩植 286
고독孤獨 424
고의 원인 245
고집멸도苦集滅道 238
고치 385
고타마Gotama 231
고행苦行 269, 276, 424, 431
곧 58
공, 하나, 둘 366
공空 91, 352-53, 357, 376-77, 423
공간 21, 429
공거空居 423, 425
공관空觀 424, 432, 446, 457
공덕功德 96, 103, 396, 456

공동생활 65
공자孔子 27, 62, 74, 88, 172, 239, 385, 405, 431, 434, 437, 440, 449, 479, 497
공자의 내용 117
공자의 일식・일좌・일인・일언 452
공즉인空卽人 인즉공人卽空 163
과학, 철학, 종교, 예술 485
관觀 132, 265, 356
관무량겁觀無量劫 273
관법觀法 19
관법적멸觀法寂滅 379
관상觀相 152, 355
관세음보살 96
관정灌頂 386
광망光網 121
광명각光明覺 254
광명편조光明遍照 46, 61, 133, 146
괘卦 173
괴테Goete 22, 234
교敎 118
교화심심敎化甚深 291
구담瞿曇 231
구름 140
구마라집鳩摩羅什(KumaRajiva) 34
구원 96
구족제자具足弟子 28, 165
구지일지俱一指禪 35
궁신지화성덕窮神知化盛德 167
그릇 274, 300
그리스도 17, 29, 53-54, 86, 140, 169, 259, 283, 290, 306, 361, 422, 452, 478
근본법륜根本法輪 33, 53
근본지根本智 315
근본체험根本體驗 171
금강산 37
금강석 36, 121, 446, 504
금식禁食・기도祈禱・항마降魔・복음福音 452
금식기도 450
기器, 중생衆生, 불佛 166
기器세간, 중생衆生세간, 불佛세간 158

기독교의 도 450
기독교의 핵심 462
기쁜 소식 478
기쁨 458, 478, 497, 509, 528
기어綺語, 망어妄語, 악구惡口, 양설兩舌 481
기원정사祇園精舍 221
기타gita 35
길이요 진리요 생명 378
김종우 목사 282
깨끗 261, 264, 468, 488, 521, 526
깨끗, 정직, 진실 261
깨끗한 마음 517
깨닫는다 515, 520
깨달았다 527-29
깨달았다는 내용 45
깨달음 48, 53, 521
깨짐 깨침 깨끗 170
꽃 380, 439

(ㄴ)
나 257, 504, 506, 509, 520-21
나가르쥬나Nagarjuna(용수龍樹) 506
나는 나 아닌 것이 곧 나 292
나는 있고 있는 자 509
나를 비춰주는 거울 505
나무 262, 431-32, 444
나무아미타불南無阿彌陀佛 관세음보살觀世音菩薩 153, 327, 511
나비 385
나의 예술관 456
낙이무우樂而無憂 452
낙지족천樂知足天 496
난難 239
난곡蘭谷 김응섭金應燮 138
남강南岡 이승훈李昇勳 286
남사부주南贍部洲 191
남이 곧 나 163
내 태양이 누군가 435
내가 존재다 509
내성외왕內聖外王 17
내촌감삼內村鑑三(Uchimura Kanzo)

282, 422
너 자신을 알라 504, 509
네오플라토니즘Neoplatonism 344
노력 434
노사나불盧舍那佛 80, 222
노자 128, 140, 452
노자의 이상세계 58
누漏 401
눈을 뜬다 515, 520
능인能仁 117
니르바나nirvana 69, 115, 487-88
니체Friedrich Nietzsche 83, 385

(ㄷ)
다라니 490
다르마dharma 86
다석多夕 유영모柳永模 15, 283, 504
다신多神 93
단군신화 342
단파라밀檀波羅蜜 478
달마達磨 26, 107
당성대광요當成大光耀 265, 269
대방광大方廣 54, 63, 167, 377
대방광불화엄大方廣佛華嚴 52
대방광불화엄경大方廣佛華嚴經 15
대상화 163, 171, 504, 509
대승大乘 358, 422
대승기신大乘起信 94, 330, 348, 421, 483
대승불교 512
대승의 핵심 358
대원력大願力 512
대원지경大圓智鏡 52
대일여래大日如來 47, 61
덕산德山 116
도道 86, 109, 117-18, 128, 131, 245, 265, 305, 401, 423, 429, 449, 452, 464, 467, 473, 476, 486, 488-89, 491-92
도가도비상도道可道非常道 32
도덕道德 104, 260, 262, 264
도덕과 자유의 관계 455
도덕의 핵심 107, 261
도덕적 주체 498

도량 60
도리천忉利天 186, 420
도리천궁忉利天宮 220
도문학道問學 280
도산도山 안창호安昌浩 148, 286
도솔천兜率天 496
도스토예프스키Fyodor M. Dostoyevsky 451
도심道心 454
도야자 불가리야道也者 不可離也 가리비 도야可離 非道也 464
도장 60
도척盜跖 507
도통道通 417
도피안渡彼岸 425, 452
독각獨覺 402
동양철학 446, 449, 457
디야나dhyana 403, 488
두순杜順 19, 34
두타행頭陀行 165, 264
등각等覺 50
디야나Dhyana 214, 488
딜타이Wilhelm Dilthey 328
때 466

(ㅁ)
마니摩尼 45, 147
마니왕화摩尼王華 191
마니주 37, 446
마음 247, 255, 258-59, 448, 494, 510, 512
마틴 부버Martin Buber 163
마호멧 530
만가성인滿街聖人 507
만남 284
만물 518-19, 525
만물유전萬物流轉 377
만인 구원설 362, 512
만해萬海 한용운韓龍雲 448
말씀 64, 78
말씀이 곧 하나님 170, 173
맘나 381

망원경설 344
맨발의 성자 이현필李鉉弼 495
맹구우목盲龜遇木 216
맹자孟子 106, 477, 487
머리와 가슴과 배 104
명明 485
명상瞑想 152, 327, 355
모母 353
모든 고민의 근원 491
모든 문제를 해결하는 방법 485
모세 509
모순矛盾 239, 506, 510, 515
모순율矛盾律, 배중률排中律 506
모크샤moksha 362
목덕위주木德爲主 262, 431
목적 없는 합목적성 457
몰두沒頭 256
몸 22, 79, 150, 258, 379
몸나 381
묘각妙覺 50, 146
묘고산妙高山 346
무毋 353
무無 91, 265, 352-53, 366, 446, 513
무가지보無價之寶 392
무극無極, 태극太極, 음양陰陽(양의兩儀) 366
무극이태극無極而太極 446
무량문無量門 94
무량신無量身 400
무명無明 239, 243-44, 270, 484, 487, 489, 531
무무무無無無 352
무분별지 48
무비無比 497
무사무위無思無爲 310
무상無常 376
무상無相 225, 384, 390
무상법無相法 391
무상정편지無上正遍智 487
무색無色 447
무색계無色界 187
무색이현색無色而現色 446

무성無性 69
무소유無所有 71
무식無食 117
무아無我 69, 296, 352-53, 358, 389
무아지경 357
무아無我, 공空, 무자성無自性 353
무애여래여만월無碍如來如滿月 501
무애지無碍智 522
무위자연無爲自然 225, 409, 446
무자성無自性 22, 352-53, 360, 446
무지지지無知之知 446
무진장無盡藏 494
무착無着 39
문명文明 239, 243, 468
문수어의文隨於義 의수문의義隨文 384
문인화文人畵 457
문제의식 350
문화 243
물 79, 114, 119, 146, 200, 360, 443, 468-69, 521
물결 299
물방울 45
미묘법문微妙法門 140
믿음 87, 307, 322, 330, 371, 449, 483

(ㅂ)
바가바드Bhagavad 35
바람 110, 279, 298
바울 54, 171, 524
반야삼장般若三藏 34
• 발바닥 255-56, 264, 327-28
발분망식發憤忘食 452, 467, 520
방한암方漢岩스님 136
배구俳句 63
배화교拜火敎 47, 98
번뇌煩惱 114, 310, 401,482, 511, 517
범신론汎神論 47, 86, 93, 124, 139, 233, 323,
범아일여梵我一如 279, 388, 521
범행청정梵行淸淨 388, 391
법法 86, 118, 245, 356, 360, 469
법계法界 23, 54, 69, 185, 379, 478

법공法空 358
법등法燈 70
법륜法輪 107, 183
법무상法無相 469
법보시法布施 65, 426
법성法性 90, 150, 359, 443, 468
법성게法性偈 360
법성본청정法性本淸淨 359
법성불이法性不二 90
법신法身 78-79, 83, 132, 146, 187, 222, 308, 436, 448, 498, 502, 522, 524
법신法身·보신報身·응신應身 61, 104
법안法眼 288
법우法雨 120
법인法印 357
법장法藏 19, 34, 40, 344, 369
법장보살法藏菩薩의 소원, 48원 511
법정法頂스님 497
법해法海 122
법화종法華宗 337
베다Veda 시대 450
베드로 151
베르그송Henri Bergson 328
베르덴werden 265
베토벤 447
변變의 세계, 불변不變의 세계 377
변선환邊鮮煥 284
변역變易, 불역不易, 간이簡易 378, 382
변증법 265
변화 519
별 53, 427
보광명전普光明殿 221
보리도장菩提道場 221
보리살타菩提薩陀 137, 152, 504
보리수 144, 147, 224
보살菩薩 137, 148, 152, 431, 479, 504
보살행菩薩行 273, 512
보시布施 495
보시布施, 애어愛語, 이행利行, 동사同事 65
보시布施·지계持戒·선정禪定·지혜智慧 453, 511

찾아보기 607

보시행布施行 478
보신報身 132, 498
보현 151, 164
보현승행普賢勝行 141
보화중생普化衆生 270
복음 117, 399, 452, 473, 478
본각本覺 29, 323, 360, 443, 469, 521
본원本願 511
본질직관 286, 396
본체 522
부목맹구浮木盲龜/맹구우목盲龜遇木 16, 216, 282
부자일치父子一致 521
부지노지장지不知老之將至 452
부처 54, 93, 98, 124, 126, 167, 169, 178, 435, 439-40, 444-45, 504, 518, 526-27
부처가 무엇인가 400
부처님 510, 519
부처님의 뜻 253
부처님의 사랑 300, 519
부처님의 소질 484
부처를 본다 523
부처의 내용 400
부처의 비밀 48
부처의 세 가지 성격 400
부활 258, 524
북극성 428
분별지分別智 48, 71, 177, 268, 275, 359, 527, 530
분업 57
불佛 17, 29, 47, 98-99, 114-15, 117, 128, 167,170, 233, 377, 486
불교 47
불교의 내용 전체 511
불교의 본질 14
불교의 자비 353
불교의 주인 61
불교의 핵심 104, 140, 238-39, 246, 351, 358, 377, 396
불구과보不求果報 392
불국 386
불도佛道 423

불도무상서원성佛道無上誓願成 131, 423, 452, 511
불립문자不立文字 32, 106
불법 517
불법승佛法僧 66, 337
불살생不殺生 495
불살타佛薩陀 137
불성佛性 47, 441, 443, 507
불신佛身 68, 308, 519, 522
불신급세간佛身及世間 일체개무아一切皆無我 526
불신충만어법계佛身充滿於法界 138
불안佛眼 128
불이법문不二法門 89
불자재부사의해탈佛自在不思議解脫 344
불지佛地 128
불타佛陀 50, 95, 137, 466, 504
불타발타라佛馱跋陀羅(Buddhabhadra) 34
불화엄佛華嚴 18, 20, 54
붓다Buddha 17, 128
브라만Brahman 110, 279, 299
비 119-20, 125,140, 300, 419, 468
비로자나 46, 97, 132, 146
비로자나 여래 61
비로자나불 37, 64, 68, 80, 146, 133, 152, 191
비로자나불의 본질 357
비트겐슈타인Ludwig Wittgenstein 73
빛 68, 78, 97, 115, 118, 254
빛과 힘 109, 265
빛과 힘과 소리 109, 112, 120, 123
빛과 힘과 숨 400, 403, 415
빛에서 힘이 나온다, 힘에서 빛이 나온다 273

(ㅅ)
사고四苦 118
사대四大 296
사대원무주四大元無主 296,377, 382
사라수沙羅樹 나무 221
사람 22, 81, 104,113, 257, 439, 498
사람, 삶, 사랑 530

사람의 근원 259
사람의 핵심 262
사랑 233, 353, 447, 495, 512, 518, 525-26
사랑의 내용 438
사랑의 화신 448
사랑의 힘 512
사랑이 곧 진리다 526
사무사思無邪 99
사바세계娑婆世界 191, 239
사법계事法界 23
사법인四法印 238
사사무애事事無碍 58
사사무애법계事事無碍法界 23, 57
사상채謝上蔡 117
사색思索 498
사섭四攝 65
사성제四聖諦 237
사십이불혹四十而不惑 62, 88
사십일중(41衆) 35, 42, 48
사악四惡 244
사위성舍衛城 221
사유상하四維上下 266
사자獅子 39
사자와 낙타와 어린애 385
사자좌獅子座 39, 45, 152, 224, 499
사자후獅子吼 148, 224, 270
사제四諦 489
사제師弟의 인연 290
사차원 21, 24, 56, 162, 171, 268, 484, 489
사천왕四天王 187
사통팔달四通八達 85
사허문四虛門 94
사홍서원四弘誓願 131, 160, 423, 452, 511
산 119-200
산꼭대기 420
산꼭대기의 얼음 443
산상수훈 244
살도음殺盜淫 463-64, 481
살도음기殺盜淫欺 244
삼독三毒 244, 250, 464, 482

삼라만상 60, 125
삼마디samadhi 327
삼마디samadhi, 삼마파티samapatti, 디야나dhyana 403, 488
삼매三昧 53, 151, 370
삼법인三法印 238, 382
삼보三寶 337, 415
삼십이립三十而立 62, 88, 421, 423
삼십이호상(32호상) 147
삼악三惡 244, 463-64, 482
삼약三藥 465
삼위일체 86-87, 172
삼차원 162, 171
삼학三學 464
삼현三玄 416
상구보리上求菩提 하화중생下化衆生 226
상락아정常樂我淨 245, 425
상무욕이상無欲以 관기묘觀其妙 상유욕 이상有欲以 관기요觀其徼 515
상입相入, 상의相依, 상보相補 58
상즉相卽 58
상즉상입相卽相入 59
색色 489
색계色界 187
색수상행식色受想行識 441, 485, 489
색신色身 75
색즉시공色卽是空 공즉시색空卽是色 162
생각 152, 251, 312, 436, 502
생각의 세계 498
생로병사生老病死 118, 243, 425, 458, 485
생명 444
생명의 호흡 110
생사生死 351, 491, 510
생사를 초월했다 507
생사일여生死一如, 생사평등 440
생신生身 79, 83
생일生日 128
샤르댕Pierre Teilhard de Chardin 83
샹카라Adi Shankara 345
서도書道 449

석가 54, 61, 64, 96, 133, 147, 191,
　　231, 358, 498, 505
석가모니釋迦牟尼 116, 524
석가성불釋迦成佛 산천초목山川草木
　　동시성불同時成佛 235, 361
석가의 내용 117
석가의 본질 360
석가의 일생 450
석제환인釋帝桓因 342
선禪 32, 396, 403
선생과 학생의 인연 281
선생님/선생 14, 45, 98, 216, 283,
　　290, 307, 325, 372, 374-75, 389,
　　400, 421, 483, 498, 501, 516, 524,
　　529, 530
선생님교 98
선생님의 내용 456
선서善逝 95
선의 이데아Idea 296
선의지善意志 296
선정禪定 54
설법 33, 447
성性 53, 258, 286, 359, 485, 487
성成 265, 308
성령 33, 87, 129, 259, 279,283, 298,
　　422, 458
성령, 하나님, 예수 그리스도 366
성리학性理學 279
성문聲聞 · 연각緣覺 · 보살菩薩 · 불타佛陀
　　24, 50, 220, 226, 238, 253, 318,
　　422-23, 489
성부, 성자, 성령 169, 260, 283, 377, 444
성불成佛 128, 253, 265,269, 308, 450
성선설性善說 363, 507
성숙한 인간 507, 513
성인成仁 450
성인聖人 17
성인불점聖人不占 98
성최정각成最正覺 48
세간世間 113
세간법世間法 485
세계 158, 166

세계종世界種 191
세존世尊 36, 95, 233, 433
세주世主 36, 61, 93
세친世親 39
셰익스피어William Shakespeare
　　234
소강절邵康節 248, 278
소동파蘇東坡 235, 446, 510
소로우Henry David Thoreau 248
소리 118
소크라테스Socrates 27, 50, 166, 258,
　　291, 358, 521
소피스트sophist 291, 358
솔성지위도率性之謂道 109, 131-32,
　　486, 498
수도지위교修道之謂敎 110, 132, 498
수기授記 492
수냐타sunyata 353
수미산須彌山 186, 420
수사修辭, 수사입기성修辭立其誠 110
수승화강水昇火降 114
수연부감미불주隨緣赴感靡不周 139
수의주隨意珠 446
수증기 140
순舜임금 450
순수이성 254, 265, 349, 363
숨 110
숨님 129
스탈린Joseph Stalin 451
스탠리 존스Eli Stanley Jones 282
스피노자Baruch Spinoza 234, 278,
　　323
스피릿Spirit 129
시각始覺 29, 360, 443, 469, 521
시간 21, 176, 429, 433, 465, 485
시간 · 공간 · 인간 195, 403
시간 · 공간이 곱해있다 484
시간단제時間斷際 364
시간성時間性 172, 273, 364, 485
시간을 초월 489, 523-24
시간의 공간화 489
시간의 초월 465

시간이 곧 공간 162
시간이 있기 때문에 공간이 있다 484
시간즉공간時間卽空間 공간즉시간空間
    卽時間 268
시무언시無言 이용도李龍道 148
시분時分 423
시분천時分天 422
시성정각始成正覺 30, 128, 224
시조時調 63, 93
시중時中 175
신, 자유, 영생 328-29
신信 276, 330, 348
신神 152, 233, 263, 332, 518
신神의 힘 524
신관神觀 93
신만성불信滿成佛 322, 330
신변神變 176, 183, 334
신비 84
신옥희 67
신위도원공덕모信爲道元功德母 329
신인합일神人合一 421, 521
신즉자연神卽自然 47, 234, 324, 339, 518
신즉자연神卽自然 자연즉신自然卽神
    268
신해행증信解行証 24, 220, 238, 253,
    318, 348, 372, 394, 421, 503, 511
실상무상實相無相 140
실존實存 172, 328, 381, 424
실차난타實叉難陀(Siksananda) 34, 444
실천 265, 305, 456, 469
실천이성 254, 265, 328, 349, 363, 500
심心 85-86, 168, 442, 444
심미법화전心迷法華轉 심오전법화心悟
    轉法華 87
심불 70
심불급중생心佛及衆生 시삼무차별是三
    無差別 86, 169
심불급중생心佛及衆生 시지무차별是之
    無差別 445
심성心性 279, 283
심신탈락진心身脫落盡 유유일진실唯有
    一眞實 381

심신통일心身統一 436
심여공화사心如工畵師 168, 443-44
심오전법화心悟轉法華 178
심즉리心卽理 72, 172
심학心學 279
십계十戒 481
십사十事 171, 174
십신十信, 십주十住, 십행十行, 십회향十
    廻向, 십지十地 49
십이지인연十二支因緣 243, 484
십자가 118
십자가의 고난苦難 239
십장十藏 241
십종장十種藏 479
십주十住 421
십지十智 174
십철十哲 479
십파라밀十婆羅密 452
십해十海 174
십해십지十海十智 171
십행十行 423, 430, 449, 464
십회향十廻向 226
싯다르타Siddhartha 231
쓰쓰 403
씨알 129

(ㅇ)
아나무네시스anamnesis(회상) 29, 521
아난阿難 26, 165, 263
아난다Ananda 357
아리안Aryan 족 166
아멘 15, 262
아미타불阿彌陀佛 327
아씨시의 성 프란시스 344
아우프게게밴Aufgegeben 255
아우프헤벤aufheben 265, 489
아인슈타인Albert Einstein 22, 158, 416
아트만Atman 110
악마 450, 454
안빈락도安貧樂道 497
안연顔淵 440, 479
안회顔回 497

애벌레 385
애태타哀駘它 267
야마천궁夜摩天宮 422, 425
야스퍼스Karl Jaspers 67, 118, 244
약藥 464, 480, 511
양명학 21
양족륜하兩足輪下 방백억광명放百億光明 256
어거스틴Saint Augustine 345
어머니 527-28
언제나, 어디나, 누구나, 그것이 나다 510
얼나 129, 381
얼음 33, 118
업業 159, 175, 180, 187, 207, 442
업보業報 79, 295
에네르기Energeia 523
에디슨Thomas Alva Edison 416
에베레스트 33, 60, 93, 118, 189, 200, 342, 420, 457
에베레스트 꼭대기 489
에베레스트의 특징 488
여래如來 95, 125, 233, 360, 436, 443, 469, 506, 521
여래의 경지 309
여래의 속성 109
여민동락與民同樂 477
여의주 37, 45, 147, 446
연기緣起 168, 278, 484
연기성공緣起性空 351
연기심심緣起甚深 277
연꽃 39, 136, 189, 429
연비어약鳶飛魚躍 257
연화장 152
열매 380, 472
열반涅槃 115, 240, 246, 331, 364, 380, 401, 487, 527
열반묘심涅槃妙心 140
열반적멸涅槃寂滅 380
열반적정涅槃寂靜 240, 323, 379, 385, 487
염불念佛 154
염불念佛·염법念法·염승念僧 337

염불삼매念佛三昧 326, 336, 403
염불왕생念佛往生 511
염불종念佛宗 327, 338
영 33, 87, 129, 258
영성靈性 485
영생永生 257-58, 263, 328, 465
영생靈生 258
영원 273
영원과 무한 56
영원한 생명 281, 327, 403, 477, 491, 506, 509
영원회귀永遠回歸 83, 108, 184
영혼 257
영혼불멸 257, 346
예수/예수님 171, 258, 483,505, 524, 530
예수 그리스도 514
예수의 내용 117
예술의 핵심, 예술철학 457
예정설 362
오도吾道는 일이관지一以貫之 118
오메가 포인트 83
오성悟性 485
오십이지천명五十而知天命 62
오아시스 119
오온五蘊 441, 485
오온본시공五蘊本是空 377, 382
오장五臟 249
오토Rudolf Otto 13
오해십지五海十智 170
오행五行 249
오행五行 사상, 오온 사상 485
왕양명王陽明 19, 45, 72, 172, 176-77, 258, 279, 473, 507
외도外道 480
요堯임금 450
요가Yoga 345
요한 171
욕欲 184
욕계欲界 187
욕궁천리목欲窮千里目 갱상일층루更上一層樓 132, 158, 164
욕심 442, 487, 496-97, 510, 515,

518, 529
용담龍潭 116
용수龍樹/용수보살 15, 39, 64, 515
우禹임금 450
우담바라화優曇波羅華 216, 439
우상 509
우상숭배 124
우주 87, 257, 299, 403
우주 만물 234
우주의 근원 259
우주의 마음, 우주의 정신, 우주의 중심 87
우주의 본질 257, 490
운문雲門 331
원願 179, 184
원력願力 153, 511
원시화 47
원융圓融 53, 57
원융무애圓融無碍 91
원적圓寂 487-88, 527
원죄原罪 362, 482
원효元曉/원효대사元曉大師 39, 64, 85, 306, 445
위당爲堂 정인보鄭寅普 283
위선거악爲善去惡 454
윌리암 제임스William James 90, 172, 280
유교 59
유교의 핵심 239
유기체有機體 162, 172
유기체有機體 사상 484
유기체설有機體說 280
유니언union 170
유불여불唯佛與佛 89, 440, 445, 492
유심唯心, 유심게唯心偈 168, 85
유심론唯心論 178
유심법계唯心法界 207
유심연기唯心緣起 168, 170-71, 173, 176, 377, 445
유아有我 359
유영모柳永模 110, 117, 119, 130, 133, 141, 234, 248, 307, 422

유위有爲 225
유일신唯一神 93
유정유일惟精惟一 454
육도윤회六道輪廻 158, 175, 187, 295, 351, 357
육차원 173
육체 380
육파라밀六波羅密 243-44, 407, 425, 453, 511
육파라밀의 핵심 453
윤위산輪圍山 189, 195
윤회輪廻 357
은하계 189
은하수 179, 189, 195, 427
음난淫亂, 탐욕貪慾, 진에瞋恚 463
응신應身 133, 498
의사 464, 470, 475, 480, 489, 492, 494, 511
의상義湘/의상대사義湘大師 19, 34, 39, 55, 85, 360
의식 344
의식의 흐름 23
이간易簡의 세계 377
이기상 285
이데Idee 257, 328
이데아Idea 62, 64, 70, 86, 97, 124, 254, 258, 484
이데아치온ideation 396
이도업李道業 497
이명섭 59, 73, 286, 416
이목구비耳目口鼻 238
이백성심위심以百姓心爲心 58
이법계理法界 23
이본대원력以本大願力 시현자재법示現自在法 506, 512
이사무애리사無碍 사사무애事事無碍 59
이사무애법계理事無碍法界 23
이사理事 58
이상국가 262
이상세계 54, 56, 119, 166, 218
이성理性 485

이순耳順 412
이순신李舜臣 306
이실법계理實法界 20, 167, 170
이철위총耳徹爲聰 목철위명目徹爲明 비
 철위전鼻徹爲顫 구철위감口徹爲甘 심
 철위지心徹爲知 지철위덕知徹爲德
 421
이통현李通玄 51, 497
인仁 117, 128, 172, 262, 270, 378, 393
인간 429
인간의 본질이 사랑 530
인격人格 14, 84, 131, 290, 306-307,
 431, 438, 498
인공위성설 344
인과연기因果緣起 21
인과연기因果緣起 이실법계理實法界 72
인드라 그물/인드라망 121
인드라Indra신 119
인부지연인不知緣 연부지인緣不知因
 284, 287
인생 382, 506
인생의 문제 435
인생의 삼 단계 378, 382
인생의 핵심문제 386
인식 90
인식 근거 260
인식론 489
인심人心 454
인심유위人心惟危 도심유미道心惟微
 유정유일惟精惟一 윤집궐중允執厥中
 450
인연因緣 20, 173, 278, 280, 283,
 285, 287, 525
인연소생因緣所生 168, 278
인왕仁王 117
인의예지仁義禮智 24, 106, 485, 487,
 507
인토忍土 191, 239
인튜이션intuition 105, 396, 403
일— 233
일념一念 273
일도一道 118, 306, 453, 507-508,
 511, 514-15
일도출생사一道出生死 95, 308,351, 354
일도출생사一道出生死 일체무애인一切
 無碍人 117-18, 306, 408,423-25,
 445, 450, 455, 486, 514
일법一法 305
일승一乘 54, 241
일승법계一乘法界 54
일식一食·일좌一坐·일안一仁·일언一言
 117, 245, 426, 450, 452, 454,
 458, 485, 511
일심一心 58, 89
일심동체一心同體 59
일심삼관一心三觀 34
일심즉법계一心卽法界 89-90
일연一然 342
일음일양위지도一陰一陽謂之道 385,
 429, 452
일일一日 극기복례克己復禮 천하귀인
 天下歸仁 399
일점영명一點靈明 258
일좌식一坐食 450
일중일체一中一切 56, 58
일중일체다중일一中一切多中一 55
일즉시다一卽是多 다즉일多卽一 384
일즉일체一卽一切 55-56, 58, 68, 73,
 155, 324, 346, 361, 374, 400,
 474, 518
일즉일체一卽一切 일체즉일一切卽一
 47, 162, 233, 268, 273,278, 435
일체개고一切皆苦, 제행무상諸行無常,
 제법무아諸法無我, 열반적정涅槃寂靜
 238
일체법一切法 자성무소유自性無所有 356
일체법무생一切法無生 일체법무멸一切
 法無滅 354
일체유심조一切唯心造 444
일체종심전一切從心轉 87, 169
일체즉일一切卽一 일즉일체一卽一切
 521
일파만파一波萬波 57
임제臨濟 381, 416

임종순 목사 282
입장立場 74, 132, 325, 371, 373, 384, 398, 407, 421
입지立志 176

(ㅈ)

자각自覺 47
자력自力 327
자비 495
자성무소유自性無所有 351, 436, 442
자연즉신自然卽神 234-35
자유 260-61, 362, 486, 488, 529
자유, 영생, 신 257, 259
자유는 도덕의 존재근거 455
자유의지 297
자유인 486
자유자재自由自在 118, 326, 424
작가라산斫迦羅山 187
장藏 479
장면張勉 345
장엄莊嚴과 청정淸淨 200
장엄극청정莊嚴極淸淨 206
장자莊子 421, 452
장종철 449
재림 96
적적寂寂 487-88
적멸寂滅 69, 148, 380
적멸법寂滅法 149, 266
적멸위락寂滅爲樂 380, 382
적벽부赤壁賦 446, 510
적선積善 470
적정寂靜 214, 488
적정광명寂靜光明 115
전도인생顚倒人生 240
전체는 하나 속에 있고 하나는 전체 속에 있다 384
절대 307
절대무 352
절대자 167, 173
정定 54
정靜 488
정각正覺 522

정도正道 107
정반합正反合 265, 377
정법안장正法眼藏 140
정신 22, 90, 150, 152, 247, 258-59, 292, 362, 502
정신과 육체 514
정신력 154
정신이 곧 육체 162
정신적인 만족 497
정안淨眼 72, 97
정좌正坐 141
정직 261
정토淨土 261
정토종淨土宗 326, 338, 512
제법개공諸法皆空 357
제법무상諸法無常 376
제법무아諸法無我 352, 356, 376, 385
제법무자성諸法無自性 358
제법무작용諸法無作用 역무유체성亦無有體性 287
제법무차별諸法無差別 440
제석천帝釋天 186, 342, 420
제소리 15, 504
제행무상諸行無常 376-78, 385, 391
제행무상諸行無常 시생멸법是生滅法 생멸멸이生滅滅已 적멸위락寂滅爲樂 353, 379
제행무상諸行無常, 제법무아諸法無我, 열반적정涅槃寂靜 377, 488
젬마 갈가니 344
조로아스터/조로아스터교 47, 97
조주趙州 94, 255, 352
존덕성尊德性 280
존심양성存心養性 59
존재 352, 435
존재 근거 260
존재存在와 인식認識 455
존재가 나 509
존재와 시간 172
존재의 망각, 존재의 물음 435
종교 167, 279, 498, 531
종교, 도덕, 철학 62, 68, 81

종교와 과학 91, 172
종교와 과학과 철학 173
종교의 주체 498
종교의 핵심 283
종밀宗密 19, 34
종심소욕불유구從心所欲不踰矩 405
죄罪 239, 351, 487, 531
죄의 핵심 244
주관·객관의 관계 162
주관과 객관의 일치 485
주관의 근원 257, 259
주관의 본질 258
주련柱聯 138
주일학교 선생 418
주자朱子 19, 111, 177,279, 434, 441
주자학 59
주체 292
주체인연主體因緣 173
주체적 인연 171
주체적 진리 515
중中 16, 176
중국철학의 핵심 450
중도中道 265, 366, 383, 489
중류절단衆流截斷 331
중생 530
중생重生 128
중심 383
중중무진重重無盡 57, 121
중화中和 56
즉卽 22, 162-63
즉비卽非 292
즉사이진卽事而眞, 즉사이진卽死以眞 73
즉심성불卽心成佛 322
즉심자성卽心自性 90
증証 276, 401
증證 아누다라삼막삼보리阿耨多羅三藐三菩提 487
증자曾子 479
지智와 행행과 교敎 45
지관止觀, 지관삼매 336
지관염불止觀念佛 327
지덕복知德福 166

지시사유고시사유知是事有故是事有 484
지양止揚 489
지엄智嚴 34
지엄智儼 19
지옥 72
지의智顗 19
지정의知情意 81, 104
지족知足 496, 508, 510
지족지족知足之足 상족의常足矣 497
지천명知天命 411
지행일치知行一致 45, 102, 164, 232, 265, 440, 453
지행평등 440
직관 397-98, 403
직관력 105
직관지直觀知 48, 54, 323
진공묘유眞空妙有 91, 446, 457, 494
진리 97, 136, 255, 260, 265,307, 436, 465,490, 506, 520, 525, 527
진리를 깨달았다 97, 225, 259, 264, 363, 528
진리와 도와 생명 400
진리의 내용 257
진리의 몸 519
진리의 본질 359, 528
진리의 화신 393
진선미眞善美 200, 363, 431
진실 262, 469, 472
진실의眞實義 350
진실행眞實行 472
진여眞如 53
진여본각眞如本覺 323
진화 83, 91
집착 528
징관澄觀 19, 34

(ㅊ)

착실과단着實果斷 381
찰나 273
찰나 속에 영원이 있다 395
참만고일성순參萬古一成純 450
참회 483

창조 86
창조설 324
창조성, 창조자, 창조적 지성 169
천국 54, 72, 246, 496, 513, 528
천궁天宮 423
천명天命 485
천명지위성天命之謂性 109, 118, 498
천명지위성天明之謂星 109
천인합일天人合一 232, 421, 427, 521
천재일우千載一遇 374
천지만물일체지인天地萬物一體之仁 172
천지수화天地水火 23, 106
천지위언天地位焉 만물육언萬物育焉 56, 262
천지인天地人 259, 403
천지인天地人 일체一體 172
철위산鐵衛山 189
철인哲人 16, 64, 167, 176
철인정치 18, 64, 70
철학 72
철학의 시간 364
철학적 자아 498
철학적 주체 502
첫사랑, 첫인상 395
청담靑潭스님 124
청정법신淸淨法身 124, 262, 445, 468
청정법안淸淨法眼 358
청정여허공淸淨如虛空 516
청정장엄淸淨莊嚴 456, 478, 488
청청행淸淨行 329
청풍명월淸風明月 446
체體와 상相과 용用 130
체계화 384
체득 436, 469, 520
체성體性 180, 182
체험體驗 328
초발심공덕初發心功德 396, 405
초발심시初發心時 편성정각便成正覺 322, 393-94
초선初禪, 이선二禪, 삼선三禪, 사선四禪 187
초월 518

초의식 523
초전법륜初轉法輪 237
총본총本 282, 422
총지摠持 490
최고선最高善 296
추사秋史 김정희金正喜 138
추상화 44
춘원春園 이광수李光洙 283
춘하추동春夏秋冬 24, 106
출생사出生死 486, 491,506-14, 518
출세간법出世間法 485
출적대관계出敵對關係 513
치양지致良知 19, 473
치중화致中和 18, 56
칠산七山 팔해八海 187
칠처구회七處九會 221
칠처팔회七處八會 24, 221, 319, 394
칭명稱名 337
칭명염불稱名念佛 327
칭성본교稱性本教 53

(ㅋ)

칸트Immanuel Kant 12, 105, 248, 254, 263, 265,280, 290, 328, 352, 455, 457
코스모스 55, 69
코페르니쿠스Copernicus적 전환 255
크리스마스 78
클라라 344
키에르케고르Soren Kierkegaard 292, 424

(ㅌ)

타력他力 327
탄허呑虛스님 51, 477, 497
탈고脫苦 247
탈혼脫魂 344-45, 362
탐진치貪瞋痴 175, 271, 464, 481
탐진치기貪瞋痴欺 458
탐진치위貪瞋痴僞 115, 117, 244-45
태극太極 441
태극기 23, 103, 106, 429
태양 46, 60, 121, 233, 263, 435,

442, 518-19
태양 숭배　47
태양, 물, 나무　444
태양계　189, 192
태양신　61
태양의 화신　47
태양즉만물　47
태초　65
토마스 아퀴나스Thomas Aquinas
　345
토키talkie　448
통일지統一智　71, 177, 276, 359
통철, 현상, 조촉　113
퇴계退溪 이황李滉　434
트레멘덤tremendum, 훼시난스fascinans
　13

(ㅍ)
파라밀波羅蜜　245, 250, 407, 425
파라밀다波羅蜜多　270
파스칼Blaise Pascal　27
팔고八苦　243
팔복　246
팔복음　63
팔불八不　506, 515
팔정도八正道　63, 96, 106, 241, 244, 305
평등　441
평등각平等覺　40, 103, 439
푸뉴마Pneuma　129, 279, 298
프란시스 베이컨Francis Bacon　110
플라톤Plato　17, 166, 258, 484
플로티노스Plotinos　344

(ㅎ)
하나　441, 518, 521-22
하나님　84, 86, 139, 168-69, 173, 176,
　259, 263, 273, 283, 290, 296, 343,
　388, 421, 444, 447-48, 489, 509,
　515, 521, 528, 530
하나님, 그리스도, 교회　87
하나님, 그리스도, 성령　170
하나님과 내가 하나의 같은 본질을 가졌다

　388
하나님에 부딪힌다　170
하나님을 본다　523
하나님의 말씀　448, 505
하나님의 몸　379
하나님의 사랑　139, 301, 519
하나님의 신비　441
하나님의 의義　263
하나님의 지혜　465
하나님의 특징　262
하나님의 형상　29, 78
하나님의 화신　234
하나님의 힘　456
하늘과 땅과 사람　173
하늘나라　119, 258, 466, 512
하늘의 달과 물 속의 달　521
하이데거Martin Heidegger　352, 509
학문　416
학이불염學而不厭　516
학전鶴田　283
한 마음　58
한 몸　172, 484
한계상황限界狀況　118, 244
한끼　248
한단지몽邯鄲之夢　294
함석헌咸錫憲　130, 141, 422
합리론　280
항마降魔　450, 454
해解　276
해인海印　43, 50, 52, 323
해인도海印圖　54
해인삼매海印三昧　54, 152, 322, 332, 403
해인정海印定　52, 54
해인정중海印定中　32
해탈解脫　240, 246, 362, 401, 410,
　486, 527
해탈하는 방법　486
행行　269, 276, 423-24
행복　251, 425, 501
향상일로向上一路　109, 118, 424
향수해香水海　189
허공虛空　123, 189, 309, 494, 523

허실생백虛室生白, 허심실복虛心實腹
　　452
헤겔G.W.F. Hegel 265
헤라클레이토스Heraclitus 377
현상학 396
현존재現存在 172
현판懸板 138
형이상形而上 452
형이상위지도形而上謂之道 452
형이상학 34, 51, 255, 366
형이상학의 최고의 이념 336
혜가慧可 107
혜신慧身 393
화가 168
화가和歌 35, 63
화두話頭 370
화불化佛 124
화신化身 139, 229
화신불化身佛 124
화엄華嚴 170
화엄華嚴, 천화장엄天華莊嚴 11
화엄교학華嚴教學 73
화엄삼매華嚴三昧 325, 334, 403
화이트헤드Alfred North Whitehead
　　163
화장세계華藏世界 192
화장장엄세계華藏莊嚴世界 135, 193
화택火宅 115, 240
환인桓因 343
효爻 173
효도 261
후르시쵸프 57
흄David Hume 235
희노애락喜怒哀樂 미발위지중未發謂之中
　　176
히말라야 산 12, 33, 42, 60, 170, 206,
　　377-78
히틀러Adolf Hitler 451